LA BRUYÈRE

Œuvres complètes

ÉDITION ÉTABLIE ET ANNOTÉE
PAR JULIEN BENDA

nrf

GALLIMARD

CE VOLUME CONTIENT :

INTRODUCTION
par Julien Benda

CHRONOLOGIE
par P. Josserand

LES CARACTÈRES
DE THÉOPHRASTE

LES CARACTÈRES
OU LES MŒURS DE CE SIÈCLE

DISCOURS PRONONCÉ
DANS L'ACADÉMIE FRANÇAISE

DIALOGUES SUR LE QUIÉTISME

LETTRES

NOTES ET VARIANTES

BIBLIOGRAPHIE

INTRODUCTION

POURQUOI *une nouvelle édition de La Bruyère ?*

L'édition Servois (Les Grands Écrivains de la France), *la seule dont le texte fasse aujourd'hui autorité, est peu portative (6 volumes in-8°). En outre, le dernier tirage qu'on en a fait fourmille de fautes. Enfin, elle reproduit le texte de la première édition posthume (9e édition, 1696) et non le dernier texte publié par La Bruyère lui-même (8e édition, 1694). C'est le texte de cette 8e édition que nous avons pris pour texte de base. Ce choix nous a été dicté par une raison de principe et par des raisons qui ressortent de l'examen direct des deux éditions. Disons tout de suite, cette question de choix de texte mise à part, que l'édition Servois est un œuvre de critique admirable, apparemment définitive, et à laquelle nous renverrons constamment dans nos notes.*

Raison de principe.

Il est certain que La Bruyère a surveillé le tirage de la 8e édition, considérablement « augmentée » par rapport à la 7e. Il est également certain qu'il n'a pas surveillé, du moins jusqu'au bout, le tirage de la 9e.

Ni l'une ni l'autre de ces deux éditions ne porte d'« Achevé d'imprimer ». Servois suppose, sur la foi de deux témoignages dont la valeur, surtout pour le second, est contestable (Henri Basnage, Histoire des Savants, *1696, p. 421, et une clef manuscrite), que cette 9e édition n'a paru que trois ou quatre semaines après la mort de La Bruyère. Même en adoptant ce système, on peut se demander si elle n'a pas été imprimée en hâte (ce qui expliquerait le grand nombre des coquilles) au lendemain de cette mort soudaine, qui donnait au nom de l'auteur un surcroît de vogue, dont les éditeurs de l'époque, semblables à ceux de la nôtre, entendaient profiter, les exemplaires de la* 8e *ayant eu en deux ans le temps de s'épuiser.*

Laissons les hypothèses. Nous posons en principe que la dernière édition publiée du vivant d'un auteur, si elle ne nous donne pas toujours la dernière *expression de sa pensée, nous donne une expression de cette pensée qu'il a, à un moment déterminé, reconnue comme sienne ; tandis que la première édition posthume, même si elle a été préparée par l'auteur, peut comporter des « corrections » ou « additions » qui ne sont pas de lui. Il suffit de songer aux* Essais *de Montaigne publiés par Mlle de Gournay, ou aux* Pensées *de Pascal pour convenir que les éditeurs à cette époque se faisaient peu de scrupules sur ce point. En publiant la* 8e *édition, nous sommes sûrs de ne publier que du* La Bruyère *; nous ne serions pas fondés à avoir la même certitude en publiant la* 9e.

Raisons tirées de l'examen des deux éditions.

Notons d'abord que 9 n'ajoute rien à 8, alors que, chaque fois que La Bruyère a lui-même *donné une nouvelle édition des* Caractères, *il y a inséré des additions très importantes, au moins à partir de la* 4e, *les trois premières ayant paru presque simultanément. — Il semble bien qu'en 1694,* La Bruyère *considère son ouvrage comme terminé. Les trois premières éditions étaient de 1688 ; les « Achevé d'imprimer » des suivantes sont :* 4e, *15 février 1689 ;* 5e, *24 mars 1690 ;* 6e, 1er *juin 1691. La* 7e, *qui ne porte pas d' « Achevé d'imprimer », est de 1692, le* Discours académique *de 1693, la* 8e *de 1694. Après quoi, aucune édition nouvelle jusqu'à la mort (nuit du 10 au 11 mai 1696).*

Nous allons montrer, en outre, que la 9e *édition ne corrige presque aucune des fautes matérielles de la* 8e *; — qu'elle présente un très grand nombre des fautes nouvelles si évidentes que Servois a dû les corriger en revenant au texte de 8 ; — que, partout enfin où l'on peut hésiter entre les deux leçons, celle de 8 apparaît à l'examen comme la plus authentique.*

I. — 9 n'améliore pas 8.

8 est assez incorrect (comme toutes les éditions publiées du vivant de La Bruyère, et comme généralement toutes les éditions du dix-septième siècle). Mais il s'agit le plus souvent de coquilles faciles à corriger. Il est, d'ailleurs, remarquable que les fautes les plus graves de 8 se retrouvent dans 9.

Tableau des fautes de 8 que nous avons cru devoir corriger. Elles sont de deux sortes.

a) Fautes communes à 8 et à 9.

(Toutes les références ci-dessous correspondent à l'édition Servois.)

Tome I, p. 53, n. 3 : « sa place » au lieu de « sa part ».
p. 56, n. 3 : « l'impudent » au lieu de « l'impudence ».
p. 57, n. 3 : « plaider » au lieu de « perdre ».
p. 67, n. 3 : « oignons marins » au lieu de « oignon marin ».
p. 72, n. 2 : « besoin, l'engage » au lieu de « et l'engage ».
p. 73, n. 1 : « le » au lieu de « les ».
Tome II, p. 48, n. 2 : « croyant » au lieu de « croyent ».
p. 125, n. 2 : « on trouve » au lieu de « on ouvre ».
p. 192, n. 7 : « lui étaient dus » au lieu de « leur étaient dus ».
p. 260, n. 3 : « de gens » au lieu de « des gens ».
Tome III, p. 35, n. 2 : « extérieurement » au lieu de « intérieurement ».
p. 145, n. 2 : « pour sa beauté, pour son odeur » au lieu de « par ».
p. 275, n. 1 : « deux », absurde est dans toutes les éditions publiées du vivant de La Bruyère et dans 9 aussi.

En dehors de ce dernier exemple, toutes les erreurs ci-dessus énumérées se sont glissées au cours des réimpressions successives; le texte que nous adoptons est celui de l'édition où la phrase contenant l'erreur a paru pour la première fois.

b) Fautes de 8 qui ne sont pas dans 9.

Nous ne signalons pas quelques coquilles évidentes que l'imprimeur a pu corriger de lui-même; on trouve, d'ailleurs, d'autres coquilles dans 9, et bien plus nombreuses.

Tome I, p. 75 : 9 rétablit « desseins » des cinq premières éditions au lieu de la faute « besoins » des éditions 6, 7 et 8.
Tome II, p. 119, n. 2 : 9 rétablit « indulgence » des éditions 5, 6 et 7; 8 porte « ingratitude », qui est absurde.
Tome III, p. 261 et 262 : Dans 7 et 8, La Bruyère avait fait une division fausse. Ayant à diviser 30.000.000 par 720, qui fait 41.666, il s'arrête trop tôt et donne comme résultat 4.166. D'où, plus bas, 11 au lieu de 114. La rectification, qui est dans 9, peut être le fait d'un imprimeur attentif ou de l'éditeur.

Donc, en dehors de quelques coquilles que n'importe qui a pu corriger, trois erreurs seulement *de 8 sont corrigées dans 9 : dans les deux premiers cas, il s'agit simplement d'un retour à un texte correct déjà donné par La Bruyère lui-même ; dans le troisième, de la réparation d'une étourderie évidente. Aucune de ces corrections, que nous adoptons dans notre édition, ne nous oblige à admettre que La Bruyère ait personnellement préparé l'édition 9.*

II. — En 32 endroits, malgré son propos de reproduire le texte de 9, Servois a dû préférer celui de 8.

Tableau des passages où, malgré la préférence qu'il déclare accorder à 9, Servois a dû adopter le texte de 8.

Tome I : p. 16, n. 4; — p. 32, n. 1; — p. 37, n. 7; — p. 43, n. 1; — p. 58, n. 3; — p. 71, n. 5; — p. 79, n. 1; — p. 82, n. 4.
Tome II : p. 99, n. 1; — p. 134, n. 1; — p. 139, n. 1; — p. 219, n. 1 (Servois donne ici le texte de 9, mais avoue dans sa note que ce texte est fautif); — p. 233, n. 2; — p. 260, n. 1.
Tome III : p. 26, n. 1 (Servois donne ici le texte de 9, mais convient que celui de 8 est meilleur); — p. 38, n. 2; — p. 62, n. 4; — p. 68, n. 2; — p. 89, n. 3; — p. 92, n. 1; — p. 92, n. 2; — p. 100, n. 3; — p. 114, n. 1; — p. 127, n. 2 et n. 3; — p. 228, n. 1; — p. 243, n. 1; — p. 250, n. 2; — p. 254, n. 1; — p. 260, n. 3; — p. 264, n. 2; — p. 469, n. 1.
En presque tous ces endroits, le texte de 9 est manifestement absurde.

III. — Là où Servois a cru que 9 corrigeait 8, la correction ne semble pas de La Bruyère lui-même.

Restent à examiner les passages où 9 semble à Servois avoir amélioré le texte de 8 (additions et retouches de style). Dans chacun des cas ci-dessous énumérés, nous sommes restés fidèles au texte de 8 : par raison de principe d'abord (voir ci-dessus), et aussi parce que, meilleure ou pire, la lecon de 8 nous semblait être chaque fois de La Bruyère, et celle de 9 n'être point de lui. Cela résulte de l'examen que nous allons faire des variantes.

Nous classons ces variantes en trois catégories :

a) Leçons de 8 et de 9 entre lesquelles on n'a, *a priori*, aucune raison de choisir.

Tome II, p. 29 : de l'édition 1 à l'édition 8 : « par leurs expressions et leurs images »; — édition 9 : « et par leurs images ».

p. 131 : 8 : « qui arrive fraîchement de son ambassade »; — 9 : « fraîchement » manque.

p. 153 : 6-8 : « d'Autriche, de Bavière »; — 9 : « d'Autriche et de Bavière ».

p. 154 : 6-8 : « de médiation ou de manège »; — 9 : « et de manège ».

Tome III, p. 98 : 8 : « du sot »; — 9 : « d'un sot ».

p. 116 : 6-8 : « Ainsi »; — 9 : « Aussi ».

p. 159 : 7 et 8 : « familière »; — 9 : « familier » (le féminin est parfaitement plausible; ce peut être une femme qui s'adresse à Zélie).

b) 8 vaut mieux que 9.

Tome II, p. 40, n. 5 : 4-8 : « que d'éviter le jargon et d'écrire purement »; — 9 ajoute : « le jargon et le barbarisme ». Addition inutile, tenue d'ailleurs pour telle par Servois.

P. 44 : 1-8 : « du rien »; — 9 : « de rien ». Affaiblissement de l'expression.

P. 69, n. 2 : 5-8 : « la face de la terre »; — 9 : « la surface ». Expression plus banale.

P. 88, n. 2 : 5-8 : « une menterie »; — 9 : « un mensonge ». La Bruyère préférait les vieux mots; il emploie deux fois ailleurs « menterie ».

P. 120, n. 4 : 5-6 : « comme ennemis »; — 7-8 : « comme nos ennemis ». 9 revient au texte de 5 et 6 : il est peu vraisemblable que La Bruyère ait renoncé à une correction faite par lui « nos ennemis » est d'ailleurs préférable pour la symétrie (cf. « entre nos amis » à la fin de la phrase précédente).

P. 139, n. 7 : 5-8 : « j'anticipe son bon accueil »; — 9 : « j'anticipe sur son accueil ». La correction est d'un maladroit qui n'a pas compris que, dans ce pastiche de Montaigne, La Bruyère faisait volontairement le verbe *anticiper* transitif. *Anticiper* est en effet toujours transitif chez Montaigne (cf. Lexique de Villey).

P. 146, n. 1 : 1-8 : « qu'une bonne éducation qui rende »; — 9 : « qu'une bonne éducation qui rendent ». Ce dernier texte est plus lourd et plus gauche.

P. 207, n. 3 : 7-8 : « ne parlez pas à un grand nombre... ni de guérêts, ni... »; — 9 : « ne parlez à un grand nombre... ni... ni ». Cette deuxième construction est moins conforme à l'usage classique. Cf. Molière : *Cela n'est pas capable ni de convaincre mon esprit ni d'ébranler...* (Don Juan). *Ce même Sostrate qui n'a pas craint ni Brennus ni tous les Gaulois.* (Amants magnifiques.)

La Bruyère particulièrement maintient toujours « pas » ou « point » devant ni... ni (voir son *Lexique* dans l'édition Servois, p. LII).

P. 227, n. 1 : 5-8 : « le prince »; — 9 : « son prince ». La dernière leçon est évidemment de moins grand style.

P. 240, n. 3 : 1-8 : « aux prêtres »; — 9 : « au prêtre ». Le premier texte vaut mieux; il n'y a qu'un célébrant; mais d'autres prêtres l'assistent.

Tome III, p. 47 : 1-8 : « première »; — 9 : « meilleure ». Servois reconnaît qu'« il y a lieu à quelque doute ».

P. 74, n. 1 : 1-8 : « rien ne ressemble mieux »; — 9 : « ne ressemble plus ». La deuxième leçon est plus banale.

P. 134, n. 2 : 6-8 : « lui ou son héritier »; — 9; « et ». *Ou* est très satisfaisant; entendez : « s'il est tué, lui, dans la bataille »; — *et* se comprend mal.

P. 138, n. 3 : 6-8 : « obligera à renoncer »; — 9 : « de renoncer ». La Bruyère construit toujours obliger avec la préposition *de*. (Voir *Lexique* de l'édition Servois.)

P. 139, n. 1 : 6-8 : « visiter sa tannerie »; — 9 : « voir sa tannerie ». Le premier texte fait allusion au détail donné plus haut : « il ne met jamais le pied dans cette galerie ». La correction semble le fait d'un lecteur qui n'a pas compris la phrase et qui construit : « je ne veux pas voir sa tannerie, non plus que je ne veux le voir, lui. »

P. 152, n. 3 : 7-8 : « athée »; — 9 :« dévot ». Correction absurde de quelqu'un qui n'a pas compris, malgré la note expresse de La Bruyère, que *dévot* était pris au sens de « faux dévot ».

P. 170 : 4-8 : « un simple abbé »; — 9 : « un jeune ». S'il n'est pas jeune, il sera encore plus ridicule.

P. 180 : 4-8 : « renfermer »; — 9 : « enfermer ». Voir au *Lexique* Servois les acceptions où La Bruyère prend « renfermer ». Elles invitent à garder la leçon de 8.

P. 214 : 7-8 : « fourment »; — 9 : « froument ». Servois montre que « fourment » n'est nullement une coquille.

P. 218 : 7-8 : « connois »; — 9 : « connoy ». 8 reproduit plus exactement le texte que La Bruyère a sous les yeux (voir la note Servois).

P. 219 : 7-8 « ou »; — 9 : « de ». Même observation.

P. 235 : 4-8 : « aux mouvements » ; — 9 : « au mouvement ». Le singulier est moins admissible.

P. 252 : 1-8 : « que l'on a fait » ; — 9 : « que l'on n'a fait ». L'usage constant de La Bruyère est de ne pas mettre la négation dans les phrases de ce genre. Voir les exemples du *Lexique* Servois, p. LIII. Bien plus, La Bruyère a *supprimé* la négation dans un cas analogue (voir tome II, p. 40).

P. 148 : 8 : « critique » ; — 9 : « publics ». « Éloges critiques » est une expression rare et particulièrement heureuse. « Éloges publics » est une platitude.

P. 438 : 8 : « conduite » ; — 9 : « coutume ». « Coutume » est absurde. (« Une coutume toute nouvelle... qui n'avait point encore eu d'exemple ! »)

P. 444 : 8 : « ouvrages de mœurs » ; — 9 : « ouvrages des mœurs ». Cette dernière leçon est inadmissible : cf. tome II, p. 23 : « ouvrage de mœurs » : c'est le texte de 9 aussi bien que de 8, pour ce dernier exemple.

P. 451 : 8 : « des noms » ; — 9 : « les noms ». Le texte de 8 est bien préférable, La Bruyère n'emprunte pas tous « les noms de l'ancienne histoire ».

P. 454 : 8 : « la » ; — 9 : « le ». Cette dernière version est inadmissible ; « la » reprend le substantif « censure » de la ligne précédente.

Ces cinq derniers exemples, empruntés tous à la préface du Discours académique, *préface qui avait paru en édition originale, dans 8, sont particulièrement concluants. Nous n'avons ici que deux éditions en présence : 8 est très correct ; 9 très incorrect.*

c) 9 vaut mieux que 8.

Un seul exemple ici à étudier.

Tome II, p. 42 : 8 : « Belleau, Jodelle et Saint-Gelais » ; — 9 : « Belleau, Jodelle et du Bartas ». — Du Bartas est ici mieux à sa place que Saint-Gelais, puisqu'il fut un disciple de Ronsard et Saint-Gelais un de ses adversaires, poète d'ailleurs d'une autre génération, celle de Marot. Mais l'erreur est bien de La Bruyère. Il l'a maintenue dans toutes les éditions qui ont paru de son vivant : 5, 6, 7 et 8. Il n'est pas du tout sûr, au contraire, que la correction soit de lui. Il avait pu, il est vrai, dans les derniers mois de sa vie, s'apercevoir de sa méprise, comme de l'étourderie de calcul signalée p. IX. Nous avons corrigé l'erreur de calcul parce qu'elle est sans aucun intérêt. Nous maintenons ici le seul texte qui soit certainement de La Bruyère, parce qu'il est intéressant de constater que jusqu'en 1694 au moins il n'a eu qu'une idée très confuse de l'histoire de la poésie au XVIe siècle.

Donc, en 36 endroits, 9 s'écarte de 8. De ces « corrections » une seule améliore le texte (et elle n'est pas nécessairement de La Bruyère). 7 sont indifférentes. 18 sont fâcheuses, parfois franchement absurdes. Après cela, il nous semble téméraire de conclure, à propos de ces corrections, que « la plupart sont, de toute certitude, des corrections de La Bruyère ».

IV. — Cartons et corrections faits en cours d'impression.

L'éditeur des Grands Écrivains *s'appuie, il est vrai, sur un autre argument, celui des « cartons ».*

Tous les exemplaires connus de 9 ont quatre cartons. Il assure que le texte de 9 antérieur aux cartons se trouve reproduit dans une contrefaçon lyonnaise. Ayant comparé cette contrefaçon aux exemplaires cartonnés, il croit pouvoir induire que ces cartons ont eu pour objet :

L'un de corriger les erreurs dans les calculs astronomiques signalés plus haut (p. IX*).*

Les trois autres de rétablir le texte de 8 en trois endroits, où il avait été altéré par une étourderie des imprimeurs (tome II, p. 17 : « de leur reprocher » au lieu de « le leur reprocher », p. 207 : « ignorance » au lieu d'« ignominie ». — Tome III, p. 266 : « qu'est-ce l'ordre ? » au lieu de « qu'est-ce que l'ordre ? ») L'imprimeur a très bien pu faire lui-même les cartons, puisque le bon texte lui était donné par toutes les éditions antérieures et par 8 en particulier.

Par contre, deux corrections ont été certainement introduites dans 8 en cours d'impression : on a relevé la forme au milieu du tirage et remanié la composition typographique. Certains exemplaires de 8 portent donc en ces deux endroits un premier texte, certains autres un second. Ces deux endroits sont au chapitre Des Femmes.

Tome II, p. 83 : « Chez les femmes se parer et se farder n'est pas, je l'avoue, parler contre sa pensée c'est plus aussi que le travestissement et la mascarade... » Autre rédaction : « Se mettre du rouge ou se farder est, je l'avoue, un moindre crime que de parler contre sa pensée; c'est quelque chose aussi de moins innocent que le travestissement et la mascarade... »

La seconde relation est évidemment préférable. 7 donnait la première, la deuxième est une correction, et à laquelle La Bruyère tenait, puisqu'il a fait suspendre le tirage pour l'introduire dans la composition. Or 9 donne la première édition. *Servois d'ailleurs reproduit ici le texte de 8 corrigé et non celui de 9.*

Tome II, p. 86 : « sans remède ». Autre rédaction : « sans ce remède ».

Mêmes remarques. 7 porte « sans remède » ; les premiers exemplaires de 8 le portent aussi ; La Bruyère fait suspendre l'impression pour introduire la correction dans les seconds exemplaires de 8. Or 9 reproduit le texte de 7. Servois, ici encore, donne le deuxième état de 8 et non pas 9.

Ces deux faits semblent prouver que La Bruyère n'a pas surveillé l'impression de 9 qui a été faite d'après un exemplaire de 8 du premier état.

Nous n'entreprendrons point une étude générale de l'œuvre de La Bruyère. Nous reprendrions volontiers, à propos de lui, son fameux mot : Tout est dit, et l'on vient trop tard... *Nous nous bornerons à quelques observations propres à fixer peut-être avec encore un peu plus de précision qu'on ne l'a fait jusqu'ici, le tournant si considérable que marque cet écrivain dans l'histoire des lettres françaises.*

Du point de vue politique, on a voulu voir dans l'œuvre de La Bruyère un acte d'accusation contre le régime social qui caractérise la France de Louis XIV ; on a mis en avant l'attention quasi provocatrice qu'il porte aux humbles, son ardeur à proclamer leur droit à l'existence, à flétrir ceux qui les dévorent, son appel à plus de justice dans les prétoires, à plus de respect dans la cité pour l'ouvrier de l'esprit, son refus d'accepter tête baissée les privilèges du sang, sa haine de la guerre. On peut arguer encore d'une page comme celle où, se demandant s'il n'y aurait point quelque compensation entre les diverses conditions sociales, il ajoute : « Celui qui est puissant et riche, et à qui il ne manque rien, peut former cette question ; mais il faut que ce soit un homme pauvre qui la décide »; *de ces autres où il affirme qu'« un innocent condamné est l'affaire de tous les honnêtes gens » ; où il déclare qu'il n'y a pas de patriotisme sous le régime despotique ; où il aime à prendre texte de ces révolutions « qui font évanouir de grands empires de dessus la terre », à entretenir les grands d'« un temps que l'on montrera les ruines de leurs châteaux et peut-être la seule place où ils étaient construits » ; à laisser entendre que l'heureux gouvernement suppose une participation du peuple à la conduite des affaires. On pourrait encore observer que, ayant d'abord écrit que le bon citoyen sait exposer sa vie pour la gloire du souverain et le salut de l'État, il a, dans les éditions postérieures, placé le salut de l'État avant la gloire du prince. De tels traits paraissent bien impliquer une vive réprobation du système politique dont La Bruyère était le témoin. Mais, d'autre part, notre censeur veut qu'il y ait toujours des pauvres et des riches ; il fait entendre qu'une société a peut-être plus d'avantage de conserver au fond d'elle-même un grand mal organique que de déchaîner, en le supprimant, un million de petits maux qui pourraient être pires ; il n'a pas assez de sarcasmes pour la bourgeoisie montante, ne cesse de proclamer que le luxe ne sied qu'aux grands ; son furieux éloge du Grand Roi ne saurait guère aller sans une forte sympathie, au moins partielle, pour l'idée qu'il incarne ; il ne manque pas une occasion de glorifier la révocation de l'Édit de Nantes ; au surplus, il déclare que le plus raisonnable, en matière politique, est de tenir la forme du gouvernement où l'on est né pour la meilleure... Devant ces discordances, il nous semble que le tournant historique marqué par La Bruyère, en tant qu'écrivain politique, réside bien moins dans ce qu'il dit de la société de son temps que dans sa constante volonté d'en parler, de faire des problèmes sociaux la substance de ses réflexions. L'auteur des* Caractères *nous paraît le précurseur, nullement de nos révolutionnaires, mais exactement de ces* Sociétés de Pensée, *qui devaient éclore un demi-siècle après lui, et qui ont changé l'ordre établi**, *non pas parce qu'elle résolurent de le changer, mais parce qu'elles créèrent chez les Français l'habitude de le prendre pour texte*

---

* Cf. D. Mornet, *Les Origines intellectuelles de la Révolution française.*

favori de leurs entretiens, de leurs curiosités, de leurs raisonnements. On sait le mot du cardinal de Retz, croyant peindre l'âme de la France à l'époque de la Fronde et peignant en vérité le mouvement de cette nation tel qu'il va se développer pendant cent cinquante ans : « Le peuple entra dans le sanctuaire, il leva le voile qui doit toujours couvrir tout ce que l'on peut dire et tout ce que l'on peut croire du droit des peuples et de celui des rois, qui ne s'accordent jamais si bien ensemble que dans le silence. » Le rôle exact de La Bruyère, du point de vue politique, nous semble d'avoir été le premier cicérone de ce peuple dans sa grave visite au sanctuaire.

Dans l'ordre proprement littéraire, on a dit que les Caractères *marquaient le premier de nos grands livres qui refusât vraiment de s'organiser autour d'un thème central, qui ne fût pas « composé » ; le premier qui rompît avec l'esthétique cartésienne, lui substituant une notation diffuse qui devait trouver sa pleine conscience deux siècles plus tard avec Stendhal. Cette vue est très exacte. L'annonciateur de l'impressionnisme contemporain n'est nullement, comme certains le veulent, Montaigne, dont le vagabondage n'est qu'apparent, et qui tourne autour de trois ou quatre problèmes bien amarrés ; point davantage La Rochefoucauld, chez qui l'on a le sentiment net que, derrière ses pièces détachées, il y a une main qui les dirige en vue d'un but, d'une thèse à démontrer ; moins encore Pascal, dont les pierres éparses sont le chantier d'un monument ; il est bien La Bruyère, dont l'œuvre est délibérément un cahier de notes, prises sans plan directeur, à l'occasion, pendant vingt ans. C'est de quoi l'on se persuade plus encore quand on observe comme il est peu gêné d'écrire, selon le caprice de son humeur, des réflexions radicalement contradictoires*, d'insérer dans tel chapitre des vues qui n'ont aucun rapport avec son titre, d'expédier d'une manière toute gratuite telle maxime d'un chapitre à l'autre au cours de ses éditions successives. Mais ce qu'on ne dit pas assez, c'est que ce manque de composition, La Bruyère n'a jamais voulu le reconnaître. À ceux qui le lui jetaient à la face, il ripostait qu'il y avait une « raison » dans l'ordre de ses morceaux, une « suite*

* On en trouvera de nombreux exemples dans nos notes.

insensible » dans son livre, que toutes les parties s'y liaient en vue d'une fin, qui était l'apologie de la religion chrétienne par quoi il la termine. Il s'attache âprement à cette prétention (parfaitement insoutenable ; qu'est-ce que les portraits de Ménalque *ou de* Giton *ont à voir avec l'édification du chrétien ?), la réitère, trouve injurieux qu'on l'en déboute. Ainsi, l'œuvre de La Bruyère rompt avec l'esthétique de son temps, mais sa doctrine littéraire lui reste vivement fidèle. Et ce désaccord s'éteindra avec lui. Les écrivains des âges suivants manqueront de composition, mais ne se soucieront nullement de passer pour en avoir. La Bruyère marque ce moment pathétique où, par la force de l'histoire, l'écrivain ouvre une ère nouvelle, cependant que, par sa formation, par ses racines, il croit encore à celle qu'il clôt.*

On peut déceler chez notre auteur de nombreux traits de cet émouvant discord.

Quoi de plus moderne, de plus compréhensif de l'infinie complexité du réel et de l'impossibilité de l'atteindre par la pensée organisée, que cette petite phrase : « Il me semble que l'on dit les choses plus finement encore qu'on ne peut les écrire. » Cependant, au même chapitre, un roide réquisitoire, avec tout l'arsenal des raisons d'un Nicole et d'un Malebranche, contre la frivolité inhérente à la conversation.

N'est-ce pas un contemporain de Proust et de Bergson qui écrit : « Il n'y a rien de si délié, de si simple et si imperceptible, où il n'entre des manières qui nous décèlent. Un sot n'entre, ni ne s'assied, ni ne se lève, ni ne se tait, ni n'est sur ses jambes comme un homme d'esprit. » N'est-ce pas l'exact propos, si cher à notre époque, voulant que notre personnalité tout entière passe dans le moindre de nos gestes ? Or, le prophète de ces modernités est en même temps profondément tributaire de la psychologie de son siècle : on ne compte plus les endroits où il clame son mépris pour l'observation qui n'offre point d'utilité morale.

Voici une page, confondante pour l'époque, sur les changements de toute sorte, politiques, scientifiques, artistiques, qui attendent le monde au cours des siècles à venir. L' « évolution-*

* « Si le monde dure seulement cent millions d'années... » (*Des Jugements*, n° 7.)

niste » qui la signe ne laisse cependant point de souscrire, par ailleurs, à l'immobilisme de son temps : il voit que toutes les pensées possibles ont été désormais formées par l'esprit humain, que pour chacune son expression existe, que le bon écrivain n'a qu'à bien chercher pour la trouver...*

*Ce prestige rémanent que gardent aux yeux de notre auteur, par ailleurs si hardi, les conceptions de son siècle se voit singulièrement dans sa peinture de l'homme. On a dit qu'au lieu de peindre l'homme, comme le faisaient les moralistes de son temps, selon une image imposée par une philosophie préconçue, La Bruyère l'avait peint en observateur libre ; qu'au lieu de peindre l'Homme il avait peint les hommes, dans leur diversité innombrable, dans leur irréductibilité à l'Un ; qu'au lieu de le peindre en métaphysicien, il l'avait peint en psychologue, en homme de science, en desservant précoce de notre méthode expérimentale. Rien ne me paraît moins vrai. La Bruyère a parfaitement bien sur la nature de l'homme une idée préçoncue, une philosophie dressée à l'arrière-plan et qui colore tous ses tableaux. Cette philosophie c'est celle de son temps, c'est celle du chrétien, c'est celle de Nicole, de Bossuet, de Pascal, c'est celle qui pense que l'homme est essentiellement mauvais, que sa nature, non touchée de la grâce, n'est que vice et méchanceté. D'où la négation presque totale chez lui des bons instincts humains, qu'un œil libre est pourtant forcé de reconnaître. Au reste, son dernier chapitre prouve assez son adhésion sans réserve à la métaphysique chrétienne. Ici nous semble particulièrement remarquable, chez notre écrivain de transition, la coexistence de tant d'audacieuses poussées vers l'avenir avec l'attachement à une tradition, que maints de ses contemporains avaient déjà délaissée**.*

Un mot enfin sur le tournant que marque notre auteur dans l'ordre du style.

On l'a dit mille fois, La Bruyère a créé le style ouvragé, le style « artiste ». Il introduit Flaubert, Mérimée, les Goncourt. Ce style, il l'a créé avec toutes ses beautés et aussi toutes ses

---

* *Des Ouvrages de l'esprit,* n° 19.

** Cf. Lanson, *Origines et premières manifestations de l'esprit philosophique dans la littérature française,* Revue des Cours et Conférences, 1908-1910.

tares. L'une — l'excessive tension — est bien classée. J'en voudrais dire une autre (mais est-ce bien une tare ?) qui a produit de grands effets.

Cette autre est l'usage quasi constant du trait, exactement du trait final et exécutoire. Chose curieuse, cet homme né apparemment bon et sensible, qui dénonce avec tant de force ces détresses « qui saisissent le cœur », qui écrit : « Il y a une espèce de honte d'être heureux à la vue de certaines misères », semble devoir quitter cette nature lorsqu'il se fait auteur et concevoir la réussite littéraire surtout sous l'espèce du coupant. Par là, il a créé ce que j'appellerais le style cruel, dont il suffit de nommer Anatole France et Abel Hermant pour voir qu'il est une des formes les plus belles de l'écriture moderne.

Pourtant, à côté de ces rigueurs, des mouvements comme ceux-ci : « L'harmonie la plus douce est le son de voix de celle que l'on aime » ; « Il y a des lieux que l'on admire ; il y en a d'autres qui touchent et où l'on aimerait à vivre », qui tiennent en germe Rousseau, Chateaubriand, Barrès.

Le style de La Bruyère se lève comme une lumière blanche qui porte confondus tous les grands styles de notre époque, et que le prisme du dix-neuvième siècle va dissocier.

J'adresse ici mes remerciements à M. Pierre Clarac qui a bien voulu m'assurer le concours de sa très précieuse érudition pour l'établissement du texte de cette édition.

JULIEN BENDA.

N.-B. — *Les notes de La Bruyère, appelées par une lettre, ont été à chaque page laissées en bas du texte qu'elles commentent. Les variantes et nos propres notes, indiquées dans le texte par un chiffre, ont été renvoyées à la fin du volume.*

CHRONOLOGIE

1645. — *17 août :* Probablement né de la veille, du mariage célébré le 25 juillet 1644, de Louis de La Bruyère, contrôleur général des rentes assignées sur l'Hôtel de Ville, et d'Élisabeth Hamonyn, Jean de La Bruyère est baptisé dans l'église Saint-Christophe, proche Notre-Dame de Paris.

1646. — *18 juillet :* Baptême de François, frère de La Bruyère. Mort en bas âge.

1647. — *2 août :* Baptême de Louis, frère de La Bruyère, qui mourra le 12 mai 1695.

1650 (?)-1663 (?). — La Bruyère passe son enfance à la campagne (?) et fait ses études chez les Oratoriens, sans doute dans une de leurs maisons de province.

1650. — Naissance de Marguerite, sœur de La Bruyère. Morte le 21 janvier 1651.

La famille de La Bruyère quitte la paroisse Saint-Christophe dans la Cité, pour aller habiter sur la paroisse Saint-Merry et, en 1652, rue Grenier-Saint-Lazare.

1651. — *30 septembre :* Naissance d'Alexandre, frère de La Bruyère. Mort jeune.

1653. — Naissance de Robert-Pierre, frère de La Bruyère. Mort le 12 mai 1707, clerc du diocèse de Paris.

1655. — Naissance d'Élisabeth-Marguerite, sœur de La Bruyère. Morte le 25 avril 1725.

1665. — *3 juin :* La Bruyère soutient ses thèses de licence en droit *(De tutelis et donationibus)* devant l'université d'Orléans, seule alors, avec celle de Poitiers, à enseigner le droit civil. — Peu après, il est reçu avocat au Parlement de Paris.

1666. — *7 septembre :* Mort du père de La Bruyère, né vers 1610. Ses armes étaient : D'azur à deux bâtons écotés mis en chevron d'argent, accompagnés de deux étoiles d'or en chef et d'un croissant d'hermines en pointe, soutenant une touffe de bruyères.

1666-1667]. — [Voyage controversé en Italie.]

1666-1669. — Un ami de La Bruyère, l'avocat Brillon, place à cette époque la première idée des *Caractères*.

1671. — *27 décembre :* Mort de son oncle et parrain, Jean de La Bruyère, né en 1617, secrétaire du Roi en 1665, qui lui laisse une part de sa fortune.

1673. — *Novembre :* La Bruyère achète 18.000 livres l'office de trésorier général de France au bureau des finances de la généralité de Caen (Lettres patentes du 29 mars 1674). « Installé » à Caen le 21 septembre 1674, La Bruyère regagna Paris après la cérémonie et ne reparut à aucune séance.

1674-1678 (?). — La famille de La Bruyère habite rue Chapon.

1679. — La famille de La Bruyère habite la rue des Grands-Augustins, où, le

7 août : La Bruyère est victime d'un vol par effraction (2.490 livres, etc.) commis par le laquais de son frère, François Blondel, qui ne fut jamais retrouvé.

1684. — *15 août :* Sur la recommandation de Bossuet, La Bruyère entre chez les Condé comme précepteur du duc de Bourbon alors âgé de seize ans, aux appointements de 1.500 livres. Il est chargé de lui enseigner l'histoire, la géographie et les institutions de la France. Il s'installe à Chantilly en octobre.

1685. — Un acte notarié mentionne élection de domicile de La Bruyère chez son frère Louis, rue des Charités-Saint-Denis. Peut-être y avait-il une chambre.

20 février : Bossuet assiste à une leçon de La Bruyère au duc de Bourbon.

24 juillet : Le duc de Bourbon épouse Mademoiselle de Nantes, fille de Louis XIV et de Madame de Montespan.

3 août : Mort d'Élisabeth Hamonyn, mère de La Bruyère.

1686. — La Bruyère résigne au profit de M. d'Iberville (les lettres de provision furent signées le 16 janvier 1687) sa charge de trésorier des finances, dont il avait, sans s'astreindre à « résider » à Caen, perçu les revenus (2.350 livres).

11 décembre : Condé meurt à Fontainebleau. Fin du préceptorat. La Bruyère reste à Chantilly en qualité de gentilhomme accompagnant les Altesses, avec 1.000 écus de pension.

1687. — *19 mai :* Première mention des *Caractères,* alors manuscrits, dans une lettre de Boileau à Racine.

8 octobre : Le libraire Estienne Michallet obtient privilège d'impression de dix ans pour les *Caractères*.

14 octobre : Le privilège de Michallet est enregistré sur le livre de la communauté des libraires et imprimeurs de Paris.

1688. — *26 janvier :* Lettre de Bussy-Rabutin à la comtesse de Toulongeon : il a en main un exemplaire « en blanc » (c'est-à-dire broché ou simplement en feuilles) des *Caractères,* dont l'impression a été achevée au début de janvier.

10 mars : Lettre de Bussy-Rabutin au marquis de Termes, qui lui a fait parvenir les *Caractères,* non encore en vente.

Mars : Première édition originale des *Caractères,* épuisée en quinze jours (?), d'après la *Gazette de Hollande* du 15 juillet 1688. Mais les vingt-deux cartons que La Bruyère fit insérer dans les exemplaires après la mise en vente rendent fort suspecte la brièveté de ce laps de temps, surtout si le tirage a été de 2.000 exemplaires (voir plus loin, 1694, 8e édition).

Première édition bruxelloise des *Caractères* (chez Jean Léonard). Annoncée par la *Gazette de Hollande* du 15 juillet 1688.

« Seconde » édition originale des *Caractères.*

Première édition lyonnaise des *Caractères* (chez Th. Amaulry).

Troisième édition originale des *Caractères.* Réimpression page pour page des 3e et 4e états de la deuxième édition.

1689. — Quatrième édition originale des *Caractères,* contenant plus de 350 caractères inédits. Achevé d'imprimer le 15 février.

1690. — Cinquième édition originale des *Caractères,* contenant plus de 150 caractères inédits.

1691. — Sixième édition originale des *Caractères,* contenant près de 80 caractères inédits. Achevé d'imprimer le 1er juin.

22 novembre : La Bruyère se présente à l'Académie pour succéder à Benserade (le Théobalde des *Caractères*). Il n'a que sept voix (Bossuet, Boileau, Racine, La Fontaine (?), Segrais (?), Regnier-Desmarais, Renaudot (?), Huet (?), Rose (?), Novion (?), Bussy-Rabutin). Le poète Étienne Pavillon est élu.

1692. — Deuxième édition bruxelloise des *Caractères* (chez Jean Léonard). Elle se donne comme reproduisant la 6e édition originale de Michallet, mais elle contient en réalité le texte de la 4e (1689).

Troisième édition bruxelloise (chez Jean Léonard). Avec privilège accordé par le gouvernement espagnol, du 8 février 1692. — Identique à la seconde édition bruxelloise, avec un titre nouveau qui ne cite plus la 6e édition parisienne et où pour la première fois l'auteur est nommé. Aucune des neuf éditions originales de Michallet ne porte le nom de La Bruyère.

Septième édition originale des *Caractères,* contenant près de 80 caractères inédits.

1693. — Quatrième édition bruxelloise des *Caractères,* sur la septième originale de Paris. Jean Léonard fut contraint d'y pratiquer des suppressions et d'y insérer des cartons, la présence à Bruxelles de Maximilien de Bavière, gouverneur des Pays-Bas espagnols, rendant périlleux certains passages de La Bruyère sur la révolution d'Angleterre et sur Guillaume d'Orange.

Deuxième édition lyonnaise des *Caractères* (chez Th. Amaulry), sur la sixième originale de Paris.

14 mai : La Bruyère est élu à l'Académie en remplacement de l'abbé de La Chambre.

15 juin : Réception de La Bruyère à l'Académie française.

Discours de réception à l'Académie. Il parut simultanément chez Michallet, à qui La Bruyère avait remis lui-même la copie, et chez les imprimeurs ordinaires de l'Académie, la Vve J.-B. Coignard et J.-B. Coignard fils. L'édition Michallet (avec permission) ne contient que le discours de La Bruyère, l'édition Coignard (avec privilège) tous les discours prononcés dans la séance du 15 juin 1693.

Juillet : Article du *Mercure galant,* anonyme (de Fontenelle ?), dénonçant le succès de scandale des *Caractères* et jugeant le *Discours de réception* « directement au-dessous de rien », riposte au mot de La Bruyère (*Des ouvrages de l'Esprit,* 46) plaçant le *Mercure* « immédiatement au-dessous de rien ».

Juillet : Bossuet réunit La Bruyère et les autres académiciens dans un dîner de réconciliation.

1694. — Huitième édition originale des *Caractères,* contenant plus de 40 caractères nouveaux et comprenant le *Discours de réception à l'Académie* et une préface à ce discours, où La Bruyère riposte à l'article du *Mercure* de juillet 1693. — Avec nouveau privilège à Michallet, prolongeant de dix ans la durée du premier.

Cette huitième édition porte à 16.000 le nombre des exemplaires « débités » des *Caractères* (lettre de Montfaucon, du 2 janvier 1696). Servois en conclut que le tirage moyen de chaque édition de Michallet fut de 2.000 exemplaires. Mais est-il impossible que Montfaucon ait compté aussi les éditions de Lyon et de Bruxelles, publiées avec l'aveu de Michallet ?

Troisième édition lyonnaise des *Caractères* (chez Th. Amaulry), établie comme la deuxième, sur la sixième originale de Paris.

1695. — *12 mai :* Mort de Louis, frère de La Bruyère. Il était depuis 1684 receveur et payeur des rentes sur le clergé.

1696. — *8 mai :* La Bruyère fait une lecture de ses *Dialogues sur le quiétisme* à Antoine Bossuet, frère aîné de Bossuet.

10 mai : La Bruyère assiste à la séance de l'Académie.

11 mai : Frappé d'une attaque d'apoplexie dans la soirée du 10 mai, La Bruyère meurt vers 2 heures du matin, à l'hôtel de

Condé, à Versailles, où il avait son principal établissement. Il y occupait un petit appartement d'une chambre, d'un cabinet « tapissé de livres » et d'une garde-robe. Il avait au Petit-Luxembourg, à Paris, un logis semblablement composé, au second étage, sur la rue de Vaugirard. Il avait deux domestiques : « une servante, qui savait écrire, et un serviteur, illettré ».

12 mai : La Bruyère est enterré à Versailles dans l'église Saint-Julien, démolie en 1797.

Neuvième édition originale des *Caractères,* parue peu de jours après la mort de La Bruyère, selon Basnage ; trois semaines, selon une clef manuscrite.

1697. — Contrefaçon des *Caractères,* imprimée aux Pays-Bas (probablement à Bruxelles), sur la huitième édition originale.

Cinquième édition bruxelloise des *Caractères* (chez Jean Léonard), sur la huitième édition originale.

1699. — *Début : Dialogues posthumes du sieur de La Bruyère sur le quiétisme.* — Paris, C. Osmont.

Privilège du 30 juin 1698, accordé pour huit années. Achevé d'imprimer du 5 décembre 1698.

Walckenaer tient ces *Dialogues* pour apocryphes, Servois pour authentiques. Une lettre d'Antoine Bossuet à son fils (21 mai 1696) plaide en faveur de l'authenticité. Mais le libraire Osmont a peut-être pris de plus grandes libertés que d'ajouter, selon son aveu, deux dialogues aux sept que contenait le manuscrit original de La Bruyère.

P. JOSSERAND.

LES CARACTÈRES
DE THÉOPHRASTE
TRADUITS DU GREC
AVEC
LES CARACTÈRES
OU
LES MŒURS DE CE SIÈCLE

DISCOURS
SUR THÉOPHRASTE

Je n'estime pas que l'homme soit capable de former dans son esprit un projet plus vain et plus chimérique, que de prétendre, en écrivant de quelque art ou de quelque science que ce soit, échapper à toute sorte de critique, et enlever les suffrages de tous ses lecteurs.

Car sans m'étendre sur la différence des esprits des hommes, aussi prodigieuse en eux que celle de leurs visages, qui fait goûter aux uns les choses de spéculation et aux autres celles de pratique, qui fait que quelques-uns cherchent dans les livres à exercer leur imagination, quelques autres à former leur jugement, qu'entre ceux qui lisent, ceux-ci aiment à être forcés par la démonstration, et ceux-là veulent entendre délicatement, ou former des raisonnements et des conjectures[1], je me renferme seulement dans cette science qui décrit les mœurs, qui examine les hommes, et qui développe leurs caractères, et j'ose dire que sur les ouvrages qui traitent de choses qui les touchent de si près, et où il ne s'agit que d'eux-mêmes, ils sont encore extrêmement difficiles à contenter.

Quelques savants ne goûtent que les apophthegmes des Anciens et les exemples tirés des Romains, des Grecs, des Perses, des Égyptiens; l'histoire du monde présent leur est insipide; ils ne sont point touchés des hommes qui les environnent et avec qui ils vivent, et ne font nulle attention à leurs mœurs. Les femmes au contraire, les gens de la cour, et tous ceux qui n'ont que beaucoup d'esprit sans érudition, indifférents pour toutes les choses qui les ont précédés, sont avides de celles qui se passent à leurs yeux et qui sont comme sous leur main; ils les examinent, ils les discernent, ils ne perdent pas de vue les personnes qui les entourent, si charmés des descriptions et des peintures que l'on fait de leurs contemporains, de leurs concitoyens, de ceux enfin qui leur ressemblent et à qui ils ne croient pas ressembler, que jusques dans la chaire l'on se croit obligé souvent de suspendre l'Évangile pour les prendre par leur faible, et les ramener à leurs devoirs par des choses qui soient de leur goût et de leur portée[1].

La cour ou ne connaît pas la ville, ou par le mépris qu'elle a pour elle néglige d'en relever le ridicule, et n'est point frappée des images qu'il peut fournir; et si au contraire l'on peint la cour, comme c'est toujours avec les ménagements qui lui sont dus, la ville ne tire pas de cette ébauche de quoi remplir sa curiosité, et se faire une juste idée d'un pays où il faut même avoir vécu pour le connaître.

D'autre part, il est naturel aux hommes de ne point convenir de la beauté ou de la délicatesse d'un trait de morale qui les peint, qui les désigne, et où ils se reconnaissent eux-mêmes; ils se tirent d'embarras en le condamnant; et tels n'approuvent la satire, que lorsque commençant à lâcher prise et à s'éloigner de leurs personnes, elle va mordre quelque autre.

Enfin quelle apparence de pouvoir remplir tous les goûts si différents des hommes par un seul ouvrage de morale? Les uns cherchent des définitions, des divisions, des tables, et de la méthode; ils veulent qu'on leur explique ce que c'est que la vertu en général, et cette vertu en particulier; quelle différence se trouve entre la valeur, la force et la magnanimité; les vices extrêmes par le défaut ou par l'excès entre lesquels chaque vertu se trouve placée, et duquel de ces deux extrêmes elle emprunte davantage : toute autre doctrine ne leur plaît pas. Les autres, contents que l'on réduise les mœurs aux passions et que l'on explique celles-ci par le mouvement du sang, par celui des fibres et des artères, quittent un auteur de tout le reste.

Il s'en trouve d'un troisième ordre[1], qui, persuadés que toute doctrine des mœurs doit tendre à les réformer, à discerner les bonnes d'avec les mauvaises, et à démêler dans les hommes ce qu'il y a de vain, de faible et de ridicule, d'avec ce qu'ils peuvent avoir de bon, de sain et de louable, se plaisent infiniment dans la lecture des livres qui, supposant les principes physiques et moraux rebattus par les anciens et les modernes, se jettent d'abord dans leur application aux mœurs du temps, corrigent les hommes les uns par les autres, par ces images de choses qui leur sont si familières, et dont néanmoins ils ne s'avisaient pas de tirer leur instruction.

Tel est le traité des *Caractères des Mœurs* que nous a laissé Théophraste; il l'a puisé dans les *Éthiques* et dans les *Grandes Morales* d'Aristote[2], dont il fut le disciple; les excellentes définitions que l'on dit au commencement de chaque chapitre sont établies sur les idées et sur les principes de ce grand philosophe, et le fond des caractères qui y sont décrits est pris de la même source[3]; il est vrai qu'il se les rend propres par l'étendue qu'il leur donne, et par la satire ingénieuse qu'il en tire contre les vices des Grecs, et surtout des Athéniens.

Ce livre ne peut guère passer que pour le commencement d'un plus long ouvrage que Théophraste avait entrepris. Le projet de ce philosophe, comme vous le remarquerez dans sa préface, était de traiter de toutes les vertus et de tous les vices. Et comme il assure lui-même dans cet endroit qu'il commence un si grand dessein à l'âge de quatre-vingt-dix-neuf ans, il y a apparence qu'une prompte mort l'empêcha de le conduire à sa perfection. J'avoue que l'opinion commune a toujours été qu'il avait poussé sa vie au delà de cent ans; et saint Jérôme, dans une lettre qu'il écrit à Népotien, assure qu'il est mort à cent sept ans accomplis : de sorte que je ne doute point qu'il n'y ait eu une ancienne erreur, ou dans les chiffres grecs qui ont servi de règle à Diogène Laërce, qui ne le fait vivre que quatre-vingt-quinze années[4], ou dans les premiers manuscrits qui ont été faits de cet historien, s'il est vrai d'ailleurs que les quatre-vingt-dix-neuf ans que cet auteur se donne dans cette préface se lisent également dans quatre manuscrits de la bibliothèque Palatine, où l'on a aussi trouvé les cinq derniers chapitres des *Caractères* de Théophraste qui manquaient aux anciennes impressions, et où l'on a vu deux titres, l'un *du goût qu'on a pour les vicieux,* et l'autre *du gain sordide,* qui sont seuls et dénués de leurs chapitres[1].

Ainsi cet ouvrage n'est peut-être même qu'un simple fragment, mais cependant un reste précieux de l'antiquité, et un monument de la vivacité de l'esprit et du jugement ferme et solide de ce philosophe dans un âge si avancé. En effet, il a toujours été élu comme un chef-d'œuvre dans son genre : il ne se voit rien où le goût attique se fasse mieux remarquer et où l'élégance grecque éclate davantage; on l'a appelé un livre d'or. Les savants, faisant attention à la diversité des mœurs qui y sont traitées et à la manière naïve[2] dont tous les caractères y sont exprimés, et la comparant d'ailleurs avec celle du poète Ménandre, disciple de Théophraste, et qui servit ensuite de modèle à Térence, qu'on a dans nos jours si heureusement imité, ne peuvent s'empêcher de reconnaître dans ce petit ouvrage la première source de tout le comique, je dis de celui qui est épuré des pointes, des obscénités, des équivoques, qui est pris dans la nature, qui fait rire les sages et les vertueux.

Mais peut-être que pour relever le mérite de ce traité des *Caractères* et en inspirer la lecture, il ne sera pas inutile de dire quelque chose de celui de leur auteur. Il était d'Érèse, ville de Lesbos, fils d'un foulon; il eut pour premier maître dans son pays un certain Leucippe *(a)*, qui était de la même ville que lui; de là il passa à l'école de Platon, et s'arrêta ensuite à celle d'Aristote, où il se distingua entre tous ses disciples. Ce nouveau maître, charmé de la facilité de son esprit et de la douceur de son

---

a. Un autre que Leucippe, philosophe célèbre et disciple de Zénon.

élocution, lui changea son nom, qui était Tyrtame, en celui d'Euphraste, qui signifie celui qui parle bien; et ce nom ne répondant point assez à la haute estime qu'il avait de la beauté de son génie et de ses expressions, il l'appela Théophraste, c'est-à-dire un homme dont le langage est divin. Et il semble que Cicéron ait entré dans les sentiments de ce philosophe, lorsque dans le livre qu'il intitule *Brutus* ou *des Orateurs illustres,* il parle ainsi : « Qui est plus fécond et plus abondant que Platon? plus solide et plus ferme qu'Aristote? plus agréable et plus doux que Théophraste? » Et dans quelques-unes de ses épîtres à Atticus, on voit que parlant du même Théophraste, il l'appelle son ami, que la lecture de ses livres lui était familière, et qu'il en faisait ses délices.

Aristote disait de lui et de Callisthène, un autre de ses disciples, ce que Platon avait dit la première fois d'Aristote même et de Xénocrate : que Callisthène était lent à concevoir et avait l'esprit tardif, et que Théophraste au contraire l'avait si vif, si perçant, si pénétrant, qu'il comprenait d'abord d'une chose tout ce qui en pouvait être connu; que l'un avait besoin d'éperon pour être excité, et qu'il fallait à l'autre un frein pour le retenir.

Il estimait en celui-ci sur toutes choses un caractère de douceur qui régnait également dans ses mœurs et dans son style; l'on raconte que les disciples d'Aristote, voyant leur maître avancé en âge et d'une santé fort affaiblie, le prièrent de leur nommer son successeur; que comme il avait deux hommes dans son école sur qui seuls ce choix pouvait tomber, Ménédème *(a)* le Rhodien, et Théophraste d'Érèse, par un esprit de ménagement pour celui qu'il voulait exclure, il se déclara de cette manière : il feignit, peu de temps après que ses disciples lui eurent fait cette prière, et en leur présence, que le vin dont il faisait un usage ordinaire lui était nuisible, il se fit apporter des vins de Rhodes et de Lesbos, il goûta de

a. Il y en a eu deux autres du même nom, l'un philosophe cynique, l'autre disciple de Platon.

tous les deux, dit qu'ils ne démentaient point leur terroir, et que chacun dans son genre était excellent, que le premier avait de la force, mais que celui de Lesbos avait plus de douceur, et qu'il lui donnait la préférence. Quoi qu'il en soit de ce fait qu'on lit dans Aulu-Gelle, il est certain que lorsque Aristote, accusé par Eurymédon, prêtre de Cérès, d'avoir mal parlé des Dieux, craignant le destin de Socrate, voulut sortir d'Athènes et se retirer à Chalcis, ville d'Eubée, il abandonna son école au Lesbien, lui confia ses écrits à condition de les tenir secrets; et c'est par Théophraste que sont venus jusques à nous les ouvrages de ce grand homme.

Son nom devint si célèbre par toute la Grèce que, successeur d'Aristote, il put compter bientôt dans l'école qu'il lui avait laissé jusques à deux mille disciples. Il excita l'envie de Sophocle *(a)*, fils d'Amphiclide, et qui pour lors était prêteur : celui-ci, en effet son ennemi, mais sous prétexte d'une exacte police et d'empêcher les assemblées, fit une loi qui défendait sur peine de la vie à aucun philosophe d'enseigner dans les écoles. Ils obéirent; mais l'année suivante, Philon ayant succédé à Sophocle qui était sorti de charge, le peuple d'Athènes abrogea cette loi odieuse que ce dernier avait faite, le condamna à une amende de cinq talents, rétablit Théophraste et le reste des philosophes.

Plus heureux qu'Aristote, qui avait été contraint de céder à Eurymédon, il fut sur le point de voir un certain Agnonide puni comme impie par les Athéniens, seulement à cause qu'il avait osé l'accuser d'impiété; tant était grande l'affection que ce peuple avait pour lui, et qu'il méritait par sa vertu.

En effet on lui rend ce témoignage qu'il avait une singulière prudence, qu'il était zélé pour le bien public, laborieux, officieux, affable, bienfaisant. Ainsi, au rapport de Plutarque, lorsqu'Érèse fut accablée de tyrans qui avaient usurpé la domination de leur pays, il se joi-

---

a. Un autre que le poète tragique.

gnit à Phidias *(a)*, son compatriote, contribua avec lui de ses biens pour armer les bannis qui rentrèrent dans leur ville, en chassèrent les traîtres, et rendirent à toute l'île de Lesbos sa liberté.

Tant de rares qualités ne lui acquirent pas seulement la bienveillance du peuple, mais encore l'estime et la familiarité des rois : il fut ami de Cassandre, qui avait succédé à Aride, frère d'Alexandre le Grand, au royaume de Macédoine; et Ptolémée, fils de Lagus et premier roi d'Égypte, entretint toujours un commerce étroit avec ce philosophe. Il mourut enfin accablé d'années et de fatigues, et il cessa tout à la fois de travailler et de vivre : toute la Grèce le pleura, et tout le peuple athénien assista à ses funérailles.

L'on raconte de lui que dans son extrême vieillesse, ne pouvant plus marcher à pied, il se faisait porter en litière par la ville, où il était vu du peuple à qui il était si cher. L'on dit aussi que ses disciples, qui entouraient son lit lorsqu'il mourut, lui ayant demandé s'il n'avait rien à leur recommander, il leur tint ce discours : « La vie nous séduit, elle nous promet de grands plaisirs dans la possession de la gloire; mais à peine commence-t-on à vivre, qu'il faut mourir : il n'y a souvent rien de plus stérile que l'amour de la réputation. Cependant, mes disciples, contentez-vous : si vous négligez l'estime des hommes, vous vous épargnez à vous-mêmes de grands travaux; s'ils ne rebutent point votre courage, il peut arriver que la gloire sera votre récompense : souvenez-vous seulement qu'il y a dans la vie beaucoup de choses inutiles, et qu'il y en a peu qui mènent à une fin solide. Ce n'est point à moi à délibérer sur le parti que je dois prendre, il n'est plus temps : pour vous, qui avez à me survivre, vous ne sauriez peser trop mûrement ce que vous devez faire. » Et ce furent là ses dernières paroles.

Cicéron, dans le troisième livre des *Tusculanes,* dit que Théophraste mourant se plaignit de la nature, de ce

a. Un autre que le fameux sculpteur.

qu'elle avait accordé aux cerfs et aux corneilles une vie si longue et qui leur est si inutile, lorsqu'elle n'avait donné aux hommes qu'une vie très-courte, bien qu'il leur importe si fort de vivre longtemps; que si l'âge des hommes eût pu s'étendre à un plus grand nombre d'années, il serait arrivé que leur vie aurait été cultivée par une doctrine universelle, et qu'il n'y aurait eu dans le monde ni art ni science qui n'eût atteint sa perfection. Et saint Jérôme, dans l'endroit déjà cité, assure que Théophraste, à l'âge de cent sept ans, frappé de la maladie dont il mourut, regretta de sortir de la vie dans un temps où il ne faisait que commencer à être sage.

Il avait coutume de dire qu'il ne faut pas aimer ses amis pour les éprouver, mais les éprouver pour les aimer; que les amis doivent être communs entre les frères, comme tout est commun entre les amis; que l'on devait plutôt se fier à un cheval sans frein qu'à celui qui parle sans jugement; que la plus forte dépense que l'on puisse faire est celle du temps. Il dit un jour à un homme qui se taisait à table dans un festin : « Si tu es un habile homme, tu as tort de ne pas parler; mais s'il n'est pas ainsi, tu en sais beaucoup. » Voilà quelques-unes de ses maximes.

Mais si nous parlons de ses ouvrages, ils sont infinis, et nous n'apprenons pas que nul ancien ait plus écrit que Théophraste. Diogène Laërce fait l'énumération de plus de deux cents traités différents, et sur toutes sortes de sujets, qu'il a composés; la plus grande partie s'est perdue par le malheur des temps, et l'autre se réduit à vingt traités qui sont recueillis dans le volume de ses œuvres : l'on y voit neuf livres de l'histoire des plantes, six livres de leurs causes; il a écrit des vents, du feu, des pierres, du miel, des signes du beau temps, des signes de la pluie, des signes de la tempête, des odeurs, de la sueur, du vertige, de la lassitude, du relâchement des nerfs, de la défaillance, des poissons qui vivent hors de l'eau, des animaux qui changent de couleur, des animaux qui naissent subitement, des animaux sujets à l'envie, des caractères, des mœurs. Voilà ce qui nous reste de ses écrits, entre lesquels ce dernier seul, dont on donne la traduction, peut répondre non seulement de la beauté de ceux que l'on vient de déduire[1], mais encore du mérite d'un nombre infini d'autres qui ne sont point venus jusques à nous.

Que si quelques-uns se refroidissaient[2] pour cet ouvrage moral par les choses qu'il y voient, qui sont du temps auquel il a été écrit, et qui ne sont point selon leurs mœurs, que peuvent-ils faire de plus utile et de plus agréable pour eux que de se défaire de cette prévention pour leurs coutumes et leurs manières, qui, sans autre discussion, non seulement les leur fait trouver les meilleures de toutes, mais leur fait presque décider que tout ce qui n'y est pas conforme est méprisable, et qui les prive[3], dans la lecture des livres des anciens, du plaisir et de l'instruction qu'ils en doivent attendre?

Nous, qui sommes si modernes, serons anciens dans quelques siècles : alors l'histoire du nôtre fera goûter à la postérité la vénalité des charges, c'est-à-dire le pouvoir de protéger l'innocence, de punir le crime, et de faire justice à tout le monde, acheté à deniers comptants comme une métairie; la splendeur des partisans, gens si méprisés chez les Hébreux et chez les Grecs. L'on entendra parler d'une capitale d'un grand royaume, où il n'y avait ni places publiques, ni bains, ni fontaines, ni amphithéâtres, ni galeries, ni portiques, ni promenoirs, qui était pourtant une ville merveilleuse. L'on dira que tout le cours de la vie s'y passait presque à sortir de sa maison pour aller se renfermer dans celle d'un autre[4]; que d'honnêtes femmes, qui n'étaient ni marchandes ni hôtelières, avaient leurs maisons ouvertes à ceux qui payaient pour y entrer; que l'on avait à choisir des dés[5], des cartes et de tous les jeux; que l'on mangeait dans ces maisons, et qu'elles étaient commodes à tout commerce. L'on saura que le peuple ne paraissait dans la ville que pour y passer avec précipitation : nul entretien, nulle familiarité; que tout y était farouche et comme alarmé par le bruit des chars qu'il fallait éviter, et qui s'abandonnaient au milieu des rues, comme on fait dans une lice pour remporter le prix de la course. L'on apprendra sans étonnement qu'en pleine paix et dans une tranquillité publique, des citoyens entraient dans les temples, allaient voir des femmes, ou visitaient leurs amis avec des armes offensives, et qu'il n'y avait presque personne qui n'eût à son côté de quoi pouvoir d'un seul coup en tuer un autre. Ou si ceux qui viendront après nous, rebutés par des mœurs si étranges et si différentes des leurs, se dégoûtent par là de nos mémoires, de nos poésies, de notre comique et de nos satires, pouvons-nous ne les pas plaindre par avance de se priver eux-mêmes, par cette fausse délicatesse, de la lecture de si beaux ouvrages, si travaillés, si réguliers, et de la connaissance du plus beau règne dont jamais l'histoire ait été embellie ?

Ayons donc pour les livres des Anciens cette même indulgence que nous espérons nous-mêmes de la postérité, persuadés que les hommes n'ont point d'usages ni de coutumes qui soient de tous les siècles, qu'elles changent avec les temps, que nous sommes trop éloignés de celles qui ont passé, et trop proches de celles qui règnent encore, pour être dans la distance qu'il faut pour faire des unes et des autres un juste discernement. Alors ni ce que nous appelons la politesse de nos mœurs, ni la bienséance de nos coutumes, ni notre faste, ni notre magnificence ne nous préviendront pas davantage contre la vie simple des Athéniens que contre celle des premiers hommes, grands par eux-mêmes, et indépendamment de mille choses extérieures qui ont été depuis inventées pour suppléer peut-être à cette véritable grandeur qui n'est plus.

La nature se montrait en eux dans toute sa pureté et sa dignité, et n'était point encore souillée par la vanité, par le luxe, et par la sotte ambition. Un homme n'était honoré sur la terre qu'à cause de sa force ou de sa vertu; il n'était point riche par des charges ou des pensions, mais par son champ, par ses troupeaux, par ses enfants et ses serviteurs; sa nourriture était saine et naturelle, les fruits de la terre, le lait de ses animaux et de ses brebis; ses vêtements simples et uniformes, leurs laines, leurs toisons; ses plaisirs innocents, une grande récolte, le mariage de ses enfants, l'union avec ses voisins, la paix dans sa famille. Rien n'est plus opposé à nos mœurs que toutes ces choses; mais l'éloignement des temps nous les fait goûter, ainsi que la distance des lieux nous fait recevoir tout ce que les diverses relations ou les livres de voyages nous apprennent des pays lointains et des nations étrangères.

Ils racontent une religion, une police, une manière de se nourrir, de s'habiller, de bâtir et de faire la guerre, qu'on ne savait point, des mœurs que l'on ignorait; celles qui approchent des nôtres nous touchent, celles qui s'en éloignent nous étonnent; mais toutes nous amusent, moins rebutés par la barbarie des manières et des coutumes de peuples si éloignés, qu'instruits et même réjouis par leur nouveauté; il nous suffit que ceux dont il s'agit soient Siamois, Chinois, Nègres ou Abyssins.

Or ceux dont Théophraste nous peint les mœurs dans ses *Caractères* étaient Athéniens, et nous sommes Français; et si nous joignons à la diversité des lieux et du climat le long intervalle des temps, et que nous considérions que ce livre a pu être écrit la dernière année de la CXV^e^ olympiade, trois cent quatorze ans avant l'ère chrétienne, et qu'ainsi il y a deux mille ans accomplis que vivait ce peuple d'Athènes dont il fait la peinture, nous admirerons de nous y reconnaître nous-mêmes, nos amis, nos ennemis, ceux avec qui nous vivons, et que cette ressemblance avec des hommes séparés par tant de siècles soit si entière. En effet, les hommes n'ont point changé selon le cœur et selon les passions; ils sont encore tels qu'ils étaient alors et qu'ils sont marqués dans Théophraste, vains, dissimulés, flatteurs, intéressés, effrontés, importuns, défiants, médisants, querelleux, superstitieux[1].

Il est vrai, Athènes était libre, c'était le centre d'une république, ses citoyens étaient égaux, ils ne rougissaient point l'un de l'autre; ils marchaient presque seuls et à pied dans une ville propre, paisible et spacieuse, entraient dans les boutiques et dans les marchés, achetaient eux-mêmes les choses nécessaires; l'émulation d'une cour ne les faisait point sortir d'une vie commune; ils réservaient leurs esclaves pour les bains, pour les repas, pour le service intérieur des maisons, pour les voyages; ils passaient une partie de leur vie dans les places, dans les temples, aux amphithéâtres, sur un port, sous des portiques, et au milieu d'une ville dont ils étaient également les maîtres. Là le peuple s'assemblait pour délibérer[1] des affaires publiques; ici il s'entretenait avec les étrangers; ailleurs les philosophes tantôt enseignaient leur doctrine, tantôt conféraient avec leurs disciples : ces lieux étaient tout à la fois la scène des plaisirs et des affaires; il y avait dans ces mœurs quelque chose de simple et de populaire, et qui ressemble peu aux nôtres, je l'avoue; mais cependant quels hommes en général que les Athéniens, et quelle ville qu'Athènes! quelles lois! quelle police! quelle valeur! quelle discipline! quelle perfection dans toutes les sciences et dans tous les arts! mais quelle politesse dans le commerce ordinaire et dans le langage! Théophraste, le même Théophraste dont l'on vient de dire de si grandes choses, ce parleur agréable, cet homme qui s'exprimait divinement, fut reconnu étranger et appelé de ce nom par une simple femme de qui il achetait des herbes au marché, et qui reconnut par je ne sais quoi d'attique qui lui manquait et que les Romains ont depuis appelé urbanité, qu'il n'était pas Athénien; et Cicéron rapporte que ce grand personnage demeura étonné de voir qu'ayant vieilli dans Athènes, possédant si parfaitement le langage attique et en ayant acquis l'accent par une habitude de tant d'années, il ne s'était pu donner ce que le simple peuple avait naturellement et sans nulle peine. Que si l'on ne laisse pas de lire quelquefois, dans ce traité des *Caractères,* de certaines mœurs qu'on ne peut excuser et qui nous paraissent ridicules, il faut se souvenir qu'elles ont paru telles à Théophraste, qu'il les a regardées comme des vices dont il a fait une peinture naïve qui fit honte aux Athéniens et qui servit à les corriger.

Enfin, dans l'esprit de contenter ceux qui reçoivent froidement tout ce qui appartient aux étrangers et aux Anciens, et qui n'estiment que leurs mœurs, on les ajoute à cet ouvrage. L'on a cru pouvoir se dispenser de suivre le projet de ce philosophe, soit parce qu'il est toujours pernicieux de poursuivre le travail d'autrui, surtout si c'est d'un ancien ou d'un auteur d'une grande réputation; soit encore parce que cette unique figure qu'on appelle description ou énumération, employée avec tant de succès dans ces vingt-huit chapitres des *Caractères,* pourrait en avoir un beaucoup moindre, si elle était traitée par un génie fort inférieur à celui de Théophraste.

Au contraire, se ressouvenant que parmi le grand nombre des traités de ce philosophe rapportés par Diogène Laërce, il s'en trouve un sous le titre de *Proverbes,* c'est-à-dire de pièces détachées, comme des réflexions ou des remarques; que le premier et le plus grand livre de morale qui ait été fait porte ce même nom dans les divines Écritures, on s'est trouvé excité par de si grands modèles à suivre selon ses forces une semblable manière d'écrire des mœurs *(a)*; et l'on n'a point été détourné de son entreprise par deux ouvrages de morale qui sont dans les mains de tout le monde, et d'où, faute d'attention ou par un esprit de critique, quelques-uns pourraient penser que ces remarques sont imitées.

L'un[1] par l'engagement de son auteur, fait servir la métaphysique à la religion, fait connaître l'âme, ses passions, ses vices, traite les grands et les sérieux motifs pour conduire à la vertu, et veut rendre l'homme chrétien. L'autre[2], qui est la production d'un esprit instruit par le commerce du monde et dont la délicatesse était égale à la pénétration, observant que l'amour-propre est dans l'homme la cause de tous ses faibles, l'attaque sans relâche, quelque part où il le trouve; et cette unique

---

a. L'on entend cette manière coupée dont Salomon a écrit ses *Proverbes,* et nullement les choses, qui sont divines et hors de toute comparaison.

pensée, comme multipliée en mille manières différentes, a toujours, par le choix des mots et par la variété de l'expression, la grâce de la nouveauté.

L'on ne suit aucune de ces routes dans l'ouvrage qui est joint à la traduction des *Caractères;* il est tout différent des deux autres que je viens de toucher : moins sublime que le premier et moins délicat que le second, il ne tend qu'à rendre l'homme raisonnable, mais par des voies amples et communes, et en l'examinant indifféremment, sans beaucoup de méthode et selon que les divers chapitres y conduisent[1], par les âges, les sexes et les conditions, et par les vices, les faibles et le ridicule qui y sont attachés.

L'on s'est plus appliqué aux vices de l'esprit, aux replis du cœur et à tout l'intérieur de l'homme que n'a fait Théophraste; et l'on peut dire que, comme ses *Caractères,* par mille choses extérieures qu'ils font remarquer dans l'homme, par ses actions, ses paroles et ses démarches, apprennent quel est son fond, et font remonter jusques à la source de son dérèglement, tout au contraire, les nouveaux *Caractères,* déployant d'abord les pensées, les sentiments et les mouvements des hommes, découvrent le principe[2] de leur malice et de leurs faiblesses, font que l'on prévoit aisément tout ce qu'ils sont capables de dire ou de faire, et qu'on ne s'étonne plus de mille actions vicieuses ou frivoles dont leur vie est toute remplie.

Il faut avouer que sur les titres de ces deux ouvrages l'embarras s'est trouvé presque égal. Pour ceux qui partagent le dernier, s'ils ne plaisent point assez, l'on permet d'en suppléer d'autres; mais à l'égard des titres des *Caractères* de Théophraste, la même liberté n'est pas accordée, parce qu'on n'est point maître du bien d'autrui : il a fallu suivre l'esprit de l'auteur, et les traduire selon le sens le plus proche de la diction grecque, et en même temps selon la plus exacte conformité avec leurs chapitres; ce qui n'est pas une chose facile, parce que souvent la signification d'un terme grec, traduit en français mot pour mot, n'est plus la même dans notre langue :

par exemple, ironie eſt chez nous une raillerie dans la conversation, ou une figure de rhétorique, et chez Théophraſte c'eſt quelque chose entre la fourberie et la dissimulation, qui n'eſt pourtant ni l'un ni l'autre, mais précisément ce qui eſt décrit dans le premier chapitre.

Et d'ailleurs les Grecs ont quelquefois deux ou trois termes assez différents pour exprimer des choses qui le sont aussi et que nous ne saurions guère rendre que par un seul mot : cette pauvreté embarrasse. En effet, l'on remarque dans cet ouvrage grec trois espèces d'avarice, deux sortes d'importuns, des flatteurs de deux manières, et autant de grands parleurs; de sorte que les caractères de ces personnes semblent rentrer les uns dans les autres, au désavantage du titre; ils ne sont pas aussi toujours suivis et parfaitement conformes[1], parce que Théophraſte emporté quelquefois par le dessein qu'il a de faire des portraits, se trouve déterminé à ces changements par le caractère[2] et les mœurs du personnage qu'il peint ou dont il fait la satire.

Les définitions qui sont au commencement de chaque chapitre ont eu leurs difficultés : elles sont courtes et concises dans Théophraſte, selon la force du grec et le ſtyle d'Ariſtote, qui lui en a fourni les premières idées : on les a étendues dans la traduction pour les rendre intelligibles; il se lit aussi dans ce traité des phrases qui ne sont pas achevées et qui forment un sens imparfait, auquel il a été facile de suppléer le véritable; il s'y trouve de différentes leçons, quelques endroits tout à fait interrompus, et qui pouvaient recevoir diverses explications; et pour ne point s'égarer dans ces doutes, on a suivi les meilleurs interprètes.

Enfin, comme cet ouvrage n'eſt qu'une simple inſtruction sur les mœurs des hommes, et qu'il vise moins à les rendre savants qu'à les rendre sages, l'on s'eſt trouvé exempt de le charger de longues et curieuses observations, ou de doctes commentaires qui rendissent un compte exact de l'antiquité; l'on s'eſt contenté de mettre de petites notes à côté de certains endroits[3] que l'on a cru les mériter, afin que nuls de ceux qui ont de la justesse, de la vivacité, et à qui il ne manque que d'avoir lu beaucoup ne se reprochent pas même ce petit défaut, ne puissent être arrêtés dans la lecture des *Caractères* et douter un moment du sens de Théophraste.

LES CARACTÈRES
DE THÉOPHRASTE
TRADUITS DU GREC[1]

J'AI admiré souvent[2], et j'avoue que je ne puis encore comprendre, quelque sérieuse réflexion que je fasse, pourquoi toute la Grèce étant placée sous un même ciel, et les Grecs nourris et élevés de la même manière *(a)*, il se trouve néanmoins si peu de ressemblance dans leurs mœurs. Puis donc, mon cher Polyclès, qu'à l'âge de quatre-vingt-dix-neuf ans où je me trouve, j'ai assez vécu pour connaître les hommes; que j'ai vu d'ailleurs, pendant le cours de ma vie, toutes sortes de personnes et de divers tempéraments, et que je me suis toujours attaché à étudier les hommes vertueux comme ceux qui n'étaient connus que par leurs vices, il semble que j'ai dû marquer *(b)* les caractères des uns et des autres, et ne me pas contenter de peindre les Grecs en général, mais même de toucher ce qui est personnel, et ce que plusieurs d'entr'eux paraissent avoir de plus familier. J'espère, mon cher Polyclès, que cet ouvrage sera utile à ceux qui viendront après nous; il leur tracera des modèles qu'ils pourront suivre; il leur apprendra à faire le discernement de ceux avec qui ils doivent lier quelque commerce, et dont l'émulation les portera à imiter leur sagesse et leurs vertus[3]. Ainsi je vais entrer en matière : c'est à vous de pénétrer dans mon sens, et d'examiner avec attention si la vérité se trouve dans mes paroles; et

---

a. Par rapport aux Barbares, dont les mœurs étaient très différentes de celles des Grecs.
b. Théophraste avait dessein de traiter de toutes les vertus et de tous les vices.

sans faire une plus longue préface, je parlerai d'abord de la dissimulation, je définirai ce vice, je dirai ce que c'est qu'un homme dissimulé, je décrirai ses mœurs, et je traiterai ensuite des autres passions, suivant le projet que j'en ai fait.

DE LA DISSIMULATION

La dissimulation *(a)*, n'est pas aisée à bien définir : si l'on se contente d'en faire une simple description, l'on peut dire que c'est un certain art de composer ses paroles et ses actions pour une mauvaise fin. Un homme dissimulé se comporte de cette manière : il aborde ses ennemis, leur parle, et leur fait croire par cette démarche qu'il ne les hait point; il loue ouvertement et en leur présence ceux à qui il dresse de secrètes embûches, et il s'afflige avec eux s'il leur est arrivé quelque disgrâce; il semble pardonner les discours offensants que l'on lui tient; il récite froidement les plus horribles choses que l'on aura dites contre sa réputation, et il emploie les paroles les plus flatteuses pour adoucir ceux qui se plaignent de lui, et qui sont aigris par les injures qu'ils en ont reçues. S'il arrive que quelqu'un l'aborde avec empressement, il feint des affaires, et lui dit de revenir une autre fois. Il cache soigneusement tout ce qu'il fait; et à l'entendre parler, on croirait toujours qu'il délibère. Il ne parle point indifféremment; il a ses raisons pour dire tantôt qu'il ne fait que revenir de la campagne, tantôt qu'il est arrivé à la ville fort tard et quelquefois qu'il est languissant, ou qu'il a une mauvaise santé. Il dit à celui qui lui emprunte de l'argent à intérêt, ou qui le prie de contribuer *(b)* de sa part à une somme que ses amis consentent de lui prêter, qu'il ne vend rien, qu'il ne s'est jamais vu si dénué d'argent; pendant qu'il dit aux autres

a. L'auteur parle de celle qui ne vient pas de la prudence, et que les Grecs appelaient *ironie*.

b. Cette sorte de contribution était fréquente à Athènes, et autorisée par les lois.

que le commerce va le mieux du monde, quoiqu'en effet il ne vende rien. Souvent, après avoir écouté ce que l'on lui a dit, il veut faire croire qu'il n'y a pas eu la moindre attention; il feint de n'avoir pas aperçu les choses où il vient de jeter les yeux, ou s'il eſt convenu d'un fait, de ne s'en plus souvenir. Il n'a pour ceux qui lui parlent d'affaire que cette seule réponse : « J'y penserai. » Il sait de certaines choses, il en ignore d'autres, il eſt saisi d'admiration, d'autres fois il aura pensé comme vous sur cet événement, et cela selon ses différents intérêts. Son langage le plus ordinaire eſt celui-ci : « Je n'en crois rien, je ne comprends pas que cela puisse être, je ne sais où j'en suis »; ou bien : « Il me semble que je ne suis pas moi-même »; et ensuite : « Ce n'eſt pas ainsi qu'il me l'a fait entendre; voilà une chose merveilleuse et qui passe toute créance; contez cela à d'autres; dois-je vous croire? ou me persuaderai-je qu'il m'ait dit la vérité?[1] » paroles doubles et artificieuses, dont il faut se défier comme de ce qu'il y a au monde de plus pernicieux. Ces manières d'agir ne partent point d'une âme simple et droite, mais d'une mauvaise volonté, ou d'un homme qui veut nuire : le venin des aspics eſt moins à craindre.

DE LA FLATTERIE

La flatterie eſt un commerce honteux qui n'eſt utile qu'au flatteur. Si un flatteur se promène avec quelqu'un dans la place : « Remarquez-vous, lui dit-il, comme tout le monde a les yeux sur vous? cela n'arrive qu'à vous seul. Hier il fut bien parlé de vous, et l'on ne tarissait point sur vos louanges : nous nous trouvâmes plus de trente personnes dans un endroit du Portique *(a)*; et comme par la suite du discours l'on vint à tomber sur celui que l'on devait eſtimer le plus homme de bien de

---

a. Édifice public qui servit depuis à Zénon et à ses disciples de rendez-vous pour leurs disputes; ils en furent appelés ſtoïciens, car *ſtoa*, mot grec, signifie portique.

la ville, tous d'une commune voix vous nommèrent, et il n'y en eut pas un seul[1] qui vous refusât ses suffrages. » Il lui dit mille choses de cette nature. Il affecte d'apercevoir le moindre duvet qui se sera attaché à votre habit, de le prendre et de le souffler à terre. Si par hasard le vent a fait voler quelques petites pailles sur votre barbe ou sur vos cheveux, il prend soin de vous les ôter; et vous souriant : « Il est merveilleux, dit-il, combien vous êtes blanchi *(a)* depuis deux jours que je ne vous ai pas vu »; et il ajoute : « Voilà encore, pour un homme de votre âge *(b)*, assez de cheveux noirs. » Si celui qu'il veut flatter prend la parole, il impose silence à tous ceux qui se trouvent présents, et il les force d'approuver aveuglément tout ce qu'il avance, et dès qu'il a cessé de parler, il se récrie : « Cela est dit le mieux du monde, rien n'est plus heureusement rencontré. » D'autres fois, s'il lui arrive de faire à quelqu'un une raillerie froide, il ne manque pas de lui applaudir, d'entrer dans cette mauvaise plaisanterie; et quoiqu'il n'ait nulle envie de rire, il porte à sa bouche l'un des bouts de son manteau, comme s'il ne pouvait se contenir et qu'il voulût s'empêcher d'éclater; et s'il l'accompagne lorsqu'il marche par la ville, il dit à ceux qu'il rencontre dans son chemin de s'arrêter jusqu'à ce qu'il soit passé. Il achète des fruits, et les porte chez ce citoyen; il les donne à ses enfants en sa présence; il les baise, il les caresse : « Voilà, dit-il, de jolis enfants et dignes d'un tel père. » S'il sort de sa maison, il le suit; s'il entre dans une boutique pour essayer des souliers, il lui dit : « Votre pied est mieux fait que cela. » Il l'accompagne ensuite chez ses amis, ou plutôt il entre le premier dans leur maison, et leur dit : « Un tel me suit et vient vous rendre visite »; et retournant sur ses pas : « Je vous ai annoncé, dit-il, et l'on se fait un grand honneur de vous recevoir. » Le flatteur se met à tout sans hésiter, se mêle des choses

---

a. Allusion à la nuance que de petites pailles font dans les cheveux.

b. Il parle à un jeune homme.

les plus viles et qui ne conviennent qu'à des femmes. S'il est invité à souper, il est le premier des conviés à louer le vin; assis à table le plus proche de celui qui fait le repas, il lui répète souvent : « En vérité, vous faites une chère délicate »; et montrant aux autres l'un des mets[1] qu'il soulève du plat : « Cela s'appelle, dit-il, un morceau friand. » Il a soin de lui demander s'il a froid, s'il ne voudrait point une autre robe; et il s'empresse de le mieux couvrir. Il lui parle sans cesse à l'oreille; et si quelqu'un de la compagnie l'interroge, il lui répond négligemment et sans le regarder, n'ayant des yeux que pour un seul. Il ne faut pas croire qu'au théâtre il oublie d'arracher des carreaux des mains du valet qui les distribue, pour les porter à sa place, et l'y faire asseoir plus mollement. J'ai dû dire aussi qu'avant qu'il sorte de sa maison, il en loue l'architecture, se récrie sur toutes choses, dit que les jardins sont bien plantés; et s'il aperçoit quelque part le portrait du maître, où il soit extrêmement flatté, il est touché de voir combien il lui ressemble et il l'admire comme un chef-d'œuvre. En un mot, le flatteur ne dit rien et ne fait rien au hasard; mais il rapporte toutes ses paroles et toutes ses actions au dessein qu'il a de plaire à quelqu'un et d'acquérir ses bonnes grâces.

DE L'IMPERTINENT OU DU DISEUR DE RIENS

La sotte envie de discourir vient d'une habitude qu'on a contractée de parler beaucoup et sans réflexion. Un homme qui veut parler, se trouvant assis proche d'une personne qu'il n'a jamais vue et qu'il ne connaît point, entre d'abord en matière, l'entretient de sa femme et lui fait son éloge, lui conte son songe, lui fait un long détail d'un repas où il s'est trouvé, sans oublier le moindre mets ni un seul service. Il s'échauffe ensuite dans la conversation, déclame contre le temps présent, et soutient que les hommes qui vivent présentement ne valent point leurs pères. De là il se jette sur ce qui se débite au marché, sur la cherté du blé, sur le grand nombre d'étrangers qui sont dans la ville; il dit qu'au printemps, où commencent les Bacchanales *(a)*, la mer devient navigable[1]; qu'un peu de pluie serait utile aux biens de la terre, et ferait espérer une bonne récolte; qu'il cultivera son champ l'année prochaine, et qu'il le mettra en valeur; que le siècle est dur, et qu'on a bien de la peine à vivre. Il apprend à cet inconnu que c'est Damippe qui a fait brûler la plus belle torche devant l'autel de Cérès *(b)* à la fête des Mystères; il lui demande combien de colonnes soutiennent le théâtre de la musique, quel est le quantième du mois; il lui dit qu'il a eu la veille une indigestion; et si cet homme à qui il parle a la patience de l'écouter, il ne partira pas d'auprès de lui : il lui annoncera comme une chose nouvelle que les Mystères *(c)* se célèbrent dans le mois d'août, les *Apaturies (d)* au mois d'octobre; et à la campagne, dans le mois de décembre, les Bacchanales *(e)*. Il n'y a avec de si grands causeurs qu'un parti à prendre, qui est de fuir[2], si l'on veut du moins éviter la fièvre; car quel moyen de pouvoir tenir contre des gens qui ne savent pas discerner ni votre loisir ni le temps de vos affaires?

DE LA RUSTICITÉ

Il semble que la rusticité n'est autre chose qu'une ignorance grossière des bienséances. L'on voit en effet des gens rustiques et sans réflexion sortir un jour de

---

a. Premières Bacchanales, qui se célébraient dans la ville.
b. Les mystères de Cérès se célébraient la nuit, et il y avait une émulation entre les Athéniens à qui y apporterait une plus grande torche.
c. Fête de Cérès. V. ci-dessus.
d. En français, la Fête des tromperies; elle se faisait en l'honneur de Bacchus. Son origine ne fait rien aux mœurs de ce chapitre.
e. Secondes Bacchanales, qui se célébraient en hiver à la campagne.

médecine *(a)*, et se trouver en cet état dans un lieu public parmi le monde; ne pas faire la différence de l'odeur forte du thym ou de la marjolaine d'avec les parfums les plus délicieux; être chaussés large et grossièrement; parler haut et ne pouvoir se réduire à un ton de voix modéré; ne se pas fier à leurs amis sur les moindres affaires, pendant qu'ils s'en entretiennent avec leurs domestiques, jusques à rendre compte à leurs moindres valets de ce qui aura été dit dans une assemblée publique. On les voit assis, leur robe relevée jusques aux genoux et d'une manière indécente. Il ne leur arrive pas en toute leur vie de rien admirer, ni de paraître surpris des choses les plus extraordinaires que l'on rencontre sur les chemins; mais si c'est un bœuf, un âne, ou un vieux bouc, alors ils s'arrêtent et ne se lassent point de les contempler. Si quelquefois ils entrent dans leur cuisine, ils mangent avidement tout ce qu'ils y trouvent, boivent tout d'une haleine une grande tasse de vin pur; ils se cachent pour cela de leur servante, avec qui d'ailleurs ils vont au moulin, et entrent dans les plus petits détails du domestique. Ils interrompent leur souper, et se lèvent pour donner une poignée d'herbes aux bêtes de charrues *(b)* qu'ils ont dans leurs étables. Heurte-t-on à leur porte pendant qu'ils dînent, ils sont attentifs et curieux. Vous remarquez toujours proche de leur table un gros chien de cour, qu'ils appellent à eux, qu'ils empoignent par la gueule en disant : « Voilà celui qui garde la place, qui prend soin de la maison et de ceux qui sont dedans. » Ces gens, épineux dans les payements qu'on leur fait, rebutent un grand nombre de pièces qu'ils croient légères, ou qui ne brillent pas assez à leurs yeux, et qu'on est obligé de leur changer. Ils sont occupés pendant la nuit d'une charrue, d'un sac, d'une faux, d'une corbeille, et ils rêvent à qui ils ont prêté ces ustensiles; et lors-

---

a. Le texte grec nomme une certaine drogue qui rendait l'haleine fort mauvaise le jour qu'on l'avait prise.

b. Des bœufs.

qu'ils marchent par la ville : « Combien vaut, demandent-ils aux premiers qu'ils rencontrent, le poisson salé ? Les fourrures se vendent-elles bien ? N'est-ce pas aujourd'hui que les jeux nous ramènent une nouvelle lune *(a)* ? » D'autres fois, ne sachant que dire, ils vous apprennent qu'ils vont se faire raser, et qu'ils ne sortent que pour cela. Ce sont ces mêmes personnes que l'on entend chanter dans le bain, qui mettent des clous à leurs souliers, et qui, se trouvant tous portés devant la boutique d'Archias *(b)*, achètent eux-mêmes des viandes salées, et les apportent à la main en pleine rue.

DU COMPLAISANT *(c)*

Pour faire une définition un peu exacte de cette affectation que quelques-uns ont de plaire à tout le monde, il faut dire que c'est une manière de vivre où l'on cherche beaucoup moins ce qui est vertueux et honnête que ce qui est agréable. Celui qui a cette passion, d'aussi loin qu'il aperçoit un homme dans la place, le salue en s'écriant : « Voilà ce qu'on appelle un homme de bien ! » l'aborde, l'admire sur les moindres choses, le retient avec ses deux mains, de peur qu'il ne lui échappe ; et après avoir fait quelques pas avec lui, il lui demande avec empressement quel jour on pourra le voir, et enfin ne s'en sépare qu'en lui donnant mille éloges. Si quelqu'un le choisit pour arbitre dans un procès, il ne doit pas attendre de lui qu'il lui soit plus favorable qu'à son adversaire : comme il veut plaire à tous deux, il les ménagera également. C'est dans cette vue que, pour se concilier tous les étrangers qui sont dans la ville, il leur dit quel-

a. Cela est dit rustiquement ; un autre dirait que la nouvelle lune ramène les jeux : et d'ailleurs c'est comme si le jour de Pâques quelqu'un disait : « N'est-ce pas aujourd'hui Pâques ? ».

b. Fameux marchand de chairs salées, nourriture ordinaire du peuple.

c. Ou de l'envie de plaire.

quefois qu'il leur trouve plus de raison et d'équité que dans ses concitoyens. S'il est prié d'un repas, il demande en entrant à celui qui l'a convié où sont ses enfants ; et dès qu'ils paraissent, il se récrie sur la ressemblance qu'ils ont avec leur père, et que deux figues ne se ressemblent pas mieux ; il les fait approcher de lui, il les baise, et, les ayant fait asseoir à ses deux côtés, il badine avec eux : « À qui est, dit-il, la petite bouteille ? À qui est la jolie cognée *(a)* ? » Il les prend ensuite sur lui, et les laisse dormir sur son estomac, quoiqu'il en soit incommodé. Celui enfin qui veut plaire se fait raser souvent, a un fort grand soin de ses dents, change tous les jours d'habits, et les quitte presque tout neufs ; il ne sort point en public qu'il ne soit parfumé ; on ne le voit guère dans les salles publiques qu'auprès des comptoirs des banquiers *(b)* ; et dans les écoles, qu'aux endroits seulement où s'exercent les jeunes gens *(c)* ; et au théâtre, les jours de spectacle, que dans les meilleures places[1] et tout proche des préteurs. Ces gens encore n'achètent jamais rien pour eux ; mais ils envoient à Byzance toute sorte de bijoux précieux, des chiens de Sparte à Cyzique, et à Rhodes l'excellent miel du mont Hymette ; et ils prennent soin que toute la ville soit informée qu'ils font ces emplettes. Leur maison est toujours remplie de mille choses curieuses qui font plaisir à voir, ou que l'on peut donner, comme des singes et des satyres *(d)*, qu'ils savent nourrir, des pigeons de Sicile, des dés qu'ils font faire d'os de chèvre, des fioles pour des parfums, des cannes torses que l'on fait à Sparte, et des tapis de Perse à personnages. Ils ont chez eux jusques à un jeu de paume, et une arène propre à s'exercer à la lutte ; et s'ils se promènent par la ville et qu'ils rencontrent en leur chemin des philosophes,

---

a. Petits jouets que les Grecs pendaient au cou de leurs enfants.
b. C'était là l'endroit où s'assemblaient les plus honnêtes gens de la ville.
c. Pour être connu d'eux et en être regardé, ainsi que de tous ceux qui s'y trouvaient.
d. Une espèce de singes.

des sophistes *(a)*, des escrimeurs ou des musiciens, ils leur offrent leur maison pour s'y exercer chacun dans son art indifféremment : ils se trouvent présents à ces exercices ; et se mêlant avec ceux qui viennent là pour regarder : « À qui croyez-vous qu'appartienne une si belle maison et cette arène si commode ? Vous voyez, ajoutent-ils en leur montrant quelque homme puissant de la ville, celui qui en est le maître et qui en peut disposer. »

DE L'IMAGE D'UN COQUIN

Un coquin est celui à qui les choses les plus honteuses ne coûtent rien à dire ou à faire, qui jure volontiers et fait des serments en justice autant que l'on lui en demande, qui est perdu de réputation, que l'on outrage impunément, qui est un chicaneur de profession, un effronté, et qui se mêle de toute sorte d'affaires. Un homme de ce caractère entre *(b)* sans masque dans une danse comique ; et même sans être ivre, mais de sang-froid, il se distingue dans la danse la plus obscène *(c)* par les postures les plus indécentes. C'est lui qui, dans ces lieux où l'on voit des prestiges *(d)*, s'ingère de recueillir l'argent de chacun des spectateurs, et qui fait querelle à ceux qui, étant entrés par billets, croient ne devoir rien payer. Il est d'ailleurs de tous métiers ; tantôt il tient une taverne, tantôt il est suppôt de quelque lieu infâme, une autre fois partisan : il n'y a point de sale commerce[1] où il ne soit capable d'entrer ; vous le verrez aujourd'hui crieur public demain cuisinier ou brelandier : tout lui est propre. S'il a une mère, il la laisse mourir de faim. Il est sujet au larcin, et à se voir traîner par la ville dans une prison, sa demeure

---

a. Une sorte de philosophes vains et intéressés.
b. Sur le théâtre avec des farceurs.
c. Cette danse, la plus déréglée de toutes, s'appelle en grec *cordax*, parce que l'on s'y servait d'une corde pour faire des postures.
d. Choses fort extraordinaires, telles qu'on en voit dans nos foires.

ordinaire, et où il passe une partie de sa vie. Ce sont ces sortes de gens que l'on voit se faire entourer du peuple, appeler ceux qui passent et se plaindre à eux avec une voix forte et enrouée, insulter ceux qui les contredisent : les uns fendent la presse pour les voir, pendant que les autres contents de les avoir vus, se dégagent et poursuivent leur chemin sans vouloir les écouter; mais ces effrontés continuent de parler : ils disent à celui-ci le commencement d'un fait, quelque mot à cet autre; à peine peut-on tirer d'eux la moindre partie de ce dont il s'agit; et vous remarquerez qu'ils choisissent pour cela des jours d'assemblée publique, où il y a un grand concours de monde, qui se trouve le témoin de leur insolence. Toujours accablés de procès, que l'on intente contre eux ou qu'ils ont intentés à d'autres, de ceux dont ils se délivrent par de faux serments comme de ceux qui les obligent de comparaître, ils n'oublient jamais de porter leur boîte *(a)* dans leur sein, et une liasse de papier entre leurs mains. Vous les voyez dominer parmi de vils praticiens, à qui ils prêtent à usure, retirant chaque jour une obole et demie de chaque dragme *(b)*; fréquenter les tavernes[1], parcourir les lieux où l'on débite le poisson frais ou salé, et consumer ainsi en bonne chère tout le profit qu'ils tirent de cette espèce de trafic. En un mot, ils sont querelleux et difficiles, ont sans cesse la bouche ouverte à la calomnie, ont une voix étourdissante, et qu'ils font retentir dans les marchés et dans les boutiques.

DU GRAND PARLEUR *(c)*

Ce que quelques-uns appellent *babil* est proprement une intempérance de langue qui ne permet pas à un homme de se taire. « Vous ne contez pas la chose comme

---

a. Une petite boîte de cuivre fort légère, où les plaideurs mettaient leurs titres et les pièces de leurs procès.
b. Une obole était la sixième partie d'une dragme.
c. Ou du *Babil.*

elle est, dira quelqu'un de ces grands parleurs à quiconque veut l'entretenir de quelque affaire que ce soit : j'ai tout su, et si vous vous donnez la patience de m'écouter, je vous apprendrai tout »; et si cet autre continue de parler : « Vous avez déjà dit cela; songez, poursuit-il, à ne rien oublier. Fort bien, cela est ainsi, car vous m'avez heureusement remis dans le fait : voyez ce que c'est que de s'entendre les uns les autres »; et ensuite : « Mais que veux-je dire? Ah! j'oubliais une chose! oui, c'est cela même, et je voulais voir si vous tomberiez juste dans tout ce que j'en ai appris. » C'est par de telles ou semblables interruptions qu'il ne donne pas le loisir à celui qui lui parle de respirer; et lorsqu'il a comme assassiné de son *babil* chacun de ceux qui ont voulu lier avec lui quelque entretien, il va se jeter dans un cercle de personnes graves qui traitent ensemble de choses sérieuses, et les met en fuite. De là il entre dans les écoles publiques et dans les lieux des exercices *(a)*, où il amuse les maîtres par de vains discours, et empêche la jeunesse de profiter de leurs leçons. S'il échappe à quelqu'un de dire : « Je m'en vais », celui-ci se met à le suivre, et il ne l'abandonne point qu'il ne l'ait remis jusques dans sa maison. Si par hasard il a appris ce qui aura été dit dans une assemblée de ville, il court dans le même temps le divulguer. Il s'étend merveilleusement sur la fameuse bataille *(b)* qui s'est donnée sous le gouvernement de l'orateur Aristophon, comme sur le combat célèbre *(c)* que ceux de Lacédémone ont livré aux Athéniens sous la conduite de Lysandre. Il raconte une autre fois quels applaudissements a eus un discours qu'il a fait dans le public, en répète une grande partie, mêle dans ce récit ennuyeux des invectives contre

---

a. C'était un crime puni de mort à Athènes par une loi de Solon, à laquelle on avait un peu dérogé au temps de Théophraste.

b. C'est-à-dire sur la bataille d'Arbelles et la victoire d'Alexandre, suivies de la mort de Darius, dont les nouvelles vinrent à Athènes lorsqu'Aristophon, célèbre orateur, était premier magistrat.

c. Il était plus ancien que la bataille d'Arbelles, mais trivial et su de tout le peuple.

le peuple, pendant que de ceux qui l'écoutent les uns s'endorment, les autres le quittent, et que nul ne se ressouvient d'un seul mot qu'il aura dit. Un grand causeur, en un mot, s'il est sur les tribunaux, ne laisse pas la liberté de juger; il ne permet pas que l'on mange à table; et s'il se trouve au théâtre, il empêche non seulement d'entendre, mais même de voir les acteurs. On lui fait avouer ingénuement qu'il ne lui est pas possible de se taire, qu'il faut que sa langue se remue dans son palais comme le poisson dans l'eau, et que quand on l'accuserait d'être plus *babillard* qu'une hirondelle, il faut qu'il parle : aussi écoute-t-il froidement toutes les railleries que l'on fait de lui sur ce sujet; et jusques à ses propres enfants, s'ils commencent à s'abandonner au sommeil : « Faites-nous, lui disent-ils, un conte qui achève de nous endormir. »

DU DÉBIT DES NOUVELLES

Un nouvelliste ou un conteur de fables est un homme qui arrange, selon son caprice, des discours et des faits remplis de fausseté; qui, lorsqu'il rencontre l'un de ses amis, compose son visage, et lui souriant : « D'où venez-vous ainsi? lui dit-il; que nous direz-vous de bon? n'y a-t-il rien de nouveau? » Et continuant de l'interroger : « Quoi donc? n'y a-t-il aucune nouvelle? cependant il y a des choses étonnantes à raconter. » Et sans lui donner le loisir de lui répondre : « Que dites-vous donc? poursuit-il; n'avez-vous rien entendu par la ville? Je vois bien que vous ne savez rien, et que je vais vous régaler de grandes nouveautés. » Alors, ou c'est un soldat, ou le fils d'Astée le joueur de flûte *(a)*, ou Lycon l'ingénieur, tous gens qui arrivent fraîchement de l'armée, de qui il sait toutes choses; car il allègue pour témoins de ce qu'il avance des hommes obscurs qu'on ne peut trouver pour les convaincre de fausseté. Il assure donc que ces

a. L'usage de la flûte, très ancien dans les troupes.

personnes lui ont dit que le Roi *(a)* et Polysperchon *(b)* ont gagné la bataille, et que Cassandre, leur ennemi, eſt tombé vif entre leurs mains *(c)*. Et lorsque quelqu'un lui dit : « Mais en vérité, cela eſt-il croyable ? » il lui réplique que cette nouvelle se récrie et se répand par toute la ville, que tous s'accordent à dire la même chose, que c'eſt tout ce qui se raconte du combat, et qu'il y a eu un grand carnage. Il ajoute qu'il a lu cet événement sur le visage de ceux qui gouvernent, qu'il y a un homme caché chez l'un de ces magiſtrats depuis cinq jours entiers, qui revient de la Macédoine, qui a tout vu et qui lui a tout dit. Ensuite, interrompant le fil de sa narration : « Que pensez-vous de ce succès ? » demande-t-il à ceux qui l'écoutent. « Pauvre Cassandre ! malheureux prince ! s'écrie-t-il d'une manière touchante. Voyez ce que c'eſt que la fortune ; car enfin Cassandre était puissant, et il avait avec lui de grandes forces. Ce que je vous dis, poursuit-il, eſt un secret qu'il faut garder pour vous seul », pendant qu'il court par toute la ville le débiter à qui le veut entendre. Je vous avoue que ces diseurs de nouvelles me donnent de l'admiration, et que je ne conçois pas quelle eſt la fin qu'ils se proposent ; car pour ne rien dire de la bassesse qu'il y a à toujours mentir, je ne vois pas qu'ils puissent recueillir le moindre fruit de cette pratique. Au contraire, il eſt arrivé à quelques-uns de se laisser voler leurs habits dans un bain public, pendant qu'ils ne songeaient qu'à rassembler autour d'eux une foule de peuple, et à lui conter des nouvelles. Quelques autres, après avoir vaincu sur mer et sur terre dans le Portique *(d)*, ont payé l'amende pour n'avoir pas comparu à une cause appelée. Enfin il s'en eſt trouvé qui le jour même qu'ils ont pris une ville, du moins par leurs beaux discours, ont manqué

---

a. Aridée, frère d'Alexandre le Grand.
b. Capitaine du même Alexandre.
c. C'était un faux bruit, et Cassandre, fils d'Antipater, disputant à Aridée et à Polysperchon la tutelle des enfants d'Alexandre, avait eu de l'avantage sur eux.
d. V. le chapitre *de la Flatterie*.

de dîner. Je ne crois pas qu'il y ait rien de si misérable que la condition de ces personnes; car quelle eſt la boutique, quel eſt le portique, quel eſt l'endroit d'un marché public où ils ne passent tout le jour à rendre sourds ceux qui les écoutent, ou à les fatiguer par leurs mensonges?

DE L'EFFRONTERIE CAUSÉE PAR L'AVARICE

Pour faire connaître ce vice, il faut dire que c'eſt un mépris de l'honneur dans la vue d'un vil intérêt. Un homme que l'avarice rend effronté ose emprunter une somme d'argent à celui à qui il en doit déjà, et qu'il lui retient avec injuſtice. Le jour même qu'il aura sacrifié aux Dieux, au lieu de manger religieusement chez soi une partie des viandes consacrées *(a)*, il les fait saler pour lui servir dans plusieurs repas, et va souper chez l'un de ses amis; et là, à table, à la vue de tout le monde, il appelle son valet, qu'il veut encore nourrir aux dépens de son hôte, et lui coupant un morceau de viande qu'il met sur un quartier de pain : « Tenez, mon ami, lui dit-il, faites bonne chère. » Il va lui-même au marché acheter des viandes cuites *(b)*; et avant que de convenir du prix, pour avoir une meilleure composition du marchand, il le fait ressouvenir qu'il lui a autrefois rendu service. Il fait ensuite peser ces viandes et il en entasse le plus qu'il peut; s'il en eſt empêché par celui qui les lui vend, il jette du moins quelque os dans la balance : si elle peut tout contenir, il eſt satisfait; sinon, il ramasse sur la table des morceaux de rebut, comme pour se dédommager, sourit, et s'en va. Une autre fois, sur l'argent qu'il aura reçu de quelques étrangers pour leur louer des places au théâtre, il trouve le secret d'avoir sa part franche du spectacle, et d'y envoyer le lendemain ses enfants et leur précepteur. Tout lui fait envie : il veut profiter des bons marchés, et

---

a. C'était la coutume des Grecs. V. le chap. *du Contre-temps.*
b. Comme le menu peuple, qui achetait son soupé chez les chaircuitiers.

demande hardiment au premier venu une chose qu'il ne vient que d'acheter. Se trouve-t-il dans une maison étrangère, il emprunte jusques à l'orge et à la paille; encore faut-il que celui qui les prête lui fasse les frais de les faire porter jusques chez lui. Cet effronté, en un mot, entre sans payer dans un bain public, et là, en présence du baigneur qui crie inutilement contre lui, prenant le premier vase qu'il rencontre, il le plonge dans une cuve d'airain qui est remplie d'eau, se la répand sur tout le corps *(a)* : « Me voilà lavé, ajoute-t-il, autant que j'en ai besoin, et sans avoir obligation à personne », remet sa robe et disparaît.

DE L'ÉPARGNE SORDIDE

Cette espèce d'avarice est dans les hommes une passion de vouloir ménager les plus petites choses sans aucune fin honnête. C'est dans cet esprit que quelques-uns, recevant tous les mois le loyer de leur maison, ne négligent pas d'aller eux-mêmes demander la moitié d'une obole qui manquait au dernier payement qu'on leur a fait; que d'autres, faisant l'effort de donner à manger chez eux, ne sont occupés pendant le repas qu'à compter le nombre de fois que chacun des conviés demande à boire. Ce sont eux encore dont la portion des prémices des viandes que l'on envoie sur l'autel de Diane *(b)* est toujours la plus petite. Ils apprécient les choses au-dessous de ce qu'elles valent; et de quelque bon marché qu'un autre, en leur rendant compte, veuille se prévaloir, ils lui soutiennent toujours qu'il a acheté trop cher. Implacables à l'égard d'un valet qui aura laissé tomber un pot à terre, ou cassé par malheur quelque vase d'argile, ils lui déduisent cette perte sur sa nourriture; mais si leurs femmes ont perdu seulement un denier, il faut alors

---

a. Les plus pauvres se lavaient ainsi pour payer moins.
b. Les Grecs commençaient par ces offrandes leurs repas publics.

renverser toute une maison, déranger les lits, transporter des coffres, et chercher dans les recoins les plus cachés. Lorsqu'ils vendent, ils n'ont que cette unique chose en vue, qu'il n'y ait qu'à perdre pour celui qui achète. Il n'eſt permis à personne de cueillir une figue dans leur jardin, de passer au travers de leur champ, de ramasser une petite branche de palmier, ou quelques olives qui seront tombées de l'arbre. Ils vont tous les jours se promener sur leurs terres, en remarquent les bornes, voient si l'on n'y a rien changé et si elles sont toujours les mêmes. Ils tirent intérêt de l'intérêt[1], et ce n'eſt qu'à cette condition qu'ils donnent du temps à leurs créanciers. S'ils ont invité à dîner quelques-uns de leurs amis, et qui ne sont que des personnes du peuple, ils ne feignent point de leur faire servir un simple hachis; et on les a vus souvent aller eux-mêmes au marché pour ces repas, y trouver tout trop cher, et en revenir sans rien acheter. « Ne prenez pas l'habitude, disent-ils à leurs femmes, de prêter votre sel, votre orge, votre farine, ni même du cumin *(a)*, de la marjolaine *(b)*, des gâteaux pour l'autel *(c)*, du coton, de la laine; car ces petits détails ne laissent pas de monter à la fin d'une année, à une grosse somme. » Ces avares, en un mot, ont des trousseaux de clefs rouillées, dont ils ne se servent point, des cassettes où leur argent eſt en dépôt, qu'ils n'ouvrent jamais, et qu'ils laissent moisir dans un coin de leur cabinet; ils portent des habits qui leur sont trop courts et trop étroits; les plus petites fioles contiennent plus d'huile qu'il n'en faut pour les oindre; ils ont la tête rasée jusques au cuir, se déchaussent vers le milieu du jour *(d)* pour épargner leurs souliers, vont touver les foulons pour obtenir d'eux de ne pas épargner

---

a. Une sorte d'herbe.
b. Elle empêche les viandes de se corrompre, ainsi que le thym et le laurier.
c. Faits de farine et de miel, et qui servaient aux sacrifices.
d. Parce que dans cette partie du jour le froid en toute saison était supportable.

la craie dans la laine qu'ils leur ont donnée à préparer, afin, disent-ils, que leur étoffe se tache moins *(a)*.

DE L'IMPUDENT OU DE CELUI QUI NE ROUGIT DE RIEN

L'impudence est facile à définir : il suffit de dire que c'est une profession ouverte d'une plaisanterie outrée, comme de ce qu'il y a de plus honteux et de plus contraite à la bienséance. Celui-là, par exemple, est impudent, qui voyant venir vers lui une femme de condition, feint dans ce moment quelque besoin pour avoir occasion de se montrer à elle d'une manière déshonnête; qui se plaît à battre des mains au théâtre lorsque tout le monde se tait, ou y siffler[1] les acteurs que les autres voient et écoutent avec plaisir; qui couché sur le dos, pendant que toute l'assemblée garde un profond silence, fait entendre de sales hoquets qui obligent les spectateurs de tourner la tête et d'interrompre leur attention. Un homme de ce caractère achète en plein marché des noix, des pommes, toute sorte de fruits, les mange, cause debout avec la fruitière, appelle par leurs noms ceux qui passent sans presque les connaître, en arrête d'autres qui courent par la place et qui ont leurs affaires; et s'il voit venir quelque plaideur, il l'aborde, le raille et le félicite[2] sur une cause importante qu'il vient de perdre. Il va lui-même choisir de la viande, et louer pour un souper des femmes qui jouent de la flûte; et montrant à ceux qu'il rencontre ce qu'il vient d'acheter, il les convie en riant d'en venir manger. On le voit s'arrêter devant la boutique d'un barbier ou d'un parfumeur, et là *(b)* annoncer qu'il va

---

a. C'était aussi parce que cet apprêt avec de la craie, comme le pire de tous, et qui rendait les étoffes dures et grossières, était celui qui coûtait le moins.

b. Il y avait des gens fainéants et désoccupés qui s'assemblaient dans leurs boutiques.

faire un grand repas et s'enivrer. Si quelquefois il vend du vin, il le fait mêler pour ses amis comme pour les autres sans distinction. Il ne permet pas à ses enfants d'aller à l'amphithéâtre avant que les jeux soient commencés et lorsque l'on paye pour être placé, mais seulement sur la fin du spectacle et quand l'architecte *(a)* néglige les places et les donne pour rien. Étant envoyé avec quelques autres citoyens en ambassade, il laisse chez soi la somme que le public lui a donnée pour faire les frais de son voyage, et emprunte de l'argent de ses collègues; sa coutume alors est de charger son valet de fardeaux au delà de ce qu'il en peut porter, et de lui retrancher cependant de son ordinaire; et comme il arrive souvent que l'on fait dans les villes des présents aux ambassadeurs, il demande sa part pour la vendre. « Vous m'achetez toujours, dit-il au jeune esclave qui le sert dans le bain, une mauvaise huile, et qu'on ne peut supporter » : il se sert ensuite de l'huile d'un autre et épargne la sienne. Il envie à ses propres valets qui le suivent la plus petite pièce de monnaie qu'ils auront ramassée dans les rues, et il ne manque point d'en retenir sa part avec ce mot : *Mercure est commun (b)*. Il fait pis : il distribue à ses domestiques leurs provisions dans une certaine mesure dont le fond, creux par-dessous, s'enfonce en dedans et s'élève comme en pyramide; et quand elle est pleine, il la rase lui-même avec le rouleau le plus près qu'il peut *(c)*... De même, s'il paye à quelqu'un trente mines *(d)* qu'il lui doit, il fait si bien qu'il y manque quatre dragmes *(e)*, dont il profite. Mais dans ces grands repas où il faut traiter toute une

---

a. L'architecte qui avait bâti l'amphithéâtre, et à qui la République donnait le louage des places en payement.
b. Proverbe grec, qui revient à notre *je retiens part.*
c. Quelque chose manque ici dans le texte.
d. Mine se doit prendre ici pour une pièce de monnaie.
e. *Dragmes,* petites pièces de monnaie, dont il en fallait cent à Athènes pour faire une mine.

tribu *(a)*, il fait recueillir par ceux de ses domestiques qui ont soin de la table le reste des viandes qui ont été servies, pour lui en rendre compte[1] : il serait fâché de leur laisser une rave à demi mangée.

DU CONTRE-TEMPS

Cette ignorance du temps et de l'occasion est une manière d'aborder les gens ou d'agir avec eux, toujours incommode et embarrassante. Un importun est celui qui choisit le moment que son ami est accablé de ses propres affaires, pour lui parler des siennes; qui va souper chez sa maîtresse le soir même qu'elle a la fièvre; qui voyant que quelqu'un vient d'être condamné en justice de payer pour un autre pour qui il s'est obligé, le prie néanmoins de répondre pour lui; qui comparaît pour servir de témoin dans un procès que l'on vient de juger; qui prend le temps des noces où il est invité pour se déchaîner contre les femmes; qui entraîne à la promenade des gens à peine arrivés d'un long voyage et qui n'aspirent qu'à se reposer; fort capable d'amener des marchands pour offrir d'une chose plus qu'elle ne vaut, après qu'elle est vendue; de se lever au milieu d'une assemblée pour reprendre un fait dès ses commencements, et en instruire à fond ceux qui en ont les oreilles rebattues et qui le savent mieux que lui; souvent empressé pour engager dans une affaire des personnes qui, ne l'affectionnant point, n'osent pourtant refuser d'y entrer. S'il arrive que quelqu'un dans la ville doive faire un festin *(b)* après avoir sacrifié, il va lui demander une portion des viandes qu'il a préparées. Une autre fois, s'il voit qu'un

---

a. Athènes était partagée en plusieurs tribus. V. le chap. *de la Médisance*.

b. Les Grecs, le jour même qu'ils avaient sacrifié, ou soupaient avec leurs amis, ou leur envoyaient à chacun une portion de la victime. C'était donc un contre-temps de demander sa part prématurément, et lorsque le festin était résolu, auquel on pouvait même être invité.

maître châtie devant lui son esclave : « J'ai perdu, dit-il, un des miens dans une pareille occasion : je le fis fouetter, il se désespéra et s'alla pendre. » Enfin, il n'est propre qu'à commettre de nouveau deux personnes qui veulent s'accommoder, s'ils l'ont fait arbitre de leur différend. C'est encore une action qui lui convient fort que d'aller prendre au milieu du repas, pour danser *(a)*, un homme qui est de sang-froid et qui n'a bu que modérément.

DE L'AIR EMPRESSÉ

Il semble que le trop grand empressement est une recherche importune, ou une vaine affectation de marquer aux autres de la bienveillance par ses paroles et par toute sa conduite. Les manières d'un homme empressé sont de prendre sur soi l'événement d'une affaire qui est au-dessus de ses forces, et dont il ne saurait sortir avec honneur; et dans une chose que toute une assemblée juge raisonnable, et où il ne se trouve pas la moindre difficulté, d'insister longtemps sur une légère circonstance, pour être ensuite de l'avis des autres; de faire beaucoup plus apporter de vin dans un repas qu'on n'en peut boire; d'entrer dans une querelle où il se trouve présent, d'une manière à l'échauffer davantage. Rien n'est aussi plus ordinaire que de le voir s'offrir à servir de guide dans un chemin détourné qu'il ne connaît pas, et dont il ne peut ensuite trouver l'issue; venir vers son général, et lui demander quand il doit ranger son armée en bataille, quel jour il faudra combattre, et s'il n'a point d'ordres à lui donner pour le lendemain; une autre fois s'approcher de son père : « Ma mère, lui dit-il mystérieusement, vient de se coucher et ne commence qu'à s'endormir »; s'il entre enfin dans la chambre d'un malade à qui son médecin a défendu le vin,

---

a. Cela ne se faisait chez les Grecs qu'après le repas, et lorsque les tables étaient enlevées.

dire qu'on peut essayer s'il ne lui fera point de mal, et le soutenir doucement pour lui en faire prendre. S'il apprend qu'une femme soit morte dans la ville, il s'ingère de faire son épitaphe ; il y fait graver son nom, celui de son mari, de son père, de sa mère, son pays, son origine, avec cet éloge : *Ils avaient tous de la vertu (a)*. S'il est quelquefois obligé de jurer devant des juges qui exigent son serment : « Ce n'est pas, dit-il en perçant la foule pour paraître à l'audience, la première fois que cela m'est arrivé. »

DE LA STUPIDITÉ

La stupidité est en nous une pesanteur d'esprit qui accompagne nos actions et nos discours. Un homme stupide, ayant lui-même calculé avec des jetons une certaine somme, demande à ceux qui le regardent faire à quoi elle se monte. S'il est obligé de paraître dans un jour prescrit devant ses juges pour se défendre dans un procès que l'on lui fait, il l'oublie entièrement et part pour la campagne. Il s'endort à un spectacle, et il ne se réveille que longtemps après qu'il est fini et que le peuple s'est retiré. Après s'être rempli de viandes le soir, il se lève la nuit pour une indigestion, va dans la rue se soulager, où il est mordu d'un chien du voisinage. Il cherche ce qu'on vient de lui donner, et qu'il a mis lui-même dans quelque endroit, où souvent il ne peut le retrouver. Lorsqu'on l'avertit de la mort de l'un de ses amis afin qu'il assiste à ses funérailles, il s'attriste, il pleure, il se désespère, et prenant une façon de parler pour une autre : « À la bonne heure », ajoute-t-il, ou une pareille sottise. Cette précaution qu'ont les personnes sages de ne pas donner sans témoin *(b)* de l'argent à leurs créanciers, il l'a pour en recevoir de ses débiteurs. On le voit quereller son valet, dans le plus grand

---

a. Formule d'épitaphe[1].

b. Les témoins étaient fort en usage chez les Grecs dans les payements et dans tous les actes.

froid de l'hiver, pour ne lui avoir pas acheté des concombres. S'il s'avise un jour de faire exercer ses enfants à la lutte ou à la course, il ne leur permet pas de se retirer qu'ils ne soient tout en sueur et hors d'haleine. Il va cueillir lui-même des lentilles, les fait cuire, et oubliant qu'il y a mis du sel, il les sale une seconde fois, de sorte que personne n'en peut goûter. Dans le temps d'une pluie incommode, et dont tout le monde se plaint, il lui échappera de dire que l'eau du ciel est une chose délicieuse; et si on lui demande par hasard combien il a vu emporter de morts *(a)* par la porte Sacrée : « Autant, répond-il, pensant peut-être à de l'argent ou à des grains, que je voudrais que vous et moi en pussions avoir. »

DE LA BRUTALITÉ

La brutalité est une certaine dureté, et j'ose dire une férocité qui se rencontre dans nos manières d'agir, et qui passe même jusqu'à nos paroles. Si vous demandez à un homme brutal : « Qu'est devenu un tel? » il vous répond durement : « Ne me rompez point la tête. » Si vous le saluez, il ne vous fait pas l'honneur de vous rendre le salut. Si quelquefois il met en vente une chose qui lui appartient, il est inutile de lui en demander le prix, il ne vous écoute pas; mais il dit fièrement à celui qui la marchande : « Qu'y trouvez-vous à dire? » Il se moque de la piété de ceux qui envoient leurs offrandes dans les temples aux jours d'une grande célébrité : « Si leurs prières, dit-il, vont jusques aux Dieux, et s'ils en obtiennent les biens qu'ils souhaitent, l'on peut dire qu'ils les ont bien payés, et que ce n'est pas un présent du ciel. » Il est inexorable à celui qui sans dessein l'aura poussé légèrement, ou lui aura marché sur le pied : c'est une faute qu'il ne pardonne pas. La première chose qu'il dit à un ami qui lui emprunte quelque argent, c'est qu'il

a. Pour être enterrés hors de la ville, suivant la loi de Solon.

ne lui en prêtera point : il va le trouver ensuite, et le lui donne de mauvaise grâce, ajoutant qu'il le compte perdu. Il ne lui arrive jamais de se heurter à une pierre qu'il rencontre en son chemin, sans lui donner de grandes malédictions. Il ne daigne pas attendre personne; et si l'on diffère un moment à se rendre au lieu dont l'on est convenu avec lui, il se retire. Il se distingue toujours par une grande singularité : il ne veut ni chanter à son tour, ni réciter *(a)* dans un repas, ni même danser avec les autres. En un mot, on ne le voit guère dans les temples importuner les Dieux, et leur faire des vœux ou des sacrifices.

DE LA SUPERSTITION

La superstition semble n'être autre chose qu'une crainte mal réglée de la Divinité. Un homme superstitieux, après avoir lavé ses mains et s'être purifié avec de l'eau lustrale *(b)*, sort du temple, et se promène une grande partie du jour avec une feuille de laurier dans sa bouche. S'il voit une belette, il s'arrête tout court, et il ne continue pas de marcher que quelqu'un n'ait passé avant lui par le même endroit que cet animal a traversé, ou qu'il n'ait jeté lui-même trois petites pierres dans le chemin, comme pour éloigner de lui ce mauvais présage. En quelque endroit de sa maison qu'il ait aperçu un serpent, il ne diffère pas d'y élever un autel; et dès qu'il remarque dans les carrefours de ces pierres que la dévotion du peuple y a consacrées, il s'en approche, verse dessus toute l'huile de sa fiole, plie les genoux devant elles, et les adore. Si un rat lui a rongé un sac de farine,

a. Les Grecs récitaient à table quelques beaux endroits de leurs poètes, et dansaient ensemble après les repas. V. le chap. *du Contretemps.*

b. Une eau où l'on avait éteint un tison ardent pris sur l'autel où l'on brûlait la victime; elle était dans une chaudière à la porte du temple; l'on s'en lavait soi-même, ou l'on s'en faisait laver par les prêtres.

il court au devin, qui ne manque pas de lui enjoindre d'y faire mettre une pièce, mais bien loin d'être satisfait de sa réponse, effrayé d'une aventure si extraordinaire, il n'ose plus se servir de son sac et s'en défait. Son faible encore est de purifier sans fin la maison qu'il habite, d'éviter de s'asseoir sur un tombeau, comme d'assister à des funérailles, ou d'entrer dans la chambre d'une femme qui est en couches; et lorsqu'il lui arrive d'avoir pendant son sommeil quelque vision, il va trouver les interprètes des songes, les devins et les augures pour savoir d'eux à quel dieu ou à quelle déesse il doit sacrifier. Il est fort exact à visiter, sur la fin de chaque mois, les prêtres d'Orphée, pour se faire initier dans ses mystères *(a)*; il y mène sa femme; ou si elle s'en excuse par d'autres soins, il y fait conduire ses enfants par une nourrice. Lorsqu'il marche par la ville, il ne manque guère de se laver toute la tête avec l'eau des fontaines qui sont dans les places; quelquefois il a recours à des prêtresses, qui le purifient d'une autre manière, en liant et étendant autour de son corps un petit chien ou de la squille *(b)*. Enfin, s'il voit un homme frappé d'épilepsie, saisi d'horreur, il crache dans son propre sein, comme pour rejeter le malheur de cette rencontre.

DE L'ESPRIT CHAGRIN

L'esprit chagrin fait que l'on n'est jamais content de personne, et que l'on fait aux autres mille plaintes sans fondement. Si quelqu'un fait un festin, et qu'il se souvienne d'envoyer un plat *(c)* à un homme de cette humeur, il ne reçoit de lui pour tout remerciement que le reproche d'avoir été oublié : « Je n'étais pas digne,

---

a. Instruire de ses mystères.
b. Espèce d'oignon marin.
c. Ç'a été la coutume des Juifs et d'autres peuples orientaux, des Grecs et des Romains.

dit cet esprit querelleux, de boire son vin, ni de manger à sa table. » Tout lui est suspect, jusques aux caresses que lui fait sa maîtresse : « Je doute fort, lui dit-il, que vous soyez sincère, et que toutes ces démonstrations d'amitié partent du cœur. » Après une grande sécheresse venant à pleuvoir, comme il ne peut se plaindre de la pluie, il s'en prend au Ciel de ce qu'elle n'a pas commencé plus tôt. Si le hasard lui fait voir une bourse dans son chemin, il s'incline : « Il y a des gens, ajoute-t-il, qui ont du bonheur; pour moi, je n'ai jamais eu celui de trouver un trésor. » Une autre fois, ayant envie d'un esclave, il prie instamment celui à qui il appartient d'y mettre le prix; et dès que celui-ci, vaincu par ses importunités, le lui a vendu, il se repent de l'avoir acheté : « Ne suis-je pas trompé? demande-t-il, et exigerait-on si peu d'une chose qui serait sans défauts? » À ceux qui lui font les compliments ordinaires sur la naissance d'un fils et sur l'augmentation de sa famille : « Ajoutez, leur dit-il, pour ne rien oublier, sur ce que mon bien est diminué de la moitié. » Un homme chagrin, après avoir eu de ses juges ce qu'il demandait, et l'avoir emporté tout d'une voix sur son adversaire, se plaint encore de celui qui a écrit ou parlé pour lui, de ce qu'il n'a pas touché les meilleurs moyens de sa cause; ou lorsque ses amis ont fait ensemble une certaine somme pour le secourir dans un besoin pressant, si quelqu'un l'en félicite et le convie à mieux espérer de la fortune : « Comment, lui répond-il, puis-je être sensible à la moindre joie, quand je pense que je dois rendre cet argent à chacun de ceux qui me l'ont prêté, et n'être pas encore quitte envers eux de la reconnaissance de leur bienfait? »

DE LA DÉFIANCE

L'esprit de défiance nous fait croire que tout le monde est capable de nous tromper. Un homme défiant, par exemple, s'il envoie au marché l'un de ses domestiques pour y acheter des provisions, il le fait suivre par un autre qui doit lui rapporter fidèlement combien elles ont coûté. Si quelquefois il porte de l'argent sur soi dans un voyage, il le calcule à chaque stade *(a)* qu'il fait, pour voir s'il a son compte. Une autre fois, étant couché avec sa femme, il lui demande si elle a remarqué que son coffre fort fût bien fermé, si sa cassette est toujours scellée, et si on a eu soin de bien fermer la porte du vestibule; et, bien qu'elle assure que tout est en bon état, l'inquiétude le prend, il se lève du lit, va en chemise et les pieds nus, avec la lampe qui brûle dans sa chambre, visiter lui-même tous les endroits de sa maison, et ce n'est qu'avec beaucoup de peine qu'il s'endort après cette recherche. Il mène avec lui les témoins quand il va demander ses arrérages, afin qu'il ne prenne pas un jour envie à ses débiteurs de lui dénier sa dette. Ce n'est point chez le foulon qui passe pour le meilleur ouvrier qu'il envoie teindre sa robe, mais chez celui qui consent de ne point la recevoir sans donner caution. Si quelqu'un se hasarde de lui emprunter quelques vases *(b)*, il les lui refuse souvent; ou s'il les accorde, *il ne les laisse pas enlever qu'ils ne soient pesés, il fait suivre celui qui les emporte, et envoie dès le lendemain prier qu'on les lui renvoie* *(c)*. A-t-il un esclave qu'il affectionne[1] et qui l'accompagne dans la ville il le fait marcher devant lui, de peur que s'il le perdait de vue, il ne lui échappât et ne prît la fuite. À un homme qui, emportant de chez lui quelque chose que ce soit, lui dirait : « Estimez cela, et mettez-le sur mon compte », il répondrait qu'il faut le laisser où on l'a pris, et qu'il a d'autres affaires que celle de courir après son argent.

---

a. Six cents pas.
b. D'or ou d'argent.
c. Ce qui se lit entre les deux étoiles n'est pas dans le grec, où le sens est interrompu, mais il est suppléé par quelques interprètes.

D'UN VILAIN HOMME

Ce caractère suppose toujours dans un homme une extrême malpropreté, et une négligence pour sa personne qui passe dans l'excès et qui blesse ceux qui s'en aperçoivent. Vous le verrez quelquefois tout couvert de lèpre avec des ongles longs et malpropres, ne pas laisser de se mêler parmi le monde, et croire en être quitte pour dire que c'est une maladie de famille, et que son père et son aïeul y étaient sujets. Il a aux jambes des ulcères. On lui voit aux mains des poireaux et d'autres saletés, qu'il néglige de faire guérir; ou s'il pense à y remédier, c'est lorsque le mal, aigri par le temps, est devenu incurable. Il est hérissé de poil sous les aisselles et par tout le corps, comme une bête fauve; il a les dents noires, rongées, et telles que son abord ne se peut souffrir. Ce n'est pas tout : il crache ou il se mouche en mangeant; il parle la bouche pleine, fait en buvant des choses contre la bienséance; il ne se sert jamais au bain que d'une huile qui sent mauvais, et ne paraît guère dans une assemblée publique qu'avec une vieille robe et toute tachée. S'il est obligé d'accompagner sa mère chez les devins, il n'ouvre la bouche que pour dire des choses de mauvais augure *(a)*. Une autre fois, dans le temple et en faisant des libations *(b)*, il lui échappera des mains une coupe ou quelque autre vase; et il rira ensuite de cette aventure, comme s'il avait fait quelque chose de merveilleux. Un homme si extraordinaire ne sait point écouter un concert ou d'excellents joueurs de flûtes; il bat des mains avec violence comme pour leur applaudir, ou bien il suit d'une voix désagréable le même air qu'ils jouent; il s'ennuie de la

---

a. Les anciens avaient un grand égard pour les paroles qui étaient proférées, même par hasard, par ceux qui venaient consulter les devins et les augures, prier ou sacrifier dans les temples.

b. Cérémonies où l'on répandait du vin ou du lait dans les sacrifices.

symphonie, et demande si elle ne doit pas bientôt finir. Enfin, si étant assis à table il veut cracher, c'est justement sur celui qui est derrière lui pour donner à boire.

D'UN HOMME INCOMMODE

Ce qu'on appelle un fâcheux est celui qui, sans faire à quelqu'un un fort grand tort, ne laisse pas de l'embarrasser beaucoup; qui entrant dans la chambre de son ami qui commence à s'endormir, le réveille pour l'entretenir de vains discours; qui, se trouvant sur le bord de la mer, sur le point qu'un homme est prêt de partir et de monter dans son vaisseau, l'arrête sans nul besoin, l'engage insensiblement à se promener avec lui sur le rivage; qui arrachant un petit enfant du sein de sa nourrice pendant qu'il tette, lui fait avaler quelque chose qu'il a mâché, bat des mains devant lui, le caresse, et lui parle d'une voix contrefaite; qui choisit le temps du repas, et que le potage est sur la table, pour dire qu'ayant pris médecine depuis deux jours, il est allé par haut et par bas, et qu'une bile noire et recuite était mêlée dans ses déjections; qui, devant toute une assemblée, s'avise de demander à sa mère quel jour elle a accouché de lui; qui ne sachant que dire, apprend que l'eau de sa citerne est fraîche, qu'il croît dans son jardin de bons légumes, ou que sa maison est ouverte à tout le monde, comme une hôtellerie; qui s'empresse de faire connaître à ses hôtes un parasite *(a)* qu'il a chez lui; qui l'invite à table à se mettre en bonne humeur, et à réjouir la compagnie.

DE LA SOTTE VANITÉ

La sotte vanité semble être une passion inquiète de se faire valoir par les plus petites choses, ou de chercher dans les sujets les plus frivoles du nom et de la distinc-

a. Mot grec qui signifie celui qui ne mange que chez autrui.

tion. Ainsi un homme vain, s'il se trouve à un repas, affecte toujours de s'asseoir proche de celui qui l'a convié. Il consacre à Apollon la chevelure d'un fils qui lui vient de naître; et dès qu'il est parvenu à l'âge de puberté, il le conduit lui-même à Delphes, lui coupe les cheveux, et les dépose dans le temple comme un monument d'un vœu solennel qu'il a accompli *(a)*. Il aime à se faire suivre par un More. S'il fait un payement, il affecte que ce soit dans une monnaie toute neuve, et qui ne vienne que d'être frappée. Après qu'il a immolé un bœuf devant quelque autel, il se fait réserver la peau du front de cet animal, il l'orne de rubans et de fleurs, et l'attache à l'endroit de sa maison le plus exposé à la vue de ceux qui passent, afin que personne du peuple n'ignore qu'il a sacrifié un bœuf. Une autre fois, au retour d'une cavalcade qu'il aura faite avec d'autres citoyens, il renvoie chez soi par un valet tout son équipage, et ne garde qu'une riche robe dont il est habillé, et qu'il traîne le reste du jour dans la place publique. S'il lui meurt un petit chien[1], il l'enterre, lui dresse une épitaphe avec ces mots : *Il était de race Malte (b)*. Il consacre un anneau à Esculape, qu'il use à force d'y pendre des couronnes de fleurs. Il se parfume tous les jours. Il remplit avec un grand faste tout le temps de sa magistrature; et sortant de charge, il rend compte au peuple avec ostentation des sacrifices qu'il a faits, comme du nombre et de la qualité des victimes qu'il a immolées. Alors, revêtu d'une robe blanche, et couronné de fleurs, il paraît dans l'assemblée du peuple : « Nous pouvons, dit-il, vous assurer, ô Athéniens, que pendant le temps de notre gouvernement nous avons sacrifié à Cybèle, et que nous lui avons rendu des honneurs tels que les mérite de nous la mère des Dieux :

a. Le peuple d'Athènes ou les personnes plus modestes se contentaient d'assembler leurs parents, de couper en leur présence les cheveux de leur fils parvenu à l'âge de puberté, et de les consacrer ensuite à Hercule ou à quelque autre divinité qui avait un temple dans la ville.

b. Cette île portait de petits chiens fort estimés.

espérez donc toutes choses heureuses de cette déesse. » Après avoir parlé ainsi, il se retire dans sa maison, où il fait un long récit à sa femme de la manière dont tout lui a réussi au delà même de ses souhaits[1].

DE L'AVARICE

Ce vice eſt dans l'homme un oubli de l'honneur et de la gloire, quand il s'agit d'éviter la moindre dépense. Si un homme a remporté le prix de la tragédie *(a)*, il consacre à Bacchus des guirlandes ou des bandelettes faites d'écorce de bois, et il fait graver son nom sur un présent si magnifique. Quelquefois, dans les temps difficiles, le peuple eſt obligé de s'assembler pour régler une contribution capable de subvenir aux besoins de la République; alors il se lève et garde le silence *(b)*, ou le plus souvent il fend la presse et se retire. Lorsqu'il marie sa fille, et qu'il sacrifie selon la coutume, il n'abandonne de la victime que les parties *(c)* seules qui doivent être brûlées sur l'autel : il réserve les autres pour les vendre; et comme il manque de domeſtiques pour servir à table et être chargés du soin des noces, il loue des gens pour tout le temps de la fête, qui se nourrissent à leurs dépens, et à qui il donne une certaine somme. S'il eſt capitaine de galère, voulant ménager son lit, il se contente de coucher indifféremment avec les autres sur la natte qu'il emprunte de son pilote. Vous verrez une autre fois cet homme sordide acheter en plein marché des viandes cuites, toutes sortes d'herbes, et les porter hardiement dans son sein et sous sa robe; s'il l'a un jour envoyée chez le teinturier pour la détacher, comme il n'en a pas une seconde pour sortir, il eſt obligé de garder la chambre. Il sait éviter dans la place la rencontre d'un ami pauvre qui

---

a. Qu'il a faite ou récitée.
b. Ceux qui voulaient donner se levaient et offraient une somme; ceux qui ne voulaient rien donner se levaient et se taisaient.
c. C'était les cuisses et les inteſtins.

pourrait lui demander *(a)*, comme aux autres, quelque secours; il se détourne de lui, et reprend le chemin de sa maison. Il ne donne point de servantes à sa femme, content de lui en louer quelques-unes pour l'accompagner à la ville toutes les fois qu'elle sort. Enfin ne pensez pas que ce soit un autre que lui qui balie[1] le matin sa chambre, qui fasse son lit et le nettoie. Il faut ajouter qu'il porte un manteau usé, sale et tout couvert de taches; qu'en ayant honte lui-même, il le retourne quand il est obligé d'aller tenir sa place dans quelque assemblée.

DE L'OSTENTATION

Je n'estime pas que l'on puisse donner une idée plus juste de l'ostentation, qu'en disant que c'est dans l'homme une passion de faire montre d'un bien ou des avantages qu'il n'a pas. Celui en qui elle domine s'arrête dans l'endroit du Pirée *(b)* où les marchands étalent, et où se trouve un plus grand nombre d'étrangers; il entre en matière avec eux, il leur dit qu'il a beaucoup d'argent sur la mer; il discourt avec eux des avantages de ce commerce, des gains immenses qu'il y a à espérer pour ceux qui y entrent, et de ceux surtout que lui qui leur parle y a faits. Il aborde dans un voyage le premier qu'il trouve sur son chemin, lui fait compagnie, et lui dit bientôt qu'il a servi sous Alexandre, quels beaux vases et tout enrichis de pierreries il a rapportés de l'Asie, quels excellents ouvriers s'y rencontrent, et combien ceux de l'Europe leur sont inférieurs *(c)*. Il se vante, dans une autre occasion, d'une lettre qu'il a reçue d'Antipater *(d)*, qui apprend que lui troisième est entré dans la Macédoine. Il dit une

---

a. Par forme de contribution. V. les chap. *de la Dissimulation* et *de l'Esprit chagrin*.
b. Port à Athènes fort célèbre.
c. C'était contre l'opinion commune de toute la Grèce.
d. L'un des capitaines d'Alexandre le Grand, et dont la famille régna quelque temps dans la Macédoine.

autre fois que bien que les magistrats lui aient permis tels transports de bois *(a)* qu'il lui plairait sans payer de tribut, pour éviter néanmoins l'envie du peuple, il n'a point voulu user de ce privilège. Il ajoute que pendant une grande cherté de vivres, il a distribué aux pauvres citoyens d'Athènes jusques à la somme de cinq talents *(b)*; et s'il parle à des gens qu'il ne connaît point, et dont il n'est pas mieux connu, il leur fait prendre des jetons, compter le nombre de ceux à qui il a fait ces largesses; et quoiqu'il monte à plus de six cents personnes, il leur donne à tous des noms convenables; et après avoir supputé les sommes particulières qu'il a données à chacun d'eux, il se trouve qu'il en résulte le double de ce qu'il pensait, et que dix talents y sont employés, « sans compter poursuit-il, les galères que j'ai armées à mes dépens, et les charges publiques que j'ai exercées à mes frais et sans récompense ». Cet homme fastueux va chez un fameux marchand de chevaux, fait sortir de l'écurie les plus beaux et les meilleurs, fait ses offres, comme s'il voulait les acheter. De même il visite les foires les plus célèbres, entre sous les tentes des marchands, se fait déployer une riche robe, et qui vaut jusqu'à deux talents; et il sort en querellant son valet de ce qu'il ose le suivre sans porter *(c)* de l'or sur lui pour les besoins où l'on se trouve. Enfin, s'il habite une maison dont il paye le loyer, il dit hardiment à quelqu'un qui l'ignore que c'est une maison de famille et qu'il a héritée de son père; mais qu'il veut s'en défaire, seulement parce qu'elle est trop petite pour le grand nombre d'étrangers qu'il retire *(d)* chez lui.

---

a. Parce que les pins, les sapins, les cyprès et tout autre bois propre à construire des vaisseaux, étaient rares dans le pays attique, l'on n'en permettait le transport en d'autres pays qu'en payant un fort gros tribut.

b. Un talent attique, dont il s'agit, valait soixante mines attiques; une mine, cent dragmes; une dragme, six oboles. Le talent attique valait quelques six cents écus de notre monnaie.

c. Coutume des anciens.

d. Par droit d'hospitalité.

DE L'ORGUEIL

Il faut définir l'orgueil une passion qui fait que de tout ce qui eſt au monde l'on eſtime que soi. Un homme fier et superbe n'écoute pas celui qui l'aborde dans la place pour lui parler de quelque affaire; mais sans s'arrêter et se faisant suivre quelque temps, il lui dit enfin qu'on peut le voir après son souper. Si l'on a reçu de lui le moindre bienfait, il ne veut pas qu'on en perde jamais le souvenir : il le reprochera en pleine rue, à la vue de tout le monde. N'attendez pas de lui qu'en quelque endroit qu'il vous rencontre, il s'approche de vous et qu'il vous parle le premier; de même au lieu d'expédier sur-le-champ des marchands ou des ouvriers, il ne feint point de les renvoyer au lendemain matin et à l'heure de son lever. Vous le voyez marcher dans les rues de la ville la tête baissée, sans daigner parler à personne de ceux qui vont et viennent. S'il se familiarise quelquefois jusques à inviter ses amis à un repas, il prétexte des raisons pour ne pas se mettre à table et manger avec eux, et il charge ses principaux domeſtiques du soin de les régaler. Il ne lui arrive point de rendre visite à personne sans prendre la précaution d'envoyer quelqu'un des siens pour avertir qu'il va venir *(a)*. On ne le voit point chez lui lorsqu'il mange ou qu'il se parfume *(b)*. Il ne se donne pas la peine de régler lui-même des parties; mais il dit négligemment à un valet de les calculer, de les arrêter et les passer à compte. Il ne sait point écrire dans une lettre : « Je vous prie de me faire ce plaisir ou de me rendre ce service », mais : « J'entends que cela soit ainsi; j'envoie un homme vers vous pour recevoir une telle chose; je ne veux pas que l'affaire se passe autrement; faites ce que je vous dis promptement et sans différer. » Voilà son ſtyle.

---

a. V. le chap. *de la Flatterie*.
b. Avec des huiles de senteur.

DE LA PEUR, OU DU DÉFAUT DE COURAGE

Cette crainte est un mouvement de l'âme qui s'ébranle, ou qui cède en vue d'un péril vrai ou imaginaire, et l'homme timide est celui dont je vais faire la peinture. S'il lui arrive d'être sur la mer et s'il aperçoit de loin des dunes ou des promontoires, la peur lui fait croire que c'est le débris de quelques vaisseaux qui ont fait naufrage sur cette côte; aussi tremble-t-il au moindre flot qui s'élève, et il s'informe avec soin si tous ceux qui naviguent avec lui sont initiés *(a)*. S'il vient à remarquer que le pilote fait une nouvelle manœuvre, ou semble se détourner comme pour éviter un écueil, il l'interroge, il lui demande avec inquiétude s'il ne croit pas s'être écarté de sa route, s'il tient toujours la haute mer, et si les Dieux *(b)* sont propices. Après cela il se met à raconter une vision qu'il a eue pendant la nuit, dont il est encore tout épouvanté, et qu'il prend pour un mauvais présage. Ensuite, ses frayeurs venant à croître, il se déshabille et ôte jusques à sa chemise pour pouvoir mieux se sauver à la nage, et après cette précaution il ne laisse pas de prier les nautoniers de le mettre à terre. Que si cet homme faible, dans une expédition militaire, où il s'est engagé, entend dire que les ennemis sont proches, il appelle ses compagnons de guerre, observe leur contenance sur ce bruit qui court, leur dit qu'il est sans fondement, et que les coureurs n'ont pu discerner si ce qu'ils ont découvert à la campagne sont amis ou ennemis; mais si l'on n'en peut plus douter par les clameurs que l'on entend, et s'il a vu lui-même de loin le commencement du combat, et que

---

a. Les Anciens naviguaient rarement avec ceux qui passaient pour impies, et ils se faisaient initier avant de partir, c'est-à-dire instruire des mystères de quelque divinité, pour se la rendre propice dans leurs voyages. V. le chap. *de la Superstition.*

b. Ils consultaient les Dieux par les sacrifices ou par les augures, c'est-à-dire par le vol, le chant et le manger des oiseaux, et encore par les entrailles des bêtes.

quelques hommes aient paru tomber à ses yeux, alors feignant que la précipitation et le tumulte lui ont fait oublier ses armes, il court les quérir dans sa tente, où il cache son épée sous le chevet de son lit, et emploie beaucoup de temps à la chercher, pendant que d'un autre côté son valet va par ses ordres savoir des nouvelles des ennemis, observer quelle route ils ont prise et où en sont les affaires; et dès qu'il voit apporter au camp quelqu'un tout sanglant d'une blessure qu'il a reçue, il accourt vers lui, le console et l'encourage, étanche le sang qui coule de sa plaie, chasse les mouches qui l'importunent, ne lui refuse aucun secours, et se mêle de tout, excepté de combattre. Si pendant le temps qu'il est dans la chambre du malade qu'il ne perd pas de vue, il entend la trompette qui sonne la charge : « Ah! dit-il avec imprécation, puisses-tu être pendu, maudit sonneur qui corne incessamment, et fais un bruit enragé qui empêche ce pauvre homme de dormir! » Il arrive même que tout plein d'un sang qui n'est pas le sien, mais qui a rejailli sur lui de la plaie du blessé, il fait accroire à ceux qui reviennent du combat qu'il a couru un grand risque de sa vie pour sauver celle de son ami; il conduit vers lui ceux qui y prennent intérêt, ou comme ses parents, ou parce qu'ils sont d'un même pays, et là il ne rougit pas de leur raconter quand et de quelle manière il a tiré cet homme des ennemis et l'a apporté dans sa tente.

DES GRANDS D'UNE RÉPUBLIQUE

La plus grande passion de ceux qui ont les premières places dans un État populaire n'est pas le désir du gain ou de l'accroissement de leurs revenus, mais une impatience de s'agrandir et de se fonder, s'il se pouvait, une souveraine puissance sur celle du peuple[1]. S'il s'est assemblé pour délibérer à qui des citoyens il donnera la commission d'aider de ses soins le premier magistrat dans la conduite d'une fête ou d'un spectacle, cet homme ambitieux, et tel que je viens de le définir, se lève, demande cet emploi, et proteste que nul autre ne peut si bien s'en acquitter. Il n'approuve point la domination de plusieurs, et de tous les vers d'Homère il n'a retenu que celui-ci :

Les peuples sont heureux quand un seul les gouverne.

Son langage le plus ordinaire est tel : « Retirons-nous de cette multitude qui nous environne; tenons ensemble un conseil particulier où le peuple ne soit point admis; essayons même de lui fermer le chemin à la magistrature.» Et s'il se laisse prévenir contre une personne d'une condition privée, de qui il croit avoir reçu quelque injure : « Cela, dit-il, ne se peut souffrir, et il faut que lui ou moi abandonnions la ville. » Vous le voyez se promener dans la place, sur le milieu du jour, avec les ongles propres, la barbe et les cheveux en bon ordre, repousser fièrement ceux qui se trouvent sur ses pas, dire avec chagrin aux premiers qu'il rencontre que la ville est un lieu où il n'y a plus moyen de vivre, qu'il ne peut plus tenir contre l'horrible foule des plaideurs, ni supporter plus longtemps les longueurs, les crieries et les mensonges des avocats, qu'il commence à avoir honte de se trouver assis, dans une assemblée publique ou sur les tribunaux, auprès d'un homme mal habillé, sale et qui dégoûte, et qu'il n'y a pas un seul de ces orateurs dévoués au peuple qui ne lui soit insupportable. Il ajoute que c'est Thésée *(a)* qu'on peut appeler le premier auteur de tous ces maux; et il fait de pareils discours aux étrangers qui arrivent dans la ville, comme à ceux avec qui il sympathise de mœurs et de sentiments.

---

a. Thésée avait jeté les fondements de la république d'Athènes en établissant l'égalité entre les citoyens.

D'UNE TARDIVE INSTRUCTION

Il s'agit de décrire quelques inconvénients où tombent ceux qui, ayant méprisé dans leur jeunesse les sciences et les exercices, veulent réparer cette négligence dans un âge avancé par un travail souvent inutile. Ainsi un vieillard de soixante ans s'avise d'apprendre des vers par cœur, et de les réciter à table dans un festin *(a)*, où, la mémoire venant à lui manquer, il a la confusion de demeurer court. Une autre fois il apprend de son propre fils les évolutions qu'il faut faire dans les rangs à droite ou à gauche, le maniement des armes, et quel est l'usage à la guerre de la lance et du bouclier[1]. S'il monte un cheval que l'on lui a prêté, il le presse de l'éperon, veut le manier, et lui faisant faire des voltes ou des caracoles, il tombe lourdement et se casse la tête. On le voit tantôt, pour s'exercer au javelot, le lancer tout un jour contre l'homme de bois *(b)*, tantôt tirer de l'arc et disputer avec son valet lequel des deux donnera mieux dans un blanc avec des flèches, vouloir d'abord apprendre de lui, se mettre ensuite à l'instruire et à le corriger comme s'il était le plus habile. Enfin se voyant tout nu au sortir d'un bain, il imite les postures d'un lutteur, et par le défaut d'habitude, il les fait de mauvaise grâce, et s'agite d'une manière ridicule[2].

DE LA MÉDISANCE

Je définis ainsi la médisance : une pente secrète de l'âme à penser mal de tous les hommes, laquelle se manifeste par les paroles; et pour ce qui concerne le médisant, voici ses mœurs. Si on l'interroge sur quelqu'autre, et que l'on lui demande quel est cet homme, il

---

a. V. le chapitre *de la Brutalité*.
b. Une grande statue de bois qui était dans le lieu des exercices pour apprendre à darder.

fait d'abord sa généalogie : « Son père, dit-il, s'appelait Sosie *(a)*, que l'on a connu dans le service et parmi les troupes sous le nom de Sosistrate; il a été affranchi depuis ce temps, et reçu dans l'une des tribus de la ville *(b)* pour sa mère, c'était une noble Thracienne *(c)*, car les femmes de Thrace, ajoute-t-il, se piquent la plupart d'une ancienne noblesse : celui-ci, né de si honnêtes gens, est un scélérat et qui ne mérite que le gibet. » Et retournant à la mère de cet homme qu'il peint avec de si belles couleurs[1] : « Elle est, poursuit-il, de ces femmes qui épient sur les grands chemins *(d)* les jeunes gens au passage, et qui pour ainsi dire les enlèvent et les ravissent. » Dans une compagnie où il se trouve quelqu'un qui parle mal d'une personne absente, il relève la conversation : « Je suis, lui dit-il, de votre sentiment : cet homme m'est odieux, et je ne le puis souffrir. Qu'il est insupportable par sa physionomie! Y a-t-il un plus grand fripon et des manières plus extravagantes? Savez-vous combien il donne à sa femme pour la dépense de chaque repas? Trois oboles *(e)*, et rien davantage; et croiriez-vous que dans les rigueurs de l'hiver et au mois de décembre il l'oblige de se laver avec de l'eau froide? » Si alors quelqu'un de ceux qui l'écoutent se lève et se retire, il parle de lui presque dans les mêmes termes. Nul de ses plus familiers n'est épargné; les morts *(f)* mêmes dans le tombeau ne trouvent pas un asile contre sa mauvaise langue[2].

---

a. C'était chez les Grecs un nom de valet ou d'esclave.

b. Le peuple d'Athènes était partagé en diverses tribus.

c. Cela est dit par dérision des Thraciennes, qui venaient dans la Grèce pour être servantes, et quelque chose de pis.

d. Elles tenaient hôtellerie sur les chemins publics, où elles se mêlaient d'infâmes commerces.

e. Il y avait au-dessous de cette monnaie d'autres encore de moindre prix.

f. Il était défendu chez les Athéniens de parler mal des morts, par une loi de Solon, leur législateur.

LES CARACTÈRES
OU
LES MŒURS DE CE SIÈCLE

Admonere voluimus ; non mordere ; prodesse, non lædere ; consulere moribus hominum, non officere.

ÉRASME.

LES CARACTÈRES
OU
LES MŒURS DE CE SIÈCLE

Je rends au public ce qu'il m'a prêté; j'ai emprunté de lui la matière de cet ouvrage : il est juste que, l'ayant achevé avec toute l'attention pour la vérité dont je suis capable, et qu'il mérite de moi, je lui en fasse la restitution. Il peut regarder avec loisir ce portrait que j'ai fait de lui d'après nature, et s'il se connaît quelques-uns des défauts que je touche, s'en corriger. C'est l'unique fin que l'on doit se proposer en écrivant, et le succès aussi que l'on doit moins se promettre; mais comme les hommes ne se dégoûtent point du vice, il ne faut pas aussi se lasser de leur reprocher : ils seraient peut-être pires, s'ils venaient à manquer de censeurs ou de critiques; c'est ce qui fait que l'on prêche et que l'on écrit. L'orateur et l'écrivain ne sauraient vaincre la joie qu'ils ont d'être applaudis; mais ils devraient rougir d'eux-mêmes s'il n'avaient cherché par leurs discours ou par leurs écrits que des éloges; outre que l'approbation la plus sûre et la moins équivoque est le changement de mœurs et la réformation de ceux qui les lisent ou qui les écoutent. On ne doit parler, on ne doit écrire que pour l'instruction; et s'il arrive que l'on plaise, il ne faut pas néanmoins s'en repentir, si cela sert à insinuer et à faire recevoir les vérités qui doivent instruire. Quand donc il s'est glissé dans un livre quelques pensées ou quelques réflexions qui n'ont ni le feu, ni le tour, ni la vivacité des autres, bien qu'elles semblent y être admises pour la variété, pour délasser l'esprit, pour le rendre plus présent et plus attentif à ce qui va suivre, à moins que d'ailleurs elles ne soient sensibles, familières, instructives, accommodées au simple peuple, qu'il n'est pas permis de négliger, le lecteur peut les condamner, et l'auteur les doit proscrire : voilà la règle. Il y en a une autre, et que j'ai intérêt que l'on veuille suivre, qui est de ne pas perdre mon titre de vue, et de penser toujours, et dans toute la lecture de cet ouvrage, que ce sont les caractères ou les mœurs de ce siècle que je décris[1]; car bien que je les tire souvent de la cour de France et des hommes de ma nation, on ne peut pas néanmoins les restreindre à une seule cour, ni les renfermer en un seul pays, sans que mon livre ne perde beaucoup de son étendue et de son utilité, ne s'écarte du plan que je me suis fait d'y peindre les hommes en général, comme des raisons qui entrent dans l'ordre des chapitres et dans une certaine suite insensible des réflexions qui les composent. Après cette précaution[2] si nécessaire, et dont on pénètre assez les conséquences, je crois pouvoir protester contre tout chagrin, toute plainte, toute maligne interprétation, toute fausse application et toute censure, contre les froids plaisants et les lecteurs mal intentionnés : il faut savoir lire, et ensuite se taire, ou pouvoir rapporter ce qu'on a lu, et ni plus ni moins que ce qu'on a lu; et si on le peut quelquefois, ce n'est pas assez, il faut encore le vouloir faire : sans ces conditions, qu'un auteur exact et scrupuleux est en droit d'exiger de certains esprits pour l'unique récompense de son travail, je doute qu'il doive continuer d'écrire, s'il préfère du moins sa propre satisfaction à l'utilité de plusieurs et au zèle de la vérité. J'avoue d'ailleurs que j'ai balancé[3] dès l'année M. DC. LXXXX, et avant la cinquième édition, entre l'impatience de donner à mon livre plus de rondeur et une meilleure forme par de nouveaux caractères[4], et la crainte de faire dire à quelques-uns : « Ne finiront-ils point, ces *Caractères,* et ne verrons-nous jamais autre chose de cet écrivain? » Des gens sages me disaient d'une part : « La manière est solide, utile, agréable, inépuisable; vivez longtemps, et traitez-la sans interruption pendant que vous vivrez : que pourriez-vous faire de mieux ? il n'y a point d'année que les folies des hommes ne puissent vous fournir un volume. » D'autres, avec beaucoup de raison, me faisaient redouter les caprices de la multitude et la légèreté du public, de qui j'ai néanmoins de si grands sujets d'être content, et ne manquaient pas de me suggérer que personne presque depuis trente années ne lisant plus que pour lire, il fallait aux hommes, pour les amuser, de nouveaux chapitres et un nouveau titre; que cette indolence avait rempli les boutiques et peuplé le monde, depuis tout ce temps, de livres froids et ennuyeux, d'un mauvais style et de nulle ressource, sans règles et sans la moindre justesse, contraires aux mœurs et aux bienséances, écrits avec précipitation, et lus de même, seulement par leur nouveauté; et que si je ne savais qu'augmenter un livre raisonnable, le mieux que je pouvais faire était de me reposer. Je pris alors quelque chose de ces deux avis si opposés[1], et je gardai un tempérament qui les rapprochait : je ne feignis point d'ajouter quelques nouvelles remarques à celles qui avaient déjà grossi du double la première édition de mon ouvrage; mais afin que le public ne fût point obligé de parcourir ce qui était ancien pour passer à ce qu'il y avait de nouveau, et qu'il trouvât sous ses yeux ce qu'il avait seulement envie de lire, je pris soin de lui désigner cette seconde augmentation par une marque particulière[2]; je crus aussi qu'il ne serait pas inutile de lui distinguer la première augmentation par une autre marque plus simple[3], qui servît à lui montrer le progrès de mes *Caractères,* et à aider son choix dans la lecture qu'il en voudrait faire; et comme il pouvait craindre que ce progrès n'allât à l'infini, j'ajoutais[4] à toutes ces exactitudes une promesse sincère de ne plus rien hasarder en ce genre. Que si quelqu'un m'accuse d'avoir manqué à ma parole, en insérant[5] dans les trois éditions qui ont suivi un assez grand nombre de nouvelles remarques, il verra du moins qu'en les confondant avec les anciennes par la suppression entière de ces différences qui se voient par apostille, j'ai moins pensé à lui faire lire rien de nouveau qu'à laisser peut-être un ouvrage de mœurs plus complet, plus fini, et plus régulier, à la postérité. Ce ne sont point au reste des maximes que j'aie voulu écrire : elles sont comme des lois dans la morale, et j'avoue que je n'ai ni assez d'autorité ni assez de génie pour faire le législateur ; je sais même que j'aurais péché contre l'usage des maximes, qui veut qu'à la manière des oracles elles soient courtes et concises. Quelques-unes de ces remarques le sont, quelques autres sont plus étendues : on pense les choses d'une manière différente, et on les explique[1] par un tour aussi tout différent[2], par une sentence, par un raisonnement, par une métaphore ou quelque autre figure, par un parallèle, par une simple comparaison[3], par un fait tout entier, par un seul trait, par une description, par une peinture : de là procède la longueur ou la brièveté de mes réflexions[4]. Ceux enfin[5] qui font des maximes veulent être crus : je consens, au contraire, que l'on dise de moi que je n'ai pas quelquefois bien remarqué, pourvu que l'on remarque mieux.

DES OUVRAGES DE L'ESPRIT

I

Tout eſt dit, et l'on vient trop tard depuis plus de sept mille ans qu'il y a des hommes, et qui pensent. Sur ce qui concerne les mœurs, le plus beau et le meilleur eſt enlevé; l'on ne fait que glaner après les anciens et les habiles d'entre les modernes[1].

2

Il faut chercher seulement à penser et à parler juſte, sans vouloir amener les autres à notre goût et à nos sentiments; c'eſt trop grande entreprise.

3

C'eſt un métier que de faire un livre, comme de faire une pendule : il faut plus que de l'esprit pour être auteur. Un magiſtrat allait par son mérite à la première dignité, il était homme délié et pratic dans les affaires : il a fait imprimer un ouvrage moral, qui eſt rare par le ridicule[2].

4

Il n'eſt pas si aisé de se faire un nom par un ouvrage parfait, que d'en faire valoir un médiocre par le nom qu'on s'eſt déjà acquis.

5

Un ouvrage satirique ou qui contient des faits[3], qui eſt donné en feuilles sous le manteau aux conditions d'être rendu de même, s'il eſt médiocre, passe pour merveilleux; l'impression eſt l'écueil.

6

Si l'on ôte de beaucoup d'ouvrages de morale l'avertissement au lecteur, l'épitre dédicatoire, la préface, la table, les approbations, il reste à peine assez de pages pour mériter le nom de livre.

7

Il y a de certaines choses dont la médiocrité est insupportable : la poésie, la musique, la peinture, le discours public.

Quel supplice que celui d'entendre déclamer pompeusement un froid discours, ou prononcer de médiocres vers avec toute l'emphase d'un mauvais poète !

8

Certains poètes[1] sont sujets, dans le dramatique, à de longues suites de vers pompeux qui semblent forts, élevés, et remplis de grands sentiments. Le peuple écoute avidement, les yeux élevés et la bouche ouverte, croit que cela lui plaît, et à mesure qu'il y comprend moins, l'admire davantage; il n'a pas le temps de respirer, il a à peine celui de se récrier et d'applaudir. J'ai cru autrefois, et dans ma première jeunesse, que ces endroits étaient clairs et intelligibles pour les acteurs, pour le parterre et l'amphithéâtre, que leurs auteurs s'entendaient eux-mêmes, et qu'avec toute l'attention que je donnais à leur écrit, j'avais tort de n'y rien entendre : je suis détrompé. (ÉD. 5[2].)

9

L'on n'a guère vu jusques à présent un chef-d'œuvre d'esprit qui soit l'ouvrage de plusieurs[3] : Homère a fait l'*Iliade,* Virgile l'*Énéide,* Tite Live ses *Décades,* et l'Orateur romain ses *Oraisons.*

10

Il y a dans l'art un point de perfection, comme de bonté ou de maturité dans la nature. Celui qui le sent et qui l'aime a le goût parfait; celui qui ne le sent pas, et qui aime en deçà ou au delà, a le goût défectueux. Il y a donc un bon et un mauvais goût, et l'on dispute des goûts avec fondement.

11

Il y a beaucoup plus de vivacité que de goût parmi les hommes; ou pour mieux dire, il y a peu d'hommes dont l'esprit soit accompagné d'un goût sûr et d'une critique judicieuse[1].

12

La vie des héros a enrichi l'histoire, et l'histoire a embelli les actions des héros : ainsi je ne sais qui sont plus redevables, ou ceux qui ont écrit l'histoire à ceux qui leur en ont fourni une si noble matière, ou ces grands hommes à leurs historiens.

13

Amas d'épithètes, mauvaises louanges : ce sont les faits qui louent, et la manière de les raconter[2].

14

Tout l'esprit d'un auteur consiste à bien définir et à bien peindre. MOISE *(a)*, HOMÈRE, PLATON, VIRGILE, HORACE ne sont au-dessus des autres écrivains que par leurs expressions et leurs images : il faut exprimer le vrai pour écrire naturellement, fortement, délicatement.

---

a. Quand même on ne le considère que comme un homme qui a écrit.

15

On a dû faire du style ce qu'on a fait de l'architecture. On a entièrement abandonné l'ordre gothique, que la barbarie avait introduit pour les palais et pour les temples; on a rappelé le dorique, l'ionique et le corinthien : ce qu'on ne voyait plus que dans les ruines de l'ancienne Rome et de la vieille Grèce, devenue moderne, éclate dans nos portiques et dans nos péristyles. De même on ne saurait en écrivant rencontrer le parfait, et s'il se peut, surpasser les anciens que par leur imitation. (ÉD. 5.)

Combien de siècles se sont écoulés avant que les hommes, dans les sciences et dans les arts, aient pu revenir au goût des anciens et reprendre enfin le simple et le naturel!

On se nourrit des anciens[1] et des habiles modernes, on les presse, on en tire le plus que l'on peut, on en renfle ses ouvrages; et quand enfin l'on est auteur, et que l'on croit marcher tout seul, on s'élève contre eux, on les maltraite, semblable à ces enfants *drus* et forts d'un bon lait qu'ils ont sucé, qui battent leur nourrice. (ÉD. 4.)

Un auteur moderne prouve ordinairement que les anciens nous sont inférieurs en deux manières, par raison et par exemple : il tire la raison de son goût particulier, et l'exemple de ses ouvrages. (ÉD. 4.)

Il avoue que les anciens[2], quelque inégaux et peu corrects qu'ils soient, ont de beaux traits; il les cite, et ils sont si beaux qu'ils font lire sa critique. (ÉD. 4.)

Quelques habiles[3] prononcent en faveur des anciens contre les modernes; mais ils sont suspects et semblent juger en leur propre cause, tant leurs ouvrages sont faits sur le goût de l'antiquité : on les récuse. (ÉD. 4.)

16

L'on devrait aimer à lire ses ouvrages à ceux qui en savent assez pour les corriger et les estimer.

Ne vouloir être ni conseillé ni corrigé sur son ouvrage est un pédantisme. (ÉD. 4.)

Il faut qu'un auteur reçoive avec une égale modestie les éloges et la critique que l'on fait de ses ouvrages. (ÉD. 4.)

17

Entre toutes les différentes expressions qui peuvent rendre une seule de nos pensées, il n'y en a qu'une qui soit la bonne. On ne la rencontre pas toujours en parlant ou en écrivant; il est vrai néanmoins qu'elle existe, que tout ce qui ne l'est point est faible, et ne satisfait point un homme d'esprit qui veut se faire entendre[1].

Un bon auteur, et qui écrit avec soin, éprouve souvent que l'expression qu'il cherchait depuis longtemps sans la connaître, et qu'il a enfin trouvée, est celle qui était la plus simple, la plus naturelle, qui semblait devoir se présenter d'abord et sans effort.

Ceux qui écrivent par humeur sont sujets à retoucher à leurs ouvrages : comme elle n'est pas toujours fixe, et qu'elle varie en eux selon les occasions, ils se refroidissent bientôt pour les expressions et les termes qu'ils ont le plus aimés.

18

La même justesse d'esprit qui nous fait écrire de bonnes choses nous fait appréhender qu'elles ne le soient pas assez pour mériter d'être lues.

Un esprit médiocre croit écrire divinement; un bon esprit croit écrire raisonnablement.

19

« L'on m'a engagé, dit *Ariste,* à lire mes ouvrages à *Zoïle* : je l'ai fait. Ils l'ont saisi d'abord et avant qu'il ait eu le loisir de les trouver mauvais; il les a loués modestement en ma présence, et il ne les a pas loués depuis devant personne. Je l'excuse, et je n'en demande pas davantage à un auteur; je le plains même d'avoir écouté de belles choses qu'il n'a point faites. »

Ceux qui par leur condition se trouvent exempts de la jalousie d'auteur, ont ou des passions ou des besoins qui les distraient et les rendent froids sur les conceptions d'autrui : personne presque, par la disposition de son esprit, de son cœur et de sa fortune, n'est en état de se livrer au plaisir que donne la perfection d'un ouvrage.

20

Le plaisir de la critique nous ôte celui d'être vivement touchés de très belles choses.

21

Bien des gens vont jusques à sentir le mérite d'un manuscrit qu'on leur lit, qui ne peuvent se déclarer en sa faveur, jusques à ce qu'ils aient vu le cours qu'il aura dans le monde par l'impression, ou quel sera son sort parmi les habiles : ils ne hasardent point leurs suffrages, et ils veulent être portés par la foule et entraînés par la multitude. Ils disent alors qu'ils ont les premiers approuvé cet ouvrage; et que le public est de leur avis.

Ces gens laissent échapper les plus belles occasions de nous convaincre qu'ils ont de la capacité et des lumières, qu'ils savent juger, trouver bon ce qui est bon, et meilleur ce qui est meilleur. Un bel ouvrage[1] tombe entre leurs mains, c'est un premier ouvrage, l'auteur ne s'est pas encore fait un grand nom, il n'a rien qui prévienne en sa faveur, il ne s'agit point de faire sa cour ou de flatter les grands en applaudissant à ses écrits; on ne vous demande pas, *Zélotes,* de vous récrier : *C'est un chef-d'œuvre de l'esprit ; l'humanité ne va pas plus loin ; c'est jusqu'où la parole humaine peut s'élever*[2] *; on ne jugera à l'avenir du goût de quelqu'un qu'à proportion qu'il en aura pour cette pièce ;* phrases outrées, dégoûtantes, qui sentent la pension ou l'abbaye, nuisibles à cela même qui est louable et qu'on veut louer. Que ne disiez-vous seulement : « Voilà un bon livre » ? Vous le dites, il eſt vrai, avec toute la France, avec les étrangers comme avec vos compatriotes, quand il eſt imprimé par toute l'Europe et qu'il eſt traduit en plusieurs langues : il n'eſt plus temps[1]. (ÉD. 6.)

22

Quelques-uns de ceux qui ont lu un ouvrage en rapportent certains traits dont ils n'ont pas compris le sens, et qu'ils altèrent encore par tout ce qu'ils y mettent du leur; et ces traits ainsi corrompus et défigurés, qui ne sont autre chose que leurs propres pensées et leurs expressions, ils les exposent à la censure, soutiennent qu'ils sont mauvais, et tout le monde convient qu'ils sont mauvais; mais l'endroit de l'ouvrage que ces critiques croient citer, et qu'en effet ils ne citent point, n'en eſt pas pire[2] (ÉD. 4.)

23

« Que dites-vous du livre d'*Hermodore* ? — Qu'il eſt mauvais, répond *Anthime*. — Qu'il eſt mauvais ! — Qu'il eſt tel, continue-t-il, que ce n'eſt pas un livre, ou qui mérite du moins que le monde en parle. — Mais l'avez-vous lu ? — Non », dit Anthime. Que n'ajoute-t-il que *Fulvie* et *Mélanie* l'ont condamné sans l'avoir lu, et qu'il eſt ami de Fulvie et de Mélanie ? (ÉD. 4.)

24

Arsène, du plus haut de son esprit[3], contemple les hommes, et dans l'éloignement d'où il les voit, il eſt comme effrayé de leur petitesse; loué, exalté, et porté jusques aux cieux par de certaines gens qui se sont promis de s'admirer réciproquement, il croit, avec quelque mérite qu'il a, posséder tout celui qu'on peut avoir, et qu'il n'aura jamais; occupé et rempli de ses sublimes idées, il se donne à peine le loisir de prononcer quelques oracles; élevé par son caractère au-dessus des jugements humains, il abandonne aux âmes communes le mérite d'une vie suivie et uniforme, et il n'eſt responsable de ses inconstances qu'à ce cercle d'amis qui les idolâtrent : eux seuls savent juger, savent penser, savent écrire, doivent écrire; il n'y a point d'autre ouvrage d'esprit si bien reçu dans le monde, et si universellement goûté des honnêtes gens, je ne dis pas qu'il veuille approuver, mais qu'il daigne lire : incapable d'être corrigé par cette peinture, qu'il ne lira point. (ÉD. 4.)

25

Théocrine sait des choses assez inutiles; il a des sentiments toujours singuliers; il eſt moins profond que méthodique; il n'exerce que sa mémoire; il eſt abſtrait, dédaigneux, et il semble toujours rire en lui-même de ceux qu'il croit ne le valoir pas. Le hasard fait que je lui lis mon ouvrage, il l'écoute. Eſt-il lu, il me parle du sien. « Et du vôtre, me direz-vous, qu'en pense-t-il? » — Je vous l'ai déjà dit, il me parle du sien. (ÉD. 4.)

26

Il n'y a point d'ouvrage si accompli qui ne fondît tout entier au milieu de la critique, si son auteur voulait en croire tous les censeurs qui ôtent chacun l'endroit qui leur plaît le moins. (ÉD. 4.)

27

C'eſt une expérience faite, que s'il se trouve dix personnes qui effacent d'un livre une expression ou un sentiment, l'on en fournit aisément un pareil nombre qui les réclame. Ceux-ci s'écrient : « Pourquoi supprimer cette pensée? elle eſt neuve, elle eſt belle, et le tour en eſt admirable »; et ceux-là affirment, au contraire, ou qu'ils auraient négligé cette pensée, ou qu'ils lui auraient donné un autre tour. « Il y a un terme, disent les uns, dans votre ouvrage, qui eſt rencontré et qui peint la chose au naturel; il y a un mot, disent les autres, qui eſt hasardé, et qui d'ailleurs ne signifie pas assez ce que vous voulez peut-être faire entendre »; et c'eſt du même trait et du même mot que tous ces gens s'expliquent ainsi, et tous sont connaisseurs et passent pour tels. Quel autre parti pour un auteur, que d'oser pour lors être de l'avis de ceux qui l'approuvent? (ÉD. 4.)

28

Un auteur sérieux n'eſt pas obligé de remplir son esprit de toutes les extravagances, de toutes les saletés, de tous les mauvais mots que l'on peut dire, et de toutes les ineptes applications que l'on peut faire au sujet de quelques endroits de son ouvrage, et encore moins de les supprimer. Il eſt convaincu que quelque scrupuleuse exactitude que l'on ait dans sa manière d'écrire, la raillerie froide des mauvais plaisants eſt un mal inévitable, et que les meilleures choses ne leur servent souvent qu'à leur faire rencontrer une sottise. (ÉD. 4.)

29

Si[1] certains esprits vifs et décisifs étaient crus, ce serait encore trop que les termes pour exprimer les sentiments : il faudrait leur parler par signes, ou sans parler se faire entendre. Quelque soin qu'on apporte à être serré et concis, et quelque réputation qu'on ait d'être tel, ils vous trouvent diffus. Il faut leur laisser tout à suppléer, et n'écrire que pour eux seuls. Ils conçoivent une période par le mot qui la commence, et par une période tout un chapitre : leur avez-vous lu un seul endroit de l'ouvrage, c'eſt assez, ils sont dans le fait et entendent l'ouvrage. Un tissu d'énigmes leur serait une lecture divertissante; et c'eſt une perte pour eux que ce ſtyle eſtropié qui les enlève soit rare, et que peu d'écrivains s'en accommodent. Les comparaisons tirées d'un fleuve dont le cours, quoique rapide, eſt égal et uniforme, ou d'un embrasement qui, poussé par les vents, s'épand au loin dans une forêt où il consume les chênes et les pins, ne leur fournissent aucune idée de l'éloquence. Montrez-leur un feu grégeois qui les surprenne, ou un éclair qui les éblouisse, ils vous quittent du bon et du beau. (ÉD. 8.)

30

Quelle prodigieuse distance entre un bel ouvrage et un ouvrage parfait ou régulier[1]! Je ne sais s'il s'en est encore trouvé de ce dernier genre. Il est peut-être moins difficile aux rares génies de rencontrer le grand et le sublime, que d'éviter toute sorte de fautes. *Le Cid* n'a eu qu'une voix pour lui à sa naissance, qui a été celle de l'admiration; il s'est vu plus fort que l'autorité et la politique, qui ont tenté vainement de le détruire; il a réuni en sa faveur des esprits toujours partagés d'opinions et de sentiments, les grands et le peuple; ils s'accordent tous à le savoir de mémoire, et à prévenir au théâtre les acteurs qui le récitent. *Le Cid* enfin est l'un des plus beaux poèmes que l'on puisse faire; et l'une des meilleures critiques qui ait été faite sur aucun sujet est celle du *Cid?* (ÉD. 4.)

31

Quand une lecture vous élève l'esprit[2], et qu'elle vous inspire des sentiments nobles et courageux, ne cherchez pas une autre règle pour juger de l'ouvrage; il est bon et fait de main d'ouvrier. (ÉD. 8.)

32

Capys[3], qui s'érige en juge du beau style et qui croit écrire comme BOUHOURS et RABUTIN résiste à la voix du peuple, et dit tout seul que *Damis* n'est pas un bon auteur. Damis cède à la multitude, et dit ingénument avec le public que Capys est froid écrivain. (ÉD. 4.)

33

Le devoir du nouvelliste est de dire : « Il y a un tel livre qui court, et qui est imprimé chez Cramoisy en tel caractère, il est bien relié et en beau papier, il se vend tant »; il doit savoir jusques à l'enseigne du libraire qui le débite : sa folie est d'en vouloir faire la critique. (ÉD. 4.)

Le sublime du nouvelliste est le raisonnement creux sur la politique. (ÉD. 4.)

Le nouvelliste se couche le soir tranquillement sur une nouvelle qui se corrompt la nuit, et qu'il est obligé d'abandonner le matin à son réveil. (ÉD. 4.)

34

Le philosophe[1] consume sa vie à observer les hommes, et il use ses esprits à en démêler les vices et le ridicule; s'il donne quelque tour à ses pensées, c'est moins par une vanité d'auteur, que pour mettre une vérité qu'il a trouvée dans tout le jour nécessaire pour faire l'impression qui doit servir à son dessein. Quelques lecteurs croient néanmoins le payer avec usure, s'il disent magistralement qu'ils ont lu son livre, et qu'il y a de l'esprit; mais il leur renvoie tous leurs éloges, qu'il n'a pas cherchés par son travail et par ses veilles. Il porte plus haut ses projets et agit pour une fin plus relevée : il demande des hommes un plus grand et un plus rare succès que les louanges, et même que les récompenses, qui est de les rendre meilleurs. (ÉD. 4.)

35

Les sots lisent un livre, et ne l'entendent point; les esprits médiocres croient l'entendre parfaitement; les grands esprits ne l'entendent quelquefois pas tout entier : ils trouvent obscur ce qui est obscur, comme ils trouvent clair ce qui est clair; les beaux esprits veulent trouver obscur ce qui ne l'est point, et ne pas entendre ce qui est fort intelligible. (ÉD. 4.)

36

Un auteur cherche vainement à se faire admirer par son ouvrage. Les sots admirent quelquefois, mais ce sont des sots. Les personnes d'esprit ont en eux les semences de toutes les vérités et de tous les sentiments, rien ne leur est nouveau; ils admirent peu, ils approuvent. (ÉD. 4.)

37

Je ne sais si l'on pourra jamais mettre dans les lettres plus d'esprit, plus de tour, plus d'agrément et plus de style que l'on en voit dans celles de BALZAC et de VOITURE; elles sont vides de sentiments qui n'ont régné que depuis leur temps, et qui doivent aux femmes leur naissance. Ce sexe va plus loin que le nôtre dans ce genre d'écrire. Elles trouvent sous leur plume des tours et des expressions qui souvent en nous ne sont l'effet que d'un long travail et d'une pénible recherche; elles sont heureuses dans le choix des termes, qu'elles placent si juste, que tout connus qu'ils sont, ils ont le charme de la nouveauté, et semblent être faits seulement pour l'usage où elles les mettent; il n'appartient qu'à elles de faire lire dans un seul mot tout un sentiment, et de rendre délicatement une pensée qui est délicate; elles ont un enchaînement de discours inimitable, qui se suit naturellement, et qui n'est lié que par le sens. Si les femmes étaient toujours correctes, j'oserais dire que les lettres de quelques-unes d'entre-elles seraient peut-être ce que nous avons dans notre langue de mieux écrit. (ÉD. 4.)

38

Il n'a manqué à TÉRENCE que d'être moins froid : quelle pureté, quelle exactitude, quelle politesse, quelle élégance, quels caractères! Il n'a manqué à MOLIÈRE que d'éviter le jargon[1], et d'écrire purement : quel feu, quelle naïveté, quelle source de la bonne plaisanterie, quelle imitation des mœurs, quelles images, et quel fléau du ridicule! Mais quel homme on aurait pu faire de ces deux comiques! (ÉD. 4.)

39

J'ai lu MALHERBE et THÉOPHILE. Ils ont tous deux connu la nature, avec cette différence que le premier, d'un style plein et uniforme, montre tout à la fois ce qu'elle a de plus beau et de plus noble, de plus naïf et de plus simple; il en a fait la peinture ou l'histoire. L'autre, sans choix, sans exactitude, d'une plume libre et inégale, tantôt charge ses descriptions, s'appesantit sur les détails : il fait une anatomie; tantôt il feint, il exagère, il passe le vrai dans la nature : il en fait le roman. (ÉD. 5.)

40

RONSARD et BALZAC ont eu, chacun dans leur genre, assez de bon et de mauvais pour former après eux de très grands hommes en vers et en prose. (ÉD. 5.)

41

MAROT, par son tour et par son style, semble avoir écrit depuis RONSARD : il n'y a guère, entre ce premier et nous, que la différence de quelques mots. (ÉD. 5.)

42

RONSARD et les auteurs ses contemporains ont plus nui au style qu'ils ne lui ont servi : ils l'ont retardé dans le chemin de la perfection; ils l'ont exposé à la manquer pour toujours et à n'y plus revenir. Il est étonnant que les ouvrages de MAROT, si naturels et si faciles, n'aient su faire de RONSARD, d'ailleurs plein de verve et d'enthousiasme, un plus grand poète que Ronsard et que Marot;

et, au contraire, que Belleau, Jodelle, et Saint-Gelais[1], aient été sitôt suivis d'un RACAN et d'un MALHERBE, et que notre langue, à peine corrompue, se soit vue réparée. (ÉD. 5.)

43

MAROT et RABELAIS sont inexcusables d'avoir semé l'ordure dans leurs écrits : tous deux avaient assez de génie et de naturel pour pouvoir s'en passer, même à l'égard de ceux qui cherchent moins à admirer qu'à rire dans un auteur. Rabelais surtout est incompréhensible : son livre est une énigme, quoi qu'on veuille dire, inexplicable; c'est une chimère, c'est le visage d'une belle femme avec des pieds et une queue de serpent[2], ou de quelque autre bête plus difforme; c'est un monstrueux assemblage d'une morale fine et ingénieuse, et d'une sale corruption. Où il est mauvais, il passe bien loin au delà du pire, c'est le charme de la canaille; où il est bon, il va jusques à l'exquis et à l'excellent, il peut être le mets des plus délicats. (ÉD. 5.)

44

Deux écrivains[2] dans leurs ouvrages ont blâmé MONTAIGNE, que je ne crois pas, aussi bien qu'eux, exempt de toute sorte de blâme : il paraît que tous deux ne l'ont estimé en nulle manière. L'un ne pensait pas assez pour goûter un auteur qui pense beaucoup; l'autre pense trop subtilement pour s'accommoder de pensées qui sont naturelles. (ÉD. 5.)

45

Un style grave, sérieux, scrupuleux, va fort loin : on lit AMYOT et COEFFETEAU; lequel lit-on de leurs contemporains? BALZAC, pour les termes et pour l'expression, est moins vieux que VOITURE; mais si ce dernier, pour le tour, pour l'esprit et pour le naturel, n'est pas moderne, et ne ressemble en rien à nos écrivains, c'est qu'il leur a été plus facile de le négliger que de l'imiter, et que le petit nombre de ceux qui courent après lui ne peut l'atteindre. (ÉD. 5.)

46

Le H** G** est immédiatement au-dessous du rien[1]. Il y a bien d'autres ouvrages qui lui ressemblent. Il y a autant d'invention à s'enrichir par un sot livre qu'il y a de sottise à l'acheter : c'est ignorer le goût du peuple que de ne pas hasarder quelquefois de grandes fadaises.

47

L'on voit bien que l'*Opéra* est l'ébauche d'un grand spectacle; il en donne l'idée.

Je ne sais pas comment l'*Opéra,* avec une musique si parfaite et une dépense toute royale, a pu réussir à m'ennuyer.

Il y a des endroits dans l'*Opéra* qui laissent en désirer d'autres; il échappe quelquefois de souhaiter la fin de tout le spectacle : c'est faute de théâtre, d'action, et de choses qui intéressent.

L'*Opéra* jusques à ce jour n'est pas un poème, ce sont des vers; ni un spectacle, depuis que les machines ont disparu par le bon ménage d'*Amphion*[2] et de sa race : c'est un concert, ou ce sont des voix soutenues par des instruments. C'est prendre le change, et cultiver un mauvais goût, que de dire, comme l'on fait, que la machine n'est qu'un amusement d'enfants, et qui ne convient qu'aux Marionnettes; elle augmente et embellit la fiction, soutient dans les spectateurs cette douce illusion qui est tout le plaisir du théâtre, où elle jette encore le merveilleux. Il ne faut point de vols, ni de chars, ni de changements aux *Bérénices* et à *Pénélope :* il en faut aux *Opéras,* et le propre de ce spectacle est de tenir les esprits, les yeux et les oreilles dans un égal enchantement. (ÉD. 4.)

48

Ils ont fait le théâtre, ces empressés, les machines, les ballets, les vers, la musique, tout le spectacle, jusques à la salle où s'est donné le spectacle, j'entends le toit et les quatre murs dès leurs fondements. Qui doute que la chasse sur l'eau[1], l'enchantement de la table *(a)*, la merveille du Labyrinthe *(b)* ne soient encore de leur invention ? J'en juge par le mouvement qu'ils se donnent, et par l'air content dont ils s'applaudissent sur tout le succès. Si je ne me trompe, et qu'ils n'aient contribué en rien à cette fête si superbe, si galante, si longtemps soutenue, et où un seul a suffi pour le projet et pour la dépense, j'admire deux choses : la tranquillité et le flegme de celui qui a tout remué, comme l'embarras et l'action de ceux qui n'ont rien fait. (ÉD. 4.)

49

Les connaisseurs, ou ceux qui se croyant[2] tels, se donnent voix délibérative et décisive sur les spectacles, se cantonnent aussi, et se divisent en des partis contraires, dont chacun, poussé par un tout autre intérêt que par celui du public ou de l'équité, admire un certain poème ou une certaine musique, et siffle tout autre. Ils nuisent également, par cette chaleur à défendre leurs préventions, et à la faction opposée et à leur propre cabale ; ils découragent par mille contradictions les poètes et les musiciens, retardent le progrès des sciences et des arts, en leur ôtant le fruit qu'ils pourraient tirer de l'émulation et de la liberté qu'auraient plusieurs excellents maîtres de faire, chacun dans leur genre et selon leur génie, de très beaux ouvrages. (ÉD. 4.)

---

a. Rendez-vous de chasse dans la forêt de Chantilly.
b. Collation très ingénieuse donnée dans le Labyrinthe de Chantilly.

50

D'où vient que l'on rit si librement au théâtre, et que l'on a honte d'y pleurer? Est-il moins dans la nature de s'attendrir sur le pitoyable que d'éclater sur le ridicule? Est-ce l'altération des traits qui nous retient? Elle est plus grande dans un ris immodéré que dans la plus amère douleur, et l'on détourne son visage pour rire comme pour pleurer en la présence des grands et de tous ceux que l'on respecte. Est-ce une peine que l'on sent à laisser voir que l'on est tendre, et à marquer quelque faiblesse, surtout en un sujet faux, et dont il semble que l'on soit la dupe? Mais sans citer les personnes graves ou les esprits forts qui trouvent du faible dans un ris excessif comme dans les pleurs, et qui se les défendent également, qu'attend-on d'une scène tragique? qu'elle fasse rire? Et d'ailleurs la vérité n'y règne-t-elle pas aussi vivement par ses images que dans le comique? l'âme ne va-t-elle pas jusques au vrai dans l'un et l'autre genre avant que de s'émouvoir? est-elle même si aisée à contenter? ne lui faut-il pas encore le vraisemblable? Comme donc ce n'est point une chose bizarre d'entendre s'élever de tout un amphithéâtre un ris universel sur quelque endroit d'une comédie, et que cela suppose au contraire qu'il est plaisant et très naïvement exécuté, aussi l'extrême violence que chacun se fait à contraindre ses larmes, et le mauvais ris dont on veut les couvrir prouvent clairement que l'effet naturel du grand tragique serait de pleurer tous franchement et de concert à la vue l'un de l'autre, et sans autre embarras que d'essuyer ses larmes, outre qu'après être convenu de s'y abandonner, on éprouverait encore qu'il y a souvent moins lieu de craindre de pleurer au théâtre que de s'y morfondre. (ÉD. 4.)

51

Le poème tragique vous serre le cœur dès son commencement, vous laisse à peine dans tout son progrès la liberté de respirer et le temps de vous remettre, ou s'il vous donne quelque relâche, c'est pour vous replonger dans de nouveaux abîmes et dans de nouvelles alarmes. Il vous conduit à la terreur par la pitié, ou réciproquement à la pitié par le terrible, vous mène par les larmes, par les sanglots, par l'incertitude, par l'espérance, par la crainte, par les surprises et par l'horreur jusques à la catastrophe. Ce n'est donc pas un tissu de jolis sentiments, de déclarations tendres, d'entretiens galants, de portraits agréables, de mots *doucereux,* ou quelquefois assez plaisants pour faire rire, suivi à la vérité d'une dernière scène où les mutins n'entendent aucune raison *(a),* et où, pour la bienséance, il y a enfin du sang répandu, et quelque malheureux à qui il en coûte la vie. (ÉD. 6.)

52

Ce n'est point assez que les mœurs du théâtre ne soient point mauvaises, il faut encore qu'elles soient décentes et instructives. Il peut y avoir un ridicule si bas et si grossier, ou même si fade et si indifférent, qu'il n'est ni permis au poète d'y faire attention, ni possible aux spectateurs de s'en divertir. Le paysan ou l'ivrogne fournit quelques scènes à un farceur; il n'entre qu'à peine dans le vrai comique : comment pourrait-il faire le fond ou l'action principale de la comédie? « Ces caractères, dit-on, sont naturels. » Ainsi, par cette règle, on occupera bientôt tout l'amphithéâtre d'un laquais qui siffle, d'un malade dans sa garde-robe, d'un homme ivre qui dort ou qui vomit : y a-t-il rien de plus naturel? C'est le propre d'un efféminé de se lever tard, de passer une partie du jour à sa toilette, de se voir au miroir, de

a. Sédition, dénouement vulgaire des tragédies.

se parfumer, de se mettre des mouches, de recevoir des billets et d'y faire réponse. Mettez ce rôle sur la scène. Plus longtemps vous le ferez durer, un acte, deux actes, plus il sera naturel et conforme à son original; mais plus aussi il sera froid et insipide. (ÉD. 5.)

53

Il semble que le roman et la comédie pourraient être aussi utiles qu'ils sont nuisibles[1]. L'on y voit de si grands exemples de constance, de vertu, de tendresse et de désintéressement, de si beaux et de si parfaits caractères, que quand une jeune personne jette de là sa vue sur tout ce qui l'entoure, ne trouvant que des sujets indignes et fort au-dessous de ce qu'elle vient d'admirer, je m'étonne qu'elle soit capable pour eux de la moindre faiblesse.

54

Corneille ne peut être égalé dans les endroits où il excelle : il a pour lors un caractère original et inimitable; mais il est inégal. Ses premières comédies sont sèches, languissantes, et ne laissaient pas espérer qu'il dût ensuite aller si loin; comme ses dernières font qu'on s'étonne qu'il ait pu tomber de si haut. Dans quelques-unes de ses meilleures pièces, il y a des fautes inexcusables contre les mœurs, un style de déclamateur qui arrête l'action et la fait languir, des négligences dans les vers et dans l'expression qu'on ne peut comprendre en un si grand homme. Ce qu'il y a eu en lui de plus éminent, c'est l'esprit, qu'il avait sublime, auquel il a été redevable de certains vers les plus heureux qu'on ait jamais lu ailleurs, de la conduite de son théâtre, qu'il a quelquefois hasardée contre les règles des Anciens, et enfin de ses dénouements; car il ne s'est pas toujours assujetti au goût des Grecs et à leur grande simplicité; il a aimé au contraite à charger la scène d'événements dont il est presque toujours sorti avec succès; admirable surtout par l'extrême variété et le peu de rapport qui se trouve pour le dessein entre un si grand nombre de poèmes qu'il a composés. Il semble qu'il y ait plus de ressemblance dans ceux de Racine, et qui tendent un peu plus à une même chose; mais il est égal, soutenu, toujours le même partout, soit pour le dessein et la conduite de ses pièces, qui sont justes, régulières, prises dans le bon sens et dans la nature, soit pour la versification, qui est correcte, riche dans ses rimes, élégante, nombreuse, harmonieuse : exact imitateur des Anciens, dont il a suivi scrupuleusement la netteté et la simplicité de l'action; à qui le grand et le merveilleux n'ont pas même manqué, ainsi qu'à Corneille ni le touchant ni le pathétique. Quelle plus grande tendresse que celle qui est répandue dans tout *le Cid,* dans *Polyeucte* et dans *les Horaces ?* Quelle grandeur ne se remarque point en Mithridate, en Porus et en Burrhus ? Ces passions encore favorites des Anciens que les tragiques aimaient à exciter sur les théâtres, et qu'on nomme la terreur et la pitié, ont été connues de ces deux poètes. Oreste, dans l'*Andromaque* de Racine, et *Phèdre* du même auteur, comme l'*Œdipe* et *les Horaces* de Corneille, en sont la preuve. Si cependant il est permis de faire entr'eux quelque comparaison, et les marquer l'un et l'autre par ce qu'ils ont eu de plus propre et par ce qui éclate le plus ordinairement dans leurs ouvrages, peut-être qu'on pourrait parler ainsi : « Corneille nous assujettit à ses caractères et à ses idées, Racine se conforme aux nôtres; celui-là peint les hommes comme ils devraient être, celui-ci les peint tels qu'ils sont[1]. Il y a plus dans le premier de ce que l'on admire, et de ce que l'on doit même imiter; il y a plus dans le second de ce que l'on reconnaît dans les autres, ou de ce que l'on éprouve dans soi-même. L'un élève, étonne, maîtrise, instruit; l'autre plaît, remue, touche, pénètre. Ce qu'il y a de plus beau, de plus noble et de plus impérieux dans la raison, est manié par le premier; et par l'autre, ce qu'il y a de plus flatteur et de plus délicat dans la passion. Ce sont dans celui-là des maximes, des règles, des préceptes ; et dans celui-ci, du goût et des sentiments. L'on est plus occupé aux pièces de Corneille ; l'on est plus ébranlé et plus attendri à celles de Racine. Corneille est plus moral, Racine plus naturel. Il semble que l'un imite SOPHOCLE, et que l'autre doit plus à EURIPIDE. »

55

Le peuple appelle éloquence[1] la facilité que quelques-uns ont de parler seuls et longtemps, jointe à l'emportement du geste, à l'éclat de la voix, et à la force des poulmons. Les pédants ne l'admettent aussi que dans le discours oratoire, et ne la distinguent pas de l'entassement des figures, de l'usage des grands mots, et de la rondeur des périodes.

Il semble que la logique est l'art de convaincre de quelque vérité ; et l'éloquence un don de l'âme, lequel nous rend maîtres du cœur et de l'esprit des autres ; qui fait que nous leur inspirons ou que nous leur persuadons tout ce qui nous plaît.

L'éloquence peut se trouver dans les entretiens et dans tout genre d'écrire. Elle est rarement où on la cherche, et elle est quelquefois où on ne la cherche point.

L'éloquence est au sublime ce que le tout est à sa partie. (ÉD. 4.)

Qu'est-ce que le sublime ? Il ne paraît pas qu'on l'ait défini. Est-ce une figure ? Naît-il des figures, ou du moins de quelques figures ? Tout genre d'écrire reçoit-il le sublime, ou s'il n'y a que les grands sujets qui en soient capables ? Peut-il briller autre chose dans l'églogue qu'un beau naturel, et dans les lettres familières comme dans les conversations qu'une grande délicatesse ? ou plutôt le naturel et le délicat[2] ne sont-ils pas le sublime des ouvrages dont ils font la perfection ? Qu'est-ce que le sublime ? Où entre le sublime ? (ÉD. 4.)

Les synonymes sont plusieurs dictions ou plusieurs phrases différentes qui signifient une même chose. L'antithèse est une opposition de deux vérités qui se donnent du jour l'une à l'autre. La métaphore ou la comparaison emprunte d'une chose étrangère une image sensible et naturelle d'une vérité. L'hyperbole exprime au delà de la vérité pour ramener l'esprit à la mieux connaître. Le sublime ne peint que la vérité, mais en un sujet noble; il la peint tout entière, dans sa cause et dans son effet; il est l'expression ou l'image la plus digne de cette vérité. Les esprits médiocres ne trouvent point l'unique expression, et usent de synonymes. Les jeunes gens sont éblouis de l'éclat de l'antithèse, et s'en servent. Les esprits justes, et qui aiment à faire des images qui soient précises, donnent naturellement dans la comparaison et la métaphore. Les esprits vifs[1], pleins de feu, et qu'une vaste imagination emporte hors des règles et de la justesse ne peuvent s'assouvir de l'hyperbole. Pour le sublime, il n'y a, même entre les grands génies, que les plus élevés qui en soient capables. (ÉD. 4.)

56

Tout écrivain, pour écrire nettement, doit se mettre à la place de ses lecteurs, examiner son propre ouvrage comme quelque chose qui lui est nouveau, qu'il lit pour la première fois, où il n'a nulle part, et que l'auteur aurait soumis à sa critique; et se persuader ensuite qu'on n'est pas entendu seulement à cause que l'on s'entend soi-même, mais parce qu'on est en effet intelligible. (ÉD. 7.)

57

L'on n'écrit que pour être entendu; mais il faut du moins en écrivant faire entendre de belles choses. L'on doit avoir une diction pure, et user de termes qui soient propres, il est vrai; mais il faut que ces termes si propres expriment des pensées nobles, vives, solides, et qui renferment un très beau sens. C'est faire de la pureté et de la clarté du discours un mauvais usage[2] que de les faire servir à une matière aride, infructueuse, qui est sans sel, sans utilité, sans nouveauté. Que sert aux lecteurs de comprendre aisément et sans peine des choses frivoles et puériles, quelquefois fades et communes, et d'être moins incertains de la pensée d'un auteur qu'ennuyés de son ouvrage? (ÉD. 4.)

Si l'on jette quelque profondeur dans certains écrits, si l'on affecte une finesse de tour, et quelquefois une trop grande délicatesse, ce n'est que par la bonne opinion qu'on a de ses lecteurs[1]. (ÉD. 4.)

58

L'on a cette incommodité[2] à essuyer dans la lecture des livres faits par des gens de parti et de cabale, que l'on n'y voit pas toujours la vérité. Les faits y sont déguisés, les raisons réciproques n'y sont point rapportées dans toute leur force, ni avec une entière exactitude; et ce qui use la plus longue patience, il faut lire un grand nombre de termes durs et injurieux que se disent des hommes graves, qui d'un point de doctrine ou d'un fait contesté se font une querelle personnelle. Ces ouvrages ont cela de particulier qu'ils ne méritent ni le cours prodigieux qu'ils ont pendant un certain temps, ni le profond oubli où ils tombent lorsque le feu et la division venant à s'éteindre, ils deviennent des almanachs de l'autre année. (ÉD. 4.)

59

La gloire ou le mérite de certains hommes est de bien écrire; et de quelques autres, c'est de n'écrire point. (ÉD. 7.)

60

L'on écrit régulièrement depuis vingt années[3]; l'on est esclave de la construction; l'on a enrichi la langue de nouveaux mots, secoué le joug du latinisme, et réduit le style à la phrase purement française; l'on a presque retrouvé le nombre que MALHERBE et BALZAC avaient les premiers rencontrés, et que tant d'auteurs depuis eux ont laissé perdre; l'on a mis enfin dans le discours tout l'ordre et toute la netteté dont il est capable : cela conduit insensiblement à y mettre de l'esprit. (ÉD. 4.)

61

Il y a des artisans ou des habiles dont l'esprit est aussi vaste que l'art et la science qu'ils professent; ils lui rendent avec avantage, par le génie et par l'invention, ce qu'ils tiennent d'elle et de ses principes; ils sortent de l'art pour l'ennoblir, s'écartent des règles si elles ne les conduisent pas au grand et au sublime; ils marchent seuls et sans compagnie, mais ils vont fort haut et pénètrent fort loin, toujours sûrs, et confirmés par le succès des avantages que l'on tire quelquefois de l'irrégularité. Les esprits justes, doux, modérés, non seulement ne les atteignent pas, ne les admirent pas, mais ils ne les comprennent point, et voudraient encore moins les imiter; ils demeurent tranquilles dans l'étendue de leur sphère, vont jusques à un certain point qui fait les bornes de leur capacité et de leurs lumières; ils ne vont pas plus loin, parce qu'ils ne voient rien au delà; ils ne peuvent au plus qu'être les premiers d'une seconde classe, et exceller dans le médiocre. (ÉD. 4.)

62

Il y a des esprits, si je l'ose dire, inférieurs et subalternes[1], qui ne semblent faits que pour être le recueil, le registre, ou le magasin de toutes les productions des autres génies : ils sont plagiaires, traducteurs, compilateurs; ils ne pensent point, ils disent ce que les auteurs ont pensé; et comme le choix des pensées est invention, ils l'ont mauvais, peu juste, et qui les détermine plutôt à rapporter beaucoup de choses, que d'excellentes choses; ils n'ont rien d'original et qui soit à eux; ils ne savent que ce qu'ils ont appris, et ils n'apprennent que ce que tout le monde veut bien ignorer, une science vaine, aride, dénuée d'agrément et d'utilité, qui ne tombe point dans la conversation, qui est hors de commerce, semblable à une monnaie qui n'a point de cours : on est tout à la fois étonné de leur lecture et ennuyé de leur entretien ou de leurs ouvrages. Ce sont ceux que les grands et le vulgaire confondent avec les savants, et que les sages renvoient au pédantisme. (ÉD. 5.)

63

La critique souvent n'est pas une science; c'est un métier, où il faut plus de santé que d'esprit, plus de travail que de capacité, plus d'habitude que de génie. Si elle vient d'un homme qui ait moins de discernement que de lecture, et qu'elle s'exerce sur de certains chapitres, elle corrompt et les lecteurs et l'écrivain[1]. (ÉD. 7.)

64

Je conseille à un auteur né copiste, et qui a l'extrême modestie de travailler d'après quelqu'un, de ne se choisir pour exemplaires que ces sortes d'ouvrages où il entre de l'esprit, de l'imagination, ou même de l'érudition : s'il n'atteint pas ses originaux, du moins il en approche, et il se fait lire. Il doit au contraire éviter comme un écueil de vouloir imiter ceux qui écrivent par humeur, que le cœur fait parler, à qui il inspire les termes et les figures, et qui tirent, pour ainsi dire, de leurs entrailles[2] tout ce qu'ils expriment sur le papier : dangereux modèles et tout propres à faire tomber dans le froid, dans le bas et dans le ridicule ceux qui s'ingèrent de les suivre. En effet, je rirais d'un homme qui voudrait sérieusement parler mon ton de voix, ou me ressembler de visage. (ÉD. 6.)

65

Un homme né chrétien et Français se trouve contraint

dans la satire[1]; les grands sujets lui sont défendus : il les entame quelquefois, et se détourne ensuite sur de petites choses, qu'il relève par la beauté de son génie et de son style.

66

Il faut éviter le style vain et puérile[2], de peur de ressembler à *Dorilas* et *Handburg :* l'on peut au contraire en une sorte d'écrits hasarder de certaines expressions, user de termes transposés et qui peignent vivement, et plaindre ceux qui ne sentent pas le plaisir qu'il y a à s'en servir ou à les entendre.

67

Celui qui n'a égard en écrivant qu'au goût de son siècle songe plus à sa personne qu'à ses écrits : il faut toujours tendre à la perfection, et alors cette justice qui nous est quelquefois refusée par nos contemporains, la postérité sait nous la rendre[3].

68

Il ne faut point mettre un ridicule où il n'y en a point : c'est se gâter le goût, c'est corrompre son jugement et celui des autres; mais le ridicule qui est quelque part, il faut l'y voir, l'en tirer avec grâce, et d'une manière qui plaise et qui instruise.

69

Horace ou Despréaux l'a dit avant vous.— Je le crois sur votre parole; mais je l'ai dit comme mien. Ne puis-je pas penser après eux une chose vraie, et que d'autres encore penseront après moi?

DU MÉRITE PERSONNEL

I

QUI peut, avec les plus rares talents et le plus excellent mérite, n'être pas convaincu de son inutilité, quand il considère qu'il laisse en mourant un monde qui ne se sent pas de sa perte, et où tant de gens se trouvent pour le remplacer?

2

De bien des gens il n'y a que le nom qui vale quelque chose. Quand vous les voyez de fort près, c'est moins que rien; de loin ils imposent.

3

Tout persuadé que je suis[1] que ceux que l'on choisit pour de différents emplois, chacun selon son génie et sa profession, font bien, je me hasarde de dire qu'il se peut faire qu'il y ait au monde plusieurs personnes, connues ou inconnues, que l'on n'emploie pas, qui feraient très bien; et je suis induit à ce sentiment par le merveilleux succès de certaines gens que le hasard seul a placés, et de qui jusques alors on n'avait pas attendu de fort grandes choses. (ÉD. 6.)

Combien d'hommes admirables, et qui avaient de très beaux génies, sont morts sans qu'on en ait parlé[2]? Combien vivent encore dont on ne parle point, et dont on ne parlera jamais?

4

Quelle horrible peine a un homme qui est sans prôneurs et sans cabale, qui n'est engagé dans aucun corps, mais qui est seul, et qui n'a que beaucoup de mérite pour toute recommandation, de se faire jour à travers l'obscurité où il se trouve, et de venir au niveau d'un fat qui est en crédit!

5

Personne presque ne s'avise de lui-même du mérite d'un autre.

Les hommes sont trop occupés d'eux-mêmes pour avoir le loisir de pénétrer ou de discerner les autres; de là vient qu'avec un grand mérite et une plus grande modestie l'on peut être longtemps ignoré.

6

Le génie et les grands talents manquent souvent, quelquefois aussi les seules occasions : tels peuvent être loués de ce qu'ils ont fait, et tels de ce qu'ils auraient fait.

7

Il est moins rare de trouver de l'esprit que des gens qui se servent du leur, ou qui fassent valoir celui des autres et le mettent à quelque usage. (ÉD. 4.)

8

Il y a plus d'outils que d'ouvriers, et de ces derniers plus de mauvais que d'excellents : que pensez-vous de celui qui veut scier avec un rabot, et qui prend sa scie pour raboter? (ÉD. 6.)

9

Il n'y a point au monde un si pénible métier que celui de se faire un grand nom : la vie s'achève que l'on a à peine ébauché son ouvrage[1].

10

Que faire d'*Égésippe*, qui demande un emploi? Le

mettra-t-on dans les finances, ou dans les troupes ? Cela eſt indifférent, et il faut que ce soit l'intérêt seul qui en décide ; car il eſt aussi capable de manier de l'argent, ou de dresser des comptes, que de porter les armes. « Il eſt propre à tout », disent ses amis, ce qui signifie toujours qu'il n'a pas plus de talent pour une chose que pour une autre, ou en d'autres termes, qu'il n'eſt propre à rien. Ainsi la plupart des hommes occupés d'eux seuls dans leur jeunesse, corrompus par la paresse ou par le plaisir, croient faussement dans un âge plus avancé qu'il leur suffit d'être inutiles ou dans l'indigence, afin que la république soit engagée à les placer ou à les secourir ; et ils profitent rarement de cette leçon si importante, que les hommes devraient employer les premières années de leur vie à devenir tels par leurs études et par leur travail que la république elle-même eût besoin de leur induſtrie et de leurs lumières, qu'ils fussent comme une pièce nécessaire à tout son édifice, et qu'elle se trouvât portée par ses propres avantages à faire leur fortune ou à l'embellir. (ÉD. 5.)

Nous devons travailler à nous rendre très dignes de quelque emploi : le reſte ne nous regarde point, c'eſt l'affaire des autres. (ÉD. 5.)

11

Se faire valoir par des choses qui ne dépendent point des autres, mais de soi seul, ou renoncer à se faire valoir : maxime ineſtimable et d'une ressource infinie dans la pratique, utile aux faibles, aux vertueux, à ceux qui ont de l'esprit, qu'elle rend maîtres de leur fortune ou de leur repos : pernicieuse pour les grands, qui diminuerait leur cour, ou plutôt le nombre de leurs esclaves, qui ferait tomber leur morgue avec une partie de leur autorité, et les réduirait presque à leurs entremets et à leurs équipages ; qui les priverait du plaisir qu'il sentent à se faire prier, presser, solliciter, à faire attendre ou à refuser, à promettre et à ne pas donner ; qui les traverserait dans le goût qu'ils ont quelquefois à mettre les sots en vue et à anéantir le mérite quand il leur arrive de le discerner; qui bannirait des cours les brigues, les cabales, les mauvais offices, la bassesse, la flatterie, la fourberie; qui ferait d'une cour orageuse, pleine de mouvements et d'intrigues, comme une pièce comique ou même tragique, dont les sages ne seraient que les spectateurs; qui remettrait de la dignité dans les différentes conditions des hommes, de la sérénité sur leurs visages; qui étendrait leur liberté; qui réveillerait en eux, avec les talents naturels, l'habitude du travail et de l'exercice; qui les exciterait à l'émulation, au désir de la gloire, à l'amour de la vertu; qui, au lieu de courtisans vils, inquiets, inutiles, souvent onéreux à la république, en ferait ou de sages économes, ou d'excellents pères de famille, ou des juges intègres, ou de bons officiers, ou de grands capitaines, ou des orateurs, ou des philosophes; et qui ne leur attirerait à tous nul autre inconvénient, que celui peut-être de laisser à leurs héritiers moins de trésors que de bons exemples. (ÉD. 7.)

12

Il faut en France beaucoup de fermeté et une grande étendue d'esprit pour se passer des charges et des emplois, et consentir ainsi à demeurer chez soi, et à ne rien faire. Personne presque n'a assez de mérite pour jouer ce rôle avec dignité, ni assez de fond pour remplir le vide du temps, sans ce que le vulgaire appelle des affaires. Il ne manque cependant à l'oisiveté du sage qu'un meilleur nom, et que méditer, parler, lire, et être tranquille s'appelât travailler[1].

13

Un homme de mérite, et qui est en place, n'est jamais incommode par sa vanité; il s'étourdit moins du poste qu'il occupe qu'il n'est humilié par un plus grand qu'il ne remplit pas et dont il se croit digne : plus capable d'inquiétude que de fierté ou de mépris pour les autres, il ne pèse qu'à soi-même.

14

Il coûte à un homme de mérite de faire assidûment sa cour, mais par une raison bien opposée à celle que l'on pourrait croire : il n'est point tel sans une grande modestie, qui l'éloigne de penser qu'il fasse le moindre plaisir aux princes s'il se trouve sur leur passage, se poste devant leurs yeux, et leur montre son visage : il est plus proche de se persuader qu'il les importune, et il a besoin de toutes les raisons tirées de l'usage et de son devoir pour se résoudre à se montrer. Celui au contraire qui a bonne opinion de soi, et que le vulgaire appelle un glorieux, a du goût à se faire voir, et il fait sa cour avec d'autant plus de confiance qu'il est incapable de s'imaginer que les grands dont il est vu pensent autrement de sa personne qu'il fait lui-même. (ÉD. 4.)

15

Un honnête homme se paye par ses mains de l'application qu'il a à son devoir par le plaisir qu'il sent à le faire, et se désintéresse sur les éloges, l'estime et la reconnaissance qui lui manquent quelquefois.

16

Si j'osais faire une comparaison entre deux conditions tout à fait inégales, je dirais qu'un homme de cœur pense à remplir ses devoirs à peu près comme le couvreur songe à couvrir : ni l'un ni l'autre ne cherchent à exposer leur vie, ni ne sont détournés par le péril; la mort pour eux est un inconvénient dans le métier, et jamais un obstacle. Le premier aussi n'est guère plus vain d'avoir paru à la tranchée, emporté un ouvrage ou forcé un retranchement, que celui-ci d'avoir monté sur de hauts combles ou sur la pointe d'un clocher. Ils ne sont tous deux appliqués qu'à bien faire, pendant que le fanfaron travaille à ce que l'on dise de lui qu'il a bien fait.

17

La modestie est au mérite ce que les ombres sont aux figures dans un tableau : elle lui donne de la force et du relief. (ÉD. 8.)

Un extérieur simple est l'habit des hommes vulgaires, il est taillé pour eux et sur leur mesure; mais c'est une parure pour ceux qui ont rempli leur vie de grandes actions : je les compare à une beauté négligée, mais plus piquante. (ÉD. 8.)

Certains hommes, contents d'eux-mêmes, de quelque action ou de quelque ouvrage qui ne leur a pas mal réussi, et ayant ouï dire que la modestie sied bien aux grands hommes, osent être modestes, contrefont les simples et les naturels : semblables à ces gens d'une taille médiocre qui se baissent aux portes, de peur de se heurter. (ÉD. 8.)

18

Votre fils est bègue[1] : ne le faites pas monter sur la tribune. Votre fille est née pour le monde[2] : ne l'enfermez pas parmi les vestales. *Xanthus,* votre affranchi[3], est faible et timide : ne différez pas, retirez-le des légions et de la milice. « Je veux l'avancer », dites-vous. Comblez-le de biens, surchargez-le de terres, de titres et de possessions; servez-vous du temps; nous vivons dans un siècle où elles lui feront plus d'honneur que la vertu. « Il m'en coûterait trop », ajoutez-vous. Parlez-vous sérieusement, *Crassus?* Songez-vous que c'est une goutte d'eau que vous puisez du Tibre pour enrichir Xanthus que vous aimez, et pour prévenir les honteuses suites d'un engagement où il n'est pas propre? (ÉD. 6.)

19

Il ne faut regarder dans ses amis que la seule vertu qui nous attache à eux, sans aucun examen de leur bonne ou de leur mauvaise fortune ; et quand on se sent capable de les suivre dans leur disgrâce, il faut les cultiver hardiment et avec confiance jusques dans leur plus grande prospérité. (ÉD. 4.)

20

S'il est ordinaire d'être vivement touché des choses rares, pourquoi le sommes-nous si peu de la vertu[1] ? (ÉD. 4.)

21

S'il est heureux d'avoir de la naissance, il ne l'est pas moins d'être tel qu'on ne s'informe plus si vous en avez. (ÉD. 4.)

22

Il apparaît de temps en temps sur la face de la terre des hommes rares, exquis, qui brillent par leur vertu, et dont les qualités éminentes jettent un éclat prodigieux. Semblables à ces étoiles extraordinaires dont on ignore les causes, et dont on sait encore moins ce qu'elles deviennent après avoir disparu, ils n'ont ni aïeuls ni descendants : ils composent seuls toute leur race. (ÉD. 5.)

23

Le bon esprit nous découvre notre devoir, notre engagement à le faire, et s'il y a du péril, avec péril : il inspire le courage, ou il y supplée. (ÉD. 4.)

24

Quand on excelle dans son art, et qu'on lui donne toute la perfection dont il est capable, l'on en sort en quelque manière, et l'on s'égale à ce qu'il y a de plus noble et de plus relevé. V** eſt un peintre. C** un musicien, et l'auteur de *Pyrame* eſt un poète; mais MIGNARD eſt MIGNARD, LULLI eſt LULLI, et CORNEILLE est CORNEILLE.

25

Un homme libre, et qui n'a point de femme, s'il a quelque esprit, peut s'élever au-dessus de sa fortune, se mêler dans le monde, et aller de pair avec les plus honnêtes gens. Cela eſt moins facile à celui qui eſt engagé : il semble que le mariage met tout le monde dans son ordre.

26

Après le mérite personnel, il faut l'avouer, ce sont les éminentes dignités et les grands titres dont les hommes tirent plus de diſtinction et plus d'éclat; et qui ne sait être un ÉRASME doit penser à être évêque. Quelques-uns, pour étendre leur renommée, entassent sur leurs personnes des pairies, des colliers d'ordre, des primaties, la pourpre, et ils auraient besoin d'une tiare; mais quel besoin a *Trophime* d'être cardinal[1] ? (ÉD. 4.)

27

L'or éclate, dites-vous, sur les habits de *Philémon*. — Il éclate de même chez les marchands. — Il eſt habillé des plus belles étoffes. — Le sont-elles moins toutes déployées dans les boutiques et à la pièce? — Mais la broderie et les ornements y ajoutent encore la magnificence. — Je loue donc le travail de l'ouvrier. — Si on lui demande quelle heure il eſt, il tire une montre qui eſt un chef-d'œuvre; la garde de son épée eſt un onyx *(a)* ; il a au doigt un gros diamant qu'il fait briller aux yeux, et qui eſt parfait; il ne lui manque aucune

---

a. Agate.

de ces curieuses bagatelles que l'on porte sur soi autant pour la vanité que pour l'usage, et il ne se plaint non plus toute sorte de parure qu'un jeune homme qui a épousé une riche vieille. — Vous m'inspirez enfin de la curiosité; il faut voir du moins des choses si précieuses : envoyez-moi cet habit et ces bijoux de Philémon; je vous quitte de la personne. (ÉD. 5).

Tu te trompes, Philémon, si avec ce carrosse brillant, ce grand nombre de coquins qui te suivent, et ces six bêtes qui te traînent, tu penses que l'on t'en eſtime davantage : l'on écarte tout cet attirail qui t'eſt étranger, pour pénétrer jusques à toi, qui n'es qu'un fat[1].

Ce n'eſt pas qu'il faut quelquefois pardonner à celui qui, avec un grand cortège, un habit riche et un magnifique équipage, s'en croit plus de naissance et plus d'esprit[2] : il lit cela dans la contenance et dans les yeux de ceux qui lui parlent.

28

Un homme à la cour, et souvent à la ville, qui a un long manteau de soie ou de drap de Hollande, une ceinture large et placée haut sur l'eſtomac, le soulier de maroquin, la calotte de même, d'un beau grain, un collet bien fait et bien empesé, les cheveux arrangés et le teint vermeil, qui avec cela se souvient de quelques diſtinctions métaphysiques, explique ce que c'eſt que la lumière de gloire, et sait précisément comment l'on voit Dieu, cela s'appelle un docteur. Une personne humble[3], qui eſt ensevelie dans le cabinet, qui a médité, cherché, consulté, confronté, lu ou écrit pendant toute sa vie, eſt un homme docte.

29

Chez nous le soldat eſt brave, et l'homme de robe eſt savant; nous n'allons pas plus loin. Chez les Romains l'homme de robe était brave, et le soldat était savant : un Romain était tout ensemble et le soldat et l'homme de robe.

30

Il semble que le héros est d'un seul métier, qui est celui de la guerre, et que le grand homme est de tous les métiers, ou de la robe, ou de l'épée, ou du cabinet ou de la cour : l'un et l'autre mis ensemble ne pèsent pas un homme de bien.

31

Dans la guerre, la distinction entre le héros et le grand homme est délicate : toutes les vertus militaires font l'un et l'autre. Il semble néanmoins que le premier soit jeune, entreprenant, d'une haute valeur, ferme dans les périls, intrépide; que l'autre excelle par un grand sens, par une vaste prévoyance, par une haute capacité, et par une longue expérience. Peut-être qu'ALEXANDRE n'était qu'un héros, et que CÉSAR était un grand homme.

32

Æmile[1] était né ce que les plus grands hommes ne deviennent qu'à force de règles, de méditation et d'exercice. Il n'a eu dans ses premières années qu'à remplir des talents qui étaient naturels, et qu'à se livrer à son génie. Il a fait, il a agi, avant que de savoir, ou plutôt il a su ce qu'il n'avait jamais appris. Dirai-je que les jeux de son enfance ont été plusieurs victoires? Une vie accompagnée d'un extrême bonheur joint à une longue expérience serait illustre par les seules actions qu'il avait achevées dès sa jeunesse. Toutes les occasions de vaincre qui se sont depuis offertes, il les a embrassées; et celles qui n'étaient pas, sa vertu et son étoile les ont fait naître : admirable même et par les choses qu'il a faites, et par celles qu'il aurait pu faire. On l'a regardé comme un homme incapable de céder à l'ennemi, de plier sous le nombre ou sous les obstacles; comme une âme du premier ordre, pleine de ressources et de lumières, et qui voyait encore où personne ne voyait plus;

comme celui qui, à la tête des légions, était pour elles un présage de la victoire, et qui valait seul plusieurs légions; qui était grand dans la prospérité, plus grand, quand la fortune lui a été contraire; la levée d'un siège, une retraite l'ont plus ennobli que ses triomphes[1] : l'on ne met qu'après les batailles gagnées et les villes prises; qui était rempli de gloire et de modestie; on lui a entendu dire : *Je fuyais*, avec la même grâce qu'il disait : *Nous les battîmes;* un homme dévoué à l'État, à sa famille, au chef de sa famille; sincère pour Dieu et pour les hommes, autant admirateur du mérite que s'il lui eût été moins propre et moins familier; un homme vrai, simple, magnanime, à qui il n'a manqué que les moindres vertus. (ÉD. 7.)

33

Les enfants des Dieux *(a)*, pour ainsi dire, tirent des règles de la nature, et en sont comme l'exception. Ils n'attendent presque rien du temps et des années. Le mérite chez eux devance l'âge. Ils naissent instruits, et ils sont plus tôt des hommes parfaits que le commun des hommes ne sort de l'enfance[2].

34

Les vues courtes, je veux dire les esprits bornés et resserrés dans leur petite sphère, ne peuvent comprendre cette universalité de talents que l'on remarque quelquefois dans un même sujet : où ils voient l'agréable, ils en excluent le solide; où ils croient découvrir les grâces du corps, l'agilité, la souplesse, la dextérité, ils ne veulent plus y admettre les dons de l'âme, la profondeur, la réflexion, la sagesse : ils ôtent de l'histoire de SOCRATE qu'il ait dansé. (ÉD. 5.)

---

a. Fils, petit-fils, issus de rois.

35

Il n'y a guères d'homme si accompli et si nécessaire aux siens, qu'il n'ait de quoi se faire moins regretter. (ÉD. 5.)

36

Un homme d'esprit et d'un caractère simple et droit peut tomber dans quelque piège; il ne pense pas que personne veuille lui en dresser, et le choisir pour être sa dupe : cette confiance le rend moins précautionné, et les mauvais plaisants l'entament par cet endroit. Il n'y a qu'à perdre pour ceux qui en viendraient à une seconde charge : il n'est trompé qu'une fois.

J'éviterai avec soin d'offenser personne, si je suis équitable; mais sur toutes choses un homme d'esprit, si j'aime le moins du monde mes intérêts.

37

Il n'y a rien de si délié, de si simple et de si imperceptible, où il n'entre des manières qui nous décélent. Un sot ni n'entre, ni ne sort, ni ne s'assied, ni ne se lève, ni ne se tait, ni n'est sur ses jambes, comme un homme d'esprit.

38

Je connais *Mopse*[1] d'une visite qu'il m'a rendue sans me connaître; il prie des gens qu'il ne connaît point de le mener chez d'autres dont il n'est pas connu; il écrit à des femmes qu'il connaît de vue. Il s'insinue dans un cercle de personnes respectables, et qui ne savent quel il est, et là, sans attendre qu'on l'interroge, ni sans sentir qu'il interrompt, il parle, et souvent, et ridiculement. Il entre une autre fois dans une assemblée, se place où il se trouve, sans nulle attention aux autres, ni à soi-même; on l'ôte d'une place destinée à un ministre, il s'assied à celle du duc et pair; il est là précisément celui dont la multitude rit, et qui seul est grave et ne rit point. Chassez un chien du fauteuil du Roi, il grimpe à la chaire du prédicateur; il regarde le monde indifféremment, sans embarras, sans pudeur; il n'a pas, non plus que le sot, de quoi rougir. (ÉD. 5.)

39

Celse est d'un rang médiocre, mais des grands le souffrent; il n'est pas savant, il a relation avec des savants; il a peu de mérite, mais il connaît des gens qui en ont beaucoup; il n'est pas habile, mais il a une langue qui peut servir de truchement, et des pieds qui peuvent le porter d'un lieu à un autre. C'est un homme né pour les allées et venues, pour écouter des propositions et les rapporter, pour en faire d'office, pour aller plus loin que sa commission et en être désavoué, pour réconcilier des gens qui se querellent à leur première entrevue; pour réussir dans une affaire et en manquer mille, pour se donner toute la gloire de la réussite, et pour détourner sur les autres la haine d'un mauvais succès. Il sait les bruits communs, les historiettes de la ville; il ne fait rien, il dit ou il écoute ce que les autres font, il est nouvelliste; il sait même le secret des familles : il entre dans de plus hauts mystères : il vous dit pourquoi celui-ci est exilé, et pourquoi on rappelle cet autre; il connaît le fond et les causes de la brouillerie des deux frères[1], et de la rupture des deux ministres[2]. N'a-t-il pas prédit aux premiers les tristes suites de leur mésintelligence ? N'a-t-il pas dit de ceux-ci que leur union ne serait pas longue ? N'était-il pas présent à de certaines paroles qui furent dites ? N'entra-t-il pas dans une espèce de négociation ? Le voulut-on croire ? fut-il écouté ? À qui parlez-vous de ces choses ? Qui a eu plus de part que Celse à toutes ces intrigues de cour ? Et si cela n'était ainsi, s'il ne l'avait du moins ou rêvé ou imaginé, songerait-il à vous le faire croire ? aurait-il l'air important et mystérieux d'un homme revenu d'une ambassade ? (ÉD. 7.)

40

Ménippe[1] est l'oiseau paré de divers plumages qui ne sont pas à lui. Il ne parle pas, il ne sent pas; il répète des sentiments et des discours, se sert même si naturellement de l'esprit des autres qu'il y est le premier trompé, et qu'il croit souvent dire son goût ou expliquer sa pensée, lorsqu'il n'est que l'écho de quelqu'un qu'il vient de quitter. C'est un homme qui est de mise un quart d'heure de suite, qui le moment d'après baisse, dégénère, perd le peu de lustre qu'un peu de mémoire lui donnait, et montre la corde. Lui seul ignore combien il est au-dessous du sublime et de l'héroïque; et incapable de savoir jusques où l'on peut avoir de l'esprit, il croit naïvement que ce qu'il en a est tout ce que les hommes en sauraient avoir : aussi a-t-il l'air et le maintien de celui qui n'a rien à désirer sur ce chapitre, et qui ne porte envie à personne. Il se parle souvent à soi-même, et il ne s'en cache pas, ceux qui passent le voient, et qu'il semble toujours prendre un parti, ou décider qu'une telle chose est sans réplique. Si vous le saluez quelquefois c'est le jeter dans l'embarras de savoir s'il doit rendre le salut ou non; et pendant qu'il délibère, vous êtes déjà hors de portée. Sa vanité l'a fait honnête homme, l'a mis au-dessus de lui-même, l'a fait devenir ce qu'il n'était pas. L'on juge, en le voyant, qu'il n'est occupé que de sa personne; qu'il sait que tout lui sied bien, et que sa parure est assortie; qu'il croit que tous les yeux sont ouverts sur lui, et que les hommes se relayent pour le contempler. (ÉD. 7.)

41

Celui qui logé chez soi dans un palais, avec deux appartements pour les deux saisons, vient coucher au Louvre dans un entresol n'en use pas ainsi par modestie; cet autre qui pour conserver une taille fine, s'abstient du vin et ne fait qu'un seul repas n'est ni sobre ni tempérant, et d'un troisième qui importuné d'un ami pauvre, lui donne enfin quelque secours, l'on dit qu'il achète son repos, et nullement qu'il est libéral. Le motif seul fait le mérite des actions des hommes, et le désintéressement y met la perfection. (ÉD. 4.)

42

La fausse grandeur[1] est farouche et inaccessible : comme elle sent son faible, elle se cache, ou du moins ne se montre pas de front, et ne se fait voir qu'autant qu'il faut pour imposer et ne paraître point ce qu'elle est, je veux dire une vraie petitesse. La véritable grandeur est libre, douce, familière, populaire; elle se laisse toucher et manier, elle ne perd rien à être vue de près; plus on la connaît, plus on l'admire. Elle se courbe par bonté vers ses inférieurs, et revient sans effort dans son naturel; elle s'abandonne quelquefois, se néglige, se relâche de ses avantages, toujours en pouvoir de les reprendre et de les faire valoir; elle rit, joue et badine, mais avec dignité; on l'approche tout ensemble avec liberté et avec retenue. Son caractère est noble et facile, inspire le respect et la confiance, et fait que les princes nous paraissent grands et très grands, sans nous faire sentir que nous sommes petits. (ÉD. 4.)

43

Le sage guérit de l'ambition par l'ambition même; il tend à de si grandes choses, qu'il ne peut se borner à ce qu'on appelle des trésors, des postes, la fortune et la faveur : il ne voit rien dans de si faibles avantages qui soit assez bon et assez solide pour remplir son cœur, et pour mériter ses soins et ses désirs; il a même besoin d'efforts pour ne les pas trop dédaigner[2]. Le seul bien capable de le tenter est cette sorte de gloire qui devrait naître de la vertu toute pure et toute simple; mais les hommes ne l'accordent guères, et il s'en passe. (ÉD. 4.)

44

Celui-là eſt bon qui fait du bien aux autres ; s'il souffre pour le bien qu'il fait, il eſt très bon ; s'il souffre de ceux à qui il a fait ce bien, il a une si grande bonté qu'elle ne peut être augmentée que dans le cas où ses souffrances viendraient à croître ; et s'il en meurt, sa vertu ne saurait aller plus loin : elle eſt héroïque, elle eſt parfaite. (ÉD. 4.)

DES FEMMES

I

Les hommes et les femmes conviennent rarement sur le mérite d'une femme : leurs intérêts sont trop différents. Les femmes ne se plaisent point les unes aux autres par les mêmes agréments qu'elles plaisent aux hommes : mille manières qui allument dans ceux-ci les grandes passions, forment entr'elles l'aversion et l'antipathie

2

Il y a dans quelques femmes une grandeur artificielle, attachée au mouvement des yeux, à un air de tête, aux façons de marcher, et qui ne va pas plus loin; un esprit éblouissant qui impose, et que l'on n'estime que parce qu'il n'est pas approfondi. Il y a dans quelques autres une grandeur simple, naturelle, indépendante du geste et de la démarche, qui a sa source dans le cœur, et qui est comme une suite de leur haute naissance; un mérite paisible, mais solide, accompagné de mille vertus qu'elles ne peuvent couvrir de toute leur modestie, qui échappent, et qui se montrent à ceux qui ont des yeux.

3

J'ai vu souhaiter d'être fille, et une belle fille, depuis treize ans jusques à vingt-deux; et après cet âge, de devenir un homme.

4

Quelques jeunes personnes ne connaissent point assez les avantages d'une heureuse nature, et combien il leur serait utile de s'y abandonner; elles affaiblissent ces dons du ciel, si rares et si fragiles, par des manières affectées et par une mauvaise imitation : leur son de voix et leur démarche sont empruntés; elles se composent, elles se recherchent, regardent dans un miroir si elles s'éloignent assez de leur naturel. Ce n'est pas sans peine qu'elles plaisent moins. (ÉD. 4.)

5

Se mettre du rouge ou se farder est, je l'avoue, un moindre crime que parler contre sa pensée; c'est quelque chose aussi de moins innocent que le travestissement et la mascarade, où l'on ne se donne point pour ce que l'on paraît être, mais où l'on pense seulement à se cacher et à se faire ignorer; c'est chercher à imposer aux yeux, et vouloir paraître selon l'extérieur contre la vérité; c'est une espèce de menterie[1]. (ÉD. 7.)

Il faut juger des femmes depuis la chaussure jusques à la coiffure exclusivement, à peu près comme on mesure le poisson entre queue et tête. (ÉD. 7.)

6

Si les femmes veulent seulement être belles à leurs propres yeux et se plaire à elles-mêmes, elles peuvent sans doute, dans la manière de s'embellir, dans le choix des ajustements et de la parure, suivre leur goût et leur caprice; mais si c'est aux hommes qu'elles désirent de plaire, si c'est pour eux qu'elles se fardent ou qu'elles s'enluminent, j'ai recueilli les voix, et je leur prononce, de la part de tous les hommes ou de la plus grande partie, que le blanc et le rouge les rend affreuses et dégoûtantes; que le rouge seul les vieillit et les déguise; qu'ils haïssent autant à les voir avec de la céruse sur le visage, qu'avec de fausses dents en la bouche, et des boules de cire dans les mâchoires; qu'ils protestent sérieusement contre tout l'artifice dont elles usent pour se rendre laides; et que bien loin d'en répondre devant Dieu, il semble au contraire qu'il leur ait réservé ce dernier et infaillible moyen de guérir des femmes. (ÉD. 5.)

Si les femmes étaient telles naturellement qu'elles le deviennent par artifice, qu'elles perdissent en un moment toute la fraîcheur de leur teint, qu'elles eussent le visage aussi allumé et aussi plombé[1] qu'elles se le font par le rouge et par la peinture dont elles se fardent, elles seraient inconsolables. (ÉD. 4.)

7

Une femme coquette ne se rend point sur la passion de plaire, et sur l'opinion qu'elle a de sa beauté : elle regarde le temps et les années comme quelque chose seulement qui ride et qui enlaidit les autres femmes ; elle oublie du moins que l'âge est écrit sur le visage. La même parure qui a autrefois embelli sa jeunesse, défigure enfin sa personne, éclaire les défauts de sa vieillesse. La mignardise et l'affectation l'accompagnent dans la douleur et dans la fièvre : elle meurt parée et en rubans de couleur. (ÉD. 7.)

8

Lise entend dire d'une autre coquette qu'elle se moque de se piquer de jeunesse, et de vouloir user d'ajustements qui ne conviennent plus à une femme de quarante ans. Lise les a accomplis ; mais les années pour elle ont moins de douze mois, et ne la vieillissent point : elle le croit ainsi ; et pendant qu'elle se regarde au miroir, qu'elle met du rouge sur son visage et qu'elle place des mouches, elle convient qu'il n'est pas permis à un certain âge de faire la jeune, et que *Clarice* en effet, avec ses mouches et son rouge, est ridicule. (ÉD. 7.)

9

Les femmes se préparent pour leurs amants, si elles les attendent ; mais si elles en sont surprises, elles oublient à leur arrivée l'état où elles se trouvent, elles ne se voient plus. Elles ont plus de loisir avec les indifférents; elles sentent le désordre où elles sont, s'ajustent en leur présence, ou disparaissent un moment, et reviennent parées. (ÉD. 4.)

10

Un beau visage est le plus beau de tous les spectacles; et l'harmonie la plus douce est le son de voix de celle que l'on aime.

11

L'agrément est arbitraire : la beauté est quelque chose de plus réel et de plus indépendant du goût et de l'opinion. (ÉD. 4.)

12

L'on peut être touché de certaines beautés si parfaites et d'un mérite si éclatant, que l'on se borne à les voir et à leur parler.

13

Une belle femme qui a les qualités d'un honnête homme, est ce qu'il y au monde d'un commerce plus délicieux : l'on trouve en elle tout le mérite des deux sexes.

14

Il échappe à une jeune personne de petites choses qui persuadent beaucoup, et qui flattent sensiblement celui pour qui elles sont faites. Il n'échappe presque rien aux hommes; leurs caresses sont volontaires; ils parlent, ils agissent, ils sont empressés, et persuadent moins.

15

Le caprice est dans les femmes tout proche de la beauté, pour être son contre-poison, et afin qu'elle nuise moins aux hommes, qui n'en guériraient pas sans ce remède. (ÉD. 4.)

16

Les femmes s'attachent aux hommes par les faveurs qu'elles leur accordent : les hommes guérissent par ces mêmes faveurs.

17

Une femme oublie d'un homme qu'elle n'aime plus jusques aux faveurs qu'il a reçues d'elle.

18

Une femme qui n'a qu'un galant croit n'être point coquette; celle qui a plusieurs galants croit n'être que coquette.

Telle femme évite d'être coquette par un ferme attachement à un seul, qui passe pour folle par son mauvais choix.

19

Un ancien galant tient à si peu de chose, qu'il cède à un nouveau mari; et celui-ci dure si peu, qu'un nouveau galant qui survient lui rend le change. (ÉD. 4.)

Un ancien galant craint ou méprise un nouveau rival, selon le caractère de la personne qu'il sert. (ÉD. 4.)

Il ne manque souvent à un ancien galant, auprès d'une femme qui l'attache, que le nom de mari : c'est beaucoup, et il serait mille fois perdu sans cette circonstance. (ÉD. 4.)

20

Il semble que la galanterie dans une femme ajoute à la coquetterie. Un homme coquet au contraire est quelque chose de pire qu'un homme galant. L'homme coquet et la femme galante vont assez de pair. (ÉD. 4.)

21

Il y a peu de galanteries secrètes. Bien des femmes ne sont pas mieux désignées par le nom de leurs maris que par celui de leurs amants.

22

Une femme galante veut qu'on l'aime; il suffit à une coquette d'être trouvée aimable et de passer pour belle. Celle-là cherche à engager; celle-ci se contente de plaire. La première passe successivement d'un engagement à un autre; la seconde a plusieurs amusements tout à la fois. Ce qui domine dans l'une, c'est la passion et le plaisir; et dans l'autre c'est la vanité et la légèreté. La galanterie est un faible du cœur, ou peut-être un vice de la complexion; la coquetterie est un dérèglement de l'esprit. La femme galante se fait craindre et la coquette se fait haïr. L'on peut tirer de ces deux caractères de quoi en faire un troisième, le pire de tous. (ÉD. 5.)

23

Une femme faible est celle à qui l'on reproche une faute, qui se la reproche à elle-même; dont le cœur combat la raison; qui veut guérir, qui ne guérira point, ou bien tard. (ÉD. 5.)

24

Une femme inconstante est celle qui n'aime plus[1]; une légère, celle qui déjà en aime un autre; une volage, celle qui ne sait si elle aime et ce qu'elle aime; une indifférente, celle qui n'aime rien. (ÉD. 5.)

25

La perfidie, si j'ose dire, est une menterie de toute la personne; c'est dans une femme l'art de placer un mot ou une action qui donne le change, et quelquefois de mettre en œuvre des serments et des promesses qui ne lui coûtent pas plus à faire qu'à violer. (ÉD. 5.)

Une femme infidèle, si elle est connue pour telle de la personne intéressée, n'est qu'infidèle : s'il la croit fidèle, elle est perfide. (ÉD. 5.)

On tire ce bien de la perfidie des femmes, qu'elle guérit de la jalousie[1]. (ÉD. 5.)

26

Quelques femmes ont dans le cours de leur vie un double engagement à soutenir, également difficile à rompre et à dissimuler; il ne manque à l'un que le contrat, et à l'autre que le cœur.

27

À juger de cette femme par sa beauté, sa jeunesse, sa fierté et ses dédains, il n'y a personne qui doute que ce ne soit un héros qui doive un jour la charmer. Son choix est fait : c'est un petit monstre qui manque d'esprit[2].

28

Il y a des femmes déjà flétries, qui par leur complexion ou par leur mauvais caractère sont naturellement la ressource des jeunes gens qui n'ont pas assez de bien. Je ne sais qui est plus à plaindre, ou d'une femme avancée en âge qui a besoin d'un cavalier, ou d'un cavalier qui a besoin d'une vieille.

29

Le rebut de la cour[3] est reçu à la ville dans une ruelle, où il défait le magistrat, même en cravate et en habit gris, ainsi que le bourgeois en baudrier, les écarte et devient maître de la place : il est écouté, il est aimé;

on ne tient guères plus d'un moment contre une écharpe d'or et une plume blanche, contre un homme qui *parle au Roi et voit les ministres*. Il fait des jaloux et des jalouses : on l'admire, il fait envie : à quatre lieues de là, il fait pitié. (ÉD. 5.)

30

Un homme de la ville est pour une femme de province ce qu'est pour une femme de ville un homme de la cour.

31

À un homme vain, indiscret, qui est grand parleur et mauvais plaisant, qui parle de soi avec confiance et des autres avec mépris, impétueux, altier, entreprenant, sans mœurs ni probité, de nul jugement et d'une imagination très libre, il ne lui manque plus, pour être adoré de bien des femmes, que de beaux traits et la taille belle.

32

Est-ce en vue du secret, ou par un goût hypocondre, que cette femme aime un valet, cette autre un moine, et *Dorinne* son médecin?

33

Roscius entre sur la scène de bonne grâce. Oui, *Lélie ;* et j'ajoute encore qu'il a les jambes bien tournées, qu'il joue bien, et de longs rôles, et que pour déclamer parfaitement il ne lui manque, comme on le dit, que de parler avec la bouche; mais est-il le seul qui ait de l'agrément dans ce qu'il fait? et ce qu'il fait, est-ce la chose la plus noble et la plus honnête que l'on puisse faire? Roscius d'ailleurs ne peut être à vous, il est à une autre; et quand cela ne serait pas ainsi, il est retenu : *Claudie* attend, pour l'avoir, qu'il se soit dégoûté de *Messaline*[1]. Prenez *Bathylle*, Lélie : où trouverez-vous, je ne dis pas dans l'ordre des chevaliers, que vous dédaignez, mais même parmi les farceurs un jeune homme qui s'élève si haut en dansant, et qui fasse mieux la cabriole? Voudriez-vous le sauteur *Cobus,* qui jetant ses pieds en avant, tourne une fois en l'air avant que de tomber à terre? Ignorez-vous qu'il n'est plus jeune? Pour Bathylle, dites-vous, la presse y est trop grande, et il refuse plus de femmes qu'il n'en agrée; mais vous avez *Dracon,* le joueur de flûte: nul autre de son métier n'enfle plus décemment ses joues en soufflant dans le hautbois ou le flageolet, car c'est une chose infinie que le nombre des instruments qu'il fait parler; plaisant d'ailleurs, il fait rire jusques aux enfants et aux femmelettes. Qui mange et qui boit mieux que Dracon en un seul repas? Il enivre toute une compagnie, et il se rend le dernier. Vous soupirez, Lélie: est-ce que Dracon aurait fait un choix, ou que malheureusement on vous aurait prévenue? Se serait-il enfin engagé à *Césonie,* qui l'a tant couru, qui lui a sacrifié une si grande foule d'amants, je dirai même toute la fleur des Romains? à Césonie, qui est d'une famille patricienne, qui est si jeune, si belle, et si sérieuse? Je vous plains, Lélie, si vous avez pris par contagion ce nouveau goût qu'ont tant de femmes romaines pour ce qu'on appelle des hommes publics, et exposés par leur condition à la vue des autres. Que ferez-vous, lorsque le meilleur en ce genre vous est enlevé? Il reste encore *Bronte,* le questionnaire: le peuple ne parle que de sa force et de son adresse; c'est un jeune homme qui a les épaules larges et la taille ramassée, un nègre d'ailleurs, un homme noir. (ÉD. 7.)

34

Pour les femmes du monde, un jardinier est un jardinier, et un maçon est un maçon; pour quelques autres plus retirées, un maçon est un homme, un jardinier est un homme. Tout est tentation à qui la craint.

35

Quelques femmes donnent aux couvents et à leurs amants : galantes et bienfaitrices, elles ont jusque dans l'enceinte de l'autel des tribunes et des oratoires où elles lisent des billets tendres, et où personne ne voit qu'elles ne prient point Dieu.

36

Qu'est-ce qu'une femme que l'on dirige ? Est-ce une femme plus complaisante pour son mari, plus douce pour ses domestiques, plus appliquée à sa famille et à ses affaires, plus ardente et plus sincère pour ses amis ; qui soit moins esclave de son humeur, moins attachée à ses intérêts ; qui aime moins les commodités de la vie ; je ne dis pas qui fasse des largesses à ses enfants qui sont déjà riches, mais qui opulente elle-même et accablée du surperflu, leur fournisse le nécessaire, et leur rende au moins la justice qu'elle leur doit ; qui soit plus exempte d'amour de soi-même et d'éloignement pour les autres ; qui soit plus libre de tous attachements humains ? « Non, dites-vous, ce n'est rien de toutes ces choses. » J'insiste, et je vous demande : « Qu'est-ce donc qu'une femme que l'on dirige ? » Je vous entends, c'est une femme qui a un directeur. (ÉD. 7.)

37

Si le confesseur et le directeur ne conviennent point sur une règle de conduite, qui sera le tiers qu'une femme prendra pour surarbitre ?

38

Le capital pour une femme n'est pas d'avoir un directeur, mais de vivre si uniment qu'elle s'en puisse passer.

39

Si une femme pouvait dire à son confesseur, avec ses autres faiblesses, celles qu'elle a pour son directeur, et le temps qu'elle perd dans son entretien, peut-être lui serait-il donné pour pénitence d'y renoncer.

40

Je voudrais qu'il me fût permis de crier de toute ma force à ces hommes saints qui ont été autrefois blessés des femmes : « Fuyez les femmes, ne les dirigez point, laissez à d'autres le soin de leur salut. » (ÉD. 5.)

41

C'est trop contre un mari d'être coquette et dévote; une femme devrait opter.

42

J'ai différé à le dire, et j'en ai souffert; mais enfin il m'échappe, et j'espère même que ma franchise sera utile à celles qui n'ayant pas assez d'un confesseur pour leur conduite, n'usent d'aucun discernement dans le choix de leurs directeurs. Je ne sors pas d'admiration et d'étonnement à la vue de certains personnages que je ne nomme point; j'ouvre de fort grands yeux sur eux; je les contemple : ils parlent, je prête l'oreille; je m'informe, on me dit des faits, je les recueille; et je ne comprends pas comment des gens en qui je crois voir toutes choses diamétralement opposées au bon esprit, au sens droit, à l'expérience des affaires du monde, à la connaissance de l'homme, à la science de la religion et des mœurs, présument que Dieu doive renouveler en nos jours la merveille de l'apostolat, et faire un miracle en leurs personnes, en les rendant capables, tout simples et petits esprits qu'ils sont, du ministère des âmes, celui de tous le plus délicat et le plus sublime; et si au contraire ils se croient nés pour un emploi si relevé, si difficile, et accordé à si peu de personnes, et qu'ils se persuadent de ne faire en cela qu'exercer leurs talents naturels et suivre une vocation ordinaire, je le comprends encore moins. (ÉD. 6.)

Je vois bien que le goût qu'il y a à devenir le dépositaire du secret des familles, à se rendre nécessaire pour les réconciliations, à procurer des commissions ou à placer des domestiques, à trouver toutes les portes ouvertes dans les maisons des grands, à manger souvent à de bonnes tables, à se promener en carrosse dans une grande ville, et à faire de délicieuses retraites à la campagne, à voir plusieurs personnes de nom et de distinction s'intéresser à sa vie et à sa santé, et à ménager pour les autres et pour soi-même tous les intérêts humains, je vois bien encore une fois, que cela seul a fait imaginer le précieux et irrépréhensible prétexte du soin des âmes, et semé dans le monde cette pépinière intarissable de directeurs. (ÉD. 6.)

43

La dévotion vient à quelques-uns, et surtout aux femmes, comme une passion, ou comme le faible d'un certain âge, ou comme une mode qu'il faut suivre. Elles comptaient autrefois une semaine par les jours de jeu, de spectacle, de concert, de mascarade, ou d'un joli sermon[1] : elles allaient le lundi perdre leur argent chez *Ismène*, le mardi leur temps chez *Climène*, et le mercredi leur réputation chez *Célimène ;* elles savaient dès la veille toute la joie qu'elles devaient avoir le jour d'après et le lendemain; elles jouissaient tout à la fois du plaisir présent et de celui qui ne leur pouvait manquer; elles auraient souhaité de les pouvoir rassembler tous en un seul jour : c'était alors leur unique inquiétude et tout le sujet de leurs distractions; et si elles se trouvaient quelquefois à l'*Opéra,* elles y regrettaient la comédie. Autres temps, autres mœurs : elles outrent l'austérité et la retraite; elles n'ouvrent plus les yeux qui leur sont donnés pour voir; elles ne mettent plus leurs sens à aucun usage; et, chose incroyable! elles parlent peu; elles pensent encore, et assez bien d'elles-mêmes, comme assez mal des autres; il y a chez elles une émulation de vertu et de réforme qui tient quelque chose de la jalousie; elles ne haïssent pas de primer dans ce nouveau genre de vie; comme elles faisaient dans celui qu'elles viennent de quitter par politique ou par dégoût. Elles se perdaient gaiement par la galanterie, par la bonne chère et par l'oisiveté; et elles se perdent tristement par la présomption et par l'envie. (ÉD. 6.)

44

Si j'épouse, *Hermas,* une femme avare, elle ne me ruinera point; si une joueuse, elle pourra s'enrichir; si une servante, elle saura m'instruire; si une prude, elle ne sera point emportée; si une emportée, elle exercera ma patience; si une coquette, elle voudra me plaire; si une galante, elle le sera peut-être jusques à m'aimer; si une dévote *(a),* répondez, Hermas, que dois-je attendre de celle qui veut tromper Dieu, et qui se trompe elle-même? (ÉD. 7.)

45

Une femme est aisée à gouverner, pourvu que ce soit un homme qui s'en donne la peine. Un seul même en gouverne plusieurs; il cultive leur esprit et leur mémoire, fixe et détermine leur religion; il entreprend même de régler leur cœur. Elles n'approuvent et ne désapprouvent, ne louent et ne condamnent, qu'après avoir consulté ses yeux et son visage. Il est le dépositaire de leurs joies et de leurs chagrins, de leurs désirs, de leurs jalousies, de leurs haines et de leurs amours; il les fait rompre avec leurs galants; il les brouille et les réconcilie avec leurs maris, et il profite des interrègnes. Il prend

a. Fausse dévote.

soin de leurs affaires, sollicite leurs procès, et voit leurs juges; il leur donne son médecin, son marchand, ses ouvriers; il s'ingère de les loger, de les meubler, et il ordonne de leur équipage. On le voit avec elles dans leurs carrosses, dans les rues d'une ville et aux promenades, ainsi que dans leur banc à un sermon, et dans leur loge à la comédie; il fait avec elles les mêmes visites; il les accompagne au bain, aux eaux, dans les voyages; il a le plus commode appartement chez elles à la campagne. Il vieillit sans déchoir de son autorité : un peu d'esprit et beaucoup de temps à perdre lui suffit pour la conserver; les enfants, les héritiers, la bru, la nièce, les domestiques, tout en dépend. Il a commencé par se faire estimer; il finit par se faire craindre. Cet ami si ancien, si nécessaire, meurt sans qu'on le pleure; et dix femmes dont il était le tyran héritent par sa mort de la liberté. (ÉD. 4.)

46

Quelques femmes ont voulu cacher leur conduite sous les dehors de la modestie; et tout ce que chacune a pu gagner par une continuelle affectation, et qui ne s'est jamais démentie, a été de faire dire de soi : *On l'aurait prise pour une vestale.* (ÉD. 5.)

47

C'est dans les femmes une violente preuve d'une réputation bien nette et bien établie, qu'elle ne soit pas même effleurée par la familiarité de quelques-unes qui ne leur ressemblent point; et qu'avec toute la pente qu'on a aux malignes explications, on ait recours à une tout autre raison de ce commerce qu'à celle de la convenance des mœurs. (ÉD. 4.)

48

Un comique outre sur la scène ses personnages; un poète charge ses descriptions; un peintre qui fait d'après nature force et exagère une passion, un contraste, des attitudes; et celui qui copie, s'il ne mesure au compas les grandeurs et les proportions, grossit ses figures, donne à toutes les pièces qui entrent dans l'ordonnance de son tableau plus de volume que n'en ont celles de l'original : de même la pruderie est une imitation de la sagesse. (ÉD. 7.)

Il y a une fausse modestie qui est vanité, une fausse gloire qui est légèreté, une fausse grandeur qui est petitesse, une fausse vertu qui est hypocrisie, une fausse sagesse qui est pruderie. (ÉD. 7.)

Une femme prude paye de maintien et de parole; une femme sage paye de conduite. Celle-là suit son humeur et sa complexion, celle-ci sa raison et son cœur. L'une est sérieuse et austère; l'autre est dans les diverses rencontres précisément ce qu'il faut qu'elle soit. La première cache des faibles sous de plausibles dehors; la seconde couvre un riche fonds sous un air libre et naturel. La pruderie contraint l'esprit, ne cache ni l'âge ni la laideur, souvent elle les suppose; la sagesse au contraire pallie les défauts du corps, anoblit l'esprit, ne rend la jeunesse que plus piquante, et la beauté que plus périlleuse. (ÉD. 7.)

49

Pourquoi s'en prendre aux hommes de ce que les femmes ne sont pas savantes[1] ? Par quelles lois, par quels édits, par quels rescrits leur a-t-on défendu d'ouvrir les yeux et de lire, de retenir ce qu'elles ont lu, et d'en rendre compte ou dans leur conversation ou par leurs ouvrages ? Ne se sont-elles pas au contraire établies elles-mêmes dans cet usage de ne rien savoir, ou par la faiblesse de leur complexion, ou par la paresse de leur esprit ou par le soin de leur beauté, ou par une certaine légèreté qui les empêche de suivre une longue étude, ou par le talent et le génie qu'elles ont seulement pour les ouvrages de la main, ou par les distractions que donnent les détails d'un domestique, ou par un éloignement naturel des choses pénibles et sérieuses, ou par une curiosité toute différente de celle qui contente l'esprit, ou par un tout autre goût que celui d'exercer leur mémoire? Mais à quelque cause que les hommes puissent devoir cette ignorance des femmes, ils sont heureux que les femmes qui les dominent d'ailleurs par tant d'endroits, aient sur eux cet avantage de moins. (ÉD. 7.)

On regarde une femme savante comme on fait une belle arme : elle eſt ciselée artiſtement, d'une polissure admirable et d'un travail fort recherché; c'eſt une pièce de cabinet, que l'on montre aux curieux, qui n'eſt pas d'usage, qui ne sert ni à la guerre ni à la chasse, non plus qu'un cheval de manège, quoique le mieux inſtruit du monde. (ÉD. 7.)

Si la science et la sagesse se trouvent unies en un même sujet, je ne m'informe plus du sexe, j'admire; et si vous me dites qu'une femme sage ne songe guères à être savante, ou qu'une femme savante n'eſt guères sage, vous avez déjà oublié ce que vous venez de lire, que les femmes ne sont détournées des sciences que par de certains défauts : concluez donc vous-même que moins elles auraient de ces défauts, plus elles seraient sages, et qu'ainsi une femme sage n'en serait que plus propre à devenir savante, ou qu'une femme savante, n'étant telle que parce qu'elle aurait pu vaincre beaucoup de défauts, n'en eſt que plus sage. (ÉD. 7.)

50

La neutralité entre des femmes qui nous sont également amies, quoiqu'elles aient rompu pour des intérêts où nous n'avons nulle part, eſt un point difficile : il faut choisir souvent entr'elles, ou les perdre toutes deux.

51

Il y a telle femme qui aime mieux son argent que ses amis, et ses amants que son argent.

52

Il eſt étonnant de voir dans le cœur de certaines femmes quelque chose de plus vif et de plus fort que l'amour pour les hommes, je veux dire l'ambition et le jeu : de telles femmes rendent les hommes chaſtes; elles n'ont de leur sexe que les habits.

53

Les femmes sont extrêmes : elle sont meilleures ou pires que les hommes.

54

La plupart des femmes n'ont guères de principes; elles se conduisent par le cœur, et dépendent pour leurs mœurs de ceux qu'elles aiment.

55

Les femmes vont plus loin en amour que la plupart des hommes; mais les hommes l'emportent sur elles en amitié. (ÉD. 4.)

Les hommes sont cause que les femmes ne s'aiment point. (ÉD. 4.)

56

Il y a du péril à contrefaire. *Lise,* déjà vieille, veut rendre une jeune femme ridicule, et elle-même devient difforme; elle me fait peur. Elle use pour l'imiter de grimaces et de contorsions : la voilà aussi laide qu'il faut pour embellir celle dont elle se moque. (ÉD. 5.)

57

On veut à la ville que bien des idiots et des idiotes aient de l'esprit; on veut à la cour que bien des gens manquent d'esprit, qui en ont beaucoup; et entre les personnes de ce dernier genre une belle femme ne se sauve qu'à peine avec d'autres femmes. (ÉD. 7.)

58

Un homme eſt plus fidèle au secret d'autrui qu'au sien propre; une femme au contraire garde mieux son secret que celui d'autrui.

59

Il n'y a point dans le cœur d'une jeune personne un si violent amour auquel l'intérêt ou l'ambition n'ajoute quelque chose.

60

Il y a un temps où les filles les plus riches doivent prendre parti; elles n'en laissent guère échapper les premières occasions sans se préparer un long repentir : il semble que la réputation des biens diminue en elles avec celle de leur beauté. Tout favorise au contraire une jeune personne, jusques à l'opinion des hommes, qui aiment à lui accorder tous les avantages qui peuvent la rendre plus souhaitable.

61

Combien de filles à qui une grande beauté n'a jamais servi qu'à leur faire espérer une grande fortune!

62

Les belles filles sont sujettes à venger ceux de leurs amants qu'elles ont maltraités, ou par de laids, ou par de vieux, ou par d'indignes maris. (ÉD. 7.)

63

La plupart des femmes jugent du mérite et de la bonne mine d'un homme par l'impression qu'ils font sur elles, et n'accordent presque ni l'un ni l'autre à celui pour qui elles ne sentent rien. (ÉD. 4.)

64

Un homme qui serait en peine de connaître s'il change, s'il commence à vieillir, peut consulter les yeux d'une jeune femme qu'il aborde, et le ton dont elle lui parle : il apprendra ce qu'il craint de savoir. Rude école. (ÉD. 4.)

65

Une femme qui n'a jamais les yeux que sur une même personne, ou qui les en détourne toujours, fait penser d'elle la même chose. (ÉD. 4.)

66

Il coûte peu aux femmes de dire ce qu'elles ne sentent point : il coûte encore moins aux hommes de dire ce qu'ils sentent. (ÉD. 5.)

67

Il arrive quelquefois qu'une femme cache à un homme toute la passion qu'elle sent pour lui, pendant que de son côté il feint pour elle toute celle qu'il ne sent pas.

68

L'on suppose un homme indifférent, mais qui voudrait persuader à une femme une passion qu'il ne sent pas ; et l'on demande s'il ne lui serait pas plus aisé d'imposer à celle dont il est aimé qu'à celle qui ne l'aime point.

69

Un homme peut tromper une femme par un feint attachement, pourvu qu'il n'en ait pas ailleurs un véritable.

70

Un homme éclate contre une femme qui ne l'aime plus, et se console; une femme fait moins de bruit quand elle eſt quittée, et demeure longtemps inconsolable.

71

Les femmes guérissent de leur paresse par la vanité ou par l'amour.

La paresse au contraire dans les femmes vives eſt le présage de l'amour. (ÉD. 4.)

72

Il eſt fort sûr qu'une femme qui écrit avec emportement eſt emportée; il eſt moins clair qu'elle soit touchée. Il semble qu'une passion vive et tendre eſt morne et silencieuse; et que le plus pressant intérêt d'une femme qui n'eſt plus libre, celui qui l'agite davantage, eſt moins de persuader qu'elle aime, que de s'assurer si elle eſt aimée. (ÉD. 4.)

73

Glycère n'aime pas les femmes; elle hait leur commerce et leurs visites, se fait celer pour elles, et souvent pour ses amis, dont le nombre eſt petit, à qui elle eſt sévère, qu'elle resserre dans leur ordre, sans leur permettre rien de ce qui passe l'amitié; elle eſt diſtraite avec eux, leur répond par des monosyllabes, et semble chercher à s'en défaire; elle eſt solitaire et farouche dans sa maison; sa porte eſt mieux gardée et sa chambre plus inaccessible que celles de *Monthoron* et *d'Hémery*. Une seule, *Corinne,* y eſt attendue, y eſt reçue, et à toutes les heures; on l'embrasse à plusieurs reprises; on croit l'aimer; on lui parle à l'oreille dans un cabinet où elles sont seules; on a soi-même plus de deux oreilles pour l'écouter; on se plaint à elle de tout autre que d'elle, on lui dit toutes choses, et on ne lui apprend rien : elle a la confiance de tous les deux. L'on voit Glycère en partie carrée au bal, au théâtre, dans les jardins publics, sur le chemin de *Venouze*, où l'on mange les premiers fruits; quelquefois seule en litière sur la route du grand faubourg, où elle a un verger délicieux; ou à la porte de *Canidie*, qui a de si beaux secrets, qui promet aux jeunes femmes de secondes noces, qui en dit le temps et les circonstances. Elle paraît ordinairement avec une coiffure plate et négligée, en simple déshabillé, sans corps et avec des mules : elle est belle en cet équipage, et il ne lui manque que de la fraîcheur. On remarque néanmoins sur elle une riche attache, qu'elle dérobe avec soin aux yeux de son mari. Elle le flatte, elle le caresse; elle invente tous les jours pour lui de nouveaux noms; elle n'a pas d'autre lit que celui de ce cher époux, et elle ne veut pas découcher. Le matin, elle se partage entre sa toilette et quelques billets qu'il faut écrire. Un affranchi vient lui parler en secret; c'est *Parmenon*, qui est favori, qu'elle soutient contre l'antipathie du maître et la jalousie des domestiques. Qui à la vérité fait mieux connaître des intentions, et rapporte mieux une réponse que Parmenon? qui parle moins de ce qu'il faut taire? qui sait ouvrir une porte secrète avec moins de bruit? qui conduit plus adroitement par le petit escalier? qui fait mieux sortir par où l'on est entré? (ÉD. 7.)

74

Je ne comprends pas comment un mari qui s'abandonne à son humeur et à sa complexion, qui ne cache aucun de ses défauts, et se montre au contraire par ses mauvais endroits, qui est avare, qui est trop négligé dans son ajustement, brusque dans ses réponses, incivil, froid et taciturne, peut espérer de défendre le cœur d'une jeune femme contre les entreprises de son galant, qui emploie la parure et la magnificence, la complaisance, les soins, l'empressement, les dons, la flatterie.

75

Un mari n'a guères un rival qui ne soit de sa main, et comme un présent qu'il a autrefois fait à sa femme. Il le loue devant elle de ses belles dents et de sa belle tête; il agrée ses soins; il reçoit ses visites; et après ce qui lui vient de son cru, rien ne lui paraît de meilleur goût que le gibier et les truffes que cet ami lui envoie. Il donne à souper, et il dit aux conviés : « Goûtez bien cela; il eſt de *Léandre,* et il ne me coûte qu'un *grand-merci.* » (ÉD. 7.)

76

Il y a telle femme qui anéantit ou qui enterre son mari au point qu'il n'en eſt fait dans le monde aucune mention : vit-il encore, ne vit-il plus ? on en doute. Il ne sert dans sa famille qu'à montrer l'exemple d'un silence timide et d'une parfaite soumission. Il ne lui eſt dû ni douaire ni conventions; mais à cela près, et qu'il n'accouche pas, il eſt la femme, et elle le mari. Ils passent les mois entiers dans une même maison sans le moindre danger de se rencontrer; il eſt vrai seulement qu'ils sont voisins[1]. Monsieur paye le rôtisseur et le cuisinier, et c'eſt toujours chez Madame qu'on a soupé. Ils n'ont souvent rien de commun, ni le lit, ni la table, pas même le nom : ils vivent à la romaine ou à la grecque; chacun a le sien; et ce n'eſt qu'avec le temps, et après qu'on eſt initié au jargon d'une ville, qu'on sait enfin que Monsieur B... eſt publiquement depuis vingt années le mari de Madame L...[2] (ÉD. 6.)

77

Telle autre femme, à qui le désordre manque pour mortifier son mari, y revient par sa noblesse et ses alliances, par la riche dot qu'elle a apportée, par les charmes de sa beauté, par son mérite, par ce que quelques-uns appellent vertu. (ÉD. 7.)

78

Il y a peu de femmes si parfaites, qu'elles empêchent un mari de se repentir du moins une fois le jour d'avoir une femme, ou de trouver heureux celui qui n'en a point. (ÉD. 7.)

79

Les douleurs muettes et stupides sont hors d'usage : on pleure, on récite, on répète, on est touchée de la mort de son mari, qu'on n'en oublie pas la moindre circonstance. (ÉD. 5.)

80

Ne pourrait-on point découvrir l'art de se faire aimer de sa femme ?

81

Une femme insensible est celle qui n'a pas encore vu celui qu'elle doit aimer. (ÉD. 4.)

Il y avait à *Smyrne* une très belle fille qu'on appelait *Émire,* et qui était moins connue dans toute la ville par sa beauté que par la sévérité de ses mœurs, et surtout par l'indifférence qu'elle conservait pour tous les hommes, qu'elle voyait, disait-elle, sans aucun péril, et sans d'autres dispositions que celles où elle se trouvait pour ses amies ou pour ses frères. Elle ne croyait pas la moindre partie de toutes les folies qu'on disait que l'amour avait fait faire dans tous les temps ; et celles qu'elle avait vues elle-même, elle ne les pouvait comprendre : elle ne connaissait que l'amitié. Une jeune et charmante personne, à qui elle devait cette expérience, la lui avait rendue si douce qu'elle ne pensait qu'à la faire durer, et n'imaginait pas par quel autre sentiment elle pourrait jamais se refroidir sur celui de l'estime et de la confiance, dont elle était si contente. Elle ne parlait que d'*Euphrosyne :* c'était le nom de cette fidèle amie, et tout Smyrne ne parlait que d'elle et d'Euphrosyne : leur amitié passait en proverbe. Émire avait deux frères qui étaient jeunes, d'une excellente beauté, et dont toutes les femmes de la ville étaient éprises; et il eſt vrai qu'elle les aima toujours comme une sœur aime ses frères. Il y eut un prêtre de *Jupiter,* qui avait accès dans la maison de son père, à qui elle plut, qui osa le lui déclarer, et ne s'attira que du mépris. Un vieillard, qui se confiant en sa naissance et en ses grands biens, avait eu la même audace, eut aussi la même aventure. Elle triomphait cependant; et c'était jusques alors au milieu de ses frères, d'un prêtre et d'un vieillard, qu'elle se disait insensible. Il sembla que le ciel voulut l'exposer à de plus fortes épreuves, qui ne servirent néanmoins qu'à la rendre plus vaine, et qu'à l'affermir dans la réputation d'une fille[1] que l'amour ne pouvait toucher. De trois amants que ses charmes lui acquirent successivement[2], et dont elle ne craignit pas de voir toute la passion, le premier, dans un transport amoureux, se perça le sein à ses pieds; le second, plein de désespoir de n'être pas écouté, alla se faire tuer à la guerre de *Crète;* et le troisième mourut de langueur et d'insomnie. Celui qui les devait venger n'avait pas encore paru. Ce vieillard qui avait été si malheureux dans ses amours s'en était guéri par des réflexions sur son âge et sur le caractère de la personne à qui il voulait plaire : il désira de continuer de la voir, et elle le souffrit. Il lui amena un jour son fils, qui était jeune, d'une physionomie agréable, et qui avait une taille fort noble. Elle le vit avec intérêt; et comme il se tut beaucoup en la présence de son père, elle trouva qu'il n'avait pas assez d'esprit, et désira qu'il en eût eu davantage. Il la vit seul, parla assez, et avec esprit; mais comme il la regarda peu, et qu'il parla encore moins d'elle et de sa beauté, elle fut surprise et comme indignée qu'un homme si bien fait et si spirituel ne fût pas galant. Elle s'entretint de lui avec son amie[3], qui voulut le voir. Il n'eut des yeux que pour Euphrosyne, il lui dit qu'elle était belle; et Émire, si indifférente, devenue jalouse, comprit que *Ctésiphon* était persuadé de ce qu'il disait, et que non-seulement il était galant, mais même qu'il était tendre.

Elle se trouva depuis ce temps moins libre avec son amie. Elle désira de les voir ensemble une seconde fois pour être plus éclaircie; et une seconde entrevue lui fit voir encore plus qu'elle ne craignait de voir, et changea ses soupçons en certitude. Elle s'éloigne d'Euphrosyne, ne lui connaît plus le mérite qui l'avait charmée, perd le goût de sa conversation; elle ne l'aime plus; et ce changement lui fait sentir que l'amour dans son cœur a pris la place de l'amitié. Ctésiphon et Euphrosyne se voient tous les jours, s'aiment, songent à s'épouser, s'épousent. La nouvelle s'en répand par toute la ville; et l'on publie que deux personnes enfin ont eu cette joie si rare de se marier à ce qu'ils aimaient. Émire l'apprend, et s'en désespère. Elle ressent tout son amour : elle recherche Euphrosyne pour le seul plaisir de revoir Ctésiphon; mais ce jeune mari eſt encore l'amant de sa femme, et trouve une maîtresse dans une nouvelle épouse; il ne voit dans Émire que l'amie d'une personne qui lui eſt chère. Cette fille infortunée perd le sommeil, et ne veut plus manger : elle s'affaiblit; son esprit s'égare; elle prend son frère pour Ctésiphon, et elle lui parle comme à un amant; elle se détrompe, rougit de son égarement; elle retombe bientôt dans de plus grands[1], et n'en rougit plus; elle ne les connaît plus. Alors elle craint les hommes, mais trop tard : c'eſt sa folie. Elle a des intervalles où sa raison lui revient, et où elle gémit de la retrouver. La jeunesse de Smyrne, qui l'a vue si fière et si insensible, trouve que les Dieux l'ont trop punie. (ÉD. 4.)

DU CŒUR

1

Il y a un goût dans la pure amitié où ne peuvent atteindre ceux qui sont nés médiocres.

2

L'amitié peut subsister entre des gens de différents sexes, exempte même de toute grossièreté. Une femme cependant regarde toujours un homme comme un homme; et réciproquement un homme regarde une femme comme une femme. Cette liaison n'est ni passion ni amitié pure : elle fait une classe à part.

3

L'amour naît brusquement, sans autre réflexion, par tempérament ou par faiblesse : un trait de beauté nous fixe, nous détermine. L'amitié au contraire se forme peu à peu, avec le temps, par la pratique, par un long commerce. Combien d'esprit, de bonté de cœur, d'attachement, de services et de complaisance dans les amis, pour faire en plusieurs années bien moins que ne fait quelquefois en un moment un beau visage ou une belle main!

4

Le temps, qui fortifie les amitiés, affaiblit l'amour. (ÉD. 4.)

5

Tant que l'amour dure, il subsiste de soi-même, et quelquefois par les choses qui semblent le devoir éteindre, par les caprices, par les rigueurs, par l'éloignement, par la jalousie. L'amitié au contraire a besoin de secours : elle périt faute de soins, de confiance et de complaisance. (ÉD. 4.)

6

Il eſt plus ordinaire de voir un amour extrême qu'une parfaite amitié. (ÉD. 4.)

7

L'amour et l'amitié s'excluent l'un l'autre. (ÉD. 4.)

8

Celui qui a eu l'expérience d'un grand amour néglige l'amitié; et celui qui eſt épuisé sur l'amitié n'a encore rien fait pour l'amour. (ÉD. 4.)

9

L'amour commence par l'amour; et l'on ne saurait passer de la plus forte amitié qu'à un amour faible[1]. (ÉD. 4.)

10

Rien ne ressemble mieux à une vive amitié, que ces liaisons que l'intérêt de notre amour nous fait cultiver. (ÉD. 4.)

11

L'on n'aime bien qu'une seule fois : c'eſt la première; les amours qui suivent sont moins involontaires. (ÉD. 4.)

12

L'amour qui naît subitement eſt le plus long à guérir. (ÉD. 4.)

13

L'amour qui croît peu à peu et par degrés ressemble trop à l'amitié pour être une passion violente. (ÉD. 4.)

14

Celui qui aime assez pour vouloir aimer un million de fois plus qu'il ne fait, ne cède en amour qu'à celui qui aime plus qu'il ne voudrait. (ÉD. 4.)

15

Si j'accorde que dans la violence d'une grande passion on peut aimer quelqu'un plus que soi-même, à qui ferai-je plus de plaisir, ou à ceux qui aiment, ou à ceux qui sont aimés ? (ÉD. 4.)

16

Les hommes souvent veulent aimer, et ne sauraient y réussir : ils cherchent leur défaite sans pouvoir la rencontrer ; et si j'ose ainsi parler, ils sont contraints de demeurer libres.

17

Ceux qui s'aiment d'abord avec la plus violente passion contribuent bientôt chacun de leur part à s'aimer moins, et ensuite à ne s'aimer plus. Qui, d'un homme ou d'une femme, met davantage du sien dans cette rupture, il n'est pas aisé de le décider. Les femmes accusent les hommes d'être volages, et les hommes disent qu'elles sont légères. (ÉD. 4.)

18

Quelque délicat que l'on soit en amour, on pardonne plus de fautes que dans l'amitié. (ÉD. 4.)

19

C'eſt une vengeance douce à celui qui aime beaucoup de faire, par tout son procédé, d'une personne ingrate une très ingrate. (ÉD. 4.)

20

Il eſt triſte d'aimer sans une grande fortune, et qui nous donne les moyens de combler ce que l'on aime, et le rendre si heureux qu'il n'ait plus de souhaits à faire. (ÉD. 4.)

21

S'il se trouve une femme pour qui l'on ait eu une grande passion et qui ait été indifférente, quelques importants services qu'elle nous rende dans la suite de notre vie, l'on court un grand risque d'être ingrat. (ÉD. 4.)

22

Une grande reconnaissance emporte avec soi beaucoup de goût et d'amitié pour la personne qui nous oblige. (ÉD. 4.)

23

Être avec des gens qu'on aime, cela suffit; rêver, leur parler, ne leur parler point, penser à eux, penser à des choses plus indifférentes, mais auprès d'eux, tout eſt égal. (ÉD. 4.)

24

Il n'y a pas si loin de la haine à l'amitié que de l'antipathie. (ÉD. 4.)

25

Il semble qu'il eſt moins rare de passer de l'antipathie à l'amour qu'à l'amitié[1]. (ÉD. 4.)

26

L'on confie son secret dans l'amitié; mais il échappe dans l'amour. (ÉD. 4.)

L'on peut avoir la confiance de quelqu'un sans en avoir le cœur. Celui qui a le cœur n'a pas besoin de révélation ou de confiance; tout lui eſt ouvert. (ÉD. 4.)

27

L'on ne voit dans l'amitié que les défauts qui peuvent nuire à nos amis. L'on ne voit en amour de défauts dans ce qu'on aime que ceux dont on souffre soi-même. (ÉD. 4.)

28

Il n'y a qu'un premier dépit en amour, comme la première faute dans l'amitié, dont on puisse faire un bon usage.

29

Il semble que s'il y a un soupçon injuſte, bizarre et sans fondement, qu'on ait une fois appelé jalousie, cette autre jalousie qui eſt un sentiment juſte, naturel, fondé en raison et sur l'expérience, mériterait un autre nom. (ÉD. 4.)

Le tempérament a beaucoup de part à la jalousie, et elle ne suppose pas toujours une grande passion. C'eſt cependant un paradoxe qu'un violent amour sans délicatesse. (ÉD. 4.)

Il arrive souvent que l'on souffre tout seul de la délicatesse. L'on souffre de la jalousie, et l'on fait souffrir les autres. (ÉD. 4.)

Celles qui ne nous ménagent sur rien, et ne nous épargnent nulles occasions de jalousie, ne mériteraient de nous aucune jalousie, si l'on se réglait plus par leurs sentiments et leur conduite que par son cœur. (ÉD. 4.)

30

Les froideurs et les relâchements dans l'amitié ont leurs causes. En amour, il n'y a guères d'autre raison de ne s'aimer plus que de s'être trop aimés. (ÉD. 4.)

31

L'on n'eſt pas plus maître de toujours aimer qu'on l'a été de ne pas aimer. (ÉD. 4.)

32

Les amours meurent par le dégoût, et l'oubli les enterre. (ÉD. 4.)

33

Le commencement et le déclin de l'amour se font sentir par l'embarras où l'on eſt de se trouver seuls. (ÉD.4.)

34

Cesser d'aimer, preuve sensible que l'homme eſt borné, et que le cœur a ses limites. (ÉD. 4.)

C'eſt faiblesse que d'aimer; c'eſt souvent une autre faiblesse que de guérir. (ÉD. 4.)

On guérit comme on se console : on n'a pas dans le cœur de quoi toujours pleurer et toujours aimer. (ÉD. 4.)

35

Il devrait y avoir dans le cœur des sources inépuisables [1] de douleur pour de certaines pertes. Ce n'eſt guères par vertu ou par force d'esprit que l'on sort d'une grande afflićtion : l'on pleure amèrement, et l'on eſt sensiblement touché; mais l'on eſt ensuite si faible ou si léger que l'on se console [2].

36

Si une laide se fait aimer, ce ne peut être qu'éperdument; car il faut que ce soit ou par une étrange faiblesse de son amant, ou par de plus secrets et de plus invincibles charmes que ceux de la beauté. (ÉD. 4.)

37

L'on est encore longtemps à se voir par habitude, et à se dire de bouche que l'on s'aime, après que les manières disent qu'on ne s'aime plus. (ÉD. 4.)

38

Vouloir oublier quelqu'un, c'est y penser. L'amour a cela de commun avec les scrupules, qu'il s'aigrit par les réflexions et les retours que l'on fait pour s'en délivrer. Il faut, s'il se peut, ne point songer à sa passion pour l'affaiblir.

39

L'on veut faire tout le bonheur, ou, si cela ne se peut ainsi, tout le malheur de ce qu'on aime. (ÉD. 4.)

40

Regretter ce que l'on aime est un bien, en comparaison de vivre avec ce que l'on hait.

41

Quelque désintéressement qu'on ait à l'égard de ceux qu'on aime, il faut quelquefois se contraindre pour eux, et avoir la générosité de recevoir. (ÉD. 4.)

Celui-là peut prendre, qui goûte un plaisir aussi délicat à recevoir que son ami en sent à lui donner. (ÉD. 4.)

42

Donner, c'eﬆ agir : ce n'eﬆ pas souffrir de ses bienfaits, ni céder à l'importunité ou à la nécessité de ceux qui nous demandent. (ÉD. 5.)

43

Si l'on a donné à ceux que l'on aimait, quelque chose qu'il arrive, il n'y a plus d'occasions où l'on doive songer à ses bienfaits. (ÉD. 4.)

44

On a dit en latin qu'il coûte moins cher de haïr que d'aimer, ou, si l'on veut, que l'amitié eﬆ plus à charge que la haine. Il eﬆ vrai qu'on eﬆ dispensé de donner à ses ennemis; mais ne coûte-t-il rien de s'en venger? Ou s'il eﬆ doux et naturel de faire du mal à ce que l'on hait, l'eﬆ-il moins de faire du bien à ce qu'on aime? Ne serait-il pas dur et pénible de ne leur en point faire? (ÉD. 5.)

45

Il y a du plaisir à rencontrer les yeux de celui à qui l'on vient de donner.

46

Je ne sais si un bienfait qui tombe sur un ingrat, et ainsi sur un indigne, ne change pas de nom et s'il méritait plus de reconnaissance. (ÉD. 5.)

47

La libéralité consiﬆe moins à donner beaucoup qu'à donner à propos. (ÉD. 7.)

48

S'il eſt vrai que la pitié ou la compassion soit un retour vers nous-mêmes qui nous met en la place des malheureux, pourquoi tirent-ils de nous si peu de soulagement dans leurs misères ? (ÉD. 5.)

Il vaut mieux s'exposer à l'ingratitude que de manquer aux misérables. (ÉD. 5.)

49

L'expérience confirme que la mollesse ou l'indulgence [1] pour soi et la dureté pour les autres n'eſt qu'un seul et même vice. (ÉD. 5.)

50

Un homme dur au travail et à la peine, inexorable à soi-même, n'eſt indulgent aux autres que par un excès de raison. (ÉD. 5.)

51

Quelque désagrément qu'on ait à se trouver chargé d'un indigent, l'on goûte à peine les nouveaux avantages qui le tirent enfin de notre sujétion : de même la joie que l'on reçoit de l'élévation de son ami eſt un peu balancée par la petite peine qu'on a de le voir au-dessus de nous ou s'égaler à nous. Ainsi l'on s'accorde mal avec soi-même; car l'on veut des dépendants, et qu'il n'en coûte rien; l'on veut aussi le bien de ses amis, et s'il arrive, ce n'eſt pas toujours par s'en réjouir que l'on commence. (ÉD. 5.)

52

On convie, on invite, on offre sa maison, sa table, son bien et ses services : rien ne coûte qu'à tenir parole. (ÉD. 7.)

53

C'eſt assez pour soi d'un fidèle ami; c'eſt même beaucoup de l'avoir rencontré : on ne peut en avoir trop pour le service des autres. (ÉD. 4.)

54

Quand on a assez fait auprès de certaines personnes pour avoir dû se les acquérir, si cela ne réussit point, il y a encore une ressource, qui eſt de ne plus rien faire. (ÉD. 4.)

55

Vivre avec ses ennemis comme s'ils devaient un jour être nos amis, et vivre avec nos amis comme s'ils pouvaient devenir nos ennemis, n'eſt ni selon la nature de la haine, ni selon les règles de l'amitié; ce n'eſt point une maxime morale, mais politique. (ÉD. 5.)

56

On ne doit pas se faire des ennemis de ceux qui, mieux connus, pourraient avoir un rang entre nos amis. On doit faire choix d'amis si sûrs et d'une si exacte probité, que venant à cesser de l'être, ils ne veuillent pas abuser de notre confiance, ni se faire craindre comme nos ennemis. (ÉD. 5.)

57

Il eſt doux de voir ses amis par goût et par eſtime; il eſt pénible de les cultiver par intérêt; c'eſt *solliciter* [1]. (ÉD. 4.)

58

Il faut briguer la faveur de ceux à qui l'on veut du bien, plutôt que de ceux de qui l'on espère du bien. (ÉD. 7.)

59

On ne vole point des mêmes ailes pour sa fortune que l'on fait pour des choses frivoles et de fantaisie. Il y a un sentiment de liberté à suivre ses caprices, et tout au contraire de servitude à courir pour son établissement : il eſt naturel de le souhaiter beaucoup et d'y travailler peu, de se croire digne de le trouver sans l'avoir cherché. (ÉD. 4.)

60

Celui qui sait attendre le bien qu'il souhaite, ne prend pas le chemin de se désespérer s'il ne lui arrive pas; et celui au contraire qui désire une chose avec une grande impatience, y met trop du sien pour en être assez récompensé par le succès. (ÉD. 5.)

61

Il y a de certaines gens qui veulent si ardemment et si déterminément une certaine chose, que de peur de la manquer, ils n'oublient rien de ce qu'il faut faire pour la manquer. (ÉD. 7.)

62

Les choses les plus souhaitées n'arrivent point; ou si elles arrivent, ce n'eſt ni dans le temps ni dans les circonſtances où elles auraient fait un extrême plaisir. (ÉD. 4.)

63

Il faut rire avant que d'être heureux, de peur de mourir sans avoir ri. (ÉD. 4.)

64

La vie eſt courte, si elle ne mérite ce nom que lorsqu'elle eſt agréable, puisque si l'on cousait ensemble toutes les heures que l'on passe avec ce qui plaît, l'on ferait à peine d'un grand nombre d'années une vie de quelques mois.

65

Qu'il est difficile d'être content de quelqu'un!

66

On ne pourrait se défendre de quelque joie à voir périr un méchant homme : l'on jouirait alors du fruit de sa haine, et l'on tirerait de lui tout ce qu'on en peut espérer, qui est le plaisir de sa perte. Sa mort enfin arrive, mais dans une conjoncture où nos intérêts ne nous permettent pas de nous en réjouir : il meurt trop tôt, ou trop tard. (ÉD. 5.)

67

Il est pénible à un homme fier de pardonner à celui qui le surprend en faute, et qui se plaint de lui avec raison : sa fierté ne s'adoucit que lorsqu'il reprend ses avantages, et qu'il met l'autre dans son tort. (ÉD. 4.)

68

Comme nous nous affectionnons de plus en plus aux personnes à qui nous faisons du bien, de même nous haïssons violemment ceux que nous avons beaucoup offensés.

69

Il est également difficile d'étouffer dans les commencements le sentiment des injures et de le conserver après un certain nombre d'années[1].

70

C'est par faiblessse que l'on hait un ennemi, et que l'on

songe à se venger; et c'est par paresse que l'on s'apaise, et qu'on ne se venge point. (ÉD. 7.)

71

Il y a bien autant de paresse que de faiblesse à se laisser gouverner[1]. (ÉD. 5.)

Il ne faut pas penser à gouverner un homme tout d'un coup, et sans autre préparation, dans une affaire importante et qui serait capitale à lui ou aux siens; il sentirait d'abord l'empire et l'ascendant qu'on veut prendre sur son esprit, et il secouerait le joug par honte ou par caprice : il faut tenter auprès de lui les petites choses, et de là le progrès jusques aux plus grandes est immanquable. Tel ne pouvait au plus dans les commencements qu'entreprendre de le faire partir pour la campagne ou retourner à la ville, qui finit par lui dicter un testament où il réduit son fils à la légitime. (ÉD. 7.)

Pour gouverner quelqu'un longtemps et absolument, il faut avoir la main légère, et ne lui faire sentir que le moins qu'il se peut sa dépendance. (ÉD. 7.)

Tels se laissent gouverner jusqu'à un certain point, qui au delà sont intraitables et ne se gouvernent plus : on perd tout à coup la route de leur cœur et de leur esprit; ni hauteur ni souplesse, ni force ni industrie ne les peuvent dompter : avec cette différence que quelques-uns sont ainsi faits par raison et avec fondement, et quelques autres par tempérament et par humeur. (ÉD. 7.)

Il se trouve des hommes qui n'écoutent ni la raison ni les bons conseils, et qui s'égarent volontairement par la crainte qu'ils ont d'être gouvernés. (ÉD. 7.)

D'autres consentent d'être gouvernés par leurs amis en des choses presqu'indifférentes, et s'en font un droit de les gouverner à leur tour en des choses graves et de conséquence. (ÉD. 7.)

Drance[2] veut passer pour gouverner son maître, qui n'en croit rien, non plus que le public : parler sans cesse à un grand que l'on sert, en des lieux et en des temps où il convient le moins, lui parler à l'oreille ou en des termes mystérieux, rire jusqu'à éclater en sa présence, lui couper la parole, se mettre entre lui et ceux qui lui parlent, dédaigner ceux qui viennent faire leur cour, ou attendre impatiemment qu'ils se retirent, se mettre proche de lui en une posture trop libre, figurer avec lui le dos appuyé à une cheminée, le tirer par son habit, lui marcher sur les talons, faire le familier, prendre des libertés, marquent mieux un fat qu'un favori. (ÉD. 7.)

Un homme sage ni ne se laisse gouverner, ni ne cherche à gouverner les autres : il veut que la raison gouverne seule, et toujours[1]. (ÉD. 6.)

Je ne haïrais pas d'être livré par la confiance à une personne raisonnable, et d'en être gouverné en toutes choses, et absolument et toujours : je serais sûr de bien faire, sans avoir le soin de délibérer; je jouirais de la tranquillité de celui qui est gouverné par la raison. (ÉD. 7.)

72

Toutes les passions sont menteuses : elles se déguisent autant qu'elles le peuvent aux yeux des autres; elles se cachent à elles-mêmes. Il n'y a point de vice qui n'ait une fausse ressemblance avec quelque vertu, et qui ne s'en aide. (ÉD. 5.)

73

On ouvre un livre de dévotion, et il touche; on en ouvre un autre qui est galant, et il fait son impression. Oserai-je dire que le cœur seul concilie les choses contraires, et admet les incompatibles? (ÉD. 4.)

74

Les hommes rougissent moins de leurs crimes que de leurs faiblesses et de leur vanité. Tel est ouvertement injuste, violent, perfide, calomniateur, qui cache son amour ou son ambition, sans autre vue que de la cacher. (ÉD. 5.)

75

Le cas n'arrive guères où l'on puisse dire : « J'étais ambitieux »; ou on ne l'eſt point, ou on l'eſt toujours; mais le temps vient où l'on avoue que l'on a aimé. (ÉD. 5.)

76

Les hommes commencent par l'amour, finissent par l'ambition, et ne se trouvent souvent dans une assiette plus tranquille que lorsqu'ils meurent. (ÉD. 5.)

77

Rien ne coûte moins à la passion que de se mettre au-dessus de la raison : son grand triomphe eſt de l'emporter sur l'intérêt. (ÉD. 4.)

78

L'on eſt plus sociable et d'un meilleur commerce par le cœur que par l'esprit.

79

Il y a de certains grands sentiments, de certaines aƈtions nobles et élevées, que nous devons moins à la force de notre esprit qu'à la bonté de notre naturel.

80

Il n'y a guères au monde un plus bel excès que celui de la reconnaissance.

81

Il faut être bien dénué d'esprit, si l'amour, la malignité, la nécessité n'en font pas trouver. (ÉD. 4.)

82

Il y a des lieux que l'on admire; il y en a d'autres qui touchent, et où l'on aimerait à vivre.

Il me semble que l'on dépend des lieux pour l'esprit, l'humeur, la passion, le goût et les sentiments[1].

83

Ceux qui font bien mériteraient seuls d'être enviés, s'il n'y avait encore un meilleur parti à prendre, qui est de faire mieux : c'est une douce vengeance contre ceux qui nous donnent cette jalousie. (ÉD. 4.)

84

Quelques-uns se défendent d'aimer et de faire des vers, comme de deux faibles qu'ils n'osent avouer, l'un du cœur, l'autre de l'esprit.

85

Il y a quelquefois dans le cours de la vie de si chers plaisirs et de si tendres engagements que l'on nous défend, qu'il est naturel de désirer du moins qu'ils fussent permis : de si grands charmes ne peuvent être surpassés que par celui de savoir y renoncer par vertu.

DE LA SOCIÉTÉ
ET DE LA CONVERSATION

1

Un caractère bien fade est celui de n'en avoir aucun.

2

C'est le rôle d'un sot d'être importun : un homme habile sent s'il convient ou s'il ennuie; il sait disparaître le moment qui précède celui où il serait de trop quelque part.

3

L'on marche sur les mauvais plaisants, et il pleut par tout pays de cette sorte d'insectes. Un bon plaisant est une pièce rare; à un homme qui est né tel, il est encore fort délicat d'en soutenir longtemps le personnage; il n'est pas ordinaire que celui qui fait rire se fasse estimer.

4

Il y a beaucoup d'esprits obscènes, encore plus de médisants ou de satiriques, peu de délicats. Pour badiner avec grâce, et rencontrer heureusement sur les plus petits sujets, il faut trop de manières, trop de politesse, et même trop de fécondité; c'est créer que de railler ainsi, et faire quelque chose de rien.

5

Si l'on faisait une sérieuse attention à tout ce qui se dit de froid, de vain et de puéril dans les entretiens ordinaires, l'on aurait honte de parler ou d'écouter, et l'on se condamnerait peut-être à un silence perpétuel, qui serait une chose pire dans le commerce que les discours inutiles. Il faut donc s'accommoder à tous les esprits, permettre comme un mal nécessaire le récit des fausses nouvelles, les vagues réflexions sur le gouvernement présent ou sur l'intérêt des princes, le débit des beaux sentiments, et qui reviennent toujours les mêmes; il faut laisser *Aronce*[1] parler proverbe, et *Mélinde* parler de soi, de ses vapeurs, de ses migraines et de ses insomnies. (ÉD. 4.)

6

L'on voit des gens qui, dans les conversations ou dans le peu de commerce que l'on a avec eux, vous dégoûtent par leurs ridicules expressions, par la nouveauté, et j'ose dire par l'impropriété des termes dont ils se servent, comme par l'alliance de certains mots qui ne se rencontrent ensemble que dans leur bouche, et à qui ils font signifier des choses que leurs premiers inventeurs n'ont jamais eu l'intention de leur faire dire. Ils ne suivent en parlant ni la raison ni l'usage, mais leur bizarre génie, que l'envie de toujours plaisanter, et peut-être de briller, tourne insensiblement à un jargon qui leur est propre, et qui devient enfin leur idiome naturel; ils accompagnent un langage si extravagant d'un geste affecté et d'une prononciation qui est contrefaite. Tous sont contents d'eux-mêmes et de l'agrément de leur esprit, et l'on ne peut pas dire qu'ils en soient entièrement dénués; mais on les plaint de ce peu qu'ils en ont; et ce qui est pire, on en souffre. (ÉD. 4.)

7

Que dites-vous ? Comment ? Je n'y suis pas; vous plairait-il de recommencer ? J'y suis encore moins. Je devine enfin : vous voulez, *Acis,* me dire qu'il fait froid; que ne disiez-vous : « Il fait froid » ? Vous voulez m'apprendre qu'il pleut ou qu'il neige; dites : « Il pleut, il neige. »

Vous me trouvez bon visage, et vous désirez de m'en féliciter; dites : « Je vous trouve bon visage. » — Mais répondez-vous, cela est bien uni et bien clair; et d'ailleurs qui ne pourrait pas en dire autant? — Qu'importe, Acis? Est-ce en si grand mal d'être entendu quand on parle, et de parler comme tout le monde? Une chose vous manque, Acis, à vous et à vos semblables les diseurs de *phœbus;* vous ne vous en défiez point et je vais vous jeter dans l'étonnement : une chose vous manque, c'est l'esprit. Ce n'est pas tout : il y a en vous une chose de trop, qui est l'opinion d'en avoir plus que les autres; voilà la source de votre pompeux galimatias, de vos phrases embrouillées, et de vos grands mots qui ne signifient rien. Vous abordez cet homme, ou vous entrez dans cette chambre; je vous tire par votre habit, et vous dis à l'oreille : « Ne songez point à avoir de l'esprit, n'en ayez point, c'est votre rôle; ayez, si vous pouvez, un langage simple, et tel que l'ont ceux en qui vous ne trouvez aucun esprit : peut-être alors croira-t-on que vous en avez. » (ÉD. 5.)

8

Qui peut se promettre d'éviter dans la société des hommes la rencontre de certains esprits vains, légers, familiers, délibérés, qui sont toujours dans une compagnie ceux qui parlent, et qu'il faut que les autres écoutent? On les entend de l'antichambre; on entre impunément et sans crainte de les interrompre : ils continuent leur récit sans la moindre attention pour ceux qui entrent ou qui sortent, comme pour le rang ou le mérite des personnes qui composent le cercle; ils font taire celui qui commence à conter une nouvelle, pour la dire de leur façon, qui est la meilleure : ils la tiennent de *Zamet,* de *Ruccelay,* ou de *Conchini (a),* qu'ils ne connaissent point, à qui ils n'ont jamais parlé, et qu'ils traiteraient de

a. Sans dire Monsieur.

Monseigneur s'ils leur parlaient; ils s'approchent quelquefois de l'oreille du plus qualifié de l'assemblée, pour le gratifier d'une circonstance que personne ne sait, et dont ils ne veulent pas que les autres soient instruits; ils suppriment quelques noms pour déguiser l'histoire qu'ils racontent, et pour détourner les applications; vous les priez, vous les pressez inutilement : il y a des choses qu'ils ne diront pas, il y a des gens qu'ils ne sauraient nommer, leur parole y est engagée, c'est le dernier secret, c'est un mystère, outre que vous leur demandez l'impossible, car sur ce que vous voulez apprendre d'eux, ils ignorent le fait et les personnes. (ÉD. 4.)

9

Arrias[1] a tout lu, a tout vu, il veut le persuader ainsi; c'est un homme universel, et il se donne pour tel : il aime mieux mentir que de se taire ou de paraître ignorer quelque chose. On parle à la table d'un grand d'une cour du Nord : il prend la parole, et l'ôte à ceux qui allaient dire ce qu'ils en savent; il s'oriente dans cette région lointaine comme s'il en était originaire; il discourt des mœurs de cette cour, des femmes du pays, de ses lois et de ses coutumes; il récite des historiettes qui y sont arrivées; il les trouve plaisantes, et il en rit le premier jusqu'à éclater. Quelqu'un se hasarde de le contredire, et lui prouve nettement qu'il dit des choses qui ne sont pas vraies. Arrias ne se trouble point, prend feu au contraire contre l'interrupteur : « Je n'avance, lui dit-il, je ne raconte rien que je ne sache d'original : je l'ai appris de *Sethon,* ambassadeur de France dans cette cour, revenu à Paris depuis quelques jours, que je connais familièrement, que j'ai fort interrogé, et qui ne m'a caché aucune circonstance. » Il reprenait le fil de sa narration avec plus de confiance qu'il ne l'avait commencée, lorsque l'un des conviés lui dit : « C'est Sethon à qui vous parlez, lui-même, et qui arrive fraîchement de son ambassade. » (ÉD. 8.)

10

Il y a un parti à prendre dans les entretiens entre une certaine paresse qu'on a de parler ou quelquefois un esprit abstrait, qui nous jetant loin du sujet de la conversation, nous fait faire ou de mauvaises demandes ou de sottes réponses, et une attention importune qu'on a au moindre mot qui échappe, pour le relever, badiner autour, y trouver un mystère que les autres n'y voient pas, y chercher de la finesse et de la subtilité, seulement pour avoir occasion d'y placer la sienne. (ÉD. 4.)

11

Être infatué de soi, et s'être fortement persuadé qu'on a beaucoup d'esprit, est un accident qui n'arrive guères qu'à celui qui n'en a point, ou qui en a peu. Malheur pour lors à qui est exposé à l'entretien d'un tel personnage! combien de jolies phrases lui faudra-t-il essuyer! combien de ces mots aventuriers qui paraissent subitement, durent un temps, et que bientôt on ne revoit plus! S'il conte une nouvelle, c'est moins pour l'apprendre à ceux qui l'écoutent, que pour avoir le mérite de la dire, et de la dire bien : elle devient un roman entre ses mains; il fait penser les gens à sa manière, leur met en la bouche ses petites façons de parler, et les fait toujours parler longtemps; il tombe ensuite en des parenthèses, qui peuvent passer pour épisodes, mais qui font oublier le gros de l'histoire, et à lui qui vous parle, et à vous qui le supportez. Que serait-ce de vous et de lui, si quelqu'un ne survenait heureusement pour déranger le cercle, et faire oublier la narration? (ÉD. 4.)

12

J'entends *Théodecte*[1] de l'antichambre; il grossit sa voix à mesure qu'il s'approche; le voilà entré : il rit, il crie, il éclate; on bouche ses oreilles, c'est un tonnerre.

Il n'eſt pas moins redoutable par les choses qu'il dit que par le ton dont il parle. Il ne s'apaise, et il ne revient de ce grand fracas que pour bredouiller des vanités et des sottises. Il a si peu d'égard au temps, aux personnes, aux bienséances, que chacun a son fait sans qu'il ait eu intention de le lui donner; il n'eſt pas encore assis qu'il a, à son insu, désobligé toute l'assemblée. A-t-on servi, il se met le premier à table et dans la première place; les femmes sont à sa droite et à sa gauche. Il mange, il boit, il conte, il plaisante, il interrompt tout à la fois. Il n'a nul discernement des personnes, ni du maître, ni des conviés; il abuse de la folle déférence qu'on a pour lui. Eſt-ce lui, eſt-ce *Euthydème* qui donne le repas? Il rappelle à soi toute l'autorité de la table; et il y a un moindre inconvénient à la lui laisser entière qu'à la lui disputer. Le vin et les viandes n'ajoutent rien à son caractère. Si l'on joue, il gagne au jeu; il veut railler celui qui perd, et il l'offense; les rieurs sont pour lui : il n'y a sorte de fatuités qu'on ne lui passe. Je cède enfin et je disparais, incapable de souffrir plus longtemps Théodecte, et ceux qui le souffrent. (ÉD. 5.)

13

Troïle eſt utile à ceux qui ont trop de bien : il leur ôte l'embarras du superflu; il leur sauve la peine d'amasser de l'argent, de faire des contrats, de fermer des coffres, de porter des clefs sur soi et de craindre un vol domeſtique. Il les aide dans leurs plaisirs, et il devient capable ensuite de les servir dans leurs passions; bientôt il les règle et les maîtrise dans leur conduite. Il eſt l'oracle d'une maison, celui dont on attend, que dis-je? dont on prévient, dont on devine les décisions. Il dit de cet esclave : « Il faut le punir », et on le fouette; et de cet autre : « Il faut l'affranchir », et on l'affranchit. L'on voit qu'un parasite ne le fait pas rire; il peut lui déplaire : il eſt congédié. Le maître eſt heureux, si Troïle lui laisse sa femme et ses enfants. Si celui-ci eſt à table, et qu'il prononce d'un mets qu'ils eſt friand, le maître et les conviés, qui en mangeaient sans réflexion, le trouvent friand, et ne s'en peuvent rassasier; s'il dit au contraire d'un autre mets qu'il eſt insipide, ceux qui commençaient à le goûter, n'osant avaler le morceau qu'ils ont à la bouche, ils le jettent à terre : tous ont les yeux sur lui, observent son maintien et son visage avant de prononcer sur le vin ou sur les viandes qui sont servies. Ne le cherchez pas ailleurs que dans la maison de ce riche qu'il gouverne : c'eſt là qu'il mange, qu'il dort et qu'il fait digeſtion, qu'il querelle son valet, qu'il reçoit ses ouvriers, et qu'il remet ses créanciers. Il régente, il domine dans une salle; il y reçoit la cour et les hommages de ceux qui plus fins que les autres ne veulent aller au maître que par Troïle. Si l'on entre par malheur sans avoir une physionomie qui lui agrée, il ride sont front et il détourne sa vue; si on l'aborde, il ne se lève pas; si l'on s'assied auprès de lui, il s'éloigne; si on lui parle, il ne répond point; si l'on continue de parler, il passe dans une autre chambre; si on le suit, il gagne l'escalier; il franchirait tous les étages, ou il se lancerait par une fenêtre, plutôt que de se laisser joindre par quelqu'un qui a un visage ou un son de voix qu'il désapprouve. L'un et l'autre sont agréables en Troïle, et il s'en eſt servi heureusement pour s'insinuer ou pour conquérir. Tout devient, avec le temps, au-dessous de ses soins comme il eſt au-dessus de vouloir se soutenir ou continuer de plaire par le moindre des talents qui ont commencé à le faire valoir. C'eſt beaucoup qu'il sorte quelquefois de ses méditations et de sa taciturnité pour contredire, et que même pour critiquer il daigne une fois le jour avoir de l'esprit. Bien loin d'attendre de lui qu'il défère à vos sentiments, qu'il soit complaisant, qu'il vous loue, vous n'êtes pas sûr qu'il aime toujours votre approbation, ou qu'il souffre votre complaisance. (ÉD. 7.)

14

Il faut laisser parler cet inconnu que le hasard a placé auprès de vous dans une voiture publique, à une fête ou à un spectacle; et il ne vous coûtera bientôt pour le connaître que de l'avoir écouté : vous saurez son nom, sa demeure, son pays, l'état de son bien, son emploi, celui de son père, la famille dont est sa mère, sa parenté, ses alliances, les armes de sa maison; vous comprendrez qu'il est noble, qu'il a un château, de beaux meubles, des valets, et un carrosse. (ÉD. 4.)

15

Il y a des gens qui parlent un moment avant que d'avoir pensé. Il y en a d'autres qui ont une fade attention à ce qu'ils disent, et avec qui l'on souffre dans la conversation de tout le travail de leur esprit; ils sont comme pétris de phrases et de petits tours d'expression, concertés dans leur geste et dans tout leur maintien; ils sont *puristes (a)*, et ne hasardent pas le moindre mot, quand il devrait faire le plus bel effet du monde; rien d'heureux ne leur échappe, rien ne coule de source et avec liberté : ils parlent proprement et ennuyeusement.

16

L'esprit de la conversation consiste bien moins à en montrer beaucoup qu'à en faire trouver aux autres : celui qui sort de votre entretien content de soi et de son esprit, l'est de vous parfaitement. Les hommes n'aiment point à vous admirer, ils veulent plaire; ils cherchent moins à être instruits, et même réjouis, qu'à être goûtés et applaudis; et le plaisir le plus délicat est de faire celui d'autrui.

---

a. Gens qui affectent une grande pureté de langage.

17

Il ne faut pas qu'il y ait trop d'imagination dans nos conversations ni dans nos écrits; elle ne produit souvent que des idées vaines et puériles, qui ne servent point à perfectionner le goût et à nous rendre meilleurs : nos pensées doivent être prises dans le bon sens et la droite raison, et doivent être un effet de notre jugement.

18

C'est une grande misère que de n'avoir pas assez d'esprit pour bien parler, ni assez de jugement pour se taire. Voilà le principe de toute impertinence.

19

Dire d'une chose modestement ou qu'elle est bonne ou qu'elle est mauvaise, et les raisons pourquoi elle est telle, demande du bon sens et de l'expression : c'est une affaire. Il est plus court de prononcer d'un ton décisif, et qui emporte la preuve de ce qu'on avance, ou qu'elle est exécrable, ou qu'elle est miraculeuse[1]. (ÉD. 4.)

20

Rien n'est moins selon Dieu et selon le monde que d'appuyer tout ce que l'on dit dans la conversation, jusques aux choses les plus indifférentes, par de longs et de fastidieux serments. Un honnête homme qui dit oui et non mérite d'être cru : son caractère jure pour lui, donne créance à ses paroles, et lui attire toute sorte de confiance.

21

Celui qui dit incessamment qu'il a de l'honneur et de la probité, qu'il ne nuit à personne, qu'il consent que le mal qu'il fait aux autres lui arrive, et qui jure pour le faire croire, ne sait pas même contrefaire l'homme de bien.

Un homme de bien ne saurait empêcher par toute sa modestie qu'on ne dise de lui ce qu'un malhonnête homme sait dire de soi.

22

Cléon parle peu obligeamment ou peu juste, c'est l'un ou l'autre; mais il ajoute qu'il est fait ainsi, et qu'il dit ce qu'il pense. (ÉD. 5.)

23

Il y a parler bien, parler aisément, parler juste, parler à propos. C'est pécher contre ce dernier genre que de s'étendre sur un repas magnifique que l'on vient de faire, devant des gens qui sont réduits à épargner leur pain; de dire merveilles de sa santé devant des infirmes; d'entretenir de ses richesses, de ses revenus et de ses ameublements un homme qui n'a ni rentes ni domicile; en un mot, de parler de son bonheur devant des misérables : cette conversation est trop forte pour eux, et la comparaison qu'ils font alors de leur état au vôtre est odieuse[1]. (ÉD. 5.)

24

« Pour vous, dit *Euthyphron,* vous êtes riche, ou vous devez l'être : dix mil livres de rente, et en fonds de terre, cela est beau, cela est doux, et l'on est heureux à moins », pendant que lui qui parle ainsi a cinquante mil livres de revenu, et qu'il croit n'avoir que la moitié de ce qu'il mérite. Il vous taxe, il vous apprécie, il fixe votre dépense et s'il vous jugeait digne d'une meilleure fortune, et de celle même où il aspire, il ne manquerait pas de vous la souhaiter. Il n'est pas le seul qui fasse de si mauvaises estimations ou des comparaisons si désobligeantes : le monde est plein d'Euthyphrons. (ÉD. 7.)

25

Quelqu'un, suivant la pente de la coutume qui veut qu'on loue, et par l'habitude qu'il a à la flatterie et à l'exagération, congratule *Théodème*[1] sur un discours qu'il n'a point entendu, et dont personne n'a pu encore lui rendre compte : il ne laisse pas de lui parler de son génie, de son geste, et surtout de la fidélité de sa mémoire; et il est vrai que Théodème est demeuré court. (ÉD. 5.)

26

L'on voit des gens brusques, inquiets, *suffisants,* qui bien qu'oisifs et sans aucune affaire qui les appelle ailleurs, vous expédient, pour ainsi dire, en peu de paroles, et ne songent qu'à se dégager de vous; on leur parle encore, qu'ils sont partis et ont disparu. Ils ne sont pas moins impertinents que ceux qui vous arrêtent seulement pour vous ennuyer : ils sont peut-être moins incommodes. (ÉD. 4.)

27

Parler et offenser, pour de certaines gens, est précisément la même chose. Ils sont piquants et amers; leur style est mêlé de fiel et d'absinthe : la raillerie, l'injure, l'insulte leur découlent des lèvres comme leur salive. Il leur serait utile d'être nés muets ou stupides : ce qu'ils ont de vivacité et d'esprit leur nuit davantage que ne fait à quelques autres leur sottise. Ils ne se contentent pas toujours de répliquer avec aigreur, ils attaquent souvent avec insolence; ils frappent sur tout ce qui se trouve sous leur langue, sur les présents, sur les absents; ils heurtent de front et de côté, comme des béliers : demande-t-on à des béliers qu'ils n'aient pas de cornes? De même n'espère-t-on pas de réformer par cette peinture des naturels si durs, si farouches, si indociles. Ce que l'on peut faire de mieux, d'aussi loin qu'on les découvre, est de les fuir de toute sa force et sans regarder derrière soi. (ÉD. 5.)

28

Il y a des gens d'une certaine étoffe ou d'un certain caractère avec qui il ne faut jamais se commettre, de qui l'on ne doit se plaindre que le moins qu'il est possible, et contre qui il n'est pas même permis d'avoir raison. (ÉD. 5.)

29

Entre deux personnes qui ont eu ensemble une violente querelle, dont l'un a raison et l'autre ne l'a pas, ce que la plupart de ceux qui y ont assisté ne manquent jamais de faire, ou pour se dispenser de juger, ou par un tempérament qui m'a toujours paru hors de sa place, c'est de condamner tous les deux : leçon importante, motif pressant et indispensable de fuir à l'orient quand le fat est à l'occident, pour éviter de partager avec lui le même tort. (ÉD. 5.)

30

Je n'aime pas un homme que je ne puis aborder le premier, ni saluer avant qu'il me salue, sans m'avilir à ses yeux, et sans tremper dans la bonne opinion qu'il a de lui-même. MONTAGNE dirait *(a)*: « *Je veux avoir mes coudées franches*[1], *et être courtois et affable à mon point, sans remords ne conséquence*[2]. *Je ne puis du tout estriver contre mon penchant, et aller*[3] *au rebours de mon naturel, qui m'emmeine vers celui que je trouve à ma rencontre. Quand il m'est égal, et qu'il ne m'est point ennemy, j'anticipe son bon accueil, je le questionne sur sa disposition et santé, je lui fais offre de mes offices sans tant marchander sur le plus ou sur le moins, ne être, comme disent aucuns, sur le qui vive. Celui-là me déplaist, qui par la connoissance que j'ay de ses coutumes et façons d'agir, me tire de cette liberté et franchise. Comment me ressouvenir tout à*

a. Imité de Montagne.

propos, et d'aussi loin que je vois cet homme, d'emprunter une contenance grave et importante, et qui l'avertisse que je crois le valoir bien et au delà; pour cela de me ramentevoir de mes bonnes qualitez et conditions, et des siennes mauvaises, puis en faire la comparaison? C'est trop de travail pour moi, et ne suis du tout capable de si roide et si subite attention; et quand bien elle m'auroit succédé une première fois, je ne laisserois de fléchir et me démentir a une seconde tâche : je ne puis me forcer et contraindre pour quelconque a être fier. » (ÉD. 5.)

31

Avec de la vertu, de la capacité et une bonne conduite, l'on peut être insupportable. Les manières, que l'on néglige comme de petites choses, sont souvent ce qui fait que les hommes décident de vous en bien ou en mal : une légère attention à les avoir douces et polies prévient leurs mauvais jugements. Il ne faut presque rien pour être cru fier, incivil, méprisant, désobligeant; il faut encore moins pour être estimé tout le contraire. (ÉD. 4.)

32

La politesse n'inspire pas toujours la bonté, l'équité, la complaisance, la gratitude; elle en donne du moins les apparences, et fait paraître l'homme au dehors comme il devrait être intérieurement. (ÉD. 4.)

L'on peut définir l'esprit de politesse, l'on ne peut en fixer la pratique : elle suit l'usage et les coutumes reçues; elle est attachée aux temps, aux lieux, aux personnes, et n'est point la même dans les deux sexes, ni dans les différentes conditions; l'esprit tout seul ne la fait pas deviner : il fait qu'on la suit par imitation, et que l'on s'y perfectionne. Il y a des tempéraments qui ne sont susceptibles que de la politesse; et il y en a d'autres qui ne servent qu'aux grands talents, ou à une vertu solide. Il est vrai que les manières polies donnent cours au mérite, et le rendent agréable; et qu'il faut avoir de bien éminentes qualités pour se soutenir sans la politesse.

Il me semble que l'esprit de politesse est une certaine attention à faire que par nos paroles et par nos manières les autres soient contents de nous et d'eux-mêmes.

33

C'est une faute contre la politesse que de louer immodérément, en présence de ceux que vous faites chanter ou toucher un instrument, quelque autre personne qui a ces mêmes talents; comme devant ceux qui vous lisent leurs vers, un autre poète[1].

34

Dans les repas ou les fêtes que l'on donne aux autres, dans les présents qu'on leur fait, et dans tous les plaisirs qu'on leur procure, il y a faire bien, et faire selon leur goût : le dernier est préférable. (ÉD. 4.)

35

Il y aurait une espèce de férocité à rejeter indifféremment toute sorte de louanges : l'on doit être sensible à celles qui nous viennent des gens de bien, qui louent en nous sincèrement des choses louables[2].

36

Un homme d'esprit, et qui est né fier, ne perd rien de sa fierté et de sa roideur pour se trouver pauvre; si quelque chose au contraire doit amollir son humeur, le rendre plus doux et plus sociable, c'est un peu de prospérité. (ÉD. 4.)

37

Ne pouvoir supporter tous les mauvais caractères dont le monde est plein n'est pas un fort bon caractère : il faut dans le commerce des pièces d'or, et de la monnaie. (ÉD. 4.)

38

Vivre avec des gens qui sont brouillés et dont il faut écouter de part et d'autres les plaintes réciproques, c'est, pour ainsi dire, ne pas sortir de l'audience, et entendre du matin au soir plaider et parler procès. (ÉD. 4.)

39

L'on sait des gens qui avaient coulé leurs jours dans une union étroite : leurs biens étaient en commun, ils n'avaient qu'une même demeure, ils ne se perdaient pas de vue. Ils se sont aperçus à plus de quatre-vingts ans qu'ils devaient se quitter l'un l'autre et finir leur société; ils n'avaient plus qu'un jour à vivre, et ils n'ont osé entreprendre de le passer ensemble; ils se sont dépêchés de rompre avant que de mourir; ils n'avaient de fonds pour la complaisance que jusques-là. Ils ont trop vécu pour le bon exemple : un moment plus tôt ils mouraient sociables, et laissaient après eux un rare modèle de la persévérance dans l'amitié. (ÉD. 5.)

40

L'intérieur des familles est souvent troublé par les défiances, par les jalousies et par l'antipathie, pendant que des dehors contents, paisibles et enjoués nous trompent, et nous y font supposer une paix qui n'y est point : il y en a peu qui gagnent à être approfondies. Cette visite que vous rendez vient de suspendre une querelle domestique, qui n'attend que votre retraite pour recommencer.

41

Dans la société, c'est la raison qui plie la première. Les plus sages sont souvent menés par le plus fou et le plus bizarre : l'on étudie son faible, son humeur, ses caprices, l'on s'y accommode; l'on évite de le heurter, tout le monde lui cède; la moindre sérénité qui paraît sur son visage lui attire des éloges : on lui tient compte de n'être pas toujours insupportable. Il est craint, ménagé, obéi, quelquefois aimé[1].

42

Il n'y a que ceux qui ont eu de vieux collatéraux, ou qui en ont encore, et dont il s'agit d'hériter, qui puissent dire ce qu'il en coûte. (ÉD. 4.)

43

Cléante est un très honnête homme; il s'est choisi une femme qui est la meilleure personne du monde et la plus raisonnable : chacun, de sa part, fait tout le plaisir et tout l'agrément des sociétés où il se trouve; l'on ne peut voir ailleurs plus de probité, plus de politesse. Ils se quittent demain, et l'acte de leur séparation est tout dressé chez le notaire. Il y a, sans mentir, de certains mérites qui ne sont point faits pour être ensemble, de certaines vertus incompatibles.

44

L'on peut compter sûrement sur la dot, le douaire et les conventions, mais faiblement sur les *nourritures;* elles dépendent d'une union fragile de la belle-mère et de la bru, et qui périt souvent dans l'année du mariage.

45

Un beau-père n'aime pas son gendre, aime sa bru. Une belle-mère aime son gendre, n'aime point sa bru. Tout est réciproque. (ÉD. 5.)

46

Ce qu'une marâtre aime le moins de tout ce qui est au monde, ce sont les enfants de son mari : plus elle est folle de son mari, plus elle est marâtre. (ÉD. 5.)

Les marâtres font déserter les villes et les bourgades, et ne peuplent pas moins la terre de mendiants, de vagabonds, de domestiques et d'esclaves, que la pauvreté. (ÉD. 5.)

47

G** et H** sont voisins de campagne, et leurs terres sont contiguës; ils habitent une contrée déserte et solitaire. Éloignés des villes et de tout commerce, il semblait que la fuite d'une entière solitude ou l'amour de la société eût dû les assujettir à une liaison réciproque; il est cependant difficile d'exprimer la bagatelle qui les a fait rompre, qui les rend implacables l'un pour l'autre, et qui perpétuera leurs haines dans leurs descendants. Jamais des parents, et même des frères, ne se sont brouillés pour une moindre chose.

Je suppose qu'il n'y ait que deux hommes sur la terre, qui la possèdent seuls, et qui la partagent toute entr'eux deux : je suis persuadé qu'il leur naîtra bientôt quelque sujet de rupture, quand ce ne serait que pour les limites.

48

Il est souvent plus court et plus utile de cadrer aux autres que de faire que les autres s'ajustent à nous. (ÉD. 7.)

49

J'approche d'une petite ville[1], et je suis déjà sur une hauteur d'où je la découvre. Elle est située à mi-côte; une rivière baigne ses murs, et coule ensuite dans une belle prairie; elle a une forêt épaisse qui la couvre des vents froids et de l'aquilon. Je la vois dans un jour si favorable, que je compte ses tours et ses clochers; elle me paraît peinte sur le penchant de la colline[1]. Je me récrie, et je dis : « Quel plaisir de vivre sous un si beau ciel et dans ce séjour si délicieux! » Je descends dans la ville, où, je n'ai pas couché deux nuits, que je ressemble à ceux qui l'habitent : j'en veux sortir. (ÉD. 5.)

50

Il y a une chose que l'on n'a point vue sous le ciel, et que selon toutes les apparences on ne verra jamais : c'est une petite ville qui n'est divisée en aucuns partis; où les familles sont unies, et où les cousins se voient avec confiance; où un mariage n'engendre point une guerre civile; où la querelle des rangs ne se réveille pas à tous moments par l'offrande, l'encens et le pain bénit, par les processions et par les obsèques; d'où l'on a banni les *caquets,* le mensonge et la médisance; où l'on voit parler ensemble le bailli et le président, les élus et les assesseurs; où le doyen vit bien avec des chanoines; où les chanoines ne dédaignent pas les chapelains, et où ceux-ci souffrent les chantres. (ÉD. 4.)

51

Les provinciaux et les sots sont toujours prêts à se fâcher, et à croire qu'on se moque d'eux ou qu'on les méprise : il ne faut jamais hasarder la plaisanterie, même la plus douce et la plus permise, qu'avec des gens polis, ou qui ont de l'esprit. (ÉD. 4.)

52

On ne prime point avec les grands, ils se défendent par leur grandeur; ni avec les petits, ils vous repoussent par le *qui vive.* (ÉD. 5.)

53

Tout ce qui eſt mérite se sent, se discerne, se devine réciproquement : si l'on voulait être eſtimé, il faudrait vivre avec des personnes eſtimables. (ÉD. 5.)

54

Celui qui eſt d'une éminence[1] au-dessus des autres qui le met à couvert de la repartie, ne doit jamais faire une raillerie piquante.

55

Il y a de petits défauts que l'on abandonne volontiers à la censure, et dont nous ne haïssons pas à être raillés : ce sont de pareils défauts que nous devons choisir pour railler les autres.

56

Rire des gens d'esprit, c'eſt le privilège des sots : ils sont dans le monde ce que les fous sont à la cour, je veux dire sans conséquence. (ÉD. 4.)

57

La moquerie eſt souvent indigence d'esprit.

58

Vous le croyez votre dupe : s'il feint de l'être, qui eſt plus dupe de lui ou de vous ?

59

Si vous observez avec soin qui sont les gens qui ne peuvent louer, qui blâment toujours, qui ne sont contents de personne, vous reconnaîtrez que ce sont ceux mêmes dont personne n'eſt content. (ÉD. 4.)

60

Le dédain et le rengorgement dans la société attire précisément le contraire de ce que l'on cherche[1], si c'eſt à se faire eſtimer.

61

Le plaisir de la société entre les amis se cultive par une ressemblance de goût sur ce qui regarde les mœurs et par quelque différence d'opinions sur les sciences : par là ou l'on s'affermit dans ses sentiments[2], ou l'on s'exerce et l'on s'inſtruit par la dispute.

62

L'on ne peut aller loin dans l'amitié, si l'on n'eſt pas disposé à se pardonner les uns aux autres les petits défauts[3].

63

Combien de belles et inutiles raisons à étaler à celui qui eſt dans une grande adversité, pour essayer de le rendre tranquille! Les choses de dehors, qu'on appelle les événements, sont quelquefois plus fortes que la raison et que la nature. « Mangez, dormez, ne vous laissez point mourir de chagrin, songez à vivre » : harangues froides, et qui réduisent à l'impossible. « Êtes-vous raisonnable de vous tant inquiéter? » n'eſt-ce pas dire : « Êtes-vous fou d'être malheureux[4]? »

64

Le conseil, si nécessaire pour les affaires, eſt quelquefois dans la société nuisible à qui le donne, et inutile à celui à qui il eſt donné. Sur les mœurs, vous faites remarquer des défauts ou que l'on n'avoue pas, ou que l'on estime des vertus; sur les ouvrages, vous rayez les endroits qui paraissent admirables à leur auteur, où il se complaît davantage, où il croit s'être surpassé lui-même. Vous perdez ainsi la confiance de vos amis, sans les avoir rendus meilleurs ni plus habiles.

65

L'on a vu, il n'y a pas longtemps, un cercle de personnes de deux sexes, liées ensemble par la conversation et par un commerce d'esprit. Ils laissaient au vulgaire l'art de parler d'une manière intelligible; une chose dite entr'eux peu clairement en entraînait une autre encore plus obscure, sur laquelle on enchérissait par de vraies énigmes, toujours suivies de longs applaudissements : par tout ce qu'ils appelaient délicatesse, sentiments, tour et finesse d'expression, ils étaient enfin parvenus à n'être plus entendus et à ne s'entendre pas eux-mêmes. Il ne fallait, pour fournir à ces entretiens, ni bons sens, ni jugement, ni mémoire, ni la moindre capacité : il fallait de l'esprit, non pas du meilleur, mais de celui qui est faux, et où l'imagination a trop de part.

66

Je le sais, *Théobalde*[1], vous êtes vieilli; mais voudriez-vous que je crusse que vous êtes baissé, que vous n'êtes plus poète ni bel esprit, que vous êtes présentement aussi mauvais juge de tout genre d'ouvrage que méchant auteur, que vous n'avez plus rien de naïf et de délicat dans la conversation? Votre air libre et présomptueux me rassure, et me persuade tout le contraire. Vous êtes donc aujourd'hui tout ce que vous fûtes jamais, et peut-être meilleur; car si à votre âge vous êtes si vif et si impétueux quel nom, Théobalde, fallait-il vous donner dans votre jeunesse, et lorsque vous étiez la *coqueluche* ou l'entêtement de certaines femmes qui ne juraient que par vous et sur votre parole, qui disaient : *Cela eſt délicieux ; qu'a-t-il dit ?* (ÉD. 6.)

67

L'on parle impétueusement dans les entretiens, souvent par vanité ou par humeur, rarement avec assez d'attention : tout occupé du désir de répondre à ce qu'on n'écoute point[1], l'on suit ses idées, et on les explique sans le moindre égard pour les raisonnements d'autrui ; l'on eſt bien éloigné de trouver ensemble la vérité, l'on n'eſt pas encore convenu de celle que l'on cherche. Qui pourrait écouter ces sortes de conversations et les écrire, ferait voir quelquefois de bonnes choses qui n'ont nulle suite[2].

68

Il a régné pendant quelque temps une sorte de conversation fade et puérile, qui roulait toute sur des questions favorables qui avaient relation au cœur et à ce qu'on appelle passion ou tendresse. La lecture de quelques romans les avait introduites parmi les plus honnêtes gens de la ville et de la cour ; ils s'en sont défaits, et la bourgeoisie les a reçues avec les pointes et les équivoques.

69

Quelques femmes de la ville ont la délicatesse de ne pas savoir ou de n'oser dire le nom des rues, des places, et de quelques endroits publics, qu'elles ne croient pas assez nobles pour être connus. Elles disent : *le Louvre, la place Royale,* mais elles usent de tours et de phrases plutôt que de prononcer de certains noms ; et s'ils leur échappent, c'eſt du moins avec quelque altération du mot, et après quelques façons qui les rassurent : en cela moins naturelles que les femmes de la cour, qui ayant besoin dans le discours des *Halles,* du *Châtelet,* ou de choses semblables, disent : *les Halles, le Châtelet.* (ÉD. 4.)

70

Si l'on feint quelquefois de ne pas se souvenir de certains noms que l'on croit obscurs, et si l'on affecte de les corrompre en les prononçant, c'est par la bonne opinion qu'on a du sien[1]. (ÉD. 4.)

71

L'on dit par belle humeur, et dans la liberté de la conversation, de ces choses froides, qu'à la vérité l'on donne pour telles, et que l'on ne trouve bonnes que parce qu'elles sont extrêmement mauvaises. Cette manière basse de plaisanter a passé du peuple, à qui elle appartient, jusques dans une grande partie de la jeunesse de la cour, qu'elle a déjà infectée. Il est vrai qu'il y entre trop de fadeur et de grossièreté pour devoir craindre qu'elle s'étende plus loin, et qu'elle fasse de plus grands progrès dans un pays qui est le centre du bon goût et de la politesse. L'on doit cependant en inspirer le dégoût à ceux qui la pratiquent; car bien que ce ne soit jamais sérieusement, elle ne laisse pas de tenir la place, dans leur esprit et dans le commerce ordinaire, de quelque chose de meilleur.

72

Entre dire de mauvaises choses, ou en dire de bonnes que tout le monde sait et les donner pour nouvelles, je n'ai pas à choisir. (ÉD. 5.)

73

Lucain a dit une jolie chose ; il y a un beau mot de Claudien ; il y a cet endroit de Sénèque : et là-dessus une longue suite de latin, que l'on cite souvent devant des gens qui ne l'entendent pas, et qui feignent de l'entendre. Le secret serait d'avoir un grand sens et bien de l'esprit; car ou l'on se passerait des Anciens, ou après les avoir lus avec soin, l'on saurait encore choisir les meilleurs, et les citer à propos.

74

Hermagoras ne sait pas qui est roi de Hongrie; il s'étonne de n'entendre faire aucune mention du roi de Bohême; ne lui parlez pas des guerres de Flandre et de Hollande, dispensez-le du moins de vous répondre; il confond les temps, il ignore quand elles ont commencé, quand elles ont fini; combats, sièges, tout lui est nouveau; mais il est instruit de la guerre des Géants, il en raconte le progrès et les moindres détails, rien ne lui est échappé; il débrouille de même l'horrible chaos des deux empires, le Babylonien et l'Assyrien; il connaît à fond les Égyptiens et leurs dynasties. Il n'a jamais vu Versailles[1], il ne le verra point : il a presque vu la tour de Babel, il en compte les degrés, il sait combien d'architectes ont présidé à cet ouvrage, il sait le nom des architectes. Dirai-je qu'il croit Henry IV *(a)*, fils d'Henry III ? Il néglige du moins de rien connaître aux maisons de France, d'Autriche, de Bavière : « Quelles minuties ! » dit-il, pendant qu'il récite de mémoire toute une liste des rois des Mèdes ou de Babylone, et que les noms d'Apronal, d'Hérigebal, des Noesnemordach, de Mardokempad lui sont aussi familiers qu'à nous ceux de VALOIS et de BOURBON. Il demande si l'Empereur a jamais été marié; mais personne ne lui apprendra que Ninus a eu deux femmes. On lui dit que le Roi jouit d'une santé parfaite; et il se souvient que Thetmosis, un roi d'Égypte, était valétudinaire, et qu'il tenait cette complexion de son aïeul Alipharmutosis. Que ne sait-il point ? Quelle chose lui est cachée de la vénérable antiquité ? Il vous dira que Sémiramis, ou, selon quelques-uns, Sérimaris, parlait comme son fils Ninyas, qu'on ne les distinguait pas à la parole : si c'était parce que la mère avait une voix mâle comme son fils, ou le fils une voix efféminée

a. Henry le Grand.

comme sa mère, qu'il n'ose pas le décider. Il vous révélera que Nembrot était gaucher, et Sésostris ambidextre; que c'est une erreur de s'imaginer qu'un Artaxerxe ait été appelé Longuemain parce que les bras lui tombaient jusques aux genoux, et non à cause qu'il avait une main plus longue que l'autre; et il ajoute qu'il y a des auteurs graves qui affirment que c'était la droite, qu'il croit néanmoins être bien fondé à soutenir que c'est la gauche. (ÉD. 5.)

75

Ascagne est statuaire, Hégion fondeur, Æchine foulon, et *Cydias*[1] bel esprit, c'est sa profession. Il a une enseigne, un atelier, des ouvrages de commande, et des compagnons qui travaillent sous lui : il ne vous saurait rendre de plus d'un mois les stances qu'il vous a promises, s'il ne manque de parole à *Dosithée,* qui l'a engagé à faire une élégie; une idylle est sur un métier, c'est pour *Crantor,* qui le presse, et qui lui laisse espérer un riche salaire. Prose, vers, que voulez-vous? Il réussit également en l'un et en l'autre. Demandez-lui des lettres de consolation ou sur une absence, il les entreprendra; prenez-les toutes faites et entrez dans son magasin, il y a à choisir. Il a un ami qui n'a point d'autre fonction sur la terre que de le promettre longtemps à un certain monde, et de le présenter enfin dans les maisons comme homme rare et d'une exquise conversation; et là, ainsi que le musicien chante et que le joueur de luth touche son luth devant les personnes à qui il a été promis, Cydias, après avoir toussé, relevé sa manchette, étendu la main et ouvert les doigts, débite gravement ses pensées quintessenciées et ses raisonnements sophistiqués. Différent de ceux qui convenant de principes, et connaissant la raison ou la vérité qui est une, s'arrachent la parole l'un à l'autre pour s'accorder sur leurs sentiments, il n'ouvre la bouche que pour contredire : *Il me semble,* dit-il gracieusement, *que c'est tout le contraire de ce que vous dites;* ou : *Je ne saurais être de votre opinion;* ou bien : *Ç'a été autrefois mon entêtement, comme il est le vôtre, mais..... Il y a trois choses,* ajoute-t-il, *à considérer...,* et il en ajoute une quatrième : fade discoureur, qui n'a pas mis plus tôt le pied dans une assemblée, qu'il cherche quelques femmes auprès de qui il puisse s'insinuer, se parer de son bel esprit ou de sa philosophie, et mettre en œuvre ses rares conceptions; car soit qu'il parle ou qu'il écrive, il ne doit pas être soupçonné d'avoir en vue ni le vrai ni le faux, ni le raisonnable ni le ridicule : il évite uniquement de donner dans le sens des autres, et d'être de l'avis de quelqu'un[1]; aussi attend-il dans un cercle que chacun se soit expliqué sur le sujet qui s'est offert, ou souvent qu'il a amené lui-même, pour dire dogmatiquement des choses toutes nouvelles, mais à son gré décisives et sans réplique. Cydias s'égale à Lucien et à Sénèque *(a)*, se met au-dessus de Platon, de Virgile et de Théocrite; et son flatteur a soin de le confirmer tous les matins dans cette opinion. Uni de goût et d'intérêt avec les contempteurs d'Homère, il attend paisiblement que les hommes détrompés lui préfèrent les poètes modernes : il se met en ce cas à la tête de ces derniers, et il sait à qui il adjuge la seconde place. C'est en un mot un composé du pédant et du précieux, fait pour être admiré de la bourgeoisie et de la province, en qui néanmoins on n'aperçoit rien de grand que l'opinion qu'il a de lui-même. (ÉD. 8.)

76

C'est la profonde ignorance qui inspire le ton dogmatique [2]. Celui qui ne sait rien croit enseigner aux autres ce qu'il vient d'apprendre lui-même; celui qui sait beaucoup pense à peine que ce qu'il dit puisse être ignoré, et parle plus indifféremment.

77

Les plus grandes choses n'ont besoin que d'être dites

---

a. Philosophe et poète tragique.

simplement : elles se gâtent par l'emphase. Il faut dire noblement les plus petites : elles ne se soutiennent que par l'expression, le ton et la manière.

78

Il me semble que l'on dit les choses encore plus finement qu'on ne peut les écrire[1].

79

Il n'y a guères qu'une naissance honnête, ou une bonne éducation, qui rende[2] les hommes capables de secret.

80

Toute confiance eſt dangereuse si elle n'eſt entière : il y a peu de conjectures où il ne faille tout dire, ou tout cacher. On a déjà trop dit de son secret à celui à qui l'on croit devoir en dérober une circonſtance. (ÉD. 4.)

81

Des gens vous promettent le secret, et ils le révèlent eux-mêmes, et à leur insu; ils ne remuent pas les lèvres, et on les entend; on lit sur leur front et dans leurs yeux, on voit au travers de leur poitrine, ils sont transparents. D'autres ne disent pas précisément une chose qui leur a été confiée; mais ils parlent et agissent de manière qu'on la découvre de soi-même. Enfin quelques-uns méprisent votre secret, de quelque conséquence qu'il puisse être : *C'eſt un myſtère, un tel m'en a fait part, et m'a défendu de le dire ;* et ils le disent[3]. (ÉD. 5.)

Toute révélation d'un secret eſt la faute de celui qui l'a confié. (ÉD. 8.)

82

Nicandre s'entretient avec *Élise* de la manière douce et complaisante dont il a vécu avec sa femme, depuis le jour qu'il en fit le choix jusques à sa mort ; il a déjà dit qu'il regrette qu'elle ne lui ait pas laissé des enfants, et il le répète ; il parle des maisons qu'il a à la ville, et bientôt d'une terre qu'il a à la campagne : il calcule le revenu qu'elle lui rapporte, il fait le plan des bâtiments, en décrit la situation, exagère la commodité des appartements, ainsi que la richesse et la propreté des meubles ; il assure qu'il aime la bonne chère, les équipages ; il se plaint que sa femme n'aimait point assez le jeu et la société. « Vous êtes si riche, lui disait l'un de ses amis, que n'achetez-vous cette charge ? pourquoi ne pas faire cette acquisition qui étendrait votre domaine ? On me croit, ajoute-t-il, plus de bien que je n'en possède. » Il n'oublie pas son extraction et ses alliances : *Monsieur le Surintendant qui est mon cousin ; Madame la Chancelière qui est ma parente,* voilà son style. Il raconte un fait qui prouve le mécontentement qu'il doit avoir de ses plus proches, et de ceux même qui sont ses héritiers : « Ai-je tort ? dit-il à Élise ; ai-je grand sujet de leur vouloir du bien ? » et il l'en fait juge. Il insinue ensuite qu'il a une santé faible et languissante, et il parle de la cave où il doit être enterré. Il est insinuant, flatteur, officieux à l'égard de tous ceux qu'il trouve auprès de la personne à qui il aspire. Mais Élise n'a pas le courage d'être riche en l'épousant. On annonce, au moment qu'il parle, un cavalier, qui de sa seule présence démonte la batterie de l'homme de ville : il se lève déconcerté et chagrin, et va dire ailleurs qu'il veut se remarier. (ÉD. 5.)

83

Le sage quelquefois évite le monde, de peur d'être ennuyé[1].

DES BIENS DE FORTUNE

I

Un homme fort riche peut manger des entremets, faire peindre ses lambris et ses alcôves, jouir d'un palais à la campagne et d'un autre à la ville, avoir un grand équipage, mettre un duc dans sa famille, et faire de son fils un grand seigneur : cela eſt juſte et de son ressort; mais il appartient peut-être à d'autres de vivre contents.

2

Une grande naissance ou une grande fortune annonce[1] le mérite, et le fait plus tôt remarquer.

3

Ce qui disculpe le fat ambitieux de son ambition eſt le soin que l'on prend, s'il a fait une grande fortune, de lui trouver un mérite qu'il n'a jamais eu, et aussi grand qu'il croit l'avoir. (ÉD. 4.)

4

À mesure que la faveur et les grands biens se retirent d'un homme, ils laissent voir en lui le ridicule qu'ils couvraient, et qui y était sans que personne s'en aperçût.

5

Si l'on ne le voyait de ses yeux, pourrait-on jamais s'imaginer l'étrange disproportion que le plus ou le moins de pièces de monnaie met entre les hommes?

Ce plus ou ce moins détermine à l'épée, à la robe ou à l'Église : il n'y a presque point d'autre vocation.

6

Deux marchands étaient voisins et faisaient le même commerce, qui ont eu dans la suite une fortune toute différente. Ils avaient chacun une fille unique; elles ont été nourries ensemble, et ont vécu dans cette familiarité que donnent un même âge et une même condition : l'une des deux, pour se tirer d'une extrême misère, cherche à se placer; elle entre au service d'une fort grande dame et l'une des premières de la cour, chez sa compagne. (ÉD. 6.)

7

Si le financier manque son coup, les courtisans disent de lui : « C'eſt un bourgeois, un homme de rien, un malotru »; s'il réussit, ils lui demandent sa fille. (ÉD. 7.)

8

Quelques-uns ont fait dans leur jeunesse l'apprentissage d'un certain métier, pour en exercer un autre, et fort différent, le reſte de leur vie. (ÉD. 6.)

9

Un homme eſt laid, de petite taille, et a peu d'esprit. L'on me dit à l'oreille : « Il a cinquante mille livres de rente. » Cela le concerne tout seul, et il ne m'en fera jamais ni pis ni mieux; si je commence à le regarder avec d'autres yeux, et si je ne suis pas maître de faire autrement, quelle sottise!

10

Un projet assez vain serait de vouloir tourner un

homme fort sot et fort riche[1] en ridicule; les rieurs sont de son côté. (ÉD. 4.)

11

N**[2], avec un portier rustre, farouche, tirant sur le Suisse, avec un vestibule et une antichambre, pour peu qu'il y fasse languir quelqu'un et se morfondre, qu'il paraisse enfin avec une mine grave et une démarche mesurée, qu'il écoute un peu et ne reconduise point : quelque subalterne qu'il soit d'ailleurs, il fera sentir de lui-même quelque chose qui approche de la considération. (ÉD. 4.)

12

Je vais, *Clitiphon*[3], à votre porte; le besoin que j'ai de vous me chasse de mon lit et de ma chambre : plût aux Dieux que je ne fusse ni votre client ni votre fâcheux! Vos esclaves me disent que vous êtes enfermé, et que vous ne pouvez m'écouter que d'une heure entière. Je reviens avant le temps qu'ils m'ont marqué, et ils me disent que vous êtes sorti. Que faites-vous, Clitiphon, dans cet endroit le plus reculé de votre appartement, de si laborieux, qui vous empêche de m'entendre? Vous enfilez quelques mémoires, vous collationnez un registre, vous signez, vous paraphez. Je n'avais qu'une chose à vous demander, et vous n'aviez qu'un mot à me répondre, oui, ou non. Voulez-vous être rare? Rendez service à ceux qui dépendent de vous : vous le serez davantage par cette conduite que par ne vous pas laisser voir. Ô homme important et chargé d'affaires, qui à votre tour avez besoin de mes offices, venez dans la solitude de mon cabinet : le philosophe est accessible; je ne vous remettrai point à un autre jour. Vous me trouverez sur les livres de Platon qui traitent de la spiritualité de l'âme et de sa distinction d'avec le corps, ou la plume à la main pour calculer les distances de Saturne et de Jupiter : j'admire Dieu dans ses ouvrages, et je cherche, par la connaissance de la vérité, à régler mon esprit et devenir meilleur. Entrez, toutes les portes vous sont ouvertes; mon antichambre n'est pas faite pour s'y ennuyer en m'attendant; passez jusqu'à moi sans me faire avertir. Vous m'apportez quelque chose de plus précieux que l'argent et l'or, si c'est une occasion de vous obliger. Parlez, que voulez-vous que je fasse pour vous? Faut-il quitter mes livres, mes études, mon ouvrage, cette ligne qui est commencée? Quelle interruption heureuse pour moi que celle qui vous est utile! Le manieur d'argent, l'homme d'affaires est un ours qu'on ne saurait apprivoiser; on ne le voit dans sa loge qu'avec peine : que dis-je? on ne le voit point; car d'abord on ne le voit pas encore, et bientôt on ne le voit plus. L'homme de lettres au contraire est trivial comme une borne au coin des places; il est vu de tous, et à toute heure, et en tous états, à table, au lit, nu, habillé, sain ou malade : il ne peut être important, et il ne le veut point être[1]. (ÉD. 8.)

13

N'envions point à une sorte de gens leurs grandes richesses; ils les ont à titre onéreux, et qui ne nous accommoderait point : ils ont mis leur repos, leur santé, leur honneur et leur conscience pour les avoir; cela est trop cher, et il n'y a rien à gagner à un tel marché.

14

Les P.T.S.[2]. nous font sentir toutes les passions l'une après l'autre : l'on commence par le mépris, à cause de leur obscurité; on les envie ensuite, on les hait, on les craint, on les estime quelquefois, et on les respecte; l'on vit assez pour finir à leur égard par la compassion.

15

Sosie de la livrée a passé par une petite recette à une sous-ferme; et par les concussions, la violence, et l'abus qu'il a fait de ses *pouvoirs,* il s'est enfin, sur les ruines de plusieurs familles, élevé à quelque grade. Devenu noble par une charge, il ne lui manquait que d'être homme de bien : une place de marguillier a fait ce prodige.

16

Arfure cheminait seule et à pied vers le grand portique de Saint**, entendait de loin le sermon d'un carme ou d'un docteur qu'elle ne voyait qu'obliquement, et dont elle perdait bien des paroles. Sa vertu était obscure, et sa dévotion connue comme sa personne. Son mari est entré dans le *huitième denier :* quelle monstrueuse fortune en moins de six années ! Elle n'arrive à l'église que dans un char; on lui porte une lourde queue; l'orateur s'interrompt pendant qu'elle se place; elle le voit de front, n'en perd pas une seule parole ni le moindre geste. Il y a une brigue entre les prêtres pour la confesser; tous veulent l'absoudre, et le curé l'emporte.

17

L'on porte *Crésus* au cimetière : de toutes ses immenses richesses [1], que le vol et la concussion lui avaient acquises, et qu'il a épuisées par le luxe et par la bonne chère, il ne lui est pas demeuré de quoi se faire enterrer; il est mort insolvable, sans biens, et ainsi privé de tous les secours; l'on n'a vu chez lui ni julep, ni cordiaux, ni médecins, ni le moindre docteur qui l'ait assuré de son salut.

18

Champagne [2], au sortir d'un long dîner qui lui enfle l'estomac, et dans les douces fumées d'un vin d'Avenay ou de Sillery, signe un ordre qu'on lui présente, qui ôterait le pain à toute une province si l'on n'y remédiait. Il est excusable : quel moyen de comprendre, dans la première heure de la digestion, qu'on puisse quelque part mourir de faim ?

19

Sylvain[1] de ses deniers a acquis de la naissance et un autre nom : il eſt seigneur de la paroisse où ses aïeuls payaient la taille; il n'aurait pu autrefois entrer page chez *Cléobule,* et il eſt son gendre. (ÉD. 4.)

20

Dorus passe en litière par la voie *Appienne,* précédé de ses affranchis et de ses esclaves, qui détournent le peuple et font faire place; il ne lui manque que des licteurs; il entre à *Rome* avec ce cortège, où il semble triompher de la bassesse et de la pauvreté de son père *Sanga.* (ÉD. 4.)

21

On ne peut mieux user de sa fortune que fait *Périandre*[2]; elle lui donne du rang, du crédit, de l'autorité; déjà on ne le prie plus d'accorder son amitié, on implore sa protection. Il a commencé par dire de soi-même : *un homme de ma sorte;* il passe à dire : *un homme de ma qualité;* il se donne pour tel, et il n'y a personne de ceux à qui il prête de l'argent, ou qu'il reçoit à sa table, qui eſt délicate, qui veuille s'y opposer. Sa demeure eſt superbe : un dorique règne dans tous ses dehors; ce n'eſt pas une porte, c'eſt un portique : eſt-ce la maison d'un particulier? eſt-ce un temple? le peuple s'y trompe. Il eſt le seigneur dominant de tout le quartier. C'eſt lui que l'on envie, et dont on voudrait voir la chute; c'eſt lui dont la femme, par son collier de perles, s'eſt fait des ennemies de toutes les dames du voisinage. Tout se soutient dans cet homme; rien encore ne se dément dans cette grandeur qu'il a acquise, dont il ne doit rien, qu'il a payée. Que son père, si vieux et si caduc, n'eſt-il mort il y a vingt ans et avant qu'il se fît dans le monde aucune mention de Périandre! Comment pourra-t-il soutenir ces odieuses pancartes *(a)* qui déchiffrent les conditions, et qui souvent font rougir la veuve et les héritiers ? Les supprimera-t-il aux yeux de toute une ville jalouse, maligne, clairvoyante, et aux dépens de mille gens qui veulent absolument aller tenir leur rang à des obsèques ? Veut-on d'ailleurs qu'il fasse de son père un *Noble homme,* peut-être un *Honorable homme,* lui qui eſt *Messire ?* (ÉD. 5.)

22

Combien d'hommes [1] ressemblent à ces arbres déjà forts et avancés que l'on transplante dans les jardins, où ils surprennent les yeux de ceux qui les voient placés dans de beaux endroits où ils ne les ont point vus croître, et qui ne connaissent ni leurs commencements ni leurs progrès !

23

Si certains morts revenaient au monde, et s'ils voyaient leurs grands noms portés, et leurs terres les mieux titrées, avec leurs châteaux et leurs maisons antiques, possédées par des gens dont les pères étaient peut-être leurs métayers [2], quelle opinion pourraient-ils avoir de notre siècle [3] ?

24

Rien ne fait mieux comprendre le peu de chose que Dieu croit donner aux hommes, en leur abandonnant les richesses, l'argent, les grands établissements et les autres biens, que la dispensation qu'il en fait, et le genre d'hommes qui en sont le mieux pourvus [4].

25

Si vous entrez dans les cuisines, où l'on voit réduit en art et en méthode le secret de flatter votre goût et de

a. Billets d'enterrements.

vous faire manger au delà du nécessaire; si vous examinez en détail tous les apprêts des viandes qui doivent composer le festin que l'on vous prépare; si vous regardez par quelles mains elles passent, et toutes les formes différentes qu'elles prennent avant de devenir un mets exquis, et d'arriver à cette propreté et à cette élégance qui charment vos yeux, vous font hésiter sur le choix, et prendre le parti d'essayer de tout; si vous voyez tout le repas ailleurs que sur la table bien servie, quelles saletés! quel dégoût! Si vous allez derrière un théâtre, et si vous nombrez les poids, les roues, les cordages, qui font les vols et les machines; si vous considérez combien de gens entrent dans l'exécution de ces mouvements, quelle force de bras, et quelle extension de nerfs ils y emploient, vous direz : « Sont-ce là les principes et les ressorts de ce spectacle si beau, si naturel, qui paraît animé et agir de soi-même? » Vous vous récrierez : « Quels efforts! quelle violence! » De même n'approfondissez pas la fortune des partisans. (ÉD. 5.)

26

Ce garçon si frais, si fleuri, et d'une belle santé est seigneur d'une abbaye et de dix autres bénéfices : tous ensemble lui rapportent six vingt mille livres de revenu, dont il n'est payé qu'en médailles d'or. Il y a ailleurs six vingt familles indigentes qui ne se chauffent point pendant l'hiver, qui n'ont point d'habits pour se couvrir, et qui souvent manquent de pain; leur pauvreté est extrême et honteuse. Quel partage! ¡Et cela ne prouve-t-il pas clairement un avenir?

27

Chrysippe, homme nouveau, et le premier noble de sa race, aspirait, il y a trente années, à se voir un jour deux mil livres de rente pour tout bien : c'était là le comble de ses souhaits et sa plus haute ambition; il l'a dit ainsi, et on s'en souvient. Il arrive, je ne sais par quels chemins, jusques à donner en revenu à l'une de ses filles, pour sa dot, ce qu'il désirait lui-même d'avoir en fonds pour toute fortune pendant sa vie. Une pareille somme eſt comptée dans ses coffres pour chacun de ses autres enfants qu'il doit pourvoir, et il a un grand nombre d'enfants; ce n'eſt qu'en avancement d'hoirie : il y a d'autres biens à espérer après sa mort. Il vit encore, quoiqu'assez avancé en âge, et il use le reſte de ses jours à travailler pour s'enrichir. (ÉD. 5.)

28

Laissez faire *Ergaſte,* et il exigera un droit de tous ceux qui boivent de l'eau de la rivière, ou qui marchent sur la terre ferme : il sait convertir en or jusques aux roseaux, aux joncs et à l'ortie. Il écoute tous les avis, et propose tous ceux qu'il a écoutés. Le prince ne donne aux autres qu'aux dépens d'Ergaſte, et ne leur fait de grâces que celles qui lui étaient dues. C'eſt une faim insatiable d'avoir et de posséder. Il trafiquerait des arts et des sciences, et mettrait en parti jusques à l'harmonie : il faudrait, s'il en était cru, que le peuple, pour avoir le plaisir de le voir riche, de lui voir une meute et une écurie, pût perdre le souvenir de la musique d'*Orphée,* et se contenter de la sienne. (ÉD. 4.)

29

Ne traitez pas avec *Criton,* il n'eſt touché que de ses seuls avantages. Le piège eſt tout dressé à ceux à qui sa charge, sa terre, ou ce qu'il possède feront envie : il vous imposera des conditions extravagantes. Il n'y a nul ménagement et nulle composition à attendre d'un homme si plein de ses intérêts et si ennemi des vôtres : il lui faut une dupe. (ÉD. 5.)

30

Brontin[1], dit le peuple, fait des retraites, et s'enferme huit jours avec des saints : ils ont leurs méditations, et il a les siennes. (ÉD. 4.)

31

Le peuple souvent a le plaisir de la tragédie : il voit périr sur le théâtre du monde les personnages les plus odieux, qui ont fait le plus de mal dans diverses scènes, et qu'il a le plus haïs.

32

Si l'on partage la vie des P.T.S. en deux portions égales, la première, vive et agissante, est toute occupée à vouloir affliger le peuple, et la seconde, voisine de la mort, à se déceler et à se ruiner les uns les autres. (ÉD. 4.)

33

Cet homme qui a fait la fortune de plusieurs, qui a fait la vôtre, n'a pu soutenir la sienne, ni assurer avant sa mort celle de sa femme et de ses enfants : ils vivent cachés et malheureux. Quelque bien instruit que vous soyez de la misère de leur condition, vous ne pensez pas à l'adoucir; vous ne le pouvez pas en effet, vous tenez table, vous bâtissez; mais vous conservez par reconnaissance le portrait de votre bienfaicteur, qui a passé à la vérité du cabinet à l'antichambre : quels égards! il pouvait aller au garde-meuble. (ÉD. 4.)

34

Il y a une dureté de complexion; il y en a une autre de condition et d'état[1]. L'on tire de celle-ci, comme de la première, de quoi s'endurcir sur la misère des autres, dirai-je même de quoi ne pas plaindre les malheurs de sa famille? Un bon financier[2] ne pleure ni ses amis, ni sa femme, ni ses enfants. (ÉD. 4.)

35

Fuyez, retirez-vous : vous n'êtes pas assez loin. — Je suis, dites-vous, sous l'autre tropique. — Passez sous le pôle et dans l'autre hémisphère; montez aux étoiles, si vous le pouvez. — M'y voilà. — Fort bien, vous êtes en sûreté. Je découvre sur la terre un homme avide, insatiable, inexorable, qui veut, aux dépens de tout ce qui se trouvera sur son chemin et à sa rencontre, et quoi qu'il en puisse coûter aux autres, pourvoir à lui seul, grossir sa fortune, et regorger de bien. (ÉD. 5.)

36

Faire fortune est une si belle phrase, et qui dit une si bonne chose, qu'elle est d'un usage universel : on la reconnaît dans toutes les langues, elle plaît aux étrangers et aux barbares, elle règne à la cour et à la ville, elle a percé les cloîtres et franchi les murs des abbayes de l'un et de l'autre sexe : il n'y a point de lieux sacrés où elle n'ait pénétré, point de désert ni de solitude où elle soit inconnue[1]. (ÉD. 4.)

37

À force de faire de nouveaux contrats, ou de sentir son argent grossir dans ses coffres, on se croit enfin une bonne tête, et presque capable de gouverner. (ÉD. 7.)

38

Il faut une sorte d'esprit pour faire fortune, et surtout une grande fortune : ce n'est ni le bon ni le bel esprit, ni le grand ni le sublime, ni le fort ni le délicat; je ne sais précisément lequel c'est, et j'attends que quelqu'un veuille m'en instruire.

Il faut moins d'esprit que d'habitude ou d'expérience pour faire sa fortune; l'on y songe trop tard, et quand enfin l'on s'en avise, l'on commence par des fautes que l'on n'a pas toujours le loisir de réparer : de là vient peut-être que les fortunes sont si rares. (ÉD. 5.)

Un homme d'un petit génie peut vouloir s'avancer : il néglige tout, il ne pense du matin au soir, il ne rêve la nuit qu'à une seule chose, qui eſt de s'avancer. Il a commencé de bonne heure, et dès son adolescence, à se mettre dans les voies de la fortune : s'il trouve une barrière de front qui ferme son passage, il biaise naturellement, et va à droite ou à gauche, selon qu'il y voit de jour et d'apparence, et si de nouveaux obſtacles l'arrêtent, il rentre dans le sentier qu'il avait quitté; il eſt déterminé, par la nature des difficultés, tantôt à les surmonter, tantôt à les éviter, ou à prendre d'autres mesures : son intérêt, l'usage, les conjonctures le dirigent. Faut-il de si grands talents et une si bonne tête à un voyageur pour suivre d'abord le grand chemin, et s'il eſt plein et embarrassé, prendre la terre, et aller à travers champs, puis regagner sa première route, la continuer, arriver à son terme ? Faut-il tant d'esprit pour aller à ses fins ? Eſt-ce donc un prodige qu'un sot, riche et accrédité ? (ÉD. 5.)

Il y a même des ſtupides, et j'ose dire des imbéciles, qui se placent en de beaux poſtes, et qui savent mourir dans l'opulence, sans qu'on les doive soupçonner en nulle manière d'y avoir contribué de leur travail ou de la moindre induſtrie[1] : quelqu'un les a conduits à la source d'un fleuve, ou bien le hasard seul les y a fait rencontrer; on leur a dit : « Voulez-vous de l'eau ? puisez »; et ils ont puisé. (ÉD. 5.)

39

Quand on eſt jeune, souvent on eſt pauvre : ou l'on n'a pas encore fait d'acquisitions, ou les successions ne sont pas échues. L'on devient riche et vieux en même temps : tant il eſt rare que les hommes puissent réunir tous leurs avantages ! et si cela arrive à quelques-uns, il n'y a pas de quoi leur porter envie : ils ont assez à perdre par la mort pour mériter d'être plaints. (ÉD. 5.)

40

Il faut avoir trente ans pour songer à sa fortune; elle n'est pas faite à cinquante; l'on bâtit dans sa vieillesse, et l'on meurt quand on est aux peintres et aux vitriers.

41

Quel est le fruit d'une grande fortune, si ce n'est de jouir de la vanité, de l'industrie, du travail et de la dépense de ceux qui sont venus avant nous, et de travailler nous-mêmes, de planter, de bâtir, d'acquérir pour la postérité? (ÉD. 5.)

42

L'on ouvre et l'on étale tous les matins [1] pour tromper son monde; et l'on ferme le soir [2] après avoir trompé tout le jour.

43

Le marchand fait des montres pour donner de sa marchandise ce qu'il y a de pire; il a le catis et les faux jours afin d'en cacher les défauts, et qu'elle paraisse bonne; il la surfait pour la vendre plus cher qu'elle ne vaut; il a des marques fausses et mystérieuses, afin qu'on croie n'en donner que son prix, un mauvais aunage pour en livrer le moins qu'il se peut; et il a un trébuchet, afin que celui à qui il l'a livrée la lui paye en or qui soit de poids. (ÉD. 8.)

44

Dans toutes les conditions, le pauvre est bien proche de l'homme de bien, et l'opulent n'est guères éloigné de la friponnerie. Le savoir faire et l'habileté ne mènent pas jusques aux énormes richesses.

L'on peut s'enrichir dans quelque art, ou dans quelque commerce que ce soit, par l'oſtentation d'une certaine probité.

45

De tous les moyens de faire sa fortune, le plus court et le meilleur eſt de mettre les gens à voir clairement leurs intérêts à vous faire du bien. (ÉD. 5.)

46

Les hommes, pressés par les besoins de la vie[1], et quelquefois par le désir du gain ou de la gloire, cultivent des talents profanes, ou s'engagent dans des professions équivoques, et dont ils se cachent longtemps à eux-mêmes le péril et les conséquences : il les quittent ensuite par une dévotion discrète, qui ne leur vient jamais qu'après qu'ils ont fait leur récolte, et qu'ils jouissent d'une fortune bien établie.

47

Il y a des misères sur la terre qui saisissent le cœur; il manque à quelques-uns jusqu'aux aliments; ils redoutent l'hiver, ils appréhendent de vivre. L'on mange ailleurs des fruits précoces; l'on force la terre et les saisons pour fournir à sa délicatesse; de simples bourgeois, seulement à cause qu'ils étaient riches, ont eu l'audace d'avaler en un seul morceau la nourriture de cent familles[2]. Tienne qui voudra contre de si grandes extrémités : je ne veux être, si je le puis, ni malheureux ni heureux; je me jette et me réfugie dans la médiocrité. (ÉD. 5.)

48

On sait que les pauvres sont chagrins de ce que tout leur manque, et que personne ne les soulage; mais s'il eſt vrai que les riches soient colères, c'eſt de ce que la moindre chose puisse leur manquer, ou que quelqu'un veuille leur résister. (ÉD. 5.)

49

Celui-là[1] est riche, qui reçoit plus qu'il ne consume; celui-là est pauvre, dont la dépense excède la recette. (ÉD. 7.)

Tel, avec deux millions de rente, peut être pauvre chaque année de cinq cents mil livres. (ÉD. 7.)

Il n'y a rien qui se soutienne plus longtemps qu'une médiocre fortune; il n'y a rien dont on voie mieux la fin que d'une grande fortune. (ÉD. 7.)

L'occasion prochaine de la pauvreté, c'est de grandes richesses. (ÉD. 7.)

S'il est vrai que l'on soit riche de tout ce dont on n'a pas besoin, un homme fort riche, c'est un homme qui est sage. (ÉD. 7.)

S'il est vrai que l'on soit pauvre par toutes les choses que l'on désire, l'ambitieux et l'avare languissent dans une extrême pauvreté. (ÉD. 7.)

50

Les passions tyrannisent l'homme; et l'ambition suspend en lui les autres passions, et lui donne pour un temps les apparences de toutes les vertus. Ce *Tryphon* qui a tous les vices, je l'ai cru sobre, chaste, libéral, humble et même dévot : je le croirais encore, s'il n'eût enfin fait sa fortune. (ÉD. 4.)

51

L'on ne se rend point sur le désir de posséder et de s'agrandir : la bile gagne, et la mort approche, qu'avec un visage flétri, et des jambes déjà faibles, l'on dit : *ma fortune, mon établissement*. (ÉD. 4.)

52

Il n'y a au monde que deux manières de s'élever, ou par sa propre industrie, ou par l'imbécillité des autres. (ÉD. 4.)

53

Les traits découvrent la complexion et les mœurs; mais la mine désigne les biens de fortune : le plus ou le moins de mille livres de rente se trouve écrit sur les visages.

54

Chrysante, homme opulent et impertinent, ne veut pas être vu avec *Eugène,* qui est homme de mérite, mais pauvre : il croirait en être déshonoré. Eugène est pour Chrysante dans les mêmes dispositions : ils ne courent pas risque de se heurter. (ÉD. 4.)

55

Quand je vois de certaines gens, qui me prévenaient autrefois par leurs civilités, attendre au contraire que je les salue, et en être avec moi sur le plus ou sur le moins, je dis en moi-même : « Fort bien, j'en suis ravi, tant mieux pour eux : vous verrez que cet homme-ci est mieux logé, mieux meublé et mieux nourri qu'à l'ordinaire; qu'il sera entré depuis quelques mois dans quelque affaire, où il aura déjà fait un gain raisonnable. Dieu veuille qu'il en vienne dans peu de temps jusques à me mépriser! » (ÉD. 8.)

56

Si les pensées, les livres et leurs auteurs dépendaient des riches et de ceux qui ont fait une belle fortune, quelle proscription! il n'y aurait plus de rappel. Quel ton, quel ascendant ne prennent-ils pas sur les savants! Quelle majesté n'observent-ils pas à l'égard de ces hommes *ché-*

tifs, que leur mérite n'a ni placés ni enrichis, et qui en sont encore à penser et à écrire judicieusement! Il faut l'avouer, le présent est pour les riches, et l'avenir pour les vertueux et les habiles. HOMÈRE est encore et sera toujours : les receveurs de droits, les publicains ne sont plus; ont-ils été? leur patrie, leurs noms sont-ils connus? y a-t-il eu dans la Grèce des partisans? Que sont devenus ces importants personnages qui méprisaient Homère, qui ne songeaient dans la place qu'à l'éviter, qui ne lui rendaient pas le salut, ou qui le saluaient par son nom, qui ne daignaient pas l'associer à leur table, qui le regardaient comme un homme qui n'était pas riche et qui faisait un livre? Que deviendront les *Fauconnets*[1] ? iront-ils aussi loin dans la postérité que DESCARTES, né Français et *mort en Suède ?* (ÉD. 5.)

57

Du même fond d'orgueil dont l'on s'élève fièrement au-dessus de ses inférieurs, l'on rampe vilement devant ceux qui sont au-dessus de soi. C'est le propre de ce vice, qui n'est fondé ni sur le mérite personnel ni sur la vertu, mais sur les richesses, les postes, le crédit, et sur de vaines sciences, de nous porter également à mépriser ceux qui ont moins que nous de cette espèce de biens, et à estimer trop ceux qui en ont une mesure qui excède la nôtre.

58

Il y a des âmes sales, pétries de boue et d'ordure, éprises du gain et de l'intérêt, comme les belles âmes le sont de la gloire et de la vertu; capables d'une seule volupté, qui est celle d'acquérir ou de ne point perdre; curieuses et avides du denier dix, uniquement occupées de leurs débiteurs; toujours inquiètes sur le rabais ou sur le décri des monnaies; enfoncées et comme abîmées dans les contrats, les titres et les parchemins. De telles gens ne sont ni parents, ni amis, ni citoyens, ni chrétiens, ni peut-être des hommes : ils ont de l'argent.

59

Commençons par excepter ces âmes nobles et courageuses, s'il en reste encore sur la terre, secourables, ingénieuses à faire du bien, que nuls besoins, nulle disproportion, nuls artifices ne peuvent séparer de ceux qu'ils se sont une fois choisis pour amis; et après cette précaution, disons hardiment une chose triste et douloureuse à imaginer : il n'y a personne au monde si bien liée avec nous de société et de bienveillance, qui nous aime, qui nous goûte, qui nous fait mille offres de services et qui nous sert quelquefois, qui n'ait en soi, par l'attachement à son intérêt, des dispositions très proches à rompre avec nous, et à devenir notre ennemie. (ÉD. 6.)

60

Pendant qu'*Oronte* augmente, avec ses années, son fonds et ses revenus, une fille naît dans quelque famille, s'élève, croît, s'embellit, et entre dans sa seizième année. Il se fait prier à cinquante ans pour l'épouser, jeune, belle, spirituelle : cet homme sans naissance, sans esprit et sans le moindre mérite, est préféré à tous ses rivaux.

61

Le mariage, qui devrait être à l'homme une source de tous les biens, lui est souvent, par la disposition de sa fortune, un lourd fardeau sous lequel il succombe : c'est alors qu'une femme et des enfants sont une violente tentation à la fraude, au mensonge et aux gains illicites; il se trouve entre la friponnerie et l'indigence : étrange situation!

Épouser une veuve, en bon français, signifie faire sa fortune; il n'opère pas toujours ce qu'il signifie. (ÉD. 4.)

62

Celui qui n'a de partage avec ses frères que pour vivre

à l'aise bon praticien, veut être officier; le simple officier se fait magistrat, et le magistrat veut présider; et ainsi de toutes les conditions, où les hommes languissent serrés et indigents, après avoir tenté au delà de leur fortune, et forcé, pour ainsi dire, leur destinée : incapables tout à la fois de ne pas vouloir être riches et de demeurer riches. (ÉD. 4.)

63

Dîne bien, *Cléarque,* soupe le soir, mets du bois au feu, achète un manteau, tapisse ta chambre : tu n'aimes point ton héritier, tu ne le connais point, tu n'en as point. (ÉD. 5.)

64

Jeune, on conserve pour sa vieillesse; vieux on épargne pour la mort. L'héritier prodigue paye de superbes funérailles, et dévore le reste. (ÉD. 5.)

65

L'avare dépense plus mort en un seul jour, qu'il ne faisait vivant en dix années; et son héritier plus en dix mois, qu'il n'a su faire lui-même en toute sa vie. (ÉD. 5.)

66

Ce que l'on prodigue, on l'ôte à son héritier; ce que l'on épargne sordidement, on se l'ôte à soi-même. Le milieu est justice pour soi et pour les autres. (ÉD. 5.)

67

Les enfants peut-être seraient plus chers à leurs pères, et réciproquement les pères à leurs enfants, sans le titre d'héritiers. (ÉD. 5.)

68

Triste condition de l'homme, et qui dégoûte de la vie!

il faut suer, veiller, fléchir, dépendre, pour avoir un peu de fortune, ou la devoir à l'agonie de nos proches. Celui qui s'empêche de souhaiter que son père y passe bientôt est homme de bien. (ÉD. 5.)

69

Le caractère de celui qui veut hériter de quelqu'un rentre dans celui du complaisant : nous ne sommes point mieux flattés, mieux obéis, plus suivis, plus entourés, plus cultivés, plus ménagés, plus caressés de personne pendant notre vie, que de celui qui croit gagner à notre mort, et qui désire qu'elle arrive[1]. (ÉD. 5.)

70

Tous les hommes, par les postes différents, par les titres et par les successions, se regardent comme héritiers les uns des autres, et cultivent par cet intérêt, pendant tout le cours de leur vie, un désir secret et enveloppé de la mort d'autrui : le plus heureux dans chaque condition est celui qui a plus de choses à perdre par sa mort, et à laisser à son successeur. (ÉD. 7.)

71

L'on dit du jeu qu'il égale les conditions; mais elles se trouvent quelquefois si étrangement disproportionnées, et il y a entre telle et telle condition un abîme d'intervalle si immense et si profond, que les yeux souffrent de voir de telles extrémités se rapprocher : c'est comme une musique qui détonne; ce sont comme des couleurs mal assorties, comme des paroles qui jurent et qui offensent l'oreille, comme de ces bruits, ou de ces sons qui font frémir; c'est en un mot un renversement de toutes les bienséances. Si l'on m'oppose que c'est la pratique de tout l'Occident, je réponds que c'est peut-être aussi l'une de ces choses qui nous rendent barbares à l'autre partie du monde, et que les Orientaux qui viennent jusques à nous remportent sur leurs tablettes : je ne doute pas même que cet excès de familiarité ne les rebute davantage que nous ne sommes blessés de leur *zombaye (a)* et de leurs autres prosternations. (ÉD. 6.)

72

Une tenue d'États, ou les Chambres assemblées pour une affaire très capitale, n'offrent point aux yeux rien de si grave et de si sérieux qu'une table de gens qui jouent un grand jeu : une triste sévérité règne sur leurs visages; implacables l'un pour l'autre, et irréconciliables ennemis pendant que la séance dure, ils ne reconnaissent plus ni liaisons, ni alliance, ni naissance, ni distinctions : le hasard seul, aveugle et farouche divinité, préside au cercle, et y décide souverainement; ils l'honorent tous par un silence profond, et par une attention dont ils sont partout ailleurs fort incapables; toutes les passions, comme suspendues, cèdent à une seule; le courtisan alors n'est ni doux, ni flatteur, ni complaisant, ni même dévot. (ÉD. 6.)

73

L'on ne reconnaît plus en ceux que le jeu et le gain ont illustrés la moindre trace de leur première condition : ils perdent de vue leurs égaux, et atteignent les plus grands seigneurs. Il est vrai que la fortune du dé ou du lansquenet[1] les remet souvent où elle les a pris.

74

Je ne m'étonne pas qu'il y ait des brelans publics, comme autant de pièges tendus à l'avarice des hommes, comme des gouffres où l'argent des particuliers tombe et se précipite sans retour, comme d'affreux écueils où les

---

a. V. les Relations du royaume de Siam.

joueurs viennent se briser et se perdre; qu'il parte de ces lieux des émissaires pour savoir à l'heure marquée qui a descendu à terre avec un argent frais d'une nouvelle prise, qui a gagné un procès d'où on lui a compté une grosse somme, qui a reçu un don, qui a fait au jeu un gain considérable, quel fils de famille vient de recueillir une riche succession, ou quel commis imprudent veut hasarder sur une carte les deniers de sa caisse. C'eſt un sale et indigne métier, il eſt vrai, que de tromper; mais c'eſt un métier qui eſt ancien, connu, pratiqué de tout temps par ce genre d'hommes que j'appelle des brelandiers. L'enseigne eſt à leur porte, on y lirait presque : *Ici l'on trompe de bonne foi;* car se voudraient-ils donner pour irréprochables ? Qui ne sait pas qu'entrer et perdre dans ces maisons eſt une même chose ? Qu'ils trouvent donc sous leur main autant de dupes qu'il en faut pour leur subsiſtance, c'eſt ce qui me passe. (ÉD. 5.)

75

Mille gens se ruinent au jeu, et vous disent froidement qu'ils ne sauraient se passer de jouer : quelle excuse ! Y a-t-il une passion, quelque violente ou honteuse qu'elle soit, qui ne pût tenir ce même langage ? Serait-on reçu à dire qu'on ne peut se passe de voler, d'assassiner, de se précipiter ? Un jeu effroyable, continuel, sans retenue, sans bornes, où l'on n'a en vue que la ruine totale de son adversaire, où l'on eſt transporté du désir du gain, désespéré sur la perte, consumé par l'avarice, où l'on expose sur une carte où à la fortune du dé la sienne propre, celle de sa femme et de ses enfants, eſt-ce une chose qui soit permise ou dont l'on doive se passer ? Ne faut-il pas quelquefois se faire une plus grande violence, lorsque poussé par le jeu jusques à une déroute universelle, il faut même que l'on se passe d'habits et de nourriture, et de les fournir à sa famille ? (ÉD. 5.)

Je ne permets à personne d'être fripon; mais je permets à un fripon de jouer un grand jeu : je le défends à un honnête homme. C'est une trop grande puérilité que de s'exposer à une grande perte. (ÉD. 5.)

76

Il n'y a qu'une affliction qui dure, qui est celle qui vient de la perte de biens : le temps, qui adoucit toutes les autres, aigrit celle-ci. Nous sentons à tous moments, pendant le cours de notre vie, où le bien que nous avons perdu nous manque.

77

Il fait bon avec celui qui ne se sert pas de son bien à marier ses filles, à payer ses dettes, ou à faire des contrats, pourvu que l'on ne soit ni ses enfants ni sa femme. (ÉD. 4.)

78

Ni les troubles, *Zénobie*[1], qui agitent votre empire, ni la guerre que vous soutenez virilement contre une nation puissante depuis la mort du roi votre époux, ne diminuent rien de votre magnificence. Vous avez préféré à toute autre contrée les rives de l'Euphrate pour y élever un superbe édifice : l'air y est sain et tempéré, la situation en est riante; un bois sacré l'ombrage du côté du couchant; les dieux de Syrie, qui habitent quelquefois la terre, n'y auraient pu choisir une plus belle demeure. La campagne autour est couverte d'hommes qui taillent et qui coupent, qui vont et qui viennent, qui roulent ou qui charrient le bois du Liban, l'airain et le porphyre; les grues et les machines gémissent dans l'air, et font espérer à ceux qui voyagent vers l'Arabie de revoir à leur retour en leur foyers ce palais achevé, et dans cette splendeur où vous désirez de le porter avant de l'habiter, vous et les princes vos enfants. N'y épargnez rien, grande Reine; employez-y l'or et tout l'art des plus excellents ouvriers; que les Phidias et les Zeuxis de votre siècle déploient toute leur science sur vos plafonds et sur vos lambris; tracez-y de vastes et de délicieux jardins dont l'enchantement soit tel qu'ils ne paraissent pas faits de la main des hommes; épuisez vos trésors et votre industrie sur cet ouvrage incomparable; et après que vous y aurez mis, Zénobie, la dernière main, quelqu'un de ces pâtres qui habitent les sables voisins de Palmyre, devenu riche par les péages de vos rivières, achètera un jour à deniers comptant cette royale maison, pour l'embellir, et la rendre plus digne de lui et de sa fortune. (ÉD. 8.)

79

Ce palais, ces meubles, ces jardins, ces belles eaux vous enchantent et vous font récrier d'une première vue sur une maison si délicieuse, et sur l'extrême bonheur du maître qui la possède. Il n'est plus; il n'en a pas joui si agréablement ni si tranquillement que vous : il n'y a jamais eu un jour serein, ni une nuit tranquille; il s'est noyé de dettes pour la porter à ce degré de beauté où elle vous ravit. Ses créanciers l'en ont chassé : il a tourné la tête, et il l'a regardée de loin une dernière fois; et il est mort de saisissement. (ÉD. 4.)

80

L'on ne saurait s'empêcher de voir dans certaines familles ce qu'on appelle les caprices du hasard ou les jeux de la fortune. Il y a cent ans qu'on ne parlait point de ces familles, qu'elles n'étaient point : le ciel tout d'un coup s'ouvre en leur faveur; les biens, les honneurs, les dignités fondent sur elles à plusieurs reprises; elles nagent dans la prospérité. *Eumolpe*[1], l'un de ces hommes qui n'ont point de grands-pères, a eu un père du moins qui s'était élevé si haut, que tout ce qu'il a pu souhaiter pendant le cours d'une longue vie, ç'a été de l'atteindre; et il l'a atteint. Était-ce dans ces deux personnages éminence d'esprit, profonde capacité? était-ce les conjonctures? La fortune enfin ne leur rit plus; elle se joue ailleurs, et traite leur postérité comme leurs ancêtres. (ÉD. 5.)

81

La cause la plus immédiate de la ruine et de la déroute des personnes des deux conditions, de la robe et de l'épée, est que l'état seul, et non le bien, règle la dépense. (ÉD. 4.)

82

Si vous n'avez rien oublié pour votre fortune, quel travail! Si vous avez négligé la moindre chose, quel repentir! (ÉD. 4.)

83

Giton[1] a le teint frais, le visage plein et les joues pendantes, l'œil fixe et assuré, les épaules larges, l'estomac haut, la démarche ferme et délibérée. Il parle avec confiance; il fait répéter celui qui l'entretient, et il ne goûte que médiocrement tout ce qu'il lui dit. Il déploie un ample mouchoir, et se mouche avec grand bruit; il crache fort loin, et il éternue fort haut. Il dort le jour, il dort la nuit, et profondément; il ronfle en compagnie. Il occupe à table et à la promenade plus de place qu'un autre. Il tient le milieu en se promenant avec ses égaux; il s'arrête, et l'on s'arrête; il continue de marcher, et l'on marche : tous se règlent sur lui. Il interrompt, il redresse ceux qui ont la parole : on ne l'interrompt pas; on l'écoute aussi longtemps qu'il veut parler; on est de son avis, on croit les nouvelles qu'il débite. S'il s'assied, vous le voyez s'enfoncer dans un fauteuil, croiser les jambes l'une sur l'autre, froncer le sourcil, abaisser son chapeau sur ses yeux pour ne voir personne, ou le relever ensuite, et découvrir son front par fierté et par audace. Il est enjoué, grand rieur, impatient, présomptueux, colère, libertin, politique, mystérieux sur les affaires du temps; il se croit des talents et de l'esprit. Il est riche. (ÉD. 6.)

Phédon a les yeux creux, le teint échauffé, le corps sec et le visage maigre; il dort peu, et d'un sommeil fort léger; il eſt abſtrait, rêveur, et il a avec de l'esprit l'air d'un ſtupide : il oublie de dire ce qu'il sait, ou de parler d'événements qui lui sont connus; et s'il le fait quelquefois, il s'en tire mal, il croit peser à ceux à qui il parle, il conte brièvement, mais froidement; il ne se fait pas écouter, il ne fait point rire. Il applaudit, il sourit à ce que les autres lui disent, il eſt de leur avis; il court, il vole pour leur rendre de petits services. Il eſt complaisant, flatteur, empressé; il eſt myſtérieux sur ses affaires, quelquefois menteur; il eſt superſtitieux, scrupuleux, timide. Il marche doucement et légèrement, il semble craindre de fouler la terre; il marche les yeux baissés, et il n'ose les lever sur ceux qui passent. Il n'eſt jamais du nombre de ceux qui forment un cercle pour discourir; il se met derrière celui qui parle, recueille furtivement ce qui se dit, et il se retire si on le regarde. Il n'occupe point de lieu, il ne tient point de place; il va les épaules serrées, le chapeau abaissé sur ses yeux pour n'être point vu; il se replie et se referme dans son manteau; il n'y a point de rues ni de galeries si embarrassées et si remplies de monde, où il ne trouve moyen de passer sans effort, et de se couler sans être aperçu. Si on le prie de s'asseoir, il se met à peine sur le bord d'un siège; il parle bas dans la conversation, et il articule mal; libre néanmoins sur les affaires publiques, chagrin contre le siècle, médiocrement prévenu des miniſtres et du miniſtère. Il n'ouvre la bouche que pour répondre; il tousse, il se mouche sous son chapeau, il crache presque sur soi, et il attend qu'il soit seul pour éternuer, ou si cela lui arrive, c'eſt à l'insu de la compagnie : il n'en coûte à personne ni salut ni compliment. Il eſt pauvre. (ÉD. 6.)

DE LA VILLE

1

L'on se donne à Paris, sans se parler, comme un rendez-vous public[1], mais fort exact, tous les soirs, au Cours ou aux Tuileries, pour se regarder au visage et se désapprouver les uns les autres.

L'on ne peut se passer de ce même monde que l'on n'aime point, et dont l'on se moque.

L'on s'attend au passage réciproquement dans une promenade publique; l'on y passe en revue l'un devant l'autre : carrosse, chevaux, livrées, armoiries, rien n'échappe aux yeux, tout est curieusement ou malignement observé; et selon le plus ou le moins de l'équipage, ou l'on respecte les personnes, ou on les dédaigne. (ÉD. 7.)

2

Tout le monde connaît cette longue levée qui borne et qui resserre le lit de la Seine, du côté où elle entre à Paris avec la Marne, qu'elle vient de recevoir : les hommes s'y baignent au pied pendant les chaleurs de la canicule; on les voit de fort près se jeter dans l'eau; on les en voit sortir; c'est un amusement. Quand cette saison n'est pas venue, les femmes de la ville ne s'y promènent pas encore; et quand elle est passée, elles ne s'y promènent plus. (ÉD. 5.)

3

Dans ces lieux d'un concours général, où les femmes se rassemblent pour montrer une belle étoffe, et pour recueillir le fruit de leur toilette, on ne se promène pas avec une compagne par la nécessité de la conversation;

on se joint ensemble pour se rassurer sur le théâtre, s'apprivoiser avec le public, et se raffermir contre la critique : c'est là précisément qu'on se parle sans se rien dire, ou plutôt qu'on parle pour les passants, pour ceux même en faveur de qui l'on hausse sa voix, l'on gesticule et l'on badine, l'on penche négligemment la tête, l'on passe et l'on repasse. (ÉD. 5.)

4

La ville est partagée en diverses sociétés, qui sont comme autant de petites républiques, qui ont leurs lois, leurs usages, leur jargon, et leurs mots pour rire. Tant que cet assemblage est dans sa force, et que l'entêtement subsiste, l'on ne trouve rien de bien dit ou de bien fait que ce qui part des siens, et l'on est incapable de goûter ce qui vient d'ailleurs : cela va jusques au mépris pour les gens qui ne sont pas initiés dans leurs mystères. L'homme du monde d'un meilleur esprit, que le hasard a porté au milieu d'eux, leur est étranger : il se trouve là comme dans un pays lointain, dont il ne connaît ni les routes, ni la langue, ni les mœurs, ni la coutume; il voit un peuple qui cause, bourdonne, parle à l'oreille, éclate de rire, et qui retombe ensuite dans un morne silence; il y perd son maintien, ne trouve pas où placer un seul mot, et n'a pas même de quoi écouter. Il ne manque jamais là un mauvais plaisant qui domine, et qui est comme le héros de la société : celui-ci s'est chargé de la joie des autres, et fait toujours rire avant que d'avoir parlé. Si quelquefois une femme survient qui n'est point de leurs plaisirs, la bande joyeuse ne peut comprendre qu'elle ne sache point rire des choses qu'elle n'entend point, et paraisse insensible à des fadaises qu'ils n'entendent eux-mêmes que parce qu'ils les ont faites : ils ne lui pardonnent ni son ton de voix, ni son silence, ni sa taille, ni son visage, ni son habillement, ni son entrée, ni la manière dont elle est sortie. Deux années cependant ne passent point sur une même *coterie :* il y a toujours, dès la première année, des semences de division pour rompre dans celle qui doit suivre; l'intérêt de la beauté, les incidents du jeu, l'extravagance des repas, qui modestes au commencement, dégénèrent bientôt en pyramides de viandes et en banquets somptueux, dérangent la république, et lui portent enfin le coup mortel : il n'est en fort peu de temps non plus parlé de cette nation que des mouches de l'année passée.

5

Il y a dans la ville la grande et la petite robe; et la première se venge sur l'autre des dédains de la cour, et des petites humiliations qu'elle y essuie. De savoir quelles sont leurs limites[1], où la grande finit, et où la petite commence, ce n'est pas une chose facile. Il se trouve même un corps considérable qui refuse d'être du second ordre, et à qui l'on conteste le premier : il ne se rend pas néanmoins, il cherche, au contraire, par la gravité et par la dépense à s'égaler à la magistrature, ou ne lui cède qu'avec peine : on l'entend dire que la noblesse de son emploi, l'indépendance de sa profession, le talent de la parole, et le mérite personnel, balancent au moins les sacs de mille francs que le fils du partisan ou du banquier a su payer pour son office. (ÉD. 4.)

6

Vous moquez-vous de rêver en carrosse, ou peut-être de vous y reposer? *Vite,* prenez votre livre ou vos papiers, lisez, ne saluez qu'à peine ces gens qui passent dans leur équipage; ils vous en croient plus occupé; ils diront : « Cet homme est laborieux, infatigable; il lit, il travaille jusques dans les rues ou sur la route. » Apprenez du moindre avocat qu'il faut paraître accablé d'affaires, froncer le sourcil, et rêver à rien très profondément; savoir à propos perdre le boire et le manger; ne faire qu'apparoir dans sa maison, s'évanouir et se perdre comme un fantôme dans le sombre de son cabinet; se cacher au public, éviter le théâtre, le laisser à ceux qui ne courent aucun risque à s'y montrer, qui en ont à peine le loisir, aux GOMONS, aux DUHAMELS. (ÉD. 5.)

7

Il y a un certain nombre de jeunes magistrats que les grands biens et les plaisirs ont associés à quelques-uns de ceux qu'on nomme à la cour de *petits-maîtres :* ils les imitent, ils se tiennent fort au-dessus de la gravité de la robe, et se croient dispensés par leur âge et par leur fortune d'être sages et modérés. Ils prennent de la cour ce qu'elle a de pire : ils s'approprient la vanité, la mollesse, l'intempérance, le libertinage, comme si tous ces vices leur étaient dus, et affectant ainsi un caractère éloigné de celui qu'ils ont à soutenir, ils deviennent enfin, selon leurs souhaits, des copies fidèles de très méchants originaux. (ÉD. 4.)

8

Un homme de robe à la ville, et le même à la cour, ce sont deux hommes. Revenu chez soi, il reprend ses mœurs, sa taille et son visage, qu'il y avait laissés : il n'est plus ni si embarrassé, ni si honnête. (ÉD. 4.)

9

Les *Crispins* se cotisent et rassemblent dans leur famille jusques à six chevaux pour allonger un équipage, qui, avec un essaim de gens de livrées, où ils ont fourni chacun leur part, les fait triompher au Cours ou à Vincennes, et aller de pair avec les nouvelles mariées, avec *Jason* qui se ruine, et avec *Thrason* qui veut se marier, et qui a consigné *(a)*. (ÉD. 4.)

a. Déposé son argent au trésor public pour une grande charge.

10

J'entends dire des *Sannions :* « Même nom, mêmes armes; la branche aînée, la branche cadette, les cadets de la seconde branche; ceux-là portent les armes pleines, ceux-ci brisent d'un lambel, et les autres d'une bordure dentelée. » Ils ont avec les BOURBONS, sur une même couleur, un même métail; ils portent, comme eux, deux et une : ce ne sont pas des fleurs de lis, mais ils s'en consolent; peut-être dans leur cœur trouvent-ils leurs pièces aussi honorables, et ils les ont communes avec de grands seigneurs qui en sont contents : on les voit sur les litres et sur les vitrages, sur la porte de leur château, sur le pilier de leur haute-justice, où ils viennent de faire pendre un homme qui méritait le bannissement; elles s'offrent aux yeux de toutes parts, elles sont sur les meubles et sur les serrures, elles sont semées sur les carrosses; leurs livrées ne déshonorent point leur armoiries. Je dirais volontiers aux Sannions : Votre folie est prématurée; attendez du moins que le siècle s'achève sur votre race; ceux qui ont vu votre grand-père, qui lui ont parlé, sont vieux, et ne sauraient plus vivre longtemps. Qui pourra dire comme eux : « Là il étalait, et vendait très cher »? (ÉD. 5.)

Les Sannions et les Crispins veulent encore davantage que l'on dise d'eux qu'ils font une grande dépense, qu'ils n'aiment à la faire. Ils font un récit long et ennuyeux d'une fête ou d'un repas qu'ils ont donné; ils disent l'argent qu'ils ont perdu au jeu, et ils plaignent fort haut celui qu'ils n'ont pas songé à perdre. Ils parlent jargon et mystère sur de certaines femmes; *ils ont* réciproquement *cent choses plaisantes à se conter; ils ont fait depuis peu des découvertes;* ils se passent les uns aux autres qu'ils sont gens à belles aventures. L'un deux, qui s'est couché tard à la campagne, et qui voudrait dormir, se lève matin, chausse des guêtres, endosse un habit de toile, passe un cordon où pend le fourniment, renoue ses cheveux, prend un fusil : le voilà chasseur, s'il tirait bien. Il revient de nuit, mouillé et recru, sans avoir tué. Il retourne à la chasse le lendemain et il passe tout le jour à manquer des grives ou des perdrix. (ÉD. 7.)

Un autre, avec quelques mauvais chiens, aurait envie de dire : *Ma meute.* Il sait un rendez-vous de chasse, il s'y trouve; il eſt au laisser-courre; il entre dans le fort, se mêle avec les piqueurs; il a un cor. Il ne dit pas, comme *Ménalippe : Ai-je du plaisir ?* il croit en avoir. Il oublie lois et procédure : c'eſt un Hippolyte. *Ménandre,* qui le vit hier sur un procès qui eſt en ses mains, ne reconnaîtrait pas aujourd'hui son rapporteur. Le voyez-vous le lendemain à sa chambre, où l'on va juger une chose grave et capitale? il se fait entourer de ses confrères, il leur raconte comme il n'a point perdu le cerf de meute, comme il s'eſt étouffé de crier après les chiens qui étaient en défaut, ou après ceux des chasseurs qui prenaient le change, qu'il a vu donner les six chiens. L'heure presse; il achève de leur parler des abois et de la curée, et il court s'asseoir avec les autres pour juger. (ÉD. 7.)

11

Quel eſt l'égarement de certains particuliers, qui riches du négoce de leurs pères, dont ils viennent de recueillir la succession, se moulent sur les princes pour leur garde-robe et pour leur équipage, excitent, par une dépense excessive et par un faſte ridicule, les traits et la raillerie de toute une ville qu'ils croient éblouir, et se ruinent ainsi à se faire moquer de soi! (ÉD. 5.)

Quelques-uns n'ont pas même le triſte avantage de répandre leurs folies plus loin que le quartier où ils habitent : c'eſt le seul théâtre de leur vanité. L'on ne sait point dans l'Ile qu'*Andre*[1] brille au Marais, et qu'il y dissipe son patrimoine : du moins, s'il était connu dans toute la ville et dans ses faubourgs, il serait difficile qu'entre un si grand nombre de citoyens qui ne savent pas tous juger sainement[2] de toutes choses, il ne s'en trouvât quelqu'un qui dirait de lui : *Il est magnifique,* et qui lui tiendrait compte des régals qu'il fait à *Xanthe* et à *Ariston,* et des fêtes qu'il donne à *Élamire ;* mais il se ruine obscurément : ce n'est qu'en faveur de deux ou trois personnes, qui ne l'estiment point, qu'il court à l'indigence, et qu'aujourd'hui en carrosse, il n'aura pas dans six mois le moyen d'aller à pied. (ÉD. 5.)

12

Narcisse se lève le matin pour se coucher le soir; il a ses heures de toilette comme une femme; il va tous les jours fort régulièrement à la belle messe aux Feuillants et aux Minimes; il est homme d'un bon commerce, et l'on compte sur lui au quartier de** pour un tiers ou pour un cinquième à l'hombre ou au reversi. Là il tient le fauteuil quatre heures de suite chez *Aricie,* où il risque chaque soir cinq pistoles d'or. Il lit exactement la *Gazette de Hollande* et le *Mercure galant ;* il a lu Bergerac *(a),* des Marets *(b),* Lesclache, les *Historiettes* de Barbin, et quelques recueils de poésies. Il se promène avec des femmes à la Plaine ou au Cours, et il est d'une ponctualité religieuse sur les visites. Il fera demain ce qu'il fait aujourd'hui et ce qu'il fit hier; et il meurt ainsi après avoir vécu.

13

Voilà un homme, dites-vous, que j'ai vu quelque part[1] : de savoir où, il est difficile; mais son visage m'est familier. — Il l'est à bien d'autres[2]; et je vais, s'il se peut, aider votre mémoire. Est-ce au boulevard sur un strapontin, ou aux Tuileries dans la grande allée, ou dans le balcon à la comédie ? Est-ce au sermon, au bal, à Rambouillet ? Où pourriez-vous ne l'avoir point vu ? où n'est-il point ? S'il y a dans la place une fameuse exécution, ou un feu

a. Cyrano.
b. S. Sorlin.

de joie, il paraît à une fenêtre de l'Hôtel de Ville; si l'on attend une magnifique entrée, il a sa place sur un échafaud; s'il se fait un carrousel, le voilà entré, et placé sur l'amphithéâtre; si le Roi reçoit des ambassadeurs, il voit leur marche, il assiste à leur audience, il est en haie quand ils reviennent de leur audience. Sa présence est aussi essentielle aux serments des ligues suisses que celle du chancelier et des ligues mêmes. C'est son visage que l'on voit aux almanachs représenter le peuple ou l'assistance. Il y a une chasse publique, une *Saint-Hubert,* le voilà à cheval; on parle d'un camp et d'une revue, il est à Ouilles, il est à Achères. Il aime les troupes, la milice, la guerre; il la voit de près, et jusques au fort de Bernardi[1]. CHANLEY sait les marches[2]. JACQUIER les vivres; DU METZ l'artillerie : celui-ci voit, il a veilli sous le harnais en voyant, il est spectateur de profession; il ne fait rien de ce qu'un homme doit faire, il ne sait rien de ce qu'il doit savoir, mais il a vu, dit-il, tout ce qu'on peut voir, et il n'aura point regret de mourir[3]. Quelle perte alors pour toute la ville! Qui dira après lui : « Le Cours est fermé, on ne s'y promène point; le bourbier de Vincennes est desséché et relevé, on n'y versera plus »? Qui annoncera un concert, un beau salut, un prestige de la Foire? Qui vous avertira que Beaumavielle mourut hier; que Rochois est enrhumée, et ne chantera de huit jours? Qui connaîtra comme lui un bourgeois à ses armes et à ses livrées? Qui dira : « *Scapin* porte des fleurs de lis », et qui en sera plus édifié? Qui prononcera avec plus de vanité et d'emphase le nom d'une simple bourgeoise? Qui sera mieux fourni de vaudevilles? Qui prêtera aux femmes les *Annales galantes* et le *Journal amoureux?* Qui saura comme lui chanter à table tout un dialogue de *l'Opéra* et les fureurs de Roland dans une ruelle? Enfin, puisqu'il y a à la ville comme ailleurs de forts sottes gens, des gens fades, oisifs, désoccupés, qui pourra aussi parfaitement leur convenir? (ÉD. 5.)

14

Théramène était riche et avait du mérite; il a hérité, il est donc très riche et d'un très grand mérite. Voilà toutes les femmes en campagne pour l'avoir pour galant, et toutes les filles pour *épouseur*. Il va de maisons en maisons faire espérer aux mères qu'il épousera. Est-il assis, elles se retirent, pour laisser à leurs filles toute la liberté d'être aimables, et à Théramène de faire ses déclarations. Il tient ici contre le mortier; là il efface le cavalier ou le gentilhomme. Un jeune homme fleuri, vif, enjoué, spirituel n'est pas souhaité plus ardemment ni mieux reçu; on se l'arrache des mains, on a à peine le loisir de sourire à qui se trouve avec lui dans une même visite. Combien de galants[1] va-t-il mettre en déroute? quels bons partis ne fera-t-il point manquer? Pourra-t-il suffire à tant d'héritières qui le recherchent? Ce n'est pas seulement la terreur des maris, c'est l'épouvantail de tous ceux qui ont envie de l'être, et qui attendent d'un mariage à remplir le vide de leur consignation. On devrait proscrire de tels personnages si heureux, si pécunieux, d'une ville bien policée, ou condamner le sexe, sous peine de folie ou d'indignité, à ne les traiter pas mieux que s'ils n'avaient que du mérite. (ÉD. 5.)

15

Paris, pour l'ordinaire le singe de la cour, ne sait pas toujours la contrefaire; il ne l'imite en aucune manière dans ces dehors agréables et caressants que quelques courtisans, et surtout les femmes, y ont naturellement pour un homme de mérite, et qui n'a même que du mérite : elles ne s'informent ni de ses contrats ni de ses ancêtres; elles le trouvent à la cour, cela leur suffit; elles le souffrent, elles l'estiment; elles ne demandent pas s'il est venu en chaise ou à pied, s'il a une charge, une terre ou un équipage : comme elles regorgent de train, de splendeur et de dignités, elles se délassent volontiers avec la philosophie ou la vertu. Une femme de ville entend-elle le brouissement d'un carrosse qui s'arrête à sa porte, elle pétille de goût et de complaisance pour quiconque est dedans, sans le connaître; mais si elle a vu de sa fenêtre un bel attelage, beaucoup de livrées, et que plusieurs rangs de clous parfaitement dorés l'aient éblouie, quelle impatience n'a-t-elle pas de voir déjà dans sa chambre le cavalier ou le magistrat! quelle charmante réception ne lui fera-t-elle point! ôtera-t-elle les yeux de dessus lui? Il ne perd rien auprès d'elle : on lui tient compte des doubles soupentes et des ressorts qui le font rouler plus mollement; elle l'en estime davantage, elle l'en aime mieux. (ÉD. 8.)

16

Cette fatuité de quelques femmes de la ville, qui cause en elles une mauvaise imitation de celles de la cour[1], est quelque chose de pire que la grossièreté des femmes du peuple, et que la rusticité des villageoises : elle a sur toutes deux l'affectation de plus. (ÉD. 4.)

17

La subtile invention, de faire de magnifiques présents de noces qui ne coûtent rien, et qui doivent être rendus en espèces! (ÉD. 4.)

18

L'utile et la louable pratique, de perdre en frais de noces le tiers de la dot qu'une femme apporte! de commencer par s'appauvrir de concert par l'amas et l'entassement de choses superflues, et de prendre déjà sur son fonds de quoi payer Gaultier, les meubles et la toilette! (ÉD. 4.)

19

Le bel et judicieux usage que celui qui préférant une

sorte d'effronterie aux bienséances et à la pudeur, expose une femme d'une seule nuit sur un lit comme sur un théâtre, pour y faire pendant quelques jours un ridicule personnage, et la livre en cet état à la curiosité des gens de l'un et de l'autre sexe, qui, connus ou inconnus, accourent de toute une ville à ce spectacle pendant qu'il dure! Que manque-t-il à une telle coutume, pour être entièrement bizarre et incompréhensible, que d'être lue dans quelque relation de la Mingrélie? (ÉD. 4.)

20

Pénible coutume, asservissement incommode! se chercher incessamment les unes les autres avec l'impatience de ne se point rencontrer; ne se rencontrer que pour se dire des riens, que pour s'apprendre réciproquement des choses dont on est également instruite, et dont il importe peu que l'on soit instruite; n'entrer dans une chambre précisément que pour en sortir; ne sortir de chez soi l'après-dînée que pour y rentrer le soir, fort satisfaite d'avoir vu en cinq petites heures trois suisses, une femme que l'on connaît à peine, et une autre que l'on n'aime guères. Qui considérerait bien[1] le prix du temps, et combien sa perte est irréparable, pleurerait amèrement sur de si grandes misères.

21

On s'élève à la ville dans une indifférence grossière des choses rurales et champêtres; on distingue à peine la plante qui porte le chanvre d'avec celle qui produit le lin, et le blé froment d'avec les seigles, et l'un ou l'autre d'avec le méteil : on se contente de se nourrir et de s'habiller. Ne parlez pas à un grand nombre de bourgeois ni de guérets, ni de baliveaux, ni de provins, ni de regains, si vous voulez être entendu : ces termes pour eux ne sont pas français. Parlez aux uns d'aunage, de tarif, ou de sol pour livre, et aux autres de voie d'appel, de requête civile, d'appointement, d'évocation. Ils connaissent le monde, et encore par ce qu'il a de moins beau et de moins spécieux; ils ignorent la nature, ses commencements, ses progrès, ses dons et ses largesses. Leur ignorance souvent eﬆ volontaire, et fondée sur l'eﬆime qu'ils ont pour leur profession et pour leurs talents. Il n'y a si vil praticien, qui au fond de son étude sombre et enfumée, et l'esprit occupé d'une plus noire chicane, ne se préfère au laboureur, qui jouit du ciel, qui cultive la terre, qui sème à propos, et qui fait de riches moissons; et s'il entend quelquefois parler des premiers hommes ou des patriarches, de leur vie champêtre et de leur économie, il s'étonne qu'on ait pu vivre en de tels temps, où il n'y avait encore ni offices, ni commissions, ni présidents, ni procureurs; il ne comprend pas qu'on ait jamais pu se passer du greffe, du parquet et de la buvette. (ÉD. 7.)

22

Les empereurs n'ont jamais triomphé à Rome si mollement, si commodément, ni si sûrement même, contre le vent, la pluie, la poudre et le soleil, que le bourgeois sait à Paris se faire mener par toute la ville : quelle distance de cet usage à la mule de leurs ancêtres! Ils ne savaient point encore se priver du nécessaire pour avoir le superflu, ni préférer le faﬆe aux choses utiles. On ne les voyait point s'éclairer avec des bougies, et se chauffer à un petit feu : la cire était pour l'autel et pour le Louvre. Ils ne sortaient point d'un mauvais dîner pour monter dans leur carrosse; ils se persuadaient que l'homme avait des jambes pour marcher, et ils marchaient. Ils se conservaient propres quand il faisait sec; et dans un temps humide ils gâtaient leur chaussure, aussi peu embarrassés de franchir les rues et les carrefours, que le chasseur de traverser un guéret, ou le soldat de se mouiller dans une tranchée. On n'avait pas encore imaginé d'atteler deux hommes à une litière; il y avait même plusieurs magistrats qui allaient à pied à la Chambre ou aux Enquêtes, d'aussi bonne grâce qu'Auguste autrefois allait de son pied au Capitole. L'étain dans ce temps brillait sur les tables et sur les buffets, comme le fer et le cuivre dans les foyers; l'argent et l'or étaient dans les coffres. Les femmes se faisaient servir par des femmes; on mettait celles-ci jusques à la cuisine. Les beaux noms de gouverneurs et de gouvernantes n'étaient pas inconnus à nos pères : ils savaient à qui l'on confiait les enfants des rois et des plus grands princes; mais ils partageaient le service de leurs domestiques avec leurs enfants, contents de veiller eux-mêmes immédiatement à leur éducation. Ils comptaient en toutes choses avec eux-mêmes : leur dépense était proportionnée à leur recette; leurs livrées, leurs équipages, leurs meubles, leur table, leurs maisons de la ville et de la campagne, tout était mesuré sur leurs rentes et sur leur condition. Il y avait entr'eux des distinctions extérieures qui empêchaient qu'on ne prît la femme du praticien pour celle du magistrat, et le roturier ou le simple valet pour le gentilhomme. Moins appliqués à dissiper ou à grossir leur patrimoine qu'à le maintenir, ils le laissaient entier à leurs héritiers, et passaient ainsi d'une vie modérée à une mort tranquille. Il ne disaient point : *Le siècle est dur, la misère est grande, l'argent est rare ;* ils en avaient moins que nous, et en avaient assez, plus riches par leur économie et par leur modestie que de leurs revenus et de leurs domaines. Enfin l'on était alors pénétré de cette maxime, que ce qui est dans les grands, splendeur, somptuosité, magnificence, est dissipation, folie, ineptie dans le particulier[1]. (ÉD. 5.)

DE LA COUR

I

Le reproche en un sens le plus honorable que l'on puisse faire à un homme, c'est de lui dire qu'il ne sait pas la cour : il n'y a sorte de vertus qu'on ne rassemble[1] en lui par ce seul mot[2].

2

Un homme qui sait la cour est maître de son geste, de ses yeux et de son visage; il est profond, impénétrable; il dissimule les mauvais offices, sourit à ses ennemis, contraint son humeur, déguise ses passions, dément son cœur, parle, agit contre ses sentiments. Tout ce grand raffinement n'est qu'un vice, que l'on appelle fausseté, quelquefois aussi inutile au courtisan pour sa fortune, que la franchise, la sincérité et la vertu.

3

Qui peut nommer de certaines couleurs changeantes, et qui sont diverses selons les divers jours dont on les regarde? de même qui peut définir la cour? (ÉD. 4.)

4

Se dérober à la cour un seul moment, c'est y renoncer : le courtisan qui l'a vue le matin la voit le soir pour la reconnaître le lendemain, ou afin que lui-même y soit connu. (ÉD. 4.)

5

L'on est petit à la cour, et quelque vanité que l'on ait, on s'y trouve tel; mais le mal est commun, et les grands mêmes y sont petits. (ÉD. 4.)

6

La province est l'endroit d'où la cour, comme dans son point de vue, paraît une chose admirable : si l'on s'en approche[1], ses agréments diminuent, comme ceux d'une perspective que l'on voit de trop près.

7

L'on s'accoutume difficilement à une vie qui se passe dans une antichambre, dans des cours, ou sur l'escalier.

8

La cour ne rend pas content; elle empêche qu'on ne le soit ailleurs[2]. (ÉD. 7.)

9

Il faut qu'un honnête homme ait tâté de la cour : il découvre en y entrant comme un nouveau monde qui lui était inconnu, où il voit régner également le vice et la politesse, et où tout lui est utile, le bon et le mauvais.

10

La cour est comme un édifice bâti de marbre : je veux dire qu'elle est composée d'hommes fort durs, mais fort polis[3]. (ÉD. 6.)

11

L'on va quelquefois à la cour pour en revenir, et se faire par là respecter du noble de sa province, ou de son diocésain.

12

Le brodeur et le confiseur seraient superflus, et ne feraient qu'une montre inutile, si l'on était modeste et sobre : les cours seraient désertes, et les rois presque seuls, si l'on était guéri de la vanité et de l'intérêt. Les hommes veulent être esclaves quelque part, et puiser là de quoi dominer ailleurs. Il semble qu'on livre[1] en gros aux premiers de la cour l'air de hauteur, de fierté et commandement, afin qu'ils le distribuent en détail dans les provinces : ils font précisément comme on leur fait, vrais singes de la royauté.

13

Il n'y a rien qui enlaidisse certains courtisans comme la présence du prince : à peine les puis-je reconnaître à leurs visages; leurs traits sont altérés, et leur contenance est avilie. Les gens fiers et superbes sont les plus défaits, car ils perdent plus du leur; celui qui est honnête et modeste s'y soutient mieux : il n'a rien à réformer.

14

L'air de cour est contagieux : il se prend à V**, comme l'accent normand à Rouen ou à Falaise; on l'entrevoit en des fourriers, en de petits contrôleurs[2], et en des chefs de fruiterie : l'on peut avec une portée d'esprit fort médiocre y faire de grands progrès. Un homme d'un génie élevé et d'un mérite solide ne fait pas assez de cas de cette espèce de talent pour faire son capital de l'étudier et se le rendre propre; il l'acquiert sans réflexion, et il ne pense point à s'en défaire.

15

N**[3] arrive avec grand bruit; il écarte le monde, se fait faire place; il gratte, il heurte presque; il se nomme : on respire, et il n'entre qu'avec la foule. (ÉD. 4.)

16

Il y a dans les cours des apparitions de gens aventuriers et hardis, d'un caractère libre et familier, qui se produisent eux-mêmes[1], protestent qu'ils ont dans leur art toute l'habileté qui manque aux autres, et qui sont crus sur leur parole. Ils profitent cependant de l'erreur publique, ou de l'amour qu'ont les hommes pour la nouveauté : ils percent la foule, et parviennent jusques à l'oreille du prince, à qui le courtisan les voit parler, pendant qu'il se trouve heureux d'en être vu. Ils ont cela de commode pour les grands qu'ils en sont soufferts sans conséquence, et congédiés de même : alors ils disparaissaient tout à la fois riches et décrédités, et le monde qu'ils viennent de tromper est encore prêt d'être trompé par d'autres.

17

Vous voyez des gens qui entrent sans saluer que légèrement, qui marchent des épaules, et qui se rengorgent comme une femme : ils vous interrogent sans vous regarder; ils parlent d'un ton élevé, et qui marque qu'ils se sentent au-dessus de ceux qui se trouvent présents; ils s'arrêtent, et on les entoure; ils ont la parole, président au cercle, et persistent dans cette hauteur ridicule et contrefaite, jusques à ce qu'il survienne un grand, qui la faisant tomber tout d'un coup par sa présence, les réduise à leur naturel, qui est moins mauvais. (ÉD. 4.)

18

Les cours ne sauraient se passer d'une certaine espèce de courtisans, hommes flatteurs, complaisants, insinuants, dévoués aux femmes, dont ils ménagent les plaisirs, étudient les faibles et flattent toutes les passions : ils leur soufflent à l'oreille des grossièretés, leur parlent de leurs maris et de leurs amants dans les termes convenables, devinent leurs chagrins, leurs maladies, et fixent leurs couches[2], ils font les modes, raffinent sur le luxe et sur la dépense, et apprennent à ce sexe de prompts moyens de consumer de grandes sommes en habits, en meubles et en équipages; ils ont eux-mêmes des habits où brillent l'invention et la richesse, et ils n'habitent d'anciens palais qu'après les avoir renouvelés et embellis; ils mangent délicatement et avec réflexion; il n'y a sorte de volupté qu'ils n'essayent, et dont ils ne puissent rendre compte. Ils doivent à eux-mêmes leur fortune, et ils la soutiennent avec la même adresse qu'ils l'ont élevée. Dédaigneux et fiers, ils n'abordent plus leurs pareils, il ne les saluent plus; ils parlent où tous les autres se taisent, entrent, pénètrent en des endroits et à des heures où les grands n'osent se faire voir : ceux-ci, avec de longs services, bien des plaies sur le corps, de beaux emplois ou de grandes dignités, ne montrent pas un visage si assuré, ni une contenance si libre. Ces gens ont l'oreille des plus grands princes, sont de tous leurs plaisirs et de toutes leurs fêtes, ne sortent pas du Louvre ou du Château, où il marchent et agissent comme chez eux et dans leur domestique, semblent se multiplier en mille endroits, et sont toujours les premiers visages qui frappent les nouveaux venus à une cour; ils embrassent, ils sont embrassés; ils rient, ils éclatent; ils sont plaisants, ils font des contes : personnes commodes, agréables, riches, qui prêtent, et qui sont sans conséquence. (ÉD. 4.)

19

Ne croirait-on pas de *Cimon* et de *Clitandre* qu'ils sont seuls chargés des détails de tout l'État, et que seuls aussi ils en doivent répondre? L'un a du moins les affaires de terre, et l'autre les maritimes. Qui pourrait les représenter exprimerait l'empressement, l'inquiétude, la curiosité, l'activité, saurait peindre le mouvement. On ne les a jamais vus assis, jamais fixes et arrêtés : qui même les a vus marcher? on les voit courir, parler en courant, et vous interroger sans attendre de réponse. Ils ne viennent d'aucun endroit, ils ne vont nulle part : ils passent et ils repassent. Ne les retardez pas dans leur course précipitée, vous démonteriez leur machine; ne leur faites pas de questions, ou donnez-leur du moins le temps de respirer et de se ressouvenir qu'ils n'ont nulle affaire, qu'ils peuvent demeurer avec vous et longtemps, vous suivre même où il vous plaira de les emmener. Ils ne sont pas les *Satellites de Jupiter,* je veux dire ceux qui pressent et qui entourent le prince, mais ils l'annoncent et le précèdent; ils se lancent impétueusement dans la foule des courtisans; tout ce qui se trouve sur leur passage est en péril. Leur profession est d'être vus et revus, et ils ne se couchent jamais sans s'être acquittés d'un emploi si sérieux et si utile à la république. Ils sont au reste instruits à fond de toutes les nouvelles indifférentes, et ils savent à la cour tout ce que l'on peut y ignorer; il ne leur manque aucun des talents nécessaires pour s'avancer médiocrement. Gens néanmoins éveillés et alertes sur tout ce qu'ils croient leur convenir, un peu entreprenants, légers et précipités. Le dirai-je? ils portent au vent, attelés tous deux au char de la Fortune, et tous deux fort éloignés de s'y voir assis[1]. (ÉD. 5.)

20

Un homme de la cour qui n'a pas un assez beau nom, doit l'ensevelir sous un meilleur; mais s'il l'a tel qu'il ose le porter, il doit alors insinuer qu'il est de tous les noms le plus illustre, comme sa maison de toutes les maisons la plus ancienne : il doit tenir aux PRINCES LORRAINS, aux ROHANS, aux CHASTILLONS, aux MONTMORENCIS, et, s'il se peut, aux PRINCES DU SANG; ne parler que de ducs, de cardinaux et de ministres; faire entrer dans toutes les conversations ses aïeuls paternels et maternels, et y trouver place pour l'oriflamme et pour les croisades; avoir des salles parées d'arbres généalogiques, d'écussons chargés de seize quartiers; et de tableaux de ses ancêtres et des alliés de ses ancêtres; se piquer d'avoir un ancien château à tourelles, à créneaux et à mâchecoulis; dire en toute rencontre *ma race, ma branche, mon nom* et *mes armes;* dire de celui-ci qu'il n'eſt pas homme de qualité[1]; de celle-là, qu'elle n'eſt pas demoiselle; ou si on lui dit qu'*Hyacinthe* a eu le gros lot, demander s'il eſt gentilhomme. Quelques-uns riront de ces contretemps, mais il les laissera rire; d'autres en feront des contes, et il leur permettra de conter : il dira toujours qu'il marche après la maison régnante; et à force de le dire, il sera cru. (ÉD. 4.)

21

C'eſt une grande simplicité que d'apporter à la cour la moindre roture, et de n'y être pas gentilhomme. (ÉD. 4.)

22

L'on se couche à la cour et l'on se lève sur l'intérêt; c'eſt ce que l'on digère le matin et le soir, le jour et la nuit; c'eſt ce qui fait que l'on pense, que l'on parle, que l'on se tait, que l'on agit; c'eſt dans cet esprit qu'on aborde les uns et qu'on néglige les autres, que l'on monte et que l'on descend; c'eſt sur cette règle que l'on mesure ses soins, ses complaisances, son eſtime, son indifférence, son mépris. Quelques pas que quelques-uns fassent par vertu vers la modération et la sagesse, un premier mobile d'ambition les emmène avec les plus avares, les plus violents dans leurs désirs et les plus ambitieux : quel moyen de demeurer immobile où tout marche, où tout se remue, et de ne pas courir où les autres courent? On croit même être responsable à soi-même de son élévation et de sa fortune : celui qui ne l'a point faite à la cour eſt censé ne l'avoir pas dû faire, on n'en appelle pas. Cependant s'en éloignera-t-on avant d'en avoir tiré le moindre fruit, ou persiſtera-t-on à y demeurer sans grâces et sans récompenses? queſtion si épineuse, si embarrassée, et d'une si pénible décision, qu'un nombre infini de courtisans vieillissent sur le oui et sur le non, et meurent dans le doute. (ÉD. 6.)

23

Il n'y a rien à la cour de si méprisable et de si indigne qu'un homme qui ne peut contribuer en rien à notre fortune : je m'étonne qu'il ose se montrer. (ÉD. 6.)

24

Celui qui voit loin derrière soi un homme de son temps et de sa condition, avec qui il eſt venu à la cour la première fois, s'il croit avoir une raison solide d'être prévenu de son propre mérite et de s'eſtimer davantage que cet autre qui eſt demeuré en chemin, ne se souvient plus de ce qu'avant sa faveur il pensait de soi-même et de ceux qui l'avaient devancé. (ÉD. 4.)

25

C'eſt beaucoup tirer de notre ami, si ayant monté à une grande faveur, il eſt encore un homme de notre connaissance.

26

Si celui qui eſt en faveur ose s'en prévaloir avant qu'elle lui échappe, s'il se sert d'un bon vent qui souffle pour faire son chemin, s'il a les yeux ouverts sur tout ce qui vaque, poſte, abbaye, pour les demander et les obtenir, et qu'il soit muni de pensions, de brevets et de survivances, vous lui reprochez son avidité et son ambition; vous dites que tout le tente, que tout lui eſt propre, aux siens, à ses créatures, et que par le nombre et la diversité des grâces dont il se trouve comblé, lui seul a fait plusieurs fortunes. Cependant qu'a-t-il dû faire? Si j'en juge moins par vos discours que par le parti que vous auriez pris vous-même en pareille situation, c'eſt précisément ce qu'il a fait. (ÉD. 4.)

L'on blâme les gens qui font une grande fortune pendant qu'ils en ont les occasions, parce que l'on désespère, par la médiocrité de la sienne, d'être jamais en état de faire comme eux, et de s'attirer ce reproche. Si l'on était à portée de leur succéder, l'on commencerait à sentir qu'ils ont moins de tort, et l'on serait plus retenu, de peur de prononcer d'avance sa condamnation. (ÉD. 4.)

27

Il ne faut rien exagérer, ni dire des cours le mal qui n'y eſt point : l'on n'y attente rien de pis contre le vrai mérite que de le laisser quelquefois sans récompense; on ne l'y méprise pas toujours, quand on a pu une fois le discerner; on l'oublie, et c'eſt là où l'on sait parfaitement ne faire rien, ou faire très peu de chose, pour ceux que l'on eſtime beaucoup. (ÉD. 4.)

28

Il eſt difficile à la cour que de toutes les pièces que l'on emploie à l'édifice de sa fortune, il n'y en ait quelqu'une qui porte à faux; l'un de mes amis qui a promis de parler ne parle point; l'autre parle mollement; il échappe à un troisième de parler contre ses intérêts et contre ses intentions; à celui-là manque la bonne volonté, à celui-ci l'habileté et la prudence; tous n'ont pas assez de plaisir à me voir heureux pour contribuer de tout leur pouvoir à me rendre tel. Chacun se souvient assez de tout ce que son établissement lui a coûté à faire, ainsi que des secours qui lui en ont frayé le chemin; on serait même assez porté à juſtifier les services qu'on a reçus des uns par ceux qu'en de pareils besoins on rendrait aux autres, si le premier et l'unique soin qu'on a après sa fortune faite n'était pas de songer à soi. (ÉD. 5.)

29

Les courtisans n'emploient pas ce qu'ils ont d'esprit,

d'adresse et de finesse pour trouver les expédients d'obliger ceux de leurs amis qui implorent leurs secours, mais seulement pour leur trouver des raisons apparentes, de spécieux prétextes, ou ce qu'ils appellent une impossibilité de le pouvoir faire; et ils se persuadent d'être quittes par là en leur endroit de tous les devoirs de l'amitié ou de la reconnaissance. (ÉD. 7.)

Personne à la cour ne veut entamer; on s'offre d'appuyer, parce que jugeant des autres par soi-même, on espère que nul n'entamera, et qu'on sera ainsi dispensé d'appuyer : c'est une manière douce et polie de refuser son crédit, ses offices et sa médiation à qui en a besoin. (ÉD. 6.)

30

Combien de gens vous étouffent de caresses dans le particulier, vous aiment et vous estiment, qui sont embarrassés de vous dans le public, et qui, au lever ou à la messe, évitent vos yeux et votre rencontre! Il n'y a qu'un petit nombre de courtisans qui par grandeur, ou par une confiance qu'ils ont d'eux-mêmes, osent honorer devant le monde le mérite qui est seul et dénué de grands établissements.

31

Je vois un homme entouré et suivi; mais il est en place. J'en vois un autre que tout le monde aborde; mais il est en faveur. Celui-ci est embrassé et caressé, même des grands; mais il est riche. Celui-là est regardé de tous avec curiosité, on le montre du doigt; mais il est savant et éloquent. J'en découvre un que personne n'oublie de saluer; mais il est méchant. Je veux un homme qui soit bon, qui ne soit rien davantage, et qui soit recherché. (ÉD. 4.)

32

Vient-on de placer quelqu'un dans un nouveau poste, c'est un débordement de louanges en sa faveur, qui inonde les cours et la chapelle, qui gagne l'escalier, les salles, la galerie, tout l'appartement : on en a au-dessus des yeux, on n'y tient pas. Il n'y a pas deux voix différentes sur ce personnage; l'envie, la jalousie parlent comme l'adulation; tous se laissent entraîner au torrent qui les emporte, qui les force de dire d'un homme ce qu'ils en pensent ou ce qu'il n'en pensent pas, comme de louer souvent celui qu'ils ne connaissent point. L'homme d'esprit, de mérite ou de valeur devient en un instant un génie du premier ordre, un héros, un demi-dieu. Il est si prodigieusement flatté dans toutes les peintures que l'on fait de lui, qu'il paraît difforme près de ses portraits; il lui est impossible d'arriver jamais jusques où la bassesse et la complaisance viennent de le porter : il rougit de sa propre réputation. Commence-t-il à chanceler dans ce poste où on l'avait mis, tout le monde passe facilement à un autre avis; en est-il entièrement déchu, les machines qui l'avaient guindé si haut par l'applaudissement et les éloges sont encore toutes dressées pour le faire tomber dans le dernier mépris : je veux dire qu'il n'y en a point qui le dédaignent mieux, qui le blâment plus aigrement, et qui en disent plus de mal, que ceux qui s'étaient comme dévoués à la fureur d'en dire du bien. (ÉD. 5.)

33

Je crois pouvoir dire d'un poste éminent et délicat qu'on y monte plus aisément qu'on ne s'y conserve. (ÉD. 7.)

34

L'on voit des hommes tomber d'une haute fortune par les mêmes défauts qui les y avaient fait monter. (ÉD. 7.)

35

Il y a dans les cours deux manières de ce que l'on appelle congédier son monde ou se défaire des gens :

se fâcher contr'eux, ou faire si bien qu'ils se fâchent contre vous et s'en dégoûtent. (ÉD. 8.)

36

L'on dit à la cour du bien de quelqu'un pour deux raisons : la première, afin qu'il apprenne que nous disons du bien de lui; la seconde, afin qu'il en dise de nous. (ÉD. 4.)

37

Il eſt aussi dangereux à la cour de faire les avances, qu'il eſt embarrassant de ne les point faire.

38

Il y a des gens à qui ne connaître point le nom et le visage d'un homme eſt un titre pour en rire et le mépriser. Ils demandent qui eſt cet homme; ce n'eſt ni *Rousseau,* ni un *Fabry (a),* ni *la Couture :* ils ne pourraient le méconnaître.

39

L'on me dit tant de mal de cet homme, et j'y en vois si peu, que je commence à soupçonner qu'il n'ait un mérite importun qui éteigne celui des autres.

40

Vous êtes homme de bien, vous ne songez ni à plaire ni à déplaire aux favoris, uniquement attaché à votre maître et à votre devoir : vous êtes perdu.

---

a. Brûlé il y a vingt ans.

41

On n'eſt point effronté par choix, mais par complexion; c'eſt un vice de l'être, mais naturel : celui qui n'eſt pas né tel eſt modeſte, et ne passe pas aisément de cette extrémité à l'autre; c'eſt une leçon assez inutile que de lui dire : « Soyez effronté, et vous réussirez »; une mauvaise imitation ne lui profiterait pas, et le ferait échouer. Il ne faut rien de moins dans les cours qu'une vraie et naïve impudence pour réussir. (ÉD. 4.)

42

On cherche, on s'empresse, on brigue, on se tourmente, on demande, on eſt refusé, on demande et on obtient; mais, dit-on, sans l'avoir demandé, et dans le temps que l'on n'y pensait pas, et que l'on songeait même à toute autre chose : vieux ſtyle, menterie innocente, et qui ne trompe personne. (ÉD. 4.)

43

On fait sa brigue pour parvenir à un grand poſte, on prépare toutes ses machines, toutes les mesures sont bien prises, et l'on doit être servi selon ses souhaits; les uns doivent entamer, les autres appuyer; l'amorce eſt déjà conduite, et la mine prête à jouer : alors on s'éloigne de la cour. Qui oserait soupçonner d'*Artemon* qu'il ait pensé à se mettre dans une si belle place, lorsqu'on le tire de sa terre ou de son gouvernement pour l'y faire asseoir? Artifice grossier, finesses usées et dont le courtisan s'eſt servi tant de fois, que si je voulais donner le change à tout le public et lui dérober mon ambition, je me trouverais sous l'œil et sous la main du prince, pour recevoir de lui la grâce que j'aurais recherchée avec le plus d'emportement. (ÉD. 5.)

44

Les hommes ne veulent pas que l'on découvre les vues qu'ils ont sur leur fortune, ni que l'on pénètre qu'ils pensent à une telle dignité, parce que s'ils ne l'obtiennent point, il y a de la honte, se persuadent-ils, à être refusés; et s'ils y parviennent, il y a plus de gloire pour eux d'en être crus dignes par celui qui la leur accorde, que de s'en juger dignes eux-mêmes par leurs brigues et par leurs cabales : ils se trouvent parés tout à la fois de leur dignité et de leur modestie. (ÉD. 5.)

Quelle plus grande honte y a-t-il d'être refusé d'un poste que l'on mérite, ou d'y être placé sans le mériter? (ÉD. 5.)

Quelques grandes difficultés qu'il y ait à se placer à la cour, il est encore plus âpre et plus difficile de se rendre digne d'être placé. (ÉD. 5.)

Il coûte moins à faire dire de soi : « Pourquoi a-t-il obtenu ce poste? » qu'à faire demander : « Pourquoi ne l'a-t-il pas obtenu? » (ÉD. 5.)

L'on se présente encore pour les charges de ville, l'on postule une place dans l'Académie française[1], l'on demandait le consulat : quelle moindre raison y aurait-il de travailler les premières années de sa vie à se rendre capable d'un grand emploi, et de demander ensuite, sans nul mystère et sans nulle intrigue, mais ouvertement et avec confiance, d'y servir sa patrie, le prince, la république! (ÉD. 5.)

45

Je ne vois aucun courtisan à qui le prince vienne d'accorder un bon gouvernement, une place éminente ou une forte pension, qui n'assure par vanité, ou pour marquer son désintéressement, qu'il est bien moins content du don que de la manière dont il lui a été fait. Ce qu'il y a en cela de sûr et d'indubitable, c'est qu'il le dit ainsi. (ÉD. 4.)

C'eſt ruſticité que de donner de mauvaise grâce : le plus fort et le plus pénible eſt de donner; que coûte-t-il d'y ajouter un sourire? (ÉD. 4.)

Il faut avouer néanmoins qu'il s'eſt trouvé des hommes[1] qui refusaient plus honnêtement que d'autres ne savaient donner; qu'on a dit de quelques-uns qu'ils se faisaient si longtemps prier, qu'ils donnaient si sèchement, et chargeaient une grâce qu'on leur arrachait de conditions si désagréables, qu'une plus grande grâce était d'obtenir d'eux d'être dispensés de rien recevoir. (ÉD. 4.)

46

L'on remarque dans les cours des hommes avides qui se revêtent de toutes les conditions pour en avoir les avantages : gouvernement, charge, bénéfice, tout leur convient; ils se sont si bien ajuſtés, que par leur état ils deviennent capables de toutes les grâces; ils sont *amphibies,* ils vivent de l'Église et de l'Épée, et auront le secret d'y joindre la robe. Si vous demandez : « Que font ces gens à la cour? » ils reçoivent, et envient tous ceux à qui l'on donne. (ÉD. 4.)

47

Mille gens à la cour y traînent leur vie à embrasser, serrer et congratuler ceux qui reçoivent, jusques à ce qu'ils y meurent sans rien avoir. (ÉD. 8.)

48

Ménophile emprunte ses mœurs d'une profession, et d'un autre[2] son habit; il masque toute l'année, quoique à visage découvert; il paraît à la cour, à la ville, ailleurs, toujours sous un certain nom et sous le même déguisement. On le reconnaît et on sait quel il eſt à son visage[3]. (ÉD. 6.)

49

Il y a pour arriver aux dignités ce qu'on appelle la grande voie ou le chemin battu; il y a le chemin détourné ou de traverse, qui eſt le plus court. (ÉD. 6.)

50

L'on court les malheureux pour les envisager; l'on se range en haie, ou l'on se place aux fenêtres, pour observer les traits et la contenance[1] d'un homme qui eſt condamné, et qui sait qu'il va mourir : vaine, maligne, inhumaine curiosité; si les hommes étaient sages, la place publique serait abandonnée, et il serait établi qu'il y aurait de l'ignominie seulement à voir de tels spectacles. Si vous êtes si touchés de curiosité, exercez-la du moins en un sujet noble : voyez un heureux, contemplez-le dans le jour même où il a été nommé à un nouveau poſte, et qu'il en reçoit les compliments; lisez dans ses yeux, et au travers d'un calme étudié et d'une feinte modeſtie, combien il eſt content et pénétré de soi-même; voyez quelle sérénité cet accomplissement de ses désirs répand dans son cœur et sur son visage, comme il ne songe plus qu'à vivre et à avoir de la santé, comme ensuite sa joie lui échappe et ne peut plus se dissimuler, comme il plie sous le poids de son bonheur[2], quel air froid et sérieux il conserve pour ceux qui ne sont plus ses égaux : il ne leur répond pas, il ne les voit pas; les embrassements et les caresses des grands, qu'il ne voit plus de si loin, achèvent de lui nuire; il se déconcerte, il s'étourdit : c'eſt une courte aliénation. Vous voulez être heureux, vous désirez des grâces; que de choses pour vous à éviter! (ÉD. 5.)

51

Un homme qui vient d'être placé ne se sert plus de sa raison et de son esprit pour régler sa conduite et ses dehors à l'égard des autres; il emprunte sa règle de son poste et de son état : de là l'oubli, la fierté, l'arrogance, la dureté, l'ingratitude. (ÉD. 6.)

52

Théomas, abbé depuis trente ans, se lassait de l'être. On a moins d'ardeur et d'impatience de se voir habillé de pourpre, qu'il en avait de porter une croix d'or sur sa poitrine, et parce que les grandes fêtes se passaient toujours sans rien changer à sa fortune, il murmurait contre le temps présent, trouvait l'État mal gouverné, et n'en prédisait rien que de sinistre. Convenant en son cœur que le mérite est dangereux dans les cours à qui veut s'avancer, il avait enfin pris son parti, et renoncé à la prélature, lorsque quelqu'un accourt lui dire qu'il est nommé à un évêché. Rempli de joie et de confiance sur une nouvelle si peu attendue : « Vous verrez, dit-il, que je n'en demeurerai pas là, et qu'ils me feront archevêque. » (ÉD. 8.)

53

Il faut des fripons à la cour auprès des grands et des ministres, même les mieux intentionnés; mais l'usage en est délicat, et il faut savoir les mettre en œuvre. Il y a des temps et des occasions où ils ne peuvent être suppléés par d'autres. Honneur, vertu, conscience, qualités toujours respectables, souvent inutiles : que voulez-vous quelquefois que l'on fasse d'un homme de bien?

54

Un vieil auteur, et dont j'ose rapporter ici les propres termes, de peur d'en affaiblir le sens par ma traduction, dit que *s'élongner des petits, voire de ses pareils, et iceulx vilainer et dépriser; s'accointer de grands et puissans en tous biens et chevances, et en cette leur cointise et privauté estre de tous ébats, gabs*[1]*, mommeries, et vilaines besoignes; estre eshonté,* *s'affranier et sans point de vergogne ; endurer brocards et gausseries de tous chacuns, sans pour ce feindre de cheminer en avant, et à tout son entregent, engendre heur et fortune.* (ÉD. 4.)

55

Jeunesse du prince, source des belles fortunes. (ÉD. 4.)

56

Timante[1], toujours le même, et sans rien perdre de ce mérite qui lui a attiré la première fois de la réputation et des récompenses, ne laissait pas de dégénérer dans l'esprit des courtisans : ils étaient las de l'estimer; ils le saluaient froidement, ils ne lui souriaient plus, ils commençaient à ne le plus joindre, ils ne l'embrassaient plus, ils ne le tiraient plus à l'écart pour lui parler mystérieusement d'une chose indifférente, ils n'avaient plus rien à lui dire. Il lui fallait cette pension ou ce nouveau poste dont il vient d'être honoré pour faire revivre ses vertus à demi effacées de leur mémoire, et en rafraîchir l'idée : ils lui font comme dans les commencements, et encore mieux. (ÉD. 4.)

57

Que d'amis, que de parents naissent en une nuit au nouveau ministre[2] ? Les uns font valoir leurs anciennes liaisons, leur société d'études, les droits du voisinage; les autres feuillettent leur généalogie, remontent jusques à un trisaïeul, rappellent le côté paternel et le maternel; l'on veut tenir à cet homme par quelque endroit, et l'on dit plusieurs fois le jour que l'on y tient; on l'imprimerait volontiers : *c'est mon ami, et je suis fort aise de son élévation ; j'y dois prendre part, il m'est assez proche.* Hommes vains et dévoués à la fortune, fades courtisans, parliez-vous ainsi il y a huit jours ? Est-il devenu, depuis ce temps, plus homme de bien, plus digne du choix que le prince en vient de faire? Attendiez-vous cette circonstance pour le mieux connaître? (ÉD. 5.)

58

Ce qui me soutient et me rassure contre les petits dédains que j'essuie quelquefois des grands et de mes égaux, c'est que je me dis à moi-même : « Ces gens n'en veulent peut-être qu'à ma fortune, et ils ont raison : elle est bien petite. Ils m'adoreraient sans doute, si j'étais ministre. » (ÉD. 5.)

Dois-je bientôt être en place? le sait-il? est-ce en lui un pressentiment? il me prévient, il me salue. (ÉD. 5.)

59

Celui qui dit : *Je dînais hier à Tibur*[1], ou : *J'y soupe ce soir,* qui le répète, qui fait entrer dix fois le nom de Plancus dans les moindres conversations, qui dit : *Plancus me demandait... Je disais à Plancus...,* celui-là même apprend dans ce moment que son héros vient d'être enlevé par une mort extraordinaire. Il part de la main, il rassemble le peuple dans les places ou sous les portiques, accuse le mort, décrie sa conduite, dénigre son consulat, lui ôte jusqu'à la science des détails que la voix publique lui accorde, ne lui passe point une mémoire heureuse, lui refuse l'éloge d'un homme sévère et laborieux, ne lui fait pas l'honneur de lui croire, parmi les ennemis de l'empire, un ennemi. (ÉD. 7.)

60

Un homme de mérite se donne, je crois, un joli spectacle, lorsque la même place à une assemblée ou à un spectacle, dont il est refusé, il la voit accorder à un homme qui n'a point d'yeux pour voir, ni d'oreilles pour entendre, ni d'esprit pour connaître et pour juger, qui n'est recommandable que par de certaines livrées, que même il ne porte plus. (ÉD. 6.)

61

Théodote[1] avec un habit austère a un visage comique, et d'un homme qui entre sur la scène; sa voix, sa démarche, son geste, son attitude accompagnent son visage. Il est fin, *cauteleux*, doucereux, mystérieux; il s'approche de vous, et il vous dit à l'oreille : *Voilà un beau temps, voilà un grand dégel.* S'il n'a pas les grandes manières, il a du moins toutes les petites, et celles même qui ne conviennent guères qu'à une jeune précieuse. Imaginez-vous l'application d'un enfant à élever un château de cartes ou à se saisir d'un papillon : c'est celle de Théodote pour une affaire de rien, et qui ne mérite pas qu'on s'en remue; il la traite sérieusement, et comme quelque chose qui est capital; il agit, il s'empresse, il la fait réussir : le voilà qui respire et qui se repose, et il a raison; elle lui a coûté beaucoup de peine. L'on voit des gens enivrés, ensorcelés de la faveur; ils y pensent le jour, ils y rêvent la nuit; ils montent l'escalier d'un ministre, et ils en descendent; ils sortent de son antichambre, et ils y rentrent; ils n'ont rien à lui dire, et ils lui parlent; ils lui parlent une seconde fois : les voilà contents, ils lui ont parlé. Pressez-les, tordez-les, ils dégouttent l'orgueil, l'arrogance, la présomption; vous leur adressez la parole, ils ne vous répondent point, ils ne vous connaissent point, ils ont les yeux égarés et l'esprit aliéné : c'est à leurs parents à en prendre soin et à les renfermer, de peur que leur folie ne devienne fureur, et que le monde n'en souffre. Théodote a une plus douce manie : il aime la faveur éperdument, mais sa passion a moins d'éclat; il lui fait des vœux en secret, il la cultive, il la sert mystérieusement; il est au guet et à la découverte sur tout ce qui paraît de nouveau avec les livrées de la faveur : ont-ils une prétention, il s'offre à eux, il s'intrigue pour eux, il leur sacrifie sourdement mérite, alliance, amitié, engagement, reconnaissance. Si la place d'un Cassini devenait vacante, et que le suisse ou le postillon du favori s'avisât de la demander, il appuierait sa demande, il le jugerait digne de cette place, il le trouverait capable d'observer et de calculer, de parler de parélies et de parallaxes[1]. Si vous demandiez[2] de Théodote s'il est auteur ou plagiaire, original ou copiste, je vous donnerais ses ouvrages, et je vous dirais : « Lisez et jugez. » Mais s'il est dévot et courtisan, qui pourrait le décider sur le portrait que j'en viens de faire? Je prononcerais plus hardiment sur son étoile. Oui, Théodote, j'ai observé le point de votre naissance; vous serez placé, et bientôt; ne veillez plus, n'imprimez plus : le public vous demande quartier. (ÉD. 7.)

62

N'espérez plus de candeur, de franchise, d'équité, de bons offices, de services, de bienveillance, de générosité, de fermeté dans un homme qui s'est depuis quelque temps livré à la cour, et qui secrètement veut sa fortune. Le reconnaissez-vous à son visage, à ses entretiens? Il ne nomme plus chaque chose par son nom; il n'y a plus pour lui de fripons, de fourbes, de sots, et d'impertinents : celui dont il lui échapperait de dire ce qu'il en pense, est celui-là même qui venant à le savoir l'empêcherait de *cheminer;* pensant mal de tout le monde, il n'en dit de personne; ne voulant du bien qu'à lui seul, il veut persuader qu'il en veut à tous, afin que tous lui en fassent, ou que nul du moins lui soit contraire. Non content de n'être pas sincère, il ne souffre pas que personne le soit; la vérité blesse son oreille : il est froid et indifférent sur les observations que l'on fait sur la cour et sur le courtisan; et parce qu'il les a entendues, il s'en croit complice et responsable. Tyran de la société et martyr de son ambition, il a une triste circonspection dans sa conduite et dans ses discours, une raillerie innocente, mais froide et contrainte, un ris forcé, des caresses contrefaites, une conversation interrompue et des distractions fréquentes. Il a une profusion, le dirai-je? des torrents de louanges pour ce qu'a fait ou ce qu'a dit un homme placé et qui est en faveur, et pour tout autre une sécheresse de pulmonique; il a des formules de compliments différents pour l'entrée et pour la sortie à l'égard de ceux qu'il visite ou dont il eſt visité; et il n'y a personne de ceux qui se payent de mines et de façons de parler qui ne sorte d'avec lui fort satisfait. Il vise également à se faire des patrons et des créatures; il eſt médiateur, confident, entremetteur : il veut gouverner. Il a une ferveur de novice pour toutes les petites pratiques de cour; il sait où il faut se placer pour être vu; il sait vous embrasser, prendre part à votre joie, vous faire coup sur coup des questions empressées sur votre santé, sur vos affaires; et pendant que vous lui répondez, il perd le fil de sa curiosité, vous interrompt, entame un autre sujet; ou s'il survient quelqu'un à qui il doive un discours tout différent, il sait, en achevant de vous congratuler, lui faire un compliment de condoléance : il pleure d'un œil, et il rit de l'autre. Se formant quelquefois sur les miniſtres ou sur le favori, il parle en public de choses frivoles, du vent, de la gelée; il se tait au contraire, et fait le myſtérieux sur ce qu'il sait de plus important, et plus volontiers encore sur ce qu'il ne sait point. (ÉD. 8.)

63

Il y a un pays où les joies sont visibles, mais fausses, et les chagrins cachés, mais réels. Qui croirait que l'empressement pour les speƈtacles, que les éclats et les applaudissements aux théâtres de Molière et d'Arlequin, les repas, la chasse, les ballets, les carrousels couvrissent tant d'inquiétudes, de soins et de divers intérêts, tant de craintes et d'espérances, des passions si vives et des affaires si sérieuses?

64

La vie de la cour eſt un jeu sérieux, mélancolique, qui applique : il faut arranger ses pièces et ses batteries, avoir un dessein, le suivre, parer celui de son adversaire, hasarder quelquefois, et jouer de caprices; et après toutes ses rêveries et toutes ses mesures, on eſt échec, quelquefois mat; souvent, avec des pions qu'on ménage bien, on va à dame, et l'on gagne la partie : le plus habile l'emporte, ou le plus heureux. (ÉD. 4.)

65

Les roues, les ressorts, les mouvements sont cachés; rien ne paraît d'une montre que son aiguille, qui insensiblement s'avance et achève son tour : image du courtisan, d'autant plus parfaite qu'après avoir fait assez de chemin, il revient souvent au même point d'où il eſt parti. (ÉD. 5.)

66

« Les deux tiers de ma vie sont écoulés; pourquoi tant m'inquiéter sur ce qui m'en reſte? La plus brillante fortune ne mérite point ni le tourment que je me donne, ni les petitesses où je me surprends, ni les humiliations, ni les hontes que j'essuie; trente années détruiront ces colosses de puissance qu'on ne voyait bien qu'à force de lever la tête; nous disparaîtrons, moi qui suis si peu de chose, et ceux que je contemplais si avidement, et de qui j'espérais toute ma grandeur; le meilleur de tous les biens s'il y a des biens, c'eſt le repos, la retraite et un endroit qui soit son domaine. » N** a pensé cela dans sa disgrâce, et l'a oublié dans la prospérité.

67

Un noble, s'il vit chez lui dans sa province, il vit libre, mais sans appui; s'il vit à la cour, il eſt protégé, mais il eſt esclave : cela se compense.

68

Xantippe au fond de sa province, sous un vieux toit et dans un mauvais lit, a rêvé pendant la nuit qu'il voyait le prince, qu'il lui parlait, et qu'il en ressentait une extrême joie; il a été triste à son réveil; il a conté son songe, et il a dit : « Quelles chimères ne tombent point dans l'esprit des hommes pendant qu'ils dorment! » Xantippe a continué de vivre; il est venu à la cour, il a vu le prince, il lui a parlé; et il a été plus loin que son songe, il est favori. (ÉD. 4.)

69

Qui est plus esclave qu'un courtisan assidu, si ce n'est un courtisan plus assidu?

70

L'esclave n'a qu'un maître; l'ambitieux en a autant qu'il y a de gens utiles à sa fortune.

71

Mille gens à peine connus font la foule au lever pour être vus du prince, qui n'en saurait voir mille à la fois; et s'il ne voit aujourd'hui que ceux qu'il vit hier et qu'il verra demain, combien de malheureux!

72

De tous ceux qui s'empressent auprès des grands et qui leur font la cour, un petit nombre les honore dans le cœur, un grand nombre les recherche par des vues d'ambition et d'intérêt, un plus grand nombre par une ridicule vanité, ou par une sotte impatience de se faire voir.

73

Il y a de certaines familles qui, par les lois du monde ou ce qu'on appelle de la bienséance, doivent être irréconciliables. Les voilà réunies; et où la religion a échoué quand elle a voulu l'entreprendre, l'intérêt s'en joue, et le fait sans peine. (ÉD. 7.)

74

L'on parle d'une région où les vieillards sont galants, polis et civils; les jeunes gens au contraire, durs, féroces, sans mœurs ni politesse : ils se trouvent affranchis de la passion des femmes dans un âge où l'on commence ailleurs à la sentir; ils leur préfèrent des repas, des viandes, et des amours ridicules. Celui-là chez eux eſt sobre et modéré, qui ne s'enivre que de vin : l'usage trop fréquent qu'ils en ont fait le leur a rendu insipide; ils cherchent à réveiller leur goût déjà éteint par des eaux-de-vie, et par toutes les liqueurs les plus violentes; il ne manque à leur débauche que de boire de l'eau-forte. Les femmes du pays précipitent le déclin de leur beauté par des artifices qu'elle croient servir à les rendre belles : leur coutume eſt de peindre leurs lèvres, leurs joues, leurs sourcils et leurs épaules, qu'elles étalent avec leur gorge, leurs bras et leurs oreilles, comme si elles craignaient de cacher l'endroit par où elles pourraient plaire, ou de ne pas se montrer assez. Ceux qui habitent cette contrée ont une physionomie qui n'eſt pas nette, mais confuse, embarrassée dans une épaisseur de cheveux étrangers, qu'ils préfèrent aux naturels et dont ils font un long tissu pour couvrir leur tête : il descend à la moitié du corps, change les traits, et empêche qu'on ne connaisse les hommes à leur visage. Ces peuples d'ailleurs ont leur Dieu et leur roi : les grands de la nation s'assemblent tous les jours, à une certaine heure, dans un temple qu'ils nomment église; il y a au fond de ce temple un autel consacré à leur Dieu, où un prêtre célèbre des myſtères qu'ils appellent saints, sacrés et redoutables; les grands forment un vaſte cercle au pied de cet autel, et paraissent debout, le dos tourné directement aux prêtres et aux saints myſtères, et les faces élevées vers leur roi, que l'on voit à genoux sur une tribune, et à qui ils semblent avoir tout l'esprit et tout le cœur appliqué. On ne laisse pas de voir dans cet usage une espèce de subordination; car ce peuple paraît adorer le prince, et le prince adorer Dieu. Les gens du pays le nomment*** ; il est à quelque quarante-huit degrés d'élévation du pôle, et à plus d'onze cent lieues de mer des Iroquois et des Hurons.

75

Qui considérera que le visage du prince fait toute la félicité du courtisan, qu'il s'occupe et se remplit pendant toute sa vie de le voir et d'en être vu, comprendra un peu comment voir Dieu peut faire toute la gloire et tout le bonheur des saints.

76

Les grands seigneurs sont pleins d'égards pour les princes : c'est leur affaire, ils ont des inférieurs. Les petits courtisans se relâchent sur ces devoirs, font les familiers, et vivent comme gens qui n'ont d'exemples à donner à personne. (ÉD. 4.)

77

Que manque-t-il de nos jours à la jeunesse ? Elle peut et elle sait; ou du moins quand elle saurait autant qu'elle peut, elle ne serait pas plus décisive. (ÉD. 4.)

78

Faibles hommes ! Un grand dit de *Timagène,* votre ami, qu'il est un sot, et il se trompe. Je ne demande pas que vous répliquiez qu'il est homme d'esprit : osez seulement penser qu'il n'est pas un sot. (ÉD. 4.)

De même il prononce d'*Iphicrate* qu'il manque de cœur; vous lui avez vu faire une belle action : rassurez-vous, je vous dispense de la raconter, pourvu qu'après ce que vous venez d'entendre, vous vous souveniez encore de la lui avoir vu faire. (ÉD. 4.)

79

Qui sait parler aux rois, c'est peut-être où se termine toute la prudence et toute la souplesse du courtisan. Une parole échappe, et elle tombe de l'oreille du prince bien avant dans sa mémoire, et quelquefois jusque dans son cœur : il est impossible de la r'avoir; tous les soins que l'on prend et toute l'adresse dont on use pour l'expliquer ou pour l'affaiblir, servent à la graver plus profondément et à l'enfoncer davantage. Si ce n'est que contre nous-mêmes que nous ayons parlé, outre que ce malheur n'est pas ordinaire, il y a encore un prompt remède, qui est de nous instruire par notre faute, et de souffrir la peine de notre légèreté; mais si c'est contre quelque autre, quel abattement! quel repentir! Y a-t-il une règle plus utile contre un si dangereux inconvénient, que de parler des autres au souverain, de leurs personnes, de leurs ouvrages, de leurs actions, de leurs mœurs ou de leur conduite, du moins avec l'attention, les précautions et les mesures dont on parle de soi? (ÉD. 5.)

80

« Diseurs de bons mots, mauvais caractère » : je le dirais, s'il n'avait été dit. Ceux qui nuisent à la réputation ou à la fortune des autres, plutôt que de perdre un bon mot, méritent une peine infamante; cela n'a pas été dit, et je l'ose dire. (ÉD. 4.)

81

Il y a un certain nombre de phrases toutes faites, que l'on prend comme dans un magasin et dont l'on se sert pour se féliciter les uns les autres sur les événements. Bien qu'elles se disent souvent sans affection, et qu'elles soient reçues sans reconnaissance, il n'est pas permis avec cela de les omettre, parce que du moins elles sont l'image de ce qu'il y a au monde de meilleur, qui est l'amitié, et que les hommes, ne pouvant guères compter les uns sur les autres pour la réalité, semblent être convenus entre eux de se contenter des apparences.

82

Avec cinq ou six termes de l'art, et rien de plus, l'on se donne pour connaisseur en musique, en tableaux, en bâtiments, et en bonne chère : l'on croit avoir plus de plaisir qu'un autre à entendre, à voir et à manger; l'on impose à ses semblables, et l'on se trompe soi-même.

83

La cour n'est jamais dénuée d'un certain nombre de gens en qui l'usage du monde, la politesse ou la fortune tiennent lieu d'esprit, et suppléent au mérite. Ils savent entrer et sortir; ils se tirent de la conversation en ne s'y mêlant point; ils plaisent à force de se taire, et se rendent importants par un silence longtemps soutenu, ou tout au plus par quelques monosyllabes; ils payent de mines, d'une inflexion de voix, d'un geste et d'un sourire : ils n'ont pas, si je l'ose dire, deux pouces de profondeur; si vous les enfoncez, vous rencontrez le tuff. (ÉD. 6.)

84

Il y a des gens à qui la faveur arrive comme un accident : ils en sont les premiers surpris et consternés[1]. Ils se reconnaissent enfin, et se trouvent dignes de leur étoile; et comme si la stupidité et la fortune étaient deux choses incompatibles, ou qu'il fût impossible d'être heureux et sot tout à la fois, ils se croient de l'esprit, ils hasardent, que dis-je? ils ont la confiance de parler en toute rencontre, et sur quelque matière qui puisse s'offrir, et sans nul discernement des personnes qui les écoutent. Ajouterai-je qu'ils épouvantent ou qu'ils donnent le dernier dégoût par leur fatuité et par leurs fadaises ? Il eſt vrai du moins qu'ils déshonorent sans ressource ceux qui ont quelque part au hasard de leur élévation. (ÉD. 6.)

85

Comment nommerai-je cette sorte de gens qui ne sont fins que pour les sots ? Je sais du moins que les habiles les confondent avec ceux qu'ils savent tromper. (ÉD. 4.)

C'eſt avoir fait un grand pas dans la finesse, que de faire penser de soi que l'on n'eſt que médiocrement fin.

La finesse n'eſt ni une trop bonne ni une trop mauvaise qualité : elle flotte entre le vice et la vertu. Il n'y a point de rencontre où elle ne puisse, et peut-être où elle ne doive être suppléée par la prudence. (ÉD. 4.)

La finesse eſt l'occasion prochaine de la fourberie ; de l'un à l'autre le pas eſt glissant ; le mensonge seul en fait la différence ; si on l'ajoute à la finesse, c'eſt fourberie. (ÉD. 4.)

Avec les gens qui par finesse écoutent tout et parlent peu, parlez encore moins ; ou si vous parlez beaucoup, dites peu de chose[1]. (ÉD. 4.)

86

Vous dépendez, dans une affaire qui eſt juſte et importante, du consentement de deux personnes. L'un vous dit : « J'y donne les mains pourvu qu'un tel y condescende » ; et ce tel y condescend, et ne désire plus que d'être assuré des intentions de l'autre. Cependant rien n'avance ; les mois, les années s'écoulent inutilement : « Je m'y perds, dites-vous, et je n'y comprends rien ; il ne s'agit que de faire qu'ils s'abouchent, et qu'ils se parlent. » Je vous dis, moi, que j'y vois clair, et que j'y comprends tout : ils se sont parlé. (ÉD. 5.)

87

Il me semble que qui sollicite pour les autres a la confiance d'un homme qui demande justice; et qu'en parlant ou en agissant pour soi-même, on a l'embarras et la pudeur de celui qui demande grâce. (ÉD. 7.)

88

Si l'on ne se précautionne à la cour contre les pièges que l'on y tend sans cesse pour faire tomber dans le ridicule, l'on est étonné, avec tout son esprit, de se trouver la dupe de plus sots que soi.

89

Il y a quelques rencontres dans la vie où la vérité et la simplicité sont le meilleur manège du monde.

90

Êtes-vous en faveur, tout manège est bon, vous ne faites point de fautes, tous les chemins vous mènent au terme : autrement, tout est faute, rien n'est utile, il n'y a point de sentier qui ne vous égare. (ÉD. 6.)

91

Un homme qui a vécu dans l'intrigue un certain temps ne peut plus s'en passer : toute autre vie pour lui est languissante.

92

Il faut avoir de l'esprit pour être un homme de cabale; l'on peut cependant en avoir à un certain point, que l'on est au-dessus de l'intrigue et de la cabale, et que l'on ne saurait s'y assujettir; l'on va alors à une grande fortune ou à une haute réputation par d'autres chemins.

93

Avec un esprit sublime, une doctrine universelle, une probité à toutes épreuves et un mérite très accompli, n'appréhendez pas, ô *Aristide,* de tomber à la cour ou de perdre la faveur des grands, pendant tout le temps qu'ils auront besoin de vous. (ÉD. 4.)

94

Qu'un favori s'observe de fort près; car s'il me fait moins attendre dans son antichambre qu'à l'ordinaire, s'il a le visage plus ouvert, s'il fronce moins le sourcil, s'il m'écoute plus volontiers, et s'il me reconduit un peu plus loin, je penserai qu'il commence à tomber, et je penserai vrai.

L'homme a bien peu de ressources dans soi-même, puisqu'il lui faut une disgrâce ou une mortification pour le rendre plus humain, plus traitable, moins féroce, plus honnête homme.

95

L'on contemple dans les cours de certaines gens, et l'on voit bien à leurs discours et à toute leur conduite qu'ils ne songent ni à leurs grands-pères ni a leurs petits-fils : le présent est pour eux; ils n'en jouissent pas, ils en abusent. (ÉD. 5.)

96

Straton[1] est né sous deux étoiles : malheureux, heureux dans le même degré. Sa vie est un roman : non, il lui manque le vraisemblable. Il n'a point eu d'aventures; il a eu de beaux songes, il en a eu de mauvais : que dis-je ? on ne rêve point comme il a vécu. Personne n'a tiré d'une destinée plus qu'il a fait; l'extrême et le médiocre lui sont connus; il a brillé, il a souffert, il a mené une vie commune : rien ne lui est échappé. Il s'est fait valoir par des vertus qu'il assurait fort sérieusement qui étaient en lui;

il a dit de soi : *J'ai de l'esprit, j'ai du courage ;* et tous ont dit après lui : *Il a de l'esprit, il a du courage.* Il a exercé dans l'une et l'autre fortune le génie du courtisan, qui a dit de lui plus de bien peut-être et plus de mal qu'il n'y en avait. Le joli, l'aimable, le rare, le merveilleux, l'héroïque[1] ont été employés à son éloge; et tout le contraire a servi depuis pour le ravaler : caractère équivoque, mêlé, enveloppé; une énigme; une question presque indécise. (ÉD. 6.)

97

La faveur met l'homme au-dessus de ses égaux; et sa chute[2], au-dessous. (ÉD. 5.)

98

Celui qui un beau jour sait renoncer fermement ou à un grand nom, ou à une grande autorité, ou à une grande fortune, se délivre en un moment de bien des peines, de bien des veilles, et quelquefois de bien des crimes.

99

Dans cent ans le monde subsistera encore en son entier : ce sera le même théâtre et les mêmes décorations, ce ne seront plus les mêmes acteurs. Tout ce qui se réjouit sur une grâce reçue, ou ce qui s'attriste et se désespère sur un refus, tous auront disparu de dessus la scène. Il s'avance déjà sur le théâtre d'autres hommes qui vont jouer dans une même pièce les mêmes rôles; ils s'évanouiront à leur tour; et ceux qui ne sont pas encore, un jour ne seront plus : de nouveaux acteurs ont pris leur place. Quel fond à faire sur un personnage de comédie! (ÉD. 5.)

100

Qui a vu la cour a vu du monde ce qui est le plus beau, le plus spécieux et le plus orné ; qui méprise la cour, après l'avoir vue, méprise le monde. (ÉD. 7.)

101

La ville dégoûte de la province; la cour détrompe de la ville, et guérit de la cour. (ÉD. 6.)

Un esprit sain puise à la cour le goût de la solitude et de la retraite.

DES GRANDS

I

La prévention du peuple en faveur des grands est si aveugle[1], et l'entêtement pour leur geste, leur visage, leur ton de voix et leurs manières, si général, que s'ils s'avisaient d'être bons, cela irait à l'idolâtrie.

2

Si vous êtes né vicieux, ô *Théagène*[2], je vous plains; si vous le devenez par faiblesse pour ceux qui ont intérêt que vous le soyez, qui ont juré entr'eux de vous corrompre, et qui se vantent déjà de pouvoir y réussir, souffrez que je vous méprise. Mais si vous êtes sage, tempérant, modeste, civil, généreux, reconnaissant, laborieux, d'un rang d'ailleurs et d'une naissance à donner des exemples plutôt qu'à les prendre d'autrui, et à faire les règles plutôt qu'à les recevoir, convenez avec cette sorte de gens de suivre par complaisance leurs dérèglements, leurs vices et leur folie, quand ils auront, par la déférence qu'ils vous doivent, exercé toutes les vertus que vous chérissez : ironie forte, mais utile, très propre à mettre vos mœurs en sûreté, à renverser tous leurs projets, et à les jeter dans le parti de continuer d'être ce qu'ils sont, et de vous laisser tel que vous êtes. (ÉD. 6.)

3

L'avantage des grands sur les autres hommes est immense par un endroit : je leur cède leur bonne chère, leurs riches ameublements, leurs chiens, leurs chevaux, leurs singes, leurs nains, leurs fous et leurs flatteurs; mais je leur envie le bonheur d'avoir à leur service des gens qui les égalent par le cœur et par l'esprit, et qui les passent quelquefois.

4

Les grands se piquent d'ouvrir une allée dans une forêt, de soutenir des terres par de longues murailles, de dorer les plafonds, de faire venir dix pouces d'eau, de meubler une orangerie; mais de rendre un cœur content, de combler une âme de joie, de prévenir d'extrêmes besoins ou d'y remédier, leur curiosité ne s'étend point jusques-là.

5

On demande si en comparant ensemble les différentes conditions des hommes, leurs peines, leurs avantages, on n'y remarquerait pas un mélange ou une espèce de compensation de bien et de mal, qui établirait entr'elles l'égalité, ou qui ferait du moins que l'un ne serait guères plus désirable que l'autre. Celui qui est puissant, riche, et à qui il ne manque rien, peut former cette question; mais il faut que ce soit un homme pauvre qui la décide [1]. (ÉD. 4.)

Il ne laisse pas d'y avoir comme un charme attaché à chacune des différentes conditions, et qui y demeure jusques à ce que la misère l'en ait ôté. Ainsi les grands se plaisent dans l'excès, et les petits aiment la modération; ceux-là ont le goût de dominer et de commander, et ceux-ci sentent du plaisir et même de la vanité à les servir et à leur obéir; les grands sont entourés, salués, respectés; les petits entourent, saluent, se prosternent; et tous sont contents. (ÉD. 4.)

6

Il coûte si peu aux grands à ne donner [2] que des paroles, et leur condition les dispense si fort de tenir les belles promesses qu'ils vous ont faites, que c'est modestie à eux de ne promettre pas encore plus largement. (ÉD. 4.)

7

« Il eſt vieux et usé, dit un grand; il s'eſt crevé à me suivre : qu'en faire[1]? » Un autre, plus jeune, enlève ses espérances, et obtient le poſte qu'on ne refuse à ce malheureux que parce qu'il l'a trop mérité. (ÉD. 4.)

8

« Je ne sais, dites-vous avec un air froid et dédaigneux, *Philanthe* a du mérite, de l'esprit, de l'agrément, de l'exactitude sur son devoir, de la fidélité et de l'attachement pour son maître, et il en eſt médiocrement considéré; il ne plaît pas, il n'eſt pas goûté. » Expliquez-vous : eſt-ce Philanthe, ou le grand qu'il sert, que vous condamnez? (ÉD. 4.)

9

Il eſt souvent plus utile de quitter les grands que de s'en plaindre. (ÉD. 6.)

10

Qui peut dire pourquoi quelques-uns ont le gros lot, ou quelques autres la faveur des grands?

11

Les grands sont si heureux, qu'ils n'essuient pas même, dans toute leur vie, l'inconvénient de regretter la perte de leurs meilleurs serviteurs, ou des personnes illuſtres dans leur genre, et dont ils ont tiré le plus de plaisir et le plus d'utilité. La première chose que la flatterie sait faire, après la mort de ces hommes uniques, et qui ne se réparent point, eſt de leur supposer des endroits faibles, dont elle prétend que ceux qui leur succèdent sont très exempts : elle assure que l'un, avec toute la capacité et toutes les lumières de l'autre, dont il prend la place, n'en a point les défauts ; et ce style sert aux princes à se consoler du grand et de l'excellent par le médiocre. (ÉD. 4.)

12

Les grands dédaignent les gens d'esprit qui n'ont que de l'esprit ; les gens d'esprit méprisent les grands qui n'ont que de la grandeur. Les gens de bien plaignent les uns et les autres, qui ont ou de la grandeur ou de l'esprit, sans nulle vertu.

13

Quand je vois d'une part auprès des grands, à leur table, et quelquefois dans leur familiarité, de ces hommes alertes, empressés, intrigants, aventuriers, esprits dangereux et nuisibles, et que je considère d'autre part quelle peine ont les personnes de mérite à en approcher, je ne suis pas toujours disposé à croire que les méchants soient soufferts par intérêt, ou que les gens de bien soient regardés comme inutiles ; je trouve plus mon compte à me confirmer dans cette pensée, que grandeur et discernement sont deux choses différentes, et l'amour pour la vertu et pour les vertueux une troisième chose. (ÉD. 4.)

14

Lucile aime mieux user sa vie à se faire supporter de quelques grands, que d'être réduit à vivre familièrement avec ses égaux.

La règle de voir de plus grands que soi doit avoir ses restrictions. Il faut quelquefois d'étranges talents pour la réduire en pratique[1].

15

Quelle est l'incurable maladie de *Théophile*[2] ? Elle lui dure depuis plus de trente années, il ne guérit point : il a voulu, il veut et il voudra gouverner les grands ; la mort seule lui ôtera avec la vie cette soif d'empire et d'ascendant sur les esprits. Est-ce en lui zèle du prochain? est-ce habitude? est-ce une excessive opinion de soi-même? Il n'y a point de palais où il ne s'insinue; ce n'est pas au milieu d'une chambre qu'il s'arrête : il passe à une embrasure ou au cabinet; on attend qu'il ait parlé, et longtemps et avec action, pour avoir audience, pour être vu. Il entre dans le secret des familles; il est de quelque chose dans tout ce qui leur arrive de triste ou d'avantageux; il prévient, il s'offre, il se fait de fête, il faut l'admettre. Ce n'est pas assez pour remplir son temps ou son ambition, que le soin de dix mille âmes dont il répond à Dieu comme de la sienne propre : il y en a d'un plus haut rang et d'une plus grande distinction dont il ne doit aucun compte, et dont il se charge plus volontiers. Il écoute, il veille sur tout ce qui peut servir de pâture à son esprit d'intrigue, de médiation ou de manège. À peine un grand est-il débarqué, qu'il l'empoigne et s'en saisit; on entend plus tôt dire à Théophile qu'il le gouverne, qu'on n'a pu soupçonner qu'il pensait à le gouverner. (ÉD. 6.)

16

Une froideur ou une incivilité qui vient de ceux qui sont au-dessus de nous, nous les fait haïr; mais un salut ou un sourire nous les réconcilie.

17

Il y a des hommes superbes, que l'élévation de leurs rivaux humilie et apprivoise; ils en viennent, par cette disgrâce, jusques à rendre le salut; mais le temps, qui adoucit toutes choses, les remet enfin dans leur naturel. (ÉD. 6.)

18

Le mépris que les grands ont pour le peuple les rend indifférents sur les flatteries ou sur les louanges qu'ils en reçoivent et tempère leur vanité. De même les princes, loués sans fin et sans relâche des grands ou des courtisans, en seraient plus vains s'ils estimaient davantage ceux qui les louent. (ÉD. 4.)

19

Les grands croient être seuls parfaits, n'admettent qu'à peine dans les autres hommes la droiture d'esprit, l'habileté, la délicatesse, et s'emparent de ces riches talents comme de choses dues à leur naissance. C'est cependant en eux une erreur grossière de se nourrir de si fausses préventions : ce qu'il y a jamais eu de mieux pensé, de mieux dit, de mieux écrit, et peut-être d'une conduite plus délicate, ne nous est pas toujours venu de leur fonds. Ils ont de grands domaines et une longue suite d'ancêtres : cela ne leur peut être contesté.

20

Avez-vous de l'esprit, de la grandeur, de l'habileté, du goût, du discernement ? en croirai-je la prévention et la flatterie, qui publient hardiment votre mérite ? Elles me sont suspectes, et je les récuse. Me laisserai-je éblouir par un air de capacité ou de hauteur qui vous met au-dessus de tout ce qui se fait, de ce qui se dit et de ce qui s'écrit, qui vous rend sec sur les louanges, et empêche qu'on ne puisse arracher de vous la moindre approbation ? Je conclus de là plus naturellement que vous avez de la faveur, du crédit et de grandes richesses. Quel moyen de vous définir, *Téléphon* [1] ? on n'approche de vous que comme du feu, et dans une certaine distance, et il faudrait vous développer, vous manier, vous confronter avec vos pareils, pour porter de vous un jugement sain et raisonnable. Votre homme de confiance, qui est dans votre familiarité, dont vous prenez conseil, pour qui vous quittez *Socrate* et *Aristide* [2], avec qui vous riez, et qui rit plus haut que vous, *Dave* enfin, m'est très connu : serait-ce assez pour vous bien connaître ? (ÉD. 6.)

21

Il y en a de tels, que s'ils pouvaient connaître leurs subalternes et se connaître eux-mêmes, ils auraient honte de primer. (ÉD. 5.)

22

S'il y a peu d'excellents orateurs, y a-t-il bien des gens qui puissent les entendre ? S'il n'y a pas assez de bons écrivains, où sont ceux qui savent lire ? De même on s'est toujours plaint du petit nombre de personnes capables de conseiller les rois, et de les aider dans l'administration de leurs affaires ; mais s'ils naissent enfin ces hommes habiles et intelligents, s'ils agissent selon leurs vues et leurs lumières, sont-ils aimés, sont-ils estimés autant qu'ils le méritent ? Sont-ils loués de ce qu'ils pensent et de ce qu'ils font pour la patrie ? Ils vivent, il suffit : on les censure s'ils échouent, et on les envie s'ils réussissent. Blâmons le peuple où il serait ridicule de vouloir l'excuser. Son chagrin et sa jalousie, regardés des grands ou des puissants comme inévitables, les ont conduits insensiblement à le compter pour rien, et à négliger ses suffrages dans toutes leurs entreprises, à s'en faire même une règle de politique. (ÉD. 5.)

Les petits se haïssent les uns les autres lorsqu'ils se nuisent réciproquement. Les grands sont odieux aux petits par le mal qu'ils leur font, et par tout le bien qu'ils ne leur font pas : ils leur sont responsables de leur obscurité, de leur pauvreté et de leur infortune, ou du moins ils leur paraissent tels. (ÉD. 5.)

23

C'est déjà trop d'avoir avec le peuple une même religion et un même Dieu ; quel moyen encore de s'appeler

Pierre, Jean, Jacques, comme le marchand ou le laboureur? Évitons d'avoir rien de commun avec la multitude; affectons au contraire toutes les distinctions qui nous en séparent. Qu'elle s'approprie les douze apôtres, leurs disciples, les premiers martyrs (telles gens, tels patrons); qu'elle voie avec plaisir revenir, toutes les années, ce jour particulier que chacun célèbre comme sa fête. Pour nous autres grands, ayons recours aux noms profanes; faisons-nous baptiser sous ceux d'Annibal, de César et de Pompée : c'étaient de grands hommes; sous celui de Lucrèce : c'était une illustre Romaine[1]; sous ceux de Renaud, de Roger, d'Olivier et de Tancrède : c'étaient des paladins, et le roman n'a point de héros plus merveilleux; sous ceux d'Hector, d'Achilles, d'Hercules, tous demi-dieux; sous ceux même de Phœbus et de Diane; et qui nous empêchera de nous faire nommer Jupiter ou Mercure, ou Vénus, ou Adonis? (ÉD. 5.)

24

Pendant que les grands négligent de rien connaître, je ne dis pas seulement aux intérêts des princes et aux affaires publiques, mais à leurs propres affaires; qu'ils ignorent l'économie et la science d'un père de famille, et qu'ils se louent eux-mêmes de cette ignorance; qu'ils se laissent appauvrir et maîtriser par des intendants; qu'ils se contentent d'être gourmets ou *coteaux*[2], d'aller chez *Thaïs* ou chez *Phryné,* de parler de la meute et de la vieille meute, de dire combien il y a de postes de Paris à Besançon, ou à Philisbourg, des citoyens s'instruisent du dedans et du dehors d'un royaume, étudient le gouvernement, deviennent fins et politiques, savent le fort et le faible de tout un État, songent à se mieux placer, se placent, s'élèvent, deviennent puissants, soulagent le prince d'une partie des soins publics. Les grands, qui les dédaignent, les révèrent : heureux s'ils deviennent leurs gendres[3]. (ÉD. 7.)

25

Si je compare ensemble les deux conditions des hommes les plus opposées, je veux dire les grands avec le peuple, ce dernier me paraît content du nécessaire, et les autres sont inquiets et pauvres avec le superflu. Un homme du peuple ne saurait faire aucun mal; un grand ne veut faire aucun bien, et eſt capable de grands maux. L'un ne se forme et ne s'exerce que dans les choses qui sont utiles; l'autre y joint les pernicieuses. Là se montrent ingénument la grossièreté et la franchise; ici se cache une sève maligne et corrompue sous l'écorce de la politesse. Le peuple n'a guères d'esprit, et les grands n'ont point d'âme : celui-là a un bon fond, et n'a point de dehors; ceux-ci n'ont que des dehors et qu'une simple superficie. Faut-il opter? Je ne balance pas : je veux être peuple[1]. (ÉD. 5.)

26

Quelque profonds[2] que soient les grands de la cour, et quelque art qu'ils aient pour paraître ce qu'ils ne sont pas et pour ne point paraître ce qu'ils sont, ils ne peuvent cacher leur malignité, leur extrême pente à rire aux dépens d'autrui, et à jeter un ridicule souvent où il n'y en peut avoir. Ces beaux talents se découvrent en eux du premier coup d'œil, admirables sans doute pour envelopper une dupe et rendre sot celui qui l'eſt déjà, mais encore plus propre à leur ôter tout le plaisir qu'ils pourraient tirer d'un homme d'esprit, qui saurait se tourner et se plier en mille manières agréables et réjouissantes, si le dangereux caractère du courtisan ne l'engageait pas à une fort grande retenue. Il lui oppose un caractère sérieux[3], dans lequel il se retranche; et il fait si bien que les railleurs, avec des intentions si mauvaises, manquent d'occasions de se jouer de lui.

27

Les aises de la vie, l'abondance, le calme d'une grande

prospérité font que les princes ont de la joie de reste pour rire d'un nain, d'un singe, d'un imbécile et d'un mauvais conte; les gens moins heureux ne rient qu'à propos.

28

Un grand aime la Champagne, abhorre la Brie; il s'enivre de meilleur vin que l'homme du peuple : seule différence que la crapule laisse entre les conditions les plus disproportionnées, entre le seigneur et l'estafier. (ÉD. 8.)

29

Il semble d'abord qu'il entre dans les plaisirs des princes un peu de celui d'incommoder les autres. Mais non, les princes ressemblent aux hommes; ils songent à eux-mêmes; suivent leur goût, leurs passions, leur commodité : cela est naturel.

30

Il semble que la première règle des compagnies, des gens en place ou des puissants, est de donner à ceux qui dépendent d'eux pour le besoin de leurs affaires toutes les traverses qu'ils en peuvent craindre.

31

Si un grand a quelque degré de bonheur sur les autres hommes, je ne devine pas lequel, si ce n'est peut-être de se trouver souvent dans le pouvoir et dans l'occasion de faire plaisir; et si elle naît, cette conjoncture, il semble qu'il doive s'en servir. Si c'est en faveur d'un homme de bien, il doit appréhender qu'elle ne lui échappe; mais comme c'est en une chose juste, il doit prévenir la sollicitation, et n'être vu que pour être remercié; et si elle est facile, il ne doit pas même la lui faire valoir. S'il la lui refuse, je les plains tous deux. (ÉD. 4.)

32

Il y a des hommes nés inaccessibles, et ce sont précisément ceux de qui les autres ont besoin, de qui ils dépendent. Ils ne sont jamais que sur un pied; mobiles comme le mercure, ils pirouettent, ils gesticulent, ils crient, ils s'agitent; semblables à ces figures de carton qui servent de montre à une fête publique, ils jettent feu et flamme, tonnent et foudroient : on n'en approche pas, jusques à ce que venant à s'éteindre, ils tombent, et par leur chute deviennent traitables, mais inutiles. (ÉD. 6.)

33

Le suisse, le valet de chambre, l'homme de livrée, s'ils n'ont plus d'esprit que ne porte leur condition, ne jugent plus d'eux-mêmes par leur première bassesse, mais par l'élévation et la fortune des gens qu'ils servent, et mettent tous ceux qui entrent par leur porte, et montent leur escalier, indifféremment au-dessous d'eux et de leurs maîtres : tant il est vrai qu'on est destiné à souffrir des grands et de ce qui leur appartient. (ÉD. 4.)

34

Un homme en place doit aimer son prince, sa femme ses enfants[1], et après eux les gens d'esprit; il les doit adopter, il doit s'en fournir et n'en jamais manquer. Il ne saurait payer, je ne dis pas de trop de pensions et de bienfaits, mais de trop de familiarité et de caresses, les secours et les services qu'il en tire, même sans le savoir[2]. Quels petits bruits ne dissipent-ils pas? quelles histoires ne réduisent-ils pas à la fable et à la fiction? Ne savent-ils pas justifier les mauvais succès par les bonnes intentions, prouver la bonté d'un dessein et la justesse des mesures par le bonheur des événements, s'élever contre la malignité et l'envie pour accorder à de bonnes entreprises de meilleurs motifs, donner des explications favorables à des apparences qui étaient mauvaises, détourner les petits défauts, ne montrer que les vertus, et les mettre dans leur jour, semer en mille occasions des faits et des détails qui soient avantageux, et tourner le ris et la moquerie contre ceux qui oseraient en douter ou avancer des faits contraires ? Je sais que les grands ont pour maxime de laisser parler et de continuer d'agir ; mais je sais aussi qu'il leur arrive en plusieurs rencontres que laisser dire les empêche de faire. (ÉD. 4.)

35

Sentir le mérite, et quand il eſt une fois connu, le bien traiter, deux grandes démarches à faire tout de suite, et dont la plupart des grands sont fort incapables. (ÉD. 4.)

36

Tu es grand, tu es puissant : ce n'eſt pas assez ; fais que je t'eſtime, afin que je sois triſte d'être déchu de tes bonnes grâces, ou de n'avoir pu les acquérir. (ÉD. 4.)

37

Vous dites d'un grand ou d'un homme en place qu'il eſt prévenant, officieux, qu'il aime à faire plaisir ; et vous le confirmez par un long détail de ce qu'il a fait en une affaire où il a su que vous preniez intérêt. Je vous entends : on va pour vous au-devant de la sollicitation, vous avez du crédit, vous êtes connu du miniſtre, vous êtes bien avec les puissances : désirez-vous que je susse autre chose ? (ÉD. 4.)

Quelqu'un vous dit : *Je me plains d'un tel, il eſt fier depuis son élévation, il me dédaigne, il ne me connaît plus. — Je n'ai pas, pour moi,* lui répondez-vous, *sujet de m'en plaindre ; au contraire, je m'en loue fort, et il me semble même qu'il eſt assez civil.* Je crois encore vous entendre :

vous voulez qu'on sache qu'un homme en place a de l'attention pour vous, et qu'il vous démêle dans l'antichambre entre mille honnêtes gens de qui il détourne ses yeux, de peur de tomber dans l'inconvénient de leur rendre le salut ou de leur sourire. (ÉD. 7.)

« Se louer de quelqu'un, se louer d'un grand », phrase délicate dans son origine, et qui signifie sans doute se louer soi-même, en disant d'un grand tout le bien qu'il nous a fait, ou qu'il n'a pas songé à nous faire. (ÉD. 4.)

On loue les grands pour marquer qu'on les voit de près, rarement par estime ou par gratitude. On ne connaît pas souvent ceux que l'on loue; la vanité ou la légèreté l'emportent quelquefois sur le ressentiment : on est mal content d'eux et on les loue. (ÉD. 4.)

38

S'il est périlleux de tremper dans une affaire suspecte, il l'est encore davantage de s'y trouver complice d'un grand : il s'en tire, et vous laisse payer doublement, pour lui et pour vous. (ÉD. 4.)

39

Le prince n'a point assez de toute sa fortune pour payer une basse complaisance, si l'on en juge par tout ce que celui qu'il veut récompenser y a mis du sien; et il n'a pas trop de toute sa puissance pour le punir, s'il mesure sa vengeance au tort qu'il en a reçu. (ÉD. 5.)

40

La noblesse expose sa vie pour le salut de l'État et pour la gloire du souverain[1]; le magistrat décharge le prince d'une partie du soin de juger les peuples : voilà de part et d'autre des fonctions bien sublimes et d'une merveilleuse utilité; les hommes ne sont guères capables de plus grandes choses, et je ne sais d'où la robe et l'épée ont puisé de quoi se mépriser réciproquement. (ÉD. 4.)

41

S'il est vrai qu'un grand donne plus à la fortune lorsqu'il hasarde une vie destinée à couler dans les ris, le plaisir et l'abondance, qu'un particulier qui ne risque que des jours qui sont misérables, il faut avouer aussi qu'il a un tout autre dédommagement, qui est la gloire et la haute réputation. Le soldat ne sent pas qu'il soit connu; il meurt obscur et dans la foule : il vivait de même, à la vérité, mais il vivait; et c'est l'une des sources du défaut de courage dans les conditions basses et serviles. Ceux au contraire que la naissance démêle d'avec le peuple et expose aux yeux des hommes, à leur censure et à leurs éloges, sont même capables de sortir par effort de leur tempérament, s'il ne les portait pas à la vertu; et cette disposition de cœur et d'esprit, qui passe des aïeuls par les pères dans leurs descendants, est cette bravoure si familière aux personnes nobles, et peut-être la noblesse même[1]. (ÉD. 4.)

Jetez-moi dans les troupes comme un simple soldat, je suis Thersite; mettez-moi à la tête d'une armée dont j'aie à répondre à toute l'Europe, je suis ACHILLE. (ÉD. 5.)

42

Les princes, sans autre science ni autre règle, ont un goût de comparaison : ils sont nés et élevés au milieu et comme dans le centre des meilleures choses, à quoi ils rapportent ce qu'ils lisent, ce qu'ils voient et ce qu'ils entendent. Tout ce qui s'éloigne trop de LULLI, de RACINE et de LE BRUN est condamné.

43

Ne parler aux jeunes princes que du soin de leur rang

est un excès de précaution, lorsque toute une cour met son devoir et une partie de sa politesse à les respecter, et qu'ils sont bien moins sujets à ignorer aucun des égards dus à leur naissance[1], qu'à confondre les personnes et les traiter indifféremment et sans distinction des conditions et des titres. Ils ont une fierté naturelle, qu'ils retrouvent dans les occasions; il ne leur faut des leçons que pour la régler, que pour leur inspirer la bonté, l'honnêteté et l'esprit de discernement.

44

C'est une pure hypocrisie à un homme d'une certaine élévation de ne pas prendre d'abord le rang qui lui est dû, et que tout le monde lui cède : il ne lui coûte rien d'être modeste, de se mêler dans la multitude qui va s'ouvrir pour lui, de prendre dans une assemblée une dernière place, afin que tous l'y voient et s'empressent de l'en ôter. La modestie est d'une pratique plus amère aux hommes d'une condition ordinaire : s'ils se jettent dans la foule, on les écrase; s'ils choisissent un poste incommode, il leur demeure.

45

Aristarque[2] se transporte dans la place avec un héraut et un trompette; celui-ci commence : toute la multitude accourt et se rassemble. « Écoutez, peuple, dit le héraut; soyez attentifs; silence, silence! *Aristarque, que vous voyez présent, doit faire demain une bonne action.* » Je dirai plus simplement et sans figure : « Quelqu'un fait bien; veut-il faire mieux? que je ne sache pas qu'il fait bien, ou que je ne le soupçonne pas du moins de me l'avoir appris. » (ÉD. 5.)

46

Les meilleures actions s'altèrent et s'affaiblissent par la manière dont on les fait, et laissent même douter des intentions. Celui qui protège ou qui loue la vertu pour la vertu, qui corrige ou qui blâme le vice à cause du vice, agit simplement, naturellement, sans aucun tour, sans nulle singularité, sans faste, sans affectation; il n'use point de réponses graves et sentencieuses, encore moins de traits piquants et satiriques : ce n'est jamais une scène qu'il joue pour le public, c'est un bon exemple qu'il donne, et un devoir dont il s'acquitte; il ne fournit rien aux visites des femmes, ni au cabinet *(a)*, ni aux nouvellistes; il ne donne point à un homme agréable la matière d'un joli conte. Le bien qu'il vient de faire est un peu moins su, à la vérité; mais il a fait ce bien : que voudrait-il davantage? (ÉD. 6.)

47

Les grands ne doivent point aimer les premiers temps : ils ne leur sont point favorables; il est triste pour eux d'y voir que nous sortions tous du frère et de la sœur. Les hommes composent ensemble une même famille : il n'y a que le plus ou le moins dans le degré de parenté.

48

Théognis est recherché dans son ajustement, et il sort paré comme une femme; il n'est pas hors de sa maison, qu'il a déjà ajusté ses yeux et son visage, afin que ce soit une chose faite quand il sera dans le public, qu'il y paraisse tout concerté, que ceux qui passent le trouvent déjà gracieux et leur souriant, et que nul ne lui échappe. Marche-t-il dans les salles, il se tourne à droite, où il y a un grand monde, et à gauche, où il n'y a personne; il salue ceux qui y sont et ceux qui n'y sont pas. Il embrasse un homme qu'il trouve sous sa main, il lui presse la tête contre sa poitrine; il demande ensuite qui

a. Rendez-vous à Paris de quelques honnêtes gens pour la conversation.

est celui qu'il a embrassé. Quelqu'un a besoin de lui dans une affaire qui est facile; il va le trouver, lui fait sa prière : Théognis l'écoute favorablement, il est ravi de lui être bon à quelque chose, il le conjure de faire naître des occasions de lui rendre service; et comme celui-ci insiste sur son affaire, il lui dit qu'il ne la fera point; il le prie de se mettre en sa place, il l'en fait juge. Le client sort, reconduit, caressé, confus, presque content d'être refusé. (ÉD. 6.)

49

C'est avoir une très mauvaise opinion des hommes, et néanmoins les bien connaître, que de croire dans un grand poste leur imposer par des caresses étudiées, par de longs et stériles embrassements.

50

Pamphile[1] ne s'entretient pas avec les gens qu'il rencontre dans les salles ou dans les cours : si l'on en croit sa gravité et l'élévation de sa voix, il les reçoit, leur donne audience, les congédie; il a des termes tout à la fois civils et hautains, une honnêteté impérieuse et qu'il emploie sans discernement; il a une fausse grandeur qui l'abaisse, et qui embarrasse fort ceux qui sont ses amis, et qui ne veulent pas le mépriser. (ÉD. 4.)

Un Pamphile est plein de lui-même, ne se perd pas de vue, ne sort point de l'idée de sa grandeur, de ses alliances, de sa charge, de sa dignité; il ramasse, pour ainsi dire, toutes ses pièces, s'en enveloppe pour se faire valoir; il dit : *Mon ordre, mon cordon bleu;* il l'étale ou il le cache par ostentation. Un Pamphile en un mot veut être grand, il croit l'être; il ne l'est pas, il est d'après un grand. Si quelquefois il sourit à un homme du dernier ordre, à un homme d'esprit, il choisit son temps si juste, qu'il n'est jamais pris sur le fait : aussi la rougeur lui monterait-elle au visage s'il était malheureusement surpris dans la moindre familiarité avec quelqu'un qui n'est ni opulent, ni puissant, ni ami d'un ministre, ni son allié, ni son domestique. Il est sévère et inexorable à qui n'a point encore fait sa fortune. Il vous aperçoit un jour dans une galerie, et il vous fuit; et le lendemain, s'il vous trouve en un endroit moins public, ou s'il est public, en la compagnie d'un grand, il prend courage, il vient à vous, et il vous dit : *Vous ne faisiez pas hier semblant de nous voir*. Tantôt il vous quitte brusquement pour joindre un seigneur ou un premier commis; et tantôt, s'il les trouve avec vous en conversation, il vous coupe et vous les enlève. Vous l'abordez une autre fois, et il ne s'arrête pas; il se fait suivre, vous parle si haut que c'est une scène pour ceux qui passent. Aussi les Pamphiles sont-ils toujours comme sur un théâtre : gens nourris dans le faux, et qui ne haïssent rien tant que d'être naturels; vrais personnages de comédie, des Floridors, des Mondoris. (ÉD. 6.)

On ne tarit point sur les Pamphiles : ils sont las et timides devant les princes et les ministres; pleins de hauteur et de confiance avec ceux qui n'ont que de la vertu; muets et embarrassés avec les savants; vifs, hardis et décisifs avec ceux qui ne savent rien. Ils parlent de guerre à un homme de robe, et de politique à un financier; ils savent l'histoire avec les femmes; ils sont poètes avec un docteur, et géomètres avec un poète. De maximes, ils ne s'en chargent pas; de principes, encore moins : ils vivent à l'aventure, poussés et entraînés par le vent de la faveur et par l'attrait des richesses. Ils n'ont point d'opinion qui soit à eux, qui leur soit propre; ils en empruntent à mesure qu'ils en ont besoin; et celui à qui ils ont recours n'est guères un homme sage, ou habile, ou vertueux : c'est un homme à la mode[1]. (ÉD. 7.)

51

Nous avons pour les grands[2] et pour les gens en place une jalousie stérile ou une haine impuissante, qui ne nous venge point de leur splendeur et de leur élévation, et qui ne fait qu'ajouter à notre propre misère le poids insupportable du bonheur d'autrui [1]. Que faire contre une maladie de l'âme si invétérée et si contagieuse? Contentons-nous de peu, et de moins encore s'il est possible; sachons perdre dans l'occasion : la recette est infaillible, et je consens à l'éprouver. J'évite par là d'apprivoiser un suisse ou de fléchir un commis; d'être repoussé à une porte par la foule innombrable de clients ou de courtisans dont la maison d'un ministre se dégorge plusieurs fois le jour; de languir dans sa salle d'audience; de lui demander en tremblant et en balbutiant une chose juste; d'essuyer sa gravité, son ris amer et son *laconisme* [2]. Alors je ne le hais plus, je ne lui porte plus d'envie; il ne me fait aucune prière, je ne lui en fais pas; nous sommes égaux, si ce n'est peut-être qu'il n'est pas tranquille, et que je le suis. (ÉD. 6.)

52

Si les grands ont les occasions de nous faire du bien, ils en ont rarement la volonté; et s'ils désirent de nous faire du mal, ils n'en trouvent pas toujours les occasions. Ainsi l'on peut être trompé dans l'espèce de culte qu'on leur rend, s'il n'est fondé que sur l'espérance ou sur la crainte; et une longue vie se termine quelquefois sans qu'il arrive de dépendre d'eux pour le moindre intérêt, ou qu'on leur doive sa bonne ou sa mauvaise fortune. Nous devons les honorer, parce qu'ils sont grands et que nous sommes petits, et qu'il y en a d'autres plus petits que nous, qui nous honorent.

53

À la cour, à la ville, mêmes passions, mêmes faiblesses, mêmes petitesses, mêmes travers d'esprit, mêmes brouilleries dans les familles et entre les proches, mêmes envies, mêmes antipathies. Partout des brus et des belles-mères, des maris et des femmes, des divorces, des ruptures, et de mauvais raccommodements; partout des humeurs, des colères, des partialités, des rapports, et ce qu'on appelle de mauvais discours. Avec de bons yeux on voit sans peine la petite ville, la rue S. Denis, comme transportées à V** ou à F**. Ici l'on croit se haïr avec plus de fierté et hauteur, et peut-être avec plus de dignité : on se nuit réciproquement avec plus d'habileté et de finesse; les colères sont plus éloquentes, et l'on se dit des injures plus poliment et en meilleurs termes; l'on n'y blesse point la pureté de la langue; l'on n'y offense que les hommes ou que leur réputation : tous les dehors du vice y sont spécieux; mais le fond, encore une fois, y est le même que dans les conditions les plus ravalées; tout le bas, tout le faible et tout l'indigne s'y trouvent. Ces hommes si grands ou par leur naissance, ou par leur faveur, ou par leurs dignités, ces têtes si fortes et si habiles, ces femmes si polies et si spirituelles, tous méprisent le peuple, et ils sont peuple. (ÉD. 6.)

Qui dit le peuple dit plus d'une chose : c'est une vaste expression, et l'on s'étonnerait de voir ce qu'elle embrasse, et jusques où elle s'étend[1]. Il y a le peuple qui est opposé aux grands : c'est la populace et la multitude; il y a le peuple qui est opposé aux sages, aux habiles et aux vertueux : ce sont les grands comme les petits. (ÉD. 4.)

54

Les grands se gouvernent par sentiment, âmes oisives sur lesquelles tout fait d'abord une vive impression. Une chose arrive, ils en parlent trop; bientôt ils en parlent peu; ensuite ils n'en parlent plus, et ils n'en parleront plus. Action, conduite, ouvrage, événement, tout est oublié; ne leur demandez ni correction, ni prévoyance, ni réflexion, ni reconnaissance, ni récompense. (ÉD. 6.)

55

L'on se porte aux extrémités opposées à l'égard de certains personnages. La satire après leur mort court parmi le peuple, pendant que les voûtes des temples retentissent de leurs éloges. Ils ne méritent quelquefois ni libelles ni discours funèbres; quelquefois aussi ils sont dignes de tous les deux.

56

L'on doit se taire sur les puissants : il y a presque toujours de la flatterie à en dire du bien; il y a du péril à en dire du mal pendant qu'ils vivent, et de la lâcheté quand ils sont morts.

DU SOUVERAIN
OU DE LA RÉPUBLIQUE[1]

1

QUAND l'on parcourt, sans la prévention de son pays, toutes les formes de gouvernement, l'on ne sait à laquelle se tenir : il y a dans toutes le moins bon, et le moins mauvais. Ce qu'il y a de plus raisonnable et de plus sûr, c'est d'estimer celle où l'on est né la meilleure de toutes, et de s'y soumettre.

2

Il ne faut ni art ni science pour exercer la tyrannie, et la politique qui ne consiste qu'à répandre le sang est fort bornée et de nul raffinement; elle inspire de tuer ceux dont la vie est un obstacle à notre ambition : un homme né cruel fait cela sans peine. C'est la manière la plus horrible et la plus grossière de se maintenir ou de s'agrandir.

3

C'est une politique sûre et ancienne dans les républiques que d'y laisser le peuple s'endormir dans les fêtes, dans les spectacles, dans le luxe, dans le faste, dans les plaisirs, dans la vanité et la mollesse; le laisser se remplir du vide et savourer la bagatelle : quelles grandes démarches ne fait-on pas au despotique par cette indulgence! (ÉD. 4.)

4

Il n'y a point de patrie dans le despotique; d'autres choses y suppléent : l'intérêt, la gloire, le service du prince[2]. (ÉD. 7.)

5

Quand on veut changer et innover dans une république, c'est moins les choses que le temps que l'on considère. Il y a des conjonctures où l'on sent bien qu'on ne saurait trop attenter contre le peuple; et il y en a d'autres où il est clair qu'on ne peut trop le ménager. Vous pouvez aujourd'hui ôter à cette ville ses franchises, ses droits, ses privilèges; mais demain ne songez pas même à réformer ses enseignes. (ÉD. 4.)

6

Quand le peuple est en mouvement, on ne comprend pas par où le calme peut y rentrer; et quand il est paisible, on ne voit pas par où le calme peut en sortir. (ÉD. 4.)

7

Il y a de certains maux dans la république qui y sont soufferts, parce qu'ils préviennent ou empêchent de plus grands maux. Il y a d'autres maux qui sont tels seulement par leur établissement, et qui étant dans leur origine un abus ou un mauvais usage, sont moins pernicieux dans leurs suites et dans la pratique qu'une loi plus juste ou une coutume plus raisonnable. L'on voit une espèce de maux que l'on peut corriger par le changement ou la nouveauté, qui est un mal, et fort dangereux[1]. Il y en a d'autres cachés et enfoncés comme des ordures dans un cloaque, je veux dire ensevelis sous la honte, sous le secret et dans l'obscurité : on ne peut les fouiller et les remuer qu'ils n'exhalent le poison et l'infamie; les plus sages doutent quelquefois s'il est mieux de connaître ces maux que de les ignorer[2]. L'on tolère quelquefois dans un État un assez grand mal, mais qui détourne un million de petits maux ou d'inconvénients qui tous seraient inévitables et irrémédiables. Il se trouve des maux dont chaque particulier gémit, et qui deviennent néanmoins un bien public, quoique le public ne soit autre chose que tous les particuliers. Il y a des maux personnels qui concourent au bien et à l'avantage de chaque famille. Il y en a qui affligent, ruinent ou déshonorent les familles, mais qui tendent au bien et à la conservation de la machine de l'État et du gouvernement. D'autres maux renversent des États, et sur leurs ruines en élèvent de nouveaux. On en a vu enfin qui ont sapé par les fondements de grands empires, et qui les ont fait évanouir de dessus la terre, pour varier et renouveler la face de l'univers. (ÉD. 4.)

8

Qu'importe à l'État qu'*Ergaste* soit riche, qu'il ait des chiens qui arrêtent bien, qu'il crée les modes sur les équipages et sur les habits, qu'il abonde en superfluités ? Où il s'agit de l'intérêt et des commodités de tout le public, le particulier est-il compté ? La consolation des peuples dans les choses qui leur pèsent un peu est de savoir qu'ils soulagent le prince, ou qu'ils n'enrichissent que lui : ils ne se croient point redevables à Ergaste de l'embellissement de sa fortune. (ÉD. 8.)

9

La guerre a pour elle l'antiquité; elle a été dans tous les siècles : on l'a toujours vue remplir le monde de veuves et d'orphelins, épuiser les familles d'héritiers et faire périr les frères à une même bataille. Jeune SOYECOUR! je regrette ta vertu, ta pudeur, ton esprit déjà mûr, pénétrant, élevé, sociable; je plains cette mort prématurée qui te joint à ton intrépide père, et t'enlève à une cour où tu n'as fait que te montrer : malheur déplorable, mais ordinaire! De tout temps les hommes, pour quelque morceau de terre de plus ou de moins, sont convenus entr'eux de se dépouiller, se brûler, se tuer, s'égorger les uns les autres; et pour le faire plus ingénieusement et avec plus de sûreté, ils ont inventé de belles règles qu'on appelle l'art militaire; ils ont attaché à la pratique de ces règles la gloire ou la plus solide réputation; et ils ont depuis enchéri de siècle en siècle sur la manière de se détruire réciproquement. De l'injustice des premiers hommes, comme de son unique source, est venue la guerre, ainsi que la nécessité où ils se sont trouvés de se donner des maîtres qui fixassent leurs droits et leurs prétentions. Si, content du sien, on eût pu s'abstenir du bien de ses voisins, on avait pour toujours la paix et la liberté[1]. (ÉD. 4.)

10

Le peuple paisible dans ses foyers, au milieu des siens, et dans le sein d'une grande ville où il n'a rien à craindre ni pour ses biens ni pour sa vie, respire le feu et le sang, s'occupe de guerres, de ruines, d'embrasements et de massacres, souffre impatiemment que des armées qui tiennent la campagne ne viennent point à se rencontrer, ou si elles sont une fois en présence, qu'elles ne combattent point, ou si elles se mêlent, que le combat ne soit pas sanglant et qu'il y ait moins de dix mille hommes sur la place. Il va même souvent jusques à oublier ses intérêts les plus chers, le repos et la sûreté, par l'amour qu'il a pour le changement, et par le goût de la nouveauté ou des choses extraordinaires. Quelques-uns consentiraient à voir une autre fois les ennemis aux portes de Dijon ou de Corbie, à voir tendre des chaînes et faire des barricades, pour le seul plaisir d'en dire ou d'en apprendre la nouvelle[2]. (ÉD. 4.)

11

Démophile[3], à ma droite, se lamente, et s'écrie : « Tout est perdu, c'est fait de l'État; il est du moins sur le penchant de sa ruine. Comment résister à une si forte et si générale conjuration? Quel moyen, je ne dis pas d'être supérieur, mais de suffire seul à tant et de si puissants ennemis? Cela est sans exemple dans la monarchie. Un héros, un ACHILLE y succomberait. On a fait, ajoute-t-il, de lourdes fautes : je sais bien ce que je dis, je suis du métier, j'ai vu la guerre, et l'histoire m'en a beaucoup appris. » Il parle là-dessus avec admiration d'Olivier le Daim et de Jacques Cœur : « C'étaient là des hommes, dit-il, c'étaient des ministres. » Il débite ses nouvelles, qui sont toutes les plus tristes et les plus désavantageuses que l'on pourrait feindre : tantôt un parti des nôtres a été attiré dans une embuscade et taillé en pièces; tantôt quelques troupes renfermées dans un château se sont rendues aux ennemis à discrétion, et ont passé par le fil de l'épée; et si vous lui dites que ce bruit est faux et qu'il ne se confirme point, il ne vous écoute pas; il ajoute qu'un tel général a été tué; et bien qu'il soit vrai qu'il n'a reçu qu'une légère blessure, et que vous l'en assuriez, il déplore sa mort, il plaint sa veuve, ses enfants, l'État; il se plaint lui-même : *il a perdu un bon ami et une grande protection*. Il dit que la cavalerie allemande est invincible; il pâlit au seul nom des cuirassiers de l'Empereur. « Si l'on attaque cette place, continue-t-il, on lèvera le siège. Ou l'on demeurera sur la défensive sans livrer de combat; ou si on le livre, on le doit perdre; et si on le perd, voilà l'ennemi sur la frontière. » Et comme Démophile le fait voler, le voilà dans le cœur du royaume : il entend déjà sonner le beffroi des villes, et crier à l'alarme; il songe à son bien et à ses terres : où conduira-t-il son argent, ses meubles, sa famille? où se réfugiera-t-il? en Suisse ou à Venise? (ÉD. 6.)

Mais, à ma gauche, *Basilide* met tout d'un coup sur pied une armée de trois cent mille hommes; il n'en rabattrait pas une seule brigade : il a la liste des escadrons et des bataillons, des généraux et des officiers; il n'oublie pas l'artillerie ni le bagage. Il dispose absolument de toutes ces troupes : il en envoie tant en Allemagne et tant en Flandre; il réserve un certain nombre pour les Alpes, un peu moins pour les Pyrénées, et il fait passer la mer à ce qui lui reste. Il connaît les marches de ces armées, il sait ce qu'elles feront et ce qu'elles ne feront pas; vous diriez qu'il ait l'oreille du prince ou le secret du ministre. Si les ennemis viennent de perdre une bataille où il soit demeuré sur la place quelque neuf à dix mille hommes des leurs, il en compte jusques à trente mille, ni plus ni moins; car ses nombres sont toujours fixes et certains, comme de celui qui est bien informé. S'il apprend le matin que nous avons perdu une bicoque, non seulement il envoie s'excuser à ses amis qu'il a la veille conviés à dîner, mais même ce jour-là il ne dîne point, et s'il soupe, c'est sans appétit. Si les nôtres assiègent une place très forte, très régulière, pourvue de vivres et de munitions, qui a une bonne garnison, commandée par un homme d'un grand courage, il sait que la ville a des endroits faibles et mal fortifiés, qu'elle manque de poudre, que son gouverneur manque d'expérience, et qu'elle capitulera après huit jours de tranchée ouverte. Une autre fois il accourt tout hors d'haleine, et après avoir respiré un peu : « Voilà, s'écrie-t-il, une grande nouvelle; ils sont défaits, et à plate couture; le général, les chefs, du moins une bonne partie, tout est tué, tout a péri. Voilà, continue-t-il, un grand massacre, et il faut convenir que nous jouons d'un grand bonheur. » Il s'assit, il souffle, après avoir débité sa nouvelle, à laquelle il ne manque qu'une circonstance, qui est qu'il est certain qu'il n'y a point eu de bataille. Il assure d'ailleurs qu'un tel prince renonce à la ligne et quitte ses confédérés, qu'un autre se dispose à prendre le même parti; il croit fermement avec la populace qu'un troisième est mort : il nomme le lieu où il est enterré; et quand on est détrompé aux halles et aux faubourgs, il parie encore pour l'affirmative. Il sait, par une voie indubitable, que T. K. L. fait de grands progrès contre l'Empereur[1]; que le Grand Seigneur arme *puissamment,* ne veut point de paix, et que son vizir va se montrer une autre fois aux portes de Vienne. Il frappe des mains, et il tressaille sur cet événement, dont il ne doute plus. La triple alliance chez lui est un Cerbère, et les ennemis autant de monstres à assommer. Il ne parle que de lauriers, que de palmes, que de triomphes et que de trophées. Il dit dans le discours familier : *Notre auguste Héros, notre grand Potentat, notre invincible Monarque.* Réduisez-le, si vous pouvez, à dire simplement : *Le Roi a beaucoup d'ennemis, ils sont puissants, ils sont unis, ils sont aigris ; il les a vaincus, j'espère toujours qu'il les pourra vaincre.* Ce style, trop ferme et trop décisif pour Démophile, n'est pour Basilide ni assez pompeux ni assez exagéré ; il a bien d'autres expressions en tête : il travaille aux inscriptions des arcs et des pyramides qui doivent orner la ville capitale un jour d'entrée ; et dès qu'il entend dire que les armées sont en présence, ou qu'une place est investie, il fait déplier sa robe et la mettre à l'air, afin qu'elle soit toute prête pour la cérémonie de la cathédrale. (ÉD. 6.)

12

Il faut que le capital d'une affaire qui assemble dans une ville les plénipotentiaires ou les agents des couronnes et des républiques, soit d'une longue et extraordinaire discussion, si elle leur coûte plus de temps, je ne dis pas que les seuls préliminaires, mais que le simple règlement des rangs, des préséances et des autres cérémonies. (ÉD. 4.)

Le ministre ou le plénipotentiaire est un caméléon, est un Protée. Semblable quelquefois à un joueur habile, il ne montre ni humeur ni complexion, soit pour ne point donner lieu aux conjectures ou se laisser pénétrer, soit pour ne rien laisser échapper de son secret par passion ou par faiblesse. Quelquefois aussi il sait feindre le caractère le plus conforme aux vues qu'il a et aux besoins où il se trouve, et paraître tel qu'il a intérêt que les autres croient qu'il est en effet. Ainsi dans une grande puissance, ou dans une grande faiblesse qu'il veut dissimuler, il est ferme et inflexible, pour ôter l'envie de beaucoup obtenir; ou il est facile, pour fournir aux autres les occasions de lui demander, et se donner la même licence. Une autre fois, ou il est profond et dissimulé, pour cacher une vérité en l'annonçant, parce qu'il lui importe qu'il l'ait dite, et qu'elle ne soit pas crue; ou il est franc et ouvert, afin que lorsqu'il dissimule ce qui ne doit pas être su, l'on croie néanmoins qu'on n'ignore rien de ce que l'on veut savoir, et que l'on se persuade qu'il a tout dit. De même, ou il est vif et grand parleur, pour faire parler les autres, pour empêcher qu'on ne lui parle de ce qu'il ne veut pas ou de ce qu'il ne doit pas savoir, pour dire plusieurs choses indifférentes qui se modifient ou qui se détruisent les unes les autres, qui confondent dans les esprits la crainte et la confiance, pour se défendre d'une ouverture qui lui est échappée par une autre qu'il aura faite; ou il est froid et taciturne, pour jeter les autres dans l'engagement de parler, pour écouter longtemps, pour être écouté quand il parle, pour parler avec ascendant et avec poids, pour faire des promesses ou des menaces qui portent un grand coup et qui ébranlent. Il s'ouvre et parle le premier pour, en découvrant les oppositions, les contradictions, les brigues et les cabales des ministres étrangers sur les propositions qu'il aura avancées, prendre ses mesures et avoir la réplique; et dans une autre rencontre [1], il parle le dernier, pour ne point parler en vain, pour être précis, pour connaître parfaitement les choses sur quoi il est permis de faire fond pour lui ou pour ses alliés, pour savoir ce qu'il doit demander et ce qu'il peut obtenir. Il sait parler en termes clairs et formels; il sait encore mieux parler ambigument, d'une manière enveloppée, user de tours ou de mots équivoques, qu'il peut faire valoir ou diminuer dans les occasions, et selon ses intérêts. Il demande peu quand il ne veut pas donner beaucoup; il demande beaucoup pour avoir peu, et l'avoir plus sûrement. Il exige d'abord de petites choses, qu'il prétend ensuite lui devoir être comptées pour rien, et qui ne l'excluent pas d'en demander une plus grande; et il évite au contraire de commencer par obtenir un point important, s'il l'empêche d'en gagner plusieurs autres de moindre conséquence, mais qui tous ensemble l'emportent sur le premier. Il demande trop, pour être refusé, mais dans le dessein de se faire un droit ou une bienséance de refuser lui-même ce qu'il sait bien qu'il lui sera demandé, et qu'il ne veut pas octroyer : aussi soigneux alors d'exagérer l'énormité de la demande et de faire convenir, s'il se peut, des raisons qu'il a de n'y pas entendre, que d'affaiblir celles qu'on prétend avoir de ne lui pas accorder ce qu'il sollicite avec instance; également appliqué à faire sonner haut et à grossir dans l'idée des autres le peu qu'il offre, et à mépriser ouvertement le peu que l'on consent de lui donner. Il fait de fausses offres, mais extraordinaires, qui donnent de la défiance, et obligent de rejeter ce que l'on accepterait inutilement; qui lui sont cependant une occasion de faire des demandes exorbitantes, et mettent dans leur tort ceux qui les lui refusent[1]. Il accorde plus qu'on ne lui demande, pour avoir encore plus qu'il ne doit donner. Il se fait longtemps prier, presser, importuner sur une chose médiocre, pour éteindre les espérances et ôter la pensée d'exiger de lui rien de plus fort; ou s'il se laisse fléchir jusques à l'abandonner, c'est toujours avec des conditions qui lui font partager le gain et les avantages avec ceux qui reçoivent. Il prend directement ou indirectement l'intérêt d'un allié, s'il y trouve son utilité et l'avancement de ses prétentions. Il ne parle que de paix, que d'alliances, que de tranquillité publique, que d'intérêt public; et en effet il ne songe qu'aux siens, c'est-à-dire à ceux de son maître ou de sa république. Tantôt il réunit quelques-uns qui étaient contraires les uns aux autres, et tantôt il divise quelques autres qui étaient unis. Il intimide les forts et les puissants, il encourage les faibles. Il unit d'abord d'intérêt plusieurs faibles contre un plus puissant, pour rendre la balance égale; il se joint ensuite aux premiers pour la faire pencher, et il leur vend cher sa protection et son alliance. Il sait intéresser ceux avec qui il traite; et par un adroit manège, par de fins et de subtils détours, il leur fait sentir leurs avantages particuliers, les biens et les honneurs qu'ils peuvent espérer par une certaine facilité, qui ne choque point leur commission ni les intentions de leurs maîtres. Il ne veut pas aussi être cru imprenable par cet endroit; il laisse voir en lui quelque peu de sensibilité pour sa fortune : il s'attire par là des propositions qui lui découvrent les vues des autres les plus secrètes, leurs desseins les plus profonds et leur dernière ressource; et il en profite. Si quelquefois il est lésé dans quelques chefs qui ont enfin été réglés, il crie haut; si c'est le contraire, il crie plus haut, et jette ceux qui perdent sur la justification et la défensive. Il a son fait digéré par la cour, toutes ses démarches sont mesurées, les moindres avances qu'il fait lui sont prescrites; et il agit néanmoins, dans les points difficiles et dans les articles contestés, comme s'il se relâchait de lui-même sur-le-champ, et comme par un esprit d'accommodement; il ose même promettre à l'assemblée qu'il fera goûter la proposition, et qu'il n'en sera pas désavoué. Il fait courir un bruit faux des choses seulement dont il est chargé, muni d'ailleurs de pouvoirs particuliers, qu'il ne découvre jamais qu'à l'extrémité, et dans les moments où il lui serait pernicieux de ne les pas mettre en usage. Il tend surtout par ses intrigues au solide et à l'essentiel, toujours prêt de leur sacrifier les minuties et les points d'honneur[1] imaginaires. Il a du flegme, il s'arme de courage et de patience, il ne se lasse point, il fatigue les autres, et les pousse jusques au découragement[2]. Il se précautionne et s'endurcit contre les lenteurs et les remises, contre les reproches, les soupçons, les défiances, contre les difficultés et les obstacles, persuadé que le temps seul et les conjonctures amènent les choses et conduisent les esprits au point où on les souhaite. Il va jusques à feindre un intérêt secret à la rupture de la négociation, lorsqu'il désire le plus ardemment qu'elle soit continuée; et si au contraire il a des ordres précis de faire les derniers efforts pour la rompre, il croit devoir, pour y réussir, en presser la continuation et la fin. S'il survient un grand événement, il se roidit ou il se relâche selon qu'il lui eſt utile ou préjudiciable; et si par une grande prudence il sait le prévoir, il presse et il temporise selon que l'État pour qui il travaille en doit craindre ou espérer; et il règle sur ses besoins ses conditions. Il prend conseil du temps, du lieu, des occasions, de sa puissance ou de sa faiblesse, du génie des nations avec qui il traite, du tempérament et du caractère des personnes avec qui il négocie. Toutes ses vues, toutes ses maximes, tous les raffinements de sa politique tendent à une seule fin, qui eſt de n'être point trompé, et de tromper les autres [1]. (ÉD. 4.)

13

Le caractère des Français demande du sérieux dans le souverain.

14

L'un des malheurs du prince eſt d'être souvent trop plein de son secret, par le péril qu'il y a à le répandre : son bonheur eſt de rencontrer une personne sûre qui l'en décharge [2].

15

Il ne manque rien à un roi que les douceurs d'une vie privée; il ne peut être consolé d'une si grande perte que par le charme de l'amitié, et par la fidélité de ses amis.

16

Le plaisir d'un roi qui mérite de l'être [3] eſt de l'être moins quelquefois [4], de sortir du théâtre, de quitter le bas de saye et les brodequins, et de jouer avec une personne de confiance un rôle plus familier.

17

Rien ne fait plus d'honneur au prince que la modestie de son favori.

18

Le favori n'a point de suite; il est sans engagement et sans liaisons; il peut être entouré de parents et de créatures, mais il n'y tient pas; il est détaché de tout, et comme isolé.

19

Une belle ressource pour celui qui est tombé dans la disgrâce du prince, c'est la retraite. Il lui est avantageux de disparaître plutôt que de traîner dans le monde le débris d'une faveur qu'il a perdue, et d'y faire un nouveau personnage si différent du premier qu'il a soutenu. Il conserve au contraire le merveilleux de sa vie dans la solitude; et mourant pour ainsi dire avant la caducité, il ne laisse de soi qu'une brillante idée et une mémoire agréable.

Une plus belle ressource pour le favori[1] disgracié que de se perdre dans la solitude et ne faire plus parler de soi, c'est d'en faire parler magnifiquement, et de se jeter, s'il se peut, dans quelque haute et généreuse entreprise, qui relève ou confirme du moins son caractère, et rende raison de son ancienne faveur; qu'il fasse qu'on le plaigne dans sa chute et qu'on en rejette une partie sur son étoile[2].

20

Je ne doute point qu'un favori, s'il a quelque force et quelque élévation, ne se trouve souvent confus et déconcerté des bassesses, des petitesses, de la flatterie, des soins superflus et des attentions frivoles de ceux qui le courent, qui le suivent, et qui s'attachent à lui comme ses viles créatures; et qu'il ne se dédommage dans le particulier d'une si grande servitude par le ris et la moquerie. (ÉD. 6.)

21

Hommes en place[1], ministres, favoris, me permettrez-vous de le dire? ne vous reposez point sur vos descendants pour le soin de votre mémoire et pour la durée de votre nom : les titres passent, la faveur s'évanouit, les dignités se perdent, les richesses se dissipent, et le mérite dégénère. Vous avez des enfants, il est vrai, dignes de vous, j'ajoute même capables de soutenir toute votre fortune; mais qui peut vous en promettre autant de vos petits-fils? Ne m'en croyez pas, regardez cette unique fois de certains hommes que vous ne regardez jamais, que vous dédaignez : ils ont des aïeuls, à qui, tout grands que vous êtes, vous ne faites que succéder. Ayez de la vertu et de l'humanité; et si vous me dites : « Qu'aurons-nous de plus? » je vous répondrai : « De l'humanité et de la vertu. » Maîtres alors de l'avenir, et indépendants d'une postérité, vous êtes sûrs de durer autant que la monarchie; et dans le temps que l'on montrera les ruines de vos châteaux, et peut-être la seule place où ils étaient construits[2], l'idée de vos louables actions sera encore fraîche dans l'esprit des peuples; ils considéreront avidement vos portraits et vos médailles; ils diront : « Cet homme dont vous regardez la peinture a parlé à son maître avec force et avec liberté, et a plus craint de lui nuire que de lui déplaire; il lui a permis d'être bon et bienfaisant, de dire de ses villes : *Ma bonne ville,* et de son peuple : *Mon peuple.* Cet autre dont vous voyez l'image, et en qui l'on remarque une physionomie forte, jointe à un air grave, austère et majestueux, augmente d'année à autre de réputation : les plus grands politiques souffrent de lui être comparés. Son grand dessein a été d'affermir l'autorité du prince et la sûreté des peuples par l'abaissement des grands : ni les partis, ni les conjurations, ni les trahisons, ni le péril de la mort, ni ses infirmités n'ont pu l'en détourner. Il a eu du temps de reste pour entamer un ouvrage, continué ensuite et achevé par l'un de nos plus grands et de nos meilleurs princes : l'extinction de l'hérésie[1]. » (ÉD. 6.)

22

Le panneau le plus délié et le plus spécieux qui dans tous les temps ait été tendu aux grands par leurs gens d'affaires, et aux rois par leurs ministres, est la leçon qu'ils leur font de s'acquitter et de s'enrichir. Excellent conseil! maxime utile, fructueuse, une mine d'or, un Pérou, du moins pour ceux qui ont su jusques à présent l'inspirer à leurs maîtres. (ÉD. 8.)

23

C'est un extrême bonheur pour les peuples quand le prince admet dans sa confiance et choisit pour le ministère ceux mêmes qu'ils auraient voulu lui donner, s'ils en avaient été les maîtres. (ÉD. 4.)

24

La science des détails, ou une diligente attention aux moindres besoins de la république, est une partie essentielle au bon gouvernement, trop négligée à la vérité dans les derniers temps par les rois ou par les ministres, mais qu'on ne peut trop souhaiter dans le souverain qui l'ignore, ni assez estimer dans celui qui la possède. Que sert en effet au bien des peuples et à la douceur de leurs jours, que le prince place les bornes de son empire au delà des terres de ses ennemis, qu'il fasse de leurs souverainetés des provinces de son royaume; qu'il leur soit également supérieur par les sièges et par les batailles, et qu'ils ne soient devant lui en sûreté ni dans les plaines ni dans les plus forts bastions; que les nations s'appellent les unes les autres, se liguent ensemble pour se défendre et pour l'arrêter; qu'elles se liguent en vain, qu'il marche toujours et qu'il triomphe toujours; que leurs dernières espérances soient tombées par le raffermissement d'une santé qui donnera au monarque le plaisir de voir les princes ses petits-fils soutenir ou accroître ses destinées, se mettre en campagne, s'emparer de redoutables forteresses, et conquérir de nouveaux États; commander de vieux et expérimentés capitaines, moins par leur rang et leur naissance que par leur génie et leur sagesse; suivre les traces augustes de leur victorieux père; imiter sa bonté, sa docilité, son équité, sa vigilance, son intrépidité; que me servirait en un mot, comme à tout le peuple, que le prince fût heureux et comblé de gloire par lui-même et par les siens, que ma patrie fût puissante et formidable, si triste et inquiet, j'y vivais dans l'oppression ou dans l'indigence[1]; si, à couvert des courses de l'ennemi, je me trouvais exposé dans les places ou dans les rues d'une ville au fer d'un assassin, et que je craignisse moins dans l'horreur de la nuit d'être pillé ou massacré dans d'épaisses forêts que dans ses carrefours; si la sûreté, l'ordre et la propreté ne rendaient pas le séjour des villes si délicieux, et n'y avaient pas amené, avec l'abondance, la douceur de la société; si, faible et seul de mon parti, j'avais à souffrir dans ma métairie du voisinage d'un grand, et si l'on avait moins pourvu à me faire justice de ses entreprises; si je n'avais pas sous ma main autant de maîtres, et d'excellents maîtres, pour élever mes enfants dans les sciences ou dans les arts qui feront un jour leur établissement; si, par la facilité du commerce, il m'était moins ordinaire de m'habiller de bonnes étoffes, et de me nourrir de viandes saines, et de les acheter peu; si enfin, par les soins du prince, je n'étais pas aussi content de ma fortune, qu'il doit lui-même par ses vertus l'être de la sienne? (ÉD. 4.)

25

Les huit ou les dix mille hommes sont au souverain comme une monnaie dont il achète une place ou une victoire : s'il fait qu'il lui en coûte moins, s'il épargne les hommes, il ressemble à celui qui marchande et qui connaît mieux qu'un autre le prix de l'argent. (ÉD. 7.)

26

Tout prospère dans une monarchie où l'on confond les intérêts de l'État avec ceux du prince[1]. (ÉD. 7.)

27

Nommer un roi PÈRE DU PEUPLE eſt moins faire son éloge que l'appeler par son nom, ou faire sa définition. (ÉD. 7.)

28

Il y a un commerce ou un retour de devoirs de souverain à ses sujets, et de ceux-ci au souverain : quels sont les plus assujettissants et les plus pénibles, je ne le déciderai pas. Il s'agit de juger, d'un côté, entre les étroits engagements du respect, des secours, des services de l'obéissance, de la dépendance; et d'un autre, les obligations indispensables de bonté, de juſtice, de soins, de défense, de protection. Dire qu'un prince eſt arbitre de la vie des hommes, c'eſt dire seulement que les hommes par leurs crimes deviennent naturellement soumis aux lois et à la juſtice, dont le prince eſt le dépositaire; ajouter qu'il eſt maître absolu de tous les biens de ses sujets[2], sans égards, sans compte ni discussion, c'eſt le langage de la flatterie, c'eſt l'opinion d'un favori qui se dédira à l'agonie. (ÉD. 7.)

29

Quand vous voyez quelquefois un nombreux troupeau, qui répandu sur une colline vers le déclin d'un beau jour, paît tranquillement le thym et le serpolet, ou qui broute dans une prairie une herbe menue et tendre qui a échappé à la faux du moissonneur, le berger, soigneux et attentif, eſt debout auprès de ses brebis; il ne les perd pas de vue, il les suit, il les conduit, il les change de pâturage; si elles se dispersent, il les rassemble;

si un loup avide paraît, il lâche son chien, qui le met en fuite; il les nourrit, il les défend; l'aurore le trouve déjà en pleine campagne, d'où il ne se retire qu'avec le soleil : quels soins! quelle vigilance! quelle servitude! Quelle condition vous paraît la plus délicieuse et la plus libre, ou du berger ou des brebis? le troupeau est-il fait pour le berger, ou le berger pour le troupeau? Image naïve des peuples et du prince qui les gouverne, s'il est bon prince. (ÉD. 7.)

Le faste et le luxe dans un souverain, c'est le berger habillé d'or et de pierreries, la houlette d'or en ses mains; son chien a un collier d'or, il est attaché avec une laisse d'or et de soie. Que sert tant d'or à son troupeau ou contre les loups? (ÉD. 7.)

30

Quelle heureuse place que celle qui fournit dans tous les instants l'occasion à un homme de faire du bien à tant de milliers d'hommes! Quel dangereux poste que celui qui expose à tous moments un homme à nuire à un million d'hommes! (ÉD. 7.)

31

Si les hommes ne sont point capables sur la terre d'une joie plus naturelle, plus flatteuse et plus sensible, que de connaître qu'ils sont aimés, et si les rois sont hommes, peuvent-ils jamais trop acheter le cœur de leurs peuples? (ÉD. 7.)

32

Il y a peu de règles générales et de mesures certaines pour bien gouverner; l'on suit le temps et les conjonctures, et cela roule sur la prudence et sur les vues de ceux qui règnent : aussi le chef-d'œuvre de l'esprit, c'est le parfait gouvernement; et ce ne serait peut-être pas une chose possible, si les peuples, par l'habitude où ils sont de la dépendance et de la soumission, ne faisaient la moitié de l'ouvrage.

33

Sous un très grand roi, ceux qui tiennent les premières places n'ont que des devoirs faciles, et que l'on remplit sans nulle peine : tout coule de source; l'autorité et le génie du prince leur aplanissent les chemins, leur épargnent les difficultés, et font tout prospérer au delà de leur attente : ils ont le mérite de subalternes.

34

Si c'est trop de se trouver chargé d'une seule famille, si c'est assez d'avoir à répondre de soi seul, quel poids, quel accablement que celui de tout un royaume! Un souverain est-il payé de ses peines par le plaisir que semble donner une puissance absolue, par toutes les prosternations des courtisans? Je songe aux pénibles, douteux et dangereux chemins qu'il est quelquefois obligé de suivre pour arriver à la tranquillité publique; je repasse les moyens extrêmes, mais nécessaires, dont il use souvent pour une bonne fin; je sais qu'il doit répondre à Dieu même de la félicité de ses peuples, que le bien et le mal est en ses mains, et que toute ignorance ne l'excuse pas; et je me dis à moi-même : « Voudrais-je régner? » Un homme un peu heureux dans une condition privée devrait-il y renoncer pour une monarchie? N'est-ce pas beaucoup, pour celui qui se trouve en place par un droit héréditaire, de supporter d'être né roi? (ÉD. 5.)

35

Que de dons du ciel ne faut-il pas pour bien régner! Une naissance auguste, un air d'empire et d'autorité, un visage qui remplisse la curiosité des peuples empressés de voir le prince, et qui conserve le respect dans le courtisan. Une parfaite égalité d'humeur, un grand éloignement pour la raillerie piquante, ou assez de raison pour ne se la permettre point; ne faire jamais ni menaces ni reproches, ne point céder à la colère, et être toujours obéi. L'esprit facile, insinuant; le cœur ouvert, sincère, et dont on croit voir le fond, et ainsi très propre à se faire des amis, des créatures et des alliés; être secret toutefois, profond et impénétrable dans ses motifs et dans ses projets. Du sérieux et de la gravité dans le public; de la brièveté, jointe à beaucoup de justesse et de dignité, soit dans les réponses aux ambassadeurs des princes, soit dans les conseils. Une manière de faire des grâces qui est comme un second bienfait, le choix des personnes que l'on gratifie; le discernement des esprits, des talents et des complexions pour la distribution des postes et des emplois; le choix de généraux et de ministres. Un jugement ferme, solide, décisif dans les affaires, qui fait que l'on connaît le meilleur parti et le plus juste; un esprit de droiture et d'équité qui fait qu'on le suit, jusques à prononcer quelquefois contre soi-même en faveur du peuple, des alliés, des ennemis; une mémoire heureuse et très présente, qui rappelle les besoins des sujets, leurs visages, leurs noms, leurs requêtes. Une vaste capacité, qui s'étende non seulement aux affaires de dehors, au commerce, aux maximes d'État, aux vues de la politique, au reculement des frontières par la conquête de nouvelles provinces, et à leur sûreté par un grand nombre de forteresses inaccessibles; mais qui sache aussi se renfermer au dedans, et comme dans les détails de tout un royaume, qui en bannisse un culte faux, suspect et ennemi de la souveraineté, s'il s'y rencontre; qui abolisse des usages cruels et impies, s'ils y règnent; qui réforme les lois et les coutumes, si elles étaient remplies d'abus; qui donne aux villes plus de sûreté et plus de commodités par le renouvellement d'une exacte police, plus d'éclat et plus de majesté par des édifices somptueux. Punir sévèrement les vices scandaleux; donner par son autorité et par son exemple du crédit à la piété et à la vertu; protéger l'Église, ses ministres, ses droits, ses libertés; ménager ses peuples comme ses enfants; être toujours occupé de la pensée de le soulager, de rendre les subsides légers, et tels qu'il se lèvent sur les provinces sans les appauvrir. De grands talents pour la guerre; être vigilant, appliqué, laborieux; avoir des armées nombreuses, les commander en personne; être froid dans le péril, ne ménager sa vie que pour le bien de son État; aimer le bien de son État et sa gloire plus que sa vie. Une puissance très absolue, qui ne laisse point d'occasion aux brigues, à l'intrigue et à la cabale; qui ôte cette distance infinie qui est quelquefois entre les grands et les petits, qui les rapproche, et sous laquelle tous plient également. Une étendue de connaissance qui fait que le prince voit tout par ses yeux, qu'il agit immédiatement et par lui-même, que ses généraux ne sont, quoiqu'éloignés de lui, que ses lieutenants, et les ministres que ses ministres. Une profonde sagesse, qui sait déclarer la guerre, qui sait vaincre et user de la victoire; qui sait faire la paix, qui sait la rompre, qui sait quelquefois, et selon les divers intérêts, contraindre les ennemis à la recevoir; qui donne des règles à une vaste ambition, et sait jusques où l'on doit conquérir. Au milieu d'ennemis couverts ou déclarés, se procurer le loisir des jeux, des fêtes, des spectacles; cultiver les arts et les sciences; former et exécuter des projets d'édifices surprenants; un génie enfin supérieur et puissant, qui se fait aimer et révérer des siens, craindre des étrangers; qui fait d'une cour, et même de tout un royaume, comme une seule famille, unie parfaitement sous un même chef, dont l'union et la bonne intelligence est redoutable au reste du monde. Ces admirables vertus me semblent renfermées dans l'idée du souverain; il est vrai qu'il est rare de les voir réunies dans un même sujet; il faut que trop de choses concourent à la fois, l'esprit, le cœur, les dehors, le tempérament; et il me paraît qu'un monarque qui les rassemble toutes en sa personne est bien digne du nom de Grand[1].

DE L'HOMME

1

Ne nous emportons point contre les hommes en voyant leur dureté, leur ingratitude, leur injustice, leur fierté, l'amour d'eux-mêmes, et l'oubli des autres[1] : ils sont ainsi faits, c'est leur nature, c'est ne pouvoir supporter que la pierre tombe ou que le feu s'élève.

2

Les hommes en un sens ne sont point légers, ou ne le sont que dans les petites choses : ils changent leurs habits, leur langage, les dehors, les bienséances ; ils changent de goût quelquefois : ils gardent leurs mœurs toujours mauvaises[2] ; fermes et constants dans le mal, ou dans l'indifférence pour la vertu.

3

Le stoïcisme est un jeu d'esprit[3] et une idée semblable à la République de Platon. Les stoïques ont feint qu'on pouvait rire dans la pauvreté ; être insensible aux injures, à l'ingratitude, aux pertes de biens, comme à celles des parents et des amis ; regarder froidement la mort, et comme une chose indifférente qui ne devait ni réjouir ni rendre triste ; n'être vaincu ni par le plaisir ni par la douleur ; sentir le fer ou le feu dans quelque partie de son corps sans pousser le moindre soupir, ni jeter une seule larme ; et ce fantôme de vertu et de constance ainsi imaginé, il leur a plu de l'appeler un sage. Ils ont laissé à l'homme tous les défauts qu'ils lui ont trouvés, et n'ont presque relevé aucun de ses faibles : au lieu de faire de ses vices des peintures affreuses ou ridicules[4] qui servissent à l'en corriger, ils lui ont tracé l'idée d'une perfection et d'un héroïsme dont il n'eſt point capable, et l'ont exhorté à l'impossible[1]. Ainsi le sage qui n'eſt pas, ou qui n'eſt qu'imaginaire, se trouve naturellement et par lui-même au-dessus de tous les événements et de tous les maux; ni la goutte la plus douloureuse, ni la colique la plus aiguë ne sauraient lui arracher une plainte; le ciel et la terre peuvent être renversés sans l'entraîner dans leur chute, et il demeurerait ferme sur les ruines de l'univers; pendant que l'homme qui eſt en effet sort de son sens, crie, se désespère, étincelle des yeux, et perd la respiration pour un chien perdu ou pour une porcelaine qui eſt en pièces. (ÉD. 4.)

4

Inquiétude d'esprit, inégalité d'humeur, inconſtance de cœur, incertitude de conduite : tous vices de l'âme[2], mais différents, et qui avec tout le rapport qui paraît entr'eux, ne se supposent pas toujours l'un l'autre dans un même sujet. (ÉD. 4.)

5

Il eſt difficile de décider si l'irrésolution rend l'homme plus malheureux que méprisable; de même s'il y a toujours plus d'inconvénient à prendre un mauvais parti, qu'à n'en prendre aucun. (ÉD. 6.)

6

Un homme inégal n'eſt pas un seul homme, ce sont plusieurs : il se multiplie autant de fois qu'il a de nouveaux goûts et de manières différentes; il eſt à chaque moment ce qu'il n'était point, et il va être bientôt ce qu'il n'a jamais été; il se succède à lui-même. Ne demandez pas de quelle complexion il eſt, mais quelles sont ses complexions; ni de quelle humeur, mais combien il a de sortes d'humeurs. Ne vous trompez-vous point? eſt-ce *Euthycrate* que vous abordez? aujourd'hui quelle glace pour vous! hier il vous recherchait, il vous caressait, vous donniez de la jalousie à ses amis : vous reconnaît-il bien? dites-lui votre nom. (ÉD. 6.)

7

Ménalque[1] *(a)* descend son escalier, ouvre sa porte pour sortir, il la referme; il s'aperçoit qu'il est en bonnet de nuit; et venant à mieux s'examiner, il se trouve rasé à moitié, il voit que son épée est mise du côté droit, que ses bas sont rabattus sur ses talons, et que sa chemise est par-dessus ses chausses. S'il marche dans les places, il se sent tout d'un coup rudement frappé à l'estomac ou au visage; il ne soupçonne point ce que ce peut être, jusques à ce qu'ouvrant les yeux et se réveillant, il se trouve ou devant un limon de charrette, ou derrière un long ais de menuiserie que porte un ouvrier sur ses épaules. On l'a vu une fois heurter du front contre celui d'un aveugle, s'embarrasser dans ses jambes, et tomber avec lui chacun de son côté à la renverse. Il lui est arrivé plusieurs fois de se trouver tête pour tête à la rencontre d'un prince et sur son passage, se reconnaître à peine, et n'avoir que le loisir de se coller à un mur pour lui faire place. Il cherche, il brouille, il crie, il s'échauffe, il appelle ses valets l'un après l'autre : *on lui perd tout, on lui égare tout;* il demande ses gants, qu'il a dans ses mains; semblable à cette femme qui prenait le temps de demander son masque lorsqu'elle l'avait sur son visage. Il entre à l'appartement, et passe sous un lustre où sa perruque s'accroche et demeure suspendue : tous les courtisans regardent et rient; Ménalque regarde aussi et rit plus haut que les autres, il cherche des yeux dans toute l'assemblée où est celui qui montre ses oreilles, et à qui il manque une perruque. S'il va par la ville, après avoir fait quelque chemin, il se croit égaré,

---

a. Ceci est moins un caractère particulier qu'un recueil de faits de distractions : ils ne sauraient être en trop grand nombre s'ils sont agréables; car les goûts étant différents, on a à choisir.

il s'émeut, et il demande où il est à des passants, qui lui disent précisément le nom de sa rue; il entre ensuite dans sa maison, d'où il sort précipitamment, croyant qu'il s'est trompé. Il descend du Palais, et trouvant au bas du grand degré un carrosse qu'il prend pour le sien, il se met dedans : le cocher touche et croit ramener son maître dans sa maison; Ménalque se jette hors de la portière, traverse la cour, monte l'escalier, parcourt l'antichambre, la chambre, le cabinet, tout lui est familier, rien ne lui est nouveau, il s'assit, il se repose, il est chez soi; le maître arrive, celui-ci se lève pour le recevoir, il le traite fort civilement, le prie de s'asseoir, et croit faire les honneurs de sa chambre; il parle, il rêve, il reprend la parole; le maître de la maison s'ennuie, et demeure étonné; Ménalque ne l'est pas moins, et ne dit pas ce qu'il en pense; il a affaire à un fâcheux, à un homme oisif, qui se retirera à la fin, il l'espère, et il prend patience; la nuit arrive qu'il est à peine détrompé. Une autre fois il rend visite à une femme, et se persuadant bientôt que c'est lui qui la reçoit, il s'établit dans son fauteuil, et ne songe nullement à l'abandonner; il trouve ensuite que cette dame fait ses visites longues, il attend à tous les moments qu'elle se lève et le laisse en liberté; mais comme cela tire en longueur, qu'il a faim, et que la nuit est déjà avancée, il la prie à souper; elle rit, et si haut, qu'elle le réveille. Lui-même se marie le matin, l'oublie le soir, et découche la nuit de ses noces; et quelques années après il perd sa femme, elle meurt entre ses bras, il assiste à ses obsèques, et le lendemain, quand on lui vient dire qu'on a servi, il demande si sa femme est prête et si elle est avertie. C'est lui encore qui entre dans une église, et prenant l'aveugle qui est collé à la porte pour un pilier, et sa tasse pour le bénitier, y plonge la main, la porte à son front, lorsqu'il entend tout d'un coup le pilier qui parle, et qui lui offre des oraisons; il s'avance dans la nef, il croit voir un prie-Dieu, il se jette lourdement dessus; la machine plie, s'enfonce, et fait des efforts pour crier; Ménalque est surpris de se voir à genoux sur les jambes d'un fort petit homme, appuyé sur son dos, les deux bras passés sur ses épaules, et ses deux mains jointes et étendues qui lui prennent le nez et lui ferment la bouche, il se retire confus et va s'agenouiller ailleurs; il tire un livre pour faire sa prière, et c'est sa pantoufle qu'il a prise pour ses Heures, et qu'il a mise dans sa poche avant que de sortir; il n'est pas hors de l'église qu'un homme de livrée court après lui, le joint, lui demande en riant s'il n'a point la pantoufle de Monseigneur; Ménalque lui montre la sienne, et lui dit : *Voilà toutes les pantoufles que j'ai sur moi;* il se fouille néanmoins et tire celle de l'évêque de** qu'il vient de quitter, qu'il a trouvé malade auprès de son feu, et dont, avant de prendre congé de lui, il a ramassé la pantoufle, comme l'un de ses gants qui était à terre; ainsi Ménalque s'en retourne chez soi avec une pantoufle de moins. Il a une fois perdu au jeu tout l'argent qui est dans sa bourse, et voulant continuer de jouer, il entre dans son cabinet, ouvre une armoire, y prend sa cassette, en tire ce qu'il lui plaît, croit la remettre où il l'a prise; il l'entend aboyer dans son armoire qu'il vient de fermer; étonné de ce prodige, il l'ouvre une seconde fois, et il éclate de rire d'y voir son chien qu'il a serré pour sa cassette. Il joue au trictrac, il demande à boire, on lui en apporte; c'est à lui à jouer, il tient le cornet d'une main et un verre de l'autre, et comme il a une grande soif, il avale les dès et presque le cornet, jette le verre d'eau dans le trictrac, et inonde celui contre qui il joue; et dans une chambre où il est familier, il crache sur le lit, il jette son chapeau à terre, en croyant faire tout le contraire. Il se promène sur l'eau, et il demande quelle heure il est; on lui présente une montre; à peine l'a-t-il reçue, que ne songeant plus ni à l'heure ni à la montre, il la jette dans la rivière, comme une chose qui l'embarrasse. Lui-même écrit une longue lettre, met de la poudre dessus à plusieurs reprises, et jette toujours la poudre dans l'encrier; ce n'est pas tout, il écrit une seconde lettre, et après les avoir cachetées toutes deux, il se trompe à l'adresse; un duc et pair reçoit l'une de ces deux lettres, et en l'ouvrant y lit ces mots :

Maître Olivier, ne manquez, sitôt la présente reçue, de m'envoyer ma provision de foin... Son fermier reçoit l'autre, il l'ouvre, et se la fait lire, on y trouve : *Monseigneur, j'ai reçu avec une soumission aveugle les ordres qu'il a plu à Votre Grandeur...* Lui-même encore écrit une lettre pendant la nuit, et après l'avoir cachetée, il éteint sa bougie, il ne laisse pas d'être surpris de ne voir *goutte,* et il sait à peine comment cela eſt arrivé. Ménalque descend l'escalier du Louvre, un autre le monte, à qui il dit : *C'eſt vous que je cherche ;* il le prend par la main, le fait descendre avec lui, traverse plusieurs cours, entre dans les salles, en sort, il va, il revient sur ses pas ; il regarde enfin celui qu'il traîne après soi depuis un quart d'heure, il eſt étonné que ce soit lui, il n'a rien à lui dire, il lui quitte la main, et tourne d'un autre côté. Souvent il vous interroge, et il eſt déjà bien loin de vous, quand vous songez à lui répondre ; ou bien il vous demande en courant comment se porte votre père, et comme vous lui dites qu'il eſt fort mal, il vous crie qu'il en eſt bien aise ; il vous trouve quelque autre fois sur son chemin : *Il eſt ravi de vous rencontrer ; il sort de chez vous pour vous entretenir d'une certaine chose ;* il contemple votre main : « Vous avez là, dit-il, un beau rubis ; eſt-il balais ? ». Il vous quitte et continue sa route : voilà l'affaire importante dont il avait à vous parler. Se trouve-t-il en campagne, il dit à quelqu'un qu'il le trouve heureux d'avoir pu se dérober à la cour pendant l'automne, et d'avoir passé dans ses terres tout le temps de Fontainebleau ; il tient à d'autres d'autres discours, puis revenant à celui-ci : « Vous avez eu, lui dit-il, de beaux jours à Fontainbleau ; vous y avez sans doute beaucoup chassé. » Il commence ensuite un conte qu'il oublie d'achever [1], il rit en lui-même, il éclate d'une chose qui lui passe par l'esprit, il répond à sa pensée, il chante entre ses dents, il siffle, il se renverse dans une chaise, il pousse un cri plaintif, il bâille, il se croit seul. S'il se trouve à un repas, on voit le pain se multiplier insensiblement sur son assiette ; il eſt vrai que ses voisins en manquent, aussi bien que de couteaux et de fourchettes, dont il ne les laisse pas jouir longtemps. On a inventé aux tables une grande cuillère pour la commodité du service : il la prend, la plonge dans le plat, l'emplit, la porte à sa bouche, et il ne sort pas d'étonnement de voir répandu sur son linge et sur ses habits le potage qu'il vient d'avaler. Il oublie de boire pendant tout le dîner; ou s'il s'en souvient, et qu'il trouve que l'on lui donne trop de vin, il en *flaque* plus de la moitié au visage de celui qui eſt à sa droite; il boit le reſte tranquillement, et ne comprend pas pourquoi tout le monde éclate de rire de ce qu'il a jeté à terre ce qu'on lui a versé de trop. Il eſt un jour retenu au lit pour quelques incommodités, on lui rend visite; il y a un cercle d'hommes et de femmes dans sa ruelle qui l'entretiennent, et en leur présence il soulève sa couverture et crache dans ses draps. On le mène aux Chartreux, on lui fait voir un cloître orné d'ouvrages, tous de la main d'un excellent peintre; le religieux qui les lui explique parle de saint Bruno, du chanoine et de son aventure, en fait une longue hiſtoire, et la montre dans l'un de ses tableaux : Ménalque, qui pendant la narration eſt hors du cloître, et bien loin au delà, y revient enfin, et demande au père si c'eſt le chanoine ou saint Bruno qui eſt condamné. Il se trouve par hasard avec une jeune veuve, il lui parle de son défunt mari, lui demande comment il eſt mort; cette femme, à qui ce discours renouvelle ses douleurs, pleure, sanglote, et ne laisse pas de reprendre tous les détails de la maladie de son époux, qu'elle conduit depuis la veille de sa fièvre, qu'il se portait bien, jusques à l'agonie. *Madame,* lui demande Ménalque, qui l'avait apparemment écoutée avec attention, *n'aviez-vous que celui-là ?* Il s'avise un matin de faire tout hâter dans sa cuisine, il se lève avant le fruit, et prend congé de la compagnie; on le voit ce jour-là en tous les endroits de la ville, hormis en celui où il a donné un rendez-vous précis pour cette affaire qui l'a empêché de dîner, et l'a fait sortir à pied, de peur que son carrosse ne le fît attendre. L'entendez-vous crier, gronder, s'emporter contre l'un de ses domeſtiques ? il eſt étonné de ne le point voir : « Où peut-il être ? dit-il; que fait-il ? qu'eſt-il devenu? qu'il ne se présente plus devant moi, je le chasse dès à cette heure. » Le valet arrive, à qui il demande fièrement d'où il vient; il lui répond qu'il vient de l'endroit où il l'a envoyé, et il lui rend un fidèle compte de sa commission. Vous le prendriez souvent pour tout ce qu'il n'est pas : pour un stupide, car il n'écoute point, et il parle encore moins; pour un fou, car outre qu'il parle tout seul, il est sujet à de certaines grimaces et à des mouvements de tête involontaires; pour un homme fier et incivil, car vous le saluez, et il passe sans vous regarder, ou il vous regarde sans vous rendre le salut; pour un inconsidéré, car il parle de banqueroute au milieu d'une famille où il y a cette tache, d'exécution et d'échafaud devant un homme dont le père y a monté, de roture devant des roturiers qui sont riches et qui se donnent pour nobles. De même il a dessein d'élever auprès de soi un fils naturel sous le nom et le personnage d'un valet; et quoiqu'il veuille le dérober à la connaissance de sa femme et de ses enfants, il lui échappe de l'appeler son fils dix fois le jour; il a pris aussi la résolution de marier son fils à la fille d'un homme d'affaires, et il ne laisse pas de dire de temps en temps, en parlant de sa maison et de ses ancêtres, que les Ménalques ne se sont jamais mésalliés. Enfin il n'est ni présent ni attentif dans une compagnie à ce qui fait le sujet de la conversation; il pense, et il parle tout à la fois, mais la chose dont il parle est rarement celle à laquelle il pense; aussi ne parle-t-il guères conséquemment et avec suite; où il dit *non,* souvent il faut dire *oui,* et où il dit *oui,* croyez qu'il veut dire *non;* il a, en vous répondant si juste, les yeux forts ouverts, mais il ne s'en sert point, il ne regarde ni vous, ni personne, ni rien qui soit au monde : tout ce que vous pouvez tirer de lui, et encore dans le temps qu'il est le plus appliqué et d'un meilleur commerce, ce sont ces mots : *Oui vraiment. C'est vrai. Bon ! Tout de bon ? oui-da ! Je pense qu'oui. Assurément. Ah ! Ciel !* et quelques autres monosyllabes qui ne sont pas même placés à propos. Jamais aussi il n'est avec ceux avec qui il paraît être : il appelle sérieusement son laquais

Monsieur ; et son ami, il l'appelle *la Verdure ;* il dit *Votre Révérence* à un prince du sang, et *Votre Altesse* à un jésuite; il entend la messe, le prêtre vient à éternuer, il lui dit : *Dieu vous assiste !* Il se trouve avec un magistrat : cet homme, grave par son caractère, vénérable par son âge et par sa dignité, l'interroge sur un événement et lui demande si cela est ainsi; Ménalque lui répond : *Oui, Mademoiselle*[1]. Il revient une fois de la campagne, ses laquais en livrées entreprennent de le voler et y réussissent, ils descendent de son carrosse, lui portent un bout de flambeau sous la gorge[2], lui demandent la bourse, et il la rend. Arrivé chez soi, il raconte son aventure à ses amis, qui ne manquent pas de l'interroger sur les circonstances, et il leur dit : *Demandez à mes gens, ils y étaient.* (ÉD. 6.)

8

L'incivilité n'est pas un vice de l'âme, elle est l'effet de plusieurs vices : de la sotte vanité, de l'ignorance de ses devoirs, de la paresse, de la stupidité, de la distraction, du mépris des autres, de la jalousie. Pour ne se répandre que sur les dehors, elle n'en est que plus haïssable, parce que c'est toujours un défaut visible et manifeste. Il est vrai cependant qu'il offense plus ou moins, selon la cause qui le produit. (ÉD. 4.)

9

Dire d'un homme colère, inégal, querelleux, chagrin, pointilleux, capricieux : « c'est son humeur », n'est pas l'excuser, comme on le croit, mais avouer sans y penser que de si grands défauts sont irrémédiables. (ÉD. 4.)

Ce qu'on appelle humeur est une chose trop négligée parmi les hommes; ils devraient comprendre qu'il ne leur suffit pas d'être bons, mais qu'ils doivent encore paraître tels, du moins s'ils tendent à être sociables, capables d'union et de commerce, c'est-à-dire à être des hommes. L'on n'exige pas des âmes malignes qu'elles aient de la douceur et de la souplesse; elle ne leur manque jamais, et elle leur sert de piège pour surprendre les simples, et pour faire valoir leurs artifices : l'on désirerait de ceux qui ont un bon cœur qu'ils fussent toujours pliants, faciles, complaisants; et qu'il fût moins vrai quelquefois que ce sont les méchants qui nuisent, et les bons qui font souffrir. (ÉD. 4.)

10

Le commun des hommes va de la colère à l'injure. Quelques-uns en usent autrement : ils offensent, et puis ils se fâchent; la surprise où l'on est toujours de ce procédé ne laisse pas de place au ressentiment. (ÉD. 4.)

11

Les hommes ne s'attachent pas assez à ne point manquer les occasions de faire plaisir : il semble que l'on n'entre dans un emploi que pour pouvoir obliger et n'en rien faire; la chose la plus prompte et qui se présente d'abord, c'est le refus, et l'on n'accorde que par réflexion.

12

Sachez précisément ce que vous pouvez attendre des hommes en général, et de chacun d'eux en particulier, et jetez-vous ensuite dans le commerce du monde. (ÉD. 8.)

13

Si la pauvreté est la mère des crimes, le défaut d'esprit en est le père. (ÉD. 4.)

14

Il est difficile qu'un fort malhonnête homme ait assez d'esprit : un génie qui est droit et perçant conduit enfin à la règle, à la probité, à la vertu : il manque du sens et de la pénétration à celui qui s'opiniâtre dans le mauvais comme dans le faux; l'on cherche en vain à le corriger par des traits de satire qui le désignent aux autres, et où il ne se reconnaît pas lui-même; ce sont des injures dites à un sourd. Il serait désirable pour le plaisir des honnêtes gens et pour la vengeance publique, qu'un coquin ne le fût pas au point d'être privé de tout sentiment.

15

Il y a des vices que nous ne devons à personne, que nous apportons en naissant, et que nous fortifions par l'habitude; il y en a d'autres que l'on contracte, et qui nous sont étrangers. L'on est né quelquefois avec des mœurs faciles, de la complaisance, et tout le désir de plaire; mais par les traitements que l'on reçoit de ceux avec qui l'on vit ou de qui l'on dépend, l'on est bientôt jeté hors de ses mesures, et même de son naturel : l'on a des chagrins et une bile que l'on ne se connaissait point, l'on se voit une autre complexion, l'on est enfin étonné de se trouver dur et épineux.

16

L'on demande pourquoi tous les hommes ensemble ne composent pas comme une seule nation, et n'ont point voulu parler une même langue, vivre sous les mêmes lois, convenir entr'eux des mêmes usages et d'un même culte; et moi, pensant à la contrariété des esprits, des goûts et des sentiments, je suis étonné de voir jusques à sept ou huit personnes se rassembler sous un même toit, dans une même enceinte, et composer une seule famille[1]. (ÉD. 2.)

17

Il y a d'étranges pères, et dont toute la vie ne semble

occupée qu'à préparer à leurs enfants des raisons de se consoler de leur mort.

18

Tout eſt étranger dans l'humeur, les mœurs et les manières de la plupart des hommes : tel a vécu pendant toute sa vie chagrin, emporté, avare, rampant, soumis, laborieux, intéressé, qui était né gai, paisible, paresseux, magnifique, d'un courage fier et éloigné de toute bassesse : les besoins de la vie, la situation où l'on se trouve, la loi de la nécessité forcent la nature et y causent ces grands changements. Ainsi tel homme au fond et en lui-même ne se peut définir; trop de choses qui sont hors de lui l'altèrent, le changent, le bouleversent; il n'eſt point précisément ce qu'il eſt ou ce qu'il paraît être.

19

La vie eſt courte et ennuyeuse : elle se passe toute à désirer; l'on remet à l'avenir son repos et ses joies, à cet âge souvent où les meilleurs biens ont déjà disparu, la santé et la jeunesse. Ce temps arrive, qui nous surprend encore dans les désirs : on en eſt là, quand la fièvre nous saisit et nous éteint; si l'on eût guéri, ce n'était que pour désirer plus longtemps.

20

Lorsqu'on désire, on se rend à discrétion à celui de qui l'on espère : eſt-on sûr d'avoir, on temporise, on parlemente, on capitule. (ÉD. 8.)

21

Il eſt si ordinaire à l'homme de n'être pas heureux, et si essentiel à tout ce qui eſt un bien d'être acheté par mille peines, qu'une affaire qui se rend facile devient suspecte :

l'on comprend à peine, ou que ce qui coûte si peu puisse nous être fort avantageux, ou qu'avec des mesures justes l'on doive si aisément parvenir à la fin que l'on se propose : l'on croit mériter les bons succès, mais n'y devoir compter que fort rarement.

22

L'homme qui dit qu'il n'est pas né heureux pourrait du moins le devenir par le bonheur de ses amis ou de ses proches. L'envie lui ôte cette dernière ressource. (ÉD. 4.)

23

Quoi que j'aie pu dire ailleurs, peut-être que les affligés ont tort : les hommes semblent être nés pour l'infortune, la douleur et la pauvreté, peu en échappent; et comme toute disgrâce peut leur arriver, ils devraient être préparés à toute disgrâce. (ÉD. 6.)

24

Les hommes ont tant de peine à s'approcher sur les affaires, sont si épineux sur les moindres intérêts, si hérissés de difficultés, veulent si fort tromper et si peu être trompés, mettent si haut ce qui leur appartient, et si bas ce qui appartient aux autres, que j'avoue que je ne sais par où et comment[1] se peuvent conclure les mariages, les contrats, les acquisitions, la paix, la trêve, les traités, les alliances.

25

À quelques-uns l'arrogance tient lieu de grandeur, l'inhumanité de fermeté, et la fourberie d'esprit. (ÉD. 5.)

Les fourbes croient aisément que les autres le sont; ils ne peuvent guères être trompés, et ils ne trompent pas longtemps[2].

Je me rachèterai toujours fort volontiers d'être fourbe par être stupide et passer pour tel. (ÉD. 5.)

On ne trompe point en bien; la fourberie ajoute la malice au mensonge. (ÉD. 5.)

26

S'il y avait moins de dupes, il y aurait moins de ce qu'on appelle des hommes fins ou entendus, et de ceux qui tirent autant de vanité que de distinction d'avoir su, pendant tout le cours de leur vie, tromper les autres : comment voulez-vous qu'*Erophile,* à qui le manque de parole, les mauvais offices, la fourberie, bien loin de nuire, ont mérité des grâces et des bienfaits de ceux mêmes qu'il a ou manqués de servir ou désobligés, ne présume pas infiniment de soi et de son industrie ? (ÉD. 8.)

27

L'on n'entend dans les places et dans les rues des grandes villes, et de la bouche de ceux qui passent, que les mots d'*exploit,* de *saisie, d'interrogatoire,* de *promesse,* et de *plaider contre sa promesse :* est-ce qu'il n'y aurait pas dans le monde la plus petite équité ? Serait-il au contraire rempli de gens qui demandent froidement ce qui ne leur est pas dû, ou qui refusent nettement de rendre ce qu'ils doivent ? (ÉD. 4.)

Parchemins inventés pour faire souvenir ou pour convaincre les hommes de leur parole : honte de l'humanité. (ÉD. 8.)

Otez les passions, l'intérêt, l'injustice, quel calme dans les plus grandes villes ! Les besoins et la subsistance n'y font pas le tiers de l'embarras [1]. (ÉD. 4.)

28

Rien n'engage tant un esprit raisonnable à supporter tranquillement des parents et des amis les torts qu'ils ont à son égard, que la réflexion qu'il fait sur les vices de l'humanité, et combien il eſt pénible aux hommes d'être conſtants, généreux, fidèles, d'être touchés d'une amitié plus forte que leur intérêt : comme il connaît leur portée, il n'exige point d'eux qu'ils pénètrent les corps, qu'ils volent dans l'air, qu'ils aient de l'équité : il peut haïr les hommes en général, où il y a si peu de vertu; mais il excuse les particuliers, il les aime même par des motifs plus relevés; et il s'étudie à mériter le moins qu'il se peut une pareille indulgence.

29

Il y a de certains biens que l'on désire avec emportement, et dont l'idée seule nous enlève et nous transporte; s'il nous arrive de les obtenir, on les sent plus tranquillement qu'on ne l'eût pensé, on en jouit moins que l'on aspire encore à de plus grands.

30

Il y a des maux effroyables et d'horribles malheurs où l'on n'ose penser, et dont la seule vue fait frémir; s'il arrive que l'on y tombe, l'on se trouve des ressources que l'on ne se connaissait point, l'on se roidit contre son infortune, et l'on fait mieux qu'on ne l'espérait.

31

Il ne faut quelquefois qu'une jolie maison dont on hérite, qu'un beau cheval ou un joli chien dont on se trouve le maître, qu'une tapisserie, qu'une pendule, pour adoucir une grande douleur, et pour faire moins sentir une grande perte. (ÉD. 4.)

32

Je suppose que les hommes soient éternels sur la terre,

et je médite ensuite sur ce qui pourrait me faire connaître qu'ils se feraient alors une plus grande affaire de leur établissement qu'ils ne s'en font dans l'état où sont les choses. (ÉD. 5.)

33

Si la vie est misérable, elle est pénible à supporter; si elle est heureuse, il est horrible de la perdre. L'un revient à l'autre.

34

Il n'y a rien que les hommes aiment mieux à conserver, et qu'ils ménagent moins, que leur propre vie.

35

Irène se transporte à grands frais en Épidaure, voit Esculape dans son temple, et le consulte sur tous ses maux. D'abord elle se plaint qu'elle est lasse et recrue de fatigue; et le dieu prononce que cela lui arrive par la longueur du chemin qu'elle vient de faire. Elle dit qu'elle est le soir sans appétit; l'oracle lui ordonne de dîner peu. Elle ajoute qu'elle est sujette à des insomnies; et il lui prescrit de n'être au lit que pendant la nuit. Elle lui demande pourquoi elle devient pesante, et quel remède; l'oracle répond qu'elle doit se lever avant midi, et quelque fois se servir de ses jambes pour marcher. Elle lui déclare que le vin lui est nuisible : l'oracle lui dit de boire de l'eau; qu'elle a des indigestions, et il ajoute qu'elle fasse diète. « Ma vue s'affaiblit, dit Irène. — Prenez des lunettes, dit Esculape. — Je m'affaiblis moi-même, continue-t-elle, et je ne suis ni si forte ni si saine que j'ai été. — C'est, dit le dieu, que vous vieillissez. — Mais quel moyen de guérir de cette langueur? — Le plus court, Irène, c'est de mourir, comme ont fait votre mère et votre aïeule. — Fils d'Apollon, s'écrie Irène, quel conseil me donnez-vous! Est-ce là toute cette science que les hommes publient, et qui vous fait révérer de toute la terre ? Que m'apprenez-vous de rare et de mystérieux, et ne savais-je pas tous ces remèdes que vous m'enseignez ? — Que n'en usiez-vous donc, répond le dieu, sans venir me chercher de si loin, et abréger vos jours par un long voyage[1] ? » (ÉD. 8.)

36

La mort n'arrive qu'une fois, et se fait sentir à tous les moments de la vie ; il est plus dur de l'appréhender que de la souffrir.

37

L'inquiétude, la crainte, l'abattement n'éloignent pas la mort, au contraire : je doute seulement que le ris excessif convienne aux hommes, qui sont mortels. (ÉD. 5.)

38

Ce qu'il y a de certain dans la mort est un peu adouci par ce qui est incertain ; c'est un indéfini dans le temps qui tient quelque chose de l'infini et de ce qu'on appelle éternité. (ÉD. 5.)

39

Pensons que comme nous soupirons présentement pour la florissante jeunesse qui n'est plus et ne reviendra point, la caducité suivra, qui nous fera regretter l'âge viril où nous sommes encore, et que nous n'estimons pas assez.

40

L'on craint la vieillesse, que l'on est pas sûr de pouvoir atteindre.

41

L'on espère de vieillir et l'on craint la vieillesse ; c'est-à-dire l'on aime la vie et l'on fuit la mort. (ÉD. 5.)

42

C'est plus tôt fait de céder à la nature et de craindre la mort, que de faire de continuels efforts, s'armer de raisons et de réflexions, et être continuellement aux prises avec soi-même pour ne la pas craindre. (ÉD. 6.)

43

Si de tous les hommes les uns mouraient, les autres non, ce serait une désolante affliction que de mourir. (ÉD. 5.)

44

Une longue maladie semble être placée entre la vie et la mort, afin que la mort même devienne un soulagement et à ceux qui meurent et à ceux qui restent. (ÉD. 5.)

45

À parler humainement, la mort a un bel endroit, qui est de mettre fin à la vieillesse. (ÉD. 5.)

La mort qui prévient la caducité arrive plus à propos que celle qui la termine. (ÉD. 5.)

46

Le regret qu'ont les hommes du mauvais emploi du temps qu'ils ont déjà vécu, ne les conduit pas toujours à faire de celui qui leur reste à vivre un meilleur usage.

47

La vie est un sommeil : les vieillards sont ceux dont le sommeil a été plus long; ils ne commencent à se réveiller que quand il faut mourir. S'ils repassent alors sur tout le cours de leurs années, ils ne trouvent souvent ni vertus ni actions louables qui les distinguent les unes des autres; ils confondent leurs différents âges, ils n'y voient rien qui marque assez pour mesurer le temps qu'ils ont vécu. Ils ont eu un songe confus, informe, et sans aucune suite; ils sentent néanmoins, comme ceux qui s'éveillent, qu'ils ont dormi longtemps. (ÉD. 5.)

48

Il n'y a pour l'homme que trois événements : naître, vivre et mourir. Il ne se sent pas naître, il souffre à mourir, et il oublie de vivre. (ÉD. 4.)

49

Il y a un temps où la raison n'est pas encore, où l'on ne vit que par instinct, à la manière des animaux, et dont il ne reste dans la mémoire aucun vestige. Il y a un second temps où la raison se développe, où elle est formée, et où elle pourrait agir, si elle n'était pas obscurcie et comme éteinte par les vices de la complexion, et par un enchaînement de passions qui se succèdent les unes aux autres, et conduisent jusques au troisième et dernier âge. La raison, alors dans sa force, devrait produire; mais elle est refroidie et ralentie par les années, par la maladie et la douleur, déconcertée ensuite par le désordre de la machine, qui est dans son déclin : et ces temps néanmoins sont la vie de l'homme. (ÉD. 4.)

50

Les enfants sont hautains, dédaigneux, colères, envieux, curieux, intéressés, paresseux, volages, timides, intempérants, menteurs, dissimulés; ils rient et pleurent facilement; ils ont des joies immodérées et des afflictions amères sur de très petits sujets; ils ne veulent point souffrir de mal, et aiment à en faire : ils sont déjà des hommes. (ÉD. 4.)

51

Les enfants n'ont ni passé ni avenir, et ce qui ne nous arrive guères, ils jouissent du présent. (ÉD. 4.)

52

Le caractère de l'enfance paraît unique; les mœurs, dans cet âge, sont assez les mêmes, et ce n'est qu'avec une curieuse attention qu'on en pénètre la différence : elle augmente avec la raison, parce qu'avec celle-ci croissent les passions et les vices, qui seuls rendent les hommes si dissemblables entr'eux, et si contraires à eux-mêmes. (ÉD. 4.)

53

Les enfants ont déjà de leur âme l'imagination et la mémoire, c'est-à-dire ce que les vieillards n'ont plus; et ils en tirent un merveilleux usage pour les petits jeux et pour tous leurs amusements : c'est par elles qu'ils répètent ce qu'ils ont entendu dire, qu'ils contrefont ce qu'ils ont vu faire, qu'ils sont de tous métiers, soit qu'ils s'occupent en effet à mille petits ouvrages, soit qu'ils imitent les divers artisans par le mouvement et par le geste; qu'ils se trouvent à un grand festin, et y font bonne chère; qu'ils se transportent dans des palais et dans des lieux enchantés; que bien que seuls, ils se voient un riche équipage et un grand cortège; qu'ils conduisent des armées, livrent bataille, et jouissent du plaisir de la victoire; qu'ils parlent aux rois [1] et aux plus grands princes; qu'ils sont rois eux-mêmes, ont des sujets, possèdent des trésors, qu'ils peuvent faire de feuilles d'arbres ou de grains de sable; et, ce qu'ils ignorent dans la suite de leur vie, savent à cet âge être les arbitres de leur fortune, et les maîtres de leur propre félicité. (ÉD. 4.)

54

Il n'y a nuls vices extérieurs et nuls défauts du corps qui ne soient aperçus par les enfants; ils les saisissent d'une première vue, et ils savent les exprimer par des mots convenables : on ne nomme point plus heureusement. Devenus hommes, ils sont chargés à leur tour de toutes les imperfections dont ils se sont moqués. (ÉD. 4.)

L'unique soin des enfants est de trouver l'endroit faible de leurs maîtres, comme de tous ceux à qui ils sont soumis : dès qu'ils ont pu les entamer, ils gagnent le dessus, et prennent sur eux un ascendant qu'ils ne perdent plus. Ce qui nous fait déchoir une première fois de cette supériorité à leur égard est toujours ce qui nous empêche de la recouvrer. (ÉD. 4.)

55

La paresse, l'indolence et l'oisiveté, vices si naturels aux enfants, disparaissent dans leurs jeux, où ils sont vifs, appliqués, exacts, amoureux des règles et de la symétrie, où ils ne se pardonnent nulle faute les uns aux autres, et recommencent eux-mêmes plusieurs fois une seule chose qu'ils ont manquée : présages certains qu'ils pourront un jour négliger leurs devoirs, mais qu'ils n'oublieront rien pour leurs plaisirs. (ÉD. 4.)

56

Aux enfants tout paraît grand, les cours, les jardins, les édifices, les meubles, les hommes, les animaux; aux hommes les choses du monde paraissent ainsi, et j'ose dire par la même raison, parce qu'ils sont petits. (ÉD. 4.)

57

Les enfants commencent entr'eux par l'état populaire, chacun y est le maître, et ce qui est bien naturel, ils ne s'en accommodent pas longtemps, et passent au monarchique! quelqu'un se distingue, ou par une plus grande vivacité, ou par une meilleure disposition du corps, ou par une connaissance plus exacte des jeux différents et des petites lois qui les composent; les autres lui défèrent, et il se forme alors un gouvernement absolu qui ne roule que sur le plaisir. (ÉD. 4.)

58

Qui doute que les enfants ne conçoivent, qu'ils ne jugent, qu'ils ne raisonnent conséquemment? Si c'est seulement sur de petites choses, c'est qu'ils sont enfants, et sans une longue expérience; et si c'est en mauvais termes, c'est moins leur faute que celle de leurs parents ou de leurs maîtres. (ÉD. 4.)

59

C'est perdre toute confiance dans l'esprit des enfants, et leur devenir inutile, que de les punir des fautes qu'ils n'ont point faites, ou même sévèrement de celles qui sont légères; ils savent précisément et mieux que personne ce qu'ils méritent, et ils ne méritent guères que ce qu'ils craignent; ils connaissent si c'est à tort ou avec raison qu'on les châtie, et ne se gâtent pas moins par des peines mal ordonnées que par l'impunité. (ÉD. 4.)

60

On ne vit point assez pour profiter de ses fautes. On en commet pendant tout le cours de sa vie; et tout ce que l'on peut faire à force de faillir, c'est de mourir corrigé.

Il n'y a rien qui rafraîchisse le sang comme d'avoir su éviter de faire une sottise.

61

Le récit de ses fautes est pénible; on veut les couvrir et en charger quelque autre : c'est ce qui donne le pas au directeur sur le confesseur.

62

Les fautes des sots sont quelquefois si lourdes et si difficiles à prévoir, qu'elles mettent les sages en défaut, et ne sont utiles qu'à ceux qui les font. (ÉD. 6.)

63

L'esprit de parti abaisse les plus grands hommes jusques aux petitesses du peuple.

64

Nous faisons par vanité ou par bienséance les mêmes choses, et avec les mêmes dehors, que nous les ferions par inclination ou par devoir. Tel vient de mourir à Paris de la fièvre qu'il a gagnée à veiller sa femme qu'il n'aimait point [1].

65

Les hommes, dans le cœur, veulent être estimés, et ils cachent avec soin l'envie qu'ils ont d'être estimés; parce que les hommes veulent passer pour vertueux, et que vouloir tirer de la vertu tout autre avantage que la même vertu [2], je veux dire l'estime et les louanges [3], ce ne serait plus être vertueux, mais aimer l'estime et les louanges, ou être vain : les hommes sont très vains, et ils ne haïssent rien tant que de passer pour tels. (ÉD. 4.)

66

Un homme vain trouve son compte à dire du bien ou

du mal de soi : un homme modeste ne parle point de soi. (ÉD. 4.)

On ne voit point mieux le ridicule de la vanité, et combien elle est un vice honteux, qu'en ce qu'elle n'ose se montrer, et qu'elle se cache souvent sous les apparences de son contraire. (ÉD. 4.)

La fausse modestie est le dernier raffinement de la vanité; elle fait que l'homme vain ne paraît point tel, et se fait valoir au contraire par la vertu opposée au vice qui fait son caractère : c'est un mensonge. La fausse gloire est l'écueil de la vanité; elle nous conduit à vouloir être estimés par des choses qui à la vérité se trouvent en nous, mais qui sont frivoles et indignes qu'on les relève : c'est une erreur. (ÉD. 4.)

67

Les hommes parlent[1] de manière, sur ce qui les regarde, qu'ils n'avouent d'eux-mêmes que de petits défauts, et encore ceux qui supposent en leurs personnes de beaux talents ou de grandes qualités. Ainsi l'on se plaint de son peu de mémoire, content d'ailleurs de son grand sens et de son bon jugement; l'on reçoit le reproche de la distraction et de la rêverie, comme s'il nous accordait le bel esprit; l'on dit de soi qu'on est maladroit, et qu'on ne peut rien faire de ses mains, fort consolé de la perte de ces petits talents par ceux de l'esprit, ou par les dons de l'âme que tout le monde nous connaît; l'on fait l'aveu de sa paresse en des termes qui signifient toujours son désintéressement, et que l'on est guéri de l'ambition; l'on ne rougit point de sa malpropreté, qui n'est qu'une négligence pour les petites choses, et qui semble supposer qu'on n'a d'application que pour les solides et essentielles. Un homme de guerre aime à dire que c'était par trop d'empressement ou par curiosité qu'il se trouva un certain jour à la tranchée, ou en quelque autre poste très périlleux, sans être de garde ni commandé; et il ajoute qu'il en fut repris de son général. De même une bonne tête ou un ferme génie qui se trouve né avec cette prudence que les autres hommes cherchent vainement à acquérir; qui a fortifié la trempe de son esprit par une grande expérience; que le nombre, le poids, la diversité, la difficulté et l'importance des affaires occupent seulement, et n'accablent point; qui par l'étendue de ses vues et de sa pénétration se rend maître de tous les événements; qui bien loin de consulter toutes les réflexions qui sont écrites sur le gouvernement et la politique, est peut-être de ces âmes sublimes nées pour régir les autres, et sur qui ces premières règles ont été faites; qui est détourné, par les grandes choses qu'il fait, des belles ou des agréables qu'il pourrait lire, et qui au contraire ne perd rien à retracer et à feuilleter, pour ainsi dire, sa vie et ses actions : un homme ainsi fait peut dire aisément, et sans se commettre, qu'il ne connaît aucun livre, et qu'il ne lit jamais. (ÉD. 4.)

68

On veut quelquefois cacher ses faibles, ou en diminuer l'opinion par l'aveu libre que l'on en fait. Tel dit : « Je suis ignorant », qui ne sait rien; un homme dit : « Je suis vieux », il passe soixante ans; un autre encore : « Je ne suis pas riche », et il est pauvre. (ÉD. 5.)

69

La modestie n'est point, ou est confondue avec une chose toute différente de soi, si on la prend pour un sentiment intérieur qui avilit l'homme à ses propres yeux, et qui est une vertu surnaturelle qu'on appelle humilité. L'homme, de sa nature, pense hautement et superbement de lui-même, et ne pense ainsi que de lui-même : la modestie ne tend qu'à faire que personne n'en souffre; elle est une vertu du dehors, qui règle ses yeux, sa démarche, ses paroles, son ton de voix, et qui le fait agir extérieurement avec les autres comme s'il n'était pas vrai qu'il les compte pour rien. (ÉD. 4.)

70

Le monde est plein de gens qui faisant intérieurement et par habitude la comparaison d'eux-mêmes avec les autres, décident toujours en faveur de leur propre mérite, et agissent conséquemment.

71

Vous dites qu'il faut être modeste; les gens bien nés ne demandent pas mieux : faites seulement que les hommes n'empiètent pas sur ceux qui cèdent par modestie, et ne brisent pas ceux qui plient. (ÉD. 4.)

De même l'on dit : « Il faut avoir des habits modestes. » Les personnes de mérite ne désirent rien davantage; mais le monde veut de la parure, on lui en donne; il est avide de la superfluité, on lui en montre. Quelques-uns n'estiment les autres que par de beau linge ou par une riche étoffe; l'on ne refuse pas toujours d'être estimé à ce prix. Il y a des endroits où il faut se faire valoir : un galon d'or plus large ou plus étroit vous fait entrer ou refuser. (ÉD. 4.)

72

Notre vanité et la trop grande estime que nous avons de nous-mêmes nous fait soupçonner dans les autres une fierté à notre égard qui y est quelquefois, et qui souvent n'y est pas : une personne modeste n'a point cette délicatesse.

73

Comme il faut se défendre de cette vanité qui nous fait penser que les autres nous regardent avec curiosité et avec estime, et ne parlent ensemble que pour s'entretenir de notre mérite et faire notre éloge, aussi devons-nous avoir une certaine confiance qui nous empêche de croire qu'on ne se parle à l'oreille que pour dire du mal de nous, ou que l'on ne rit que pour s'en moquer. (ÉD. 4.)

74

D'où vient qu'*Alcippe* me salue aujourd'hui, me sourit, et se jette hors d'une portière de peur de me manquer? Je ne suis pas riche, et je suis à pied : il doit, dans les règles, ne me pas voir. N'est-ce point pour être vu lui-même dans un même fond avec un grand? (ÉD. 4.)

75

L'on est si rempli de soi-même, que tout s'y rapporte; l'on aime à être vu, à être montré, à être salué, même des inconnus : ils sont fiers s'ils l'oublient; l'on veut qu'ils nous devinent. (ÉD. 4.)

76

Nous cherchons notre bonheur hors de nous-mêmes, et dans l'opinion des hommes, que nous connaissons flatteurs, peu sincères, sans équité, pleins d'envie, de caprices et de préventions : quelle bizarrerie!

77

Il semble que l'on ne puisse rire que des choses ridicules : l'on voit néanmoins de certaines gens qui rient également des choses ridicules et de celles qui ne le sont pas. Si vous êtes sot et inconsidéré, et qu'il vous échappe devant eux quelque impertinence, ils rient de vous; si vous êtes sage, et que vous ne disiez que des choses raisonnables, et du ton qu'il les faut dire, ils rient de même.

78

Ceux qui nous ravissent les biens par la violence ou par l'injustice, et qui nous ôtent l'honneur par la calomnie, nous marquent assez leur haine pour nous; mais ils ne nous prouvent pas également qu'ils aient perdu à notre égard toute sorte d'estime : aussi ne sommes-nous pas incapables de quelque retour pour eux, et de leur rendre un jour notre amitié. La moquerie au contraire est de toutes les injures celle qui se pardonne le moins; elle est le langage du mépris, et l'une des manières dont il se fait le mieux entendre; elle attaque l'homme dans son dernier retranchement, qui est l'opinion qu'il a de soi-même; elle veut le rendre ridicule à ses propres yeux; et ainsi elle le convainc de la plus mauvaise disposition où l'on puisse être pour lui, et le rend irréconciliable.

C'est une chose monstrueuse que le goût et la facilité qui est en nous de railler, d'improuver et de mépriser les autres; et tout ensemble la colère que nous ressentons contre ceux qui nous raillent, nous improuvent et nous méprisent.

79

La santé et les richesses, ôtant aux hommes l'expérience du mal, leur inspirent la dureté pour leurs semblables; et les gens déjà chargés de leur propre misère sont ceux qui entrent davantage par la comparaison dans celle d'autrui. (ÉD. 8.)

80

Il semble qu'aux âmes bien nées les fêtes, les spectacles, la symphonie rapprochent et font mieux sentir l'infortune de nos proches ou de nos amis. (ÉD. 7.)

81

Une grande âme est au-dessus de l'injure, de l'injustice, de la douleur, de la moquerie[1]; et elle serait invulnérable, si elle ne souffrait par la compassion.

82

Il y a une espèce de honte d'être heureux à la vue de certaines misères. (ÉD. 4.)

83

On eſt prompt à connaître ses plus petits avantages, et lent à pénétrer ses défauts. On n'ignore point qu'on a de beaux sourcils, les ongles bien faits; on sait à peine que l'on eſt borgne; on ne sait point du tout que l'on manque d'esprit. (ÉD. 4.)

Argyre tire son gant pour montrer une belle main, et elle ne néglige pas de découvrir un petit soulier qui suppose qu'elle a le pied petit; elle rit des choses plaisantes ou sérieuses pour faire voir de belles dents; si elle montre son oreille, c'eſt qu'elle l'a bien faite; et si elle ne danse jamais, c'eſt qu'elle eſt peu contente de sa taille, qu'elle a épaisse. Elle entend tous ses intérêts, à l'exception d'un seul : elle parle toujours, et n'a point d'esprit. (ÉD. 4.)

84

Les hommes comptent presque pour rien toutes les vertus du cœur, et idolâtrent les talents du corps et de l'esprit. Celui qui dit froidement de soi, et sans croire blesser la modeſtie, qu'il eſt bon, qu'il eſt conſtant, fidèle, sincère, équitable, reconnaissant, n'ose dire qu'il eſt vif, qu'il a les dents belles et la peau douce; cela eſt trop fort. (ÉD. 4.)

Il eſt vrai qu'il y a deux vertus que les hommes admirent, la bravoure et la libéralité, parce qu'il y a deux choses qu'ils eſtiment beaucoup, et que ces vertus font négliger, la vie et l'argent : aussi personne n'avance de soi qu'il eſt brave ou libéral. (ÉD. 4.)

Personne ne dit de soi, et surtout sans fondement, qu'il est beau, qu'il est généreux, qu'il est sublime : on a mis ces qualités à un trop haut prix; on se contente de le penser. (ÉD. 4.)

85

Quelque rapport qu'il paraisse de la jalousie à l'émulation, il y a entr'elles le même éloignement que celui qui se trouve entre le vice et la vertu. (ÉD. 5.)

La jalousie et l'émulation s'exercent sur le même objet, qui est le bien ou le mérite des autres, avec cette différence, que celle-ci est un sentiment volontaire, courageux, sincère, qui rend l'âme féconde, qui la fait profiter des grands exemples, et la porte souvent au-dessus de ce qu'elle admire; et que celle-là au contraire est un mouvement violent et comme un aveu contraint du mérite qui est hors d'elle; qu'elle va même jusques à nier la vertu dans les sujets où elle existe, ou qui, forcée de la reconnaître, lui refuse les éloges ou lui envie les récompenses; une passion stérile qui laisse l'homme dans l'état où elle le trouve, qui le remplit de lui-même, de l'idée de sa réputation, qui le rend froid et sec sur les actions ou sur les ouvrages d'autrui, qui fait qu'il s'étonne de voir dans le monde d'autres talents que les siens, ou d'autres hommes avec les mêmes talents dont il se pique : vice honteux, et qui par son excès rentre toujours dans la vanité et dans la présomption, et ne persuade pas tant à celui qui en est blessé qu'il a plus d'esprit et de mérite que les autres, qu'il lui fait croire qu'il a lui seul de l'esprit et du mérite. (ÉD. 5.)

L'émulation et la jalousie ne se rencontrent guères que dans les personnes de même art, de mêmes talents et de même condition. Les plus vils artisans sont les plus sujets à la jalousie; ceux qui font profession des arts libéraux ou des belles-lettres, les peintres, les musiciens, les orateurs, les poètes, tous ceux qui se mêlent d'écrire ne devraient être capables que d'émulation. (ÉD. 5.)

Toute jalousie n'est point exempte de quelque sorte

d'envie, et souvent même ces deux passions se confondent. L'envie au contraire est quelquefois séparée de la jalousie : comme est celle qu'excitent dans notre âme les conditions fort élevées au-dessus de la nôtre, les grandes fortunes, la faveur, le ministère. (ÉD. 5.)

L'envie et la haine s'unissent toujours et se fortifient l'une l'autre dans un même sujet; et elles ne sont reconnaissables entr'elles qu'en ce que l'une s'attache à la personne, l'autre à l'état et à la condition. (ÉD. 5.)

Un homme d'esprit n'est point jaloux d'un ouvrier qui a travaillé une bonne épée, ou d'un statuaire qui vient d'achever une belle figure : il sait qu'il y a dans ces arts des règles et une méthode qu'on ne devine point, qu'il y a des outils à manier dont il ne connaît ni l'usage, ni le nom, ni la figure; et il lui suffit de penser qu'il n'a point fait l'apprentissage d'un certain métier, pour se consoler de n'y être point maître; il peut au contraire être susceptible d'envie et même de jalousie contre un ministre et contre ceux qui gouvernent, comme si la raison et le bon sens, qui lui sont communs avec eux, étaient les seuls instruments qui servent à régir un État et à présider aux affaires publiques, et qu'ils dussent suppléer aux règles, aux préceptes, à l'expérience. (ÉD. 5.)

86

L'on voit peu d'esprits entièrement lourds et stupides; l'on en voit encore moins qui soient sublimes et transcendants. Le commun des hommes nage entre ces deux extrémités. L'intervalle est rempli par un grand nombre de talents ordinaires, mais qui sont d'un grand usage, servent à la république, et renferment en soi l'utile et l'agréable : comme le commerce, les finances, le détail des armées, la navigation, les arts, les métiers, l'heureuse mémoire, l'esprit du jeu, celui de la société et de la conversation[1].

87

Tout l'esprit qui est au monde est inutile à celui qui n'en a point : il n'a nulles vues, et il est incapable de profiter de celles d'autrui. (ÉD. 4.)

88

Le premier degré dans l'homme après la raison, ce serait de sentir qu'il l'a perdue; la folie même est incompatible avec cette connaissance; de même ce qu'il y aurait en nous de meilleur après l'esprit, ce serait de connaître qu'il nous manque; par là on ferait l'impossible, on saurait sans esprit n'être pas un sot, ni un fat, ni un impertinent. (ÉD. 5.)

89

Un homme qui n'a de l'esprit que dans une certaine médiocrité est sérieux et tout d'une pièce; il ne rit point, il ne badine jamais, il ne tire aucun fruit de la bagatelle; aussi incapable de s'élever aux grandes choses que de s'accommoder, même par relâchement, des plus petites, il sait à peine jouer avec ses enfants. (ÉD. 4.)

90

Tout le monde dit d'un fat qu'il est un fat; personne n'ose le lui dire à lui-même, il meurt sans le savoir, et sans que personne se soit vengé.

91

Quelle mésintelligence entre l'esprit et le cœur! Le philosophe vit mal avec tous ses préceptes; et le politique rempli de vues et de réflexions ne sait pas se gouverner. (ÉD. 4.)

92

L'esprit s'use comme toutes choses; les sciences sont aliments, elles le nourrissent et le consument.

93

Les petits sont quelquefois chargés de mille vertus inutiles; ils n'ont pas de quoi les mettre en œuvre.

94

Il se trouve des hommes[1] qui soutiennent facilement le poids de la faveur et de l'autorité, qui se familiarisent avec leur propre grandeur, et à qui la tête ne tourne point dans les postes les plus élevés. Ceux au contraire que la fortune aveugle, sans choix et sans discernement, a comme accablés de ses bienfaits, en jouissent avec orgueil et sans modération : leurs yeux, leur démarche, leur ton de voix et leur accès marquent longtemps en eux l'admiration où ils sont d'eux-mêmes, et de se voir si éminents; et ils deviennent si farouches que leur chute seule peut les apprivoiser.

95

Un homme haut et robuste, qui a une poitrine large et de larges épaules, porte légèrement et de bonne grâce un lourd fardeau, il lui reste encore un bras de libre : un nain serait écrasé de la moitié de sa charge : ainsi les postes éminents rendent les grands hommes encore plus grands, et les petits beaucoup plus petits. (ÉD. 4.)

96

Il y a des gens qui gagnent à être extraordinaires; ils voguent, ils cinglent dans une mer où les autres échouent et se brisent; ils parviennent, en blessant toutes les règles de parvenir; ils tirent de leur irrégularité et de leur folie tous les fruits d'une sagesse la plus consommée; hommes dévoués à d'autres hommes, aux grands à qui ils ont sacrifié, en qui ils ont placé leurs dernières espérances, ils ne les servent point, mais ils les amusent. Les personnes de mérite et de service sont utiles aux grands, ceux-ci leur sont nécessaires; ils blanchissent auprès d'eux dans la pratique des bons mots, qui leur tiennent lieu d'exploits dont ils attendent la récompense; ils s'attirent, à force d'être plaisants, des emplois graves, et s'élèvent par un continuel enjouement jusques au sérieux des dignités; ils finissent enfin, et rencontrent inopinément un avenir qu'ils n'ont ni craint ni espéré; ce qui reste d'eux sur la terre, c'est l'exemple de leur fortune, fatal à ceux qui voudraient le suivre. (ÉD. 7.)

97

L'on exigerait de certains personnages[1] qui ont une fois été capables d'une action noble, héroïque, et qui a été sue de toute la terre, que sans paraître comme épuisés par un si grand effort, ils eussent du moins dans le reste de leur vie cette conduite sage et judicieuse qui se remarque même dans les hommes ordinaires; qu'ils ne tombassent point dans des petitesses indignes de la haute réputation qu'ils avaient acquise; que se mêlant moins dans le peuple, et ne lui laissant pas le loisir de les voir de près, ils ne le fissent point passer de la curiosité et de l'admiration à l'indifférence, et peut-être au mépris.

98

Il coûte moins à certains hommes de s'enrichir de mille vertus, que de se corriger d'un seul défaut. Ils sont même si malheureux, que ce vice est souvent celui qui convenait le moins à leur état, et qui pouvait leur donner dans le monde plus de ridicule; il affaiblit l'éclat de leurs grandes qualités, empêche qu'ils ne soient des hommes parfaits, et que leur réputation ne soit entière : on ne leur demande point qu'ils soient plus éclairés et plus incorruptibles; qu'ils soient plus amis de l'ordre et de la discipline; plus fidèles à leurs devoirs, plus zélés pour le bien public; plus graves : on veut seulement qu'ils ne soient point amoureux.

99

Quelques hommes, dans le cours de leur vie, sont si différents d'eux-mêmes par le cœur et par l'esprit qu'on eśt sûr de se méprendre, si l'on en juge seulement par ce qui a paru d'eux dans leur première jeunesse. Tels étaient pieux, sages, savants, qui par cette mollesse inséparable d'une trop riante fortune, ne le sont plus. L'on en sait d'autres qui ont commencé leur vie par les plaisirs et qui ont mis ce qu'ils avaient d'esprit à les connaître; que les disgrâces ensuite ont rendus religieux, sages, tempérants : ces derniers sont pour l'ordinaire de grands sujets, et sur qui l'on peut faire beaucoup de fond; ils ont une probité éprouvée par la patience et par l'adversité; ils entent sur cette extrême politesse que le commerce des femmes leur a donnée, et dont ils ne se défont jamais, un esprit de règle, de réflexion, et quelquefois une haute capacité, qu'ils doivent à la chambre et au loisir d'une mauvaise fortune.

Tout notre mal vient de ne pouvoir être seuls : de là le jeu, le luxe, la dissipation, le vin, les femmes, l'ignorance, la médisance, l'envie, l'oubli de soi-même et de Dieu.

100

L'homme semble quelquefois ne se suffire pas à soi-même; les ténèbres, la solitude le troublent, le jettent dans des craintes frivoles et dans de vaines terreurs : le moindre mal alors qui puisse lui arriver eśt de s'ennuyer.

101

L'ennui est entré dans le monde par la paresse, elle a beaucoup de part dans la recherche que font les hommes des plaisirs, du jeu, de la société; celui qui aime le travail a assez de soi-même. (ÉD. 5.)

102

La plupart des hommes emploient la première partie de leur vie à rendre l'autre misérable.

103

Il y a des ouvrages[1] qui commencent par A et finissent par Z : le bon, le mauvais, le pire, tout y entre, rien en un certain genre n'est oublié : quelle recherche, quelle affectation dans ces ouvrages! On les appelle des jeux d'esprit. De même il y a un jeu dans la conduite; on a commencé, il faut finir, on veut fournir toute la carrière; il serait mieux ou de changer ou de suspendre, mais il est plus rare et plus difficile de poursuivre, on poursuit, on s'anime par les contradictions, la vanité soutient, supplée à la raison, qui cède et qui se désiste; on porte ce raffinement jusques dans les actions les plus vertueuses, dans celles mêmes où il entre de la religion. (ÉD. 5.)

104

Il n'y a que nos devoirs qui nous coûtent, parce que, leur pratique ne regardant que les choses que nous sommes étroitement obligés de faire, elle n'est pas suivie de grands éloges, qui est tout ce qui nous excite aux actions louables, et qui nous soutient dans nos entreprises. N** aime une piété fastueuse qui lui attire l'intendance des besoins des pauvres, le rend dépositaire de leur patrimoine, et fait de sa maison un dépôt public où se font les distributions; les gens à petits collets et les *sœurs grises* y ont une libre entrée; toute une ville voit ses aumônes, et les publie : qui pourrait douter qu'il soit homme de bien, si ce n'est peut-être ses créanciers? (ÉD. 4.)

105

Géronte meurt de caducité, et sans avoir fait ce testament qu'il projetait depuis trente années; dix têtes viennent *ab intestat* partager sa succession; il ne vivait depuis longtemps que par les soins d'*Astérie,* sa femme, qui jeune encore s'était dévouée à sa personne, ne le perdait pas de vue, secourait sa vieillesse, et lui a enfin fermé les yeux. Il ne lui laisse pas assez de bien pour pouvoir se passer pour vivre d'un autre vieillard. (ÉD. 4.)

106

Laisser perdre charges et bénéfices plutôt que de vendre ou de résigner même dans son extrême vieillesse, c'est se persuader qu'on n'est pas du nombre de ceux qui meurent; ou si l'on croit que l'on peut mourir, c'est s'aimer soi-même, et n'aimer que soi. (ÉD. 4.)

107

Fauste est un dissolu, un prodigue, un libertin, un ingrat, un emporté, qu'*Aurèle,* son oncle, n'a pu haïr ni déshériter. (ÉD. 4.)

Frontin, neveu d'Aurèle, après vingt années d'une probité connue, et d'une complaisance aveugle pour ce vieillard, ne l'a pu fléchir en sa faveur, et ne tire de sa dépouille qu'une légère pension, que Fauste, unique légataire, lui doit payer. (ÉD. 4.)

108

Les haines sont si longues et si opiniâtrées, que le

plus grand signe de mort dans un homme malade, c'est la réconciliation.

109

L'on s'insinue auprès de tous les hommes, ou en les flattant dans les passions qui occupent leur âme, ou en compatissant aux infirmités qui affligent leur corps; en cela seul consistent les soins que l'on peut leur rendre : de là vient que celui qui se porte bien, et qui désire peu de choses, est moins facile à gouverner.

110

La mollesse et la volupté naissent avec l'homme, et ne finissent qu'avec lui; ni les heureux ni les tristes événements ne l'en peuvent séparer : c'est pour lui ou le fruit de la bonne fortune, ou un dédommagement de la mauvaise. (ÉD. 4.)

111

C'est une grande difformité dans la nature qu'un vieillard amoureux.

112

Peu de gens se souviennent d'avoir été jeunes, et combien il leur était difficile d'être chastes et tempérants; la première chose qui arrive aux hommes après avoir renoncé aux plaisirs, ou par bienséance, ou par lassitude, ou par régime, c'est de les condamner dans les autres : il entre dans cette conduite une sorte d'attachement pour les choses mêmes que l'on vient de quitter; l'on aimerait qu'un bien qui n'est plus pour nous ne fût plus aussi pour le reste du monde : c'est un sentiment de jalousie.

113

Ce n'est pas le besoin d'argent où les vieillards peuvent appréhender de tomber un jour qui les rend avares; car il y en a de tels qui ont de si grands fonds qu'ils ne peuvent guères avoir cette inquiétude; et d'ailleurs comment pourraient-ils craindre de manquer dans leur caducité des commodités de la vie, puisqu'ils s'en privent eux-mêmes volontairement pour satisfaire à leur avarice? Ce n'est point aussi l'envie de laisser de plus grandes richesses à leurs enfants, car il n'est pas naturel d'aimer quelque autre chose plus que soi-même, outre qu'il se trouve des avares qui n'ont point d'héritiers. Ce vice est plutôt l'effet de l'âge et de la complexion des vieillards, qui s'y abandonnent aussi naturellement qu'ils suivaient leurs plaisirs dans leur jeunesse, ou leur ambition dans l'âge viril; il ne faut ni vigueur, ni jeunesse, ni santé, pour être avare; l'on n'a aussi nul besoin de s'empresser, ou de se donner le moindre mouvement pour épargner ses revenus; il faut laisser seulement son bien dans ses coffres et se priver de tout; cela est commode aux vieillards, à qui il faut une passion, parce qu'ils sont hommes.

114

Il y a des gens qui sont mal logés, mal couchés, mal habillés et plus mal nourris; qui essuient les rigueurs des saisons; qui se privent eux-mêmes de la société des hommes, et passent leurs jours dans la solitude; qui souffrent du présent, du passé, et de l'avenir; dont la vie est comme une pénitence continuelle, et qui ont ainsi trouvé le secret d'aller à leur perte par le chemin le plus pénible : ce sont les avares.

115

Le souvenir de la jeunesse est tendre dans les vieillards : ils aiment les lieux où ils l'ont passée; les personnes qu'ils ont commencé de connaître dans ce temps leur sont chères; ils affectent quelques mots du premier langage qu'ils ont parlé; ils tiennent pour l'ancienne manière de chanter, et pour la vieille danse; ils vantent les modes qui régnaient alors dans les habits, les meubles et les équipages; ils ne peuvent encore désapprouver des choses qui servaient à leurs passions, qui étaient si utiles à leurs plaisirs, et qui en rappellent la mémoire : comment pourraient-ils leur préférer de nouveaux usages et des modes toutes récentes où ils n'ont nulle part, dont ils n'espèrent rien, que les jeunes gens ont faites, et dont ils tirent à leur tour de si grands avantages contre la vieillesse?

116

Une trop grande négligence comme une excessive parure dans les vieillards multiplient leurs rides, et font mieux voir leur caducité.

117

Un vieillard est fier, dédaigneux, et d'un commerce difficile, s'il n'a beaucoup d'esprit.

118

Un vieillard qui a vécu à la cour, qui a un grand sens et une mémoire fidèle, est un trésor inestimable; il est plein de faits et de maximes; l'on y trouve l'histoire du siècle revêtue de circonstances très sérieuses, et qui ne se lisent nulle part, l'on y apprend des règles pour la conduite et pour les mœurs, qui sont toujours sûres, parce qu'elles sont fondées sur l'expérience.

119

Les jeunes gens, à cause des passions qui les amusent, s'accommodent mieux de la solitude que les vieillards.

120

Phidippe, déjà vieux, raffine sur la propreté et sur la

mollesse; il passe aux petites délicatesses; il s'eſt fait un art du boire, du manger, du repos et de l'exercice; les petites règles qu'il s'eſt prescrites, et qui tendent toutes aux aises de sa personne, il les observe avec scrupule, et ne les romprait pas pour une maîtresse, si le régime lui avait permis d'en retenir; il s'eſt accablé de superfluités, que l'habitude enfin lui rend nécessaires. Il double ainsi et renforce les liens qui l'attachent à la vie, et il veut employer ce qui lui en reſte à en rendre la perte plus douloureuse. N'appréhendait-il pas assez de mourir? (ÉD. 4.)

121

Gnathon[1] ne vit que pour soi, et tous les hommes ensemble sont à son égard comme s'ils n'étaient point: non content de remplir à une table la première place, il occupe lui seul celle de deux autres; il oublie que le repas eſt pour lui et pour toute la compagnie, il se rend maître du plat, et fait son propre de chaque service; il ne s'attache à aucun des mets, qu'il n'ait achevé d'essayer de tous, il voudrait pouvoir les savourer tous, tout à la fois[2]: il ne se sert à table que de ses mains, il manie les viandes, les remanie, démembre, déchire, et en use de manière qu'il faut que les conviés, s'ils veulent manger, mangent ses reſtes; il ne leur épargne aucune de ces malpropretés dégoûtantes, capables d'ôter l'appétit aux plus affamés; le jus et les sauces lui dégouttent du menton et de la barbe[3]; s'il enlève un ragoût de dessus un plat, il le répand en chemin dans un autre plat et sur la nappe, on le suit à la trace; il mange haut et avec grand bruit; il roule les yeux en mangeant, la table eſt pour lui un râtelier; il écure ses dents; et il continue à manger. Il se fait, quelque part où il se trouve, une manière d'établissement, et ne souffre pas d'être plus pressé au sermon ou au théâtre que dans sa chambre; il n'y a dans un carrosse que les places du fond qui lui conviennent; dans toute autre, si on veut l'en croire, il pâlit et tombe en faiblesse; s'il fait un voyage avec plusieurs, il les prévient dans les hôtelleries, et il sait toujours se conserver dans la meilleure chambre le meilleur lit; il tourne tout à son usage; ses valets, ceux d'autrui, courent dans le même temps pour son service; tout ce qu'il trouve sous sa main lui est propre, hardes, équipages : il embarrasse tout le monde, ne se contraint pour personne, ne plaint personne, ne connaît de maux que les siens, que sa réplétion et sa bile, ne pleure point la mort des autres, n'appréhende que la sienne, qu'il rachèterait volontiers de l'extinction du genre humain. (ÉD. 4.)

122

Cliton n'a jamais eu en toute sa vie que deux affaires, qui est de dîner le matin et de souper le soir, il ne semble né que pour la digestion; il n'a même qu'un entretien, il dit les entrées qui ont été servies au dernier repas où il s'est trouvé, il dit combien il y a eu de potages, et quels potages, il place ensuite le rôt et les entremets, il se souvient exactement de quels plats on a relevé le premier service, il n'oublie pas les *hors-d'œuvre,* le fruit et les assiettes, il nomme tous les vins et toutes les liqueurs dont il a bu, il possède le langage des cuisines autant qu'il peut s'étendre, et il me fait envie de manger à une bonne table où il ne soit point; il a surtout un plaisir sûr, qui ne prend point le change, et il ne s'est jamais vu exposé à l'horrible inconvénient de manger un mauvais ragoût, ou de boire d'un vin médiocre : c'est un personnage illustre dans son genre, et qui a porté le talent de se bien nourrir jusques où il pouvait aller. On ne reverra plus un homme qui mange tant et qui mange si bien; aussi est-il l'arbitre des bons morceaux, et il n'est guères permis d'avoir du goût pour ce qu'il désapprouve. Mais il n'est plus, il s'est fait du moins porter à table jusques au dernier soupir : il donnait à manger le jour qu'il est mort; quelque part où il soit, il mange, et s'il revient au monde, c'est pour manger. (ÉD. 5.)

123

Ruffin commence à grisonner; mais il est sain, il a un visage frais et un œil vif qui lui promettent encore vingt années de vie; il est gai, *jovial,* familier, indifférent; il rit de tout son cœur, et il rit tout seul et sans sujet; il est content de soi, des siens, de sa petite fortune, il dit qu'il est heureux; il perd son fils unique[1], jeune homme de grande espérance, et qui pouvait un jour être l'honneur de sa famille; il remet sur d'autres le soin de le pleurer; il dit : *Mon fils est mort, cela fera mourir sa mère,* et il est consolé. Il n'a point de passions, il n'a ni amis ni ennemis, personne ne l'embarrasse, tout le monde lui convient, tout lui est propre, il parle à celui qu'il voit une première fois avec la même liberté et la même confiance qu'à ceux qu'il appelle de vieux amis, et il lui fait part bientôt de ses *quolibets* et de ses historiettes; on l'aborde, on le quitte sans qu'il y fasse attention, et le même conte qu'il a commencé de faire à quelqu'un, il l'achève à celui qui prend sa place. (ÉD. 4.)

124

N** est moins affaibli par l'âge que par la maladie, car il ne passe point soixante-huit ans, mais il a la goutte, et il est sujet à une colique néphrétique, il a le visage décharné, le teint verdâtre, et qui menace ruine : il fait marner sa terre[2], et il compte que de quinze ans entiers il ne sera obligé de la fumer; il plante un jeune bois, et il espère qu'en moins de vingt années il lui donnera un beau couvert; il fait bâtir dans la rue** une maison de pierre de taille[3], raffermie dans les encoignures par des mains de fer, et dont il assure, en toussant et avec une voix frêle et débile, qu'on ne verra jamais la fin; il se promène tous les jours dans ses ateliers sur le bras d'un valet[4] qui le soulage, il montre à ses amis ce qu'il a fait, et il leur dit[5] ce qu'il a dessein de faire. Ce n'est pas pour ses enfants qu'il bâtit, car il n'en a point, ni pour ses héritiers, personnes viles et qui se sont brouillées avec lui : c'est pour lui seul, et il mourra demain.

125

Antagoras a un visage trivial et populaire : un suisse de paroisse ou le saint de pierre qui orne le grand autel n'est pas mieux connu que lui de toute la multitude; il parcourt le matin toutes les chambres et tous les greffes d'un parlement, et le soir les rues et les carrefours d'une ville; il plaide depuis quarante ans, plus proche de sortir de la vie que de sortir d'affaires; il n'y a point eu au Palais depuis tout ce temps de causes célèbres ou de procédures longues et embrouillées où il n'ait du moins intervenu : aussi a-t-il un nom fait pour remplir la bouche de l'avocat, et qui s'accorde avec le demandeur ou le défendeur comme le substantif et l'adjectif. Parent de tous et haï de tous, il n'y a guères de familles dont il ne se plaigne, et qui ne se plaignent de lui; appliqué successivement à saisir une terre, à s'opposer au sceau, à se servir d'un *committimus* ou à mettre un arrêt à exécution, outre qu'il assiste chaque jour à quelques assemblées de créanciers; partout syndic de directions, et perdant à toutes les banqueroutes, il a des heures de reste pour ses visites : vieil meuble de ruelle, où il parle procès et dit des nouvelles. Vous l'avez laissé dans une maison au Marais, vous le retrouvez au grand Faubourg, où il vous a prévenu, et où déjà il redit ses nouvelles et son procès. Si vous plaidez vous-même, et que vous alliez le lendemain à la pointe du jour chez l'un de vos juges pour le solliciter, le juge attend pour vous donner audience qu'Antagoras soit expédié. (ÉD. 8.)

126

Tels hommes passent une longue vie à se défendre des uns et à nuire aux autres, et ils meurent consumés de vieillesse, après avoir causé autant de maux qu'ils en ont soufferts.

127

Il faut des saisies de terre, et des enlèvements de meubles, des prisons et des supplices, je l'avoue; mais justice, lois, et besoin à part, ce m'eſt une chose toujours nouvelle de contempler avec quelle férocité les hommes traitent d'autres hommes.

128

L'on voit certains animaux farouches [1], des mâles et des femelles, répandus par la campagne, noirs, livides et tout brûlés de soleil, attachés à la terre qu'ils fouillent et qu'ils remuent avec une opiniâtreté invincible; ils ont comme une voix articulée, et quand ils se lèvent sur leurs pieds, ils montrent une face humaine, et en effet ils sont des hommes; ils se retirent la nuit dans des tanières où ils vivent de pain noir, d'eau et de racine; ils épargnent aux autres hommes la peine de semer, de labourer et de recueillir pour vivre, et méritent ainsi de ne pas manquer de ce pain qu'ils ont semé. (ÉD. 4.)

129

Don Fernand, dans sa province, eſt oisif, ignorant, médisant, querelleux, fourbe, intempérant, impertinent; mais il tire l'épée contre ses voisins, et pour un rien il expose sa vie; il a tué des hommes, il sera tué. (ÉD. 4.)

130

Le noble de province, inutile à sa patrie, à sa famille et à lui-même [2], souvent sans toit, sans habits, et sans aucun mérite, répète dix fois le jour qu'il eſt gentilhomme, traite les fourrures et les mortiers de bourgeoisie, occupé toute sa vie de ses parchemins et de ses titres, qu'il ne changerait pas contre les masses d'un chancelier. (ÉD. 4.)

131

Il se fait généralement dans tous les hommes des combinaisons infinies de la puissance, de la faveur, du génie, des richesses, des dignités, de la noblesse, de la force, de l'industrie, de la capacité, de la vertu, du vice, de la faiblesse, de la stupidité, de la pauvreté, de l'impuissance, de la roture, et de la bassesse : ces choses, mêlées ensemble en mille manières différentes, et compensées l'une par l'autre en divers sujets, forment aussi les divers états et les différentes conditions. Les hommes d'ailleurs, qui tous savent le fort et le faible les uns des autres, agissent aussi réciproquement comme ils croient le devoir faire, connaissent ceux qui leur sont égaux, sentent la supériorité que quelques-uns ont sur eux, et celle qu'ils ont sur quelques autres; et de là naissent entr'eux ou la familiarité, ou le respect et la déférence, ou la fierté et le mépris : de cette source vient que dans les endroits publics et où le monde se rassemble, on se trouve à tous moments entre celui que l'on cherche à aborder ou à saluer, et cet autre que l'on feint de ne pas connaître, et dont l'on veut encore moins se laisser joindre; que l'on se fait honneur de l'un, et qu'on a honte de l'autre; qu'il arrive même que celui dont vous vous faites honneur, et que vous voulez retenir, est celui aussi qui est embarrassé de vous, et qui vous quitte; et que le même est souvent celui qui rougit d'autrui, et dont on rougit, qui dédaigne ici, et qui là est dédaigné; il est encore assez ordinaire de mépriser qui nous méprise; quelle misère! et puisqu'il est vrai que dans un si étrange commerce, ce que l'on pense gagner d'un côté, on le perd de l'autre, ne reviendrait-il pas au même de renoncer à toute hauteur et à toute fierté, qui convient si peu aux faibles hommes, et de composer ensemble de se traiter tous avec une mutuelle bonté, qui avec l'avantage de n'être jamais mortifiés, nous procurerait un aussi grand bien que celui de ne mortifier personne? (ÉD. 4.)

132

Bien loin de s'effrayer ou de rougir même du nom de philosophe, il n'y a personne au monde qui ne dût avoir une forte teinture de philosophie *(a)*; elle convient à tout le monde; la pratique en eśt utile à tous les âges, à tous les sexes et à toutes les conditions; elle nous console du bonheur d'autrui, des indignes préférences, des mauvais succès, du déclin de nos forces ou de notre beauté; elle nous arme contre la pauvreté, la vieillesse, la maladie et la mort, contre les sots et les mauvais railleurs; elle nous fait vivre sans une femme, ou nous fait supporter celle avec qui nous vivons.

133

Les hommes en un même jour ouvrent leur âme à de petites joies, et se laissent dominer par de petits chagrins; rien n'eśt plus inégal et moins suivi que ce qui se passe en si peu de temps dans leur cœur et dans leur esprit. Le remède à ce mal eśt de n'eśtimer les choses du monde précisément que ce qu'elles valent.

134

Il eśt aussi difficile de trouver un homme vain qui se croie assez heureux, qu'un homme modeśte qui se croie trop malheureux.

135

Le deśtin du vigneron, du soldat et du tailleur de

---

a. L'on ne peut plus entendre que celle qui eśt dépendante de la religion chrétienne.

pierre m'empêche de m'estimer malheureux par la fortune des princes ou des ministres qui me manque.

136

Il n'y a pour l'homme qu'un vrai malheur, qui est de se trouver en faute, et d'avoir quelque chose à se reprocher.

137

La plupart des hommes, pour arriver à leurs fins, sont plus capables d'un grand effort que d'une longue persévérance : leur paresse ou leur inconstance leur fait perdre le fruit des meilleurs commencements; ils se laissent souvent devancer par d'autres qui sont partis après eux, et qui marchent lentement, mais constamment.

138

J'ose presque assurer que les hommes savent encore mieux prendre des mesures que les suivre, résoudre ce qu'il faut faire et ce qu'il faut dire que de faire ou de dire ce qu'il faut : on se propose fermement, dans une affaire qu'on négocie, de taire une certaine chose, et ensuite ou par passion, ou par une intempérance de langue, ou dans la chaleur de l'entretien, c'est la première qui échappe. (ÉD. 7.)

139

Les hommes agissent mollement dans les choses qui sont de leur devoir, pendant qu'ils se font un mérite, ou plutôt une vanité, de s'empresser pour celles qui leur sont étrangères, et qui ne conviennent ni à leur état ni à leur caractère.

140

La différence d'un homme qui se revêt d'un caractère

étranger, à lui-même, quand il rentre dans le sein, eſt celle d'un masque à un visage. (ÉD. 4.)

141

Téléphe[1] a de l'esprit, mais dix fois moins, de compte fait, qu'il ne présume d'en avoir : il eſt donc, dans ce qu'il dit, dans ce qu'il fait, dans ce qu'il médite et ce qu'il projette, dix fois au delà de ce qu'il a d'esprit; il n'eſt donc jamais dans ce qu'il a de force et d'étendue; ce raisonnement eſt juſte : il a comme une barrière qui le ferme, et qui devrait l'avertir de s'arrêter en deçà; mais il passe outre, il se jette hors de sa sphère; il trouve lui-même son endroit faible, et se montre par cet endroit; il parle de ce qu'il ne sait point, ou de ce qu'il sait mal; il entreprend au-dessus de son pouvoir, il désire au delà de sa portée; il s'égale à ce qu'il y a de meilleur en tout genre : il a du bon et du louable, qu'il offusque par l'affectation du grand ou du merveilleux; on voit clairement ce qu'il n'eſt pas, et il faut deviner ce qu'il eſt en effet. C'eſt un homme qui ne se mesure point, qui ne se connaît point; son caractère eſt de ne savoir pas se renfermer dans celui qui lui eſt propre, et qui eſt le sien. (ÉD. 5.)

142

L'homme du meilleur esprit eſt inégal, il souffre des accroissements et des diminutions, il entre en verve, mais il en sort : alors, s'il eſt sage, il parle peu, il n'écrit point, il ne cherche point à imaginer ni à plaire. Chante-t-on avec un rhume? ne faut-il pas attendre que la voix revienne? (ÉD. 5.)

Le sot *eſt automate,* il eſt machine, il eſt ressort, le poids l'emporte, le fait mouvoir, le fait tourner, et toujours, et dans le même sens, et avec la même égalité; il eſt uniforme, il ne dément point : qui l'a vu une fois, l'a vu dans tous les inſtants et dans toutes les périodes de sa vie; c'eſt tout au plus le bœuf qui meugle, ou le merle qui siffle, il est fixé et déterminé par sa nature, et j'ose dire par son espèce : ce qui paraît le moins en lui, c'est son âme, elle n'agit point, elle ne s'exerce point, elle se repose. (ÉD. 5.)

143

Le sot ne meurt point; ou si cela lui arrive selon notre manière de parler, il est vrai de dire qu'il gagne à mourir, et que dans ce moment où les autres meurent, il commence à vivre : son âme alors pense, raisonne, infère, conclut, juge, prévoit, fait précisément tout ce qu'elle ne faisait point; elle se trouve dégagée d'une masse de chair où elle était comme ensevelie sans fonction, sans mouvement, sans aucun du moins qui fût digne d'elle : je dirais presque qu'elle rougit de son propre corps et des organes bruts et imparfaits auxquels elle s'est vue attachée si longtemps, et dont elle n'a pu faire qu'un sot ou qu'un stupide; elle va d'égal avec les grandes âmes, avec celles qui font les bonnes têtes ou les hommes d'esprit. L'âme d'*Alain* ne se démêle plus d'avec celle du grand CONDÉ, de RICHELIEU, de PASCAL, et de LINGENDES. (ÉD. 6.)

144

La fausse délicatesse dans les actions libres, dans les mœurs ou dans la conduite, n'est pas ainsi nommée parce qu'elle est feinte, mais parce qu'en effet elle s'exerce sur des choses et en des occasions qui n'en méritent point. La fausse délicatesse de goût et de complexion n'est telle, au contraire, que parce qu'elle est feinte ou affectée : c'est *Émilie* qui crie de toute sa force sur un petit péril qui ne lui fait pas de peur; c'est une autre qui par mignardise pâlit à la vue d'une souris, ou qui veut aimer les violettes et s'évanouir aux tubéreuses. (ÉD. 4.)

145

Qui oserait se promettre de contenter les hommes? Un prince, quelque bon et quelque puissant qu'il fût, voudrait-il l'entreprendre? qu'il essaye. Qu'il se fasse lui-même une affaire de leurs plaisirs : qu'il ouvre son palais à ses courtisans, qu'il les admette jusques dans son domestique, que dans des lieux dont la vue seule est un spectacle, il leur fasse voir d'autres spectacles, qu'il leur donne le choix des jeux, des concerts et de tous les rafraîchissements, qu'il y ajoute une chère splendide et une entière liberté, qu'il entre avec eux en société des mêmes amusements, que le grand homme devienne aimable, et que le héros soit humain et familier, il n'aura pas assez fait. Les hommes s'ennuient enfin des mêmes choses qui les ont charmés dans leurs commencements; ils déserteraient la *table des Dieux,* et le *nectar* avec le temps leur devient insipide : ils n'hésitent pas de critiquer des choses qui sont parfaites; il y entre de la vanité et une mauvaise délicatesse; leur goût, si on les en croit, est encore au delà de toute l'affectation qu'on aurait à les satisfaire et d'une dépense toute royale que l'on ferait pour y réussir; il s'y mêle de la malignité, qui va jusques à vouloir affaiblir dans les autres la joie qu'ils auraient de les rendre contents[1]. Ces mêmes gens, pour l'ordinaire si flatteurs et si complaisants, peuvent se démentir; quelquefois on ne les reconnaît plus, et l'on voit l'homme jusques dans le courtisan. (ÉD. 4.)

146

L'affectation dans le geste, dans le parler, et dans les manières est souvent une suite de l'oisiveté ou de l'indifférence; et il semble qu'un grand attachement ou de sérieuses affaires jettent l'homme dans son naturel.

147

Les hommes n'ont point de caractères, ou s'ils en ont,

c'eſt celui de n'en avoir aucun qui soit suivi, qui ne se démente point, et où ils soient reconnaissables : ils souffrent beaucoup à être toujours les mêmes, à persévérer dans la règle ou dans le désordre, et s'ils se délassent quelquefois d'une vertu par une autre vertu, ils se dégoûtent plus souvent d'un vice par un autre vice; ils ont des passions contraires et des faibles qui se contredisent : il leur coûte moins de joindre les extrémités que d'avoir une conduite dont une partie naisse de l'autre; ennemis de la modération, ils outrent toutes choses, les bonnes et les mauvaises, dont ne pouvant ensuite supporter l'excès, ils l'adoucissent par le changement. *Adraſte* était si corrompu et si libertin, qu'il lui a été moins difficile de suivre la mode, et se faire dévot; il lui eût coûté davantage d'être homme de bien. (ÉD. 4.)

148

D'où vient que les mêmes hommes qui ont un flegme tout prêt pour recevoir indifféremment les plus grands désaſtres, s'échappent, et ont une bile intarissable sur les plus petits inconvénients ? Ce n'eſt pas sagesse en eux qu'une telle conduite, car la vertu eſt égale et ne se dément point; c'eſt donc un vice, et quel autre que la vanité, qui ne se réveille et ne se recherche que dans les événements où il y a de quoi faire parler le monde, et beaucoup à gagner pour elle, mais qui se néglige sur tout le reſte ? (ÉD. 4.)

149

L'on se repent rarement de parler peu, très souvent de trop parler; maxime usée et triviale que tout le monde sait, et que tout le monde ne pratique pas. (ÉD. 4.)

150

C'eſt se venger contre soi-même, et donner un trop grand avantage à ses ennemis, que de leur imputer des choses qui ne sont pas vraies, et de mentir pour les décrier.

151

Si l'homme savait rougir de soi, quels crimes, non seulement cachés, mais publics et connus, ne s'épargnerait-il pas! (ÉD. 4.)

152

Si certains hommes ne vont pas dans le bien jusques où ils pourraient aller, c'est par le vice de leur première instruction.

153

Il y a dans quelques hommes une certaine médiocrité d'esprit qui contribue à les rendre sages.

154

Il faut aux enfants les verges et la férule; il faut aux hommes faits une couronne, un sceptre, un mortier, des fourrures, des faisceaux, des timbales, des hoquetons. La raison et la justice dénuées de tous leurs ornements ni ne persuadent ni n'intimident : l'homme, qui est esprit, se mène par les yeux et les oreilles.

155

Timon, ou le misanthrope, peut avoir l'âme austère et farouche, mais extérieurement il est civil et *cérémonieux ;* il ne s'échappe pas, il ne s'apprivoise pas avec les hommes; au contraire, il les traite honnêtement et sérieusement, il emploie à leur égard tout ce qui peut éloigner leur familiarité, il ne veut pas les mieux connaître ni s'en faire des amis, semblable en ce sens à une femme qui est en visite chez une autre femme. (ÉD. 5.)

156

La raison tient de la vérité, elle est une; l'on n'y arrive

que par un chemin, et l'on s'en écarte par mille; l'étude de la sagesse a moins d'étendue que celle que l'on ferait des sots et des impertinents : celui qui n'a vu que des hommes polis et raisonnables, ou ne connaît pas l'homme ou ne le connaît qu'à demi[1]; quelque diversité qui se trouve dans les complexions ou dans les mœurs, le commerce du monde et la politesse donnent les mêmes apparences, font qu'on se ressemble les uns aux autres par des dehors qui plaisent réciproquement, qui semblent communs à tous, et qui font croire qu'il n'y a rien ailleurs qui ne s'y rapporte; celui au contraire qui se jette dans le peuple ou dans la province y fait bientôt, s'il a des yeux, d'étranges découvertes, y voit des choses qui lui sont nouvelles, dont il ne se doutait pas, dont il ne pouvait avoir le moindre soupçon; il avance par des expériences continuelles dans la connaissance de l'humanité, il calcule presque en combien de manières différentes l'homme peut être insupportable. (ÉD. 7.)

157

Après avoir mûrement approfondi les hommes, et connu le faux de leurs pensées, de leurs sentiments, de leurs goûts et de leurs affections, l'on est réduit à dire qu'il y a moins à perdre pour eux par l'inconstance que par l'opiniâtreté. (ÉD. 4.)

158

Combien d'âmes faibles[2], molles et indifférentes, sans de grands défauts[3], et qui puissent fournir à la satire! Combien de sortes de ridicules répandus parmi les hommes, mais qui par leur singularité ne tirent point à conséquence, et ne sont d'aucune ressource pour l'instruction et pour la morale! Ce sont des vices uniques qui ne sont pas contagieux, et qui sont moins de l'humanité que de la personne[4]. (ÉD. 4.)

DES JUGEMENTS

1

RIEN ne ressemble mieux à la vive persuasion que le mauvais entêtement : de là les partis, les cabales, les hérésies.

2

L'on ne pense pas toujours constamment d'un même sujet : l'entêtement et le dégoût se suivent de près.

3

Les grandes choses étonnent, et les petites rebutent; nous nous apprivoisons avec les unes et les autres par l'habitude.

4

Deux choses toutes contraires nous préviennent également, l'habitude et la nouveauté. (ÉD. 4.)

5

Il n'y a rien de plus bas, et qui convienne mieux au peuple[1], que de parler en des termes magnifiques de ceux mêmes dont l'on pensait très modestement avant leur élévation.

6

La faveur des princes n'exclut pas le mérite, et ne le suppose pas aussi.

7

Il est étonnant qu'avec tout l'orgueil dont nous sommes gonflés, et la haute opinion que nous avons de nous-mêmes et de la bonté de notre jugement, nous négligions de nous en servir pour prononcer sur le mérite des autres : la vogue, la faveur populaire, celle du Prince, nous entraînent comme un torrent : nous louons ce qui est loué, bien plus que ce qui est louable.

8

Je ne sais s'il y a rien au monde qui coûte davantage à approuver et à louer que ce qui est plus digne d'approbation et de louange, et si la vertu, le mérite, la beauté, les bonnes actions, les beaux ouvrages ont un effet plus naturel et plus sûr que l'envie, la jalousie et l'antipathie. Ce n'est pas d'un saint dont un dévot *(a)* sait dire du bien, mais d'un autre dévot; si une belle femme approuve la beauté d'une autre femme, on peut conclure qu'elle a mieux que ce qu'elle approuve; si un poète loue les vers d'un autre poète, il y a à parier qu'ils sont mauvais et sans conséquence. (ÉD. 5.)

9

Les hommes ne se goûtent qu'à peine les uns les autres, n'ont qu'une faible pente à s'approuver réciproquement : action, conduite, pensée, expression, rien ne plaît, rien ne contente; ils substituent à la place de ce qu'on leur récite, de ce qu'on leur dit ou de ce qu'on leur lit, ce qu'ils auraient fait eux-mêmes en pareille conjoncture, ce qu'ils penseraient ou ce qu'ils écriraient sur un tel sujet, et ils sont si pleins de leurs idées qu'il n'y a plus de place pour celles d'autrui[1]. (ÉD. 7.)

10

Le commun des hommes est si enclin au dérèglement et à la bagatelle, et le monde est si plein d'exemples ou pernicieux ou ridicules, que je croirais assez que l'esprit

a. Faux dévot.

de singularité, s'il pouvait avoir ses bornes et ne pas aller trop loin, approcherait fort de la droite raison et d'une conduite régulière.

« Il faut faire comme les autres » : maxime suspecte, qui signifie presque toujours : « Il faut mal faire », dès qu'on l'étend au delà de ces choses purement extérieures, qui n'ont point de suite, qui dépendent de l'usage, de la mode ou des bienséances.

11

Si les hommes sont hommes plutôt qu'ours et panthères; s'ils sont équitables, s'ils se font justice à eux-mêmes, et qu'ils la rendent aux autres, que deviennent les lois, leur texte et le prodigieux accablement de leurs commentaires? que devient le *pétitoire* et le *possessoire,* et tout ce qu'on appelle jurisprudence? où se réduisent même ceux qui doivent tout leur relief et toute leur enflure à l'autorité où ils sont établis de faire valoir ces mêmes lois? Si ces mêmes hommes ont de la droiture et de la sincérité; s'ils sont guéris de la prévention, où sont évanouies les disputes de l'école, la scolastique, et les controverses? S'ils sont tempérants, chastes et modérés, que leur sert le mystérieux jargon de la médecine, et qui est une mine d'or pour ceux qui s'avisent de le parler? Légistes, docteurs, médecins, quelle chute pour vous si nous pouvions tous nous donner le mot de devenir sages! (ÉD. 4.)

De combien de grands hommes dans les différents exercices de la paix et de la guerre aurait-on dû se passer! À quel point de perfection et de raffinement n'a-t-on pas porté de certains arts et de certaines sciences qui ne devaient point être nécessaires, et qui sont dans le monde comme des remèdes à tous les maux dont notre malice est l'unique source! (ÉD. 5.)

Que de choses depuis VARRON, que Varron a ignorées! Ne vous suffirait-il pas même de n'être savant que comme PLATON ou comme SOCRATE? (ÉD. 5.)

12

Tel à un sermon, à une musique, ou dans une galerie de peintures a entendu à sa droite et à sa gauche, sur une chose précisément la même, des sentiments précisément opposés : cela me ferait dire volontiers que l'on peut hasarder, dans tout genre d'ouvrages, d'y mettre le bon et le mauvais; le bon plaît aux uns, et le mauvais aux autres; l'on ne risque guères davantage d'y mettre le pire, il a ses partisans.

13

Le phénix de la poésie *chantante*[1] renaît de ses cendres. il a vu mourir et revivre sa réputation en un même jour; ce juge même si infaillible et si ferme dans ses jugements, le public, a varié sur son sujet : ou il se trompe, ou il s'est trompé; celui qui prononcerait aujourd'hui que Q** en un certain genre est mauvais poète, parlerait presque aussi mal[2] que s'il eût dit il y a quelque temps : *Il est bon poète*. (ÉD. 4.)

14

C. P. était riche, et C. N. ne l'était pas[3]; *la Pucelle* et *Rodogune* méritaient chacune une aventure : ainsi l'on a toujours demandé pourquoi, dans telle ou telle profession, celui-ci avait fait sa fortune, et cet autre l'avait manquée; et en cela les hommes cherchent la raison de leurs propres caprices, qui dans les conjonctures pressantes de leurs affaires, de leurs plaisirs, de leur santé, et de leur vie, leur font souvent laisser les meilleurs, et prendre les pires. (ÉD. 4.)

15

La condition des comédiens était infâme chez les Romains, et honorable chez les Grecs : qu'est-elle chez nous ? On pense d'eux comme les Romains, on vit avec eux comme les Grecs. (ÉD. 4.)

16

Il suffisait à *Bathylle* d'être pantomime pour être couru des dames romaines, à *Rhoé* de danser au théâtre, à *Rosie* et à *Nérine* de représenter dans les chœurs, pour s'attirer une foule d'amants. La vanité et l'audace, suites d'une trop grande puissance, avaient ôté aux Romains le goût du secret et du mystère; ils se plaisaient à faire du théâtre public celui de leurs amours; ils n'étaient point jaloux de l'amphithéâtre, et partageaient avec la multitude les charmes de leurs maîtresses; leur goût n'allait qu'à laisser voir qu'ils aimaient, non pas une belle personne ou une excellente comédienne, mais une comédienne. (ÉD. 4.)

17

Rien ne découvre mieux dans quelle disposition sont les hommes à l'égard des sciences et des belles-lettres [1], et de quelle utilité ils les croient dans la République, que le prix qu'ils y ont mis, et l'idée qu'ils se forment de ceux qui ont pris le parti de les cultiver. Il n'y a point d'art si mécanique ni de si vile condition, où les avantages ne soient plus sûrs, plus prompts et plus solides. Le comédien couché dans son carrosse jette de la boue au visage de CORNEILLE qui est à pied. Chez plusieurs, savant et pédant sont synonymes.

Souvent où le riche parle et parle de doctrine, c'est aux doctes à se taire, à écouter, à applaudir, s'ils veulent du moins ne passer que pour doctes [2].

18

Il y a une sorte de hardiesse à soutenir devant certains esprits la honte de l'érudition : l'on trouve chez eux une prévention toute établie contre les savants, à qui ils ôtent les manières du monde, le savoir-vivre, l'esprit de société, et qu'ils renvoient ainsi dépouillés à leur cabinet et à leurs livres. Comme l'ignorance est un état paisible, et qui ne coûte aucune peine [1], l'on s'y range en foule, et elle forme à la cour et à la ville un nombreux parti qui l'emporte sur celui des savants. S'ils allèguent en leur faveur les noms d'ESTRÉES, de HARLAY, BOSSUET, SEGUIER, MONTAUSIER, WARDES, CHEVREUSE, NOVION, LAMOIGNON, SCUDERY *(a)*, PELISSON, et de tant d'autres personnages également doctes et polis; s'ils osent même citer les grands noms de CHARTRES, de CONDÉ, de CONTI [2], de BOURBON, du MAINE, de VENDOME, comme de princes qui ont su joindre aux plus belles et aux plus hautes connaissances, et l'atticisme des Grecs, et l'urbanité des Romains, l'on ne feint point de leur dire que ce sont des exemples singuliers; et s'ils ont recours à de solides raisons, elles sont faibles contre la voix de la multitude. Il semble néanmoins que l'on devrait décider sur cela avec plus de précaution, et se donner seulement la peine de douter si ce même esprit qui fait faire de si grands progrès dans les sciences, qui fait bien penser, bien juger, bien parler et bien écrire, ne pourrait point encore servir à être poli [3].

Il faut très peu de fonds pour la politesse dans les manières; il en faut beaucoup pour celle de l'esprit.

19

« Il est savant, dit un politique, il est donc incapable d'affaires, je ne lui confierais l'état de ma garde-robe »; et il a raison. OSSAT, XIMENÉS, RICHELIEU étaient savants : étaient-ils habiles? ont-ils passé pour de bons ministres? « Il sait le grec, continue l'homme d'État, c'est un grimaud, c'est un philosophe. » Et en effet, une fruitière à Athènes, selon les apparences, parlait grec, et par cette raison était philosophe; les BIGNONS, les LAMOIGNONS étaient de purs grimauds, qui en peut douter? ils savaient le grec. Quelle vision, quel délire au grand, au sage, au judicieux ANTONIN, de dire qu'*alors les peuples seraient heureux, si l'empereur philosophait, ou si le philosophe, ou le grimaud venait à l'empire !* (ÉD. 5.)

---

a. Mlle Scudéry.

Les langues sont la clef ou l'entrée des sciences, et rien davantage; le mépris des unes tombe sur les autres : il ne s'agit point si les langues sont anciennes ou nouvelles, mortes ou vivantes, mais si elles sont grossières ou polies, si les livres qu'elles ont formés sont d'un bon ou d'un mauvais goût. Supposons que notre langue pût un jour avoir le sort de la grecque et de la latine, serait-on pédant, quelques siècles après qu'on ne la parlerait plus, pour lire MOLIÈRE ou LA FONTAINE ? (ÉD. 5.)

20

Je nomme *Eurypyle,* et vous dites : « C'est un bel esprit. » Vous dites aussi de celui qui travaille une poutre : « Il est charpentier »; et de celui qui refait un mur : « Il est maçon. » Je vous demande quel est l'atelier où travaille cet homme de métier, ce bel esprit ? quelle est son enseigne ? à quel habit le reconnaît-on ? quels sont ses outils ? est-ce le coin, sont-ce le marteau ou l'enclume ? où fend-il, où cogne-t-il son ouvrage ? où l'expose-t-il en vente ? Un ouvrier se pique d'être ouvrier; Eurypyle se pique-t-il d'être bel esprit ? S'il est tel, vous me peignez un fat, qui met l'esprit en roture, une âme vile et mécanique, à qui ni ce qui est beau, ni ce qui est esprit ne sauraient s'appliquer sérieusement; et s'il est vrai qu'il ne se pique de rien, je vous entends, c'est un homme sage et qui a de l'esprit[1] ; ne dites-vous pas encore du savantasse : « Il est bel esprit », et ainsi du mauvais poète ? Mais vous-même, vous croyez-vous sans aucun esprit ? et si vous en avez, c'est sans doute de celui qui est beau et convenable; vous voilà donc un bel esprit; ou s'il s'en faut peu que vous ne preniez ce nom pour une injure, continuez, j'y consens, de le donner à Eurypyle, et d'employer cette ironie comme les sots, sans le moindre discernement, ou comme les ignorants qu'elle console d'une certaine culture qui leur manque, et qu'ils ne voient que dans les autres. (ÉD. 6.)

21

Qu'on ne me parle jamais d'encre, de papier, de plume, de style, d'imprimeur, d'imprimerie; qu'on ne se hasarde plus de me dire : « Vous écrivez si bien, *Antisthène*[1], continuez d'écrire; ne verrons-nous point de vous un *in-folio ?* traitez de toutes les vertus et de tous les vices dans un ouvrage suivi, méthodique, qui n'ait point de fin », ils devraient ajouter : « et nul cours. » Je renonce à tout ce qui a été, qui est, et qui sera livre. *Bérylle* tombe en syncope à la vue d'un chat, et moi à la vue d'un livre. Suis-je mieux nourri et plus lourdement vêtu, suis-je dans ma chambre à l'abri du nord, ai-je un lit de plumes, après vingt ans entiers qu'on me débite dans la place ? J'ai un grand nom, dites-vous, et beaucoup de gloire; dites que j'ai beaucoup de vent qui ne sert à rien; ai-je un grain de ce métal qui procure toutes choses ? Le vil praticien grossit son mémoire, se fait rembourser des frais qu'il n'avance pas, et il a pour gendre un comte ou un magistrat. Un homme *rouge* ou *feuille-morte* devient commis, et bientôt plus riche que son maître; il le laisse dans la roture, et avec de l'argent il devient noble. B** s'enrichit à montrer dans un cercle des marionnettes; BB** à vendre en bouteille l'eau de la rivière. Un autre charlatan arrive ici de delà les monts avec une malle; il n'est pas déchargé que les pensions courent, et il est prêt de retourner d'où il arrive avec des mulets et des fourgons. *Mercure* est *Mercure,* et rien davantage, et l'or ne peut payer ses médiations et ses intrigues; on y ajoute la faveur et les distinctions. Et sans parler que des gains licites, on paye au tuilier sa tuile, et à l'ouvrier son temps et son ouvrage; paye-t-on à un auteur ce qu'il pense et ce qu'il écrit ? et s'il pense très bien, le paye-t-on très largement ? se meuble-t-il, s'anoblit-il à force de penser et d'écrire juste ? Il faut que les hommes soient habillés, qu'ils soient rasés, il faut que retirés dans leurs maisons, ils aient une porte qui ferme bien; est-il nécessaire qu'ils soient instruits ? Folie, simplicité, imbécillité ! continue Antisthène, de mettre l'enseigne d'auteur ou de philosophe! Avoir, s'il se peut, un *office lucratif,* qui rende la vie aimable, qui fasse prêter à ses amis, et donner à ceux qui ne peuvent rendre; écrire alors par jeu, par oisiveté, et comme *Tityre* siffle ou joue de la flûte; cela, ou rien; j'écris à ces conditions, et je cède ainsi à la violence de ceux qui me prennent à la gorge, et me disent : « Vous écrirez. » Ils liront pour titre de mon nouveau livre : DU BEAU, DU BON, DU VRAI. DES IDÉES. DU PREMIER PRINCIPE, *par Antisthène vendeur de marée.* (ÉD. 5.)

22

Si les ambassadeurs des princes étrangers étaient des singes instruits à marcher sur leurs pieds de derrière, et à se faire entendre par interprète, nous ne pourrions pas marquer un plus grand étonnement que celui que nous donne la justesse de leurs réponses, et le bon sens qui paraît quelquefois dans leurs discours. La prévention du pays, jointe à l'orgueil de la nation [1], nous fait oublier que la raison est de tous les climats, et que l'on pense juste partout, où il y a des hommes : nous n'aimerions pas à être traités ainsi de ceux que nous appelons barbares; et s'il y a en nous quelque barbarie, elle consiste à être épouvantés de voir d'autres peuples raisonner comme nous.

Tous les étrangers ne sont pas barbares, et tous nos compatriotes ne sont pas civilisés : de même toute campagne n'est pas agreste *(a)*, et toute ville n'est pas polie : il y a dans l'Europe un endroit d'une province maritime d'un grand royaume où le villageois est doux et insinuant, le bourgeois au contraire et le magistrat grossiers, et dont la rusticité est héréditaire [2].

23

Avec un langage si pur, une si grande recherche dans nos habits, des mœurs si cultivées, de si belles lois et un

a. Ce terme s'entend ici métaphoriquement.

visage blanc, nous sommes barbares pour quelques peuples.

24

Si nous entendions dire des Orientaux qu'ils boivent ordinairement d'une liqueur qui leur monte à la tête, leur fait perdre la raison, et les fait vomir, nous dirions : « Cela eſt bien barbare. »

25

Ce prélat [1] se montre peu [2] à la cour, il n'eſt de nul commerce, on ne le voit point avec des femmes; il ne joue ni à grande ni à petite prime, il n'assiſte ni aux fêtes ni aux speƈtacles, il n'eſt point homme de cabale, et il n'a point l'esprit d'intrigue; toujours dans son évêché, où il fait une résidence continuelle, il ne songe qu'à inſtruire son peuple par la parole, et à l'édifier par son exemple; il consume son bien en des aumônes, et son corps par la pénitence; il n'a que l'esprit de régularité; et il eſt imitateur du zèle et de la piété des Apôtres. Les temps sont changés, et il eſt menacé sous ce règne d'un titre plus éminent [3].

26

Ne pourrait-on point faire comprendre aux personnes d'un certain caraƈtère et d'une profession sérieuse, pour ne rien dire de plus, qu'ils ne sont point obligés à faire dire d'eux qu'ils jouent, qu'ils chantent, et qu'ils badinent comme les autres hommes, et qu'à les voir si plaisants et si agréables, on ne croirait point qu'ils fussent d'ailleurs si réguliers et si sévères ? oserait-on même leur insinuer qu'ils s'éloignent par de telles manières de la politesse dont ils se piquent; qu'elle assortit, au contraire, et conforme les dehors aux conditions, qu'elle évite le contraſte, et de montrer le même homme sous des figures différentes et qui font de lui un composé bizarre, ou un grotesque ? (ÉD. 4.)

27

Il ne faut pas juger des hommes comme d'un tableau ou d'une figure, sur une seule et première vue; il y a un intérieur, et un cœur qu'il faut approfondir : le voile de la modestie couvre le mérite, et le masque de l'hypocrisie cache la malignité; il n'y a qu'un très petit nombre de connaisseurs qui discerne, et qui soit en droit de prononcer; ce n'est que peu à peu[1], et forcés même par le temps et les occasions, que la vertu parfaite et le vice consommé viennent enfin à se déclarer. (ÉD. 4.)

28

FRAGMENT

..... Il disait que l'esprit dans cette belle personne[2] était un diamant bien mis en œuvre, et continuant de parler d'elle : « C'est, ajoutait-il, comme une nuance de raison et d'agrément qui occupe les yeux et le cœur de ceux qui lui parlent, on ne sait si on l'aime ou si on l'admire; il y a en elle de quoi faire une parfaite amie, il y a aussi de quoi vous mener plus loin que l'amitié : trop jeune et trop fleurie pour ne pas plaire, mais trop modeste pour songer à plaire, elle ne tient compte aux hommes que de leur mérite, et ne croit avoir que des amis : pleine de vivacités et capable de sentiments, elle surprend et elle intéresse; et sans rien ignorer de ce qui peut entrer de plus délicat et de plus fin dans les conversations, elle a encore ces saillies heureuses qui entr'autres plaisirs qu'elles font, dispensent toujours de la réplique : elle vous parle comme celle qui n'est pas savante, qui doute et qui cherche à s'éclaircir, et elle vous écoute comme celle qui sait beaucoup, qui connaît le prix de ce que vous lui dites, et auprès de qui vous ne perdez rien de ce qui vous échappe. Loin de s'appliquer à vous contredire avec esprit, et d'imiter *Elvire* qui aime mieux passer pour une femme vive que marquer du bon sens et de la justesse, elle s'approprie vos sentiments, elle les croit siens, elle les étend, elle les embellit, vous êtes content de vous d'avoir pensé si bien et d'avoir mieux dit encore que vous n'aviez cru. Elle est toujours au-dessus de la vanité, soit qu'elle parle, soit qu'elle écrive, elle oublie les traits où il faut des raisons, elle a déjà compris que la simplicité est éloquente; s'il s'agit de servir quelqu'un et de vous jeter dans les mêmes intérêts, laissant à Elvire les jolis discours et les belles-lettres qu'elle met à tous usages, *Arthénice* n'emploie auprès de vous que la sincérité, l'ardeur, l'empressement et la persuasion. Ce qui domine en elle, c'est le plaisir de la lecture, avec le goût des personnes de nom et de réputation, moins pour en être connue que pour les connaître; on peut la louer d'avance de toute la sagesse qu'elle aura un jour, et de tout le mérite qu'elle se prépare par les années; puisqu'avec une bonne conduite elle a de meilleures intentions, des principes sûrs, utiles à celles qui sont comme elle exposées aux soins et à la flatterie; et qu'étant assez particulière sans pourtant être farouche, ayant même un peu de penchant pour la retraite, il ne lui saurait peut-être manquer que les occasions, ou ce qu'on appelle un grand théâtre, pour y faire briller toutes ses vertus. » (ÉD. 8.)

29

Une belle femme est aimable dans son naturel, elle ne perd rien à être négligée, et sans autre parure que celle qu'elle tire de sa beauté et de sa jeunesse : une grâce naïve éclate sur son visage, anime ses moindres actions; il y aurait moins de péril à la voir avec tout l'attirail de l'ajustement et de la mode. De même un homme de bien est respectable par lui-même, et indépendamment de tous les dehors dont il voudrait s'aider pour rendre sa personne plus grave et sa vertu plus spécieuse : un air réformé, une modestie outrée, la singularité de l'habit, une ample calotte, n'ajoutent rien à la probité, ne relèvent pas le mérite, ils le fardent, et font peut-être qu'il est moins pur, et moins ingénu. (ÉD. 5.)

Une gravité trop étudiée devient comique; ce sont comme des extrémités qui se touchent et dont le milieu eﬆ dignité; cela ne s'appelle pas être grave, mais en jouer le personnage; celui qui songe à le devenir ne le sera jamais : ou la gravité n'eﬆ point, ou elle eﬆ naturelle; et il eﬆ moins difficile d'en descendre que d'y monter. (ÉD. 6.)

30

Un homme de talent et de réputation, s'il eﬆ chagrin et auﬆère, il effarouche les jeunes gens, les fait penser mal de la vertu, et la leur rend suspecte d'une trop grande réforme et d'une pratique trop ennuyeuse; s'il eﬆ au contraire d'un bon commerce, il leur eﬆ une leçon utile, il leur apprend qu'on peut vivre gaiement et laborieusement, avoir des vues sérieuses sans renoncer aux plaisirs honnêtes; il leur devient un exemple qu'on peut suivre. (ÉD. 6.)

31

La physionomie n'eﬆ pas une règle qui nous soit donnée pour juger des hommes : elle nous peut servir de conjecture. (ÉD. 4.)

32

L'air spirituel eﬆ dans les hommes ce que la régularité des traits eﬆ dans les femmes; c'eﬆ le genre de beauté où les plus vains puissent aspirer. (ÉD. 4.)

33

Un homme qui a beaucoup de mérite et d'esprit, et qui eﬆ connu pour tel, n'eﬆ pas laid, même avec des traits qui sont difformes; ou s'il a de la laideur, elle ne fait pas son impression. (ÉD. 4.)

34

Combien d'art pour rentrer dans la nature! combien

de temps, de règles, d'attention et de travail pour danser avec la même liberté et la même grâce que l'on sait marcher, pour chanter comme on parle, parler et s'exprimer comme l'on pense, jeter autant de force, de vivacité, de passion et de persuasion dans un discours étudié et que l'on prononce dans le public, qu'on en a quelquefois naturellement et sans préparation dans les entretiens les plus familiers! (ÉD. 7.)

35

Ceux qui, sans nous connaître assez, pensent mal de nous, ne nous font pas de tort : ce n'eſt pas nous qu'ils attaquent, c'eſt le fantôme de leur imagination.

36

Il y a de petites règles, des devoirs, des bienséances attachées aux lieux, aux temps, aux personnes, qui ne se devinent point à force d'esprit, et que l'usage apprend sans nulle peine; juger des hommes par les fautes qui leur échappent en ce genre, avant qu'ils soient assez instruits, c'eſt en juger par leurs ongles ou par la pointe de leurs cheveux; c'eſt vouloir un jour être détrompé.

37

Je ne sais s'il eſt permis de juger des hommes par une faute qui eſt unique, et si un besoin extrême, ou une violente passion, ou un premier mouvement tirent à conséquence. (ÉD. 6.)

38

Le contraire des bruits qui courent des affaires ou des personnes, eſt souvent la vérité[1]. (ÉD. 4.)

39

Sans une grande roideur et une continuelle attention

à toutes ses paroles, on est exposé à dire en moins d'une heure le oui et le non sur une même chose ou sur une même personne, déterminé seulement par un esprit de société et de commerce qui entraîne naturellement à ne pas contredire celui-ci et celui-là qui en parlent différemment. (ÉD. 4.)

40

Un homme partial est exposé à de petites mortifications; car comme il est également impossible que ceux qu'il favorise soient toujours heureux ou sages, et que ceux contre qui il se déclare soient toujours en faute ou malheureux, il naît de là qu'il lui arrive souvent de perdre contenance dans le public, ou par le mauvais succès de ses amis, ou par une nouvelle gloire qu'acquièrent ceux qu'il n'aime point. (ÉD. 8.)

41

Un homme sujet à se laisser prévenir, s'il ose remplir une dignité ou séculière ou ecclésiastique, est un aveugle qui veut peindre, un muet qui s'est chargé d'une harangue, un sourd qui juge d'une symphonie; faibles images, et qui n'expriment qu'imparfaitement la misère de la prévention : il faut ajouter qu'elle est un mal désespéré, incurable, qui infecte tous ceux qui s'approchent du malade, qui fait déserter les égaux, les inférieurs, les parents, les amis, jusques aux médecins; ils sont bien éloignés de le guérir, s'ils ne peuvent le faire convenir de sa maladie, ni des remèdes, qui seraient d'écouter, de douter, de s'informer et de s'éclaircir : les flatteurs, les fourbes, les calomniateurs, ceux qui ne délient leur langue que pour le mensonge et l'intérêt, sont les charlatans en qui il se confie, et qui lui font avaler tout ce qui leur plaît; ce sont eux aussi qui l'empoisonnent et qui le tuent. (ÉD. 4.)

42

La règle de DESCARTES [1], qui ne veut pas qu'on décide

sur les moindres vérités avant qu'elles soient connues clairement et distinctement, est assez belle et assez juste pour devoir s'étendre au jugement que l'on fait des personnes.

43

Rien ne vous venge mieux des mauvais jugements que les hommes font de notre esprit, de nos mœurs et de nos manières [1], que l'indignité et le mauvais caractère de ceux qu'ils approuvent.

Du même fond dont on néglige un homme de mérite, l'on sait encore admirer un sot.

44

Un sot est celui qui n'a pas même ce qu'il faut d'esprit pour être fat.

45

Un fat est celui que les sots croient un homme de mérite [2].

46

L'impertinent est un fat outré; le fat lasse, ennuie, dégoûte, rebute; l'impertinent rebute, aigrit, irrite, offense : il commence où l'autre finit. (ÉD. 4.)

Le fat est entre l'impertinent et le sot, il est composé de l'un et de l'autre [3]. (ÉD. 4.)

47

Les vices partent d'une dépravation du cœur; les défauts, d'un vice de tempérament; le ridicule, d'un défaut d'esprit. (ÉD. 7.)

L'homme ridicule est celui qui tant qu'il demeure tel, a les apparences du sot. (ÉD. 4.)

Le sot ne se tire jamais du ridicule, c'est son caractère;

l'on y entre quelquefois avec de l'esprit, mais l'on en sort. (ÉD. 4.)

Une erreur de fait jette un homme sage dans le ridicule. (ÉD. 7.)

La sottise est dans le sot, la fatuité dans le fat, et l'impertinence dans l'impertinent : il semble que le ridicule réside tantôt dans celui qui en effet est ridicule, et tantôt dans l'imagination de ceux qui croient voir le ridicule où il n'est point, et ne peut être. (ÉD. 4.)

48

La grossièreté, la rusticité, la brutalité peuvent être les vices d'un homme d'esprit. (ÉD. 4.)

49

Le stupide est un sot qui ne parle point, en cela plus supportable que le sot qui parle. (ÉD. 4.)

50

La même chose souvent est, dans la bouche d'un homme d'esprit, une naïveté ou un bon mot, et dans celle du sot, une sottise. (ÉD. 8.)

51

Si le fat pouvait craindre de mal parler, il sortirait de son caractère. (ÉD. 4.)

52

L'une des marques de la médiocrité de l'esprit est de toujours conter. (ÉD. 4.)

53

Le sot est embarrassé de sa personne; le fat a l'air libre

et assuré; l'impertinent passe à l'effronterie : le mérite a de la pudeur. (ÉD. 4.)

54

Le suffisant eſt celui en qui la pratique de certains détails que l'on honore du nom d'affaires se trouve jointe à une très grande médiocrité d'esprit. (ÉD. 8.)

Un grain d'esprit et une once d'affaires plus qu'il n'en entre dans la composition du suffisant, font l'important. (ÉD. 8.)

Pendant qu'on ne fait que rire de l'important, il n'a pas un autre nom; dès qu'on s'en plaint, c'eſt l'arrogant. (ÉD. 8.)

55

L'honnête homme tient le milieu entre l'habile homme et l'homme de bien, quoique dans une diſtance inégale de ses deux extrêmes. (ÉD. 7.)

La diſtance qu'il y a de l'honnête homme à l'habile homme s'affaiblit de jour à autre, et eſt sur le point de disparaître. (ÉD. 7.)

L'habile homme eſt celui qui cache ses passions, qui entend ses intérêts, qui y sacrifie beaucoup de choses, qui a su acquérir du bien, ou en conserver. (ÉD. 7.)

L'honnête homme eſt celui qui ne vole pas sur les grands chemins, et qui ne tue personne, dont les vices enfin ne sont pas scandaleux. (ÉD. 7.)

On connaît assez qu'un homme de bien eſt honnête homme, mais il eſt plaisant d'imaginer que tout honnête homme n'eſt pas homme de bien. (ÉD. 7.)

L'homme de bien eſt celui qui n'eſt ni un saint ni un dévot *(a)*, et qui s'eſt borné à n'avoir que de la vertu. (ÉD. 7.)

56

Talent, goût, esprit, bon sens, choses différentes, non incompatibles. (ÉD. 4.)

---

a. Faux dévot.

Entre le bon sens et le bon goût il y a la différence de la cause à son effet. (ÉD. 4.)

Entre esprit et talent il y a la proportion du tout à sa partie. (ÉD. 6.)

Appellerai-je homme d'esprit celui qui, borné et renfermé dans quelque art, ou même dans une certaine science qu'il exerce dans une grande perfection, ne montre hors de là ni jugement, ni mémoire, ni vivacité, ni mœurs, ni conduite; qui ne m'entend pas, qui ne pense point, qui s'énonce mal; un musicien par exemple, qui après m'avoir comme enchanté par ses accords, semble s'être remis avec son luth dans un même étui, ou n'être plus sans cet instrument qu'une machine démontée, à qui il manque quelque chose, et dont il n'est plus permis de rien attendre? (ÉD. 6.)

Que dirai-je encore de l'esprit du jeu? pourrait-on me le définir? ne faut-il ni prévoyance, ni finesse, ni habileté pour jouer l'hombre ou les échecs? et s'il en faut, pourquoi voit-on des imbéciles qui y excellent, et de très beaux génies qui n'ont pu même atteindre la médiocrité, à qui une pièce ou une carte dans les mains trouble la vue, et fait perdre contenance? (ÉD. 6.)

Il y a dans le monde quelque chose, s'il se peut, de plus incompréhensible. Un homme paraît grossier, lourd, stupide, il ne sait pas parler, ni raconter ce qu'il vient de voir; s'il se met à écrire, c'est le modèle des bons contes, il fait parler les animaux, les arbres, les pierres, tout ce qui ne parle point : ce n'est que légèreté, qu'élégance, que beau naturel, et que délicatesse dans ses ouvrages. (ÉD. 6.)

Un autre est simple, timide, d'une ennuyeuse conversation; il prend un mot pour un autre, et il ne juge de la bonté de sa pièce que par l'argent qui lui en revient, il ne sait pas la réciter, ni lire son écriture. Laissez-le s'élever par la composition, il n'est pas au-dessous d'AUGUSTE, de POMPÉE, de NICOMÈDE, d'HÉRACLIUS, il est roi, et un grand roi, il est politique, il est philosophe; il entreprend de faire parler des héros, de les faire agir; il peint les

Romains; ils sont plus grands et plus Romains dans ses vers que dans leur histoire. (ÉD. 6.)

Voulez-vous quelque autre prodige[1]? concevez un homme facile, doux, complaisant, traitable, et tout d'un coup violent, colère, fougueux, capricieux; imaginez-vous un homme simple, ingénu, crédule, badin, volage, un enfant en cheveux gris; mais permettez-lui de se recueillir, ou plutôt de se livrer à un génie qui agit en lui, j'ose dire, sans qu'il y prenne part et comme à son insu : quelle verve! quelle élévation! quelles images! quelle latinité! Parlez-vous d'une même personne? me direz-vous. — Oui, du même, de *Théodas,* et de lui seul. Il crie, il s'agite, il se roule à terre, il se relève, il tonne, il éclate; et du milieu de cette tempête il sort une lumière qui brille et qui réjouit; disons-le sans figure : il parle comme un fou, et pense comme un homme sage; il dit ridiculement des choses vraies, et follement des choses sensées et raisonnables; on est surpris de voir naître et éclore le bon sens du sein de la bouffonnerie, parmi les grimaces et les contorsions; qu'ajouterai-je davantage? Il dit et il fait mieux qu'il ne sait; ce sont en lui comme deux âmes qui ne se connaissent point, qui ne dépendent point l'une de l'autre, qui ont chacune leur tour, ou leurs fonctions toutes séparées. Il manquerait un trait à cette peinture si surprenante, si j'oubliais de dire qu'il est tout à la fois avide et insatiable de louanges, prêt de se jeter aux yeux de ses critiques, et dans le fond assez docile pour profiter de leur censure. Je commence à me persuader moi-même que j'ai fait le portrait de deux personnages tout différents; il ne serait pas même impossible d'en trouver un troisième dans Théodas; car il est bon homme, il est plaisant homme, et il est excellent homme. (ÉD. 6.)

57

Après l'esprit de discernement, ce qu'il y a au monde de plus rare, ce sont les diamants et les perles[2].

58

Tel, connu dans le monde par de grands talents, honoré et chéri partout où il se trouve, est petit dans son domestique et aux yeux de ses proches qu'il n'a pu réduire à l'estimer; tel autre, au contraire, prophète dans son pays, jouit d'une vogue qu'il a parmi les siens, et qui est resserrée dans l'enceinte de sa maison; s'applaudit d'un mérite rare et singulier, qui lui est accordé par sa famille dont il est l'idole, mais qu'il laisse chez soi toutes les fois qu'il sort, et qu'il ne porte nulle part.

59

Tout le monde s'élève contre un homme qui entre en réputation; à peine ceux qu'il croit ses amis lui pardonnent-ils un mérite naissant, et une première vogue qui semble l'associer à la gloire dont ils sont déjà en possession; l'on ne se rend qu'à l'extrémité, et après que le Prince s'est déclaré par les récompenses : tous alors se rapprochent de lui, et de ce jour-là seulement il prend son rang d'homme de mérite.

60

Nous affectons souvent de louer avec exagération des hommes assez médiocres, et de les élever, s'il se pouvait, jusques à la hauteur de ceux qui excellent, ou parce que nous sommes las d'admirer toujours les mêmes personnes ou parce que leur gloire ainsi partagée offense moins notre vue et nous devient plus douce et plus supportable. (ÉD. 8.)

61

L'on voit des hommes que le vent de la faveur pousse d'abord à pleines voiles; ils perdent en un moment la terre de vue, et font leur route; tout leur rit, tout leur succède; action, ouvrage, tout est comblé d'éloges et de récompenses, ils ne se montrent que pour être embrassés et félicités. Il y a un rocher immobile qui s'élève sur une côte, les flots se brisent au pied; la puissance, les richesses, la violence, la flatterie, l'autorité, la faveur, tous les vents ne l'ébranlent pas : c'est le public, où ces gens échouent. (ÉD. 7.)

62

Il est ordinaire et comme naturel de juger du travail d'autrui seulement par rapport à celui qui nous occupe. Ainsi le poète, rempli de grandes et sublimes idées, estime peu le discours de l'orateur, qui ne s'exerce souvent que sur de simples faits; et celui qui écrit l'histoire de son pays ne peut comprendre qu'un esprit raisonnable emploie sa vie à imaginer des fictions et à trouver une rime; de même le bachelier plongé dans les quatre premiers siècles traite toute autre doctrine de science triste, vaine et inutile, pendant qu'il est peut-être méprisé du géomètre.

63

Tel a assez d'esprit pour exceller dans une certaine matière et en faire des leçons, qui en manque pour voir qu'il doit se taire sur quelque autre dont il n'a qu'une faible connaissance; il sort hardiment des limites de son génie, mais il s'égare, et fait que l'homme illustre parle comme un sot. (ÉD. 4.)

64

Hérille, soit qu'il parle, qu'il harangue ou qu'il écrive, veut citer : il fait dire au Prince des philosophes que le vin enivre, et à l'Orateur romain que l'eau le tempère; s'il se jette dans la morale, ce n'est pas lui, c'est le divin Platon qui assure que la vertu est aimable, le vice odieux, ou que l'un et l'autre se tournent en habitude : les choses les plus communes, les plus triviales, et qu'il est même capable de penser, il veut les devoir aux Anciens, aux

Latins, aux Grecs; ce n'eſt ni pour donner plus d'autorité à ce qu'il dit, ni peut-être pour se faire honneur de ce qu'il sait. Il veut citer. (ÉD. 5.)

65

C'eſt souvent hasarder un bon mot et vouloir le perdre que de le donner pour sien; il n'eſt pas relevé, il tombe avec des gens d'esprit ou qui se croient tels, qui ne l'ont pas dit, et qui devraient le dire. C'eſt au contraire le faire valoir que de le rapporter comme d'un autre; ce n'eſt qu'un fait, et qu'on ne se croit pas obligé de savoir; il eſt dit avec plus d'insinuation et reçu avec moins de jalousie, personne n'en souffre : on rit s'il faut rire, et s'il faut admirer, on admire. (ÉD. 5.)

66

On a dit de SOCRATE qu'il était en délire, et que c'était un fou tout plein d'esprit; mais ceux des Grecs qui parlaient ainsi d'un homme si sage passaient pour fous. Ils disaient : « Quels bizarres portraits nous fait ce philosophe! quelles mœurs étranges et particulières ne décrit-il point! où a-t-il rêvé, creusé, rassemblé des idées si extraordinaires? quelles couleurs, quel pinceau! ce sont des chimères. » Ils se trompaient : c'étaient des monſtres, c'étaient des vices, mais peints au naturel, on croyait les voir, ils faisaient peur. Socrate s'éloignait du cynique, il épargnait les personnes, et blâmait les mœurs qui étaient mauvaises. (ÉD. 4.)

67

Celui qui eſt riche par son savoir-faire connaît un philosophe, ses préceptes, sa morale, et sa conduite; et n'imaginant pas dans tous les hommes une autre fin de toutes leurs actions que celle qu'il s'eſt proposée lui-même toute sa vie, dit en son cœur : « Je le plains, je le tiens échoué, ce rigide censeur; il s'égare, et il eſt hors de route, ce n'eſt pas ainsi que l'on prend le vent, et que l'on arrive au délicieux port de la fortune »; et selon ses principes il raisonne juſte. (ÉD. 4.)

« Je pardonne, dit *Antiſthuis*[1], à ceux que j'ai loués dans mon ouvrage, s'ils m'oublient; qu'ai-je fait pour eux? ils étaient louables. Je le pardonnerais moins à tous ceux dont j'ai attaqué les vices sans toucher à leurs personnes, s'ils me devaient un aussi grand bien que celui d'être corrigés; mais comme c'eſt un événement qu'on ne voit point, il suit de là que ni les uns ni les autres ne sont tenus de me faire du bien. (ÉD. 4.)

« L'on peut, ajoute ce philosophe, envier ou refuser à mes écrits leur récompense; on ne saurait en diminuer la réputation; et si on le fait, qui m'empêchera de le mépriser? » (ÉD. 5.)

68

Il eſt bon d'être philosophe, il n'eſt guères utile de passer pour tel : il n'eſt pas permis de traiter quelqu'un de philosophe; ce sera toujours lui dire une injure, jusques à ce qu'il ait plu aux hommes d'en ordonner autrement, et en reſtituant à un si beau nom son idée propre et convenable, de lui concilier toute l'eſtime qui lui eſt due. (ÉD. 5.)

69

Il y a une philosophie qui nous élève au-dessus de l'ambition et de la fortune, qui nous égale, que dis-je? qui nous place plus haut que les riches, que les grands, et que les puissants; qui nous fait négliger les poſtes, et ceux qui les procurent; qui nous exempte de désirer, de demander, de prier, de solliciter, d'importuner; et qui nous sauve même l'émotion et l'excessive joie d'être exaucés. Il y a une autre philosophie qui nous soumet et nous assujettit à toutes ces choses en faveur de nos proches ou de nos amis : c'eſt la meilleure[2]. (ÉD. 6.)

70

C'est abréger et s'épargner mille discussions, que de penser de certaines gens qu'ils sont incapables de parler juste, et de condamner ce qu'ils disent, ce qu'ils ont dit, et ce qu'ils diront. (ÉD. 4.)

71

Nous n'approuvons les autres que par les rapports que nous sentons qu'ils ont avec nous-mêmes; et il semble qu'estimer quelqu'un, c'est l'égaler à soi.

72

Les mêmes défauts qui dans les autres sont lourds et insupportables, sont chez nous comme dans leur centre; il ne pèsent plus, on ne les sent pas : tel parle d'un autre, et en fait un portrait affreux, qui ne voit pas qu'il se peint lui-même. (ÉD. 4.)

Rien ne nous corrigerait plus promptement de nos défauts, que si nous étions capables de les avouer et de les reconnaître dans les autres; c'est dans cette juste distance que nous paraissant tels qu'ils sont, ils se feraient haïr autant qu'ils le méritent. (ÉD. 4.)

73

La sage conduite roule sur deux pivots, le passé et l'avenir : celui qui a la mémoire fidèle et une grande prévoyance, est hors du péril de censurer dans les autres ce qu'il a peut-être fait lui-même, ou de condamner une action dans un pareil cas, et dans toutes les circonstances où elle lui sera un jour inévitable. (ÉD. 4.)

74

Le guerrier et le politique, non plus que le joueur

habile, ne font pas le hasard; mais ils le préparent, ils l'attirent, et semblent presque le déterminer : non seulement ils savent ce que le sot et le poltron ignorent, je veux dire se servir du hasard quand il arrive; il savent même profiter par leurs précautions et leurs mesures d'un tel ou d'un tel hasard, ou de plusieurs tout à la fois : si ce point arrive, ils gagnent; si c'est cet autre, ils gagnent encore; un même point souvent les fait gagner de plusieurs manières : ces hommes sages peuvent être loués de leur bonne fortune comme de leur bonne conduite, et le hasard doit être récompensé en eux comme la vertu. (ÉD. 6.)

75

Je ne mets au-dessus d'un grand politique que celui qui néglige de le devenir, et qui se persuade de plus en plus que le monde ne mérite point qu'on s'en occupe[1]. (ÉD. 8.)

76

Il y a dans les meilleurs conseils de quoi déplaire; ils viennent d'ailleurs que de notre esprit, c'est assez pour être rejetés d'abord par présomption et par humeur, et suivis seulement par nécessité, ou par réflexion. (ÉD. 5.)

77

Quel bonheur surprenant a accompagné ce favori[2] pendant tout le cours de sa vie! quelle autre fortune mieux soutenue, sans interruption, sans la moindre disgrâce? les premiers postes, l'oreille du prince, d'immenses trésors, une santé parfaite, et une mort douce : mais quel étrange compte à rendre d'une vie passée dans la faveur, des conseils que l'on a donnés, de ceux qu'on a négligé de donner ou de suivre, des biens que l'on n'a point faits, des maux au contraire que l'on a faits, ou par soi-même, ou par les autres : en un mot, de toute sa prospérité!

78

L'on gagne à mourir d'être loué de ceux qui nous survivent, souvent sans autre mérite que celui de n'être plus : le même éloge sert alors pour *Caton* et pour *Pison*. (ÉD. 4.)

« Le bruit court que Pison eſt mort : c'eſt une grande perte, c'était un homme de bien, et qui méritait une plus longue vie; il avait de l'esprit et de l'agrément, de la fermeté et du courage; il était sûr, généreux, fidèle » : ajoutez : « pourvu qu'il soit mort. » (ÉD. 4.)

79

La manière dont on se récrie sur quelques-uns qui se diſtinguent par la bonne foi, le désintéressement et la probité, n'eſt pas tant leur éloge que le décréditement du genre humain. (ÉD. 4.)

80

Tel soulage les misérables, qui néglige sa famille et laisse son fils dans l'indigence; un autre élève un nouvel édifice, qui n'a pas encore payé les plombs d'une maison qui eſt achevée depuis dix années; un troisième fait des présents et des largesses, et ruine ses créanciers. Je demande : la pitié, la libéralité, la magnificence, sont-ce les vertus d'un homme injuſte? ou plutôt si la bizarrerie et la vanité ne sont pas les causes de l'injuſtice. (ÉD. 7.)

81

Une circonſtance essentielle à la juſtice que l'on doit aux autres, c'eſt de la faire promptement et sans différer : la faire attendre, c'eſt injuſtice. (ÉD. 8.)

Ceux-là font bien, ou font ce qu'ils doivent, qui font ce qu'ils doivent. Celui qui dans toute sa conduite laisse longtemps dire de soi qu'il fera bien, fait très mal. (ÉD. 8.)

82

L'on dit d'un grand qui tient table deux fois le jour, et qui passe sa vie à faire digestion, qu'il meurt de faim, pour exprimer qu'il n'est pas riche, ou que ses affaires sont fort mauvaises; c'est une figure, on le dirait plus à la lettre de ses créanciers. (ÉD. 7.)

83

L'honnêteté, les égards et la politesse des personnes avancées en âge de l'un et de l'autre sexe me donnent bonne opinion de ce qu'on appelle le vieux temps. (ÉD. 4.)

84

C'est un excès de confiance dans les parents d'espérer tout de la bonne éducation de leurs enfants, et une grande erreur de n'en attendre rien et de la négliger[1].

85

Quand il serait vrai, ce que plusieurs disent, que l'éducation ne donne point à l'homme un autre cœur ni une autre complexion, qu'elle ne change rien dans son fond et ne touche qu'aux superficies, je ne laisserais pas de dire qu'elle ne lui est pas inutile. (ÉD. 4.)

86

Il n'y a que de l'avantage pour celui qui parle peu : la présomption est qu'il a de l'esprit; et s'il est vrai qu'il n'en manque pas, la présomption est qu'il l'a excellent. (ÉD. 4.)

87

Ne songer qu'à soi et au présent, source d'erreur dans la politique. (ÉD. 5.)

88

Le plus grand malheur après celui d'être convaincu d'un crime, eſt souvent d'avoir eu à s'en juſtifier. Tels arrêts nous déchargent et nous renvoient absous, qui sont infirmés par la voix du peuple. (ÉD. 4.)

89

Un homme eſt fidèle à de certaines pratiques de religion, on le voit s'en acquitter avec exactitude, personne ne le loue, ni le désapprouve, on n'y pense pas; tel autre y revient après les avoir négligées dix années entières : on se récrie, on l'exalte; cela eſt libre : moi, je le blâme d'un si long oubli de ses devoirs, et je le trouve heureux d'y être rentré.

90

Le flatteur n'a pas assez bonne opinion de soi, ni des autres. (ÉD. 4.)

91

Tels sont oubliés dans la diſtribution des grâces, et font dire d'eux : *Pourquoi les oublier ?* qui, si l'on s'en était souvenu, auraient fait dire : *Pourquoi s'en souvenir ?* D'où vient cette contrariété ? Eſt-ce du caractère de ces personnes, ou de l'incertitude de nos jugements; ou même de tous les deux ? (ÉD. 4.)

92

L'on dit communément : « Après un tel, qui sera chancelier ? qui sera primat des Gaules ? qui sera pape ? » On va plus loin : chacun, selon ses souhaits ou son caprice, fait sa promotion, qui eſt souvent de gens plus vieux et plus caducs que celui qui eſt en place; et comme il n'y a pas de raison qu'une dignité tue celui qui s'en trouve revêtu, qu'elle sert au contraire à le rajeunir, et à donner au corps et à l'esprit de nouvelles ressources, ce n'eſt pas un événement fort rare à un titulaire d'enterrer son successeur. (ÉD. 6.)

93

La disgrâce éteint les haines et les jalousies : celui-là peut bien faire, qui ne nous aigrit plus par une grande faveur : il n'y a aucun mérite, il n'y a sorte de vertus qu'on ne lui pardonne : il serait un héros impunément. (ÉD. 5.)

Rien n'eſt bien d'un homme disgracié : vertus, mérite, tout eſt dédaigné, ou mal expliqué, ou imputé à vice; qu'il ait un grand cœur, qu'il ne craigne ni le fer ni le feu, qu'il aille d'aussi bonne grâce à l'ennemi que BAYARD et MONTREVEL *(a)* ; c'eſt un bravache, on en plaisante : il n'a plus de quoi être un héros. (ÉD. 5.)

Je me contredis, il eſt vrai, accusez-en les hommes, dont je ne fais que rapporter les jugements; je ne dis pas de différents hommes, je dis les mêmes[1], qui jugent si différemment. (ÉD. 5.)

94

Il ne faut pas vingt années accomplies pour voir changer les hommes d'opinion sur les choses les plus sérieuses comme sur celles qui leur ont paru les plus sûres et les plus vraies. Je ne hasarderai pas d'avancer que le feu en soi et indépendamment de nos sensations, n'a aucune chaleur, c'eſt-à-dire rien de semblable à ce que nous éprouvons en nous-mêmes à son approche, de peur que quelque jour il ne devienne aussi chaud qu'il a jamais été. J'assurerai aussi peu qu'une ligne droite tombant sur une autre ligne droite fait deux angles droits, ou égaux à deux droits, de peur que les hommes venant à y découvrir quelque chose de plus ou de moins, je ne sois raillé de ma proposition. Ainsi dans un autre genre, je dirai à

a. Marq. de Montrevel, Comm. gén. D. L. C. Lieut. Gén.

peine avec toute la France : VAUBAN est infaillible, on n'en appelle point; qui me garantirait que dans peu de temps on n'insinuera pas que même sur le siège, qui est son fort et où il décide souverainement, il erre quelquefois, sujet aux fautes comme *Antiphile*[1] ? (ÉD. 6.)

95

Si vous en croyez des personnes aigries l'une contre l'autre, et que la passion domine, l'homme docte est un *savantasse ;* le magistrat un bourgeois ou un praticien; le financier un *maltôtier,* et le gentilhomme un *gentillâtre ;* mais il est étrange que de si mauvais noms que la colère et la haine ont su inventer, deviennent familiers, et que le dédain, tout froid et tout paisible qu'il est, ose s'en servir. (ÉD. 4.)

96

Vous vous agitez, vous vous donnez un grand mouvement, surtout lorsque les ennemis commencent à fuir, et que la victoire n'est plus douteuse, ou devant une ville après qu'elle a capitulé; vous aimez dans un combat ou pendant un siège à paraître en cent endroits pour n'être nulle part, à prévenir les ordres du général de peur de les suivre, et à chercher les occasions, plutôt que de les attendre et les recevoir; votre valeur serait-elle fausse? (ÉD. 4.)

97

Faites garder aux hommes quelque poste où ils puissent être tués, et où néanmoins ils ne soient pas tués : ils aiment l'honneur et la vie. (ÉD. 4.)

98

À voir comme les hommes aiment la vie, pouvait-on soupçonner qu'ils aimassent quelque autre chose plus que la vie, et que la gloire, qu'ils préfèrent à la vie, ne fût souvent qu'une certaine opinion d'eux-mêmes établie dans l'esprit de mille gens ou qu'ils ne connaissent point ou qu'ils n'estiment point? (ÉD. 7.)

99

Ceux qui, ni guerriers ni courtisans[1], vont à la guerre et suivent la cour, qui ne font pas un siège, mais qui y assistent, ont bientôt épuisé leur curiosité sur une place de guerre, quelque surprenante qu'elle soit, sur la tranchée, sur l'effet des bombes et du canon, sur les coups de main, comme sur l'ordre et le succès d'une attaque qu'ils entrevoient; la résistance continue, les pluies surviennent, les fatigues croissent, on plonge dans la fange, on a à combattre les saisons et l'ennemi, on peut être forcé dans ses lignes et enfermé entre une ville et une armée: quelles extrémités! on perd courage, on murmure: est-ce un si grand inconvénient que de lever un siège? Le salut de l'État dépend-il d'une citadelle de plus ou de moins? ne faut-il pas, ajoutent-ils, fléchir sous les ordres du Ciel qui semble se déclarer contre nous; et remettre la partie à un autre temps? Alors ils ne comprennent plus la fermeté, et, s'ils osaient dire, l'opiniâtreté du général, qui se roidit contre les obstacles, qui s'anime par la difficulté de l'entreprise, qui veille la nuit et s'expose le jour pour la conduire à sa fin. A-t-on capitulé, ces hommes si découragés relèvent l'importance de cette conquête, en prédisent les suites, exagèrent la nécessité qu'il y avait de la faire, le péril et la honte qui suivaient de s'en désister, prouvent que l'armée qui nous couvrait des ennemis était invincible; ils reviennent avec la cour, passent par les villes et les bourgades, fiers d'être regardés de la bourgeoisie qui est aux fenêtres, comme ceux mêmes qui ont pris la place, ils en triomphent par les chemins, ils se croient braves; revenus chez eux, ils vous étourdissent de flancs, de redans, de ravelins, de fausse-braie, de courtines, et de chemin couvert; ils rendent compte des endroits où *l'envie de voir* les a portés, et où *il ne laissait pas d'y avoir du péril,* des hasards qu'ils ont courus à leur retour d'être pris ou tués par l'ennemi : ils taisent seulement qu'ils ont eu peur. (ÉD. 7.)

100

C'est le plus petit inconvénient du monde que de demeurer court dans un sermon ou dans une harangue; il laisse à l'orateur ce qu'il a d'esprit, de bon sens, d'imagination, de mœurs et de doctrine, il ne lui ôte rien; mais on ne laisse pas de s'étonner que les hommes, ayant voulu une fois y attacher une espèce de honte et de ridicule, s'exposent par de longs et souvent d'inutiles discours à en courir tout le risque. (ÉD. 4.)

101

Ceux qui emploient mal leur temps sont les premiers à se plaindre de sa brièveté; comme ils le consument à s'habiller, à manger, à dormir, à de sots discours, à se résoudre sur ce qu'ils doivent faire, et souvent à ne rien faire, ils en manquent pour leurs affaires ou pour leurs plaisirs; ceux au contraire qui en font un meilleur usage, en ont de reste. (ÉD. 4.)

Il n'y a point de ministre si occupé qui ne sache perdre chaque jour deux heures de temps, cela va loin à la fin d'une longue vie; et si le mal est encore plus grand dans les autres conditions des hommes, quelle perte infinie ne se fait pas dans le monde d'une chose si précieuse, et dont l'on se plaint qu'on n'a point assez! (ÉD. 4.)

102

Il y a des créatures de Dieu qu'on appelle des hommes, qui ont une âme qui est esprit, dont toute la vie est occupée et toute l'attention est réunie à scier du marbre; cela est bien simple, c'est bien peu de chose :

il y en a d'autres qui s'en étonnent, mais qui sont entièrement inutiles, et qui passent les jours à ne rien faire; c'est encore moins que de scier du marbre. (ÉD. 4.)

103

La plupart des hommes oublient si fort qu'ils ont une âme, et se répandent en tant d'actions et d'exercices où il semble qu'elle est inutile, que l'on croit parler avantageusement de quelqu'un en disant qu'il pense; cet éloge même est devenu vulgaire, qui pourtant ne met cet homme qu'au-dessus du chien, ou du cheval. (ÉD. 5.)

104

« À quoi vous divertissez-vous ? à quoi passez-vous le temps ? » vous demandent les sots et les gens d'esprit : si je réplique que c'est à ouvrir les yeux et à voir, à prêter l'oreille et à entendre, à avoir la santé, le repos, la liberté, ce n'est rien dire; les solides biens, les grands biens, les seuls biens ne sont pas comptés, ne se font pas sentir : jouez-vous ? masquez-vous ? il faut répondre. (ÉD. 4.)

Est-ce un bien pour l'homme que la liberté, si elle peut être trop grande et trop étendue, telle enfin qu'elle ne serve qu'à lui faire désirer quelque chose, qui est d'avoir moins de liberté ? (ÉD. 7.)

La liberté n'est pas oisiveté; c'est un usage libre du temps, c'est le choix du travail et de l'exercice : être libre en un mot n'est pas ne rien faire, c'est être seul arbitre de ce qu'on fait ou de ce qu'on ne fait point : quel bien en ce sens que la liberté ! (ÉD. 7.)

105

CÉSAR n'était point trop vieux pour penser à la conquête de l'univers *(a)* ; il n'avait point d'autre béatitude

---

a. V. les *Pensées* de M. Pascal, ch. 31, où il dit le contraire.[1]

à se faire que le cours d'une belle vie, et un grand nom après sa mort; né fier, ambitieux, et se portant bien comme il faisait, il ne pouvait mieux employer son temps qu'à conquérir le monde. ALEXANDRE était bien jeune pour un dessein si sérieux : il eſt étonnant que dans ce premier âge les femmes ou le vin n'aient plus tôt rompu son entreprise.

106

UN JEUNE PRINCE[1], D'UNE RACE AUGUSTE. L'AMOUR ET L'ESPÉRANCE DES PEUPLES. DONNÉ DU CIEL POUR PROLONGER LA FÉLICITÉ DE LA TERRE. PLUS GRAND QUE SES AÏEUX. FILS D'UN HÉROS QUI EST SON MODÈLE, A DÉJA MONTRÉ À L'UNIVERS PAR SES DIVINES QUALITÉS, ET PAR UNE VERTU ANTICIPÉE, QUE LES ENFANTS DES HÉROS SONT PLUS PROCHES DE L'ÊTRE QUE LES AUTRES HOMMES *(a)*.

107

Si le monde dure seulement cent millions d'années, il eſt encore dans toute sa fraîcheur, et ne fait presque que commencer; nous-mêmes nous touchons aux premiers hommes et aux patriarches, et qui pourra ne nous pas confondre avec eux dans des siècles si reculés? Mais si l'on juge par le passé de l'avenir, quelles choses nouvelles nous sont inconnues dans les arts, dans les sciences, dans la nature, et j'ose dire dans l'hiſtoire! quelles découvertes ne fera-t-on point! quelles différentes révolutions ne doivent pas arriver sur toute la face de la terre, dans les États et dans les empires! quelle ignorance eſt la nôtre! et quelle légère expérience que celle de six ou sept mille ans[3]! (ÉD. 4.)

108

Il n'y a point de chemin trop long à qui marche len-

a. Contre la maxime latine et triviale.[2]

tement et sans se presser; il n'y a point d'avantages trop éloignés à qui s'y prépare par la patience. (ÉD. 4.)

109

Ne faire sa cour à personne, ni attendre de quelqu'un qu'il vous fasse la sienne; douce situation, âge d'or, état de l'homme le plus naturel. (ÉD. 4.)

110

Le monde est pour ceux qui suivent les cours ou qui peuplent les villes; la nature n'est que pour ceux qui habitent la campagne, eux seuls vivent, eux seuls du moins connaissent qu'ils vivent .(ÉD. 7.)

111

Pourquoi me faire froid, et vous plaindre de ce qui m'est échappé sur quelques jeunes gens qui peuplent les cours? êtes-vous vicieux, ô *Thrasylle?* je ne le savais pas, et vous me l'apprenez; ce que je sais est que vous n'êtes plus jeune. (ÉD. 4.)

Et vous qui voulez être offensé personnellement de ce que j'ai dit de quelques grands, ne criez-vous point de la blessure d'un autre? êtes-vous dédaigneux, malfaisant, mauvais plaisant, flatteur, hypocrite? je l'ignorais, et ne pensais pas à vous, j'ai parlé des grands. (ÉD. 4.)

112

L'esprit de modération et une certaine sagesse dans la conduite laissent les hommes dans l'obscurité; il leur faut de grandes vertus pour être connus et admirés, ou peut-être de grands vices. (ÉD. 4.)

113

Les hommes, sur la conduite des grands et des petits

indifféremment, sont prévenus, charmés, enlevés par la réussite; il s'en faut peu que le crime heureux ne soit loué comme la vertu même, et que le bonheur[1] ne tienne lieu de toutes les vertus : c'est un noir attentat, c'est une sale et odieuse entreprise, que celle que le succès ne saurait justifier. (ÉD. 4.)

114

Les hommes, séduits par de belles apparences et de spécieux prétextes, goûtent aisément un projet d'ambition que quelques grands ont médité, ils en parlent avec intérêt, il leur plaît même par la hardiesse ou par la nouveauté que l'on lui impute, ils y sont déjà accoutumés, et n'en attendent que le succès, lorsque venant au contraire à avorter, ils décident avec confiance et sans nulle crainte de se tromper, qu'il était téméraire et ne pouvait réussir. (ÉD. 4.)

115

Il y a de tels projets, d'un si grand éclat et d'une conséquence si vaste, qui font parler les hommes si longtemps, qui font tant espérer ou tant craindre selon les divers intérêts des peuples, que toute la gloire et toute la fortune d'un homme y sont commises : il ne peut pas avoir paru sur la scène avec un si bel appareil, pour se retirer sans rien dire; quelques affreux périls qu'il commence à prévoir dans la suite de son entreprise, il faut qu'il l'entame : le moindre mal pour lui est de la manquer. (ÉD. 4.)

116

Dans un méchant homme il n'y a pas de quoi faire un grand homme : louez ses vues et ses projets, admirez sa conduite, exagérez son habileté à se servir des moyens les plus propres et les plus courts pour parvenir à ses fins; si ses fins sont mauvaises, la prudence n'y a aucune part; et où manque la prudence, trouvez la grandeur si vous le pouvez. (ÉD. 8.)

117

Un ennemi eſt mort, qui était à la tête d'une armée formidable, deſtinée à passer le Rhin; il savait la guerre, et son expérience pouvait être secondée de la fortune : quels feux de joie a-t-on vus, quelle fête publique? Il y a des hommes au contraire naturellement odieux, et dont l'aversion devient populaire : ce n'eſt point précisément par les progrès qu'ils font, ni par la crainte de ceux qu'ils peuvent faire, que la voix du peuple éclate à leur mort, et que tout tressaille, jusques aux enfants, dès que l'on murmure dans les places que la terre enfin en eſt délivrée. (ÉD. 6.)

118

Ô temps! ô mœurs! s'écrie *Héraclite,* ô malheureux siècle! siècle rempli de mauvais exemples, où la vertu souffre, où le crime domine, où il triomphe! Je veux être un *Lycaon,* un *Ægiſte,* l'occasion ne peut être meilleure, ni les conjonctures plus favorables, si je désire du moins de fleurir et de prospérer. Un homme dit : « Je passerai la mer, je dépouillerai mon père de son patrimoine, je le chasserai, lui, sa femme, son héritier, de ses terres et de ses États »; et comme il l'a dit il l'a fait[1]. Ce qu'il devait appréhender, c'était le ressentiment de plusieurs rois qu'il outrage en la personne d'un seul roi; mais ils tiennent pour lui; ils lui ont presque dit : « Passez la mer, dépouillez votre père, montrez à tout l'univers qu'on peut chasser un roi de son royaume, ainsi qu'un petit seigneur de son château, ou un fermier de sa métairie; qu'il n'y ait plus de différence entre de simples particuliers et nous; nous sommes las de ces diſtinctions : apprenez au monde que ces peuples que Dieu a mis sous nos pieds, peuvent nous abandonner, nous trahir, nous livrer, se livrer eux-mêmes à un étranger; et qu'ils ont moins à craindre de nous, que nous d'eux, et de leur puissance. » Qui pourrait voir des choses si tristes avec des yeux secs et une âme tranquille? Il n'y a point de charges qui n'aient leurs privilèges; il n'y a aucun titulaire qui ne parle, qui ne plaide, qui ne s'agite pour les défendre : la dignité royale seule n'a plus de privilèges; les rois eux-mêmes y ont renoncé. Un seul, toujours bon et magnanime, ouvre ses bras à une famille malheureuse; tous les autres se liguent comme pour se venger de lui, et de l'appui qu'il donne à une cause qui leur est commune : l'esprit de pique et de jalousie prévaut chez eux à l'intérêt de l'honneur, de la religion et de leur État; est-ce assez? à leur intérêt personnel et domestique; il y va, je ne dis pas de leur élection, mais de leur succession, de leurs droits comme héréditaires : enfin dans tous l'homme l'emporte sur le souverain. Un prince délivrait l'Europe, se délivrait lui-même d'un fatal ennemi, allait jouir de la gloire d'avoir détruit un grand empire; il la néglige pour une guerre douteuse. Ceux qui sont nés arbitres et médiateurs temporisent; et lorsqu'ils pourraient avoir déjà employé utilement leur médiation, ils la promettent. Ô pâtres! continue Héraclite, ô rustres qui habitez sous le chaume et dans les cabanes, si les événements ne vont point jusques à vous; si vous n'avez point le cœur percé par la malice des hommes; si on ne parle plus d'hommes dans vos contrées, mais seulement de renards et de loups-cerviers, recevez-moi parmi vous à manger votre pain noir, et à boire l'eau de vos citernes. (ÉD. 5.)

119

Petits hommes, hauts de six pieds, tout au plus de sept, qui vous enfermez aux foires comme géants, et comme des pièces rares dont il faut acheter la vue, dès que vous allez jusques à huit pieds; qui vous donnez sans pudeur de la *hautesse* et de *l'éminence,* qui est tout ce que l'on pourrait accorder à ces montagnes voisines du ciel, et qui voient les nuages se former au-dessous d'elles; espèce d'animaux glorieux et superbes, qui méprisez toute autre espèce, qui ne faites pas même comparaison avec l'éléphant et la baleine; approchez, hommes, répondez un peu à *Démocrite.* Ne dites-vous pas en commun proverbe : *des loups ravissants, des lions furieux, malicieux comme un singe?* et vous autres, qui êtes-vous? J'entends corner sans cesse à mes oreilles : *L'homme est un animal raisonnable;* qui vous a passé cette définition, sont-ce les loups, les singes, et les lions, ou si vous vous l'êtes accordée à vous-mêmes? C'est déjà une chose plaisante que vous donniez aux animaux, vos confrères, ce qu'il y a de pire, pour prendre pour vous ce qu'il y a de meilleur; laissez-les un peu se définir eux-mêmes, et vous verrez comme ils s'oublieront, et comme vous serez traités. Je ne parle point, ô hommes, de vos légèretés, de vos folies et de vos caprices qui vous mettent au-dessous de la taupe et de la tortue, qui vont sagement leur petit train, et qui suivent, sans varier, l'instinct de leur nature; mais écoutez-moi un moment. Vous dites d'un tiercelet de faucon qui est fort léger, et qui fait une belle descente sur la perdrix : « Voilà un bon oiseau »; et d'un lévrier qui prend un lièvre corps à corps : « C'est un bon lévrier »; je consens aussi que vous disiez d'un homme qui court le sanglier, qui le met aux abois, qui l'atteint et qui le perce : « Voilà un brave homme. » Mais si vous voyez deux chiens qui s'aboient, qui s'affrontent, qui se mordent et se déchirent, vous dites : « Voilà de sots animaux », et vous prenez un bâton pour les séparer. Que si l'on vous disait que tous les chats d'un grand pays se sont assemblés par milliers dans une plaine, et qu'après avoir miaulé tout leur soûl, ils se sont jetés avec fureur les uns sur les autres, et ont joué ensemble de la dent et de la griffe; que de cette mêlée il est demeuré de part et d'autre neuf à dix mille chats sur la place, qui ont infecté l'air à dix lieues de là par leur puanteur, ne diriez-vous pas : « Voilà le plus abominable *sabbat* dont on ait jamais ouï parler »? Et si les loups en faisaient de même : « Quels hurlements, quelle boucherie! » Et si les uns ou les autres vous disaient qu'ils aiment la gloire, concluriez-vous de ce discours qu'ils la mettent à se trouver à ce beau rendez-vous, à détruire ainsi, et à anéantir leur propre espèce; ou après l'avoir conclu, ne ririez-vous pas de tout votre cœur de l'ingénuité de ces pauvres bêtes? Vous avez déjà, en animaux raisonnables, et pour vous distinguer de ceux qui ne se servent que de leurs dents et de leurs ongles, imaginé les lances, les piques, les dards, les sabres et les cimeterres, et à mon gré fort judicieusement; car avec vos seules mains que pouviez-vous vous faire les uns aux autres que vous arracher les cheveux, vous égratigner au visage, ou tout au plus vous arracher les yeux de la tête? au lieu que vous voilà munis d'instruments commodes, qui vous servent à vous faire réciproquement de larges plaies d'où peut couler votre sang jusques à la dernière goutte, sans que vous puissiez craindre d'en échapper. Mais comme vous devenez d'année à autre plus raisonnables, vous avez bien enchéri sur cette vieille manière de vous exterminer : vous avez de petits globes qui vous tuent tout d'un coup, s'ils peuvent seulement vous atteindre à la tête ou à la poitrine; vous en avez d'autres, plus pesants et plus massifs, qui vous coupent en deux parts ou qui vous éventrent, sans compter ceux qui tombant sur vos toits, enfoncent les planchers, vont du grenier à la cave, en enlèvent les voûtes, et font sauter en l'air, avec vos maisons, vos femmes qui sont en couche, l'enfant et la nourrice : et c'est là encore où *gît* la gloire, elle aime le *remue-ménage,* et elle est personne d'un grand fracas. Vous avez d'ailleurs des armes défensives, et dans les bonnes règles vous devez en guerre être habillés de fer, ce qui est sans mentir une jolie parure, et qui me fait souvenir de ces quatre puces célèbres que montrait autrefois un charlatan, subtil ouvrier, dans une fiole où il avait trouvé le secret de les faire vivre; il leur avait mis à chacune une salade en tête, leur avait passé un corps de cuirasse, mis des brassards, des genouillères, la lance sur la cuisse, rien ne leur manquait, et en cet équipage elles allaient par sauts et par bonds dans leur bouteille. Feignez un homme de la taille du mont *Athos,* pourquoi non? une âme serait-elle embarrassée d'animer un tel corps? elle en serait plus au large : si cet homme avait la vue assez subtile pour vous découvrir quelque part sur la terre avec vos armes offensives et défensives, que croyez-vous qu'il penserait de petits marmousets ainsi équipés, et de ce que vous appelez guerre, cavalerie, infanterie, un mémorable siège, une fameuse journée? N'entendrai-je donc plus bourdonner d'autre chose parmi vous? le monde ne se divise-t-il plus qu'en régiments, et en compagnies? tout est-il devenu bataillon ou escadron? *Il a pris une ville, il en a pris une seconde, puis une troisième ; il a gagné une bataille, deux batailles ; il chasse l'ennemi, il vainc sur mer, il vainc sur terre,* est-ce de quelqu'un de vous autres, est-ce d'un géant, d'un *Athos,* que vous parlez? Vous avez surtout un homme pâle et livide qui n'a pas sur soi dix onces de chair, et que l'on croirait jeter à terre du moindre souffle[1]. Il fait néanmoins plus de bruit que quatre autres, et met tout en combustion, il vient de pêcher en eau trouble une île tout entière; ailleurs à la vérité, il est battu et poursuivi mais il se sauve par *les marais;* et ne veut écouter ni paix ni trêve. Il a montré de bonne heure ce qu'il savait faire : il a mordu le sein de sa nourrice; elle en est morte, la pauvre femme, je m'entends, il suffit; en un mot il était né sujet, et il ne l'est plus; au contraire il est le maître, et ceux qu'il a domptés et mis sous le joug, vont à la charrue et labourent de bon courage; ils semblent même appréhender, les bonnes gens, de pouvoir se délier un jour et de devenir libres, car ils ont étendu la courroie et allongé le fouet de celui qui les fait marcher, ils n'oublient rien pour accroître leur servitude : ils lui font passer l'eau pour se faire d'autres vassaux et s'acquérir de nouveaux domaines; il s'agit, il est vrai, de prendre son père et sa mère par les épaules, et de les jeter hors de leur maison et ils l'aident dans une si honnête entreprise : les gens de delà l'eau et ceux d'en deçà se cotisent et mettent chacun du leur, pour se le rendre à eux tous de jour en jour plus redoutable : les *Pictes* et les *Saxons* imposent silence aux *Bataves,* et ceux-ci aux *Pictes* et aux *Saxons,* tous se peuvent vanter d'être ses humbles esclaves, et autant qu'ils le souhaitent. Mais qu'entends-je de certains personnages qui ont des couronnes, je ne dis pas des comtes ou des marquis, dont la terre fourmille, mais des princes et des souverains ? ils viennent trouver cet homme dès qu'il a sifflé, ils se découvrent dès son antichambre et ils ne parlent que quand on les interroge : sont-ce là ces mêmes princes si pointilleux, si formalistes sur leurs rangs et sur leurs préséances, et qui consument pour les régler, les mois entiers dans une diète ? que fera ce nouvel *Archonte* pour payer une si aveugle soumission, et pour répondre à une si haute idée qu'on a de lui ? S'il se livre une bataille, il doit la gagner, et en personne; si l'ennemi fait un siège, il doit le lui faire lever, et avec honte, à moins que tout l'Océan ne soit entre lui et l'ennemi : il ne saurait moins faire en faveur de ses courtisans : *César* lui-même ne doit-il pas venir en grossir le nombre ? il en attend du moins d'importants services; car ou l'Archonte échouera avec ses alliés, ce qui est plus difficile qu'impossible à concevoir; ou s'il réussit, et que rien ne lui résiste, le voilà tout porté avec ses alliés jaloux de la religion et de la puissance de César, pour fondre sur lui, pour lui enlever l'*Aigle,* et le réduire, lui ou son héritier, à la *fasce d'argent* et aux pays héréditaires. Enfin c'en est fait, ils se sont tous livrés à lui volontairement, à celui peut-être de qui ils devaient se défier davantage. *Ésope* ne leur dirait-il pas : *La gent volatile d'une certaine contrée prend l'alarme, et s'effraye du voisinage du lion, dont le seul rugissement lui fait peur ; elle se réfugie auprès de la bête, qui lui fait parler d'accommodement et la prend sous sa protection, qui se termine enfin à les croquer tous, l'un après l'autre.* (ÉD. 6.)

DE LA MODE

I

Une chose folle et qui découvre bien notre petitesse, c'est l'assujettissement aux modes quand on l'étend à ce qui concerne le goût, le vivre, la santé et la conscience. La viande noire est hors de mode, et par cette raison, insipide; ce serait pécher contre la mode que de guérir de la fièvre par la saignée. De même l'on ne mourait plus depuis longtemps par *Théotime*[1]; ses tendres exhortations ne sauvaient plus que le peuple, et Théotime a vu son successeur.

2

La curiosité n'est pas un goût pour ce qui est bon ou ce qui est beau, mais pour ce qui est rare, unique, pour ce qu'on a et ce que les autres n'ont point. Ce n'est pas un attachement à ce qui est parfait, mais à ce qui est couru, à ce qui est à la mode. Ce n'est pas un amusement, mais une passion, et souvent si violente, qu'elle ne cède à l'amour et à l'ambition que par la petitesse de son objet. Ce n'est pas une passion qu'on a généralement pour les choses rares et qui ont cours, mais qu'on a seulement pour une certaine chose qui est rare, et pourtant à la mode. (Éd. 6.)

Le fleuriste a un jardin dans un faubourg, il y court au lever du soleil, et il en revient à son coucher; vous le voyez planté, et qui a pris racine au milieu de ses tulipes et devant la *Solitaire,* il ouvre de grands yeux, il frotte ses mains, il se baisse, il la voit de plus près, il ne l'a jamais vue si belle, il a le cœur épanoui de joie; il la quitte pour l'*Orientale,* de là il va à la *Veuve,* il passe au *Drap d'or,* de celle-ci à l'*Agathe,* d'où il revient enfin à la *Solitaire,* où il se fixe, où il se lasse, où il s'assit, où il oublie de dîner; aussi est-elle nuancée, bordée, huilée, à pièces emportées, elle a un beau vase ou un beau calice; il la contemple, il l'admire; Dieu et la nature sont en tout cela ce qu'il n'admire point; il ne va pas plus loin que l'oignon de sa tulipe qu'il ne livrerait pas pour mille écus, et qu'il donnera pour rien quand les tulipes seront négligées et que les œillets auront prévalu. Cet homme raisonnable, qui a une âme, qui a un culte et une religion, revient chez soi fatigué, affamé, mais fort content de sa journée; il a vu des tulipes[1]. (ÉD. 6.)

Parlez à cet autre de la richesse des moissons, d'une ample récolte, d'une bonne vendange, il est curieux de fruits, vous n'articulez pas, vous ne vous faites pas entendre; parlez-lui de figues et de melons, dites que les poiriers rompent de fruits cette année, que les pêchers ont donné avec abondance, c'est pour lui un idiome inconnu, il s'attache aux seuls pruniers, il ne vous répond pas; ne l'entretenez pas même de vos pruniers, il n'a de l'amour que pour une certaine espèce, toute autre que vous lui nommez le fait sourire et se moquer; il vous mène à l'arbre, cueille artistement cette prune exquise, il l'ouvre, vous en donne une moitié, et prend l'autre : « Quelle chair! dit-il; goûtez-vous cela? cela est-il divin? voilà ce que vous ne trouverez pas ailleurs »; et là-dessus ses narines s'enflent, il cache avec peine sa joie et sa vanité par quelques dehors de modestie. Ô l'homme divin en effet! homme qu'on ne peut jamais assez louer et admirer! homme dont il sera parlé dans plusieurs siècles; que je voie sa taille et son visage pendant qu'il vit, que j'observe les traits et la contenance d'un homme qui seul entre les mortels possède une telle prune. (ÉD. 6.)

Un troisième que vous allez voir vous parle des curieux ses confrères, et surtout de *Diognète*. « Je l'admire, dit-il, et je le comprends moins que jamais; pensez-vous qu'il cherche à s'instruire par les médailles, et qu'il les regarde comme des preuves parlantes de certains faits, et des monuments fixes et indubitables de l'ancienne histoire? rien moins; vous croyez peut-être que toute la peine qu'il se donne pour recouvrer une *tête,* vient du plaisir qu'il se fait de ne voir pas une suite d'empereurs interrompue? c'est encore moins : Diognète sait d'une médaille le *frust,* le *feloux,* et la *fleur de coin,* il a une tablette dont toutes les places sont garnies à l'exception d'une seule, ce vide lui blesse la vue, et c'est précisément et à la lettre pour le remplir, qu'il emploie son bien et sa vie. (ÉD. 6.)

« Vous voulez, ajoute *Démocède,* voir mes estampes? » et bientôt il les étale et vous les montre; vous en rencontrez une qui n'est ni noire, ni nette, ni dessinée, et d'ailleurs moins propre à être gardée dans un cabinet qu'à tapisser, un jour de fête, le Petit-Pont ou la rue Neuve; il convient qu'elle est mal gravée, plus mal dessinée, mais il assure qu'elle est d'un Italien qui a travaillé peu, qu'elle n'a presque pas été tirée, que c'est la seule qui soit en France de ce dessin, qu'il l'a achetée très cher, et qu'il ne la changerait pas pour ce qu'il a de meilleur. « J'ai, continue-t-il, une sensible affliction, et qui m'obligera à renoncer aux estampes pour le reste de mes jours; j'ai tout *Callot* hormis une seule qui n'est pas, à la vérité, de ses bons ouvrages, au contraire c'est un des moindres, mais qui m'achèverait Callot, je travaille depuis vingt ans à recouvrer cette estampe, et je désespère enfin d'y réussir : cela est bien rude. » (ÉD. 6.)

Tel autre fait la satire de ces gens qui s'engagent par inquiétude ou par curiosité dans de longs voyages, qui ne font ni mémoires ni relations, qui ne portent point de tablettes, qui vont pour voir, et qui ne voient pas, ou qui oublient ce qu'ils ont vu, qui désirent seulement de connaître de nouvelles tours ou de nouveaux clochers, et de passer des rivières qu'on n'appelle ni la Seine ni la Loire; qui sortent de leur patrie pour y retourner, qui aiment à être absents, qui veulent un jour être revenus de loin : et ce satirique parle juste, et se fait écouter. (ÉD. 6.)

Mais quand il ajoute que les livres en apprennent plus que les voyages, et qu'il m'a fait comprendre par ses discours qu'il a une bibliothèque, je souhaite de la voir; je vais trouver cet homme qui me reçoit dans une maison, où dès l'escalier je tombe en faiblesse d'une odeur de maroquin noir dont les livres sont tous couverts; il a beau me crier aux oreilles, pour me ranimer, qu'ils sont dorés sur tranche, ornés de filets d'or, et de la bonne édition, me nommer les meilleurs l'un après l'autre, dire que sa galerie est remplie à quelques endroits près, qui sont peints de manière qu'on les prend pour de vrais livres arrangés sur des tablettes, et que l'œil s'y trompe; ajouter qu'il ne lit jamais, qu'il ne met pas le pied dans cette galerie, qu'il y viendra pour me faire plaisir; je le remercie de sa complaisance, et ne veux, non plus que lui, visiter sa tannerie, qu'il appelle bibliothèque. (ÉD. 6.)

Quelques-uns par une intempérance de savoir, et par ne pouvoir se résoudre à renoncer à aucune sorte de connaissance, les embrassent toutes et n'en possèdent aucune; ils aiment mieux savoir beaucoup que de savoir bien, et être faibles et superficiels dans diverses sciences, que d'être sûrs et profonds dans une seule; ils trouvent en toutes rencontres celui qui est leur maître et qui les redresse; ils sont les dupes de leur vaine curiosité, et ne peuvent au plus, par de longs et pénibles efforts, que se tirer d'une ignorance crasse. (ÉD. 6.)

D'autres ont la clef des sciences, où ils n'entrent jamais; ils passent leur vie à déchiffrer les langues orientales et les langues du nord, celles des deux Indes, celles des deux pôles, et celle qui se parle dans la lune; les idiomes les plus inutiles avec les caractères les plus bizarres et les plus magiques sont précisément ce qui réveille leur passion et qui excite leur travail; ils plaignent ceux qui se bornent ingénument à savoir leur langue, ou tout au plus la grecque et la latine. Ces gens lisent toutes les histoires et ignorent l'histoire, ils parcourent tous les livres, et ne profitent d'aucun; c'est en eux une stérilité de faits et de principes qui ne peut être plus grande, mais à la vérité la meilleure récolte et la richesse la plus abondante de mots et de paroles qui puisse s'imaginer, ils plient sous le faix, leur mémoire en eſt accablée, pendant que leur esprit demeure vide[1]. (ÉD. 6.)

Un bourgeois aime les bâtiments; il se fait bâtir un hôtel si beau, si riche et si orné, qu'il eſt inhabitable : le maître honteux de s'y loger, ne pouvant peut-être se résoudre à le louer à un prince ou à un homme d'affaires, se retire au galetas, où il achève sa vie, pendant que l'enfilade et les planchers de rapport sont en proie aux Anglais et aux Allemands qui voyagent, et qui viennent là du Palais-Royal, du palais L... G...[2] et du Luxembourg : on heurte sans fin à cette belle porte; tous demandent à voir la maison, et personne à voir Monsieur. (ÉD. 6.)

On en sait d'autres qui ont des filles devant leurs yeux, à qui ils ne peuvent pas donner une dot, que dis-je? elles ne sont pas vêtues, à peine nourries; qui se refusent un tour de lit et du linge blanc; qui sont pauvres, et la source de leur misère n'eſt pas fort loin; c'eſt un garde-meuble chargé et embarrassé de buſtes rares, déjà poudreux et couverts d'ordures, dont la vente les mettrait au large, mais qu'ils ne peuvent se résoudre à mettre en vente. (ÉD. 6.)

Diphile[3] commence par un oiseau et finit par mille; sa maison n'en eſt pas égayée, mais empeſtée : la cour, la salle, l'escalier, le veſtibule, les chambres, le cabinet, tout eſt volière; ce n'eſt plus un ramage, c'eſt un vacarme : les vents d'automne et les eaux dans leurs plus grandes crues ne font pas un bruit si perçant et si aigu, on ne s'entend non plus parler les uns les autres que dans ces chambres où il faut attendre, pour faire le compliment d'entrée, que les petits chiens aient aboyé : ce n'eſt plus pour Diphile un agréable amusement, c'eſt une affaire laborieuse et à laquelle à peine il peut suffire; il passe les jours, ces jours qui échappent et qui ne reviennent plus, à verser du grain et à nettoyer des ordures; il donne pension à un homme qui n'a point d'autre miniſtère que de siffler des serins au flageolet et de faire couver des *Canaries;* il eſt vrai que ce qu'il dépense d'un côté, il l'épargne de l'autre, car ses enfants sont sans maîtres et sans éducation; il se renferme le soir fatigué de son propre plaisir, sans pouvoir jouir du moindre repos, que ses oiseaux ne reposent, et que ce petit peuple, qu'il n'aime que parce qu'il chante, ne cesse de chanter; il retrouve ses oiseaux dans son sommeil, lui-même il eſt oiseau, il eſt huppé, il gazouille, il perche; il rêve la nuit qu'il mue, ou qu'il couve. (ÉD. 6.)

Qui pourrait épuiser tous les différents genres de curieux? devineriez-vous à entendre parler celui-ci de son *léopard,* de sa *plume,* de sa *musique (a),* les vanter comme ce qu'il y a sur la terre de plus singulier et de plus merveilleux, qu'il veut vendre ses coquilles? Pourquoi non, s'il les achète au poids de l'or? (ÉD. 6.)

Cet autre aime les inseſtes, il en fait tous les jours de nouvelles emplettes; c'eſt surtout le premier homme de l'Europe pour les papillons, il en a de toutes les tailles et de toutes les couleurs. Quel temps prenez-vous pour lui rendre visite? Il eſt plongé dans une amère douleur, il a l'humeur noire, chagrine, et dont toute sa famille souffre, aussi a-t-il fait une perte irréparable; approchez, regardez ce qu'il vous montre sur son doigt, qui n'a plus de vie et qui vient d'expirer, c'eſt une chenille, et quelle chenille ! (ÉD. 6.)

3

Le duel eſt le triomphe de la mode, et l'endroit où elle a exercé sa tyrannie avec plus d'éclat; cet usage n'a pas laissé au poltron la liberté de vivre, il l'a mené se faire tuer par un plus brave que soi, et l'a confondu avec un homme de cœur; il a attaché de l'honneur et de la gloire à une aſtion folle et extravagante; il a été approuvé par la présence des rois, il y a eu quelquefois une espèce de religion à le pratiquer; il a décidé de l'innocence des hommes, des accusations fausses ou véritables sur des crimes capitaux; il s'était enfin si profondément enraciné dans l'opinion des peuples, et s'était

a. Noms de coquillages.

si fort saisi de leur cœur et de leur esprit, qu'un des plus beaux endroits de la vie d'un très grand roi, a été de les guérir de cette folie.

4

Tel a été à la mode, ou pour le commandement des armées et la négociation, ou pour l'éloquence de la chaire, ou pour les vers, qui n'y est plus. Y a-t-il des hommes qui dégénèrent de ce qu'ils furent autrefois? est-ce leur mérite qui est usé, ou le goût que l'on avait pour eux?

5

Un homme à la mode dure peu, car les modes passent[1]; s'il est par hasard homme de mérite, il n'est pas anéanti, et il subsiste encore par quelque endroit; également estimable, il est seulement moins estimé. (ÉD. 4.)

La vertu a cela d'heureux, qu'elle se suffit à elle-même, et qu'elle sait se passer d'admirateurs, de partisans et de protecteurs; le manque d'appui et d'approbation non seulement ne lui nuit pas, mais il la conserve, l'épure et la rend parfaite; qu'elle soit à la mode, qu'elle n'y soit plus, elle demeure vertu. (ÉD. 6.)

6

Si vous dites aux hommes, et surtout aux grands, qu'un tel a de la vertu, ils vous disent : « Qu'il la garde »; qu'il a bien de l'esprit, de celui surtout qui plaît et qui amuse, ils vous répondent : « Tant mieux pour lui »; qu'il a l'esprit fort cultivé, qu'il sait beaucoup, ils vous demandent quelle heure il est, ou quel temps il fait; mais si vous leur apprenez qu'il y a un *Tigillin* qui *souffle* ou qui *jette en sable* un verre d'eau-de-vie, et, chose merveilleuse! qui y revient à plusieurs fois en un repas, alors ils disent : « Où est-il? amenez-le-moi demain, ce soir; me l'amènerez-vous? » On le leur amène; et cet homme, propre à parer les avenues d'une foire et à être montré en chambre pour de l'argent, ils l'admettent dans leur familiarité. (ÉD. 6.)

7

Il n'y a rien qui mette plus subitement un homme à la mode, et qui le soulève davantage que le grand jeu : cela va du pair avec la crapule. Je voudrais bien voir un homme poli, enjoué, spirituel, fût-il un CATULLE ou son disciple, faire quelque comparaison avec celui qui vient de perdre huit cents pistoles en une séance. (ÉD. 6.)

8

Une personne à la mode ressemble à une *fleur bleue* qui croît de soi-même dans les sillons, où elle étouffe les épis, diminue la moisson et tient la place de quelque chose de meilleur; qui n'a de prix et de beauté que ce qu'elle emprunte d'un caprice léger qui naît et qui tombe presque dans le même instant; aujourd'hui elle est courue, les femmes s'en parent, demain elle est négligée, et rendue au peuple. (ÉD. 6.)

Une personne de mérite, au contraire, est une fleur qu'on ne désigne pas par sa couleur, mais que l'on nomme par son nom, que l'on cultive pour sa beauté, ou pour son odeur; l'une des grâces de la nature, l'une de ces choses qui embellissent le monde, qui est de tous les temps et d'une vogue ancienne et populaire; que nos pères ont estimée, et que nous estimons après nos pères; à qui le dégoût ou l'antipathie de quelques-uns ne sauraient nuire. Un lis, une rose. (ÉD. 6.)

9

L'on voit *Eustrate* assis dans sa nacelle, où il jouit d'un air pur et d'un ciel serein; il avance d'un bon vent et qui a toutes les apparences de devoir durer; mais il tombe tout d'un coup, le ciel se couvre, l'orage se déclare, un tourbillon enveloppe la nacelle, elle eſt submergée; on voit Euſtrate revenir sur l'eau et faire quelques efforts, on espère qu'il pourra du moins se sauver et venir à bord; mais une vague l'enfonce, on le tient perdu; il paraît une seconde fois, et les espérances se réveillent, lorsqu'un flot survient et l'abîme, on ne le revoit plus, il eſt noyé. (ÉD. 6.)

10

VOITURE et SARRAZIN étaient nés pour leur siècle, et ils ont paru dans un temps, où il semble qu'ils étaient attendus; s'ils s'étaient moins pressés de venir, ils arrivaient trop tard, et j'ose douter qu'ils fussent tels aujourd'hui qu'ils ont été alors : les conversations légères, les cercles, la fine plaisanterie, les lettres enjouées et familières, les petites parties où l'on était admis seulement avec de l'esprit, tout a disparu; et qu'on ne dise point qu'ils les feraient revivre; ce que je puis faire en faveur de leur esprit eſt de convenir que peut-être ils excelleraient dans un autre genre; mais les femmes sont de nos jours ou dévotes, ou coquettes[1], ou joueuses, ou ambitieuses, quelques-unes même tout cela à la fois; le goût de la faveur, le jeu, les galants, les directeurs ont pris la place, et la défendent contre les gens d'esprit. (ÉD. 4.)

11

Un homme fat et ridicule porte un long chapeau, un pourpoint à ailerons, des chausses à aiguillettes et des bottines; il rêve la veille par où et comment il pourra se faire remarquer le jour qui suit. Un philosophe se laisse habiller par son tailleur; il y a autant de faiblesse à fuir la mode qu'à l'affecter.

12

L'on blâme une mode qui divisant la taille des hommes

en deux parties égales, en prend une tout entière pour le buste, et laisse l'autre pour le reste du corps; l'on condamne celle qui fait de la tête des femmes la base d'un édifice à plusieurs étages, dont l'ordre et la structure changent selon leurs caprices; qui éloigne les cheveux du visage, bien qu'ils ne croissent que pour l'accompagner, qui les relève et les hérisse à la manière des bacchantes, et semble avoir pourvu à ce que les femmes changent leur physionomie douce et modeste, en une autre qui soit fière et audacieuse; on se récrie enfin contre une telle ou une telle mode, qui cependant, toute bizarre qu'elle est, pare et embellit pendant qu'elle dure, et dont l'on tire tout l'avantage qu'on en peut espérer, qui est de plaire. Il me paraît qu'on devrait seulement admirer l'inconstance et la légèreté des hommes, qui attachent successivement les agréments et la bienséance à des choses tout opposées; qui emploient pour le comique et pour la mascarade, ce qui leur a servi de parure grave et d'ornements les plus sérieux; et que si peu de temps en fasse la différence. (ÉD. 4.)

13

N... est riche, elle mange bien, elle dort bien; mais les coiffures changent, et lorsqu'elle y pense le moins et qu'elle se croit heureuse, la sienne est hors de mode. (ÉD. 6.)

14

Iphis voit à l'église un soulier d'une nouvelle mode, il regarde le sien, et en rougit, il ne se croit plus habillé; il était venu à la messe pour s'y montrer, et il se cache; le voilà retenu par le pied dans sa chambre tout le reste du jour. Il a la main douce, et il l'entretient avec une pâte de senteur; il a soin de rire pour montrer ses dents; il fait la petite bouche, et il n'y a guères de moments où il ne veuille sourire; il regarde ses jambes, il se voit au miroir, l'on ne peut être plus content de personne, qu'il l'est de lui-même; il s'est acquis une voix claire et délicate, et heureusement il parle gras; il a un mouvement de tête, et je ne sais quel adoucissement dans les yeux, dont il n'oublie pas de s'embellir; il a une démarche molle et le plus joli maintien qu'il est capable de se procurer; il met du rouge, mais rarement, il n'en fait pas habitude; il est vrai aussi qu'il porte des chausses et un chapeau, et qu'il n'a ni boucles d'oreilles ni collier de perles; aussi ne l'ai-je pas mis dans le chapitre des femmes. (ÉD. 6.)

15

Ces mêmes modes que les hommes suivent si volontiers pour leurs personnes, ils affectent de les négliger dans leurs portraits, comme s'ils sentaient ou qu'ils prévissent l'indécence et le ridicule où elles peuvent tomber dès qu'elles auront perdu ce qu'on appelle la fleur ou l'agrément de la nouveauté; ils leur préfèrent une parure arbitraire, une draperie indifférente, fantaisie du peintre qui ne sont prises ni sur l'air, ni sur le visage, qui ne rappellent ni les mœurs ni la personne; ils aiment des attitudes forcées ou immodestes, une manière dure, sauvage, étrangère, qui font un capitan d'un jeune abbé, et un matamore d'un homme de robe; une Diane d'une femme de ville, comme d'une femme simple et timide une amazone ou une Pallas; une Laïs d'une honnête fille, un Scythe, un Attila, d'un prince qui est bon et magnanime. (ÉD. 6.)

Une mode a à peine détruit une autre mode, qu'elle est abolie par une plus nouvelle, qui cède elle-même à celle qui la suit, et qui ne sera pas la dernière : telle est notre légèreté. Pendant ces révolutions, un siècle s'est écoulé, qui a mis toutes ces parures au rang des choses passées et qui ne sont plus; la mode alors la plus curieuse et qui fait plus de plaisir à voir, c'est la plus ancienne; aidée du temps et des années, elle a le même agrément dans les portraits qu'a la saye ou l'habit romain sur les théâtres, qu'ont la mante, le voile et la tiare *(a)* dans nos tapisseries et dans nos peintures. (ÉD. 6.)

Nos pères nous ont transmis, avec la connaissance de leurs personnes, celle de leurs habits, de leurs coiffures, de leurs armes *(b)*, et des autres ornements qu'ils ont aimés pendant leur vie; nous ne saurions bien reconnaître cette sorte de bienfait qu'en traitant de même nos descendants. (ÉD. 6.)

16

Le courtisan autrefois avait ses cheveux, était en chausses et en pourpoint, portait de larges canons, et il était libertin; cela ne sied plus : il porte une perruque, l'habit serré, le bas uni, et il eſt dévot : tout se règle par la mode.

17

Celui qui depuis quelque temps à la cour était dévot, et par là, contre toute raison, peu éloigné du ridicule, pouvait-il espérer de devenir à la mode?

18

De quoi n'eſt point capable un courtisan dans la vue de sa fortune, si pour ne la pas manquer il devient dévot?

19

Les couleurs sont préparées, et la toile eſt toute prête; mais comment le fixer, cet homme inquiet, léger, inconstant, qui change de mille et mille figures? Je le peins dévot, et je crois l'avoir attrapé, mais il m'échappe, et déjà il eſt libertin; qu'il demeure du moins dans cette mauvaise situation, et je saurai le prendre dans un point de dérèglement de cœur et d'esprit où il sera reconnaissable; mais la mode presse, il eſt dévot. (ÉD. 4.)

---

a. Habits des Orientaux.
b. Offensives et défensives.

20

Celui qui a pénétré la cour, connaît ce que c'est que vertu, et ce que c'est que dévotion *(a)* : il ne peut plus s'y tromper. (ÉD. 6.)

21

Négliger vêpres comme une chose antique et hors de mode, garder sa place soi-même pour le salut, savoir les êtres de la chapelle, connaître le flanc, savoir où l'on est vu et où l'on n'est pas vu; rêver dans l'église à Dieu et à ses affaires, y recevoir des visites, y donner des ordres et des commissions, y attendre les réponses; avoir un directeur mieux écouté que l'Évangile; tirer toute sa sainteté et tout son relief de la réputation de son directeur, dédaigner ceux dont le directeur a moins de vogue, et convenir à peine de leur salut; n'aimer de la parole de Dieu que ce qui s'en prêche chez soi ou par son directeur, préférer sa messe aux autres messes, et les sacrements donnés de sa main à ceux qui ont moins de cette circonstance; ne se repaître que de livres de spiritualité, comme s'il n'y avait ni Évangiles, ni Épîtres des Apôtres, ni morale des Pères; lire ou parler un jargon inconnu aux premiers siècles; circonstancier à confesse les défauts d'autrui, y pallier les siens; s'accuser de ses souffrances, de sa patience; dire comme un péché son peu de progrès dans l'héroïsme; être en liaison secrète avec de certaines gens contre certains autres; n'estimer que soi et sa cabale, avoir pour suspecte la vertu même; goûter, savourer la prospérité et la faveur, n'en vouloir que pour soi, ne point aider au mérite, faire servir la piété à son ambition, aller à son salut par le chemin de la fortune et des dignités; c'est du moins jusques à ce jour le plus bel effort de la dévotion du temps. (ÉD. 8.)

Un dévot *(b)* est celui qui sous un roi athée, serait athée. (ÉD. 7.)

a. Fausse dévotion.
b. Faux dévot.

22

Les dévots *(a)* ne connaissent de crimes que l'incontinence, parlons plus précisément, que le bruit ou les dehors de l'incontinence : si *Phérécide* passe pour être guéri des femmes, ou *Phénénice* pour être fidèle à son mari, ce leur eſt assez : laissez-les jouer un jeu ruineux, faire perdre leurs créanciers, se réjouir du malheur d'autrui et en profiter, idolâtrer les grands, mépriser les petits, s'enivrer de leur propre mérite, sécher d'envie, mentir, médire, cabaler, nuire, c'eſt leur état; voulez-vous qu'ils empiètent sur celui des gens de bien, qui avec les vices cachés fuient encore l'orgueil et l'injuſtice? (ÉD. 7.)

23

Quand un courtisan sera humble, guéri du faſte et de l'ambition; qu'il n'établira point sa fortune sur la ruine de ses concurrents, qu'il sera équitable, soulagera ses vassaux, payera ses créanciers; qu'il ne sera ni fourbe ni médisant; qu'il renoncera aux grands repas et aux amours illégitimes, qu'il priera autrement que des lèvres, et même hors de la présence du Prince; quand d'ailleurs il ne sera point d'un abord farouche et difficile; qu'il n'aura point le visage auſtère et la mine triſte; qu'il ne sera point paresseux et contemplatif; qu'il saura rendre par une scrupuleuse attention divers emplois très compatibles; qu'il pourra et qu'il voudra même tourner son esprit et ses soins aux grandes et laborieuses affaires, à celles surtout d'une suite la plus étendue pour les peuples et pour tout l'État; quand son caractère me fera craindre de le nommer en cet endroit, et que sa modeſtie l'empêchera, si je ne le nomme pas, de s'y reconnaître; alors je dirai de ce personnage : « Il eſt dévot »; ou plutôt : « C'eſt un homme donné à son siècle pour le modèle d'une vertu sincère et pour le discernement de l'hypocrite. » (ÉD. 1 et 5.)

---

a. Faux dévots.

24

Onuphre n'a pour tout lit qu'une housse de serge grise, mais il couche sur le coton et sur le duvet; de même il est habillé simplement, mais commodément, je veux dire d'une étoffe fort légère en été, et d'une autre fort moelleuse pendant l'hiver, il porte des chemises très déliées qu'il a un très grand soin de bien cacher. Il ne dit point *ma haire et ma discipline ;* au contraire : il passerait pour ce qu'il est, pour un hypocrite, et il veut passer pour ce qu'il n'est pas, pour un homme dévot; il est vrai qu'il fait en sorte que l'on croit, sans qu'il le dise, qu'il porte une haire et qu'il se donne la discipline. Il y a quelques livres répandus dans sa chambre indifféremment, ouvrez-les : c'est *le Combat spirituel, le Chrétien intérieur,* et *l'Année sainte ;* d'autres livres sont sous la clef. S'il marche par la ville et qu'il découvre de loin un homme devant qui il est nécessaire qu'il soit dévot, les yeux baissés, la démarche lente et modeste, l'air recueilli lui sont familiers, il joue son rôle. S'il entre dans l'église, il observe d'abord de qui il peut être vu, et selon la découverte qu'il vient de faire il se met à genoux et prie, ou il ne songe ni à se mettre à genoux ni à prier. Arrive-t-il vers lui un homme de bien et d'autorité qui le verra et qui peut l'entendre, non seulement il prie, mais il médite, il pousse des élans et des soupirs; si l'homme de bien se retire, celui-ci qui le voit partir s'apaise et ne souffle pas. Il entre une autre fois dans un lieu saint, perce la foule, choisit un endroit pour se recueillir, et où tout le monde voit qu'il s'humilie; s'il entend des courtisans qui parlent, qui rient, et qui sont à la chapelle avec moins de silence que dans l'antichambre, il fait plus de bruit qu'eux pour les faire taire, il reprend sa méditation, qui est toujours la comparaison qu'il fait de ces personnes avec lui-même, et où il trouve son compte[1]. Il évite une église déserte et solitaire, où il pourrait entendre deux messes de suite, le sermon, vêpres et complies, tout cela entre Dieu et lui, et sans que personne lui en sût gré; il aime la paroisse, il fréquente les temples où se fait un grand concours, on n'y manque point son coup, on y eſt vu. Il choisit deux ou trois jours dans toute l'année, où à propos de rien il jeûne ou fait abſtinence; mais à la fin de l'hiver il tousse, il a une mauvaise poitrine, il a des vapeurs, il a eu la fièvre : il se fait prier, presser, quereller pour rompre le carême dès son commencement, et il en vient là par complaisance. Si Onuphre eſt nommé arbitre dans une querelle de parents ou dans un procès de famille, il eſt pour les plus forts, je veux dire pour les plus riches, et il ne se persuade point que celui ou celle qui a beaucoup de bien puisse avoir tort[1]. S'il se trouve bien d'un homme opulent, à qui il a su imposer, dont il eſt le parasite, et dont il peut tirer de grands secours, il ne cajole point sa femme, il ne lui fait du moins ni avance ni déclaration : il s'enfuira, il lui laissera son manteau, s'il n'eſt aussi sûr d'elle que de lui-même. Il eſt encore plus éloigné d'employer pour la flatter et pour la séduire le jargon de la dévotion *(a)*; ce n'eſt point par habitude qu'il le parle, mais avec dessein, et selon qu'il lui eſt utile, et jamais quand il ne servirait qu'à le rendre très ridicule. Il sait où se trouvent des femmes plus sociables et plus dociles que celle de son ami, il ne les abandonne pas pour longtemps, quand ce ne serait que pour faire dire de soi dans le public qu'il fait des retraites; qui en effet pourrait en douter, quand on le revoit paraître avec un visage exténué et d'un homme qui ne se ménage point? Les femmes d'ailleurs qui fleurissent et qui prospèrent à l'ombre de la dévotion *(b)* lui conviennent, seulement avec cette petite différence qu'il néglige celles qui ont vieilli, et qu'il cultive les jeunes, et entre celles-ci les plus belles et les mieux faites, c'eſt son attrait : elles vont, et il va; elles reviennent, et il revient; elles demeurent, et il demeure; c'eſt en tous lieux et à toutes les heures qu'il a la consolation de les voir; qui pourrait n'en être pas édifié? elles sont

a. Fausse dévotion.
b. Fausse dévotion.

dévotes, et il eſt dévot. Il n'oublie pas de tirer avantage de l'aveuglement de son ami et de la prévention où il l'a jeté en sa faveur; tantôt il lui emprunte de l'argent, tantôt il fait si bien que cet ami lui en offre; il se fait reprocher de n'avoir pas recours à ses amis dans ses besoins; quelquefois il ne veut pas recevoir une obole sans donner un billet, qu'il eſt bien sûr de ne jamais retirer; il dit une autre fois et d'une certaine manière, que rien ne lui manque, et c'eſt lorsqu'il ne lui faut qu'une petite somme; il vante quelque autre fois publiquement la générosité de cet homme pour le piquer d'honneur et le conduire à lui faire une grande largesse; il ne pense point à profiter de toute sa succession, ni à s'attirer une donation générale de tous ses biens, s'il s'agit surtout de les enlever à un fils, le légitime héritier; un homme dévot n'eſt ni avare, ni violent, ni injuſte, ni même intéressé; Onuphre n'eſt pas un dévot, mais il veut être cru tel, et par une parfaite, quoique fausse imitation de la piété, ménager sourdement ses intérêts : aussi ne se joue-t-il pas à la ligne directe, et il ne s'insinue jamais dans une famille où se trouvent tout à la fois une fille à pourvoir et un fils à établir; il y a là des droits trop forts et trop inviolables, on ne les traverse point sans faire de l'éclat, et il l'appréhende; sans qu'une pareille entreprise vienne aux oreilles du Prince, à qui il dérobe sa marche par la crainte qu'il a d'être découvert et de paraître ce qu'il eſt. Il en veut à la ligne collatérale, on l'attaque plus impunément, il eſt la terreur des cousins et des cousines, du neveu et de la nièce, le flatteur et l'ami déclaré de tous les oncles qui ont fait fortune; il se donne pour l'héritier légitime de tout vieillard qui meurt riche et sans enfants, et il faut que celui-ci le déshérite, s'il veut que ses parents recueillent sa succession; si Onuphre ne trouve pas jour à les en fruſter à fond, il leur en ôte du moins une bonne partie; une petite calomnie, moins que cela, une légère médisance lui suffit pour ce pieux dessein, et c'eſt le talent qu'il possède à un plus haut degré de perfection; il se fait même souvent un point de conduite de ne le pas laisser inutile; il y a des gens, selon lui, qu'on eﬆt obligé en conscience de décrier, et ces gens sont ceux qu'il n'aime point, à qui il veut nuire et dont il désire la dépouille; il vient à ses fins sans se donner même la peine d'ouvrir la bouche; on lui parle d'*Eudoxe,* il sourit, ou il soupire; on l'interroge, on insiﬆe, il ne répond rien; et il a raison, il en a assez dit. (ÉD. 6.)

25

Riez, *Zélie*[1], soyez badine et folâtre à votre ordinaire; qu'eﬆt devenue votre joie? « Je suis riche, dites-vous, me voilà au large, et je commence à respirer. » Riez plus haut, Zélie, éclatez : que sert une meilleure fortune, si elle amène avec soi le sérieux et la triﬆesse? Imitez les grands qui sont nés dans le sein de l'opulence : ils rient quelquefois, ils cèdent à leur tempérament, suivez le vôtre, ne faites pas dire de vous qu'une nouvelle place ou que quelques mille livres de rente de plus ou de moins vous font passer d'une extrémité à l'autre. « Je tiens, dites-vous, à la faveur par un endroit. » Je m'en doutais, Zélie; mais croyez-moi, ne laissez pas de rire, et même de me sourire en passant, comme autrefois; ne craignez rien, je n'en serai ni plus libre ni plus familier avec vous, je n'aurai pas une moindre opinion de vous et de votre poﬆe, je croirai égalemment que vous êtes riche et en faveur. « Je suis dévote », ajoutez-vous. C'eﬆt assez, Zélie, et je dois me souvenir que ce n'eﬆt plus la sérénité et la joie que le sentiment d'une bonne conscience étale sur le visage; les passions triﬆes et auﬆères ont pris le dessus et se répandent sur les dehors; elles mènent plus loin, et l'on ne s'étonne plus de voir que la dévotion *(a)* sache encore mieux que la beauté et la jeunesse rendre une femme fière et dédaigneuse. (ÉD. 7.)

26

L'on a été loin depuis un siècle dans les arts et dans

---

a. Fausse dévotion.

les sciences, qui toutes ont été poussées à un grand point de raffinement, jusques à celle du salut, que l'on a réduite en règle et en méthode, et augmentée de tout ce que l'esprit des hommes pouvait inventer de plus beau et de plus sublime : la dévotion *(a)* et la géométrie ont leurs façons de parler, ou ce qu'on appelle les termes de l'art ; celui qui ne les sait pas, n'est ni dévot ni géomètre : les premiers dévots, ceux mêmes qui ont été dirigés par les Apôtres, ignoraient ces termes, simples gens qui n'avaient que la foi et les œuvres et qui se réduisaient à croire et à bien vivre. (ÉD. 4.)

27

C'est une chose délicate à un prince religieux de réformer la cour, et de la rendre pieuse : instruit jusques où le courtisan veut lui plaire, et aux dépens de quoi il ferait sa fortune, il le ménage avec prudence, il tolère, il dissimule, de peur de le jeter dans l'hypocrisie ou le sacrilège : il attend plus de Dieu et du temps que de son zèle et de son industrie.

28

C'est une pratique ancienne dans les cours de donner des pensions, et de distribuer des grâces à un musicien, à un maître de danse, à un farceur, à un joueur de flûte, à un flatteur, à un complaisant ; ils ont un mérite fixe, et des talents sûrs et connus qui amusent les grands, et qui les délassent de leur grandeur ; on sait que Favier est beau danseur, et que Lorenzani fait de beaux motets. Qui sait au contraire si l'homme dévot a de la vertu ? Il n'y a rien pour lui sur la cassette ni à l'épargne, et avec raison : c'est un métier aisé à contrefaire, qui, s'il était récompensé, exposerait le Prince à mettre en honneur la dissimulation et la fourberie, et à payer pension à l'hypocrite. (ÉD. 8.)

---

a. Fausse dévotion.

29

L'on espère que la dévotion de la cour ne laissera pas d'inspirer la résidence[1].

30

Je ne doute point que la vraie dévotion ne soit la source du repos; elle fait supporter la vie et rend la mort douce; on n'en tire pas tant de l'hypocrisie. (ÉD. 4.)

31

Chaque heure en soi, comme à notre égard est unique : est-elle écoulée une fois, elle a péri entièrement, les millions de siècles ne la ramèneront pas : les jours, les mois, les années s'enfoncent, et se perdent sans retour dans l'abîme des temps, le temps même sera détruit; ce n'est qu'un point dans les espaces immenses de l'éternité, et il sera effacé. Il y a de légères et frivoles circonstances du temps qui ne sont point stables, qui passent, et que j'appelle des modes, la grandeur, la faveur, les richesses, la puissance, l'autorité, l'indépendance, le plaisir, les joies, la superfluité. Que deviendront ces modes, quand le temps même aura disparu? La vertu seule, si peu à la mode, va au delà des temps. (ÉD. 5.)

DE QUELQUES USAGES

I

Il y a des gens qui n'ont pas le moyen d'être nobles.

Il y en a de tels, que s'ils eussent obtenu six mois de délai de leurs créanciers, ils étaient nobles.

Quelques autres se couchent roturiers et se lèvent nobles *(a)*.

Combien de nobles dont le père et les aînés sont roturiers !

2

Tel abandonne son père[1] qui est connu, et dont l'on cite le greffe ou la boutique, pour se retrancher sur son aïeul, qui, mort depuis longtemps, est inconnu et hors de prise; il montre ensuite un gros revenu, une grande charge, de belles alliances, et pour être noble, il ne lui manque que des titres. (ÉD. 4.)

3

Réhabilitations, mot en usage dans les tribunaux, qui a fait vieillir et rendu gothique celui de lettres de noblesse autrefois si français et si usité : se faire réhabiliter suppose qu'un homme devenu riche, originairement est noble, qu'il est d'une nécessité plus que morale qu'il le soit; qu'à la vérité son père a pu déroger ou par la charrue, ou par la houe, ou par la malle, ou par les livrées; mais qu'il ne s'agit pour lui que de rentrer dans les premiers droits de ses ancêtres, et de continuer les armes de sa maison, les mêmes pourtant qu'il a fabriquées, et tout

---

a. Vétérans.[2]

autres que celles de sa vaisselle d'étain ; qu'en un mot les lettres de noblesse ne lui conviennent plus; qu'elles n'honorent que le roturier, c'est-à-dire celui qui cherche encore le secret de devenir riche. (ÉD. 6.)

4

Un homme du peuple, à force d'assurer qu'il a vu un prodige, se persuade faussement qu'il a vu un prodige; celui qui continue de cacher son âge pense enfin lui-même être aussi jeune qu'il veut le faire croire aux autres : de même le roturier qui dit par habitude qu'il tire son origine de quelque ancien baron ou de quelque châtelain dont il est vrai qu'il ne descend pas, a le plaisir de croire qu'il en descend. (ÉD. 4.)

5

Quelle est la roture un peu heureuse et établie, à qui il manque des armes, et dans ces armes une pièce honorable, des suppôts, un cimier, une devise, et peut-être le cri de guerre? qu'est devenue la distinction des casques et des *heaumes ?* le nom et l'usage en sont abolis, il ne s'agit plus de les porter de front ou de côté, ouverts ou fermés, et ceux-ci de tant ou de tant de grilles; on n'aime pas les minuties, on passe droit aux couronnes, cela est plus simple, on s'en croit digne, on se les adjuge; il reste encore aux meilleurs bourgeois [1] une certaine pudeur qui les empêche de se parer d'une couronne de marquis, trop satisfaits de la comtale; quelques-uns même ne vont pas la chercher fort loin, et la font passer de leur enseigne à leur carrosse [2]. (ÉD. 4.)

6

Il suffit de n'être point né dans une ville, mais sous une chaumière répandue dans la campagne, ou sous une ruine qui trempe dans un marécage, et qu'on appelle château, pour être cru noble sur sa parole.

7

Un bon gentilhomme veut passer pour un petit seigneur, et il y parvient. Un grand seigneur affecte la principauté, et il use de tant de précautions, qu'à force de beaux noms, de disputes sur le rang et les préséances, de nouvelles armes, et d'une généalogie que D'HOZIER ne lui a pas faite, il devient enfin un petit prince. (ÉD. 4.)

8

Les grands en toutes choses[1] se forment et se moulent sur de plus grands, qui de leur part, pour n'avoir rien de commun avec leurs inférieurs, renoncent volontiers à toutes les rubriques d'honneurs et de distinctions dont leur condition se trouve chargée, et préfèrent à cette servitude une vie plus libre et plus commode : ceux qui suivent leur piste, observent déjà par émulation cette simplicité et cette modestie : tous ainsi se réduiront par hauteur à vivre naturellement et comme le peuple. Horrible inconvénient! (ÉD. 8.)

9

Certaines gens portent trois noms de peur d'en manquer; ils en ont pour la campagne et pour la ville, pour les lieux de leur service ou de leur emploi; d'autres ont un seul nom dissyllabe, qu'ils anoblissent par des particules, dès que leur fortune devient meilleure; celui-ci par la suppression[2] d'une syllabe fait de son nom obscur un nom illustre; celui-là par le changement d'une lettre en une autre se travestit, et de *Syrus* devient *Cyrus;* plusieurs suppriment leurs noms qu'ils pourraient conserver sans honte, pour en adopter de plus beaux, où ils n'ont qu'à perdre par la comparaison que l'on fait toujours d'eux qui les portent, avec les grands hommes qui les ont portés; il s'en trouve enfin qui, nés à l'ombre des clochers de Paris, veulent être Flamands ou Italiens, comme si la roture n'était pas de tout pays, allongent leurs noms français d'une terminaison étrangère, et croient que venir de bon lieu c'est venir de loin.[1] (ÉD. 4.)

10

Le besoin d'argent a réconcilié la noblesse avec la roture, et a fait évanouir la preuve des quatre quartiers.

11

À combien d'enfants serait utile la loi qui déciderait que c'est le ventre qui anoblit! mais à combien d'autres serait-elle contraire! (ÉD. 4.)

12

Il y a peu de familles dans le monde qui ne touchent aux plus grands princes par une extrémité, et par l'autre au simple peuple. (ÉD. 4.)

13

Il n'y a rien à perdre à être noble : franchises, immunités, exemptions, privilèges, que manque-t-il à ceux qui ont un titre? Croyez-vous que ce soit pour la noblesse que des solitaires *(a)* se sont faits nobles? ils ne sont pas si vains; c'est pour le profit qu'ils en reçoivent. Cela ne leur sied-il pas mieux que d'entrer dans les gabelles? je ne dis pas à chacun en particulier, leurs vœux s'y opposent, je dis même à la communauté. (ÉD. 5.)

---

a. **Maison religieuse, secrétaire du Roi.**

14

Je le déclare nettement, afin que l'on s'y prépare et que personne un jour n'en soit surpris : s'il arrive jamais que quelque grand me trouve digne de ses soins; si je fais enfin une belle fortune, il y a un Geoffroy de la Bruyère[1], que toutes les chroniques rangent au nombre des plus grands seigneurs de France qui suivirent GODEFROY DE BOUILLON à la conquête de la Terre-Sainte : voilà alors de qui je descends en ligne directe. (ÉD. 5.)

15

Si la noblesse est vertu, elle se perd par tout ce qui n'est pas vertueux; et si elle n'est pas vertu, c'est peu de chose[2].

16

Il y a des choses qui, ramenées à leurs principes et à leur première institution, sont étonnantes et incompréhensibles. Qui peut concevoir en effet que certains abbés à qui il ne manque rien de l'ajustement, de la mollesse et de la vanité des sexes et des conditions, qui entrent auprès des femmes en concurrence avec le marquis et le financier et qui l'emportent sur tous les deux, qu'eux-mêmes soient originairement et dans l'étymologie de leur nom, les pères et les chefs de saints moines et d'humbles solitaires, et qu'ils en devraient être l'exemple? quelle force, quel empire, quelle tyrannie de l'usage! et sans parler de plus grands désordres, ne doit-on pas craindre de voir un jour un simple abbé en velours gris et à ramages comme une éminence; ou avec des mouches et du rouge comme une femme? (ÉD. 4.)

17

Que les saletés des Dieux, la Vénus, le Ganymède et les autres nudités du Carrache aient été faites pour des princes de l'Église, et qui se disent successeurs des Apôtres, le palais Farnèse en est la preuve[3].

18

Les belles choses le sont moins hors de leur place; les bienséances mettent la perfection, et la raison met les bienséances. Ainsi l'on n'entend point une gigue à la chapelle; ni dans un sermon des tons de théâtre; l'on ne voit point d'images profanes *(a)* dans les temples, un CHRIST par exemple, et le Jugement de Pâris dans le même sanctuaire; ni à des personnes consacrées à l'Église le train et l'équipage d'un cavalier.

19

Déclarerai-je donc ce que je pense [1] de ce qu'on appelle dans le monde un beau Salut; la décoration souvent profane, les places retenues et payées, des livres *(b)* distribués comme au théâtre, les entrevues et les rendez-vous fréquents, le murmure et les causeries étourdissantes, quelqu'un monté sur une tribune qui y parle familièrement, sèchement et sans autre zèle que de rassembler le peuple, l'amuser, jusques à ce qu'un orchestre, le dirai-je? et des voix qui concertent depuis longtemps se fassent entendre? Est-ce à moi à m'écrier que le zèle de la maison du Seigneur me consume, et à tirer le voile léger qui couvre les mystères, témoins d'une telle indécence? Quoi? parce qu'on ne danse pas encore aux TT**, me forcera-t-on d'appeler tout ce spectacle office d'Église? (ÉD. 8.)

20

L'on ne voit point faire de vœux ni de pèlerinages pour obtenir d'un saint d'avoir l'esprit plus doux [2], l'âme plus reconnaissante, d'être plus équitable et moins malfaisant; d'être guéri de la vanité, de l'inquiétude [3] et de la mauvaise raillerie.

---

a. Tapisseries.
b. Le motet traduit en vers français par L. L**.

21

Quelle idée plus bizarre que de se représenter une foule de chrétiens de l'un et de l'autre sexe, qui se rassemblent à certains jours dans une salle, pour y applaudir à une troupe d'excommuniés, qui ne le sont que par le plaisir qu'ils leur donnent, et qui est déjà payé d'avance? Il me semble qu'il faudrait ou fermer les théâtres, ou prononcer moins sévèrement sut l'état des comédiens.

22

Dans ces jours qu'on appelle saints le moine confesse, pendant que le curé tonne en chaire contre le moine et ses adhérents; telle femme pieuse sort de l'autel, qui entend au prône qu'elle vient de faire un sacrilège. N'y a-t-il point dans l'Église une puissance à qui il appartienne, ou de faire taire le pasteur, ou de suspendre pour un temps le pouvoir du *Barnabite?*

23

Il y a plus de rétribution dans les paroisses pour un mariage que pour un baptême; et plus pour un baptême que pour la confession : l'on dirait que ce soit un taux sur les sacrements, qui semblent par là être appréciés. Ce n'est rien au fond que cet usage; et ceux qui reçoivent pour les choses saintes, ne croient point les vendre, comme ceux qui donnent ne pensent point à les acheter; ce sont peut-être des apparences qu'on pourrait épargner aux simples et aux indévots[1].

24

Un pasteur frais et en parfaite santé, en linge fin et en point de Venise, a sa place dans l'œuvre auprès les pourpres et les fourrures, il y achève sa digestion; pendant que le Feuillant ou le Récollet quitte sa cellule et son désert, où il eſt lié par ses vœux et par la bienséance, pour venir le prêcher, lui et ses ouailles, et en recevoir le salaire, comme d'une pièce d'étoffe. Vous m'interrompez, et vous dites : « Quelle censure! et combien elle eſt nouvelle et peu attendue! ne voudriez-vous point interdire à ce paſteur et à son troupeau la parole divine, et le pain de l'Évangile? » — Au contraire, je voudrais qu'il le diſtribuât lui-même le matin, le soir, dans les temples, dans les maisons, dans les places, sur les toits; et que nul ne prétendît à un emploi si grand, si laborieux, qu'avec des intentions, des talents et des poumons capables de lui mériter les belles offrandes et les riches rétributions qui y sont attachées : je suis forcé, il eſt vrai, d'excuser un curé sur cette conduite, par un usage reçu, qu'il trouve établi, et qu'il laissera à son successeur; mais c'eſt cet usage bizarre et dénué de fondement et d'apparence que je ne puis approuver, et que je goûte encore moins que celui de se faire payer quatre fois des mêmes obsèques, pour soi, pour ses droits, pour sa présence, pour son assiſtance. (ÉD. 6.)

25

Tite, par vingt années de service dans une seconde place, n'eſt pas encore digne de la première qui eſt vacante : ni ses talents, ni sa doctrine, ni une vie exemplaire, ni les vœux des paroissiens ne sauraient l'y faire asseoir; il naît de dessous terre un autre clerc *(a)* pour la remplir : Tite eſt reculé ou congédié, il ne se plaint pas; c'eſt l'usage. (ÉD. 4.)

26

« Moi, dit le Cheffecier, je suis Maître du chœur; qui me forcera d'aller à matines? mon prédécesseur n'y allait point, suis-je de pire condition, dois-je laisser avilir ma dignité entre mes mains, ou la laisser telle que je l'ai reçue? » — « Ce n'eſt point, dit l'Écolâtre, mon intérêt

a. Eccléſiaſtique.

qui me mène, mais celui de la prébende; il serait bien dur qu'un grand Chanoine fût sujet au chœur, pendant que le Trésorier, l'Archidiacre, le Pénitencier et le Grand-Vicaire s'en croient exempts. » — « Je suis bien fondé, dit le Prévôt, à demander la rétribution sans me trouver à l'office; il y a vingt années entières que je suis en possession de dormir les nuits, je veux finir comme j'ai commencé, et l'on ne me verra point déroger à mon titre; que me servirait d'être à la tête d'un Chapitre? mon exemple ne tire point à conséquence. » Enfin c'est entr' eux tous à qui ne louera point Dieu, à qui fera voir par un long usage qu'il n'est point obligé de le faire; l'émulation de ne se point rendre aux offices divins ne saurait être plus vive, ni plus ardente. Les cloches sonnent dans une nuit tranquille; et leur mélodie, qui réveille les Chantres et les Enfants de chœur, endort les Chanoines, les plonge dans un sommeil doux et facile, et qui ne leur procure que de beaux songes; ils se lèvent tard, et vont à l'église se faire payer d'avoir dormi. (ÉD. 5.)

27

Qui pourrait s'imaginer, si l'expérience ne nous le mettait devant les yeux, quelle peine ont les hommes à se résoudre d'eux-mêmes à leur propre félicité, et qu'on ait besoin de gens d'un certain habit, qui par un discours préparé, tendre et pathétique, par de certaines inflexions de voix, par des larmes, par des mouvements qui les mettent en sueur et qui les jettent dans l'épuisement, fassent enfin consentir un homme chrétien et raisonnable, dont la maladie est sans ressource, à ne se point perdre et à faire son salut? (ÉD. 4.)

28

La fille d'*Aristippe* est malade et en péril; elle envoie vers son père, veut se réconcilier avec lui et mourir dans ses bonnes grâces; cet homme si sage, le conseil de toute une ville, fera-t-il de lui-même cette démarche si raisonnable, y entraînera-t-il sa femme ? ne faudra-t-il point pour les remuer tous deux la machine du directeur ? (ÉD. 4.)

29

Une mère, je ne dis pas qui cède et qui se rend à la vocation de sa fille, mais qui la fait religieuse, se charge d'une âme avec la sienne, en répond à Dieu même, en est la caution : afin qu'une telle mère ne se perde pas, il faut que sa fille se sauve. (ÉD. 5.)

30

Un homme joue et se ruine : il marie néanmoins l'aînée de ses deux filles de ce qu'il a pu sauver des mains d'un *Ambreville*[1]; la cadette est sur le point de faire ses vœux, qui n'a point d'autre vocation que le jeu de son père. (ÉD. 6.)

31

Il s'est trouvé des filles qui avaient de la vertu, de la santé, de la ferveur et une bonne vocation ; mais qui n'étaient pas assez riches pour faire dans une riche abbaye vœu de pauvreté. (ÉD. 4.)

32

Celle qui délibère sur le choix d'une abbaye ou d'un simple monastère pour s'y renfermer, agite l'ancienne question de l'état populaire et du despotique. (ÉD. 4.)

33

Faire une folie et se marier *par amourette*, c'est épouser *Mélite*, qui est jeune, belle, sage, économe, qui plaît, qui vous aime, qui a moins de bien qu'*Ægine* qu'on vous propose, et qui avec une riche dot apporte de riches dispositions à la consumer, et tout votre fonds avec sa dot. (ÉD. 4.)

34

Il était délicat autrefois de se marier, c'était un long établissement, une affaire sérieuse, et qui méritait qu'on y pensât : l'on était pendant toute sa vie le mari de sa femme, bonne ou mauvaise : même table, même demeure, même lit; l'on n'en était point quitte pour une pension; avec des enfants et un ménage complet, l'on n'avait pas les apparences et les délices du célibat.

35

Qu'on évite d'être vu seul avec une femme qui n'eſt point la sienne, voilà une pudeur qui eſt bien placée; qu'on sente quelque peine à se trouver dans le monde avec des personnes dont la réputation eſt attaquée, cela n'eſt pas incompréhensible. Mais quelle mauvaise honte fait rougir un homme de sa propre femme, et l'empêche de paraître dans le public avec celle qu'il s'eſt choisie pour sa compagne inséparable, qui doit faire sa joie, ses délices et toute sa société; avec celle qu'il aime et qu'il eſtime, qui eſt son ornement, dont l'esprit, le mérite, la vertu, l'alliance lui font honneur? que ne commence-t-il par rougir de son mariage? (ÉD. 5.)

Je connais la force de la coutume, et jusques où elle maîtrise les esprits et contraint les mœurs, dans les choses même les plus dénuées de raison et de fondement; je sens néanmoins que j'aurais l'impudence de me promener au Cours, et d'y passer en revue avec une personne qui serait ma femme. (ÉD. 5.)

36

Ce n'eſt pas une honte ni une faute à un jeune homme que d'épouser une femme avancée en âge; c'eſt quelquefois prudence, c'eſt précaution. L'infamie eſt de se jouer de sa bienfaiɛtrice par des traitements indignes, et qui lui découvrent qu'elle est la dupe d'un hypocrite et d'un ingrat. Si la fiction est excusable, c'est où il faut feindre de l'amitié ; s'il est permis de tromper, c'est dans une occasion où il y aurait de la dureté à être sincère. — Mais elle vit longtemps. — Aviez-vous stipulé qu'elle mourût après avoir signé votre fortune et l'acquit de toutes vos dettes ? n'a-t-elle plus après ce grand ouvrage qu'à retenir son haleine, qu'à prendre de l'opium ou de la ciguë ? a-t-elle tort de vivre ? si même vous mourez avant celle dont vous aviez déjà réglé les funérailles, à qui vous destiniez la grosse sonnerie et les beaux ornements, en est-elle responsable ? (ÉD. 5.)

37

Il y a depuis longtemps dans le monde une manière *(a)* de faire valoir son bien, qui continue toujours d'être pratiquée par d'honnêtes gens, et d'être condamnée par d'habiles docteurs.

38

On a toujours vu dans la république de certaines charges, qui semblent n'avoir été imaginées la première fois, que pour enrichir un seul aux dépens de plusieurs ; les fonds ou l'argent des particuliers y coule sans fin et sans interruption ; dirai-je qu'il n'en revient plus, ou qu'il n'en revient que tard ? c'est un gouffre, c'est une mer qui reçoit les eaux des fleuves, et qui ne les rend pas, ou si elle les rend, c'est par des conduits secrets et souterrains, sans qu'il y paraisse, ou qu'elle en soit moins grosse et moins enflée ; ce n'est qu'après en avoir joui longtemps, et qu'elle ne peut plus les retenir. (ÉD. 4.)

39

Le fonds perdu, autrefois si sûr[1], si religieux et si invio-

---

a. **Billets et obligations.**

lable, est devenu avec le temps, et par les soins de ceux qui en étaient chargés, un bien perdu. Quel autre secret de doubler mes revenus et de thésauriser? entrerai-je dans le huitième denier, ou dans les aides? serai-je avare, partisan ou administrateur? (ÉD. 6.)

40

Vous avez une pièce d'argent, ou même une pièce d'or, ce n'est pas assez, c'est le nombre qui opère; faites-en, si vous pouvez, un amas considérable et qui s'élève en pyramide, et je me charge du reste. Vous n'avez ni naissance, ni esprit, ni talents, ni expérience, qu'importe? ne diminuez rien de votre monceau et je vous placerai si haut que vous vous couvrirez devant votre maître, si vous en avez; il sera même fort éminent, si avec votre métal, qui de jour à autre se multiplie, je ne fais en sorte qu'il se découvre devant vous. (ÉD. 7.)

41

Orante plaide depuis dix ans entiers en règlement de juges, pour une affaire juste, capitale, et où il y va de toute sa fortune; elle saura peut-être dans cinq années quels seront ses juges, et dans quel tribunal elle doit plaider le reste de sa vie. (ÉD. 4.)

42

L'on applaudit à la coutume qui est introduite dans les tribunaux, d'interrompre les avocats au milieu de leur action, de les empêcher d'être éloquents et d'avoir de l'esprit, de les ramener au fait et aux preuves toutes sèches qui établissent leurs causes et le droit de leurs parties; et cette pratique si sévère qui laisse aux orateurs le regret de n'avoir pas prononcé les plus beaux traits de leurs discours, qui bannit l'éloquence du seul endroit où elle est en place, et va faire du Parlement une muette juridiction, on l'autorise par une raison solide et sans réplique, qui est celle de l'expédition; il est seulement à désirer qu'elle fût moins oubliée en toute autre rencontre, qu'elle réglât au contraire les bureaux comme les audiences, et qu'on cherchât une fin aux écritures *(a)*, comme on a fait aux plaidoyers. (ÉD. 4.)

43

Le devoir des juges est de rendre la justice; leur métier de la différer. Quelques-uns savent leur devoir, et font leur métier.

44

Celui qui sollicite son juge ne lui fait pas honneur; car ou il se défie de ses lumières, et même de sa probité; ou il cherche à le prévenir; ou il lui demande une injustice.

45

Il se trouve des juges auprès de qui la faveur, l'autorité, les droits de l'amitié et de l'alliance nuisent à une bonne cause; et qu'une trop grande affectation de passer pour incorruptibles, expose à être injustes. (ÉD. 4.)

46

Le magistrat coquet ou galant est pire dans les conséquences que le dissolu; celui-ci cache son commerce et ses liaisons, et l'on ne sait souvent par où aller jusques à lui; celui-là est ouvert par milles faibles qui sont connus, et l'on y arrive par toutes les femmes à qui il veut plaire. (ÉD. 4.)

47

Il s'en faut peu que la religion et la justice n'aillent de

---

a. Procès par écrit.

pair dans la république, et que la magistrature ne consacre les hommes comme la prêtrise : l'homme de robe ne saurait guères danser au bal, paraître aux théâtres, renoncer aux habits simples et modestes, sans consentir à son propre avilissement; et il est étrange[1] qu'il ait fallu une loi pour régler son extérieur, et le contraindre ainsi à être grave et plus respecté. (ÉD. 4.)

48

Il n'y a aucun métier qui n'ait son apprentissage; et en montant des moindres conditions jusques aux plus grandes, on remarque dans toutes un temps de pratique et d'exercice, qui prépare aux emplois, où les fautes sont sans conséquence, et mènent au contraire à la perfection. La guerre même qui ne semble naître et durer que par la confusion et le désordre, a ses préceptes; on ne se massacre pas par pelotons et par troupes en rase campagne, sans l'avoir appris, et l'on s'y tue méthodiquement : il y a l'école de la guerre; où est l'école du magistrat ? Il y a un usage, des lois, des coutumes; où est le temps, et le temps assez long que l'on emploie à les digérer et à s'en instruire ? L'essai et l'apprentissage d'un jeune adolescent qui passe de la férule à la pourpre, et dont la consignation a fait un juge, est de décider souverainement des vies et des fortunes des hommes. (ÉD. 4.)

49

La principale partie de l'orateur, c'est la probité; sans elle il dégénére en déclamateur, il déguise ou il exagère les faits, il cite faux, il calomnie, il épouse la passion et les haines de ceux pour qui il parle; et il est de la classe de ces avocats, dont le proverbe dit qu'ils sont payés pour dire des injures. (ÉD. 4.)

50

« Il est vrai, dit-on, cette somme lui est due, et ce droit

lui eſt acquis. Mais je l'attends à cette petite formalité; s'il l'oublie, il n'y revient plus; et *conséquemment* il perd sa somme, ou il eſt *inconteſtablement* déchu de son droit; or il oubliera cette formalité. » Voilà ce que j'appelle une conscience de praticien. (ÉD. 5.)

Une belle maxime pour le palais, utile au public, remplie de raison, de sagesse et d'équité, ce serait précisément la contradictoire de celle qui dit que la forme emporte le fond.

51

La queſtion eſt une invention merveilleuse et tout à fait sûre pour perdre un innocent qui a la complexion faible, et sauver un coupable qui eſt né robuſte. (ÉD. 4.)

52

Un coupable puni eſt un exemple pour la canaille; un innocent condamné eſt l'affaire de tous les honnêtes gens. (ÉD. 6.)

Je dirai presque de moi : « Je ne serai pas voleur ou meurtrier; je ne serai pas un jour puni comme tel », c'eſt parler bien hardiment. (ÉD. 6.)

Une condition lamentable eſt celle d'un homme innocent à qui la précipitation et la procédure ont trouvé un crime; celle même de son juge peut-elle l'être davantage? (ÉD. 6.)

53

Si l'on me racontait qu'il s'eſt trouvé autrefois un prévôt ou l'un de ces magiſtrats créés pour poursuivre les voleurs et les exterminer, qui les connaissait tous depuis longtemps de nom et de visage, savait leurs vols, j'entends l'espèce, le nombre et la quantité, pénétrait si avant dans toutes ces profondeurs, et était si initié dans tous ces affreux myſtères qu'il sut rendre à un homme de crédit un bijou qu'on lui avait pris dans la foule au sortir d'une assemblée, et dont il était sur le point de faire de l'éclat, que le Parlement intervint dans cette affaire, et fit le procès à cet officier, je regarderais cet événement comme l'une de ces choses dont l'hiſtoire se charge, et à qui le temps ôte la croyance; comment donc pourrais-je croire qu'on doive présumer par des faits récents, connus et circonſtanciés, qu'une connivence si pernicieuse dure encore, qu'elle ait même tourné en jeu et passé en coutume? (ÉD. 6.)

54

Combien d'hommes qui sont forts contre les faibles, fermes et inflexibles aux sollicitations du simple peuple : sans nuls égards pour les petits; rigides et sévères dans les minuties; qui refusent les petits présents; qui n'écoutent ni leurs parents ni leurs amis, et que les femmes seules peuvent corrompre! (ÉD. 4.)

55

Il n'eſt pas absolument impossible, qu'une personne qui se trouve dans une grande faveur perde un procès.

56

Les mourants qui parlent dans leurs teſtaments, peuvent s'attendre à être écoutés comme des oracles : chacun les tire de son côté, et les interprète à sa manière, je veux dire selon ses désirs ou ses intérêts. (ÉD. 5.)

57

Il eſt vrai qu'il y a des hommes dont on peut dire que la mort fixe moins la dernière volonté qu'elle ne leur ôte avec la vie l'irrésolution et l'inquiétude; un dépit, pendant qu'ils vivent, les fait teſter, ils s'apaisent et déchirent leur minute, la voilà en cendre : ils n'ont pas moins de teſtaments dans leur cassette que d'almanachs sur leur table, ils les comptent par les années : un second se trouve détruit par un troisième, qui est anéanti lui-même par un autre mieux digéré, et celui-ci encore par un cinquième *olographe*. Mais si le moment, ou la malice, ou l'autorité manque à celui qui a intérêt de le supprimer, il faut qu'il en essuie les clauses et les conditions; car *appert*-il mieux des dispositions des hommes les plus inconstants que par un dernier acte, signé de leur main, et après lequel ils n'ont pas du moins eu le loisir de vouloir tout le contraire. (ÉD. 5.)

58

S'il n'y avait point de testament pour régler le droit des héritiers, je ne sais si l'on aurait besoin de tribunaux pour régler les différends des hommes; les juges seraient presque réduits à la triste fonction d'envoyer au gibet les voleurs et les incendiaires : qui voit-on dans les lanternes des chambres, au parquet, à la porte ou dans la salle du magistrat? des héritiers *ab intestat ?* non, les lois ont pourvu à leurs partages; on y voit les testamentaires qui plaident en explication d'une clause ou d'un article, les personnes exhérédées, ceux qui se plaignent d'un testament fait avec loisir, avec maturité, par un homme grave, habile, consciencieux, et qui a été aidé d'un bon conseil; d'un acte où le praticien n'a rien *obmis* de son jargon et de ses finesses ordinaires; il est signé du testateur et des témoins publics, il est parafé; et c'est en cet état qu'il est cassé et déclaré nul. (ÉD. 5.)

59

Titius assiste à la lecture d'un testament avec des yeux rouges et humides, et le cœur serré de la perte de celui dont il espère recueillir la succession : un article lui donne la charge, un autre les rentes de la ville, un troisième le rend maître d'une terre à la campagne; il y a une clause qui, bien entendue, lui accorde une maison située au milieu de Paris, comme elle se trouve, et avec les meubles; son affliction augmente, les larmes lui coulent des yeux; le moyen de les contenir? il se voit officier, logé aux champs et à la ville, meublé de même, il se voit une bonne table, et un carrosse : *y avait-il au monde un plus honnête homme que le défunt, un meilleur homme?* Il y a un codicille, il faut le lire; il fait *Mævius* légataire universel, et il renvoie Titius dans son faubourg, sans rentes, sans titre, et le met à pied; il essuie ses larmes; c'est à Mævius à s'affliger. (ÉD. 5.)

60

La loi qui défend de tuer un homme n'embrasse-t-elle pas dans cette défense, le fer, le poison, le feu, l'eau, les embûches, la force ouverte, tous les moyens enfin qui peuvent servir à l'homicide? La loi qui ôte aux maris et aux femmes le pouvoir de se donner réciproquement, n'a-t-elle connu que les voies directes et immédiates de donner? a-t-elle manqué de prévoir les indirectes? a-t-elle introduit les fidéicommis, ou si même elle les tolère? avec une femme qui nous est chère et qui nous survit, lègue-t-on son bien à un ami fidèle par un sentiment de reconnaissance pour lui, ou plutôt par une extrême confiance, et par la certitude qu'on a du bon usage qu'il saura faire de ce qu'on lui lègue? donne-t-on à celui que l'on peut soupçonner de ne devoir pas rendre à la personne, à qui en effet l'on veut donner ? faut-il se parler, faut-il s'écrire, est-il besoin de pacte ou de serments pour former cette collusion ? les hommes ne sentent-ils pas en ce rencontre ce qu'ils peuvent espérer les uns des autres ? et si au contraire la propriété d'un tel bien est dévolue au fidéicommissaire, pourquoi perd-il sa réputation à le retenir ? sur quoi fonde-t-on la satire et les vaudevilles ? voudrait-on le comparer au dépositaire qui trahit le dépôt, à un domestique qui vole l'argent que son maître lui envoie porter ? On aurait tort : y a-t-il de l'infamie à ne pas faire une libéralité, et à conserver pour soi ce qui eſt à soi? étrange embarras, horrible poids que le fidéicommis! si par la révérence des lois on se l'approprie, il ne faut plus passer pour homme de bien; si par le respect d'un ami mort l'on suit ses intentions, en le rendant à sa veuve, on eſt confidentiaire, on blesse la loi. — Elle cadre donc bien mal avec l'opinion des hommes? — Cela peut être; et il ne me convient pas de dire ici : la loi pèche, ni : les hommes se trompent. (ÉD. 5.)

61

J'entends dire de quelques particuliers ou de quelques compagnies : « Tel et tel corps se conteſtent l'un à l'autre la préséance; le mortier et la pairie se disputent le pas. » Il me paraît que celui des deux qui évite de se rencontrer aux assemblées, eſt celui qui cède, et qui sentant son faible, juge lui-même en faveur de son concurrent. (ÉD. 8.)

62

Typhon fournit un grand de chiens et de chevaux; que ne lui fournit-il point! sa protection le rend audacieux, il eſt impunément dans sa province tout ce qui lui plaît d'être, assassin, parjure; il brûle ses voisins, et il n'a pas besoin d'asile. Il faut enfin que le prince se mêle lui-même de sa punition. (ÉD. 4.)

63

Ragoûts, liqueurs, entrées, entremets, tous mots qui devraient être barbares et inintelligibles en notre langue; et s'il eſt vrai qu'ils ne devraient pas être d'usage en pleine paix, où ils ne servent qu'à entretenir le luxe et la gourmandise, comment peuvent-ils être entendus dans le temps de la guerre et d'une misère publique, à la vue de l'ennemi, à la veille d'un combat, pendant un siège? Où eſt-il parlé de la table de *Scipion*[1] ou de celle de

Marius? ai-je lu quelque part que *Miltiade,* qu'*Épaminondas,* qu'*Agésilas* aient fait une chère délicate? je voudrais qu'on ne fît mention de la délicatesse, de la propreté et de la somptuosité des généraux, qu'après n'avoir plus rien à dire sur leur sujet, et s'être épuisé sur les circonstances d'une bataille gagnée et d'une ville prise; j'aimerais même qu'ils voulussent se priver de cet éloge. (ÉD. 6.)

64

Hermippe est l'esclave de ce qu'il appelle ses petites commodités, il leur sacrifie l'usage reçu, la coutume, les modes, la bienséance; il les cherche en toutes choses, il quitte une moindre pour une plus grande, il ne néglige aucune de celles qui sont praticables, il s'en fait une étude, et il ne se passe aucun jour qu'il ne fasse en ce genre une découverte; il laisse aux autres hommes le dîner et le souper, à peine en admet-il les termes, il mange quand il a faim, et les mets seulement où son appétit le porte; il voit faire son lit, quelle main assez adroite ou assez heureuse pourrait le faire dormir comme il veut dormir? il sort rarement de chez soi, il aime la chambre, où il n'est ni oisif ni laborieux, où il n'agit point, où il *tracasse,* et dans l'équipage d'un homme qui a pris médecine. On dépend servilement d'un serrurier et d'un menuisier selon ses besoins; pour lui, s'il faut limer, il a une lime, une scie, s'il faut scier, et des tenailles, s'il faut arracher; imaginez, s'il est possible, quelques outils qu'il n'ait pas, et meilleurs, et plus commodes à son gré que ceux mêmes dont les ouvriers se servent; il en a de nouveaux et d'inconnus, qui n'ont point de nom, production de son esprit, et dont il a presque oublié l'usage; nul ne se peut comparer à lui pour faire en peu de temps et sans peine un travail fort inutile. Il faisait dix pas pour aller de son lit dans sa garde-robe, il n'en fait plus que neuf par la manière dont il a su tourner sa chambre : combien de pas épargnés dans le cours d'une vie! Ailleurs on tourne la clef, l'on pousse contre, ou l'on tire à soi, et une porte s'ouvre, quelle fatigue! voilà un mouvement de trop qu'il sait s'épargner, et comment? c'est un mystère qu'il ne révèle point; il est à la vérité, un grand maître pour le ressort et pour la mécanique, pour celle du moins dont tout le monde se passe. Hermippe tire le jour de son appartement d'ailleurs que de la fenêtre, il a trouvé le secret de monter et de descendre autrement que par l'escalier, et il cherche celui d'entrer et de sortir plus commodément que par la porte. (ÉD. 6.)

65

Il y a déjà longtemps que l'on improuve les médecins, et que l'on s'en sert; le théâtre et la satire ne touchent point à leurs pensions; ils dotent leurs filles, placent leurs fils aux parlements et dans la prélature, et les railleurs eux-mêmes fournissent l'argent. Ceux qui se portent bien deviennent malades, il leur faut des gens dont le métier soit de les assurer qu'ils ne mourront point : tant que les hommes pourront mourir, et qu'ils aimeront à vivre, le médecin sera raillé et bien payé.

66

Un bon médecin est celui qui a des remèdes spécifiques, ou s'il en manque, qui permet à ceux qui les ont, de guérir son malade. (ÉD. 4.)

67

La témérité des charlatans, et leurs tristes succès qui en sont les suites, font valoir la médecine et les médecins : si ceux-ci laissent mourir, les autres tuent. (ÉD. 4.)

68

Carro Carri débarque avec une recette qu'il appelle un prompt remède, et qui quelquefois est un poison lent :

c'eſt un bien de famille, mais amélioré en ses mains; de spécifique qu'il était contre la colique, il guérit de la fièvre quarte, de la pleurésie, de l'hydropisie, de l'apoplexie, de l'épilepsie; forcez un peu votre mémoire, nommez une maladie, la première qui vous viendra en l'esprit : l'hémorragie, dites-vous ? il la guérit. Il ne ressuscite personne, il eſt vrai, il ne rend pas la vie aux hommes, mais il les conduit nécessairement jusques à la décrépitude, et ce n'eſt que par hasard que son père et son aïeul, qui avaient ce secret, sont morts fort jeunes. Les médecins reçoivent pour leurs visites ce qu'on leur donne, quelques-uns se contentent d'un remercîment; Carro Carri eſt si sûr de son remède, et de l'effet qui en doit suivre, qu'il n'hésite pas de s'en faire payer d'avance, et de recevoir avant que de donner; si le mal eſt incurable, tant mieux, il n'en eſt que plus digne de son application et de son remède; commencez par lui livrer quelques sacs de mille francs, passez-lui un contrat de conſtitution, donnez-lui une de vos terres, la plus petite, et ne soyez pas ensuite plus inquiet que lui de votre guérison. L'émulation de cet homme a peuplé le monde de noms en O et en I, noms vénérables, qui imposent aux malades et aux maladies. Vos médecins, Fagon, et de toutes les facultés, avouez-le, ne guérissent pas toujours, ni sûrement; ceux au contraire qui ont hérité de leurs pères la médecine pratique, et à qui l'expérience eſt échue par succession, promettent toujours et avec serments qu'on guérira. Qu'il eſt doux aux hommes de tout espérer d'une maladie mortelle, et de se porter encore passablement bien à l'agonie! la mort surprend agréablement et sans s'être fait craindre, on la sent plus tôt qu'on n'a songé à s'y préparer et à s'y résoudre. Ô Fagon Esculape! faites régner sur toute la terre le quinquina et l'émétique, conduisez à sa perfeĉtion la science des simples, qui sont donnés aux hommes pour prolonger leur vie; observez dans les cures, avec plus de précision et de sagesse que personne n'a encore fait, le climat, les temps, les symptômes et les complexions;

guérissez de la manière seule qu'il convient à chacun d'être guéri; chassez des corps, où rien ne vous est caché de leur économie, les maladies les plus obscures et les plus invétérées; n'attentez pas sur celles de l'esprit, elles sont incurables, laissez à *Corinne,* à *Lesbie,* à *Canidie,* à *Trimalcion* et à *Carpus* la passion ou la fureur des charlatans. (ÉD. 8.)

69

L'on souffre dans la république les chiromanciens et les devins, ceux qui font l'horoscope et qui tirent la figure, ceux qui connaissent le passé par le mouvement du *sas;* ceux qui font voir dans un miroir ou dans un vase d'eau la claire vérité; et ces gens sont en effet de quelque usage, ils prédisent aux hommes qu'ils feront fortune, aux filles qu'elles épouseront leurs amants, consolent les enfants dont les pères ne meurent point, et charment l'inquiétude des jeunes femmes qui ont de vieux maris : ils trompent enfin à très vil prix ceux qui cherchent à être trompés. (ÉD. 4.)

70

Que penser de la magie et du sortilège[1]? La théorie en est obscure, les principes vagues, incertains, et qui approchent du visionnaire; mais il y a des faits embarrassants, affirmés par des hommes graves qui les ont vus, ou qui les ont appris de personnes qui leur ressemblent; les admettre tous ou les nier tous paraît un égal inconvénient, et j'ose dire qu'en cela, comme dans toutes les choses extraordinaires et qui sortent des communes règles, il y a un parti à trouver entre les âmes crédules et les esprits forts. (ÉD. 4.)

71

L'on ne peut guères charger l'enfance de la connaissance de trop de langues, et il me semble que l'on devrait mettre toute son application à l'en instruire; elles sont utiles à toutes les conditions des hommes, et elles leur ouvrent également l'entrée ou à une profonde, ou à une facile et agréable érudition. Si l'on remet cette étude, si pénible à un âge un peu plus avancé, et qu'on appelle la jeunesse, ou l'on n'a pas la force de l'embrasser par choix, ou l'on n'a pas celle d'y persévérer; et si l'on y persévère, c'est consumer à la recherche des langues le même temps qui est consacré à l'usage que l'on en doit faire; c'est borner à la science des mots un âge qui veut déjà aller plus loin, et qui demande des choses; c'est au moins avoir perdu les premières et les plus belles années de sa vie. Un si grand fonds ne se peut bien faire, que lorsque tout s'imprime dans l'âme naturellement, et profondément; que la mémoire est neuve, prompte, et fidèle; que l'esprit et le cœur sont encore vides de passions, de soins et de désirs, que l'on est déterminé à de longs travaux par ceux de qui l'on dépend. Je suis persuadé que le petit nombre d'habiles, ou le grand nombre de gens superficiels vient de l'oubli de cette pratique.

72

L'étude des textes ne peut jamais être assez recommandée; c'est le chemin le plus court, le plus sûr et le plus agréable pour tout genre d'érudition; ayez les choses de première main; puisez à la source; maniez, remaniez le texte; apprenez-le de mémoire; citez-le dans les occasions; songez surtout à en pénétrer le sens dans toute son étendue et dans ses circonstances; conciliez un auteur original, ajustez ses principes, tirez vous-même les conclusions; les premiers commentateurs se sont trouvés dans le cas où je désire que vous soyez : n'empruntez leurs lumières, et ne suivez leurs vues, qu'où les vôtres seraient trop courtes; leurs explications ne sont pas à vous, et peuvent aisément vous échapper; vos observations au contraire naissent de votre esprit et y demeurent, vous les retrouverez plus ordinairement dans la conversation, dans la consultation et dans la dispute. Ayez le plaisir de voir que vous n'êtes arrêté dans la lecture que par les difficultés qui sont invincibles, où les commentateurs et les scoliastes eux-mêmes demeurent courts, si fertiles d'ailleurs, si abondants et si chargés d'une vaine et fastueuse érudition dans les endroits clairs, et qui ne font de peine ni à eux ni aux autres. Achevez ainsi de vous convaincre par cette méthode d'étudier, que c'est la paresse des hommes qui a encouragé le pédantisme à grossir plutôt qu'à enrichir les bibliothèques, à faire périr le texte sous le poids des commentaires; et qu'elle a en cela agi contre soi-même et contre ses plus chers intérêts, en multipliant les lectures, les recherches et le travail qu'elle cherchait à éviter. (ÉD. 6.)

73

Qui règle les hommes dans leur manière de vivre et d'user des aliments? la santé et le régime? cela est douteux; une nation entière mange les viandes après les fruits, une autre fait tout le contraire; quelques-uns commencent leur repas par de certains fruits, et les finissent par d'autres, est-ce raison, est-ce usage? Est-ce par un soin de leur santé que les hommes s'habillent jusques au menton, portent des fraises et des collets, eux qui ont eu si longtemps la poitrine découverte? Est-ce par bienséance, surtout dans un temps où ils avaient trouvé le secret de paraître nus tout habillés? et d'ailleurs les femmes qui montrent leur gorge et leurs épaules, sont-elles d'une complexion moins délicate que les hommes, ou moins sujettes qu'eux aux bienséances? quelle est la pudeur qui engage celles-ci à couvrir leurs jambes et presque leurs pieds, et qui leur permet d'avoir les bras nus au-dessus du coude? qui avait mis autrefois dans l'esprit des hommes qu'on était à la guerre ou pour se défendre, ou pour attaquer, et qui leur avait insinué l'usage des armes offensives et des défensives? qui les oblige aujourd'hui de renoncer à celles-ci, et pendant qu'ils se bottent pour aller au bal, de soutenir sans armes et en pourpoint des travailleurs exposés à tout le feu d'une contrescarpe? Nos pères, qui ne jugeaient pas une telle conduite utile au Prince et à la patrie, étaient-ils sages ou insensés? et nous-mêmes, quels héros célébrons-nous dans notre histoire? Un Guesclin, un Clisson, un Foix, un Boucicaut, qui tous ont porté l'armet et endossé une cuirasse. Qui pourrait rendre raison de la fortune de certains mots, et de la proscription de quelques autres?

Ains a péri : la voyelle qui le commence, et si propre pour l'élision, n'a pu le sauver; il a cédé à un autre monosyllabe *(a)*, et qui n'est plus que son anagramme. *Certes* est beau dans sa vieillesse, et a encore de la force sur son déclin; la poésie le réclame, et notre langue doit beaucoup aux écrivains qui le disent en prose, et qui se commettent pour lui dans leurs ouvrages. *Maint* est un mot qu'on ne devait jamais abandonner, et par la facilité qu'il y avait à le couler dans le style, et par son origine, qui est française. *Moult,* quoique latin, était dans son temps d'un même mérite, et je ne vois pas par où *beaucoup* l'emporte sur lui. Quelle persécution le *car* n'a-t-il pas essuyée! et s'il n'eût trouvé de la protection parmi les gens polis n'était-il pas banni honteusement d'une langue à qui il a rendu de si longs services, sans qu'on sût quel mot lui substituer? *Cil* a été dans ses beaux jours le plus joli mot de la langue française; il est douloureux pour les poètes qu'il ait vieilli. *Douloureux* ne vient pas plus naturellement de *douleur* que de *chaleur* vient *chaleureux* ou *chaloureux :* celui-ci se passe, bien que ce fût une richesse pour la langue, et qu'il se dise fort juste où *chaud* ne s'emploie qu'improprement. *Valeur* devait aussi nous conserver *valeureux*. *Haine, haineux*. *Peine, peineux*. *Fruit, fructueux*. *Pitié, piteux*. *Joie, jovial*. *Foi, féal*. *Cour, courtois*. *Gîte, gisant*. *Haleine, halené*[1]. *Vanterie, vantard*. *Mensonge, mensonger*. *Coutume, coutumier*. Comme *part*

---

a. *Mais*.

maintient *partial*. *Point, pointu* et *pointilleux*. *Ton, tonnant*. *Son, sonore*. *Frein, effréné*. *Front, effronté*. *Ris, ridicule*. *Loi, loyal*. *Cœur, cordial*. *Bien, benin*. *Mal, malicieux*. *Heur* se plaçait où *bonheur* ne saurait entrer, il a fait *heureux*, qui eſt si français, et il a cessé de l'être; si quelques poètes s'en sont servis, c'eſt moins par choix que par la contrainte de la mesure. *Issue* prospère, et vient d'*issir*, qui eſt aboli. *Fin* subsiſte sans conséquence pour *finer* qui vient de lui, pendant que *cesse* et *cesser* règnent également. *Verd*, ne fait plus *verdoyer*, ni *fête, fetoyer*; ni *larme, larmoyer*; ni *deuil, se douloir, se condouloir*; ni *joie, s'éjouir*, bien qu'il fasse toujours *se réjouir, se conjouir*, ainsi qu'*orgueil, s'enorgueillir*. On a dit *gent*, le corps *gent*; ce mot si facile non seulement eſt tombé, l'on voit même qu'il a entraîné *gentil* dans sa chute. On dit *diffamé*, qui dérive de *fame* qui ne s'entend plus. On dit *curieux*, dérivé de *cure* qui eſt hors d'usage. Il y avait à gagner de dire *si que* pour *de sorte que* ou *de manière que*. *De moi* au lieu de *pour moi* ou de *quant à moi*; de dire *je sais que c'eſt qu'un mal*, plutôt que *je sais ce que c'eſt qu'un mal*, soit par l'analogie latine, soit par l'avantage qu'il y a souvent à avoir un mot de moins à placer dans l'oraison. L'usage a préféré *par conséquent* à *par conséquence*, et *en conséquence* à *en conséquent*, *facons de faire* à *manières de faire*, et *manières d'agir* à *facons d'agir*... Dans les verbes, *travailler* à *ouvrer*, *être accoutumé* à *souloir*, *convenir* à *duire*, *faire du bruit* à *bruire*, *injurier* à *vilainer*, *piquer* à *poindre*, *faire ressouvenir* à *ramentevoir*..... Et dans les noms, *pensées* à *pensers*, un si beau mot, et dont le vers se trouvait si bien, *grandes actions* à *prouesses*, *louanges* à *loz*, *méchanceté* à *mauvaiſtié*, *porte* à *huis*, *navire* à *nef*, *armée* à *oſt*, *monaſtère* à *monſtier*, *prairies* à *prées*..... Tous mots qui pouvaient durer ensemble d'une égale beauté, et rendre une langue plus abondante. L'usage a par l'addition, la suppression, le changement ou le dérangement de quelques lettres, fait *frelater* de *fralater*. *Prouver* de *preuver*. *Profit* de *proufit*. *Froment* de *fourment*. *Profil* de *pourfil*. *Provision* de *pourveoir*. *Promener* de *pourmener*, et *promenade* de *pourmenade*. Le même usage fait, selon l'occasion, d'*habile,* d'*utile,* de *facile*, de *docile,* de *mobile* et de *fertile,* sans y rien changer, des genres différents; au contraire de *vil, vile ; subtil, subtile,* selon leur terminaison masculins ou féminins. Il a altéré les terminaisons anciennes. De *scel* il a fait *sceau ;* de *mantel, manteau ;* de *capel, chapeau ;* de *coutel, couteau ;* de *hamel, hameau ;* de *damoisel, damoiseau ;* de *jouvencel, jouvenceau ;* et cela sans que l'on voie guères ce que la langue française gagne à ces différences et à ces changements[1]. Eſt-ce donc faire pour le progrès d'une langue que de déférer à l'usage? serait-il mieux de secouer le joug de son empire si despotique? faudrait-il dans une langue vivante écouter la seule raison qui prévient les équivoques, suit la racine des mots, et le rapport qu'ils ont avec les langues originaires dont ils sont sortis, si la raison d'ailleurs veut qu'on suive l'usage? (ÉD. 7.)

Si nos ancêtres ont mieux écrit que nous, ou si nous l'emportons sur eux par le choix des mots, par le tour et l'expression, par la clarté et la brièveté du discours, c'eſt une queſtion souvent agitée, toujours indécise : on ne la terminera point, en comparant, comme l'on fait quelquefois, un froid écrivain de l'autre siècle aux plus célèbres de celui-ci, ou les vers de Laurent, payé pour ne plus écrire, à ceux de MAROT et de DESPORTES. Il faudrait, pour prononcer juſte sur cette matière, opposer siècle à siècle et excellent ouvrage à excellent ouvrage, par exemple les meilleurs rondeaux de BENSERADE ou de VOITURE à ces deux-ci, qu'une tradition nous a conservés, sans nous en marquer le temps ni l'auteur[2] :

Bien à propos s'en vint Ogier en France
Pour le païs de mescreans monder :
Ja n'eſt besoin de conter sa vaillance,
Puisqu'ennemis n'osoient le regarder.

Or quand il eut tout mis en assurance,
De voyager il voulut s'enharder,
En Paradis trouva l'eau de jouvance,
Dont il se sceut de vieillesse engarder
Bien à propos.

Puis par cette eau son corps tout decrepite
Transmué fut par maniere subite
En jeune gars, frais, gracieux et droit.

Grand dommage eſt que cecy soit sornettes,
Filles connois qui ne sont pas jeunettes,
A quoi cette eau de jouvance viendroit
Bien à propos.

***

De cettuy preux maints grands clercs ont écrit
Qu'oncques dangier n'étonna son courage,
Abusé fut par le malin esprit,
Qu'il épousa sous féminin visage.

Si piteux cas à la fin découvrit
Sans un seul brin de peur ny de dommage,
Dont grand renom par tout le monde acquit,
Si qu'on tenoit tres-honneſte langage
De cettuy preux.

Bien-toſt après fille de Roy s'éprit
De son amour, qui voulentiers s'offrit
Au bon Richard en second mariage.

Donc s'il vaut mieux ou diable ou femme avoir,
Et qui des deux bruït plus en ménage,
Ceulx qui voudront, si le pourront sçavoir
De cettuy preux. (ÉD. 7.)

DE LA CHAIRE

I

Le discours chrétien eſt devenu un spectacle; cette triſtesse évangélique qui en eſt l'âme ne s'y remarque plus; elle eſt suppléée par les avantages de la mine, par les inflexions de la voix, par la régularité du geſte, par le choix des mots, et par les longues énumérations : on n'écoute plus sérieusement la parole sainte; c'eſt une sorte d'amusement entre mille autres, c'eſt un jeu où il y a de l'émulation et des parieurs.

2

L'éloquence profane eſt transposée, pour ainsi dire, du barreau, où Le Maitre, Pucelle et Fourcroy l'ont fait régner, et où elle n'eſt plus d'usage, à la chaire, où elle ne doit pas être. (Éd. 4.)

L'on fait assaut d'éloquence jusques au pied de l'autel et en la présence des myſtères[1] : celui qui écoute s'établit juge de celui qui prêche, pour condamner ou pour applaudir, et n'eſt pas plus converti par le discours qu'il favorise que par celui auquel il eſt contraire. L'orateur plaît aux uns, déplaît aux autres, et convient avec tous en une chose, que comme il ne cherche point à les rendre meilleurs, ils ne pensent pas aussi à le devenir.

Un apprenti eſt docile, il écoute son maître, il profite de ses leçons, et il devient maître; l'homme indocile critique le discours du prédicateur, comme le livre du philosophe, et il ne devient ni chrétien ni raisonnable. (Éd. 4.)

3

Jusques à ce qu'il revienne un homme[2] qui, avec un ſtyle nourri des saintes Écritures, explique au peuple la parole divine uniment et familièrement, les orateurs et les déclamateurs seront suivis.

4

Les citations profanes, les froides allusions, le mauvais pathétique, les antithèses, les figures outrées ont fini; les portraits finiront, et feront place à une simple explication de l'Évangile, jointe aux mouvements qui inspirent la conversion.

5

Cet homme que je souhaitais impatiemment, et que je ne daignais pas espérer de notre siècle, est enfin venu; les courtisans, à force de goût et de connaître les bienséances, lui ont applaudi; ils ont, chose incroyable! abandonné la chapelle du Roi, pour venir entendre avec le peuple la parole de Dieu annoncée par cet homme apostolique *(a)*. La ville n'a pas été de l'avis de la cour : où il a prêché, les paroissiens ont déserté, jusques aux marguilliers ont disparu; les pasteurs ont tenu ferme, mais les ouailles se sont dispersées, et les orateurs voisins en ont grossi leur auditoire. Je devais le prévoir, et ne pas dire qu'un tel homme n'avait qu'à se montrer pour être suivi, et qu'à parler pour être écouté : ne savais-je pas quelle est dans les hommes et en toutes choses la force indomptable de l'habitude? Depuis trente années on prête l'oreille aux rhéteurs, aux déclamateurs, aux *énumérateurs,* on court ceux qui peignent en grand ou en mignature; il n'y a pas longtemps qu'ils avaient des chutes ou des transitions ingénieuses, quelquefois même si vives et si aiguës qu'elles pouvaient passer pour épigrammes; ils les ont adoucies, je l'avoue, et ce ne sont plus que des madrigaux. Ils ont toujours, d'une

a. Le P. Seraph. Cap.

nécessité indispensable et géométrique, trois sujets admirables de vos attentions; ils prouveront une telle chose dans la première partie de leur discours, cette autre dans la seconde partie, et cette autre encore dans la troisième; ainsi vous serez convaincu d'abord d'une certaine vérité, et c'est leur premier point; d'une autre vérité, et c'est leur second point; et puis d'une troisième vérité, et c'est leur troisième point : de sorte que la première réflexion vous instruira d'un principe des plus fondamentaux de votre religion; la seconde, d'un autre principe qui ne l'est pas moins; et la dernière réflexion, d'un troisième et dernier principe, le plus important de tous, qui est remis pourtant, faute de loisir, à une autre fois. Enfin, pour reprendre et abréger cette division et former un plan... — Encore, dites-vous, et quelles préparations pour un discours de trois quarts d'heure qui leur reste à faire! Plus ils cherchent à le digérer et à l'éclaircir, plus ils m'embrouillent. — Je vous crois sans peine, et c'est l'effet le plus naturel de tout cet amas d'idées qui reviennent à la même, dont ils chargent sans pitié la mémoire de leurs auditeurs. Il semble, à les voir s'opiniâtrer à cet usage, que la grâce de la conversion soit attachée à ces énormes partitions. Comment néanmoins serait-on converti par de tels apôtres, si l'on ne peut qu'à peine les entendre articuler, les suivre et ne les pas perdre de vue? Je leur demanderais volontiers qu'au milieu de leur course impétueuse, ils voulussent plusieurs fois reprendre haleine, souffler un peu, et laisser souffler leurs auditeurs. Vains discours, paroles perdues! Le temps des homélies n'est plus; les Basiles, les Chrysostomes ne le ramèneraient pas; on passerait en d'autres diocèses pour être hors de la portée de leur voix et de leurs familières instructions. Le commun des hommes aime les phrases et les périodes, admire ce qu'il n'entend pas, se suppose instruit, content de décider entre un premier et un second point, ou entre le dernier sermon et le pénultième. (ÉD. 8.)

6

Il y a moins d'un siècle qu'un livre français était un certain nombre de pages latines, où l'on découvrait quelques lignes ou quelques mots en notre langue. Les passages, les traits et les citations n'en étaient pas demeurés là : Ovide et Catulle achevaient de décider des mariages et des testaments, et venaient avec les *Pandectes* au secours de la veuve et des pupilles. Le sacré et le profane ne se quittaient point; ils s'étaient glissés ensemble jusques dans la chaire; S. Cyrille, Horace, S. Cyprien, Lucrèce, parlaient alternativement; les poètes étaient de l'avis de S. Augustin et de tous les Pères; on parlait latin, et longtemps, devant des femmes et des marguilliers; on a parlé grec. Il fallait savoir prodigieusement pour prêcher si mal. Autre temps, autre usage : le texte est encore latin, tout le discours est français, et d'un beau français; l'Évangile même n'est pas cité. Il faut savoir aujourd'hui très peu de chose pour bien prêcher. (ÉD. 5.)

7

L'on a enfin banni la scolastique de toutes les chaires des grandes villes, et on l'a reléguée dans les bourgs et dans les villages pour l'instruction et pour le salut du laboureur ou du vigneron. (ÉD. 4.)

8

C'est avoir de l'esprit que de plaire au peuple dans un sermon par un style fleuri, une morale enjouée, des figures réitérées, des traits brillants et de vives descriptions; mais ce n'est point en avoir assez. Un meilleur esprit néglige ces ornements étrangers, indignes de servir à l'Évangile; il prêche simplement, fortement, chrétiennement.

9

L'orateur fait de si belles images de certains désordres,

y fait entrer des circonstances si délicates, met tant d'esprit, de tour et de raffinement dans celui qui pèche, que si je n'ai pas de pente à vouloir ressembler à ses portraits, j'ai besoin du moins que quelque apôtre, avec un style plus chrétien, me dégoûte des vices dont l'on m'avait fait une peinture si agréable.

10

Un beau sermon est un discours oratoire qui est dans toutes ses règles, purgé de tous ses défauts, conforme aux préceptes de l'éloquence humaine, et paré de tous les ornements de la rhétorique; ceux qui entendent finement n'en perdent pas le moindre trait ni une seule pensée; ils suivent sans peine l'orateur dans toutes les énumérations où il se promène, comme dans toutes les élévations où il se jette : ce n'est une énigme que pour le peuple. (ÉD. 4.)

11

Le solide et l'admirable discours que celui qu'on vient d'entendre! Les points de religion les plus essentiels, comme les plus pressants motifs de conversion, y ont été traités : quel grand effet n'a-t-il pas dû faire sur l'esprit et dans l'âme de tous les auditeurs! Les voilà rendus : ils en sont émus et touchés au point de résoudre dans leur cœur, sur ce sermon de *Théodore,* qu'il est encore plus beau que le dernier qu'il a prêché. (ÉD. 4.)

12

La morale douce et relâchée tombe avec celui qui la prêche[1]; elle n'a rien qui réveille et qui pique la curiosité d'un homme du monde, qui craint moins qu'on ne pense une doctrine sévère, et qui l'aime même dans celui qui fait son devoir en l'annonçant. Il semble donc qu'il y ait dans l'Église comme deux états qui doivent la partager : celui de dire la vérité dans toute son étendue, sans égards, sans déguisement; celui de l'écouter avidement, avec goût, avec admiration, avec éloges, et de n'en faire cependant ni pis ni mieux.

13

L'on peut faire ce reproche[1] à l'héroïque vertu des grands hommes, qu'elle a corrompu l'éloquence, ou du moins amolli le style de la plupart des prédicateurs. Au lieu de s'unir seulement avec les peuples pour bénir le Ciel de si rares présents qui en sont venus, ils ont entré en société avec les auteurs et les poètes, et, devenus comme eux panégyristes, ils ont enchéri sur les épîtres dédicatoires, sur les stances et sur les prologues; ils ont changé la parole sainte en un tissu de louanges, justes à la vérité, mais mal placées, intéressées, que personne n'exige d'eux, et qui ne conviennent point à leur caractère. On est heureux si à l'occasion du héros qu'ils célèbrent jusques dans le sanctuaire, ils disent un mot de Dieu et du mystère qu'ils devaient prêcher. Il s'en est trouvé quelques-uns qui ayant assujetti le saint Évangile, qui doit être commun à tous, à la présence d'un seul auditeur, se sont vus déconcertés par des hasards qui le retenaient ailleurs, n'ont pu prononcer devant des chrétiens un discours chrétien qui n'était pas fait pour eux, et ont été suppléés par d'autres orateurs, qui n'ont eu le temps que de louer Dieu dans un sermon précipité. (ÉD. 4.)

14

Théodule[2] a moins réussi que quelques-uns de ses auditeurs ne l'appréhendaient : ils sont contents de lui et de son discours; il a mieux fait à leur gré que de charmer l'esprit et les oreilles, qui est de flatter leur jalousie.

15

Le métier de la parole ressemble en une chose à celui

de la guerre : il y a plus de risques qu'ailleurs, mais la fortune y est plus rapide.

16

Si vous êtes d'une certaine qualité, et que vous ne vous sentiez point d'autre talent que celui de faire de froids discours, prêchez, faites de froids discours : il n'y a rien de pire pour sa fortune que d'être entièrement ignoré. *Théodat* a été payé de ses mauvaises phrases et de son ennuyeuse monotonie.

17

L'on a eu de grands évêchés par un mérite de chaire qui présentement ne vaudrait pas à son homme une simple prébende.

18

Le nom de ce panégyriste semble gémir sous le poids des titres dont il est accablé; leur grand nombre remplit de vastes affiches qui sont distribuées dans les maisons, ou que l'on lit par les rues en caractères monstrueux, et qu'on ne peut non plus ignorer que la place publique. Quand sur une si belle montre l'on a seulement essayé du personnage, et qu'on l'a un peu écouté, l'on reconnaît qu'il manque au dénombrement de ses qualités celle de mauvais prédicateur.

19

L'oisiveté des femmes, et l'habitude qu'ont les hommes de les courir partout où elles s'assemblent, donnent du nom à de froids orateurs, et soutiennent quelque temps ceux qui ont décliné. (ÉD. 7.)

20

Devrait-il suffire d'avoir été grand et puissant dans le monde pour être louable ou non, et, devant le saint autel et dans la chaire de la vérité, loué et célébré à ses funérailles? n'y a-t-il point d'autre grandeur que celle qui vient de l'autorité et de la naissance? pourquoi n'est-il pas établi de faire publiquement le panégyrique d'un homme qui a excellé pendant sa vie dans la bonté, dans l'équité, dans la douceur, dans la fidélité, dans la piété? Ce qu'on appelle une oraison funèbre n'est aujourd'hui bien reçue du plus grand nombre des auditeurs, qu'à mesure qu'elle s'éloigne davantage du discours chrétien, ou, si vous l'aimez mieux ainsi, qu'elle approche de plus près d'un éloge profane. (ÉD. 6.)

21

L'orateur cherche par ses discours un évêché; l'apôtre fait des conversions, il mérite de trouver ce que l'autre cherche.

22

L'on voit des clercs revenir de quelques provinces où ils n'ont pas fait un long séjour, vains des conversions qu'ils ont trouvées toutes faites, comme de celles qu'ils n'ont pu faire, se comparer déjà aux VINCENTS et aux XAVIERS, et se croire des hommes apostoliques : de si grands travaux et de si heureuses missions ne seraient pas à leur gré payées d'une abbaye.

23

Tel tout d'un coup, et sans y avoir pensé la veille, prend du papier, une plume, dit en soi-même : « Je vais faire un livre », sans autre talent pour écrire que le besoin qu'il a de cinquante pistoles. Je lui crie inutilement : « Prenez une scie, *Dioscore,* sciez, ou bien tournez, ou faites une jante de roue; vous aurez votre salaire. » Il n'a point fait l'apprentissage de tous ces métiers. « Copiez donc, transcrivez, soyez au plus correcteur d'imprimerie, n'écrivez point. » Il veut écrire et faire imprimer; et parce qu'on n'envoie pas à l'imprimeur un cahier blanc, il le barbouille de ce qui lui plaît : il écrirait volontiers que la Seine coule à Paris, qu'il y a sept jours dans la semaine, ou que le temps eſt à la pluie; et comme ce discours n'eſt ni contre la religion ni contre l'État, et qu'il ne fera point d'autre désordre dans le public que de lui gâter le goût et l'accoutumer aux choses fades et insipides, il passe à l'examen, il eſt imprimé, et, à la honte du siècle comme pour l'humiliation des bons auteurs, réimprimé. De même un homme dit en son cœur : « Je prêcherai », et il prêche; le voilà en chaire, sans autre talent ni vocation que le besoin d'un bénéfice. (ÉD. 7.)

24

Un clerc mondain ou irréligieux, s'il monte en chaire, eſt déclamateur.

Il y a au contraire des hommes saints, et dont le seul caractère eſt efficace pour la persuasion : ils paraissent, et tout un peuple qui doit les écouter eſt déjà ému et comme persuadé par leur présence; le discours qu'ils vont prononcer fera le reſte.

25

L'. DE MEAUX, et le P. BOURDALOUE me rappellent DÉMOSTHÈNE et CICÉRON. Tous deux, maîtres dans l'éloquence de la chaire, ont eu le deſtin des grands modèles : l'un a fait de mauvais censeurs, l'autre de mauvais copiſtes. (ÉD. 4.)

26

L'éloquence de la chaire, en ce qui y entre d'humain et du talent de l'orateur, eſt cachée, connue de peu de personnes et d'une difficile exécution : quel art en ce genre pour plaire en persuadant! Il faut marcher par des chemins battus, dire ce qui a été dit, et ce que l'on prévoit que vous allez dire. Les matières sont grandes, mais usées et triviales; les principes sûrs, mais dont les auditeurs pénètrent les conclusions d'une seule vue; il y entre des sujets qui sont sublimes, mais qui peut traiter le sublime? Il y a des mystères que l'on doit expliquer, et qui s'expliquent mieux par une leçon de l'École que par un discours oratoire. La morale même de la chaire, qui comprend une matière aussi vaste et aussi diversifiée que le sont les mœurs des hommes, roule sur les mêmes pivots, retrace les mêmes images, et se prescrit des bornes bien plus étroites que la satire : après l'invective commune contre les honneurs, les richesses et le plaisir, il ne reste plus à l'orateur qu'à courir à la fin de son discours et à congédier l'assemblée. Si quelquefois on pleure, si on est ému, après avoir fait attention au génie et au caractère de ceux qui font pleurer, peut-être conviendra-t-on que c'est la matière qui se prêche elle-même, et notre intérêt le plus capital qui se fait sentir; que c'est moins une véritable éloquence que la ferme poitrine du missionnaire qui nous ébranle et qui cause en nous ces mouvements. Enfin le prédicateur n'est point soutenu, comme l'avocat, par des faits toujours nouveaux, par de différents événements, par des aventures inouïes; il ne l'exerce point sur les questions douteuses, il ne fait point valoir les violentes conjectures et les présomptions, toutes choses néanmoins qui élèvent le génie, lui donnent de la force et de l'étendue, et qui contraignent bien moins l'éloquence qu'elles ne la fixent et ne la dirigent. Il doit au contraire tirer son discours d'une source commune, et où tout le monde puise; et s'il s'écarte de ces lieux communs, il n'est plus populaire, il est abstrait ou déclamateur, il ne prêche plus l'Évangile. Il n'a besoin que d'une noble simplicité, mais il faut l'atteindre; talent rare, et qui passe les forces du commun des hommes : ce qu'ils ont de génie, d'imagination, d'érudition et de mémoire ne leur sert souvent qu'à s'en éloigner. (ÉD. 5.)

La fonction de l'avocat est pénible, laborieuse, et suppose, dans celui qui l'exerce, un riche fonds et de grandes ressources; il n'est pas seulement chargé comme le prédicateur, d'un certain nombre d'oraisons composées avec loisir, récitées de mémoire, avec autorité, sans contradicteurs, et qui, avec de médiocres changements, lui font honneur plus d'une fois; il prononce de graves plaidoyers devant des juges qui peuvent lui imposer silence, et contre des adversaires qui l'interrompent; il doit être prêt sur la réplique, il parle en un même jour, dans divers tribunaux, de différentes affaires; sa maison n'est pas pour lui un lieu de repos et de retraite, ni un asile contre les plaideurs; elle est ouverte à tous ceux qui viennent l'accabler de leurs questions et de leurs doutes; il ne se met pas au lit, on ne l'essuie point, on ne lui prépare point des rafraîchissements, il ne se fait point dans sa chambre un concours de monde de tous les états et de tous les sexes, pour le féliciter sur l'agrément et sur la politesse de son langage, lui remettre l'esprit sur un endroit où il a couru risque de demeurer court, ou sur un scrupule qu'il a sur le chevet d'avoir plaidé moins vivement qu'à l'ordinaire. Il se délasse d'un long discours par de plus longs écrits, il ne fait que changer de travaux et de fatigues : j'ose dire qu'il est dans son genre ce qu'étaient dans le leur les premiers hommes apostoliques. (ÉD. 5.)

Quand on a ainsi distingué l'éloquence du barreau de la fonction de l'avocat, et l'éloquence de la chaire du ministère du prédicateur, on croit voir qu'il est plus aisé de prêcher que de plaider, et plus difficile de bien prêcher que de bien plaider. (ÉD. 5.)

27

Quel avantage n'a pas un discours prononcé sur un ouvrage qui est écrit! Les hommes sont les dupes de l'action et de la parole, comme de tout l'appareil de l'auditoire. Pour peu de prévention qu'ils aient en faveur de celui qui parle, ils l'admirent, et cherchent ensuite à le comprendre; avant qu'il ait commencé, ils s'écrient qu'il va bien faire; ils s'endorment bientôt, et, le discours fini, ils se réveillent pour dire qu'il a bien fait. On se passionne moins pour un auteur : son ouvrage eſt lu dans le loisir de la campagne, ou dans le silence du cabinet; il n'y a point de rendez-vous publics pour lui applaudir, encore moins de cabale pour lui sacrifier tous ses rivaux, et pour l'élever à la prélature; on lit son livre, quelque excellent qu'il soit, dans l'esprit de le trouver médiocre; on le feuillette, on le discute, on le confronte; ce ne sont pas des sons qui se perdent en l'air et qui s'oublient; ce qui eſt imprimé demeure imprimé. On l'attend quelquefois plusieurs jours avant l'impression pour le décrier, et le plaisir le plus délicat que l'on en tire vient de la critique que l'on en fait; on eſt piqué d'y trouver à chaque page des traits qui doivent plaire, on va même souvent jusques à appréhender d'en être diverti, et on ne quitte ce livre que parce qu'il eſt bon. Tout le monde ne se donne pas pour orateur : les phrases, les figures, le don de la mémoire, la robe ou l'engagement de celui qui prêche, ne sont pas des choses qu'on ose ou qu'on veuille toujours s'approprier. Chacun au contraire croit penser bien, et écrire encore mieux ce qu'il a pensé; il en eſt moins favorable à celui qui pense et qui écrit aussi bien que lui. En un mot le *sermonneur* eſt plus tôt évêque que le plus solide écrivain n'eſt revêtu d'un prieuré simple; et dans la diſtribution des grâces, de nouvelles sont accordées à celui-là, pendant que l'auteur grave se tient heureux d'avoir ses reſtes. (ÉD. 7.)

28

S'il arrive que les méchants vous haïssent et vous persécutent, les gens de bien vous conseillent de vous humilier devant Dieu, pour vous mettre en garde contre la vanité qui pourrait vous venir de déplaire à des gens de ce caractère; de même si certains hommes, sujets à se récrier sur le médiocre, désapprouvent un ouvrage que vous aurez écrit ou un discours que vous venez de prononcer en public, soit au barreau, soit dans la chaire, ou ailleurs, humiliez-vous : on ne peut guères être exposé à une tentation d'orgueil plus délicate et plus prochaine. (ÉD. 8.)

29

Il me semble qu'un prédicateur devrait faire choix dans chaque discours d'une vérité unique, mais capitale, terrible ou instructive, la manier à fond et l'épuiser; abandonner toutes ces divisions si recherchées, si retournées, si remaniées et si différenciées; ne point supposer ce qui est faux, je veux dire que le grand ou le beau monde sait sa religion et ses devoirs, et ne pas appréhender de faire, ou à ces bonnes têtes ou à ces esprits si raffinés, des catéchismes; ce temps si long que l'on use à composer un long ouvrage, l'employer à se rendre si maître de sa matière, que le tour et les expressions naissent dans l'action, et coulent de source; se livrer, après une certaine préparation, à son génie et aux mouvements qu'un grand sujet peut inspirer : qu'il pourrait enfin s'épargner ces prodigieux efforts de mémoire qui ressemblent mieux à une gageure qu'à une affaire sérieuse, qui corrompent le geste et défigurent le visage; jeter au contraire, par un bel enthousiasme, la persuasion dans les esprits et l'alarme dans le cœur, et toucher ses auditeurs d'une toute autre crainte que de celle de le voir demeurer court. (ÉD. 4.)

30

Que celui qui n'est pas encore assez parfait pour s'oublier soi-même dans le ministère de la parole sainte ne se décourage point par les règles austères qu'on lui prescrit, comme si elles lui ôtaient les moyens de faire montre de son esprit, et de monter aux dignités où il aspire : quel plus beau talent que celui de prêcher apostoliquement ? et quel autre mérite mieux un évêché[1] ? FÉNELON en était-il indigne ? aurait-il pu échapper au choix du Prince, que par un autre choix ? (ÉD. 4.)

DES ESPRITS FORTS

I

Les esprits forts savent-ils qu'on les appelle ainsi par ironie ? Quelle plus grande faiblesse que d'être incertains : quel est le principe de son être, de sa vie, de ses sens, de ses connaissances, et quelle en doit être la fin ? Quel découragement plus grand que de douter si son âme n'est point matière comme la pierre et le reptile, et si elle n'est point corruptible comme ces viles créatures ? N'y a-t-il pas plus de force et de grandeur à recevoir dans notre esprit l'idée d'un être supérieur à tous les êtres, qui les a tous faits, et à qui tous se doivent rapporter; d'un être souverainement parfait, qui est pur, qui n'a point commencé et qui ne peut finir, dont notre âme est l'image, et si j'ose dire, une portion, comme esprit et comme immortelle ?

2

Le docile et le faible sont susceptibles d'impressions : l'un en reçoit de bonnes, l'autre de mauvaises; c'est-à-dire que le premier est persuadé et fidèle, et que le second est entêté et corrompu; ainsi l'esprit docile admet la vraie religion, et l'esprit faible, ou n'en admet aucune, ou en admet une fausse. Or l'esprit fort ou n'a point de religion, ou se fait une religion; donc l'esprit fort, c'est l'esprit faible[1]. (ÉD. 6.)

3

J'appelle mondains, terrestres ou grossiers ceux dont l'esprit et le cœur sont attachés à une petite portion de ce monde qu'ils habitent, qui est la terre; qui n'estiment rien, qui n'aiment rien au delà : gens aussi limités que ce qu'ils appellent leurs possessions ou leur domaine, que l'on mesure, dont on compte les arpents, et dont on montre les bornes. Je ne m'étonne pas que des hommes qui s'appuient sur un atome chancellent dans les moindres efforts qu'ils font pour sonder la vérité, si avec des vues si courtes ils ne percent point à travers le ciel et les astres, jusques à Dieu même; si ne s'apercevant point ou de l'excellence de ce qui est esprit, ou de la dignité de l'âme, ils ressentent encore moins combien elle est difficile à assouvir, combien la terre entière est au-dessous d'elle, de quelle nécessité lui devient un être souverainement parfait, qui est Dieu, et quel besoin indispensable elle a d'une religion qui le lui indique, et qui lui en est une caution sûre. Je comprends au contraire fort aisément qu'il est naturel à de tels esprits de tomber dans l'incrédulité ou l'indifférence, et de faire servir Dieu et la religion à la politique, c'est-à-dire à l'ordre et à la décoration de ce monde, la seule chose selon eux qui mérite qu'on y pense. (ÉD. 5.)

4

Quelques-uns achèvent de se corrompre par de longs voyages, et perdent le peu de religion qui leur restait; ils voient de jour à autre un nouveau culte, diverses mœurs, diverses cérémonies; ils ressemblent à ceux qui entrent dans les magasins, indéterminés sur le choix des étoffes qu'ils veulent acheter : le grand nombre de celles qu'on leur montre les rend plus indifférents; elles ont chacune leur agrément et leur bienséance : ils ne se fixent point, ils sortent sans emplette. (ÉD. 5.)

5

Il y a des hommes qui attendent à être dévots et religieux, que tout le monde se déclare impie et libertin; ce sera alors le parti du vulgaire, ils sauront s'en dégager. La singularité leur plaît dans une matière si sérieuse et si profonde; ils ne suivent la mode et le train commun que dans les choses de rien et de nulle suite. Qui sait même s'ils n'ont pas déjà mis une sorte de bravoure et d'intrépidité à courir tout le risque de l'avenir? Il ne faut pas d'ailleurs que dans une certaine condition, avec une certaine étendue d'esprit et de certaines vues, l'on songe à croire comme les savants et le peuple. (ÉD. 5.)

6

L'on doute de Dieu dans une pleine santé, comme l'on doute que ce soit pécher que d'avoir un commerce avec une personne libre *(a)*. Quand l'on devient malade, et que l'hydropisie est formée, l'on quitte sa concubine, et l'on croit en Dieu.

7

Il faudrait s'éprouver et s'examiner très sérieusement, avant que de se déclarer esprit fort ou libertin, afin au moins, et selon ses principes, de finir comme l'on a vécu; ou si l'on ne se sent pas la force d'aller si loin, se résoudre de vivre comme l'on veut mourir.

8

Toute plaisanterie dans un homme mourant est hors de sa place; si elle roule sur de certains chapitres, elle est funeste. C'est une extrême misère que de donner à ses dépens à ceux que l'on laisse le plaisir d'un bon mot.

Dans quelque prévention où l'on puisse être sur ce qui doit suivre la mort, c'est une chose bien sérieuse que de mourir[1] : ce n'est point alors le badinage qui sied bien, mais la constance. (ÉD. 6.)

9

Il y a eu de tout temps de ces gens d'un bel esprit et

a. Une fille.

d'une agréable littérature, esclaves des grands, dont ils ont épousé le libertinage et porté le joug toute leur vie, contre leurs propres lumières et contre leur conscience. Ces hommes n'ont jamais vécu que pour d'autres hommes, et ils semblent les avoir regardés comme leur dernière fin[1]. Ils ont eu honte de se sauver à leurs yeux, de paraître tels qu'ils étaient peut-être dans le cœur, et ils se sont perdus par déférence ou par faiblesse. Y a-t-il donc sur la terre des grands assez grands, et des puissants assez puissants, pour mériter de nous que nous croyions et que nous vivions à leur gré, selon leur goût et leurs caprices, et que nous poussions la complaisance plus loin, en mourant non de la manière qui est la plus sûre pour nous, mais de celle qui leur plaît davantage?

10

J'exigerais de ceux qui vont contre le train commun et les grandes règles qu'ils sussent plus que les autres, qu'ils eussent des raisons claires, et de ces arguments qui emportent conviction.

11

Je voudrais voir un homme sobre, modéré, chaste, équitable, prononcer qu'il n'y a point de Dieu : il parlerait du moins sans intérêt; mais cet homme ne se trouve point.

12

J'aurais une extrême curiosité de voir celui qui serait persuadé que Dieu n'est point : il me dirait du moins la raison invincible qui a su le convaincre.

13

L'impossibilité où je suis de prouver que Dieu n'est pas me découvre son existence.

14

Dieu condamne et punit ceux qui l'offensent, seul juge en sa propre cause; ce qui répugne, s'il n'est lui-même la Justice et la Vérité, c'est-à-dire s'il n'est Dieu. (ÉD. 4.)

15

Je sens qu'il y a un Dieu, et je ne sens pas qu'il n'y en ait point; cela me suffit, tout le raisonnement du monde m'est inutile[1] : je conclus que Dieu existe. Cette conclusion est dans ma nature; j'en ai reçu les principes trop aisément dans mon enfance, et je les ai conservés depuis trop naturellement dans un âge plus avancé, pour les soupçonner de fausseté. — Mais il y a des esprits qui se défont de ces principes. — C'est une grande question s'il s'en trouve de tels; et quand il serait ainsi, cela prouve seulement qu'il y a des monstres.

16

L'athéisme n'est point. Les grands qui en sont le plus soupçonnés, sont trop paresseux pour décider en leur esprit que Dieu n'est pas; leur indolence va jusques à les rendre froids et indifférents sur cet article si capital, comme sur la nature de leur âme, et sur les conséquences d'une vraie religion; ils ne nient ces choses, ni ne les accordent; ils n'y pensent point.

17

Nous n'avons pas trop de toute notre santé, de toutes nos forces et de tout notre esprit pour penser aux hommes ou au plus petit intérêt : il semble au contraire que la bienséance et la coutume exigent de nous que nous ne pensions à Dieu que dans un état où il ne reste en nous qu'autant de raison qu'il faut pour ne pas dire qu'il n'y en a plus. (ÉD. 8.)

18

Un grand[1] croit s'évanouir, et il meurt; un autre grand périt insensiblement, et perd chaque jour quelque chose de soi-même avant qu'il soit éteint : formidables leçons, mais inutiles! Des circonstances si marquées et si sensiblement opposées ne se relèvent point et ne touchent personne : les hommes n'y ont pas plus d'attention qu'à une fleur qui se fane ou à une feuille qui tombe; ils envient les places qui demeurent vacantes, ou ils s'informent si elles sont remplies, et par qui. (ÉD. 7.)

19

Les hommes sont-ils assez bons, assez fidèles, assez équitables, pour mériter toute notre confiance, et ne nous pas faire désirer du moins que Dieu existât[2], à qui nous pussions appeler de leurs jugements et avoir recours quand nous en sommes persécutés ou trahis?

20

Si c'est le grand et le sublime de la religion qui éblouit ou qui confond les esprits forts, ils ne sont plus des esprits forts, mais de faibles génies et de petits esprits; et si c'est au contraire ce qu'il y a d'humble et de simple qui les rebute, ils sont à la vérité des esprits forts, et plus forts que tant de grands hommes si éclairés, si élevés, et néanmoins si fidèles, que les LÉONS, les BASILES, les JÉROMES, les AUGUSTINS. (ÉD. 4.)

21

« Un père de l'Église, un docteur de l'Église, quels noms! quelle tristesse dans leurs écrits! quelle sécheresse, quelle froide dévotion, et peut-être quelle scolastique! » disent ceux qui ne les ont jamais lus. Mais plutôt quel étonnement pour tous ceux qui se sont fait une idée des

Pères si éloignée de la vérité, s'ils voyaient dans leurs ouvrages plus de tour et de délicatesse, plus de politesse et d'esprit, plus de richesse d'expression et plus de force de raisonnement, des traits plus vifs et des grâces plus naturelles que l'on n'en remarque dans la plupart des livres de ce temps qui sont lus avec goût, qui donnent du nom et de la vanité à leurs auteurs! Quel plaisir d'aimer la religion, et de la voir crue, soutenue, expliquée par de si beaux génies et par de si solides esprits! surtout lorsque l'on vient à connaître que pour l'étendue de connaissance, pour la profondeur et la pénétration, pour les principes de la pure philosophie, pour leur application et leur développement, pour la justesse des conclusions, pour la dignité du discours, pour la beauté de la morale et des sentiments, il n'y a rien par exemple que l'on puisse comparer à S. AUGUSTIN, que PLATON et que CICÉRON. (ÉD. 4.)

22

L'homme est né menteur; la vérité est simple et ingénue, et il veut du spécieux et de l'ornement. Elle n'est pas à lui, elle vient du Ciel toute faite, pour ainsi dire, et dans toute sa perfection; et l'homme n'aime que son propre ouvrage, la fiction et la fable. Voyez le peuple : il controuve, il augmente, il charge par grossièreté et par sottise; demandez même au plus honnête homme s'il est toujours vrai dans ses discours, s'il ne se surprend pas quelquefois dans des déguisements où engagent nécessairement la vanité et la légèreté, si pour faire un meilleur conte, il ne lui échappe pas souvent d'ajouter à un fait qu'il récite une circonstance qui y manque. Une chose arrive aujourd'hui, et presque sous nos yeux : cent personnes qui l'ont vue la racontent en cent façons différentes; celui-ci, s'il est écouté, la dira encore d'une manière qui n'a pas été dite. Quelle créance donc pourrais-je donner à des faits qui sont anciens et éloignés de nous par plusieurs siècles? quel fondement dois-je faire sur les plus graves historiens? que devient l'histoire?

César a-t-il été massacré au milieu du sénat? y a-t-il eu un César? « Quelle conséquence! me dites-vous; quels doutes! quelle demande! » Vous riez, vous ne me jugez pas digne d'aucune réponse; et je crois même que vous avez raison. Je suppose néanmoins que le livre qui fait mention de César ne soit pas un livre profane, écrit de la main des hommes, qui sont menteurs, trouvé par hasard dans les bibliothèques parmi d'autres manuscrits qui contiennent des histoires vraies ou apocryphes; qu'au contraire il soit inspiré, saint, divin; qu'il porte en soi ces caractères [1]; qu'il se trouve depuis près de deux mil ans dans une société nombreuse qui n'a pas permis qu'on y ait fait pendant tout ce temps la moindre altération, et qui s'est fait une religion de le conserver dans toute son intégrité; qu'il y ait même un engagement religieux et indispensable d'avoir de la foi pour tous les faits contenus dans ce volume où il est parlé de César et de sa dictature : avouez-le, *Lucile,* vous douterez alors qu'il y ait eu un César. (ÉD. 7.)

23

Toute musique n'est pas propre à louer Dieu et à être entendue dans le sanctuaire; toute philosophie ne parle pas dignement de Dieu, de sa puissance, des principes de ses opérations et de ses mystères : plus cette philosophie est subtile et idéale, plus elle est vaine et inutile pour expliquer des choses qui ne demandent des hommes qu'un sens droit pour être connues jusques à un certain point, et qui au delà sont inexplicables. Vouloir rendre raison de Dieu, de ses perfections, et si j'ose ainsi parler, de ses actions [2], c'est aller plus loin que les anciens philosophes, que les Apôtres, que les premiers docteurs; mais ce n'est pas rencontrer si juste; c'est creuser longtemps et profondément, sans trouver les sources de la vérité. Dès qu'on a abandonné les termes de bonté, de miséricorde, de justice et de toute-puissance, qui donnent de Dieu de si hautes et de si aimables idées, quelque grand effort d'imagination qu'on puisse faire, il faut recevoir les expressions sèches, stériles, vides de sens, admettre les pensées creuses, écartées des notions communes, ou tout au plus les subtiles et les ingénieuses, et à mesure que l'on acquiert d'ouverture dans une nouvelle métaphysique, perdre un peu de sa religion. (ÉD. 4.)

24

Jusques où les hommes ne se portent-ils point par l'intérêt de la religion, dont ils sont si peu persuadés, et qu'ils pratiquent si mal! (ÉD. 4.)

25

Cette même religion que les hommes défendent avec chaleur et avec zèle contre ceux qui en ont une toute contraire, ils l'altèrent eux-mêmes dans leur esprit par des sentiments particuliers, ils y ajoutent et ils en retranchent mille choses souvent essentielles, selon ce qui leur convient, et ils demeurent fermes et inébranlables dans cette forme qu'ils lui ont donnée. Ainsi, à parler populairement, on peut dire d'une seule nation qu'elle vit sous un même culte, et qu'elle n'a qu'une seule religion; mais à parler exactement, il est vrai qu'elle en a plusieurs, et que chacun presque y a la sienne[1]. (ÉD. 4.)

26

Deux sortes de gens fleurissent dans les cours, et y dominent dans divers temps, les libertins et les hypocrites : ceux-là gaiement, ouvertement, sans art et sans dissimulation; ceux-ci finement, par des artifices, par la cabale. Cent fois plus épris de la fortune que les premiers, ils en sont jaloux jusques à l'excès; ils veulent la gouverner, la posséder seuls, la partager entr'eux et en exclure tout autre; dignités, charges, postes, bénéfices, pensions, honneurs, tout leur convient et ne convient qu'à eux; le reste des hommes en est indigne : ils ne comprennent point que sans leur attache on ait l'impudence de les espérer. Une troupe de masques entre dans un bal : ont-ils la main, ils dansent, ils se font danser les uns les autres, ils dansent encore, ils dansent toujours ; ils ne rendent la main à personne de l'assemblée, quelque digne qu'elle soit de leur attention : on languit, on sèche de les voir danser et de ne danser point : quelques-uns murmurent ; les plus sages prennent leur parti et s'en vont. (ÉD. 8.)

27

Il y a deux espèces de libertins : les libertins, ceux du moins qui croient l'être, et les hypocrites ou faux dévots, c'est-à-dire ceux qui ne veulent pas être crus libertins : les derniers dans ce genre-là sont les meilleurs. (ÉD. 8.)

Le faux dévot ou ne croit pas en Dieu, ou se moque de Dieu ; parlons de lui obligeamment : il ne croit pas en Dieu. (ÉD. 8.)

28

Si toute religion est une crainte respectueuse de la Divinité, que penser de ceux qui osent la blesser dans sa plus vive image, qui est le Prince ? (ÉD. 4.)

29

Si l'on nous assurait que le motif secret de l'ambassade des Siamois a été d'exciter le Roi Très-Chrétien à renoncer au christianisme, à permettre l'entrée de son royaume aux *Tulapoins,* qui eussent pénétré dans nos maisons pour persuader leur religion à nos femmes, à nos enfants et à nous-mêmes par leurs livres et par leurs entretiens, qui eussent élevé des *pagodes* au milieu des villes, où ils eussent placé des figures de métal pour être adorées, avec quelles risées et quel étrange mépris n'entendrions-nous pas des choses si extravagantes ! Nous faisons cependant six mille lieues de mer pour la conversion des Indes, des royaumes de Siam, de la Chine et du Japon, c'est-à-dire pour faire très sérieusement à tous ces peuples des propositions qui doivent leur paraître très folles et très ridicules. Ils supportent néanmoins nos religieux et nos prêtres; ils les écoutent quelquefois, leur laissent bâtir leurs églises et faire leurs missions. Qui fait cela en eux et en nous? ne serait-ce point la force de la vérité?

30

Il ne convient pas à toute sorte de personnes de lever l'étendard d'aumônier, et d'avoir tous les pauvres d'une ville assemblés à sa porte, qui y recoivent leurs portions. Qui ne sait pas au contraire des misères plus secrètes qu'il peut entreprendre de soulager, ou immédiatement et par ses secours, ou du moins par sa médiation! De même il n'est pas donné à tous de monter en chaire et d'y distribuer, en missionnaire ou en cathéchiste, la parole sainte; mais qui n'a pas quelquefois sous sa main un libertin à réduire, et à ramener, par de douces et insinuantes conversations, à la docilité? Quand on ne serait pendant sa vie que l'apôtre d'un seul homme, ce ne serait pas être en vain sur la terre, ni lui être un fardeau inutile. (ÉD. 5.)

31

Il y a deux mondes : l'un où l'on séjourne peu, et dont l'on doit sortir pour n'y plus rentrer; l'autre où l'on doit bientôt entrer pour n'en jamais sortir. La faveur, l'autorité, les amis, la haute réputation, les grands biens servent pour le premier monde; le mépris de toutes ces choses sert pour le second. Il s'agit de choisir.

32

Qui a vécu un seul jour a vécu un siècle : même soleil, même terre, même monde, mêmes sensations, rien ne ressemble mieux à aujourd'hui que demain. Il y aurait quelque curiosité à mourir, c'est-à-dire à n'être plus un corps, mais à être seulement esprit : l'homme cependant, impatient de la nouveauté, n'est point curieux sur ce seul article; né inquiet et qui s'ennuie de tout, il ne s'ennuie point de vivre; il consentirait peut-être à vivre toujours. Ce qu'il voit de la mort le frappe plus violemment que ce qu'il en sait : la maladie, la douleur, le cadavre le dégoûtent de la connaissance d'un autre monde. Il faut tout le sérieux de la religion pour le réduire.

33

Si Dieu avait donné le choix ou de mourir ou de toujours vivre, après avoir médité profondément ce que c'est que de ne voir nulle fin à la pauvreté, à la dépendance, à l'ennui, à la maladie, ou de n'essayer des richesses, de la grandeur, des plaisirs et de la santé, que pour les voir changer inviolablement et par la révolution des temps en leurs contraires, et être ainsi le jouet des biens et des maux, l'on ne saurait guères à quoi se résoudre. La nature nous fixe et nous ôte l'embarras de choisir; et la mort qu'elle nous rend nécessaire est encore adoucie par la religion.

34

Si ma religion était fausse, je l'avoue, voilà le piège le mieux dressé qu'il soit possible d'imaginer : il était inévitable de ne pas donner tout au travers, et de n'y être pas pris. Quelle majesté, quel éclat des mystères! quelle suite et quel enchaînement de toute la doctrine! quelle raison éminente! quelle candeur, quelle innocence de mœurs! quelle force invincible et accablante des témoignages rendus successivement et pendant trois siècles entiers par des millions de personnes les plus sages, les plus modérées qui fussent alors sur la terre, et que le sentiment d'une même vérité soutient dans l'exil, dans les fers, contre la vue de la mort et du dernier supplice! Prenez l'histoire, ouvrez, remontez jusques au commencement du monde, jusques à la veille de sa naissance : y a-t-il eu rien de semblable dans tous les temps ? Dieu même pouvait-il jamais mieux rencontrer pour me séduire ? par où échapper ? où aller, où me jeter, je ne dis pas pour trouver rien de meilleur, mais quelque chose qui en approche ? S'il faut périr, c'est par là que je veux périr ; il m'est plus doux de nier Dieu que de l'accorder avec une tromperie si spécieuse et si entière. Mais je l'ai approfondi, je ne puis être athée ; je suis donc ramené et entraîné dans ma religion ; c'en est fait. (ÉD. 5.)

35

La religion est vraie, ou elle est fausse : si elle n'est qu'une vaine fiction, voilà, si l'on veut, soixante années perdues pour l'homme de bien, pour le chartreux ou le solitaire : ils ne courent pas un autre risque. Mais si elle est fondée sur la vérité même, c'est alors un épouvantable malheur pour l'homme vicieux : l'idée seule des maux qu'il se prépare me trouble l'imagination ; la pensée est trop faible pour les concevoir, et les paroles trop vaines pour les exprimer. Certes, en supposant même dans le monde moins de certitude qu'il ne s'en trouve en effet sur la vérité de la religion, il n'y a point pour l'homme un meilleur parti que la vertu.

36

Je ne sais si ceux qui osent nier Dieu méritent qu'on s'efforce de le leur prouver, et qu'on les traite plus sérieusement que l'on a fait dans ce chapitre : l'ignorance, qui est leur caractère, les rend incapables des principes les plus clairs et des raisonnements les mieux suivis. Je consens néanmoins qu'ils lisent celui que je vais faire, pourvu qu'ils ne se persuadent pas que c'est tout ce que l'on pouvait dire sur une vérité si éclatante.

Il y a quarante ans que je n'étais point, et qu'il n'était pas en moi de pouvoir jamais être, comme il ne dépend pas de moi, qui suis une fois, de n'être plus ; j'ai donc commencé, et je continue d'être par quelque chose qui est hors de moi, qui durera après moi, qui est meilleur et plus puissant que moi : si ce quelque chose n'est pas Dieu, qu'on me dise ce que c'est.

Peut-être que moi qui existe n'existe ainsi que par la force d'une nature universelle, qui a toujours été telle que nous la voyons, en remontant jusques à l'infinité des temps *(a)*. Mais cette nature, ou elle est seulement esprit, et c'est Dieu; ou elle est matière, et ne peut par conséquent avoir créé mon esprit; ou elle est un composé de matière et d'esprit, et alors ce qui est esprit dans la nature, je l'appelle Dieu.

Peut-être aussi que ce que j'appelle mon esprit n'est qu'une portion de matière qui existe par la force d'une nature universelle qui est aussi matière, qui a toujours été, et qui sera toujours telle que nous la voyons, et qui n'est point Dieu *(b)*. Mais du moins faut-il m'accorder que ce que j'appelle mon esprit, quelque chose que ce puisse être, est une chose qui pense, et que s'il est matière, il est nécessairement une matière qui pense; car l'on ne me persuadera point qu'il n'y ait pas en moi quelque chose qui pense pendant que je fais ce raisonnement. Or ce quelque chose qui est en moi et qui pense, s'il doit son être et sa conversation à une nature universelle qui a toujours été et qui sera toujours, laquelle il reconnaisse comme sa cause, il faut indispensablement que ce soit à une nature universelle ou qui pense, ou qui soit plus noble et plus parfaite que ce qui pense; et si cette nature ainsi faite est matière, l'on doit encore conclure que c'est une matière universelle qui pense, ou qui est plus noble et plus parfaite que ce qui pense.

Je continue et je dis : cette matière telle qu'elle vient d'être supposée, si elle n'est pas un être chimérique, mais réel, n'est pas aussi imperceptible à tous les sens; et si elle ne se découvre pas par elle-même, on la connaît du

---

a. Objection au système des libertins.
b. Instance des libertins.

moins dans le divers arrangement de ses parties qui constitue les corps, et qui en fait la différence : elle eſt donc elle-même tous ces différents corps; et comme elle eſt une matière qui pense selon la supposition, ou qui vaut mieux que ce qui pense, il s'ensuit qu'elle eſt telle du moins selon quelques-uns de ces corps, et par une suite nécessaire, selon tous ces corps, c'eſt-à-dire qu'elle pense dans les pierres, dans les métaux, dans les mers, dans la terre, dans moi-même, qui ne suis qu'un corps, comme dans toutes les autres parties qui la composent. C'eſt donc à l'assemblage de ces parties si terreſtres, si grossières, si corporelles, qui toutes ensemble sont la matière universelle ou ce monde visible, que je dois ce quelque chose qui eſt en moi, qui pense, et que j'appelle mon esprit : ce qui eſt absurde.

Si au contraire cette nature universelle, quelque chose que ce puisse être, ne peut pas être tous ces corps, ni aucun de ces corps, il suit de là qu'elle n'eſt point matière, ni perceptible par aucun des sens; si cependant elle pense, ou si elle eſt plus parfaite que ce qui pense, je conclus encore qu'elle eſt esprit, ou un être meilleur et plus accompli que ce qui eſt esprit. Si d'ailleurs il ne reſte plus à ce qui pense en moi, et que j'appelle mon esprit, que cette nature universelle à laquelle il puisse remonter pour rencontrer sa première cause et son unique origine, parce qu'il ne trouve point son principe en soi, et qu'il le trouve encore moins dans la matière, ainsi qu'il a été démontré, alors je ne dispute point des noms; mais cette source originaire de tout esprit, qui eſt esprit elle-même, et qui eſt plus excellente que tout esprit, je l'appelle Dieu.

En un mot je pense, donc Dieu exiſte; car ce qui pense en moi, je ne le dois point à moi-même, parce qu'il n'a pas plus dépendu de moi de me le donner une première fois, qu'il dépend encore de moi de me le conserver un seul inſtant. Je ne le dois point à un être qui soit au-dessus de moi et qui soit matière, puisqu'il eſt impossible que la matière soit au-dessus de ce qui pense : je le dois donc à un être qui eſt au-dessus de moi et qui n'eſt point matière; et c'eſt Dieu.

37

De ce qu'une nature universelle qui pense exclut de soi généralement tout ce qui eſt matière, il suit nécessairement qu'un être particulier qui pense ne peut pas aussi admettre en soi la moindre matière; car bien qu'un être universel qui pense renferme dans son idée infiniment plus de grandeur, de puissance, d'indépendance et de capacité, qu'un être particulier qui pense, il ne renferme pas néanmoins une plus grande exclusion de matière, puisque cette exclusion dans l'un et l'autre de ces deux êtres eſt aussi grande qu'elle peut être et comme infinie, et qu'il eſt autant impossible que ce qui pense en moi soit matière, qu'il eſt inconcevable que Dieu soit matière : ainsi comme Dieu eſt esprit, mon âme aussi eſt esprit.

38

Je ne sais point si le chien choisit, s'il se ressouvient, s'il affeɕtionne, s'il craint, s'il imagine, s'il pense : quand donc l'on me dit que toutes ces choses ne sont en lui ni passions, ni sentiment, mais l'effet naturel et nécessaire de la disposition de sa machine préparée par le divers arrangement des parties de la matière, je puis au moins acquiescer à cette doɕtrine[1]. Mais je pense, et je suis certain que je pense : or quelle proportion y a-t-il de tel ou de tel arrangement des parties de la matière, c'eſt-à-dire d'une étendue selon toutes ses dimensions, qui eſt longue, large et profonde, et qui eſt divisible dans tous ces sens, avec ce qui pense?

39

Si tout eſt matière, et si la pensée en moi, comme dans tous les autres hommes, n'eſt qu'un effet de l'arrangement des parties de la matière, qui a mis dans le monde toute autre idée que celle des choses matérielles ? La matière a-t-elle dans son fond une idée aussi pure, aussi simple, aussi immatérielle qu'est celle de l'esprit ? Comment peut-elle être le principe de ce qui la nie et l'exclut de son propre être ? Comment est-elle dans l'homme ce qui pense, c'est-à-dire ce qui est à l'homme même une conviction qu'il n'est point matière ?

40

Il y a des êtres qui durent peu, parce qu'ils sont composés de choses très différentes et qui se nuisent réciproquement. Il y en a d'autres qui durent davantage, parce qu'ils sont plus simples ; mais ils périssent parce qu'ils ne laissent pas d'avoir des parties selon lesquelles ils peuvent être divisés. Ce qui pense en moi doit durer beaucoup, parce que c'est un être pur, exempt de tout mélange et de toute composition ; et il n'y a pas de raison qu'il doive périr, car qui peut corrompre ou séparer un être simple et qui n'a point de parties ?

41

L'âme voit la couleur par l'organe de l'œil, et entend les sons par l'organe de l'oreille ; mais elle peut cesser de voir ou d'entendre, quand ces sens ou ces objets lui manquent, sans que pour cela elle cesse d'être, parce que l'âme n'est point précisément ce qui voit la couleur, ou ce qui entend les sons : elle n'est que ce qui pense[1]. Or comment peut-elle cesser d'être telle ? Ce n'est point par le défaut d'organe, puisqu'il est prouvé qu'elle n'est point matière ; ni par le défaut d'objet, tant qu'il y aura un Dieu et d'éternelles vérités : elle est donc incorruptible.

42

Je ne conçois point qu'une âme que Dieu a voulu remplir de l'idée de son être infini, et souverainement parfait, doive être anéantie.

43

Voyez, *Lucile,* ce morceau de terre, plus propre et plus orné que les autres terres qui lui sont contiguës; ici ce sont des compartiments mêlés d'eaux plates et d'eaux jaillissantes, là des allées en palissade qui n'ont pas de fin et qui vous couvrent des vents du nord; d'un côté c'est un bois épais qui défend de tous les soleils, et d'un autre un beau point de vue; plus bas, une Yvette ou un Lignon, qui coulait obscurément entre les saules et les peupliers, est devenu un canal qui est revêtu; ailleurs de longues et fraîches avenues se perdent dans la campagne, et annoncent la maison, qui est entourée d'eau. Vous récrierez-vous : « Quel jeu du hasard! combien de belles choses se sont rencontrées ensemble inopinément! » Non sans doute; vous direz au contraire : « Cela est bien imaginé et bien ordonné; il règne ici un bon goût et beaucoup d'intelligence. » Je parlerai comme vous, et j'ajouterai que ce doit être la demeure de quelqu'un de ces gens chez qui un NAUTRE va tracer et prendre des alignements dès le jour même qu'ils sont en place. Qu'est-ce pourtant que cette pièce de terre ainsi disposée, et où tout l'art d'un ouvrier habile a été employé pour l'embellir, si même toute la terre n'est qu'un atome suspendu en l'air, et si vous écoutez ce que je vais dire? (ÉD. 7.)

Vous êtes placé, ô Lucile, quelque part sur cet atome : il faut donc que vous soyez bien petit, car vous n'y occupez pas une grande place; cependant vous avez des yeux, qui sont deux points imperceptibles; ne laissez pas de les ouvrir vers le ciel : qu'y apercevez-vous quelquefois? La lune dans son plein? Elle est belle alors et fort lumineuse, quoique sa lumière ne soit que la réflexion de celle du soleil; elle paraît grande comme le soleil, plus grande que les autres planètes, et qu'aucune des étoiles; mais ne vous laissez pas tromper par les dehors : il n'y a rien au ciel de si petit que la lune; sa superficie est treize fois plus petite que celle de la terre, sa solidité quarante-huit fois, et son diamètre, de sept cent cinquante lieues, n'est que le quart de celui de la terre : aussi eſt-il vrai qu'il n'y a que son voisinage qui lui donne une si grande apparence, puisqu'elle n'eſt guères plus éloignée de nous que de trente fois le diamètre de la terre, ou que sa diſtance n'eſt que de cent mille lieues. Elle n'a presque pas même de chemin à faire en comparaison du vaſte tour que le soleil fait dans les espaces du ciel; car il eſt certain qu'elle n'achève par jour que cinq cent quarante mille lieues : ce n'eſt par heure que vingt-deux mille cinq cents lieues, et trois cent soixante et quinze lieues dans une minute. Il faut néanmoins, pour accomplir cette course, qu'elle aille cinq mille six cent fois plus vite qu'un cheval de poſte qui ferait quatre lieues par heure, qu'elle vole quatre-vingts fois plus légèrement que le son, que le bruit par exemple du canon et du tonnerre, qui parcourt en une heure deux cent soixante et dix-sept lieues. (ÉD, 7.)

Mais quelle comparaison de la lune au soleil pour la grandeur, pour l'éloignement, pour la course! Vous verrez qu'il n'y en a aucune. Souvenez-vous seulement du diamètre de la terre, il eſt de trois mille lieues; celui du soleil eſt cent fois plus grand, il eſt donc de trois cent mille lieues. Si c'eſt là sa largeur en tout sens, quelle peut être toute sa superficie! quelle eſt sa solidité! Comprenez-vous bien cette étendue, et qu'un million de terres comme la nôtre ne seraient toutes ensemble pas plus grosses que le soleil? « Quel eſt donc, direz-vous, son éloignement, si l'on en juge par son apparence! » Vous avez raison, il eſt prodigieux; il eſt démontré qu'il ne peut pas y avoir de la terre au soleil moins de dix mille diamètres de la terre, autrement moins de trente millions de lieues : peut-être y a-t-il quatre fois, six fois, dix fois plus loin; on n'a aucune méthode pour déterminer cette diſtance. (ÉD. 7.)

Pour aider seulement votre imagination à se la représenter, supposons une meule de moulin qui tombe du soleil sur la terre; donnons-lui la plus grande vitesse qu'elle soit capable d'avoir, celle même que n'ont pas les corps tombant de fort haut; supposons encore qu'elle conserve toujours cette même vitesse, sans en acquérir et sans en perdre; qu'elle parcoure quinze toises par chaque seconde de temps, c'eſt-à-dire la moitié de l'élévation des plus hautes tours, et ainsi neuf cents toises en une minute; passons-lui mille toises en une minute, pour une plus grande facilité; mille toises font une demi-lieue commune; ainsi en deux minutes la meule fera une lieue, et en une heure elle en fera trente, et en un jour elle fera sept cent vingt lieues : or elle a trente millions à traverser avant que d'arriver à terre; il lui faudra donc quarante-un mille six cent soixante et six jours, qui sont plus de cent quatorze années, pour faire ce voyage. Ne vous effrayez pas, Lucile, écoutez-moi : la diſtance de la terre à Saturne eſt au moins décuple de celle de la terre au soleil; c'eſt vous dire qu'elle ne peut être moindre que de trois cents millions de lieues, et que cette pierre emploierait plus d'onze cent quarante ans pour tomber de Saturne en terre. (ÉD. 7.)

Par cette élévation de Saturne, élevez vous-même, si vous le pouvez, votre imagination à concevoir quelle doit être l'immensité du chemin qu'il parcourt chaque jour au-dessus de nos têtes : le cercle que Saturne décrit a plus de six cents millions de lieues de diamètre, et par conséquent plus de dix-huit cents millions de lieues de circonférence; un cheval anglais qui ferait dix lieues par heure n'aurait à courir que vingt mille cinq cent quarante-huit ans pour faire ce tour. (ÉD. 7.)

Je n'ai pas tout dit, ô Lucile, sur le miracle de ce monde visible, ou, comme vous parlez quelquefois, sur les merveilles du hasard, que vous admettez seul pour la cause première de toutes choses. Il eſt encore un ouvrier plus admirable que vous ne pensez : connaissez le hasard, laissez-vous inſtruire de toute la puissance de votre Dieu. Savez-vous que cette diſtance de trente millions de lieues qu'il y a de la terre au soleil, et celle de trois cents millions de lieues de la terre à Saturne, sont si peu de chose, comparées à l'éloignement qu'il y a de la terre aux étoiles, que ce n'eſt pas même s'énoncer assez juſte que de se servir, sur le sujet de ces diſtances, du terme de comparaison?

Quelle proportion, à la vérité, de ce qui se mesure, quelque grand qu'il puisse être, avec ce qui ne se mesure pas? On ne connaît point la hauteur d'une étoile; elle est, si j'ose ainsi parler, *immensurable;* il n'y a plus ni angles, ni sinus, ni parallaxes dont on puisse s'aider. Si un homme observait à Paris une étoile fixe, et qu'un autre la regardât du Japon, les deux lignes qui partiraient de leurs yeux pour aboutir jusques à cet astre ne feraient pas un angle, et se confondraient en une seule et même ligne, tant la terre entière n'est pas espace par rapport à cet éloignement. Mais les étoiles ont cela de commun avec Saturne et avec le soleil : il faut dire quelque chose de plus. Si deux observateurs, l'un sur la terre et l'autre dans le soleil, observaient en même temps une étoile, les deux rayons visuels de ces deux observateurs ne formeraient point d'angle sensible. Pour concevoir la chose autrement, si un homme était situé dans une étoile, notre soleil, notre terre, et les trente millions de lieues qui les séparent, lui paraîtraient un même point : cela est démontré. (ÉD. 7.)

On ne sait pas aussi la distance d'une étoile d'avec une autre étoile, quelques voisines qu'elles nous paraissent. Les Pléiades se touchent presque, à en juger par nos yeux : une étoile paraît assise sur l'une de celles qui forment la queue de la grande Ourse; à peine la vue peut-elle atteindre à discerner la partie du ciel qui les sépare, c'est comme une étoile qui paraît double. Si cependant tout l'art des astronomes est inutile pour en marquer la distance, que doit-on penser de l'éloignement de deux étoiles qui en effet paraissent éloignées l'une de l'autre, et à plus forte raison des deux polaires? Quelle est donc l'immensité de la ligne qui passe d'une polaire à l'autre? et que sera-ce que le cercle dont cette ligne est le diamètre? Mais n'est-ce pas quelque chose de plus que de sonder les abîmes, que de vouloir imaginer la solidité du globe, dont ce cercle n'est qu'une section? Serons-nous encore surpris que ces mêmes étoiles, si démesurées dans leur grandeur, ne nous paraissent néanmoins que comme des étincelles? N'admirerons-nous pas plutôt que d'une hauteur si prodigieuse elles puissent conserver une certaine apparence, et qu'on ne les perde pas toutes de vue ? Il n'eﬆ pas aussi imaginable combien il nous en échappe. On fixe le nombre des étoiles : oui, de celles qui sont apparentes ; le moyen de compter celles qu'on n'aperçoit point, celles par exemple qui composent la voie de lait, cette trace lumineuse qu'on remarque au ciel dans une nuit sereine, du nord au midi, et qui par leur extraordinaire élévation, ne pouvant percer jusques à nos yeux pour être vues chacune en particulier, ne font au plus que blanchir cette route des cieux où elles sont placées ? (ÉD. 7.)

Me voilà donc sur la terre comme sur un grain de sable qui ne tient à rien, et qui eﬆ suspendu au milieu des airs : un nombre presque infini [1] de globes de feu, d'une grandeur inexprimable et qui confond l'imagination, d'une hauteur qui surpasse nos conceptions, tournent, roulent autour de ce grain de sable, et traversent chaque jour, depuis plus de six mille ans, les vaﬆes et immenses espaces des cieux. Voulez-vous un autre syﬆème, et qui ne diminue rien du merveilleux ? La terre elle-même eﬆ emportée avec une rapidité inconcevable autour du soleil, le centre de l'univers. Je me les représente tous ces globes, ces corps effroyables qui sont en marche ; ils ne s'embarrassent point l'un l'autre, ils ne se choquent point, ils ne se dérangent point : si le plus petit d'eux tous venait à se démentir et à rencontrer la terre, que deviendrait la terre ? Tous au contraire sont en leur place, demeurent dans l'ordre qui leur eﬆ prescrit, suivent la route qui leur eﬆ marquée, et si paisiblement à notre égard que personne n'a l'oreille assez fine pour les entendre marcher, et que le vulgaire ne sait pas s'ils sont au monde. Ô économie merveilleuse du hasard ! l'intelligence même pourrait-elle mieux réussir ? Une seule chose, Lucile, me fait de la peine : ces grands corps sont si précis et si conﬆants dans leur marche, dans leurs révolutions et dans tous leurs rapports, qu'un petit animal relégué en un coin de cet espace immense qu'on appelle le monde, après les avoir observés, s'eſt fait une méthode infaillible de prédire à quel point de leur course tous ces aſtres se trouveront d'aujourd'hui en deux, en quatre, en vingt mille ans. Voilà mon scrupule, Lucile; si c'eſt par hasard qu'ils observent des règles si invariables, qu'eſt-ce l'ordre? qu'eſt-ce que la règle? (ÉD. 7.)

Je vous demanderai même ce que c'eſt que le hasard : eſt-il corps? eſt-il esprit? eſt-ce un être diſtingué des autres êtres, qui ait son exiſtence particulière, qui soit quelque part? ou plutôt n'eſt-ce pas un mode, ou une façon d'être? Quand une boule rencontre une pierre, l'on dit : « c'eſt un hasard »; mais eſt-ce autre chose que ces deux corps qui se choquent fortuitement? Si par ce hasard ou cette rencontre la boule ne va plus droit, mais obliquement; si son mouvement n'eſt plus direct, mais réfléchi; si elle ne roule plus sur son axe, mais qu'elle tournoie et qu'elle pirouette, conclurai-je que c'eſt par ce même hasard qu'en général la boule eſt en mouvement? ne soupçonnerai-je pas plus volontiers qu'elle se meut ou de soi-même, ou par l'impulsion du bras qui l'a jetée? Et parce que les roues d'une pendule sont déterminées l'une par l'autre à un mouvement circulaire d'une telle ou telle vitesse, examiné-je moins curieusement quelle peut être la cause de tous ces mouvements, s'ils se font d'eux-mêmes ou par la force mouvante d'un poids qui les emporte? Mais ni ces roues, ni cette boule n'ont pu se donner le mouvement d'eux-mêmes, ou ne l'ont point par leur nature, s'ils peuvent le perdre sans changer de nature : il y a donc apparence qu'ils sont mus d'ailleurs, et par une puissance qui leur eſt étrangère. Et les corps céleſtes, s'ils venaient à perdre leur mouvement, changeraient-ils de nature? seraient-ils moins des corps? Je ne me l'imagine pas ainsi; ils se meuvent cependant, et ce n'eſt point d'eux-mêmes et par la nature. Il faudrait donc chercher, ô Lucile, s'il n'y a point hors d'eux un principe qui les fait mouvoir; qui que vous trouviez, je l'appelle Dieu. (ÉD. 7.)

Si nous supposions que ces grands corps sont sans

mouvement, on ne demanderait plus, à la vérité, qui les met en mouvement, mais on serait toujours reçu à demander qui a fait ces corps, comme on peut s'informer qui a fait ces roues ou cette boule; et quand chacun de ces grands corps serait supposé un amas fortuit d'atomes qui se sont liés et enchaînés ensemble par la figure et la conformation de leurs parties, je prendrais un de ces atomes et je dirais : qui a créé cet atome? est-il matière? est-il intelligence? a-t-il eu quelque idée de soi-même, avant que de se faire soi-même? il était donc un moment avant que d'être; il était et il n'était pas tout à la fois; et s'il est auteur de son être et de sa manière d'être, pourquoi s'est-il fait corps plutôt qu'esprit? Bien plus, cet atome n'a-t-il point commencé? est-il éternel? est-il infini? Ferez-vous un Dieu de cet atome? (ÉD. 7.)

44

Le ciron a des yeux, il se détourne à la rencontre des objets qui lui pourraient nuire; quand on le met sur de l'ébène pour le mieux remarquer, si, dans le temps qu'il marche vers un côté, on lui présente le moindre fétu, il change de route : est-ce un jeu du hasard que son cristallin, sa rétine et son nerf optique? (ÉD. 7.)

L'on voit dans une goutte d'eau que le poivre qu'on y a mis tremper a altérée, un nombre presque innombrable de petits animaux, dont le microscope nous fait apercevoir la figure, et qui se meuvent avec une rapidité incroyable comme autant de monstres dans une vaste mer; chacun de ces animaux est plus petit mille fois qu'un ciron, et néanmoins c'est un corps qui vit, qui se nourrit, qui croît, qui doit avoir des muscles, des vaisseaux équivalents aux veines, aux nerfs, aux artères, et un cerveau pour distribuer les esprits animaux. (ÉD. 7.)

Une tache de moisissure de la grandeur d'un grain de sable paraît dans le microscope comme un amas de plusieurs plantes très distinctes, dont les unes ont des fleurs, les autres des fruits; il y en a qui n'ont que des boutons à demi ouverts; il y en a quelques-unes qui sont fanées : de quelle étrange petitesse doivent être les racines et les filtres qui séparent les aliments de ces petites plantes! Et si l'on vient à considérer que ces plantes ont leurs graines, ainsi que les chênes et les pins, et que ces petits animaux dont je viens de parler se multiplient par voie de génération, comme les éléphants et les baleines, où cela ne mène-t-il point? Qui a su travailler à des ouvrages si délicats, si fins, qui échappent à la vue des hommes, et qui tiennent de l'infini comme les cieux, bien que dans l'autre extrémité? Ne serait-ce point celui qui a fait les cieux, les astres, ces masses énormes, épouvantables par leur grandeur, par leur élévation, par la rapidité et l'étendue de leur course, et qui se joue de les faire mouvoir? (ÉD. 7.)

45

Il est de fait que l'homme jouit du soleil, des astres, des cieux et de leurs influences, comme il jouit de l'air qu'il respire, et de la terre sur laquelle il marche et qui le soutient; et s'il fallait ajouter à la certitude d'un fait la convenance ou la vraisemblance, elle y est toute entière, puisque les cieux et tout ce qu'ils contiennent ne peuvent pas entrer en comparaison, pour la noblesse et la dignité, avec le moindre des hommes qui sont sur la terre, et que la proportion qui se trouve entr'eux et lui est celle de la matière incapable de sentiment, qui est seulement une étendue selon trois dimensions, à ce qui est esprit, raison, ou intelligence. Si l'on dit que l'homme aurait pu se passer à moins [1] pour sa conservation, je réponds que Dieu ne pouvait moins faire pour étaler son pouvoir, sa bonté et sa magnificence, puisque [2], quelque chose que nous voyions qu'il ait fait, il pouvait faire infiniment davantage. (ÉD. 7.)

Le monde entier, s'il est fait pour l'homme, est littéralement la moindre chose que Dieu ait fait pour l'homme : la preuve s'en tire du fond de la religion. Ce n'est donc [3] ni vanité ni présomption à l'homme de se rendre sur ses avantages à la force de la vérité; ce serait en lui stupidité et aveuglement de ne pas se laisser convaincre par l'enchaînement des preuves dont la religion se sert pour lui faire connaître ses privilèges, ses ressources, ses espérances, pour lui apprendre ce qu'il est et ce qu'il peut devenir. — Mais la lune est habitée; il n'est pas du moins impossible qu'elle le soit. — Que parlez-vous, Lucile, de la lune, et à quel propos? En supposant Dieu, quelle est en effet la chose impossible? Vous demandez peut-être si nous sommes les seuls dans l'univers que Dieu ait si bien traités; s'il n'y a point dans la lune ou d'autres hommes, ou d'autres créatures que Dieu ait aussi favorisées? Vaine curiosité! frivole demande! La terre, Lucile, est habitée; nous l'habitons, et nous savons que nous l'habitons; nous avons nos preuves, notre évidence, nos convictions sur tout ce que nous devons penser de Dieu et de nous-mêmes : que ceux qui peuplent des globes célestes, quels qu'ils puissent être, s'inquiètent pour eux-mêmes; ils ont leurs soins, et nous les nôtres. Vous avez, Lucile, observé la lune; vous avez reconnu ses taches, ses abîmes, ses inégalités, sa hauteur, son étendue, son cours, ses éclipses : tous les astronomes n'ont pas été plus loin. Imaginez de nouveaux instruments, observez-la avec plus d'exactitude : voyez-vous qu'elle soit peuplée, et de quels animaux? ressemblent-ils aux hommes? sont-ce des hommes? Laissez-moi voir après vous; et si nous sommes convaincus l'un et l'autre que des hommes habitent la lune, examinons alors s'ils sont chrétiens, et si Dieu a partagé ses faveurs entr'eux et nous. (ÉD. 7.)

46

Tout est grand et admirable dans la nature; il ne s'y voit rien qui ne soit marqué au coin de l'ouvrier; ce qui s'y voit quelquefois d'irrégulier et d'imparfait suppose règle et perfection [1]. Homme vain et présomptueux! faites un vermisseau que vous foulez aux pieds, que vous méprisez; vous avez horreur du crapaud, faites un crapaud, s'il eſt possible. Quel excellent maître que celui qui fait des ouvrages, je ne dis pas que les hommes admirent, mais qu'ils craignent! Je ne vous demande pas de vous mettre à votre atelier pour faire un homme d'esprit, un homme bien fait, une belle femme : l'entreprise eſt forte et au-dessus de vous; essayez seulement de faire un bossu, un fou, un monſtre, je suis content. (ÉD. 8.)

Rois, Monarques, Potentats, sacrées Majeſtés! vous ai-je nommés par tous vos superbes noms? Grands de la terre, très hauts, très puissants, et peut-être bientôt *tout-puissants Seigneurs !* nous autres hommes nous avons besoin pour nos moissons d'un peu de pluie, de quelque chose de moins, d'un peu de rosée : faites de la rosée, envoyez sur la terre une goutte d'eau. (ÉD. 8.)

L'ordre, la décoration, les effets de la nature sont populaires; les causes, les principes ne le sont point. Demandez à une femme comment un bel œil n'a qu'à s'ouvrir pour voir, demandez-le à un homme docte. (ÉD. 8.)

47

Plusieurs millions d'années, plusieurs centaines de millions d'années, en un mot tous les temps ne sont qu'un inſtant, comparés à la durée de Dieu, qui eſt éternelle; tous les espaces du monde entier ne sont qu'un point, qu'un léger atome, comparés à son immensité. S'il eſt ainsi, comme je l'avance, car quelle proportion du fini à l'infini [1]? je demande : qu'eſt-ce que le cours de la vie d'un homme, qu'eſt-ce qu'un grain de poussière qu'on appelle la terre, qu'eſt-ce qu'une petite portion de cette terre que l'homme possède et qu'il habite? — Les méchants prospèrent pendant qu'ils vivent. — Quelques méchants, je l'avoue. — La vertu eſt opprimée, et le crime impuni sur la terre. — Quelquefois, j'en conviens. — C'eſt une injuſtice. — Point du tout : il faudrait, pour tirer cette conclusion, avoir prouvé qu'absolument les méchants sont heureux, que la vertu ne l'eſt pas, et que le crime demeure impuni; il faudrait du moins que ce peu de temps où les bons souffrent et où les méchants prospèrent eût une durée, et que ce que nous appelons prospérité et fortune ne fût pas une apparence fausse et une ombre vaine qui s'évanouit; que cette terre, cet atome, où il paraît que la vertu et le crime rencontrent si rarement ce qui leur est dû, fût le seul endroit de la scène où se doivent passer la punition et les récompenses. (ÉD. 7.)

De ce que je pense, je n'infère pas plus clairement que je suis esprit, que je conclus de ce que je fais, ou ne fais point selon qu'il me plaît, que je suis libre : or liberté, c'est choix, autrement une détermination volontaire au bien ou au mal, et ainsi une action bonne ou mauvaise, et ce qu'on appelle vertu ou crime. Que le crime absolument soit impuni, il est vrai, c'est injustice; qu'il le soit sur la terre, c'est un mystère. Supposons pourtant avec l'athée que c'est injustice : toute injustice est une négation ou une privation de justice; donc toute injustice suppose justice[1]; toute justice est une conformité à une souveraine raison : je demande, en effet, quand il n'a pas été raisonnable que le crime soit puni, à moins qu'on ne dise que c'est quand le triangle avait moins de trois angles; or toute conformité à la raison est une vérité; cette conformité, comme il vient d'être dit, a toujours été; elle est donc de celles que l'on appelle des éternelles vérités. Cette vérité, d'ailleurs, ou n'est point et ne peut être, ou elle est l'objet d'une connaissance; elle est donc[2] éternelle, cette connaissance, et c'est Dieu. (ÉD. 7.)

Les dénouements qui découvrent les crimes les plus cachés, et où la précaution des coupables pour les dérober aux yeux des hommes a été plus grande, paraissent si simples et si faciles qu'il semble qu'il n'y ait que Dieu seul qui puisse en être l'auteur[3]; et les faits d'ailleurs que l'on en rapporte sont en si grand nombre, que s'il plaît à quelques-uns de les attribuer à de purs hasards, il faut donc qu'ils soutiennent que le hasard, de tout temps, a passé en coutume. (ÉD. 7.)

48

Si vous faites cette supposition, que tous les hommes qui peuplent la terre sans exception soient chacun dans l'abondance, et que rien ne leur manque, j'infère de là que nul homme qui est sur la terre n'est dans l'abondance, et que tout lui manque. Il n'y a que deux sortes de richesses, et auxquelles les autres se réduisent, l'argent et les terres : si tous sont riches, qui cultivera les terres, et qui fouillera les mines ? Ceux qui sont éloignés des mines ne les fouilleront pas, ni ceux qui habitent des terres incultes et minérales ne pourront pas en tirer des fruits. On aura recours au commerce, et on le suppose; mais si les hommes abondent de biens, et que nul ne soit dans le cas de vivre par son travail, qui transportera d'une région à une autre les lingots ou les choses échangées ? qui mettra des vaisseaux en mer ? qui se chargera de les conduire ? qui entreprendra des caravanes ? On manquera alors du nécessaire et des choses utiles. S'il n'y a plus de besoins, il n'y a plus d'arts, plus de sciences, plus d'invention, plus de mécanique. D'ailleurs cette égalité de possessions et de richesses en établit une autre dans les conditions, bannit toute subordination, réduit les hommes à se servir eux-mêmes, et à ne pouvoir être secourus les uns des autres, rend les lois frivoles et inutiles, entraîne une anarchie universelle, attire la violence, les injures, les massacres, l'impunité. (ÉD. 7.)

Si vous supposez au contraire que tous les hommes sont pauvres, en vain le soleil se lève pour eux sur l'horizon, en vain il échauffe la terre et la rend féconde, en vain le ciel verse sur elle ses influences, les fleuves en vain l'arrosent et répandent dans les diverses contrées la fertilité et l'abondance; inutilement aussi la mer laisse sonder ses abîmes profonds, les rochers et les montagnes s'ouvrent pour laisser fouiller dans leur sein et en tirer tous les trésors qu'ils y renferment. Mais si vous établissez que de tous les hommes répandus dans le monde, les uns soient riches et les autres pauvres et indigents, vous faites alors que le besoin rapproche mutuellement les hommes, les lie, les réconcilie : ceux-ci servent, obéissent, inventent, travaillent, cultivent, perfectionnent; ceux-là jouissent [1], nourrissent, secourent, protègent, gouvernent : tout ordre est rétabli, et Dieu se découvre. (ÉD. 7.)

49

Mettez l'autorité, les plaisirs et l'oisiveté d'un côté, la dépendance, les soins et la misère de l'autre : ou ces choses sont déplacées par la malice des hommes, ou Dieu n'est pas Dieu. (ÉD. 7.)

Une certaine inégalité dans les conditions, qui entretient l'ordre et la subordination, est l'ouvrage de Dieu, ou suppose une loi divine : une trop grande disproportion, et telle qu'elle se remarque parmi les hommes, est leur ouvrage, ou la loi des plus forts [2]. (ÉD. 7.)

Les extrémités sont vicieuses, et partent de l'homme : toute compensation est juste, et vient de Dieu. (ÉD. 7.)

***

Si on ne goûte point ces *Caractères* [3], je m'en étonne; et si on les goûte, je m'en étonne de même.

DISCOURS
PRONONCÉ DANS
L'ACADÉMIE FRANÇAISE

PRÉFACE[1]

CEUX qui, interrogés sur le discours que je fis à l'Académie française le jour que j'eus l'honneur d'y être reçu, ont dit sèchement que j'avais fait des caractères, croyant le blâmer, en ont donné l'idée la plus avantageuse que je pouvais moi-même désirer; car le public ayant approuvé ce genre d'écrire où je me suis appliqué depuis quelques années, c'était le prévenir en ma faveur que de faire une telle réponse. Il ne restait plus que de savoir si je n'aurais pas dû renoncer aux caractères dans le discours dont il s'agissait, et cette question s'évanouit dès qu'on sait que l'usage a prévalu qu'un nouvel académicien compose celui qu'il doit prononcer le jour de sa réception, de l'éloge du Roi, de ceux du cardinal de Richelieu, du chancelier Seguier, de la personne à qui il succède, et de l'Académie française : de ces cinq éloges, il y en a quatre de personnels; or je demande à mes censeurs qu'ils me posent si bien la différence qu'il y a des éloges personnels aux caractères qui louent, que je la puisse sentir, et avouer ma faute; si chargé de faire quelque autre harangue, je retombe encore dans des peintures, c'est alors qu'on pourra écouter leur critique, et peut-être me condamner; je dis peut-être, puisque les caractères, ou du moins les images des choses et des personnes, sont inévitables dans l'oraison, que tout écrivain est peintre, et tout excellent écrivain, excellent peintre.

J'avoue que j'ai ajouté à ces tableaux, qui étaient de commande, les louanges de chacun des hommes illustres qui composent l'Académie française, et ils ont dû me le pardonner, s'ils ont fait attention qu'autant pour ménager leur pudeur que pour éviter les caractères, je me suis abstenu de toucher à leurs personnes, pour ne parler que de leurs ouvrages, dont j'ai fait des éloges critiques plus ou moins étendus, selon que les sujets qu'ils y ont traités pouvaient l'exiger. J'ai loué des académiciens encore vivants, disent quelques-uns. Il est vrai; mais je les ai loués tous : qui d'entr'eux aurait une raison de se plaindre? C'est une conduite toute nouvelle, ajoutent-ils, et qui n'avait point encore eu d'exemple. Je veux en convenir, et que j'ai pris soin de m'écarter des lieux communs et des phrases proverbiales usées depuis si longtemps pour avoir servi à un nombre infini de pareils discours depuis la naissance de l'Académie française. M'était-il donc si difficile de faire entrer Rome et Athènes, le Lycée et le Portique dans l'éloge de cette savante compagnie? *Être au comble de ses vœux de se voir académicien; protester que ce jour où l'on jouit pour la première fois d'un si rare bonheur est le jour le plus beau de sa vie; douter si cet honneur qu'on vient de recevoir est une chose vraie ou qu'on ait songée; espérer de puiser désormais à la source les plus pures eaux de l'éloquence francaise; n'avoir accepté, n'avoir désiré une telle place que pour profiter des lumières de tant de personnes si éclairées; promettre que tout indigne de leur choix qu'on se reconnaît, on s'efforcera de s'en rendre digne :* cent autres formules de pareils compliments sont-elles si rares et si peu connues que je n'eusse pu les trouver, les placer et en mériter les applaudissements?

Parce donc que j'ai cru que quoi que l'envie et l'injustice publient de l'Académie française, quoi qu'elles veuillent dire de son âge d'or et de sa décadence, elle n'a jamais, depuis son établissement, rassemblé un si grand nombre de personnages illustres par toutes sortes de talents et en tout genre d'érudition, qu'il est facile aujourd'hui d'y en remarquer; et que dans cette prévention où je suis, je n'ai pas espéré que cette Compagnie pût être une autre fois plus belle à peindre, ni prise dans un jour plus favorable, et que je me suis servi de l'occasion, ai-je rien fait qui doive m'attirer les moindres reproches? Cicéron a pu louer impunément Brutus,

César, Pompée, Marcellus, qui étaient vivants, qui étaient présents, il les a loués plusieurs fois, il les a loués seuls, dans le sénat, souvent en présence de leurs ennemis, toujours devant une compagnie jalouse de leur mérite et qui avait bien d'autres délicatesses de politique sur la vertu des grands hommes, que n'en saurait avoir l'Académie française. J'ai loué les académiens, je les ai loués tous, et ce n'a pas été impunément; que me serait-il arrivé si je les avais blâmés tous?

Je viens d'entendre, a dit Théobalde[1], *une grande vilaine harangue qui m'a fait bâiller vingt fois, et qui m'a ennuyé à la mort.* Voilà ce qu'il a dit, et voilà ensuite ce qu'il a fait, lui et peu d'autres qui ont cru devoir entrer dans les mêmes intérêts. Ils partirent pour la cour le lendemain de la prononciation de ma harangue, ils allèrent de maisons en maisons; ils dirent aux personnes auprès de qui ils ont accès, que je leur avais balbutié la veille un discours où il n'y avait ni style, ni sens commun, qui était rempli d'extravagances, et une vraie satire. Revenus à Paris, ils se cantonnèrent en divers quartiers, où ils répandirent tant de venin contre moi, s'acharnèrent si fort à diffamer cette harangue, soit dans leurs conversations, soit dans les lettres qu'ils écrivirent à leurs amis dans les provinces, en dirent tant de mal, et le persuadèrent si fortement à qui ne l'avait pas entendue, qu'ils crurent pouvoir insinuer au public, ou que les *Caractères* faits de la même main étaient mauvais, ou que s'ils étaient bons, je n'en étais pas l'auteur, mais qu'une femme de mes amies m'avait fourni ce qu'il y avait de plus supportable; ils prononcèrent aussi que je n'étais pas capable de faire rien de suivi, pas même la moindre préface, tant ils estimaient impraticable à un homme même qui est dans l'habitude de penser et d'écrire ce qu'il pense, l'art de lier ses pensées et de faire des transitions.

Ils firent plus : violant les lois de l'Académie française, qui défend aux académiciens d'écrire ou de faire écrire contre leurs confrères, ils lâchèrent sur moi deux auteurs associés à une même gazette *(a)*; ils les animèrent, non pas à publier contre moi une satire fine et ingénieuse, ouvrage trop au-dessous des uns et des autres, *facile à manier, et dont les moindres esprits se trouvent capables*, mais à me dire de ces injures grossières et personnelles, si difficiles à rencontrer, si pénibles à prononcer ou à écrire, surtout à des gens à qui je veux croire qu'il reste encore quelque pudeur et quelque soin de leur réputation.

Et en vérité je ne doute point que le public ne soit enfin étourdi et fatigué d'entendre depuis quelques années de vieux corbeaux croasser autour de ceux qui d'un vol libre et d'une plume légère se sont élevés à quelque gloire par leurs écrits. Ces oiseaux lugubres semblent par leurs cris continuels leur vouloir imputer le décri universel où tombe nécessairement tout ce qu'ils exposent au grand jour de l'impression, comme si on était cause qu'ils manquent de force et d'haleine, ou qu'on dût être responsable de cette médiocrité répandue sur leurs ouvrages. S'il s'imprime un livre de mœurs assez mal digéré pour tomber de soi-même et ne pas exciter leur jalousie, ils le louent volontiers, et plus volontiers encore ils n'en parlent point; mais s'il est tel que le monde en parle, ils l'attaquent avec furie. Prose, vers, tout est sujet à leur censure, tout est en proie à une haine implacable qu'ils ont conçue contre ce qui ose paraître dans quelque perfection, et avec les signes d'une approbation publique. On ne sait plus quelle morale leur fournir qui leur agrée, il faudra leur rendre celle de la Serre [1] ou de Desmarets, et s'ils en sont crus, revenir au *Pédagogue chrétien* [2] et à *la Cour sainte* [3]. Il paraît une nouvelle satire écrite contre les vices en général, qui d'un vers fort et d'un style d'airain, enfonce ses traits contre l'avarice, l'excès du jeu, la chicane, la mollesse, l'ordure et l'hypocrisie, où personne n'est nommé ni désigné, où nulle femme vertueuse ne peut ni ne doit se reconnaître; un Bourdaloue en chaire ne fait point de peintures du

a, *Merc. gal.*

crime ni plus vives ni plus innocentes : il n'importe, *c'est médisance, c'est calomnie*. Voilà depuis quelque temps leur unique ton, celui qu'ils emploient contre les ouvrages de mœurs qui réussissent : ils y prennent tout littéralement, ils les lisent comme une histoire, ils n'y entendent ni la poésie ni la figure; ainsi il les condamnent; ils y trouvent des endroits faibles : il y en a dans Homère, dans Pindare, dans Virgile et dans Horace; où n'y en a-t-il point ? si ce n'est peut-être dans leurs écrits. BERNIN n'a pas manié le marbre, ni traité toutes ses figures d'une égale force, mais on ne laisse pas de voir dans ce qu'il a moins heureusement rencontré, de certains traits si achevés, tout proche de quelques autres qui le sont moins, qu'ils découvrent aisément l'excellence de l'ouvrier : si c'est un cheval, les crins sont tournés d'une main hardie, ils voltigent et semblent être le jouet du vent, l'œil est ardent, les naseaux soufflent le feu et la vie, un ciseau de maître s'y retrouve en mille endroits, il n'est pas donné à ses copistes ni à ses envieux d'arriver à de telles fautes par leurs chefs-d'œuvre : l'on voit bien que c'est quelque chose de manqué par un habile homme, et une faute de PRAXITÈLE.

Mais qui sont ceux qui si tendres et si scrupuleux ne peuvent même supporter que sans blesser et sans nommer les vicieux, on se déclare contre le vice ? sont-ce des chartreux et des solitaires ? sont-ce les jésuites, hommes pieux et éclairés ? sont-ce ces hommes religieux qui habitent en France les cloîtres et les abbayes ? Tous au contraire lisent ces sortes d'ouvrages, et en particulier, et en public, à leurs récréations; ils en inspirent la lecture à leurs pensionnaires, à leurs élèves, ils en dépeuplent les boutiques, ils les conservent dans leurs bibliothèques; n'ont-ils pas les premiers reconnu le plan et l'économie du livre des *Caractères* ? n'ont-ils pas observé que de seize chapitres qui le composent, il y en a quinze qui s'attachant à découvrir le faux et le ridicule qui se rencontrent dans les objets des passions et des attachements humains, ne tendent qu'à ruiner tous les obstacles qui affaiblissent d'abord, et qui éteignent ensuite dans tous les hommes la connaissance de Dieu; qu'ainsi ils ne sont que des préparations au seizième et dernier chapitre, où l'athéisme est attaqué et peut-être confondu, où les preuves de Dieu, une partie du moins de celles que les faibles hommes sont capables de recevoir dans leur esprit, sont apportées, où la providence de Dieu est défendue contre l'insulte et les plaintes des libertins? Qui sont donc ceux qui osent répéter contre un ouvrage si sérieux et si utile ce continuel refrain : *C'est médisance, c'est calomnie?* Il faut nommer : ce sont des poètes; mais quels poètes? des auteurs d'hymnes sacrés ou des traducteurs de psaumes, des Godeaux ou des Corneilles? Non : mais des faiseurs de stances et d'élégies amoureuses, de ces beaux esprits qui tournent un sonnet sur une absence ou sur un retour, qui font une épigramme sur une belle gorge, et un madrigal sur une jouissance. Voilà ceux qui par délicatesse de conscience ne souffrent qu'impatiemment qu'en ménageant les particuliers avec toutes les précautions que la prudence peut suggérer, j'essaye dans mon livre des *Mœurs* de décrier, s'il est possible, tous les vices du cœur et de l'esprit, de rendre l'homme raisonnable et plus proche de devenir chrétien. Tels ont été les Théobaldes ou ceux du moins qui travaillent sous eux, et dans leur atelier.

Ils sont encore allés plus loin; car palliant d'une politique zélée le chagrin de ne se sentir pas à leur gré si bien loués et si longtemps que chacun des autres académiciens, ils ont osé faire des applications délicates et dangereuses de l'endroit de ma harangue, où m'exposant seul à prendre le parti de toute la littérature contre leurs plus irréconciliables ennemis, gens pécunieux, que l'excès d'argent ou qu'une fortune faite par de certaines voies, jointe à la faveur des grands qu'elle leur attire nécessairement, mène jusques à une froide insolence, je leur fais à la vérité à tous une vive apostrophe, mais qu'il n'est pas permis de détourner de dessus eux pour la rejeter sur un seul, et sur tout autre.

Ainsi en usent à mon égard, excités peut-être par les Théobaldes, ceux qui se persuadent qu'un auteur écrit seulement pour les amuser par la satire, et point du tout pour les instruire par une saine morale, au lieu de prendre pour eux et de faire servir à la correction de leurs mœurs les divers traits qui sont semés dans un ouvrage, s'appliquent à découvrir, s'ils le peuvent, quels de leurs amis ou de leurs ennemis ces traits peuvent regarder, négligent dans un livre tout ce qui n'est que remarques solides ou sérieuses réflexions, quoiqu'en si grand nombre qu'elles le composent presque tout entier, pour ne s'arrêter qu'aux peintures ou aux caractères; et après les avoir expliqués à leur manière, et en avoir cru trouver les originaux, donnent au public de longues listes, ou, comme ils les appellent, des clefs, fausses clefs, et qui leur sont aussi inutiles qu'elles sont injurieuses aux personnes dont les noms s'y voient déchiffrés, et à l'écrivain qui en est la cause, quoique innocente.

J'avais pris la précaution de protester dans une préface contre toutes ces interprétations, que quelque connaissance que j'ai des hommes m'avait fait prévoir, jusques à hésiter quelque temps si je devais rendre mon livre public, et à balancer entre le désir d'être utile à ma patrie par mes écrits, et la crainte de fournir à quelques-uns de quoi exercer leur malignité; mais puisque j'ai eu la faiblesse de publier ces *Caractères,* quelle digue élèverai-je contre ce déluge d'explications qui inonde la ville, et qui bientôt va gagner la cour? dirai-je sérieusement, et protesterai-je avec d'horribles serments, que je ne suis ni auteur ni complice de ces clefs qui courent, que je n'en ai donné aucune, que mes plus familiers amis savent que je les leur ai toutes refusées; que les personnes les plus accréditées de la cour ont désespéré d'avoir mon secret? n'est-ce pas la même chose que si je me tourmentais beaucoup à soutenir que je ne suis pas un malhonnête homme, un homme sans pudeur, sans mœurs, sans conscience, tel enfin que les gazetiers dont je viens de parler ont voulu me représenter dans leur libelle diffamatoire?

Mais d'ailleurs comment aurais-je donné ces sortes de clefs, si je n'ai pu moi-même les forger telles qu'elles sont, et que les ai vues? Étant presque toutes différentes entr'elles, quel moyen de les faire servir à une même entrée, je veux dire à l'intelligence de mes *Remarques?* Nommant des personnes de la cour et de la ville à qui je n'ai jamais parlé, que je ne connais point, peuvent-elles partir de moi, et être distribuées de ma main? Aurais-je donné celles qui se fabriquent à Romorentin, à Mortaigne et à Belesme, dont les différentes applications sont à la Baillive, à la femme de l'Assesseur, au Président de l'Élection, au Prévôt de la Maréchaussée et au Prévôt de la Collégiate? les noms y sont fort bien marqués, mais ils ne m'aident pas davantage à connaître les personnes. Qu'on me permette ici une vanité sur mon ouvrage : je suis presque disposé à croire qu'il faut que mes peintures expriment bien l'homme en général, puisqu'elles ressemblent à tant de particuliers, et que chacun y croit voir ceux de sa ville ou de sa province. J'ai peint à la vérité d'après nature, mais je n'ai pas toujours songé à peindre celui-ci ou celle-là dans mon livre des *Mœurs;* je ne me suis point loué au public pour faire des portraits qui ne fussent que vrais et ressemblants, de peur que quelquefois ils ne fussent pas croyables, et ne parussent feints ou imaginés; me rendant plus difficile je suis allé plus loin, j'ai pris un trait d'un côté et un trait d'un autre; et de ces divers traits qui pouvaient convenir à une même personne, j'en ai fait des peintures vraisemblables, cherchant moins à réjouir les lecteurs par le caractère ou, comme le disent les mécontents, par la satire de quelqu'un, qu'à leur proposer des défauts à éviter et des modèles à suivre.

Il me semble donc que je dois être moins blâmé que plaint de ceux qui par hasard verraient leurs noms écrits dans ces insolentes listes que je désavoue et que je condamne autant qu'elles le méritent. J'ose même attendre d'eux cette justice, que sans s'arrêter à un auteur moral qui n'a eu nulle intention de les offenser par son ouvrage, ils passeront jusques aux interprètes dont la noirceur est inexcusable. Je dis en effet ce que je dis, et nullement ce qu'on assure que j'ai voulu dire, et je réponds encore moins de ce qu'on me fait dire, et que je ne dis point; je nomme nettement les personnes que je veux nommer, toujours dans la vue de louer leur vertu ou leur mérite; j'écris leurs noms en lettres capitales, afin qu'on les voie de loin, et que le lecteur ne coure pas risque de les manquer. Si j'avais voulu mettre des noms véritables aux peintures moins obligeantes, je me serais épargné le travail d'emprunter des noms de l'ancienne histoire, d'employer des lettres initiales qui n'ont qu'une signification vaine et incertaine, de trouver enfin mille tours et mille faux-fuyants pour dépayser ceux qui me lisent, et les dégoûter des applications. Voilà la conduite que j'ai tenue dans la composition des *Caractères*.

Sur ce qui concerne la harangue qui a paru longue et ennuyeuse au chef des mécontents, je ne sais en effet pourquoi j'ai tenté de faire de ce remerciement à l'Académie française un discours oratoire qui eût quelque force et quelque étendue. De zélés académiciens m'avaient déjà frayé ce chemin, mais ils se sont trouvés en petit nombre, et leur zèle pour l'honneur et pour la réputation de l'Académie n'a eu que peu d'imitateurs; je pouvais suivre l'exemple de ceux qui postulant une place dans cette compagnie sans avoir jamais rien écrit, quoiqu'ils sachent écrire, annoncent dédaigneusement, la veille de leur réception, qu'ils n'ont que deux mots à dire, et qu'un moment à parler, quoique capables de parler longtemps, et de parler bien.

J'ai pensé au contraire qu'ainsi que nul artisan n'est agrégé à aucune société, ni n'a ses lettres de maîtrise sans faire son chef-d'œuvre, de même et avec encore plus de bienséance un homme associé à un corps qui ne s'est soutenu, et ne peut jamais se soutenir que par l'éloquence, se trouvait engagé à faire en y entrant un effort en ce genre, qui le fît aux yeux de tous paraître digne du choix dont il venait de l'honorer. Il me semblait encore que puisque l'éloquence profane ne paraissait plus régner au barreau, d'où elle a été bannie par la nécessité de l'expédition, et qu'elle ne devait plus être admise dans la chaire où elle n'a été que trop soufferte, le seul asile qui pouvait lui rester était l'Académie française; et qu'il n'y avait rien de plus naturel, ni qui pût rendre cette Compagnie plus célèbre, que si au sujet des réceptions de nouveaux académiciens, elle savait quelquefois attirer la cour et la ville à ses assemblées par la curiosité d'y entendre des pièces d'éloquence d'une juste étendue, faites de main de maîtres, et dont la profession est d'exceller dans la science de la parole.

Si je n'ai pas atteint mon but qui était de prononcer un discours éloquent, il me paraît du moins que je me suis disculpé de l'avoir fait trop long de quelques minutes; car si d'ailleurs Paris à qui on l'avait promis mauvais, satirique et insensé, s'est plaint qu'on lui avait manqué de parole; si Marly où la curiosité de l'entendre s'était répandue, n'a point retenti d'applaudissements que la cour ait donnés à la critique qu'on en avait faite; s'il a su franchir Chantilly écueil des mauvais ouvrages; si l'Académie française à qui j'avais appelé comme au juge souverain de ces sortes de pièces, étant assemblée extraordinairement, a adopté celle-ci, l'a fait imprimer par son libraire, l'a mise dans ses archives; si elle n'était pas en effet composée *d'un style affecté, dur et interrompu,* ni chargée de louanges fades et outrées, telles qu'on les lit dans les *prologues d'opéras,* et dans tant d'*épîtres dédicatoires,* il ne faut plus s'étonner qu'elle ait ennuyé Théobalde. Je vois les temps, le public me permettra de le dire, où ce ne sera pas assez de l'approbation qu'il aura donnée à un ouvrage pour en faire la réputation, et que pour y mettre le dernier sceau, il sera nécessaire que de certaines gens le désapprouvent, qu'ils y aient bâillé.

Car voudraient-ils, présentement qu'ils ont reconnu que cette harangue a moins mal réussi dans le public qu'ils ne l'avaient espéré, qu'ils savent que deux libraires ont plaidé *(a)* à qui l'imprimerait, voudraient-ils désavouer leur goût et le jugement qu'ils en ont porté dans les premiers jours qu'elle fut prononcée ? Me permettraient-ils de publier ou seulement de soupçonner une toute autre raison de l'âpre censure qu'ils en firent, que la persuasion où ils étaient qu'elle la méritait ? On sait que cet homme d'un nom et d'un mérite si distingué avec qui j'eus l'honneur d'être reçu à l'Académie française, prié, sollicité, persécuté de consentir à l'impression de sa harangue par ceux-mêmes qui voulaient supprimer la mienne, et en éteindre la mémoire, leur résista toujours avec fermeté. Il leur dit *qu'il ne pouvait ni ne devait approuver une distinction si odieuse qu'ils voulaient faire entre lui et moi, que la préférence qu'ils donnaient à son discours avec cette affectation et cet empressement qu'ils lui marquaient, bien loin de l'obliger, comme ils pouvaient le croire, lui faisait au contraire une véritable peine ; que deux discours également innocents prononcés dans le même jour, devaient être imprimés dans le même temps*. Il s'expliqua ensuite obligeamment en public et en particulier sur le violent chagrin qu'il ressentait de ce que les deux auteurs de la gazette que j'ai cités avaient fait servir les louanges qu'il leur avait plu de lui donner à un dessein formé de médire de moi, de mon Discours et de mes *Caractères ;* et il me fit sur cette satire injurieuse des explications et des excuses qu'il ne me devait point. Si donc on voulait inférer de cette conduite des Théobaldes, qu'ils ont cru faussement avoir besoin de comparaisons et d'une harangue folle et décriée pour relever celle de mon collègue, ils doivent répondre pour se laver de ce soupçon qui les déshonore, qu'ils ne sont ni courtisans ni dévoués à la faveur ni intéressés ni adulateurs ; qu'au contraire ils sont sincères, et qu'ils ont dit naïvement ce qu'ils pensaient du plan, du style et des expressions de mon Remerciement à l'Académie française. Mais on ne manquera pas d'insister et de leur dire que le jugement de la cour et de la ville, des

---

a. L'instance était aux Requêtes de l'Hôtel.

grands et du peuple, lui a été favorable. Qu'importe ? Ils répliqueront avec confiance que le public a son goût, et qu'ils ont le leur : réponse qui ferme la bouche et qui termine tout différend; il eſt vrai qu'elle m'éloigne de plus en plus de vouloir leur plaire par aucun de mes écrits car si j'ai un peu de santé avec quelques années de vie je n'aurai plus d'autre ambition que celle de rendre par des soins assidus et par de bons conseils mes ouvrages tels, qu'ils puissent toujours partager les Théobaldes et le public.

DISCOURS
PRONONCÉ DANS
L'ACADÉMIE FRANÇAISE[1]
LE LUNDI QUINZIÈME JUIN 1693

MESSIEURS,

IL serait difficile d'avoir l'honneur de se trouver au milieu de vous, d'avoir devant ses yeux l'Académie française, d'avoir lu l'histoire de son établissement, sans penser d'abord à celui à qui elle en est redevable, et sans se persuader qu'il n'y a rien de plus naturel, et qui doive moins vous déplaire, que d'entamer ce tissu de louanges qu'exigent le devoir et la coutume[2], par quelques traits où ce grand Cardinal soit reconnaissable, et qui en renouvellent la mémoire.

Ce n'est point un personnage qu'il soit facile de rendre ni d'exprimer par de belles paroles ou par de riches figures par ces discours moins faits pour relever le mérite de celui que l'on veut peindre, que pour montrer tout le feu et toute la vivacité de l'orateur. Suivez le règne de Louis le Juste : c'est la vie du cardinal de Richelieu, c'est son éloge et celui du prince qui l'a mis en œuvre. Que pourrais-je ajouter à des faits encore récents et si mémorables ? Ouvrez son *Testament politique,* digérez cet ouvrage : c'est la peinture de son esprit; son âme toute entière s'y développe; l'on y découvre le secret de sa conduite et de ses actions; l'on y trouve la source et la vraisemblance de tant et de si grands événements qui ont paru sous son administration : l'on y voit sans peine qu'un homme qui pense si virilement et si juste a pu agir sûrement et avec succès, et que celui qui a achevé de si grandes choses, ou n'a jamais écrit, ou a dû écrire comme il a fait.

Génie fort et supérieur, il a su tout le fond et tout le mystère du gouvernement; il a connu le beau et le sublime du ministère; il a respecté l'étranger, ménagé les couronnes, connu le poids de leur alliance; il a opposé des alliés à des ennemis; il a veillé aux intérêts du dehors, à ceux du dedans [1]. Il n'a oublié que les siens : une vie laborieuse et languissante, souvent exposée, a été le prix d'une si haute vertu; dépositaire des trésors de son maître, comblé de ses bienfaits, ordonnateur, dispensateur de ses finances, on ne saurait dire qu'il est mort riche.

Le croirait-on, Messieurs ? cette âme sérieuse et austère, formidable aux ennemis de l'État, inexorable aux factieux, plongée dans la négociation, occupée tantôt à affaiblir le parti de l'hérésie, tantôt à déconcerter une ligue, et tantôt à méditer une conquête, a trouvé le loisir d'être savante, a goûté les belles-lettres et ceux qui en faisaient profession. Comparez-vous, si vous l'osez, au grand Richelieu, hommes dévoués à la fortune, qui, par le succès de vos affaires particulières, vous jugez dignes que l'on vous confie les affaires publiques; qui vous donnez pour des génies heureux et pour de bonnes têtes; qui dites que vous ne savez rien, que vous n'avez jamais lu, que vous ne lirez point, ou pour marquer l'inutilité des sciences, ou pour paraître ne devoir rien aux autres, mais puiser tout de votre fonds. Apprenez que le cardinal de Richelieu a su, qu'il a lu : je ne dis pas qu'il n'a point eu d'éloignement pour les gens de lettres, mais qu'il les a aimés, caressés, favorisés, qu'il leur a ménagé des privilèges, qu'il leur destinait des pensions, qu'il les a réunis en une Compagnie célèbre, qu'il en a fait l'Académie française. Oui, hommes riches et ambitieux, contempteurs de la vertu, et de toute association qui ne roule pas sur les établissements et sur l'intérêt, celle-ci est une des pensées de ce grand ministre, né homme d'État, dévoué à l'État, esprit solide, éminent, capable dans ce qu'il faisait des motifs les plus élevés et qui tendaient au bien public comme à la gloire de la monarchie; incapable de concevoir jamais rien qui ne fût digne de lui, du prince qu'il servait, de la France, à qui il avait consacré ses méditations et ses veilles.

Il savait quelle est la force et l'utilité de l'éloquence, la puissance de la parole qui aide la raison et la fait valoir, qui insinue aux hommes la justice et la probité, qui porte dans le cœur du soldat l'intrépidité et l'audace, qui calme les émotions populaires, qui excite à leurs devoirs les compagnies entières ou la multitude[1]. Il n'ignorait pas quels sont les fruits de l'histoire et de la poésie, quelle est la nécessité de la grammaire, la base et le fondement des autres sciences; et que pour conduire ces choses à un degré de perfection qui les rendît avantageuses à la République, il fallait dresser le plan d'une compagnie où la vertu seule fût admise, le mérite placé, l'esprit et le savoir rassemblés par des suffrages. N'allons pas plus loin : voilà, Messieurs, vos principes et votre règle, dont je ne suis qu'une exception.

Rappelez en votre mémoire, la comparaison ne vous sera pas injurieuse, rappelez ce grand et premier concile où les Pères qui le composaient étaient remarquables chacun par quelques membres mutilés, ou par les cicatrices qui leur étaient restées de fureurs de la persécution; ils semblaient tenir de leurs plaies le droit de s'asseoir dans cette assemblée générale de toute l'Église : il n'y avait aucun de vos illustres prédécesseurs qu'on ne s'empressât de voir, qu'on ne montrât dans les places, qu'on ne désignât par quelque ouvrage fameux qui lui avait fait un grand nom, et qui lui donnait rang dans cette Académie naissante qu'ils avaient comme fondée[2]; tels étaient ces grands artisans de la parole, ces premiers maîtres de l'éloquence française; tels vous êtes, Messieurs, qui ne cédez ni en savoir ni en mérite à nul de ceux qui vous ont précédés.

L'un[3], aussi correct dans sa langue que s'il l'avait apprise par règles et par principes, aussi élégant dans les langues étrangères que si elles lui étaient naturelles, en quelque idiome qu'il compose, semble toujours parler celui de son pays : il a entrepris, il a fini une pénible traduction, que le plus bel esprit pourrait avouer, et que le plus pieux personnage devrait désirer d'avoir faite.

L'autre[1] fait revivre Virgile parmi nous, transmet dans notre langue les grâces et les richesses de la latine, fait des romans qui ont une fin, en bannit le prolixe et l'incroyable, pour y substituer le vraisemblable et le naturel.

Un autre[2], plus égal que Marot et plus poète que Voiture, a le jeu, le tour, et la naïveté de tous les deux; il instruit en badinant, persuade aux hommes la vertu par l'organe des bêtes, élève les petits sujets jusques au sublime : homme unique dans son genre d'écrire, toujours original, soit qu'il invente, soit qu'il traduise, qui a été au delà de ses modèles, modèle lui-même difficile à imiter.

Celui-ci[3] passe Juvénal, atteint Horace, semble créer les pensées d'autrui et se rendre propre tout ce qu'il manie; il a dans ce qu'il emprunte des autres toutes les grâces de la nouveauté et tout le mérite de l'invention. Ses vers, forts et harmonieux, faits de génie, quoique travaillés avec art, pleins de traits et de poésie, seront lus encore quand la langue aura vieilli, en seront les derniers débris; on y remarque une critique sûre, judicieuse, et innocente, s'il est permis du moins de dire de ce qui est mauvais qu'il est mauvais.

Cet autre vient après un homme loué, applaudi, admiré, dont les vers volent en tous lieux et passent en proverbe, qui prime, qui règne sur la scène, qui s'est emparé de tout le théâtre. Il ne l'en dépossède pas, il est vrai; mais il s'y établit avec lui; le monde s'accoutume à en voir faire la comparaison. Quelques-uns ne souffrent pas que Corneille, le grand Corneille, lui soit préféré; quelques autres, qu'il lui soit égalé : ils en appellent à l'autre siècle; ils attendent la fin de quelques vieillards qui, touchés indifféremment de tout ce qui rappelle leurs premières années, n'aiment peut-être dans *Œdipe* que le souvenir de leur jeunesse.

Que dirai-je de ce personnage[1] qui a fait parler si longtemps une envieuse critique et qui l'a fait taire; qu'on admire malgré soi, qui accable par le grand nombre et par l'éminence de ses talents? Orateur, historien, théologien, philosophe, d'une rare érudition, d'une plus rare éloquence, soit dans ses entretiens, soit dans ses écrits, soit dans la chaire; un défenseur de la religion, une lumière de l'Église, parlons d'avance le langage de la postérité, un Père de l'Église. Que n'est-il point? Nommez, Messieurs, une vertu qui ne soit pas la sienne.

Toucherai-je aussi votre dernier choix[2], si digne de vous? Quelles choses furent dites dans la place où je me trouve! Je m'en souviens; et après ce que vous avez entendu, comment osé-je parler? comment daignez-vous m'entendre? Avouons-le, on sent la force et l'ascendant de ce rare esprit, soit qu'il prêche de génie et sans préparation, soit qu'il prononce un discours étudié et oratoire, soit qu'il explique ses pensées dans la conversation : toujours maître de l'oreille et du cœur de ceux qui l'écoutent, il ne leur permet pas d'envier ni tant d'élévation, ni tant de facilité, de délicatesse, de politesse. On est assez heureux de l'entendre, de sentir ce qu'il dit, et comme il le dit : on doit être content de soi, si l'on emporte ses réflexions et si l'on en profite. Quelle grande acquisition avez-vous faite en cet homme illustre! À qui m'associez-vous!

Je voudrais, Messieurs, moins pressé par le temps et par les bienséances qui mettent des bornes à ce discours, pouvoir louer chacun de ceux qui composent cette Académie par des endroits encore plus marqués et par de plus vives expressions. Toutes les sortes de talents que l'on voit répandus parmi les hommes se trouvent partagés entre vous. Veut-on de diserts orateurs[3], qui aient semé dans la chaire toutes les fleurs de l'éloquence, qui avec une saine morale, aient employé tous les tours et toutes les finesses de la langue, qui plaisent par un beau choix de paroles, qui fassent aimer les solennités, les temples, qui y fassent courir? qu'on ne les cherche pas ailleurs, ils sont parmi vous. Admire-t-on une vaste et profonde littérature[1] qui aille fouiller dans les archives de l'antiquité pour en retirer des choses ensevelies dans l'oubli, échappées aux esprits les plus curieux, ignorées des autres hommes; une mémoire, une méthode, une précision à ne pouvoir dans ces recherches s'égarer d'une seule année, quelquefois d'un seul jour sur tant de siècles? cette doctrine admirable, vous la possédez; elle est du moins en quelques-uns de ceux qui forment cette savante assemblée. Si l'on est curieux du don des langues[2], joint au double talent de savoir avec exactitude les choses anciennes, et de narrer celles qui sont nouvelles avec autant de simplicité que de vérité, des qualités si rares ne vous manquent pas et sont réunies en un même sujet. Si l'on cherche des hommes habiles, pleins d'esprit et d'expérience, qui, par le privilège de leurs emplois, fassent parler le Prince avec dignité et avec justesse; d'autres qui placent heureusement et avec succès, dans les négociations les plus délicates, les talents qu'ils ont de bien parler et de bien écrire; d'autres encore qui prêtent leurs soins et leur vigilance aux affaires publiques, après les avoir employés aux judiciaires, toujours avec une égale réputation : tous se trouvent au milieu de vous, et je souffre à ne les pas nommer.

Si vous aimez le savoir joint à l'éloquence, vous n'attendrez pas longtemps : réservez seulement toute votre attention pour celui qui parlera après moi[3]. Que vous manque-t-il enfin ? vous avez des écrivains habiles en l'une et en l'autre oraison, des poètes en tout genre de poésies, soit morales, soit chrétiennes, soit héroïques, soit galantes et enjouées, des imitateurs des anciens, des critiques austères, des esprits fins, délicats, subtils, ingénieux, propres à briller dans les conversations et dans les cercles[4]. Encore une fois, à quels hommes, à quels grands sujets m'associez-vous !

Mais avec qui daignez-vous aujourd'hui me recevoir ? Après qui vous fais-je ce public remerciement ? Il ne doit pas néanmoins, cet homme si louable et si modeste, appréhender que je le loue : si proche de moi, il aurait autant de facilité que de disposition à m'interrompre. Je vous demanderai plus volontiers : à qui me faites-vous céder ? à un homme QUI AVAIT DE LA VERTU[1].

Quelquefois, Messieurs, il arrive que ceux qui vous doivent les louanges des illustres morts dont ils emplissent la place, hésitent, partagés entre plusieurs choses qui méritent également qu'on les relève. Vous aviez choisi en M. l'abbé de la Chambre un homme si pieux, si tendre, si charitable, si louable par le cœur, qui avait des mœurs si sages et si chrétiennes, qui était si touché de religion, si attaché à ses devoirs, qu'une de ses moindres qualités était de bien écrire. De solides vertus, qu'on voudrait célébrer, font passer légèrement sur son érudition ou sur son éloquence; on estime encore plus sa vie et sa conduite que ses ouvrages. Je préférerais en effet de prononcer le discours funèbre de celui à qui je succède, plutôt que de me borner à un simple éloge de son esprit. Le mérite en lui n'était pas une chose acquise, mais un patrimoine, un bien héréditaire, si du moins il en faut juger par le choix de celui qui avait livré son cœur, sa confiance, toute sa personne, à cette famille, qui l'avait rendue, comme votre alliée, puisqu'on peut dire qu'il l'avait adoptée, et qu'il l'avait mise avec l'Académie française sous sa protection.

Je parle du chancelier Séguier. On s'en souvient comme de l'un des plus grands magistrats que la France ait nourris depuis ses commencements. Il a laissé à douter en quoi il excellait davantage, ou dans les belles-lettres ou dans les affaires; il est vrai du moins, et on en convient, qu'il surpassait en l'un et en l'autre, tous ceux de son temps : homme grave et familier, profond dans les délibérations, quoique doux et facile dans le commerce, il a eu naturellement ce que tant d'autres veulent avoir et ne se donnent pas, ce qu'on n'a point par l'étude et par l'affectation, par les mots graves ou sentencieux, ce qui est plus rare que la science, et peut-être que la probité, je veux dire de la dignité; il ne la devait point à l'éminence de son poste; au contraire, il l'a anobli : il a été grand et accrédité sans ministère, et on ne voit pas que ceux qui ont su tout réunir en leurs personnes l'aient effacé.

Vous le perdîtes il y a quelques années, ce grand protecteur. Vous jetâtes la vue autour de vous, vous promenâtes vos yeux sur tous ceux qui s'offraient et qui se trouvaient honorés de vous recevoir; mais le sentiment de votre perte fut tel que dans les efforts que vous fîtes pour la réparer, vous osâtes penser à celui qui seul pouvait vous la faire oublier et la tourner à votre gloire[1]. Avec quelle bonté, avec quelle humanité ce magnanime prince vous a-t-il reçus! N'en soyons pas surpris, c'est son caractère; le même, Messieurs, que l'on voit éclater dans toutes les actions de sa belle vie, mais que les surprenantes révolutions arrivées dans un royaume voisin et allié de la France ont mis dans le plus beau jour qu'il pouvait jamais recevoir.

Quelle facilité est la nôtre pour perdre tout d'un coup le sentiment et la mémoire des choses dont nous nous sommes vus le plus fortement imprimés ! Souvenons-nous de ces jours tristes que nous avons passés dans l'agitation et dans le trouble, curieux, incertains quelle fortune auraient couru un grand roi, une grande reine, le prince leur fils, famille auguste, mais malheureuse, que la piété et la religion avaient poussée jusques aux dernières épreuves de l'adversité. Hélas! avaient-ils péri sur la mer ou par les mains de leurs ennemis? Nous ne le savions pas : on s'interrogeait, on se promettait réciproquement les premières nouvelles qui viendraient sur un événement si lamentable. Ce n'était plus une affaire publique, mais domestique; on n'en dormait plus, on s'éveillait les uns les autres pour s'annoncer ce qu'on en avait appris. Et quand ces personnes royales, à qui l'on prenait tant d'intérêt, eussent pu échapper à la mer ou à leur patrie, était-ce assez? ne fallait-il pas une terre étrangère où ils pussent aborder, un roi également bon et puissant qui pût et qui voulût les recevoir? Je l'ai vue, cette réception, spectacle tendre s'il en fut jamais[1]! On y versait des larmes d'admiration et de joie. Ce prince n'a pas plus de grâce, lorsqu'à la tête de ses camps et de ses armées, il foudroie une ville qui lui résiste, ou qu'il dissipe les troupes ennemies du seul bruit de son approche.

S'il soutient cette longue guerre, n'en doutons pas, c'est pour nous donner une paix heureuse, c'est pour l'avoir à des conditions qui soient justes et qui fassent honneur à la nation, qui ôtent pour toujours à l'ennemi l'espérance de nous troubler par de nouvelles hostilités. Que d'autres publient, exaltent ce que ce grand roi a exécuté, ou par lui-même, ou par ses capitaines, durant le cours de ces mouvements dont toute l'Europe est ébranlée : ils ont un sujet vaste et qui les exercera longtemps. Que d'autres augurent, s'ils le peuvent, ce qu'il veut achever dans cette campagne. Je ne parle que de son cœur, que de la pureté et de la droiture de ses intentions : elles sont connues, elles lui échappent. On le félicite sur des titres d'honneur dont il vient de gratifier quelques grands de son État : que dit-il? qu'il ne peut être content quand tous ne le sont pas, et qu'il lui est impossible que tous le soient comme il le voudrait. Il sait, Messieurs, que la fortune d'un roi est de prendre des villes, de gagner des batailles, de reculer ses frontières, d'être craint de ses ennemis; mais que la gloire du souverain consiste à être aimé de ses peuples, en avoir le cœur, et par le cœur tout ce qu'ils possèdent. Provinces éloignées, provinces voisines, ce prince humain et bienfaisant, que les peintres et les statuaires nous défigurent, vous tend les bras, vous regarde avec des yeux tendres et pleins de douceur; c'est là son attitude : il veut voir vos habitants, vos bergers danser au son d'une flûte champêtre sous les saules et les peupliers, y mêler leurs voix rustiques, et chanter les louanges de celui qui, avec la paix et les fruits de la paix, leur aura rendu la joie et la sérénité.

C'est pour arriver à ce comble de ses souhaits, la félicité commune, qu'il se livre aux travaux et aux fatigues d'une guerre pénible, qu'il essuie l'inclémence du ciel et des saisons, qu'il expose sa personne, qu'il risque une vie heureuse : voilà son secret et les vues qui le font agir; on les pénètre, on les discerne par les seules qualités de ceux qui sont en place, et qui l'aident de leurs conseils. Je ménage leur modestie : qu'ils me permettent seulement de remarquer qu'on ne devine point les projets de ce sage prince; qu'on devine, au contraire, qu'on nomme les personnes qu'il va placer, et qu'il ne fait que confirmer la voix du peuple dans le choix qu'il fait de ses ministres. Il ne se décharge pas entièrement sur eux du poids de ses affaires; lui-même, si je l'ose dire, il est son principal ministre; toujours appliqué à nos besoins, il n'y a pour lui ni temps de relâche ni heures privilégiées : déjà la nuit s'avance, les gardes sont relevées aux avenues de son palais, les astres brillent au ciel et font leur course; toute la nature repose, privée du jour, ensevelie dans les ombres; nous reposons aussi, tandis que ce roi, retiré dans son balustre, veille seul sur nous et sur tout l'État. Tel est, Messieurs, le protecteur que vous vous êtes procuré, celui de ses peuples.

Vous m'avez admis dans une Compagnie illustrée par une si haute protection. Je ne le dissimule pas, j'ai assez estimé cette distinction pour désirer de l'avoir dans toute sa fleur et dans toute son intégrité, je veux dire de la devoir à votre seul choix; et j'ai mis votre choix à tel prix, que je n'ai pas osé en blesser, pas même en effleurer la liberté, par une importune sollicitation[1]. J'avais d'ailleurs une juste défiance de moi-même, je sentais de la répugnance à demander d'être préféré à d'autres qui pouvaient être choisis. J'avais cru entrevoir, Messieurs, une chose que je ne devais avoir aucune peine à croire, que vos inclinations se tournaient ailleurs, sur un sujet digne, sur un homme rempli de vertus, d'esprit et de connaissances, qui était tel avant le poste de confiance qu'il occupe, et qui serait tel encore s'il ne l'occupait plus. Je me sens touché, non de sa déférence, je sais celle que je lui dois, mais de l'amitié, qu'il m'a témoignée, jusques à s'oublier en ma faveur. Un père mène son fils à un spectacle : la foule y est grande, la porte est assiégée ; il est haut et robuste, il fend la presse ; et comme il est près d'entrer, il pousse son fils devant lui, qui sans cette précaution, ou n'entrerait point, ou entrerait tard. Cette démarche d'avoir supplié quelques-uns de vous, comme il a fait, de détourner vers moi leurs suffrages, qui pouvaient si justement aller à lui, elle est rare, puisque dans ces circonstances elle est unique, et elle ne diminue rien de ma reconnaissance envers vous, puisque vos voix seules, toujours libres et arbitraires, donnent une place dans l'Académie française.

Vous me l'avez accordée, Messieurs, et de si bonne grâce, avec un consentement si unanime, que je la dois et la veux tenir de votre seule magnificence. Il n'y a ni poste, ni crédit, ni richesses, ni titres, ni autorité, ni faveur qui aient pu vous plier à faire ce choix : je n'ai rien de toutes ces choses, tout me manque. Un ouvrage qui a eu quelque succès par sa singularité, et dont les fausses, je dis les fausses et malignes applications pouvaient me nuire auprès des personnes moins équitables et moins éclairées que vous, a été toute la médiation que j'ai employée, et que vous avez reçue. Quel moyen de me repentir jamais d'avoir écrit ?

DIALOGUES POSTHUMES
SUR
LE QUIÉTISME

DIALOGUES POSTHUMES DU SIEUR DE LA B*** SUR LE QUIÉTISME [1]

DIALOGUE PREMIER

Que l'oraison de simple regard dispense et tient lieu, selon les quiétistes, de toutes les autres prières, et même des bonnes œuvres. Qu'elle empêche de faire le bien auquel on se sent porté et qu'on a la volonté de faire. Que sous prétexte de n'écouter que Dieu, et de suivre ses mouvements, on omet les devoirs les plus essentiels. Différence de la doctrine des catholiques et des quiétistes sur les motions divines. Contradictions des derniers sur ce sujet.

Le Directeur. — Ah! Madame, quelle consolation pour moi de vous voir aujourd'hui! Je songeais à vous lorsqu'on vous a annoncée, et il me semblait qu'on ne vous avait point vue depuis ce jour que je vous dressai un plan de toute notre doctrine, que vous comprîtes si bien, et en si peu de temps. Je commençais tout de bon à être fort inquiet de votre santé qui m'est très chère, comme vous savez : il y a dans ma chambre un billet tout écrit que j'allais envoyer ce matin chez vous par le petit saint, pour apprendre de vos nouvelles.

La Pénitente. — Il ne vous en aurait pas rapporté de fort bonnes, mon Père : on ne peut être plus languissante que je l'ai été ces jours-ci.

Le Directeur. — Vous m'affligez, Madame; mais levez un peu vos coiffes, que je vous voie mieux. Comment? Vous avez le meilleur visage du monde, l'œil fort sain, un teint frais, et votre embonpoint ordinaire. Vous verrez, Madame, que ce sont quelques légers accès de fièvre tierce, auxquels vous êtes si sujette : il y paraît à vos mains.

La Pénitente. — Trouvez-vous, mon Père ? Cependant je vous dirai que la fièvre eſt le moindre des maux que j'ai soufferts depuis la dernière visite que je vous ai rendue : j'ai bien eu d'autres peines que celles-là.

Le Directeur. — Quoi donc ?

La Pénitente. — Ah ! mon Père, j'ai essuyé des tracasseries et des humeurs de mon mari, qui m'ont pensé faire tourner l'esprit.

Le Directeur. — Des leçons de l'indigne homme ?

La Pénitente. — Ma belle-mère...

Le Directeur. — Encore ?

La Pénitente. — Plus ignorante et plus dogmatisante que jamais, mon Père. Elle a remarqué que depuis quelque temps je me dispensais de la prière que l'on fait régulièrement le soir et le matin chez moi ; que je négligeais d'aller au sermon, et comme elle dit, d'entendre la parole de Dieu. (Si je vous vois rarement, mon Père, je profite du moins de vos inſtructions.) Elle a su aussi que je m'étais enfermée tout un dimanche matin, et elle s'eſt doutée que j'avais perdu la messe.

Le Directeur. — Ne feignîtes-vous pas du moins, le midi, d'en aller chercher quelqu'une à l'église la plus proche ? car il faut prévenir les grands scandales par bienséance.

La Pénitente. — Oh ! oui, mon Père.

Le Directeur. — Vous n'entendîtes donc pas la messe.

La Pénitente. — Non, Dieu merci, car on n'en disait plus.

Le Directeur. — Vous aviez vos raisons ?

La Pénitente. — Et de pressantes, mon Père. J'étais ce jour-là exposée à entendre la messe sans goût, sans attrait, sans la moindre motion divine. Ce fut le jour qu'en suivant votre conseil, je me livrai à Dieu, pour la première fois de ma vie, par le parfait abandon ; et après trois bonnes heures de simple regard, j'en sortis comme j'y étais entrée, c'est-à-dire dans une sécheresse et une dureté de cœur pour le sacrifice, telle que je me crus fort heureuse de trouver toutes les messes dites; car autrement, étant à l'église toute portée, je pouvais succomber, ce qui m'aurait fort éloignée de Dieu.

LE DIRECTEUR. — Hélas! oui, ma chère Dame, et vous êtes au contraire une âme bien chérie de Dieu, d'avoir, comme on dit, perdu la messe ce dimanche-là, en l'état où vous étiez, sans motion divine, et sans aucune inspiration extraordinaire. Hé bien! ils vous diront, ces bons catholiques, ces diseurs de prières vocales, ces gens qui récitent leurs psaumes et leurs matines (je parle de Monsieur votre mari et de Madame votre belle-mère), ils vous diront que toute bonne pensée et toute bonne action vient de Dieu, et est un effet de la grâce prévenante, qui tantôt agit sur le cœur des hommes et leur fait vouloir le bien par voie de douceur et d'insinuation, tantôt va jusques à vaincre en eux la résistance qu'ils apportent aux saints mouvements et aux bonnes inspirations, quelquefois aussi fortifie leur volonté contre le mal et contre les occasions du péché; car voilà leur doctrine. Et qui ne dirait pas, Madame, qu'elle approche fort de la pureté de la nôtre, lors surtout qu'ils veulent bien appeler cette grâce prévenante un mouvement divin, et même une motion divine, si la phrase était plus française? car ils avouent que l'homme n'étant point naturellement et de lui-même porté au bien, capable au contraire de tout mal, cette grâce qui le dispose à la vertu, qui la lui fait pratiquer, est surnaturelle; que c'est un mouvement qui ne vient point de la nature, mais qui est extraordinaire et divin.

LA PÉNITENTE. — En quoi donc, mon Père, différons-nous en ce point de ces bons catholiques? que je le sache enfin une fois pour toutes.

LE DIRECTEUR. — Les plus parfaits d'entr'eux, avec ces dépendances absolues de la grâce, où ils se croient être, au lieu de l'attendre paisiblement, sans trouble et sous le nom de motion divine, et de Dieu seul, ils la demandent à Dieu sous ce seul nom de grâce, par des prières ferventes et continuelles, dans les larmes, dans les gémissements; ils jeûnent, veillent, psalmodient, usent leurs corps par des austérités extérieures, s'excitent à la vertu, font de grands efforts vers la sainteté, ignorant parfaitement en quoi elle consiste. Chez nous au contraire sans s'arrêter à toutes ces minuties (mais vous le savez comme moi, et c'est, ma chère fille, me faire parler plus d'une fois sur le même sujet), chez nous, dis-je, il n'en coûte autre chose que de se mettre en la présence de Dieu, se plonger dans l'oraison de simple regard, écouter Dieu dans le regard intérieur, dans un saint et doux repos et dans une quiétude parfaite, sans plus l'importuner par des prières vocales, sans s'user l'esprit par des mentales, sans se perdre les yeux par des lectures de l'Ancien et du Nouveau Testament. Encore une fois, on écoute Dieu lui-même, on est attentif à sa parole; et les choses que l'on sent dans la suite de sa vie qu'il nous commande ou qu'il nous défend, sont celles sans aucun doute qu'il faut faire ou laisser. Sans cette précaution, ma fille, tenez pour une chose assurée que plus vous vous sentirez de pente à faire une bonne action, je dis très bonne et très vertueuse action, conforme à la loi de Dieu et aux préceptes de l'Église, plus vous devez vous défier de vous-même, et regarder cette sorte d'inclination à une telle pratique chrétienne comme un écueil de votre perfection et comme un piège dangereux que le démon tend à votre sainteté.

Ainsi en use le commun des chrétiens : ils sont tentés de jeûner au pain et à l'eau, ils jeûnent; de donner l'aumône, ils la donnent; de visiter les pauvres dans les hôpitaux, ils les visitent. Ont-ils consulté Dieu dans l'oraison de simple regard? jamais. Ont-ils attendu qu'il leur ait parlé plus sensiblement que si c'était une voix articulée? point du tout. Ils vous disent froidement qu'il leur suffit en cette rencontre de savoir que ces choses sont de l'esprit de Jésus-Christ, selon la doctrine de l'Évangile et selon la pratique des saints, pour s'y abandonner de tout leur cœur et y trouver, avec la grâce de Dieu, leur sanctification. Voilà comme ils raisonnent.

La Pénitente. — Pauvres gens, et bien à plaindre, mon Père, à la vérité!

Le Directeur. — Encore plus, ma fille, que vous ne pouvez penser, puisque dans toutes ces pratiques si pénibles et si spécieuses, n'attendant point pour se remuer que Dieu les remue, ne songeant point à faire mourir leur propre action, remplis au contraire, comme nous disons, de propriété et d'activité, ils ne font toutes choses les meilleures du monde, si vous le voulez, et les plus vertueuses actions, que parce qu'ils les veulent faire; ils n'évitent le péché, que parce qu'ils ont résolu de l'éviter. Ainsi, comme ils ne se vident jamais de leur propre esprit, ils sont toujours fort éloignés de se remplir de l'esprit de Dieu.

La Pénitente. — En un mot, mon Père, ils travaillent beaucoup pendant toute leur vie à ne rien faire.

Le Directeur. — Justement, ma fille.

La Pénitente. — Vous dites donc, mon Père, que la propriété et l'activité qui se mêlent dans nos actions en font toute l'impureté?

Le Directeur. — Je le dis ainsi.

La Pénitente. — C'est-à-dire que plus nous nous affectionnons à une telle vertu, à un certain exercice de piété, plus nous péchons?

Le Directeur. — Sans doute.

La Pénitente. — Que s'il m'arrivait, par exemple, d'être portée violemment à donner l'aumône à un pauvre, ce serait alors que je devrais m'abstenir de la lui donner?

Le Directeur. — Continuez.

La Pénitente. — Que je devrais regarder cela comme une tentation?

Le Directeur. — Vous concluez juste.

La Pénitente. — Il semble donc, mon Père, que si je sentais quelque répugnance à secourir ce pauvre, ce serait une raison pour lui ouvrir ma bourse?

Le Directeur. — Il le semble en effet.

La Pénitente. — Car, mon Père, je ne saurais

soupçonner dans une pareille action le moindre attachement, ni la moindre propriété ?

Le Directeur. — Cela est vrai, ma fille.

La Pénitente. — Oh ! mon Père, cela est vrai. Pardonnez-moi, s'il vous plaît, mais vous me jetez dans d'horribles scrupules.

Le Directeur. — Comment donc ?

La Pénitente. — Viens-je pas de vous dire que dimanche dernier je n'entendis pas la messe ?

Le Directeur. — Hé bien ?

La Pénitente. — Parce que je ne me sentais nulle inclination, nulle pente, rien au contraire que de la répugnance à entendre la messe, et même à me trouver à l'église ce dimanche-là ?

Le Directeur. — Je l'ai compris de cette manière.

La Pénitente. — J'ai donc commis devant Dieu un grand péché ?

Le Directeur. — Point du tout.

La Pénitente. — Ah ! mon Père, ne me flattez point ; rassurez-moi, je vous en conjure.

Le Directeur. — Ne m'avez-vous pas dit, ma chère fille, que ce fut le jour que vous entrâtes dans l'oraison de simple regard ?

La Pénitente. — Hélas ! oui.

Le Directeur. — Que Dieu, dans le silence de votre oraison, ne vous mut point sensiblement pour sortir de votre oratoire et aller entendre la messe ?

La Pénitente. — Je vous l'ai dit ainsi, et il est vrai.

Le Directeur. — Demeurez en repos, ma fille, c'est moi, et par conséquent c'est Dieu qui vous le dit : vous n'avez rien fait en cela que n'ait dû faire une âme parfaitement résignée aux ordres divins. J'admire même à quel point vous avez la conscience tendre et timorée.

La Pénitente. — Je respire, mon cher Père, et me voilà instruite là-dessus pour toute ma vie.

Quand donc à l'église, dans les rues d'une ville, dans un voyage ou ailleurs, un pauvre se présentera à moi, qui me conviera même au nom de Jésus-Christ de le secourir, quelque grande que me paraisse sa misère, si je reconnais en moi une grande pente à le soulager, je prendrai le parti de n'en rien faire?

LE DIRECTEUR. — Assurément, et donnez-vous-en bien de garde, sur peine de propriété et d'activité.

LA PÉNITENTE. — Et s'il me prend quelque dégoût de lui, si ses demandes réitérées m'importunent, je l'aiderai contre mon gré, quelque éloignement que j'en aie?

LE DIRECTEUR. — Quoi? sans attrait et sans motion divine?

LA PÉNITENTE. — Ah! dans quelle distraction je suis! Je m'en souviens, mon Père; je l'aiderai encore moins, et le renverrai sans aumône.

LE DIRECTEUR. — Vous songez à autre chose, ce n'est pas tout à fait comme il en faudrait user. Il faut, ma fille, sur un fait aussi important qu'est celui de faire l'aumône ou de ne la pas faire, consulter Dieu, c'est-à-dire éprouver si l'on a en soi une motion divine de faire l'aumône.

LA PÉNITENTE. — Comme j'ai fait sur le sujet de la messe?

LE DIRECTEUR. — Précisément.

LA PÉNITENTE. — Mais, mon Père, pendant tout le temps de la consultation, où Dieu peut faire attendre sur la réponse, et quelquefois n'en donner aucune, que deviendra le pauvre?

LE DIRECTEUR. — Ce n'est pas, ma fille, ni votre affaire ni la mienne : vous ne serez pas au moins exposée à rien faire par propriété et par activité, et sans aucune motion divine.

LA PÉNITENTE. — Cela est bien, mon Père, et j'espère à l'avenir que je ne serai pas assez malheureuse pour exercer la moindre vertu sans toutes les circonstances requises et celles surtout que vous me prescrivez; mais comme ce principe que vous venez de toucher est d'une conséquence infinie dans la pratique, ne trouvez pas mauvais, je vous prie, que dans le premier entretien que nous aurons ensemble, je vous en demande encore quelque éclaircissement.

LE DIRECTEUR. — Quand vous ne m'auriez pas, Madame, prévenu par cette demande, mon dessein était d'approfondir avec vous une matière de cette importance pour votre salut : ce sera quand vous me ferez l'honneur de me venir revoir; car je vois par ce que vous m'avez dit d'abord de l'état de votre domestique, que lui étant suspect, je ne puis que difficilement mettre le pied chez vous à l'avenir.

LA PÉNITENTE. — J'en ai, mon Père, un regret si sensible, que c'est ce qui me rend ainsi malade. Je me recommande à vos prières.

LE DIRECTEUR. — N'abandonnerez-vous jamais cette petite formule de se quitter?

LA PÉNITENTE. — Je le dis par habitude.

LE DIRECTEUR. — Qu'il faut perdre, Madame, je vous en conjure, et dire : « Je me recommande à vous. »

DIALOGUE II

Vue confuse et indistincte de Dieu comme présent partout, seul objet de l'oraison de simple regard. Elle exclut toute autre connaissance, toute autre pensée, tout autre acte, tout autre objet. Elle bannit la crainte des jugements de Dieu, l'espérance en sa miséricorde, et toutes les autres considérations. Sainte Thérèse opposée à cette doctrine. Stupidité dangereuse où elle conduit.

La Pénitente. — Je vous suppliai, mon Père, la dernière fois, de me permettre de vous faire souvenir de tout ce que vous aviez encore à m'expliquer sur la propriété et l'activité : sources, comme vous dites, de toute la malice des actions humaines, et que vous regardiez, ce me semble, comme le plus grand obstacle que l'homme pouvait former au progrès de l'oraison de simple regard, et ensuite à la motion divine qui en est l'effet.

Le Directeur.— Le simple regard, ma fille, est quelque chose de si élevé au-dessus de toute prière, de toute action sainte, et de tout exercice de religion, que je me sens obligé de vous instruire de tout ce qui peut tout à la fois vous en faciliter l'idée et la pratique : d'autant plus que par certaines formules ou manières de parler qui vous échappèrent la dernière fois en nous séparant, il m'a paru que vous aviez besoin d'être entièrement désabusée de la prière, je dis de toute autre prière, puisqu'elle est suppléée par cette haute et sublime oraison de contemplation acquise, que vous avez eu le bonheur de pratiquer lorsque vous y fûtes attirée.

La Pénitente. — Comment attirée, mon Père, par une motion divine? cela ne pouvait être, car vous venez de dire qu'elle n'est que l'effet du simple regard. Par ma détermination propre? ce serait propriété et activité : à Dieu ne plaise! et ce ne sont point là les voies qui conduisent à une oraison si parfaite.

Je vous avoue qu'il y a là je ne sais quoi d'embarrassant et qui me fait de la peine; car si on a besoin d'une inspiration extraordinaire pour psalmodier, d'une encore pour jeûner, d'une autre pour donner l'aumône, d'une autre pour porter la haire, ou se donner la discipline, combien à plus forte raison paraît-elle nécessaire pour la plus excellente action qu'il y ait dans le christianisme ? Il semble néanmoins qu'il faille s'en passer, puisque cette motion extraordinaire devant être précédée, dites-vous, du simple regard, elle n'en peut être ni la préparation ni la cause.

LE DIRECTEUR. — Cela est vrai en quelque façon, et je suis ravi de vous voir déjà instruite de toutes ces choses.

LA PÉNITENTE. — Vous êtes mon maître et mon apôtre, et j'attends ce que vous direz avec une humble soumission.

LE DIRECTEUR. — Ceci, ma fille, est une matière délicate, qui pour être bien sue à fond demande des connaissances qui vous manquent : profitons du temps que j'ai à vous donner, et parlons seulement de votre conduite dans l'oraison de simple regard, de quelque manière que vous y ayez été attirée.

LA PÉNITENTE. — J'en suis contente.

LE DIRECTEUR. — En étiez-vous encore, ma fille, sur la lecture de votre *Nouveau Testament* de Mons, ou de quelque autre livre spirituel ? Vous prépariez-vous enfin à la grande oraison par la méditation de quelque mystère de Jésus-Christ, ou de quelque précepte de la loi de Dieu ? Vous occupiez-vous de la haine du péché, de l'amour pour la vertu ? Songiez-vous à la mort, au jugement de Dieu ? Le craigniez-vous ? Espériez-vous en lui ?

LA PÉNITENTE. — Rien de tout cela, mon Père.

LE DIRECTEUR. — Fort bien.

LA PÉNITENTE. — Il faudrait que j'eusse la tête bien dure pour n'avoir pas compris par tous vos discours qu'on ne peut se défaire trop tôt de toutes ces choses, quand on tend à la perfection.

LE DIRECTEUR. — Oh merveilles ! Vous vous jetâtes donc d'abord sur votre fauteuil, ou sur votre prie-Dieu ?

LA PÉNITENTE. — Le fauteuil m'est plus commode.

Le Directeur. — Et là sans autre préparation, vous envisageâtes, vous regardâtes Dieu présent partout c'est-à-dire, qu'il est sur la terre, dans les eaux, dans les éléments, dans les métaux, dans les pierres, dans tous les corps, dans les âmes, dans l'homme, dans le cheval, dans le reptile?

La Pénitente. — Je ne fis pas même cette longue énumération : je songeai seulement qu'il est présent partout.

Le Directeur. — Encore mieux; et cela dans une vue confuse et indistincte de Dieu, par un pur acte, un simple acte, je dirais volontiers par une indifférence à tout acte?

La Pénitente. — Quoi? à celui même qui nous fait regarder la simple présence de Dieu?

Le Directeur. — Oui, ma fille, s'il était possible; car le malheur des hommes est de se multiplier dans les actes, de chercher dans l'oraison un acte par d'autres actes, au lieu de s'attacher par un acte simple à Dieu seul. Je m'explique : il y a des chrétiens qui dans l'oraison ne croient jamais assez haïr le péché; qui se persuadent ne pouvoir jamais assez aimer Dieu...

La Pénitente. — Ils ont grand tort, car il est si bon et si aisé à contenter.

Le Directeur. — ... Qui s'excitent à des mouvements de foi et d'espérance; qui se sentent touchés de l'amour du prochain dans la vue de Dieu, tous actes intérieurs multipliés, non seulement inutiles à l'oraison de simple regard, mais qui lui sont très pernicieux, puisqu'ils en altèrent la simplicité et la pureté. Elle est appelée par nos maîtres l'oraison de silence, l'oraison de simple présence de Dieu, l'oraison de repos. Jugez par là, ma fille, combien tant de différents mouvements, tant de diverses réflexions, qui n'aboutissent à rien, sont capables de la troubler, de la changer et de l'anéantir.

Le plus court donc et le meilleur, je le répète encore, est de faire mourir notre propre action pour souffrir l'action de Dieu : plus d'idées saintes et profanes, plus d'autres images dans l'entendement que celle de la présence de Dieu; et après s'être, comme un limaçon, recourbé, pour ainsi parler, dans l'enveloppe de son intérieur, se ramasser en Dieu, s'y absorber et laisser contre-tirer en nous son image quand il lui plaît, et comme il lui plaît : alors dans ce triple silence de paroles, de pensées et de désirs, se trouvant dans un sommeil spirituel, dans une ivresse mystique, ou plutôt dans une mort mystique, toutes les puissances suspendues sont rappelées de la circonférence au centre : Dieu, qui est ce centre, se fait sentir à l'âme par des touches divines, par des goûts, par des illaps, par des suavités ineffables.

Ses affections étant ainsi émues, elle les laisse reposer doucement, elle avale ce qu'elle a goûté, ce qu'elle a mâché. L'Être infini de son côté mâche et remâche cette âme, savoure ce parfait intérieur. Cette bienheureuse âme trouve un délicieux repos qui l'établit au-dessus des délices et des extases, au-dessus des plus belles manifestations, des notions et des spéculations divines : on ne sait ce qu'on sent, on ne sait ce qu'on est. Je ne sais pourquoi moi-même je puis et j'ose vous l'expliquer : les paroles, les voix et les langues intellectuelles, comme les corporelles, cessent et cèdent au plus profond, plus amoureux et plus intime silence où les hommes puissent arriver en la présence de Dieu. Tout se fait et s'admire en son fond abyssal et suréminent, ce sont les paroles de l'abbé d'Estival; et aussitôt il parle, il se fait entendre sensiblement, on l'écoute, on suit sa voix et ses ordres divins; et voilà la motion divine qui naît de l'incomparable oraison de simple regard, et qui est nécessaire et préalable à toute action, quelque bonne en elle-même qu'elle puisse paraître.

La Pénitente. — Ô mon Père, mon cher Père, dans quels ravissements venez-vous de me jeter par la sublimité de vos discours, sur les avantages de l'oraison de simple présence de Dieu! Voilà en effet l'état à peu près où je me trouvai le jour du simple regard. Il me semble y être encore, tant vous représentez vivement comment cela se passe.

Par quelle fatalité arrive-t-il que ni les curés dans leurs

prônes, ni les prédicateurs en chaire, ni les évêques dans leurs instructions, ne tracent pas à tous les fidèles l'idée d'une oraison si parfaite et si essentielle au salut ? Pourquoi n'en pas faire un catéchisme aux petits enfants ? Pourquoi ne pas les façonner de bonne heure au simple regard ? Ils n'auraient presque pas besoin, dans la suite de leur vie, de bonnes œuvres et de sacrements.

Je vous ai ouï dire une fois qu'un seul acte de simple regard l'emportait en mérite sur je ne sais combien d'actes de charité qu'on pouvait produire pendant sa vie : vous m'en fîtes l'appréciation, je m'en souviens, et vous m'assuriez qu'il valait tout juste cinq jours entiers de mortification extérieure, et toute la plus rigoureuse qu'il était possible de s'imposer; et même vous comptiez les nuits. Encore ne s'agissait-il pas du simple regard renforcé ou suivi de motion divine. Que veut donc dire que depuis plus de vingt-huit ans que je suis au monde, depuis vingt ans du moins que j'ai l'usage de la raison, je n'avais jamais entendu parler d'une telle merveille, ni à mon confesseur, ni à mon curé, qui est un vieillard fort savant et grand homme de bien, suivant le sentiment de tout le monde ? Je n'ai rien lu d'approchant dans aucun livre spirituel, dans aucune traduction des Pères, dans les *Épîtres* de saint Paul, ni, je crois, dans mon *Testament* de Mons : les jansénistes en auraient-ils retranché cette doctrine ? c'est apparemment, mon Père, quelque nouvelle et pieuse découverte de nos jours. Quel trésor pour nous ! Quel extrême bonheur pour notre siècle !

Ah ! que ces grands saints qui sont canonisés auraient eu de joie et de consolation dans leur cœur, s'ils avaient eu dans leur temps cette oraison éminente ! Et y aurait-il de ces saints contenus dans nos légendes, qui fussent damnés faute d'avoir pratiqué l'oraison de simple regard ?

Le Directeur. — Cela est trop fort, ma fille, mais tenez pour sûr, avec un de nos auteurs, que « toute âme qui ne parviendra pas dès cette vie, à l'union divine, et à la pureté de sa création, doit brûler longtemps dans le purgatoire ».

La Pénitente. — C'est-à-dire, mon cher Père, que ces longues prières, ces longues lectures, ces longs travaux, ces longues abstinences des saints, sont des matières très propres à brûler longtemps dans le feu du purgatoire? Malheureux ceux qui les ont pratiquées! ils croyaient éviter les souffrances de l'autre vie, en expiant en celle-ci par des mortifications volontaires les peines dues à leurs péchés : qu'ils ont été trompés, si cela n'a fait qu'augmenter leur souffrance en l'autre vie, bien loin de la diminuer!

Le Directeur. — Ce sont des profondeurs, ma fille, où nous ne devons point entrer et dont la connaissance est réservée à Dieu seul : contentons-nous de bien user de ses dons, et de tirer par notre fidélité envers lui, tous les secours qu'il a bien voulu attacher à l'oraison de simple regard. Vous m'avez dit, ce me semble, que par un regard fixe vous y contempliez Dieu partout?

La Pénitente. — Je vous l'ai dit, et il est très vrai.

Le Directeur. — Sans vous détourner vers aucun de ses différents attributs?

La Pénitente. — Oui, mon Père, de peur de multiplier les actes.

Le Directeur. — Du moins vous pensiez à la Trinité, à Dieu seul à la vérité, mais à Dieu comme Père, comme Fils et comme Saint-Esprit?

La Pénitente. — Non, non, mon Père, et je vois que votre charité me tend un piège pour me faire tomber dans des réponses qui vous donnent occasion de me rendre plus instruite : je n'ai point pensé à tout cela, pas même à la Trinité en général, mais à Dieu présent partout.

Le Directeur. — Du moins vous est-il venu en pensée qu'il est immense et infini?

La Pénitente. — C'est ce qui résulte, je crois, de sa présence en tous lieux; mais je n'ai pas été jusques-là.

Le Directeur. — Cela en est mieux. Et de sa toute-puissance, rien?

La Pénitente. — Rien du tout, je vous assure.

Le Directeur. — J'en suis ravi; mais vous avez été quelque peu touchée de sa bonté infinie?

La Pénitente. — Presque point, mon Père, et vous pouvez me croire.

Le Directeur. — C'est encore trop, ma chère fille.

La Pénitente. — Il est si naturel d'y penser un peu.

Le Directeur. — Ce n'est pas une excuse : au contraire : car ceci est tout surnaturel et tout extraordinaire. Mais étiez-vous dans ce vaste néant, ce total néant que je vous ai recommandé comme la base de l'oraison de simple présence, et qui mène droit au repos central?

La Pénitente. — Oui, mon Père, j'étais comme une femme tout à fait perdue et anéantie.

Le Directeur. — Comme un corps mort?

La Pénitente. — Et enterré, ainsi que je me l'imaginais. Je n'étais plus sur la terre, je n'étais plus. Je me suis aussi appliqué, mon Père, ces paroles du Psalmiste que vous m'avez apprises : « J'ai été comme une bête, comme une jument devant vos yeux »; et aussi cet autre endroit : « comme un cheval et un mulet, qui sont privés d'entendement »; enfin je tâchais à devenir comme une statue ou comme une souche.

Le Directeur. — Vos intentions sont droites : il manque là une certaine stupidité, une évacuation de l'esprit d'Adam jusques à un certain point, on le voit bien; cependant voilà des efforts, des actes réfléchis pendant l'oraison : des péchés, ma chère fille, des péchés, ou peu s'en faut. Vous êtes morte, dites-vous, et comme enterrée cela est bien; mais vous ne deviez pas être en état de connaître que vous étiez telle, et de pouvoir jamais m'en rendre un si bon compte.

Dans le fort de la contemplation, ne vous êtes-vous point sentie un peu touchée de la crainte des jugements de Dieu? Je vous fais, ma fille, cette demande, parce que je vous connais la conscience tendre et sujette à s'ébranler par les scrupules, et que je me souviens que vous me jetâtes, je ne sais à quel propos, ce passage qui dit que le commencement de la sagesse est la crainte de Dieu.

La Pénitente. — Cela est vrai ; mais il me souvient aussi que vous me répondîtes que cette leçon était bonne à faire à des enfants, ou tout au plus à un commençant, qu'il était permis de craindre Dieu une fois en sa vie lorsqu'on ne faisait qu'entrer dans les voies mystiques et extraordinaires, mais qu'il n'y avait rien ensuite de plus fatal à la perfection, que de réitérer cet acte de crainte de Dieu. D'ailleurs, comment aurais-je pu me laisser aller à la crainte de Dieu, si je n'ai pas songé le moins du monde à le considérer comme juste ?

Le Directeur. — Comme miséricordieux, ma fille ?

La Pénitente. — Sur cela, mon Père, je vous dirai que j'ai fait les derniers efforts pour ne point recevoir dans mon esprit l'idée de la miséricorde divine, et pour mettre en sa place celle de la seule présence de Dieu.

Le Directeur. — Hé bien ?

La Pénitente. — Voulez-vous que je vous dise la vérité ?

Le Directeur. — C'est ce que je demande.

La Pénitente. — Je n'y ai réussi qu'à force de ne penser ni à l'un ni à l'autre, ni à chose qui fût au monde. Je tombai dans une espèce de défaillance au milieu de mon oraison[1], lassée d'avoir été deux heures de suite à faire mes efforts pour ne penser à rien, et je demeurai en cet état dans une inaction, comme il me semblait, et dans une stupidité parfaite.

Le Directeur. — Sans qu'aucunes images vous passassent par l'esprit ? auriez-vous été assez heureuse pour cela ?

La Pénitente. — Je me ressouvins, malgré moi, d'un tableau de sainte Thérèse que j'avais vu autrefois aux Petites Carmélites.

Le Directeur. — Ô Iconoclastes, que vous aviez raison !

La Pénitente. — Quel grand mot dites-vous là, mon Père ?

Le Directeur. — Poursuivez, ma fille.

La Pénitente. — Elle jetait de sa bouche un rouleau

de papier où étaient écrits ces mots : *Misericordias Domini in æternum cantabo,* qu'on m'a dit signifier en français : *Je chanterai dans toute l'éternité les miséricordes du Seigneur.* Ce verset pendant quelque temps ne pouvant sortir de ma pensée, je le récitais comme du fond du cœur sans rien articuler, et sans remuer les lèvres.

Le Directeur. — Mais vous délectiez-vous à cette idée ? y consentiez-vous ?

La Pénitente. — Je crains que cela ne me soit arrivé; car j'ai appris, il y a longtemps, que cette grande sainte avait souvent ces paroles-là dans la bouche, et que c'était pour cette raison qu'on la peignait de la manière que je vous ai dite. Ainsi je demeurai un instant à goûter ce pieux mouvement de sainte Thérèse, et à trouver de l'onction dans cette vive espérance qu'elle a de chanter dans tous les siècles les miséricordes de Dieu à son égard.

Le Directeur. — Voilà qui va mal, ma chère fille, vous le voyez bien vous-même. Il n'y a point là de simplicité d'acte, point de cessation de propre action : rien au contraire que multiplicité, que propriété et qu'activité, qu'espérance de salut, que confiance aux miséricordes de Dieu. Ah ! que l'image de sa présence en tous lieux est infiniment élevée au-dessus de telles idées! qu'il est vrai qu'il n'est pas donné à tous de renoncer à sa propre opération, et d'entrer dans le bienheureux dépouillement de toute connaissance positive!

Ce sont des regards, ma fille, que vous avez eus, mais des regards obliques, circulaires : il les faut simples, droits, fixes, pour avoir l'expérience de Dieu; ils ont souvent manqué à votre sainte Thérèse. Ne nous faisons point, je vous prie, un capital de la croire dans nos principes, encore moins de la choisir pour notre modèle : il s'en faut beaucoup que toutes ses heures se soient passées dans l'état sublime de la contemplation acquise; les plus pénétrants d'entre nous ne reconnaissent point le simple regard dans sa manière d'oraison. Sa vie est un continuel usage de confessions et de communions : on voit dans cette Espagnole une soif démesurée de croix, de tribulations, de mortifications; presque point de suavité, de sommeil spirituel et de quiétude. Elle se plaisait à entendre prêcher; elle faisait des lectures spirituelles, se répandait en affections et en aspirations, se servait de prières vocales, ne parlait que d'amour de Dieu, que de crainte de sa justice; enfin elle étourdissait tout le monde de l'amour du prochain.

On assure à la vérité qu'elle est parvenue à des états extraordinaires; mais comment, pensez-vous? sans les désirer, sans les chercher, sans pouvoir se les procurer, sans être maîtresse de ne les pas éprouver, ou de les faire finir.

Encore, puisqu'il faut tout dire, ces choses lui sont arrivées rarement, et elle les a cachées avec tout le soin imaginable.

Avait-elle, comme nous, une méthode infaillible, et comme une mécanique sûre pour cheminer droit et sans broncher dans cette vie intérieure? Aurait-elle pu donner, comme je fais par la grâce de Dieu, des règles invariables, pour porter tout d'un coup les personnes de l'un et de l'autre sexe, un enfant, un valet, un paysan, un maçon, jusques à la sublimité de l'oraison ineffable, et cela toutes les fois qu'il leur en prend fantaisie? Non, Madame, soyez-en persuadée : semblable à ceux qui vivent au jour la journée, elle souffrait ses ravissements et ses extases, quand ils lui arrivaient, sans en pouvoir jamais régler ni les commencements, ni le progrès, ni la fin.

Demandez, demandez, ma fille, à Madame votre belle-mère, à Monsieur votre mari, à Monsieur votre beau-frère (il est docteur), s'ils croient que les coups dont ils cherchent quelquefois à vous atteindre portent le moins du monde sur leur sainte Thérèse, et si les admirateurs de cette fille, je dis ses plus grands panégyristes, ont jamais appréhendé, dans tout ce qu'ils ont publié à son avantage, de flatter nos intérêts, ou d'appuyer notre doctrine?

Je vous parle ainsi, ma chère fille, pour vous détromper une bonne fois de l'erreur où sont la plupart de vos commençants, et dont je ne puis assez m'étonner; car ils ne voient en nous ni vie purgative, ni illuminative, ni unitive; nulle affectation de la prière et des bonnes œuvres; point de méditations sur les attributs divins; et cependant je ne sais par quelle faiblesse ou pusillanimité, ils croient faire beaucoup pour notre association, d'y ranger la plupart des saints modernes, et surtout les contemplatifs de réputation. Mais l'heure presse : je voudrais, Madame, savoir de vous, avant de nous séparer, si Dieu vous a parlé dans votre oraison.

La Pénitente. — Je n'ai, mon Père, entendu aucune voix.

Le Directeur. — Aucune voix?

La Pénitente. — Non, mon Père.

Le Directeur. — Mais dans ce profond ravissement où vous étiez, Dieu ne vous disait-il pas, quoique intérieurement : « Faites ceci », ou : « Ne faites pas cela »? car vous savez que c'est ce qu'on appelle motion divine.

La Pénitente. — Il y a apparence qu'elle m'a manqué dans mes dernières oraisons.

Le Directeur. — Vous l'avez donc éprouvée quelquefois?

La Pénitente. — Pour vous dire, mon père, sans déguisement ce qui en est, je suis persuadée que j'ai été privée par mon indignité de cette divine faveur, hors peut-être cette unique fois que je perdis la messe un dimanche par inspiration.

Le Directeur. — Depuis celle-là, ma fille, vous ne vous souvenez point d'en avoir eu d'autres, ni que Dieu vous ai fait entendre sa voix?

La Pénitente. — Je n'ai rien dissimulé de la vérité.

Le Directeur. — Les miséricordes de Dieu vous perdront, Madame, si vous n'y remédiez, et je voudrais pour beaucoup que vous n'eussiez jamais entré aux Petites Carmélites. On devrait une bonne fois bannir les images du temple de Dieu, puisqu'elles sont si funestes à la simplicité de l'acte dans l'oraison.

La Pénitente. — J'aurai toujours, mon Père, beaucoup de peine à ne penser à rien, ou à si peu de chose que ce que vous me prescrivez.

Mon Père, je vous prie de m'écouter. Je connais des gens à qui il ne coûte rien d'avaler des pilules : ils nous disent qu'elles passent sans se faire sentir, que ce n'est rien; et c'est justement ce rien qui m'est insupportable; car il me semble que le gosier est fait pour avaler un aliment que les dents ont broyé, que le palais a savouré, et qui se fait sentir en son passage.

Le Directeur. — Que voulez-vous dire, Madame, avec vos pilules?

La Pénitente. — Je veux dire, mon Père, que l'homme est fait pour recevoir dans son entendement des choses que son imagination lui fournit, que sa mémoire lui rappelle, ou qu'il connaît de lui-même : en un mot, qu'il est fait pour penser; que c'est sa nature, et que ce ne peut être que par des secours bien extraordinaires qu'il se réduit à ne penser à rien, c'est-à-dire à ne point penser.

Les femmes surtout souffrent beaucoup dans ce pénible exercice que vous appelez une suspension de toutes les facultés, et un total anéantissement : elles sont vives et inquiètes; il faut qu'elles pensent à quelque chose : si vous leur défendez les bonnes pensées, elles en auront de mauvaises, plutôt que de n'en avoir aucunes.

Un esprit vif à qui l'on défend toute pensée, toute image, et toute vérité vive et distincte, n'appréhendez-vous point, mon Père, qu'il ne tombe dans le vide, dans la sécheresse, et dans les tentations sur de certaines choses bien fâcheuses et humiliantes? Vous m'entendez bien.

Le Directeur. — Ce n'est pas de vous, ma fille, que vous entendez parler?

La Pénitente. — De moi, mon Père, comme des autres, et je voudrais bien, après l'oraison de simple regard, en être quitte à un grand vide de cerveau, à des sécheresses, à des rompements de tête et à de fâcheuses migraines qui ne me manquent jamais; mais n'importe, je suis résolue de passer par toutes ces épreuves pour devenir une parfaite abandonnée.

Le Directeur. — Ce mot, Madame, me fait souvenir du parfait abandon de l'âme, qui suppose en elle le retranchement de toute propriété et activité : matière en vérité bien importante, et celle dont vous demandiez particulièrement d'être instruite dès le commencement de cet entretien. Je ne sais comment il est arrivé que nous avons passé d'un discours à un autre, sans avoir rien touché de ce que j'avais préparé sur cela pour contenter votre curiosité. Ne vous en repentez pas néanmoins, et reconnaissez devant Dieu que vous aviez besoin de cette dernière leçon sur l'oraison de simple regard, pour plier votre entendement à ne penser non plus que si vous n'en aviez point.

Tenez, Madame, j'ai connu une jeune fille de dix-huit ans (je la dirigeais et la disposais à la contemplation acquise). Elle m'ouvrit un jour son cœur sur toutes les petites peines qu'elle éprouvait dans les voies de Dieu, et surtout dans l'oraison. C'était un esprit libre, enjoué; elle me dit brusquement : « Voulez-vous, mon Père, que je vous dise franchement ce qui en est ? je ne saurais penser à la Suisse[1] : quand je pense, il faut que ce soit à quelque chose. » Je lui repartis qu'elle ne pensât à rien : « C'est, me dit-elle, ce qui est absolument impossible, et n'osant point penser à de bonnes choses, je pense à des sottises : c'est tout ce qui me reste; car votre vue confuse et indistincte de Dieu, cela est bientôt expédié, et je n'en ai pas pour deux instants. » Elle me fit un peu rire. Hélas ! présentement, Madame, je voudrais que vous la connussiez, c'est une souche, c'est une poutre, c'est un corps mort; elle est si fort vidée de son propre esprit, on l'a si fort accoutumée à ne plus faire aucune opération, qu'on dirait qu'elle l'a perdu. Ses parents et ses amis, qui n'étant point des nôtres, ne peuvent approuver son genre de vie, font malicieusement courir le bruit que les excès qu'elle a faits dans la prière ont altéré sa raison, et l'ont rendue imbécile. Je vous la ferai connaître, c'est une bonne âme. Mais adieu, je vous chasse; il est heure indue.

La Pénitente. — Je ne m'en aperçois pas en votre compagnie, mon Père; il faut pourtant s'en priver et se recommander à vous.

Le Directeur. — À moi, fort bien, et non pas à mes prières.

DIALOGUE III

Propriété et activité, source de tout le mal selon les quiétistes. Obscurité, embarras et contradiction de cette doctrine. Qu'elle ruine la liberté de l'homme et sa coopération à la grâce; erreur condamnée d'anathème par le concile de Trente.

La Pénitente. — Que j'ai perdu, mon Père, de ne vous avoir pas encore entendu discourir à fond de ce principe corrompu de toutes nos actions, que vous appelez propriété et activité!

Le Directeur. — Pourquoi, Madame?

La Pénitente. — Parce, mon père, que ce que vous m'en auriez appris m'aurait été d'un grand secours dans une conversation que j'eus avant-hier avec mon beau-frère.

Le Directeur. — Qui? Monsieur l'abbé?

La Pénitente. — Lui-même, le docteur de Sorbonne.

Le Directeur. — Voilà, Madame, un nom fort respectable. N'êtes-vous point encore toute émue, quand vous pensez que vous avez osé tenir contre un docteur? Que serait-ce si vous aviez disputé contre votre curé, ce personnage si éclairé, cet homme de bien? Mais contre votre évêque, quelle rébellion!

Apprenez, ma fille, que chez nous on ne fait aucune acception du plus ou du moins des dignités ecclésiastiques, et que la mesure de notre estime, de nos déférences et de notre vénération est celle de l'union plus intime et plus essentielle d'une âme avec Dieu par l'oraison de simple regard.

Mais sans sortir de notre sujet, sachons, je vous supplie, ma chère fille, quelle a été l'occasion, le progrès et les suites de l'entretien que vous avez eu avec Monsieur le docteur!

La Pénitente. — Ce fut, mon Père, jeudi dernier, qu'on apporta le chanteau au logis, pour rendre demain le pain bénit.

Le Directeur. — Comment cela nous mènera-t-il à la propriété et à l'activité ?

La Pénitente. — Vous le verrez, mon Père. Nous venions de dîner quand les bedeaux entrèrent. Ils furent à peine sortis, que mon beau-frère me souriant : « Hé bien ! ma sœur, me dit-il, vous rendrez le pain bénit dimanche prochain ? — Il y a apparence, lui dis-je. — Si l'on en juge par les apparences, repartit-il, j'oserais bien assurer que vous ne le rendrez pas. — Que voulez-vous dire, mon frère ? lui répondis-je ; dans quelle pieuse distraction êtes-vous ? hé ! ne voyez-vous pas le chanteau que les bedeaux de notre paroisse ont laissé sur la table ? — Le chanteau n'est rien, continua-t-il, et les bedeaux encore moins. — Oh, oh ! lui dis-je, à qui en avez-vous donc ? cela est fort plaisant, je vous assure. — Plus plaisant, reprit mon beau-frère, que vous ne pensez, et que vous ne sauriez dire ; mais je persiste à vous soutenir que vous ne rendrez pas dimanche le pain bénit. — Vous avez donc révélation que je mourrai avant dimanche ? — Vous ne mourrez point pour cela, me dit-il ; mais vous serez à la vérité fort embarrassée. — Hé, de quoi ? lui dis-je, embarrassée : c'est vraiment un grand embarras que de rendre un pain bénit ! — Vous avez donc, me demanda-t-il, une grande envie de le rendre ? —Fort grande, lui dis-je. — Vous songerez à l'ordonner dès aujourd'hui ! — Moi, ou mes gens, ajoutai-je. — Et s'ils y manquaient, vous en seriez fâchée ? — Oui, en vérité. — Et dimanche, poursuivit-il, vous vous préparerez à aller à l'église, vous choisirez votre offrande selon votre dévotion, et vous rendrez votre pain bénit ? — Qui en doute ? — Moi, me dit-il en riant ; et ma raison est que je ne saurais me persuader que ma belle-sœur s'expose à faire un péché, plutôt que de manquer à une pure cérémonie, et où il n'y aura plus qu'une obligation de bienséance. — Comment, mon frère, un péché ? Je suis bien simple et je m'aperçois bien tard que vous plaisantez, sans voir néanmoins, je vous l'avoue, sur quoi peut rouler la plaisanterie. — Je parle, dit-il, fort sérieusement, ma sœur; et je vous soutiens, que songer à faire un pain bénit, songer à l'aller présenter à l'autel avec une pièce d'or, telle que vous la jugez convenable, se soumettre soi et son offrande à la bénédiction du prêtre, que tout cela est une action qui part de notre volonté pure; que l'on n'en userait pas ainsi, si l'on ne s'y était absolument déterminé soi-même; qu'il n'y a donc point là d'évacuation de notre propre action; que l'esprit d'Adam se retrouve là tout entier; et que si vous en étiez tout à fait dépouillée, vous demeureriez sur cela dans une parfaite indifférence, et ne feriez jamais la démarche de rendre le pain bénit. »

LE DIRECTEUR. — Ne trouvâtes-vous pas, ma fille, aisément ce qu'il fallait lui répondre?

LA PÉNITENTE. — Je vous avoue, mon Père, que je ne m'attendais pas à cette subtilité de mon beau-frère; je demeurai assez interdite; mais ayant un peu repris mes esprits, je crus que je pouvais lui répondre; et afin que je connaisse si j'ai parlé juste, dites-moi, mon Père, ce que vous lui auriez répondu vous-même.

LE DIRECTEUR. — Que la coutume, la qualité de paroissienne, l'usage, votre tour qui revenait, le chanteau, étaient des raisons plus que suffisantes pour s'acquitter de ce devoir envers votre curé et votre paroisse; qu'il ne vous fallait point d'autre indice de la volonté de Dieu que celui-là : qu'ainsi ce genre de détermination, surtout pour une action de petite importance, ne pouvait que très injustement et même très ignoramment (vous pouviez aller jusques-là) être qualifié de péché.

LA PÉNITENTE. — Je ne lui ai presque pas, mon Père, répondu autre chose.

LE DIRECTEUR. — Cela lui devait fermer la bouche.

LA PÉNITENTE. — Au contraire, il prit occasion de ce que j'avais dit que rendre le pain bénit était une action presque indifférente, et qui ne méritait point, pour s'y résoudre, de mouvement extraordinaire, de me dire que je reconnaissais donc dans les hommes plusieurs genres d'actions; et il m'expliqua sa pensée, en me demandant si je ne savais pas bien distinguer les actions nécessaires et naturelles, comme manger, dormir, tousser, faire digestion, d'avec les actions libres mais indifférentes, comme parler de nouvelles, de la pluie et du beau temps, se promener dans une allée plutôt que dans une autre ; et celles-ci d'avec les actions libres et mauvaises, comme parler mal de quelqu'un, voler, tuer, s'enivrer ; et ces dernières encore d'avec les actions vertueuses, comme prier Dieu, donner l'aumône, empêcher la médisance, s'humilier, entendre la messe, communier. Je lui dis que je connaissais ces différences. Il me demanda si je croyais que les actions vertueuses se pouvaient faire sans la grâce de Dieu. Je n'avais garde, mon Père, de parler contre nos principes, en lui répondant que la grâce n'y était pas nécessaire. Je m'avançai de lui dire que j'ignorais quelle grâce restait encore à un pécheur qui commet une action mauvaise, mais qu'il me semblait qu'il ne fallait nulle grâce particulière pour les actions purement indifférentes, encore moins pour les naturelles, pour manger, par exemple, si ce n'est, lui dis-je en riant, la grâce du bon appétit, et pour dormir, celle du louable exercice. Il parut content de mes réponses, et me pria de m'en souvenir dans l'occasion.

Il revint après cela comme sur ses pas. « Trouvez-vous, me dit-il, votre propriété et activité dans les actions nécessaires et naturelles ? » Je lui répondis par un sourire. « Est-elle dans les actions indifférentes ? — Non, lui dis-je, car elle les rendrait mauvaises, et vous parlez des indifférentes. »

LE DIRECTEUR. — Ce que vous dites, ma fille, est très vrai par la seule énonciation des termes.

LA PÉNITENTE. — Il continua de m'interroger sur les mauvaises : savoir, si elles n'étaient pas telles parce qu'elles partaient d'un principe corrompu, qu'elles se faisaient sans droites intentions, et que le fond même souvent n'en valait rien, ou pour n'être pas selon l'esprit de Dieu, ou pour être formellement contraires à sa loi et à ses préceptes. Je convins de tout cela. « Reconnaissez vous, me dit-il, de la propriété et de l'activité dans ces actions mauvaises? — Et où seraient-elles donc, lui repartis-je? n'est-ce pas ce principe de corruption qui attire sur toutes les actions des hommes le propre esprit dont il faut se vider, cette propre action, ce vieil Adam qu'il faut évacuer? — Fort bien, dit-il; mais s'il se trouvait des actions qui partissent d'un bon principe, qui se fissent avec des intentions droites, qui fussent contraires à la loi de Dieu et à l'esprit de l'Évangile, seraient-elles selon vous des actions mauvaises? » Je lui dis que non. — « Ni indifférentes? » J'y consentis. Il conclut de là qu'elles étaient bonnes. Je croyais qu'il me demanderait si j'admettais aussi dans ces actions vertueuses de la propriété, et je songeais à lui répondre; mais voulant me donner des exemples, il parla ainsi : « Un prédicateur annonce la parole de Dieu, pour avoir occasion d'y mêler la sienne; ou bien il prêche pieusement et apostoliquement, afin que tous lui rendent ce témoignage, qu'il est un homme apostolique; il fait des conversions, afin de passer pour convertisseur : pèche-t-il? ne pèche-t-il point? agit-il ou non par propriété ou activité? » Je lui dis que ce prédicateur péchait, qu'il était rempli de propriété; que c'était un homme vain et hypocrite. — « Et celui, poursuivit-il, qui prêche uniquement pour exciter les grands et le peuple à la componction et à la pénitence, sans autre soin que de rendre nûment les paroles et la doctrine de l'Évangile? — Il ne pèche pas », lui dis-je. Comment aurais-je pu lui répondre autrement? — « Un directeur, continua-t-il, dirige des femmes, et ne dirige qu'elles; il n'a d'attraits que pour ces sortes de directions; il aime ce sexe; il est touché du son de leur voix, et des sottes confidences qu'elles lui font; elles l'amusent, elles remplissent sa curiosité; il ne conduit pas néanmoins ses pénitentes au dérèglement ... — Il ne laisse pas de pécher, m'écriai-je; il est tout plein de propriété. — Et le directeur, me dit-il, qui touché de l'horreur du péril où s'exposent ces âmes chrétiennes par leurs crimes, reçoit indifféremment et sans acception de sexe tous ceux qui se confient à sa charité, conduite et éclairée par la science, quel péché, ma sœur, commet-il ? et de quelle propriété l'accusez-vous ? » Je ne sus en vérité lui répondre. — « Ne vous lassez pas, ajouta-t-il. Un homme qui s'étant éprouvé, selon la règle de saint Paul, communie pour communier, pour cueillir et goûter le fruit de ce sacrement, pèche-t-il ? » Je n'hésitait point : « Il fait, mon frère, la plus grande chose qu'il y ait dans la religion, après l'oraison de simple regard. — Vous êtes folle », me dit mon mari, qui était présent à toute cette conversation. Je ne lui répondis pas un mot, de peur de lui en trop dire; car il eſt vrai que j'ai une antipathie pour cet homme-là, qui ne me permet pas de me modérer sur son chapitre.

LE DIRECTEUR. — Mais, ma fille, il ne faut haïr personne, pas même son mari, quelque déraisonnable qu'il soit.

LA PÉNITENTE. — Je le hais, mon Père, en Jésus-Chriſt, et je ne voudrais pour rien au monde lui nuire; je ne lui veux aucun mal.

LE DIRECTEUR. — Continuez, ma fille.

LA PÉNITENTE. — « Un chrétien, poursuivit-il, qui communie au contraire pour communier, et aussi afin que quelqu'un, dont il ne peut autrement se concilier l'eſtime et la bienveillance, le voie communier ? — Il pèche, il pèche, lui dis-je : c'eſt ce qu'on appelle un hypocrite, un faux dévot [1] et c'eſt pour ces sortes de gens que les mots de propriété et d'activité ont été faits. — Fort bien, dit-il; mais aussi convenez-vous par vos réponses qu'il y a des gens, ou plutôt qu'il y a de telles actions si épurées, si louables par les principes, par l'intention, encore par leur nature, qu'on peut assurer que la propriété et l'activité n'y ont nulle part, celles du moins que vous qualifiez de principe corrompu, de vieil Adam, qui n'eſt autre chose apparemment que ce que, nous autres docteurs, nous appelons une pente, une faiblesse pour le péché, un vieux levain, en un mot la concupiscence. Si je tombe donc d'accord avec vous qu'elle eſt très vive et très forte dans les grands pécheurs, qu'elle subsiſte encore dans les personnes fragiles, et qui commettent les moindres péchés : qu'elle se fait même un peu sentir dans les personnes pieuses, et qui évitent de déplaire à Dieu : avouez aussi de bonne foi qu'elle est presque éteinte dans les âmes saintes qui l'ont combattue et comme atterrée, pendant leur vie, par des œuvres de charité et de pénitence ? — Quoi ? mon frère, lui dis-je, voudriez-vous prétendre qu'il y a des gens impeccables ? Le juste ne pèche-t-il pas sept fois le jour ? — Je suis bercé de cela. Mais, ma chère sœur, s'écria-t-il, entendez ce qu'on vous dit et qu'une concupiscence presque éteinte et comme atterrée n'emporte point pour les saints qui sont encore en vie ou sur la terre une impeccabilité parfaite, semblable à celle des saints qui sont dans le terme, et qui jouissent de Dieu : j'ai pensé dire, ajouta-t-il, semblable à celle qu'on acquiert, selon vos docteurs, par l'union essentielle. Quoi donc ? ma sœur, continua-t-il (car il en faut une fois revenir à ce point), n'admettez-vous pas de bonnes actions, des actions vertueuses ? — Sans doute, lui dis-je, et je vous l'ai déjà passé. — Des actions saintes ? Et ceux qui les font, ne les appelez-vous pas des saints ? — Je veux bien l'avouer, lui dis-je. — Dites, reprit-il, que vous ne pouvez le nier ; car je vous combattrais par les livres de vos docteurs ; je n'en ai pas perdu la mémoire. « Les actions faites par un principe » divin sont des actions divines, au lieu que les actions » de la créature, quelque bonnes qu'elles paraissent, » sont des actions humaines, ou tout au plus vertueuses, » lorsqu'elles sont faites avec la grâce. » Que dites-vous de cela ? » Je lui répondis tranquillement que ce qui était de nos livres appuyait mon sentiment : que j'entendais par les actions vertueuses celles qui ne laissaient pas d'être des actions humaines, quelque bonnes qu'elles parussent, parce qu'elles étaient toujours des actions de la créature, sujettes par conséquent à la propriété et à l'activité. — « Comment ? reprit-il un peu en colère, des actions vertueuses, et faites avec la grâce de Jésus-Christ, remplies de propriété et d'activité ? — Il en est ainsi, mon frère, lui dis-je. — Donc remplies de péché ; car propriété chez vous eſt un péché qu'on doit expier ou en cette vie ou en l'autre. Voilà donc (mais, ma pauvre sœur, vous n'y songez pas), voilà, entendez-vous bien ce que vous dites ? voilà selon vous des actions vertueuses qui ne sont pas vertueuses, de bonnes œuvres qui sont œuvres de Satan, incapables, indignes des récompenses que Jésus-Chriſt a promises et aux mérites et aux bonnes œuvres. En vérité, ma sœur, tandis qu'on a du bon sens et qu'il nous reſte une étincelle de raison, il faut dire des choses qui ne soient pas du moins entièrement contradictoires, et par là dignes de la risée publique, et comme c'eſt une matière de religion, dignes peut-être de châtiment. » Il ajouta qu'il n'entendait pas parler de moi, qu'il croyait dans la bonne foi, mais de mes directeurs, qui m'avaient si mal inſtruite.

Le Directeur. — Mon étonnement, ma chère fille, eſt que vous le soyez au point d'avoir su lui résiſter sur cet article fort délicat, et où il vous a dit ce qu'il y a de passable selon les principes de la Sorbonne.

La Pénitente. — Je vous souhaitais aussi de tout mon cœur à cette conférence.

Le Directeur. — Je lui aurais expliqué notre doctrine sur les actions divines, qu'ils ne connaissent point, faute d'être initiés dans les myſtères du simple regard et de l'union essentielle, d'où nos actions, qui ne sont plus nos actions, mais uniquement celles de Dieu, tirent leur divinité, comme je vous l'expliquai dernièrement par occasion, et dont je vous donnerai quelque jour une connaissance plus parfaite.

La Pénitente. — Vous me ferez, mon Père, un extrême plaisir; mais il faut achever de vous rendre compte de la suite de cet entretien. Il ajouta que ce n'était pas là tout ce qu'il avait à me dire sur ce sujet, et qu'il voulait me pousser à bout, sans me laisser même de quoi répondre. Il s'enquit de moi si la différence que je mettais entre les actions divines et les vertueuses, accompagnées de la grâce, ne consiſtait pas en ce que les premières étaient de Dieu seul, qui agissait pour et dans la créature;

et que dans les autres, au contraire, la grâce de Jésus-Christ concourait seulement avec l'action de la créature, qui en faisait l'impureté et l'imperfection. J'en demeurai d'accord, admirant en moi-même combien il était instruit de nos dogmes. « Il faut donc, dit-il, pour exempter du péché de propriété ces actions vertueuses, et les élever à la qualité de divines, que la grâce seule agisse sur la créature, qui demeure passive, qui fait, comme vous dites, cessation de propre action, qui laisse faire Dieu tout seul. — Vous l'entendez à cette heure. — J'entends, répondit-il, que vous voulez que la créature ne corresponde, ne concoure, ne coopère en rien à la grâce qui agit en elle. — C'est ce que je vous dis. — J'entends donc, ma sœur, et comprends très clairement que vous êtes hérétique. Vous en fieriez-vous au concile de Trente ? » Puis, en s'interrompant lui-même : « Pour moi, j'admire comment de certaines gens, gâtés par leurs adulateurs et par leurs sectaires, se croyant plus fins ou plus profonds que le reste des fidèles, dédaignant par un fond d'orgueil de penser comme eux, et comme on a toujours pensé dans le christianisme, ne parviennent enfin, par tous les raffinements de leur esprit, et par une affectation de découverte et de nouveauté, qu'à imaginer une vieille erreur déjà condamnée par toute l'Église, qu'à devenir calvinistes ou luthériens, frappés d'anathème dans le concile de Trente. » Et passant dans son cabinet, qui est proche de la salle où nous mangeons, il en revint avec cette traduction du concile : « Si quelqu'un dit (vous voilà, ma » sœur), si quelqu'un dit que le libre arbitre de l'homme, » mû et attiré de Dieu, ne doit point prêter son consente- » ment, ni coopérer avec Dieu, qui l'excite et qui l'ap- » pelle, pour obtenir la grâce de sa justification, mais » qu'il doit demeurer comme quelque chose d'inanimé » (voilà le corps mort), sans nulle action, et dans un état » purement passif, qu'il soit anathème. » Ce canon fut fait contre les luthériens, qui soutenaient que toute coopération était mauvaise, et qu'il fallait s'en abstenir; et contre les calvinistes, qui trouvaient de l'impureté dans les actions les plus saintes, et niaient le concours nécessaire de la volonté[1]! Choisissez, ma sœur, de l'un ou de l'autre dogme, ou plutôt l'un et l'autre vous appartiennent. Et en effet, poursuivit-il, quand on croit une fois avec l'Église qu'il y a un péché originel, soit que Dieu ait regardé tous les hommes dans Adam, leur père, et qu'il lui ait plu d'imputer à tous son péché, comme il leur aurait imputé sa justice, soit que le venin de sa désobéissance coule, par la voie de la chair ou par quelque autre voie mystérieuse, dans toutes les générations qui sortent de lui; quand on est persuadé que le baptême est le remède spécifique que Dieu applique à cette maladie contagieuse; que le péché de ce premier homme est réellement, actuellement et formellement effacé par les eaux salutaires; quand on sait néanmoins, par sa propre expérience, qu'il ne laisse pas de rester de cette blessure une certaine faiblesse qu'on appelle concupiscence, qui sans être un péché, nous rend le mal plus facile à pratiquer que le bien; quand on admet ensuite la venue de Jésus-Christ, sa mission, sa grâce, de quel usage, de quel secours, je vous prie, peuvent-ils être à l'homme, s'ils ne fortifient sa faiblesse? si le trouvant incliné au vice, ils ne le redressent et ne le plient à la vertu? s'ils ne le rendent fort et persévérant dans les voies de la justice? Mais quand il est vrai qu'il y a eu de ces hommes faibles et fragiles, qui prenant le dessus de la concupiscence, ont tenu ferme contre toutes les tentations, ont résisté à leur naturel et à leur complexion, ont fait de continuels efforts pour vaincre leurs passions, et ont terminé une vie sainte par une mort plus sainte, où aller chercher la source de ces merveilles plus loin que la grâce qui justifie? que leur fallait-il davantage? dites, imaginez. Le dépouillement de la propriété? la vue distincte et indistincte de Dieu présent en tous lieux? des motions extraordinaires, sans fin, sans relâche? des voix de Dieu articulées à la fin de chaque oraison de simple regard? Ouvrez les yeux, ma chère sœur; consultez votre raison; souvenez-vous seulement de votre catéchisme : que vous faut-il davantage?

Je vais vous l'apprendre : notre consentement à la grâce, notre concours avec la grâce : c'est nous que Dieu récompense, c'est donc nous qui devons agir; notre coopération à la grâce, qui est encore une autre grâce, mais qui suppose et qui aide l'action, le mouvement et la détermination de notre volonté. »

Il disait, mon Père, toutes ces choses d'un ton fort passionné, mais qui ne m'irritait en aucune manière : mon frère le docteur est le meilleur homme du monde, et qui m'a rendu auprès de ma belle-mère et de mon mari tous les bons offices dont il s'est pu aviser. Je sais qu'il est catholique de bonne foi; il passe d'ailleurs, comme vous savez, pour fort savant sur la religion, qu'il sait accommoder à la portée de ceux à qui il en parle. Tout cela, je l'avoue, me donnait une grande attention pour tout ce qu'il me disait; je n'en perdais pas une seule parole, et ayant, Dieu merci, de la mémoire...

Le Directeur. — Oh! prodigieuse.

La Pénitente. — Avec ce que j'avais envie de vous rendre un fidèle compte de tout l'entretien, pour avoir sur cela des éclaircissements avec vous qui me pussent affermir dans notre doctrine, il ne faut pas s'étonner qu'il ne me soit presque rien échappé : jusques-là, mon cher Père, qu'il m'en reste des scrupules et bien de petites peines sur la plupart des choses qui m'ont été dites. Je ne sais, mon Père, si ma mémoire me les pourra fournir sans un nouveau recueillement qui m'en rappelle l'idée.

Le Directeur. — C'est bien dit, Madame : remettons le reste à demain, s'il vous plaît, à la même heure qu'aujourd'hui; car il n'y a rien à perdre d'une conversation aussi curieuse.

La Pénitente. — À demain, puisque vous le voulez ainsi, et je serai exacte au rendez-vous.

DIALOGUE IV

Vie et actions d'un saint opposées aux maximes et aux pratiques des quiétistes. Qu'il n'attend point des motions et des inspirations extraordinaires pour faire le bien. Examen de conscience devient un péché de propriété selon les quiétistes. Célébration des fêtes, prières, assistance à la messe. Réception des sacrements et autres pratiques de piété commandées par l'Église, indifférentes ou nuisibles selon les mêmes principes.

Le Directeur. — J'ai renvoyé le comte de***, et Mme la marquise de***, et Mme la présidente de***, pour vous tenir ma parole. Je vous avoue que je souffre beaucoup dans leurs fades conversations : ce sont des gens ennuyeux qui ne font que des questions grossières et embarrassées. Si je leur propose quelques-une de nos maximes, ils me répondent avec un froid et une insipidité qui marquent le peu de progrès qu'ils font dans nos mystères. Croiriez-vous que la présidente, depuis un an, ne peut comprendre l'évacuation de l'esprit d'Adam? Cependant on veut dans le monde qu'elle ait de l'esprit.

La Pénitente. — De l'esprit? ce sont des gens qui jugent bien légèrement, et qui ne la voient guères : pour moi, je vous avoue qu'en trois différentes visites, elle m'a paru fort bornée. Convenez d'ailleurs, mon Père, qu'elle n'a ni vivacité ni mémoire.

Le Directeur. — Il vous est fort aisé, ma fille, de trouver qu'on manque de mémoire, vous qui en êtes un prodige : il faut vous l'avouer, j'ai repassé toute la nuit avec admiration le récit fidèle que vous me fîtes hier de la longue et docte conversation de Monsieur votre beau-frère.

La Pénitente. — Il est vrai, mon Père, que j'ai la mémoire assez heureuse; je n'en ai jamais tant senti le besoin que dans ce qui reste à vous dire de tout notre entretien.

Le Directeur. — Je serai ravi d'en apprendre la suite.

La Pénitente. — La suite est qu'après y avoir un peu pensé, j'ai dit à mon beau-frère que quelque homme saint qu'il voulût choisir à sa fantaisie, il n'aurait pu être tel sans le dépouillement de toute propriété, c'est-à-dire de propre action, et sans motion divine qu'il aurait sentie en soi en conséquence de l'oraison de simple regard, et qui l'aurait réglé dans toute sa conduite. Il me dit sur cela que j'avançais cette proposition en l'air et sans preuve, et ajouta qu'il m'allait convaincre que les mouvements extraordinaires n'étaient pas plus nécessaires à un homme né dans le christianisme, qu'à moi une motion divine pour me faire rendre mon pain bénit : en un mot, qu'il ferait vivre et mourir son saint, sans qu'on pût, avec le moindre fondement, relever aucune circonstance de sa vie où il eût besoin des conditions que je proposais : ni de dépouillement de propre action, ni de ce que j'appelais contemplation acquise, ni de motion divine, et continua de cette manière : « Je suppose seulement que mon saint est baptisé ; je n'appréhende pas, dit-il, que vous me souteniez d'abord qu'il eût besoin, quelques heures après sa naissance, de simple regard et de motion divine, pour se préparer à recevoir ce sacrement : peut-être me direz-vous que le simple regard a été nécessaire à ses parrain et marraine, avant qu'ils aient répondu pour lui de sa foi au prêtre et à l'Église ? Cet enfant, dis-je, à peine a l'usage de raison, qu'il entend parler de Dieu, d'Église, de religion. Dans l'âge de l'adolescence, et ensuite dans sa jeunesse, il apprend de ses parents et de ses maîtres les cérémonies, les mystères, les maximes de cette religion ; il sait ce que Dieu ordonne et ce qu'il défend, ce qui lui plaît et ce qui lui déplaît ; bientôt il sent, il goûte les preuves de cette religion ; l'y voilà confirmé par la lecture de l'Évangile, qu'il trouve dans une Église qui porte en soi les caractères de vérité et de sainteté, par la doctrine unanime de tous les fidèles, par la tradition ; il est plein de la connaissance de ses devoirs ; il est prévenu qu'il faut éviter le péché ; il sait où est le péché et où il n'est pas ; il connaît la grâce, son efficacité ; il n'ignore pas qu'elle lui est nécessaire pour fuir le péché et pratiquer la vertu, qu'il faut vouloir cette grâce, la désirer, la demander, y acquiescer, y coopérer. — Prenez garde, lui dis-je, mon frère, que pour la coopération, vous la supposez, et elle est en question entre nous.

— « Je la suppose, me répondit-il, comme la doctrine de l'Église universelle, déclarée dans le concile de Trente, au canon 4. de la 6. session; vous ne vous en souvenez plus, mais ayez patience, s'il vous plaît : suivons le saint et ne le perdons pas de vue. Que voulez-vous qu'il fasse pendant le cours de sa vie? Lui défendrons-nous la prière? Je n'en serais pas le maître, ni vous non plus : il s'abstiendrait aussitôt de croire en Dieu, que de le prier; il sait par mémoire tout l'Évangile et tout saint Paul; les livres divins ne lui parlent que de foi en Jésus-Christ, que de soumissions de l'entendement sous le joug de la foi, que de justification par la foi; il a été allaité, il est nourri de ces maximes; il ne délibère point s'il croira ou s'il ne croira pas : il croit, et parce qu'il croit, il prie. La prière lui est marquée aussi souvent, aussi expressément que la foi : *Veillez, priez, pour ne point entrer en tentation; cherchez, et vous trouverez, etc.; frappez, et on vous ouvrira, etc.* Bien plus, il trouve dans les livres saints une prière toute faite, l'oraison dominicale, le *Pater noster,* que Jésus-Christ a dictée et composée pour notre usage, pour nous être la formule ou le modèle de toute prière. Voulez-vous, ma sœur, tant qu'elle subsistera, que mon saint la néglige pour l'oraison de simple regard? qu'il suive une motion extraordinaire pour la prononcer dans son cœur? qu'il attende que Dieu lui dise formellement : « Dites » mon oraison », ou : « Ne la dites pas?.. Priez-moi de la » manière que mon Fils vous a prescrite »; ou : « N'ayez » seulement qu'une vue confuse et indistincte de mon » être, ou tout au plus de ma présence en tous lieux, » comme l'enseignent les quiétistes? »

« Il en est de même de l'aumône. Quel besoin d'inspiration extraordinaire pour la faire? Un pauvre la demande à notre saint : il la lui donne comme à Jésus-Christ lui-même, qui a dit qu'il réputerait ce que le chrétien aura fait pour le pauvre, comme s'il était fait à sa personne. Ailleurs il dit : *J'avais faim, vous m'avez donné à manger; j'avais soif, vous m'avez donné à boire. Venez, le royaume des cieux est à vous.*

« Quand Jésus-Christ pourra-t-il et voudra-t-il mieux s'expliquer, plus nettement, dans l'oraison de simple regard?

« Ç'aurait été, sans mentir, une action bien édifiante dans ces derniers temps de misère publique causée par la stérilité de la terre, de remettre un misérable qui mourait de faim, après la motion divine, de peur de le secourir par propriété et par activité, c'est-à-dire par des mouvements de pure charité chrétienne! Ne voyez-vous pas, ma sœur, jusques à quel point de ridicule et d'absurdité vos principes vous peuvent conduire?

« Revenons au saint homme. Il n'ignore pas, il est vrai, que vos directeurs vous insinuent que l'austérité réveille la concupiscence, qu'elle met les sens en vigueur loin de les amortir; mais il ignore encore moins que la vie de Jésus-Christ n'a été qu'un tissu d'austérités, d'humiliations, de pauvreté, de jeûnes, de mortifications, de souffrances, qui s'est enfin terminée à une mort infâme et douloureuse; qu'il doit y avoir au moins une grande conformité de la vie des membres à celle de leur chef, à moins de vouloir faire de la religion chrétienne un tout informe, et un composé monstrueux de pièces tout à fait désassorties; que le précepte du législateur y est formel : *Celui qui veut venir après moi doit renoncer à soi-même, porter sa croix et me suivre;* et dans un autre endroit : *Le royaume des cieux souffre de la violence;* c'est-à-dire, comme il est expliqué ensuite, qu'il n'y a que ceux qui se font violence à eux-mêmes qui soient capables de l'emporter. Ces paroles seules, à votre avis, ne sont-elles pas assez précises et assez claires pour imposer au saint homme la loi du jeûne, de la haire, du cilice, des veilles, des austérités, pour le régler ensuite sans aucune motion divine dans toutes les actions de sa vie et dans la manière de sa mort? Je veux vous dire davantage; le saint qui se croit pécheur n'ira-t-il point à confesse? » Je répondis que cela lui était aussi permis qu'à un autre.

Le Directeur. — Cela n'est pas, ma fille, tout à fait comme vous le dites; mais poursuivez.

La Pénitente. — Il me dit que non seulement cela lui était permis, mais qu'il le devait faire. « Oui, lui dis-je, si après avoir consulté Dieu dans l'oraison de vue confuse et indistincte, il en sort avec un mouvement extraordinaire d'aller se jeter aux pieds du prêtre. »

Il s'échauffa un peu sur ma réponse, et me dit que je me moquais de lui et de toute la compagnie, de parler de la sorte : qu'à un homme éclairé dans les voies de Dieu, comme nous supposions lui et moi qu'était le saint homme, le sentiment seul de sa conscience, qui lui reprochait le moindre péché de vanité par exemple, et de complaisance sur son état, ou de relâchement dans ses exercices de piété, lui était une détermination, une raison pour s'en confesser; que faire dépendre cette démarche d'une inspiration extraordinaire, c'était s'exposer à n'user pas une seule fois en toute sa vie du sacrement de la pénitence. Et en élevant sa voix : « Que serait-ce, me dit-il, des grands pécheurs, s'ils attendaient une inspiration pour aller à confesse? Sont-ils sûrs d'être inspirés à la mort d'appeler leur confesseur? Et s'ils le font, ne sera-ce point par l'appréhension des jugements de Dieu que vous appelez une action de la créature, une vraie propriété et activité? Mais, poursuivit-il, ce n'est pas où j'en veux venir. Le pieux personnage que nous supposons, s'il songe à se confesser, il se préparera à une action si sainte par toutes les pratiques que sa piété lui pourra suggérer, il n'oubliera pas l'examen de sa conscience, qui est le plus nécessaire.

— « Dites, mon frère, le moins nécessaire et souvent même le plus préjudiciable à une bonne confession. — Bon, reprit-il, voilà où je voulais vous amener. » Et en s'adressant à la compagnie : « Préparez-vous à entendre d'étranges choses, mais fort curieuses, et qui ont été oubliées dans vos formules de confession. » À ce mot, il se lève, et en me regardant de travers : « Je ne puis, me dit-il, tenir davantage contre de telles sottises; je veux qu'on me berne, si votre extravagant de directeur ne vous fait courir les rues[1] avant qu'il soit deux mois. » Et après cette belle décision, il sortit.

Ma belle-mère demeura, et après m'avoir dit qu'il fallait être un turc ou un huguenot pour se confesser sans faire son examen, elle ajouta qu'elle ne partirait point de là que son fils le docteur, qu'elle rappela, ne m'eût rendue muette comme une carpe.

Je continuai, et je dis qu'il n'y avait point d'occasions dans toute la vie du chrétien, où il fut plus exposé à agir par propriété et activité que dans celle de l'examen; que ce n'était que contentions d'esprit, qu'efforts de mémoire pour se ressouvenir de l'espèce, du nombre et des circonstances de ses péchés. — « Dites, ma sœur, une torture, une bourrellerie de conscience. Pourquoi ne parleriez-vous pas comme les calvinistes? Vous avez déjà assez de choses communes avec eux. »

Je lui dis qu'il tenait de Madame sa mère, quand il parlait ainsi.

Il se radoucit, et me dit agréablement que l'examen était une chose aussi facile que nécessaire; qu'on n'était obligé de rendre compte au prêtre dans le tribunal de la pénitence que des péchés mortels; que ceux-là, pesant sur la conscience, sautaient aux yeux dès qu'on pensait seulement à se confesser, et que pour ce qui est des péchés véniels, que les âmes pieuses éprouvaient dans l'habitude de la confession qu'un médiocre soin suffisait pour en faire la revue et les rappeler presque tous à la mémoire.

Je lui répondis du même ton que pour les péchés grands et petits, le meilleur souvent était de les oublier, par deux raisons : la première, parce que cet oubli était une marque de la purification de sa faute; la seconde, parce que Dieu, quand il se faut confesser, ne manque point de faire voir à l'âme ses plus grandes fautes, et voulant bien alors le faire lui-même, il n'y aurait rien de mieux pour elle, que de s'abandonner à sa providence.

— « Si Dieu, ma sœur, s'en veut mêler tout seul, je conçois fort bien qu'une âme éclairée de la lumière divine verra plus clair dans son intérieur que par ses propres lumières. — Vous voyez bien, mon frère. — Et, si continua-t-il, Dieu voulait rendre présent à la mémoire d'un pénitent tous les péchés de sa vie passée, avec leur nombre et leurs circonstances, et lui mettre en même temps dans le cœur une contrition parfaite, ce serait bien de la peine épargnée, et je ne vois pas quel besoin il aurait d'effort pour faire son examen, sans lequel assurément je trouverais sa confession fort bonne, et meilleure qu'il n'eût su en faire en toute sa vie.

— « N'est-il pas vrai, lui dis-je, que nous ne sommes pas l'un et l'autre si éloignés de sentiments ?

— « Vous le verrez, me dit-il ; mais pour vous faire une règle de conduite dans un sacrement le plus nécessaire au salut pour les pécheurs qu'il y ait dans l'Église, il faut conclure de ce principe-ci que l'oubli des péchés est une marque qu'ils sont pardonnés, parce que Dieu lui-même en fera l'examen, ou que sa parole y soit engagée, ou que vous ayez droit de compter sur cette lumière divine, qui sans que vous vous en mettiez autrement en peine, vous découvrira vous-même à vous-même. Je vous demande donc sur quoi vous établissez ce droit. Qui vous a révélé que vous l'aviez ? En quel endroit de l'Évangile Dieu vous a-t-il promis de suppléer à votre négligence les propres soins de sa providence et de sa charité infinie ? Nommez-moi vos garants : saint Pierre ? saint Paul ? dites, parlez. Si vous me demandez, ma sœur, pourquoi nous faisons notre examen, je ferai ici paraître mon filleul votre fils : il n'a pas huit ans accomplis ; vous lui avez appris les commandements de Dieu et de l'Église ; il les récitera devant vous, et entre autres articles celui-ci qui dit : *Tous tes péchés confesseras,* et le reste. Pour confesser ses péchés, il faut s'en souvenir ; pour s'en ressouvenir, il faut les avoir sus ; pour les savoir, il faut faire une sérieuse recherche des actions de sa vie. Cette recherche eſt un examen; donc cet examen eſt nécessaire. Mais pour faire une confession de nos péchés qui les efface entièrement, et qui nous réconcilie avec Dieu, il faut qu'elle soit accompagnée et précédée d'une grande contrition : pour sentir cette douleur amère de nos fautes, il faut en avoir connu profondément et le nombre et l'énormité; cette connaissance a dû dépendre d'une exacte revue de ces mêmes fautes : une telle revue eſt l'examen de la conscience; donc un examen eſt nécessaire, et préalable à la confession. Nous raisonnons ainsi.

— « Mais, direz-vous, mon frère, qu'un chrétien qui, au sortir de l'oraison de simple regard, où Dieu lui aura fait connaître la grandeur de ses péchés, ira par une motion divine se jeter aux pieds d'un prêtre, s'il en oublie un considérable dans la confession, direz-vous que ce péché ne lui eſt pas pardonné?

— « Je dirai plus, ma sœur, me répondit-il : c'eſt que votre chrétien ajoute à son péché, qui ne lui eſt point pardonné (parce qu'il ne l'a pas confessé), un autre péché très grief, qui eſt celui d'une paresse criminelle dans un homme dont la conscience, chargée de crimes, ne l'excite point à examiner l'état de son âme avant que de l'exposer au miniſtre de Jésus-Chriſt.

— « Vous comptez donc pour rien le simple regard, mon frère?

— « Au contraire, dit-il, je le compte pour beaucoup, pour une illusion grossière, et pour une ignorance très coupable. Car que voulez-vous que je pense d'un chrétien qui, pour toutes précautions avant une confession qui sera peut-être suivie d'une communion, se contentant de regarder dans son oraison Dieu présent en tous lieux, présume par là assez de la sainteté de son état pour attendre de Dieu, ou qu'il lui révèle tous les péchés qu'il a commis, ou qu'il lui pardonne ceux qu'il ne lui aura pas révélés? Si ce n'eſt pas là tenter Dieu, je ne sais plus ni quand ni comment ou le peut tenter. Je reviens à mon saint, et je le fais, avec votre permission, solenniser les mystères de Jésus-Christ tous les jours des fêtes qui lui sont consacrées.

— « Si cela se passe, lui dis-je, sans action vivante de sa part, sans activité et sans propriété, votre saint est le mien de tout mon cœur; mais autrement, il n'est pas mon saint, et ne le peut être de personne.

— « Vous parlez bien affirmativement, me dit-il; mais, ma sœur, croyez-vous en Jésus-Christ?

— « Voilà une belle question!

— « Et en son Église?

— « Tout de même!

— « Et au pouvoir de son Église...

— « Après? lui dis-je.

— « Émané de Jésus-Christ?

— « Je le crois.

— « Vous croyez donc, poursuivit-il, que les fêtes que nous trouvons établies dans l'Église pour célébrer chacun des mystères de la religion, sont bien et religieusement instituées, autorisées même par le Saint-Esprit, qui gouverne l'Église depuis l'Ascension de Jésus-Christ?

— « Je l'ai appris ainsi.

— « Où voit-on, dans les jours qu'on appelle des fêtes solennelles, réciter de certaines leçons, de certains psaumes et de certaines homélies, dire de certaines messes, faire de certaines cérémonies, s'appliquer à certaines prières et certaines méditations sur tel et tel mystère?

— « Dans l'Église, mon frère.

— « Qui l'a ordonné ainsi?

— « L'Église, lui dis-je.

— « Prenez garde, ma sœur, gouvernée par Jésus-Christ, inspirée par le Saint-Esprit. » Et continuant son discours : « Celui donc qui dans ces jours récite un tel psaume, s'applique à une telle messe, médite un tel mystère, ne fait-il pas ce que le Saint-Esprit lui dicte par l'organe de l'Église, qui a ses usages, ses lois, sa tradition? et s'il suit le mouvement du Saint-Esprit, s'il se laisse aller à la pratique de toute l'Église, où il a reçu le baptême, et dont il fait partie, hé! ma sœur, pouvez-vous dire qu'il suit sa propre détermination? qu'il agisse par propriété et par activité? que ce soient là des actions vivantes, des actions d'Adam, des péchés qu'il faille confesser? Quand s'est-on jamais confessé de pareils péchés? Quelles sortes de pénitences, à votre avis, lui pourrait-on imposer selon l'esprit de cette même Église? des jeûnes? des psaumes? des prières? des méditations sur les mystères? Ses propres péchés pour pénitences, qu'il faudra expier jusques à l'infini par pénitences qui sont d'autres péchés : de sorte que cela se perpétuant jusques à la fin de sa vie, vous faites mourir mon saint dans l'impénitence finale.

— « Il y a un bon remède à cela, mon frère.

— « Hé! quel peut-il être?

— « Le simple regard.

— « Le simple regard, ma sœur? Vous me faites souvenir des charlatans qui n'ont jamais manqué d'un remède à tous maux, et qui ne guérit d'aucun en particulier.

— « Ah! mon frère, repris-je, si vous saviez, si vous pouviez expérimenter une fois ce que c'est qu'une âme fervente, élevée par la contemplation acquise jusques à la vue confuse et indistincte de l'essence de Dieu, si vous compreniez le plaisir de cette âme, dans les renoncements à sa propre action, dans les prolongements qu'elle fait dans l'océan de la volonté divine, quelle paix, quel repos, quelles nuits resplendissantes pour cette âme, de ne plus voir en elle qu'un dénuement parfait de toute opération, pour ne plus souffrir que l'action de Dieu! Combien alors la distinction des jours lui paraît frivole et mal entendue! combien les fêtes les plus solennelles lui sont peu de chose! quelle insipidité elle trouverait dans le récit des psaumes, quelle inutilité dans les prédications, et pour ceux qui les font, et pour ceux qui les écoutent! quelle froideur même souvent, et quelle indifférence pour une messe de paroisse! quelle sécheresse pour elle de méditer sur la justice de Dieu, ou sur ses miséricordes! Ah! mon frère, Dieu présent partout, Dieu présent en tous lieux.

— « Vous vous emportez, ma sœur, mais je vais

m'emporter à mon tour, et ma patience eſt enfin poussée à bout par tout ce que je viens d'entendre. » Et en élevant sa voix : « Quoi ? pendant que toute l'Église de Jésus-Chriſt verse des larmes de tendresse sur la naissance d'un enfant qui eſt Dieu et qui se manifeſte aux hommes pour leur salut, dans le temps et de la manière qu'il a été prédit et annoncé ; ou pendant qu'elle eſt transportée d'une joie sainte sur une résurrection qu'elle regarde comme le fondement inébranlable de sa foi, de son espérance et de sa sanctification ; qu'elle s'assemble dans les temples pour y faire retentir au loin les louanges de Dieu, les mêmes louanges qui ont été autrefois dictées à son prophète par le Saint-Esprit ; pour y solenniser des messes publiques ; pour y ouvrir les tribunaux de la pénitence, où l'on trouve la rémission de ses péchés ; pour y dresser des tables des sacrés myſtères, où sont admis tous les fidèles : le concours du peuple y eſt universel, le son des cloches, qui s'eſt fait entendre pendant la nuit, a réveillé la piété des chrétiens, leur a annoncé la grande solennité et les y a invités ; tous perdent le sommeil, courent aux églises, y adorent Dieu dans ses myſtères : vous seuls, par singularité, ou par un faux sentiment de la sublimité de votre état, dédaignant la maison du Seigneur et ceux qui la fréquentent en ces saints jours, vous présumez que c'eſt agir par l'esprit de Dieu et par des vues surnaturelles, que de vous renfermer dans un coin de vos maisons, et là sans y penser, ou à un Dieu fait chair, où à un Dieu ressuscité, de vous borner seulement à ne penser à rien, ou tout au plus à Dieu présent en tous lieux ; vous eſtimez au contraire que ceux qui suivent l'esprit de Dieu et de son Église, en s'unissant aux cérémonies et aux prières de sa liturgie, accommodées à la célébrité du jour, n'agissent que par un principe corrompu, ne font que des actions vivantes, ou (selon votre Père) mortes en effet pour le salut et pour votre juſtification ? Cela eſt si ridicule et si absurde, ma sœur, je ne vous le dissimule point, que tout autre que moi, sans y répondre, hausserait les épaules et s'en moquerait.

— « Je ne sais, mon frère, lui répliquai-je, si vous m'avez écoutée quand j'ai dit que les voies extraordinaires n'étaient que pour les parfaits.

— « Vous vous moquez, me dit-il; je sais que vos docteurs en font des leçons aux enfants, aux valets, aux artisans; mais j'empêcherai bien que vous ne gâtiez mes domestiques, et si j'en suis le maître, mon filleul aussi, qu'on m'a dit que vous vouliez, à huit ans au plus, jeter dans la vue confuse et indistincte de Dieu : je crois avec cela que c'est l'âge où il saura mieux s'en tirer qu'en nul autre temps de sa vie.

— « Mon fils, lui dis-je, n'est pas encore assez parfait pour cela. Quoi? lui, connaître Dieu confusément et indistinctement?

— « Je vous entends, ma sœur : quand vous le jugerez assez parfait, ce sera alors qu'il faudra songer à le tirer de la déférence qu'il doit aux usages de l'Église, et à le dégoûter des pratiques chrétiennes. Ainsi la négligence sur ses devoirs sera une induction de la perfection de son état, et il pourrait même par vos soins monter à un tel degré, que votre directeur le dispenserait pour toujours d'aller à confesse et de communier. »

Le Directeur. — C'est selon, deviez-vous lui dire; car, ma fille, si l'on sentait en sa conscience que l'on fût dans de telles dispositions à l'égard de ces sacrements, qu'on ne pût les désirer, s'y préparer et les recevoir sans propriété et activité, et qu'on fût ainsi exposé à participer aux mystères de Dieu sans motion divine, je tiens, et tous nos docteurs avec moi, qu'il n'y a point de circonstances tirées du jour, du précepte, de la bienséance ou de la nécessité, qui puissent obliger une âme fidèle à commettre un péché en usant de la confession et de la communion, et qu'elle fait mieux de s'en abstenir. Mais vous aurez, Madame, le loisir et l'occasion peut-être d'épuiser cette importante matière. Achevons l'entretien avec votre docteur.

La Pénitente. — Un des Messieurs de Sorbonne se fit annoncer, comme il en était où je vous ai dit.

Le Directeur. — Hé bien?

La Pénitente. — Il ne voulut pas poursuivre en présence de son ami, et je crois par des égards pour moi; je le voulais encore moins que lui, car comme il est né éloquent et beau parleur, il rend les choses qu'il dit assez plausibles et capables de faire impression. Je voudrais, mon Père, vous le faire connaître : vous lui répondriez beaucoup mieux que moi, et je vous avouerai qu'avant de nous séparer, je lui proposai, le plus honnêtement que je pus, de vous venir voir et de vous aboucher ensemble quelque part.

Un plaisant mot de ma belle-mère là-dessus : « Vous ne sauriez mieux faire, ma fille, que de les faire trouver ensemble. Voulez-vous que ce soit ici? J'aurais le plaisir de voir mon fils l'abbé vous rendre tous deux chrétiens, vous et votre directeur. »

Le Directeur. — Nous parlerons, Madame, de cette entrevue la prochaine fois.

La Pénitente. — J'y consens, mon Père; aussi bien je crains que le récit de cette conversation ne nous ait menés trop loin et qu'il ne vous ait peut-être un peu ennuyé.

Le Directeur. — Point du tout, Madame; mais puisque vous le voulez ainsi, je vous laisse partir, pourvu que vous vous engagiez à ne me rien cacher à l'avenir de telles aventures.

DIALOGUE V

Les maximes des quiétistes détournent de la confession et de la pénitence. L'abandon parfait qu'ils enseignent jette dans l'indifférence pour le salut, pour les bonnes œuvres, pour les biens spirituels, pour les vices et les vertus; il fait consentir l'âme à l'extinction de la charité et de la foi, à aimer l'état de péché, le désespoir et la damnation. Affreuses conséquences de cette indifférence absolue; qu'elle renverse les premiers principes du christianisme; qu'elle est directement opposée à toutes les demandes que l'on fait dans l'oraison dominicale.

LE DIRECTEUR. — Mon Dieu, Madame ! j'appréhende bien que vous ne vous soyez un peu ennuyée dans ce mauvais poste, et que le froid que vous avez souffert en m'attendant n'ait causé cet abattement et cette pâleur que je vous vois. Où sont donc ces yeux vifs et riants, ces belles couleurs qui relevaient votre teint ? Je ne suis pas au moins édifié de cet air languissant que vous nous apportez : vous étiez si vive et dans une si parfaite santé la dernière fois! Donnez-moi vos deux mains, que je vous fasse jurer que vous prendrez plus de soin de vous à l'avenir. Que vous est-il donc arrivé, ma chère Dame, depuis huit jours que nous ne nous sommes pas vus? Est-ce toujours ce mari? est-ce moi? votre belle-mère? ou Monsieur son fils le docteur? Vous plaindriez-vous de moi? Car vous êtes triste, et point du tout dans votre naturel. Serait-ce notre doctrine qui vous inquiéterait? Est-ce que vos pratiques surpassent vos forces? Cela serait bien extraordinaire; car pour une âme qui éprouve des peines, des langueurs et des sécheresses dans nos exercices, il y en a mille que Dieu conduit par le repos, par la douceur, et j'oserais dire, par une divine nonchalance. Y a-t-il rien de plus agréable à une jeune femme d'une complexion délicate, que de demeurer passive toute sa vie, et d'avoir même scrupule de faire pour Dieu et pour le paradis la moindre action qui puisse l'émouvoir le moins du monde, que de ne se plus tourmenter ni du passé ni de l'avenir, et pour le présent, prendre le temps comme il vient, sans d'autre parti sur les actions bonnes ou mauvaises que nous faisons, que de nous en remettre pour l'événement à la volonté divine, maîtresse de nous forcer à tout le bien et à tout le mal qu'il lui plaît, suivant la diversité de ses voies et la profondeur de ses jugements? Imaginez-vous, Madame, un système de religion le plus accommodé à la portée des hommes, et qui semble fait exprès pour leur aplanir le chemin du ciel, afin qu'ils y pussent entrer doucement et sans violence : serait-il de bonne foi comparable aux suavités ineffables, aux inactions, à la paix, aux célestes voluptés dont notre doctrine est toute remplie? Ne faudrait-il pas se haïr soi-même, je veux dire son âme, son corps, ses plaisirs, sa joie, pour, connaissant nos principes et toutes leurs suites, refuser d'en profiter, et de se sauver comme en se jouant? Je vois ce que c'est, Madame : nous sommes à peine sortis de la quinzaine de Pâques, chargée encore d'un jubilé; la prière, le jeûne, les stations, les sacrements vous auront mise en l'état où vous voilà.

La Pénitente. — Vous dites vrai, mon Père, en quelque manière, mais qui n'est pas celle dont vous l'entendez.

Le Directeur. — Comment, ma chère fille? hé! je vous avoue que je n'y entends plus rien. Auriez-vous trouvé quelque ignorant de confesseur qui vous aurait refusé l'absolution?

La Pénitente. — Cela ne pouvait pas être, mon Père.

Le Directeur. — Pourquoi non, ma fille? Je vais vous montrer que cela était très possible. Il ne faut pour cela que s'être adressé à un homme scrupuleux, qui aura pénétré par votre manière de vous confesser que vous n'avez pas fait votre examen de conscience.

La Pénitente. — Hélas! mon cher Père, j'aurais grand tort de m'en prendre à un confesseur!

Le Directeur. — Tant mieux, Madame, et ce n'est pas une chose si ordinaire que de bien rencontrer en ce point, et d'avoir sujet de se louer de ces gens-là.

La Pénitente. — Je ne m'en loue pas aussi, mon Père, et je ne suis pas en cet état-là.

Le Directeur. — C'est-à-dire, Madame, que vous n'avez pas usé ces Pâques-ci de la confession ?

La Pénitente. — Non, mon Père.

Le Directeur. — Je l'ai vu d'abord. Et pour la communion, ma fille, comment cela s'est-il passé ? Êtes-vous contente ?

La Pénitente. — Point du tout.

Le Directeur. — Croyez-vous que vous eussiez mieux fait de vous confesser cette année avant que de communier ? Mais quoi ? vous pleurez, ce me semble, et vous avez quelque chose sur le cœur que vous ne me dites pas.

La Pénitente. — Je n'ai rien, mon Père; je crois seulement que j'aurais mieux fait d'approcher des sacrements de l'Église dans cette solennité de Pâques, comme j'y ai été élevée dès ma plus tendre jeunesse, comme ont fait mon mari, mon beau-frère et ma belle-mère, qui toute simple qu'elle est, a peut-être pris un meilleur parti que je n'ai fait, et qui fera sans doute son salut plus sûrement que moi, seulement à cause qu'elle suit aveuglément et sans examen toutes les pratiques de l'Église, qu'elle croit comme un enfant tous les articles de foi, et qu'elle ne se rapporte de toutes choses qu'à son curé. Enfin, mon Père, je voudrais qu'il m'eût coûté cette main-là, et avoir fait mes Pâques, et ensuite gagné le jubilé comme les autres.

Le Directeur. — Mais il n'y aurait pas eu en effet grand mal à cela; d'où vient, Madame, que vous n'avez pas fait l'un et l'autre si votre santé vous le permettait ?

La Pénitente. — Je vous le dirai. Je savais, mon Père, comme les autres, que le Pape avait accordé un jubilé général, qu'il s'ouvrirait dès la semaine sainte : je formai la résolution de le gagner, je m'en ouvris même à vous dès le commencement du carême, et vous me dîtes que vous me le permettiez. Je n'ai rien rabattu, comme vous avez vu depuis ce temps-là, de la sublime oraison; j'ai écouté toutes les motions divines; j'ai renoncé de cœur à toute propriété et à toute activité. Il est vrai que la fête de Pâques venant à s'approcher, j'entrai un matin par ancienne habitude dans une profonde considération de la grandeur du mystère, de l'importance qu'il y avait pour moi de le bien solenniser. Je songeai quel bien infini c'était pour une âme qui communiait dignement, quelle source, quels trésors de grâces étaient renfermés dans les indulgences que l'Église voulait bien octroyer dans ces saints jours, par le pouvoir qu'elle en avait de Jésus-Christ. Je me préparai donc d'ajouter à l'acte de simple présence de Dieu, des réflexions vives sur sa bonté infinie sur ses miséricordes inépuisables; je récitai ensuite le psaume *Miserere :* j'y trouvai du goût, je le récitai une seconde fois; je choisis les jours que je ferais des stations.

Le Directeur. — Des stations?

La Pénitente. — Oui, mon Père, des stations. Je me taxai à une telle somme pour mes aumônes; je m'efforçai de me souvenir de mes péchés, comptant d'en faire une plus exacte recherche lorsqu'il s'agirait de les confesser avant que d'approcher des mystères. Enfin mon plan était dressé, ma résolution prise, suivant en cela les vues que j'avais eues dès le jour des Cendres, comme je vous l'ai dit. Hélas! mon Père, ou heureusement, ou malheureusement pour moi, je m'allai souvenir d'avoir lu dans un de nos livres, que les vues qu'on a de faire une chose sont des obstacles à la perfection, et je me dis à moi-même : « Je serais bien malheureuse, si avec tous mes soins et toute mon application à m'acquitter de mes devoirs, l'abstinence, le jeûne, l'aumône, la prière, joints à l'usage des sacrements, bien loin de m'être utiles en aucune manière, ne servaient au contraire qu'à me faire tomber de plusieurs degrés de la perfection que j'avais atteinte; je suis sans doute entraînée à toutes ces bonnes œuvres, et à ces apparences de vertu et de dévotion par une habitude contractée dès mon enfance; ce ne sont que des suites des impressions qu'on m'a données dès mes premières années; j'éprouve en moi un trop grand empressement d'aller à confesse et de communier, et parce que je veux cela trop déterminément, je n'en dois rien faire, et par conséquent je ne le dois pas vouloir. » Je me mis ensuite si fortement dans l'esprit que j'étais obligée à résister à cette volonté déterminée de faire mes Pâques et de gagner mon jubilé, que je me sentis dans l'impuissance de m'acquitter de l'un et de l'autre; j'y avais même une résistance horrible, et il me semblait que quelque chose surtout m'impossibilitait la confession. Cet extrême éloignement pour les sacrements me convainquit assez néanmoins, qu'il n'y avait point de propriété à mon fait, et que c'était peut-être la vraie disposition où je devais en approcher; mais ayant aussi retenu ce que nos livres enseignent, qu'il faut tout faire dans une grande paix, et avec cette douce impulsion qu'on appelle motion divine, je me trouvai dans cette perplexité de m'abstenir d'abord de faire mes dévotions, parce que je le voulais trop déterminément, et bientôt de ne pouvoir les faire faute d'attrait, et par l'extrême opposition que j'y avais.

LE DIRECTEUR. — En un mot, ma fille, vous ne pûtes aller à confesse ni à la communion, et parce que vous le vouliez, et parce que vous ne le vouliez pas.

LA PÉNITENTE. — Hélas! mon Père, il n'y a pas autre chose!

LE DIRECTEUR. — Tant mieux, ma chère fille, et je ne vous dissimule pas qu'à voir vos larmes et le désordre de votre visage, j'appréhendais fort qu'il ne vous fût arrivé pis. Dites-moi, je vous prie, dans cet effort que vous dites que vous avez fait pour vous ressouvenir de vos péchés, et qui est peut-être la cause du trouble qui vous est arrivé, vous êtes-vous trouvée coupable de quelque défaut? Avez-vous reconnu que vous fussiez tombée en quelque égarement?

LA PÉNITENTE. — Oui, mon Père, et c'est ce qui me portait à la confession.

LE DIRECTEUR. — Étrange force de l'habitude et de la coutume, lors surtout qu'elles ont leurs racines dans notre première éducation! C'était précisément, Madame, à quoi vous ne deviez pas songer. Vous ne pouvez vous imaginer de quelle importance il eſt pour une âme qui tend à la perfection, de ne se point inquiéter de ses défauts. Il suffisait après examen de l'état de votre conscience, que vous auriez dû même vous épargner, de vous ramasser au dedans, attendre et souffrir la pénitence que Dieu vous aurait voulu imposer lui-même, et rien davantage, sans faire pendant cette semaine de Pâques aucunes prières vocales, sans vous imposer aucune mortification.

Apprenez, ma fille, que les prières qu'on se tue de dire, et les pénitences qu'on s'impose, ne sont point des causes naturelles de la grâce, mais seulement des inſtruments accommodés à notre faiblesse, qui amusent et soutiennent notre imagination plutôt qu'elles ne contribuent à la sanctification de notre âme. L'oraison de simple présence de Dieu eſt de mille degrés au-dessus du *Veni Creator* et du psaume *Miserere* et de toutes les oraisons les plus triviales et les plus consacrées dans l'Église; il y a des moments où elle donne à une âme résignée du dégoût pour l'oraison dominicale; il y a des conjonctures, comme celle, ma fille, où vous venez de vous trouver, où elle tient lieu non seulement de toutes prières, de toutes mortifications, de toutes bonnes œuvres, mais aussi de sacrements, je dis de la confession et de la communion. Quelle eſt donc, Madame, votre inquiétude, et que cherchiez-vous ces fêtes dans les sacrements et dans le gain du jubilé? De l'indulgence pour les châtiments dus à vos péchés? Ignorez-vous qu'il vaut mieux satisfaire à la juſtice de Dieu, que d'avoir recours à sa miséricorde? parce que le premier procède du pur amour qu'on a pour Dieu, et que le second, venant au contraire de l'amour que nous avons pour nous, et tendant à éviter la croix, ne peut être agréable à Dieu, et eſt indigne de sa miséricorde.

La Pénitente. — Qu'appelez-vous, mon Père, tendre à éviter la croix par le jubilé et par les indulgences? C'eſt bien tout le contraire; car les chrétiens en se soumettant aux petites croix, c'est-à-dire à la pénitence et aux mortifications que le jubilé impose, tendent à éviter l'enfer qui serait dû à leurs péchés.

Le Directeur. — Dites-moi, ma fille, Monsieur votre mari et Monsieur le docteur, son frère, ont-ils fait vœu de passer leur vie ensemble?

La Pénitente. — Ils s'aiment assez, mon Père, pour ne pas songer sitôt à se séparer.

Le Directeur. — Vous pourriez donc, Madame, dans la suite, être obligée en conscience de les abandonner tous deux; car je ne vous le cache plus, ma chère fille, un plus long commerce avec ces personnes-là serait capable de vous pervertir. Quelle est en effet cette appréhension des peines et des châtiments de l'autre vie, dont vous me paraissez toute troublée? Où est au contraire cette totale résignation à la volonté de Dieu, que vous prêchiez vous-même aux autres avec tant de force? Ignorez-vous encore que l'abandon parfait, qui est la clef de tout l'intérieur, n'excepte rien, ne réserve rien, ni mort, ni vie, ni perfection, ni salut, ni paradis, ni enfer? Que craignez-vous, cœur lâche? Vous craignez de vous perdre; hélas! pour ce que vous valez, qu'importe?

La Pénitente. — Mais, mon Père, comme âme rachetée par le sang de Jésus-Christ, il me semble que je puis dire que je vaux quelque chose, et que je commettrais un péché horrible de ne pas songer à me sauver, et de ne pas espérer mon salut, après que Dieu même a fait des choses si extraordinaires, a daigné passer par des états si humiliants, seulement pour me le procurer. Peut-on avoir de l'indifférence pour la venue de Jésus-Christ sur la terre, pour ses travaux, pour sa mort?

Le Directeur. — Oui, ma fille, cela n'est pas impossible.

La Pénitente. — Ah! mon Père, que dites-vous là? Quoi? sachant quelles ont été les vues de Dieu sur moi par la mission de son Fils, je ne ferai pas tout ce qui est en moi pendant tout le cours de ma vie, pour y correspondre et pour achever par mes actions l'ouvrage de ma rédemption ?

LE DIRECTEUR. — Non, ma fille, et cela mérite explication en un certain sens.

LA PÉNITENTE. — Je ne m'exciterai pas à augmenter ma foi de jour en jour, à m'embraser d'une plus grande charité pour Dieu, à fortifier et renouveler mon espérance ?

LE DIRECTEUR. — Point du tout, Madame.

LA PÉNITENTE. — Je ne m'étudierai pas dans toute ma conduite à discerner la volonté de Dieu, afin de l'accomplir le plus exactement qu'il me sera possible ?

LE DIRECTEUR. — Vous n'y êtes point encore.

LA PÉNITENTE. — Je ne vivrai pas dans la crainte de Dieu et dans le tremblement, incertaine comme je suis si j'ai la grâce de Dieu ou si je ne l'ai pas ?

LE DIRECTEUR. — Encore moins.

LA PÉNITENTE. — Mon beau-frère, en effet, m'aurait-il trompée ? Je ne puis me le persuader.

LE DIRECTEUR. — Rien n'est plus certain, ma chère fille, que qui sait bien s'abandonner, sera bientôt parfait sans toutes ces attentions. Voilà tout le secret : il faut se perdre et s'abîmer entièrement dans la volonté de Dieu, sans se soucier le moins du monde de savoir quelle est actuellement cette volonté. Il ne faut point s'embarrasser non plus si l'on a en soi la grâce de Jésus-Christ, ou si elle nous manque : qu'importe ? et que quelqu'un la possède en un degré plus éminent que nous ? Il faut aller jusques à être ravi qu'il donne aux autres toutes ses grâces, que nous en soyons entièrement dépouillés, et que nous ne fassions que de l'horreur. Vous parlez, ma fille, de foi, d'espérance et de charité : vous êtes à cent lieues de ce qu'il faut être; vous parlez de vertus et de bonnes œuvres : tout de même. L'indifférence au plus ou au moins de toutes ces choses, voilà en quoi consiste la perfection.

LA PÉNITENTE. — Quoi ? mon Père, la perfection pourrait consister à n'aimer Dieu que médiocrement, et à ne presque plus espérer en lui ?

Le Directeur. — Je ne dis pas cela, mais à ne se plus inquiéter de l'aimer peu ou beaucoup, comme d'espérer en lui ou fermement ou faiblement. Voilà ce que je dis.

La Pénitente. — Mais, mon Père, si je ne sentais plus de charité, ni aucun amour pour Dieu ?

Le Directeur. — Il faudrait, ma fille, s'y résoudre et prendre patience.

La Pénitente. — Si je n'espérais plus en lui, et que je tombasse dans le désespoir ? Cela eſt horrible, ce que je vous dis.

Le Directeur. — Il faudrait, Madame, non seulement supporter cet état horrible, mais l'aimer.

La Pénitente. — L'aimer ? Aimer le désespoir ?

Le Directeur. — L'aimer, ma chère enfant, si du moins vous vouliez être une parfaite abandonnée.

La Pénitente. — Mais, mon Père, je pourrais donc par la même raison consentir à l'extinction entière de ma foi ?

Le Directeur. — Vous y êtes, ma fille, et vous commencez à voir les conséquences dans leurs principes.

La Pénitente. — Je les vois si bien, que je conclus qu'on peut se résigner à la perte de toute la perfection et de toute la sainteté où l'on peut parvenir en cette vie.

Le Directeur. — Comment l'entendez-vous ?

La Pénitente. — Ne m'avez-vous pas parlé ainsi de l'état sublime où une âme se trouve élevée par l'oraison du simple regard ?

Le Directeur. — Oh ! sans doute.

La Pénitente. — Ne l'appelez-vous pas oraison de foi, nudité de foi, un acte de foi pure ?

Le Directeur. — Jamais autrement, ma fille.

La Pénitente. — N'eſt-ce pas, mon Père, dans ce premier et seul acte, que l'on ne réitère plus, et dont les autres actes qui pourraient échapper à l'âme ne sont que la continuation, que consiſte le parfait abandonnement et l'entière résignation à la volonté de Dieu ?

Le Directeur. — Cela eſt ainsi.

La Pénitente. — Concluez donc vous-même que

c'eſt une conséquence de ce premier acte d'un parfait abandonnement, qui n'eſt autre chose que l'oraison de foi pure et de nudité de foi, que l'âme peut non seulement consentir à l'extinction de sa charité et de son espérance, mais même de sa propre foi, et qu'il arrive en elle que c'eſt par la foi du simple regard, je veux dire, que c'eſt à force de foi qu'elle eſt même contente de n'en avoir plus, qu'elle eſt indifférente à en avoir ou à n'en avoir pas.

Le Directeur. — Hé bien! ma fille, quelle merveille y a-t-il à cela?

La Pénitente. — La merveille, mon Père, eſt que par nos propres principes, cette sublimité de notre état, sans laquelle nous sommes réduits à rien, nous la perdons gaiement et avec la dernière indifférence, et qu'à force d'abandonnement, nous pourrions déchoir aux complaisances de l'abandonnement même, et tomber dans le vice opposé : ce qui me paraît obscur et impliqué, je vous l'avoue.

Le Directeur. — Eſt-ce là, Madame, tout ce que Monsieur le docteur vous a appris sur ce sujet? Je vais le mener plus loin, et s'il était ici, je lui ferais bien voir du pays.

La Pénitente. — Je vous l'amènerai, mon Père; je vous l'ai promis.

Le Directeur. — Qui lui dirait, Madame, qu'il faut que l'âme qui tend à la plus haute perfection se résolve de perdre absolument toute volonté propre; qu'elle renonce à toutes inclinations particulières, quelque bonnes qu'elles soient, sitôt qu'elle les sent naître, pour se mettre dans l'indifférence; qu'elle ne doit pas affecter la pratique d'aucune vertu choisie entre plusieurs; qu'elle doit être indifférente à toutes vertus, flotter entre la vertu et le vice, et attendre le bon plaisir de Dieu, à qui seul il appartient d'en ordonner; qu'elle doit porter cette indifférence jusques aux choses qui concernent son âme, aux biens spirituels, à sa prédeſtination, à son éternité; qu'elle ne doit point demander à Dieu d'être délivrée des tentations, d'éviter le mal et de persévérer dans le bien; qu'elle doit être franche de tout remords d'avoir péché, sans être le moins du monde alarmée de ses chutes, ni inquiète des scandales qu'elle a pu donner, parce qu'elle a oublié le passé, qu'elle remet l'avenir à la Providence, contente de l'état bon ou mauvais où elle se trouve actuellement, et à chaque moment de sa vie, par la volonté infaillible de Dieu, à laquelle elle est parfaitement résignée... ô mystère ineffable de cette résignation totale aux décrets divins et irrévocables, serez-vous toujours si peu connu des hommes? Ne concevront-ils jamais que le rien est disposé à tout ce que Dieu voudra; que qui ne désire rien ne fait élection de rien, ne refuse rien; que le rien est rien, encore rien et toujours rien! Voilà l'état de l'âme dans le parfait anéantissement où elle est entrée depuis qu'elle a abandonné à Dieu son libre arbitre : elle ne doit plus, elle ne peut plus rien penser, rien vouloir et rien faire; elle laisse tout faire à Dieu. Plus de retour sur elle-même, plus d'attention à la récompense ou à la punition. C'est à elle une grâce singulière de ne plus penser à ses défauts. Elle agit alors sans connaissance, elle oublie Dieu et soi-même... Que dirait à tout cela Monsieur le docteur?

La Pénitente. — Hélas! mon Père, je ne sais pas précisément ce qu'il pourrait dire; mais je suis assurée que s'il était en ma place, il serait bien moins embarrassé que je ne le suis; car après vous avoir entendu parler tous deux, je conclurais presque qu'il faut qu'il y ait deux religions chrétiennes, que Jésus-Christ ait laissées aux hommes avant que de quitter la terre; que mon frère le docteur enseigne l'une, et vous l'autre. Vous me permettez pourtant de vous dire que la doctrine de mon beau-frère me paraît avoir un très grand rapport avec celle des prédicateurs que j'ai entendus depuis que je suis au monde, et avec celle aussi que j'ai lue dans tous les livres qui ont passé par mes mains.

Le Directeur. — Cela peut être, Madame; mais cela ne prouve rien.

La Pénitente. — Comment? mon père, une telle différence de créance et de sentiment sur des choses de religion, ne prouve-t-elle pas du moins que l'un des deux se trompe? Et que si, comme je le veux croire, vous ne vous trompez pas, il faut que mon frère le docteur et toute la Sorbonne dont il suit la doctrine, et la plupart des catholiques qui n'en ont pas d'autre, à ce que j'apprends, soient dans un prodigieux égarement.

Le Directeur. — Ah! ma fille, cela fait trembler en effet, et, comme vous dites fort bien, si c'est une erreur de croire qu'il ne faut pas renoncer absolument à toutes sortes d'inclinations bonnes ou mauvaises, et n'avoir pas, par exemple, plus de disposition à l'adultère qu'à la chasteté conjugale, ni à la chasteté qu'à l'adultère, mais se tenir dans l'indifférence entre tous vices et toutes vertus, que deviennent ces âmes?

La Pénitente. — Mais, mon Père...

Le Directeur. — Patience, Madame, s'il vous plaît : que deviennent, dis-je, ces pauvres âmes, qui ne peuvent entrer dans un parfait abandonnement au bon plaisir de Dieu?

La Pénitente. — Pardonnez-moi, mon Père, si je vous interromps; vous me faites parler à votre gré sur cette indifférence entre la chasteté et un péché que je n'oserais nommer : je ne connais pas cet état-là, dans lequel vous faites consister la perfection la plus haute. J'avoue ingénument que je n'y suis pas encore parvenue; j'ai toujours cru jusques à présent, selon que la conscience et la pudeur me l'ont inspiré, qu'une femme doit éviter le désordre et être chaste et fidèle à son mari. Si j'ai eu quelquefois des tentations du contraire, je n'ai point balancé à y résister de tout mon pouvoir. Pour les bonnes inspirations que j'ai eues du côté de mon devoir, je les ai écoutées et suivies aussi par la miséricorde de Dieu sans hésiter, parce que j'ai senti dans mon cœur que c'était sa volonté, à laquelle je devais m'abandonner, plutôt que de garder une dangereuse neutralité entre la vertu et le crime.

Le Directeur. — Mais, Madame, posant le cas que succombant à une forte tentation, vous fussiez tombée dans l'infidélité, qu'auriez-vous choisi ou du désespoir ou du saint abandonnement ?

La Pénitente. — Dans un tel malheur, je me serais résignée à la volonté de Dieu, qui en défendant sévèrement cette mauvaise action et en la condamnant par la loi, aurait néanmoins permis que je l'eusse commise, peut-être pour m'humilier; mais avant de la commettre, il est bien certain, mon Père, que plus j'aurais entré dans le parfait abandonnement au bon plaisir de Dieu, moins j'aurais eu d'indifférence sur l'inclination que je me serais sentie à éviter une telle chute. Quand le mal est fait, on n'est pas maître qu'il ne soit pas fait : c'est le cas de se résigner aux décrets de Dieu et d'en faire pénitence; mais ce n'est pas celui que vous proposiez, puisqu'il s'agissait au contraire de bonnes ou de mauvaises inclinations où vous vouliez que je fusse indifférente.

Le Directeur. — Je le veux encore, ma fille, avant et après la chute : avant, parce que vous ne savez pas ce qui peut vous arriver; après, parce que vous ne pouvez plus faire qu'elle ne soit arrivée. Car, ma chère fille, ouvrez les yeux, et rendez-vous à l'évidence de la raison : que voudriez-vous faire de mieux après que vous êtes tombée dans quelque faute ou griève ou légère ? En chercher la rémission par des indulgences ? Je vous l'ai dit, vous ne devez pas vouloir abréger vos peines. Chercher du moins, me direz-vous, à apaiser Dieu par un grand nombre de prières vocales ? Avez-vous oublié qu'elles ne font autre chose qu'interrompre Dieu par un babil importun, et vous empêcher de l'écouter s'il voulait vous parler lui-même et se faire entendre ? Qui êtes-vous donc, pour oser parler à Dieu, ou lui demander le moindre avantage temporel ou spirituel pour vous et pour les autres ? Vous vouliez sans doute dans ce temps de Pâques et du jubilé célébrer les fêtes et fréquenter les églises ? ignorance, Madame, simplicité ! permettez-moi de le dire, et apprenez une bonne fois que Dieu en tous temps est présent partout, et qu'ainsi tous les jours sont également saints, et que tous les lieux sont lieux sacrés.

Voyez après si la différence des temps ou des lieux est recevable.

Non, Madame; et si vous me dites que vous êtes dans l'habitude d'aller certains jours visiter les temples pour y prier Dieu, la sainte Vierge et les saints, tant pis, Madame; tant pis, du moins pour ce qui regarde la Vierge et les saints : ils sont créatures, et par conséquent vous ne les devez pas prier.

La Pénitente. — Je ne saurais m'empêcher, mon Père, de vous interrompre encore sur ce que vous venez d'avancer touchant la prière de la Vierge et des saints, que vous condamnez si ouvertement. Il faut que je vous témoigne la peine que cela me fait. Je suis élevée dans des sentiments bien différents : l'on ne m'a rien tant recommandé dès mon enfance, que d'avoir de la dévotion envers la Vierge et les saints. L'on m'a enseigné qu'un chrétien devait leur adresser ses prières, afin d'obtenir de Dieu par leur intercession les grâces dont il a besoin; qu'il est bon d'avoir de la confiance dans leur intercession et principalement dans celle de la Vierge auprès de son fils; qu'elle est notre patronne et notre avocate auprès de lui; que les saints de l'Église triomphante, en louant et glorifiant Celui qui fait leur bonheur pour toujours, ne cessent de prier pour l'Église militante, et de lui demander que les mortels qui sont sur la terre soient participants du bonheur dont ils jouissent. Ce sont là les maximes que j'ai sucées avec le lait, dans lesquelles j'ai été élevée; maximes que j'ai entendu annoncer à tous les prédicateurs de l'Évangile, et que je vois autorisées par la pratique universelle de l'Église. Que dites-vous à cela, mon Père ? Croyez-vous qu'un raisonnement aussi faible que celui que vous m'apportez, que la Vierge et les saints sont des créatures, et par conséquent qu'il ne les faut pas prier, soit capable de m'ébranler ? C'est une objection cent et cent fois répétée par les prétendus réformés, et détruite par les docteurs catholiques. Il faut que je vous raconte ce que j'entendis dire là-dessus dernièrement à mon frère le docteur : il recevait l'abjuration d'un nouveau converti, qui, convaincu de la vérité de tous les autres points de la créance de l'Église, avait encore quelque difficulté sur celui du culte et de l'invocation de la Vierge et des saints, par la même raison que vous alléguez. Il avait dans la tête que l'on ne pouvait honorer les saints sans une espèce d'idolâtrie, parce que ce sont des créatures, et qu'il n'y a que Dieu qu'on doive adorer. Il n'était pas encore revenu des préventions que les ministres lui avaient inspirées contre les catholiques, en les accusant de rendre à des créatures un culte qui n'est dû qu'à Dieu, d'adorer la Vierge et les saints; et il y avait même été confirmé par les discours imprudents de quelques catholiques peu éclairés, qui portent trop loin la vénération qu'on doit rendre à la Vierge et aux saints, et par les pratiques superstitieuses de quelques particuliers. Mais mon frère le docteur résolut aisément ses difficultés, dissipa ses doutes, et le fit bientôt revenir de son erreur, et convenir de la vérité, en lui exposant nettement la doctrine de l'Église. « Il y a bien de la différence, lui dit-il, entre le culte d'adoration qui n'est dû qu'à Dieu, et le culte que nous rendons à la Vierge et aux saints. Nous les honorons, comme dit saint Augustin, d'un culte de dilection et de société, et non pas d'un culte de latrie : nous les honorons, en les imitant, et non point en les adorant. La vierge Marie doit être honorée, dit saint Épiphane; mais Dieu seul doit être adoré. Elle est le temple de Dieu, selon saint Ambroise, et non pas le Dieu du temple; on doit respecter le temple de Dieu, mais il ne faut adorer que Dieu seul. Nous honorons les martyrs et leurs reliques, comme le remarque saint Jérôme, mais c'est afin d'honorer le Dieu dont ils sont martyrs. Il en est de la prière comme du culte : celle que nous adressons à la Vierge et aux saints est bien différente de celle que nous adressons à Dieu; nous prions Dieu comme la source et l'auteur des grâces et des biens que nous demandons, au lieu que nous n'invoquons la Vierge et les saints que comme des intercesseurs, qui prient Dieu comme nous et pour nous, mais dont les prières sont d'autant plus efficaces auprès de Dieu, qu'ils sont dans un état de perfection, de sainteté, et d'union avec lui, dont ils ne peuvent déchoir. Voilà, dit mon frère, ce que nous enseignons; c'est la doctrine de l'Église, dont la clarté et les vives lumières sont capables de dissiper tous les nuages dont vos faux ministres l'ont voulu obscurcir. » Le nouveau converti, homme d'esprit, de bon sens et de bonne foi, n'eut pas de peine à se rendre à une instruction si solide : il reconnut aussitôt l'artifice dont on s'était servi tant de fois pour lui donner de l'horreur de la doctrine de l'Église, et détesta la mauvaise foi de ceux qui l'avaient trompé jusques alors.

Le Directeur. — C'en est assez sur cette matière : elle n'est pas du nombre de celles dont je veux vous entretenir en particulier; c'est un différend à démêler entre Monsieur le docteur et moi. Revenons à notre sujet. Vous me demanderez peut-être s'il ne vous sera pas permis d'entrer dans certaines pratiques de pénitence, et de vous imposer des mortifications? Non, ma fille : elles nuisent au corps et ne profitent point à l'âme; je vous l'ai déjà enseigné, demeurez en repos sur cet article. À l'égard des saints mouvements et des bonnes inclinations, je vous les défends : ne vous les procurez point; s'ils viennent sans qu'il y ait de votre faute, ne les cultivez point, ne les rejetez pas aussi, courez à l'asile de l'indifférence. Pour le choix d'une vertu particulière, je ne puis pas tolérer une affectation comme celle-là : c'est la ruine de toute spiritualité.

La Pénitente. — Quoi? mon Père, je ne pourrais pas aimer l'humilité?

Le Directeur. — Non vraiment, ma chère fille.

La Pénitente. — La patience, la douceur, le pardon des injures?

Le Directeur. — Rien de tout cela, je vous prie; mais bien l'indifférence à toutes ces vertus et aux vices contraires.

La Pénitente. — Il s'ensuivrait donc, mon Père, de ce que vous dites, qu'aimer à être humble et à pardonner les injures serait un péché?

Le Directeur. — Un péché ? non ; mais une imperfection, chose à la vérité dont les confesseurs et les casuistes ne conviendront pas : aussi faut-il avouer que la vie intérieure n'a rien de commun avec les confessions et les confesseurs, ni même avec les cas de conscience : ce sont des choses toutes séparées. Ils vous exhorteront par exemple d'entrer dans le goût des choses spirituelles, ou bien ils approuveront que vous ayez un goût sensible dans l'oraison, qui est, à le bien prendre, une chose purement humaine, que dis-je ? abominable. D'autre fois ils ne vous parleront que de la paix d'une bonne conscience et de la tranquillité qu'apporte avec soi la pratique de la loi de Dieu et des bonnes œuvres : écueils dangereux où cinglant à pleines voiles, comme il vous paraît, dans les routes salutaires de la haute perfection, on vient se briser et se perdre.

Le moyen sûr, ma chère fille, de les éviter, c'est d'entrer dans le port de la parfaite résignation à la volonté divine. Alors, ma fille, alors, vertus ou vices, piété ou sacrilèges, grâces de Dieu ou réprobation, espérance ou désespoir de son salut, tout est indifférent à une parfaite abandonnée. Une seule chose lui convient, que les décrets immuables de Dieu soient accomplis en elle. Mais tandis que je vous parle, Madame, il me paraît que quelque chose vous passe par l'esprit : parlez hardiment et avec confiance, car il s'agit de votre salut.

La Pénitente. — Il s'agirait de peu de chose, mon Père, puisque vous voulez que j'y sois si indifférente. Mais comme vous me permettez que sur les voies de mon salut, auquel je ne puis m'empêcher de prendre encore beaucoup d'intérêt, je vous expose mes doutes et mes scrupules, je vous avouerai que je faisais en moi-même, une oraison dominicale à notre manière, je veux dire en l'ajustant à nos principes et à notre doctrine.

Le Directeur. — Dites, ma fille : le projet en est louable.

La Pénitente. — Écoutez ma composition.

Le Directeur. — J'écoute.

La Pénitente. — Dieu qui n'êtes pas plus au ciel que

sur la terre et dans les enfers, qui êtes présent partout, je ne veux ni ne désire que votre nom soit sanctifié : vous savez ce qui nous convient; si vous voulez qu'il le soit, il le sera, sans que je le veuille et le désire. Que votre royaume arrive ou n'arrive pas, cela m'est indifférent. Je ne vous demande pas aussi que votre volonté soit faite en la terre comme au ciel : elle le sera malgré que j'en aie; c'est à moi à m'y résigner. Donnez-nous à tous notre pain de tous les jours, qui est votre grâce, ou ne nous la donnez pas : je ne souhaite de l'avoir ni d'en être privée. De même si vous me pardonnez mes crimes, comme je pardonne à ceux qui m'ont offensé tant mieux; si vous m'en punissez au contraire par la damnation, tant mieux encore, puisque c'est votre bon plaisir. Enfin, mon Dieu, je suis trop abandonnée à votre volonté pour vous prier de me délivrer des tentations et du péché.

Le Directeur. — Je vous assure, Madame, que cela n'est pas mal; le *Pater noster* ainsi réformé édifierait sans doute toutes les âmes du parfait abandon, et j'ai envie de l'envoyer à nos nouvelles Églises pour être inséré dans la formule du simple regard. Qu'en dites-vous ?

La Pénitente. — En attendant, mon Père, que je sois aussi contente de mon oraison que je voudrais l'être, je suis bien aise que vous ne la désapprouviez pas, et encore plus d'avoir eu le loisir de vous la réciter avant que je vous souhaite le bon soir; car la nuit s'approche, et m'oblige à me séparer de vous.

Le Directeur. — J'y consens, ma chère Dame; mais il ne faut plus être longtemps sans nous voir. Vous avez besoin d'être soutenue : la moindre chose vous ferait faire une grande chute. Vous devez regarder la maison de votre mari comme un piège qui vous est tendu, et dont vous ne sauriez trop vous défier. Je vous ai déjà exhortée à la quitter; il faut faire cela sagement, et abandonner votre mari avec une prudence chrétienne. Madame, Dieu aura soin de vous, sans que vous vous en mêliez.

DIALOGUE VI

Les quiétistes abandonnent l'Évangile, l'Église et la tradition, pour suivre ce qu'ils appellent faussement *volonté de Dieu.* Béatitude et purgatoire des quiétistes en cette vie. État d'union essentielle selon eux, dans lequel l'âme pour demeurer en Dieu, n'a plus besoin de Jésus-Christ médiateur.

LA PÉNITENTE. — Voilà, mon Père, cet excellent ami, dont je vous ai entretenu plusieurs fois : c'est mon beau-frère, de qui je vous ai promis la connaissance, l'homme du monde après vous à qui j'ai plus d'obligation. J'espère recevoir de vous deux de pareils remerciements, de vous avoir fait connaître l'un à l'autre, et par là mis en état de vous estimer réciproquement, comme vous le devez.

LE DOCTEUR. — Je souhaite, mon Révérend Père, que cette entrevue soit utile à celle qui a bien voulu la ménager. Que ma sœur apprenne de vous ou de moi, ou de tous deux ensemble, si cela se peut, les choses les plus essentielles à son salut. Nous lui devons tous deux la vérité, et moi plus particulièrement, et par l'alliance que j'ai avec elle, et par la reconnaissance sur l'honneur qu'elle me procure aujourd'hui, en me présentant à un homme de votre mérite.

LE DIRECTEUR. — Votre réputation, Monsieur, est venue jusques à moi, et par Madame votre belle-sœur, et par d'autres endroits. Votre présence promet encore des choses au delà de votre réputation : il me semble qu'avec un peu de bonne foi de part et d'autre, on peut aller loin dans l'éclaircissement de la vérité, si on la préfère du moins aux sentiments communs et aux pratiques reçues, qui n'ont pour l'ordinaire d'autre avantage sur elle que le temps et le grand nombre.

LE DOCTEUR. — Que voulez-vous dire, mon Père? qu'en matière de religion, ce n'est pas assez qu'une chose, par exemple un dogme ou une maxime, pour être vraie, ait été crue de tout temps, même dès l'établissement de la religion; qu'elle ait été crue de tous ceux qui jusques à présent ont professé la religion?

LE DIRECTEUR. — Non vraiment, ce n'est pas assez.

LE DOCTEUR. — Je l'ai jugé ainsi, et qu'il fallait encore pour être vraie, qu'elle fût vraie en soi.

LE DIRECTEUR. — Vous y êtes, et il y a du plaisir à parler à des gens comme vous.

LE DOCTEUR. — Je vous suis obligé; mais il faudrait pourtant que vous eussiez la bonté de me dire à quelle autre marque du moins vous connaissez qu'une maxime de religion est vraie. Par exemple, ce que l'Église jusques ce jour a appelé la joie du Saint-Esprit, la paix d'une bonne conscience, est, selon vous, quelque chose d'humain, et d'abominable devant Dieu : par où êtes-vous persuadé que cette doctrine est véritable? et dans cette persuasion, évitez-vous cette union céleste? vous refusez-vous à cette tranquillité de l'âme, suite si naturelle de la pratique de la vertu?

LE DIRECTEUR. — Je le sens mieux, Monsieur, que je ne le puis dire; ce n'est pas par entêtement, comme on pourrait se l'imaginer, que cela arrive, mais par impuissance de se mêler de soi, parce que l'on est dans un état où l'on ne se connaît plus, où l'on ne se sent plus. Vous demanderez à une âme : « Qui vous porte à faire ou à éviter telle chose? c'est donc que Dieu vous l'a dit? qui vous a fait connaître ou entendre ce qu'il voulait? — Je n'entends rien, je ne pense à rien connaître; tout est Dieu et volonté de Dieu. »

LE DOCTEUR. — Vous savez donc, mon Père, ce que c'est du moins que la volonté de Dieu?

LE DIRECTEUR. — Point du tout, Monsieur : aussi ne suis-je pas capable d'entendre nulle raison, ni d'en rendre aucune de ma conduite.

LE DOCTEUR. — Que vous soutenez pourtant excellente lorsque vous fuyez la paix de la bonne conscience, comme une chose abominable aux yeux de Dieu.

LE DIRECTEUR. — Cela est vrai : j'agis en cela infailliblement, et je ne puis en douter, depuis que je n'ai pas d'autre principe que le principe infaillible.

Le Docteur. — Qui est la volonté de Dieu... ?

Le Directeur. — Cela s'entend.

Le Docteur. — Que vous ne connaissez néanmoins en aucune manière ?

Le Directeur. — Je vous l'ai dit : je ne sais ce que c'est que la volonté de Dieu.

Le Docteur. — C'est trop le répéter, je l'ai bien retenu. Mais, mon Père, si les prélats de l'Église et les docteurs de la religion osaient vous apprendre cette volonté de Dieu que vous ignorez, vous enseigner la vérité, et vous détromper du mensonge ?

Le Directeur. — Vous n'y êtes pas, Monsieur : toutes les créatures me condamneraient, que ce me serait moins qu'un moucheron.

Le Docteur. — Je vous entends, vous ne connaissez sur le fait de la religion nulle autorité sur la terre. Mais êtes-vous tous de ce sentiment ? J'ai de la peine à le croire.

Le Directeur. — Tous sans exception : vous pouvez vous fier à moi.

Le Docteur. — C'est-à-dire, mon Père, que vous faites tous dans l'Église un schisme secret et intérieur, avec le moins de scandale qu'il vous est possible. Comprenez-vous, ma sœur, la doctrine du Père ? Peut-être qu'il ne s'était pas encore ouvert à vous jusques-là.

Mais, mon révérend Père, le moyen de raisonner avec un homme qui n'a pour règle dans ses sentiments et dans sa conduite que le principe infaillible de la volonté de Dieu, dont il n'a nulle connaissance, et qu'il ne veut apprendre de personne ? Vous en rapporteriez-vous aux décisions de la Sorbonne, dont je pourrais peut-être vous rendre compte sur quelque article que ce pût être ?

Le Directeur. — Demandez à Madame votre belle-sœur.

Le Docteur. — Hé bien ! Madame, vous me dites que non, je le vois bien. En croiriez-vous, mon Père, la doctrine des Pères, celle des conciles, celles des apôtres ?

Le Directeur. — Volonté de Dieu, mon cher Monsieur, Dieu même, principe infaillible, règle infaillible : voilà où je m'en tiens.

Le Docteur. — Mais, mon Père, vous en croyez donc la parole de Dieu, l'Évangile de Jésus-Christ ?

Le Directeur. — l'Évangile, Monsieur, n'est pas Dieu : c'est seulement ce qu'il a dit.

Le Docteur. — En effet, mon Père, pour connaître la volonté de Dieu, que vous ignorez, dites-vous, quoiqu'elle soit votre règle infaillible, c'est peu de lire le livre de la parole de Dieu, où il nous révèle ses mystères, nous donne sa loi et ses commandements, où il nous prescrit expressément tout ce que nous devons croire et tout ce que nous devons faire. Ce n'est donc pas, mon Père, dans l'Évangile que vous avez trouvé le plan de cette nouvelle doctrine, qui met aujourd'hui tant de différence entre vous et moi ? Comment, mon Père, entre autres rapports dont vous conviendrez, n'avons-nous pas cela de commun ensemble, que par le chemin des peines et par la voie des souffrances nous tâchons d'arriver à Dieu dont la connaissance doit être notre souveraine félicité ?

Mon Père, parlons clairement, je vous prie, et sans équivoque : pour approuver ou pour réfuter votre doctrine, il est nécessaire de la bien entendre. Voulez-vous que je vous parle franchement ? Si l'on me demandait ce que c'est que le quiétisme, je répondrais : « C'est une imitation telle quelle du christianisme ; c'est un enchérissement, un mauvais raffinement sur la religion de Jésus-Christ. » Quand il ne serait pas Dieu, ce qu'on ne peut penser sans blasphème, et que sa loi ne serait pas divine, il est le premier en date, sa religion est en possession de tous les cœurs et de tous les esprits, elle est celle de l'État.

Les esprits outrés, subtils, ambitieux viennent trop tard pour se faire valoir et s'attirer de la suite par une doctrine entièrement opposée à la chrétienne. Ils ont été obligés de retenir ses mystères, une partie de sa créance, ses termes et son style, les mêmes apparences dans la morale et dans la pratique. Il faut vous tâter et vous examiner de bien près pour vous connaître. Par exemple, vous ne niez pas le purgatoire?

LE DIRECTEUR. — Non.

LE DOCTEUR. — Ni la nécessité de la pénitence en cette vie ou en l'autre pour faire son salut et posséder la gloire de Dieu?

LE DIRECTEUR. — Nous ne prêchons autre chose.

LE DOCTEUR. — Nous de même. Écoutez cependant. Nous plaçons, mon Père, le purgatoire et l'autre vie dans l'autre vie. Vous autres, vous placez le purgatoire et l'autre vie dans la vie présente. Dites-moi, mon Père : par l'oraison éminente et le fidèle abandon, n'acquérez-vous pas l'impeccabilité, l'inamissibilité de la grâce?

LE DIRECTEUR. — Cela est vrai.

LE DOCTEUR. — Ne vous trouvez-vous pas dans la même innocence qu'Ève avait en sortant des mains de Dieu avant de s'être laissé séduire?

LE DIRECTEUR. — Ce sont nos propres termes.

LE DOCTEUR. — Ce qui serait péché dans les autres ne l'est plus pour vous?

LE DIRECTEUR. — Vous avez vu cela dans nos livres.

LE DOCTEUR. — Vous voyez que je ne vous impose point. Car c'est au *Cantique des cantiques* que vous égalez cet état sublime à la gloire des bienheureux, avec cette seule différence que le quiétiste possède sans voir, et que les saints voient ce qu'ils possèdent; et vous ajoutez que la vue de Dieu n'est pas l'essentielle béatitude.

LE DIRECTEUR. — Tout cela est vrai.

LE DOCTEUR. — Vous êtes, mon Père, de si bonne foi que nous aurons un extrême plaisir, ma sœur et moi, d'entendre de votre bouche le purgatoire du quiétisme, et de vous en croire sur votre parole.

LE DIRECTEUR. — Nous sommes persuadés, Monsieur, qu'une dévotion sensible et une vie animale est la même chose; qu'une âme au contraire ne se purifie entièrement que par les sécheresses, que par l'abandonnement de

Dieu, par les tentations, par les ténèbres, par les angoisses mortelles, par les chagrins, par les afflictions, par les transes de la mort, par une privation de toute consolation, par de cruelles douleurs, par un martyre continuel, enfin par une agonie qui se renouvelle incessamment.

Le Docteur. — Mon Père, vous en oubliez la moitié; car je vois bien qu'il ne s'agit que de trouver des termes, et surtout qui soient équivalents. Dites encore, mon cher Père, que l'âme se purifie par des doutes, par des scrupules, par des craintes et des défiances, par des rongements d'entrailles, par des sécheresses passives, par des contradictions, par une répugnance continuelle au bien, par des abandonnements intérieurs, par des désolations horribles, par des suggestions importunes, par des resserrements amers et perpétuels; par être en proie à la colère, à l'impatience, à la rage, aux blaphèmes, au désespoir, aux appétits désordonnés; par être dénuée de toutes les vertus, exposée à tous les crimes et à des tourments égaux aux peines infernales. N'ai-je rien oublié de tous les sentiments qui sont couchés dans vos livres comme sur une longue liste? Dites-le-moi franchement, car il est difficile que la mémoire rappelle tout d'un coup un si grand nombre de termes, qui signifient presque la même chose, et qui ont peut-être coûté un jour entier à son auteur pour les chercher dans le creux de son imagination et les mettre ensuite dans un cadre qui puisse contribuer à la beauté et à l'énergie du style.

Le Directeur. — Vous badinez, mon cher Monsieur, de ce qui nous tire à tous les larmes des yeux.

Le Docteur. — En vérité, mon Père, je ne crois point qu'il y ait au monde des gens si malheureux que vous le dites; il serait, sans mentir, curieux d'en voir, et j'aime mieux présumer un peu de la bonté infinie de Dieu que de penser, sans un meilleur fondement, qu'il mette les âmes à une si terrible épreuve. Chez nous, on y va plus rondement et on parle avec moins d'exagération.

« Nul ne possédera Dieu tant qu'il sera vivant » : c'est le langage de l'Écriture et le nôtre. Pour le posséder dans la vie future, il faut vivre dans celle-ci d'une vie très pénitente et imitée de Jésus-Christ; et à cette vie crucifiée nous ne laissons pas d'accorder les consolations du Saint-Esprit, encore selon l'Écriture, qui nous invite de goûter et d'expérimenter combien le Seigneur est doux; qui nous exhorte et à nous réjouir au Seigneur ou avec le Seigneur; qui nous proteste que son joug est doux, qu'il est léger. Enfin, Monsieur, s'il manque encore quelque chose à expier par cette vie pénitente et crucifiée, nous croyons un lieu destiné à cette dernière expiation, et dans lequel l'âme achève de se rendre digne de la vue de Dieu. Voilà, mon Père, notre purgatoire et notre paradis, et sur ce modèle il est bien clair que vous avez formé votre système. C'était une riche invention de placer dans le monde un purgatoire où tous les péchés fussent expiés, et qui fût suivi d'une béatitude parfaite : vous le trouvez dans votre martyre spirituel. C'était un merveilleux attrait que la possession de Dieu dès cette vie, donnée pour récompense aux âmes qui ont langui dans le prétendu martyre : vous l'avez dans l'union essentielle. Arriver à un état si sublime et à une si parfaite fécilité par la pratique de la loi de Jésus-Christ, par les commandements de Dieu et de son Église, par la foi, l'espérance et la charité, c'était entrer dans d'importuns détails, ou dire des choses bien triviales : l'indifférence sur tout cela, et le parfait abandon aux décrets divins, sont au contraire une nouvelle découverte.

Le Directeur. — Vous y êtes, voilà tout le mystère.

Le Docteur. — Mais, mon Père, permettez-moi de vous faire une petite question, nullement pour vous faire de la peine, mais pour m'éclaircir et m'instruire. Allez-vous à Dieu par Jésus-Christ? Car voilà, selon nous, l'essence de la religion chrétienne.

Le Directeur. — Vraiment, Monsieur, il faut débuter par là nécessairement : nous l'inspirons autant qu'il nous est possible à tous nos commençants.

Le Docteur. — Je le crois, mon Père, puisque vous le dites; mais demeurez-vous en Dieu par Jésus-Christ?

La Pénitente. — Oh! mon frère, voilà une belle demande que vous faites là au Révérend Père! l'un ne suit-il pas de l'autre indispensablement?

Le Directeur. — Excusez-moi, Madame, la question est très bien formée par Monsieur le docteur, et nos livres sont pleins de maximes et de décisions sur cette matière. Par exemple, Monsieur, sans aller plus loin, vous pouvez lire dans notre *Explication du Cantique des cantiques* une question presque semblable à la vôtre. On demande, savoir, si l'âme arrivée en Dieu parle de Jésus-Christ, et peut penser encore à sa divine personne. C'est à la page 6. Et on répond : « Que l'union à Jésus-Christ a précédé d'un très long temps l'union essentielle; mais que pour une âme parvenue à ce dernier et sublime état, celui d'être unie à Jésus-Christ, et de penser encore à sa divine personne, est absolument passé. » N'est-ce pas là ce que vous demandez? Mais voulez-vous rien de plus positif que ce que je vous montrerai écrit quelque part, en termes exprès : « Que l'idée de Jésus-Christ, après avoir éclipsé l'idée de toutes les créatures, s'éclipse insensiblement elle-même, pour laisser l'âme dans la vue confuse et générale de Dieu »?

Bien plus, un de nos docteurs assure que dans l'oraison (il parle de la grande oraison), « il faut avoir seulement une foi obscure et universelle, et oublier toutes sortes de réflexions particulières » : on ne doit pas même, selon lui, penser à Jésus-Christ. « L'âme est surprise, dit un autre, quand sans avoir pensé, en aucun état, aux inclinations de Jésus-Christ depuis les dix, les vingt, les trente années, elle les trouve imprimées en elle par état. Les inclinations sont la petitesse, la pauvreté, etc. » Il va plus loin et parle décisivement : « L'âme, poursuit-il, dans toute sa voie, n'a pas de vue distincte de Jésus-Christ » : où vous remarquez que voilà Jésus-Christ interdit, même aux commençants.

Le Docteur. — Et j'ajoute, mon Père, inutile au salut, à ceux du moins qui cherchent à se le procurer par votre méthode.

Le Directeur. — Il n'avance pas cela en l'air, et il n'est pas seul de son sentiment, car vous lisez ailleurs que dans la voie mystique, il ne faut pas de représentation du corps de Jésus-Christ.

Le Docteur. — C'est-à-dire, chez vous autres?

Le Directeur. — Sans doute, et que la foi suffit pour la justification, sans aucun souvenir de Jésus-Christ.

Le Docteur. — Je vous ai écouté, mon Père, avec toute la patience dont je suis capable; mais il me semble que vous n'avez pas encore répondu précisément à ma question, qui était de savoir, si comme on va à Dieu par Jésus-Christ, on demeure en Dieu par Jésus-Christ.

Le Directeur. — Premièrement, Monsieur, quand on vous dit que dans ce sublime état d'union essentielle, il n'est plus donné à l'âme de penser à Jésus-Christ, de recevoir l'idée et le souvenir de Jésus-Christ, c'est, ce me semble, vous répondre que cette âme n'est pas unie à Dieu par Jésus-Christ. Que voudriez-vous davantage? Serait-ce d'être sûr que bien que cette âme ait commencé d'aller à Dieu par Jésus-Christ comme médiateur, elle est en Dieu, elle est avec Dieu sans médiateur? À cela ne tienne que vous ne soyez satisfait. Ce même auteur vous apprendra, Monsieur, que « l'âme, dans cet état d'union essentielle, devient forte, immuable; qu'elle a perdu tout moyen; qu'elle est dans la fin »; et ailleurs, que « cette union est non seulement essentielle, mais immédiate et sans moyen, plus substantielle que l'union hypostatique». C'est, mon cher Monsieur, que « l'union centrale avec Dieu tient lieu de Jésus-Christ son fils »; vous savez la force des termes, il ne dit pas : « par Jésus son fils ». Et un peu plus bas : « La voix de la tourterelle de mon humanité vous invite à venir vous perdre et cacher avec elle (elle ne dit pas : « par elle ») dans le sein de mon père. » Et ensuite : « La passion qu'elle a d'aller dans le sein de Dieu fait que sans considérer qu'elle y doit être avec lui, elle dit qu'elle veut l'y introduire. » Mais plus clairement encore dans quelques pages suivantes : « Il faut, y est-il dit, monter plus haut (c'est Jésus-Christ que l'on fait parler à l'âme) et outre-passer toutes choses pour entrer avec moi (le paraphraste se donne bien de garde de dire : « par moi ») dans le sein de mon père, et vous y reposer sans milieu et par la perte de tout moyen. » Voulez-vous, Monsieur, des termes plus clairs et des passages plus formels pour détruire la médiation de Jésus-Christ que ceux que je vous apporte?

LE DOCTEUR. — J'en suis content, mon Père, et je doute fort que si on en avait lu de pareils dans saint Paul et dans les premiers docteurs de l'Église, la foi du médiateur eût pu parvenir jusques à nous aussi constante qu'elle me le paraît. Mais cela me donne la curiosité de connaître à fond cette union immédiate et essentielle que vous dites être la récompense du martyre spirituel, et l'heureux effet de l'abandon à la volonté divine.

LE DIRECTEUR. — Ah! je vois bien, Monsieur, que vous voulez que je vous dise des nouvelles de notre parfaite béatitude, et comme vous disiez tantôt, de notre paradis. Ce sujet est grand, merveilleux, et par soi-même, et dans les suites; et vous me permettez de vous dire que si nous commencions si tard une matière si étendue et si importante, nous courrions risque de n'en pas voir la fin avant le temps que nous serons obligés de nous séparer. Ainsi, et pour notre commune satisfaction, et pour l'utilité de Madame votre belle-sœur, il la faut prier de nous ménager une seconde entrevue, où j'espère de vous renvoyer content sur les éclaircissements que vous désirez de moi. Vous voyez que je ne vous cache rien, et vous pourrez bientôt vous vanter de connaître le fond de nos mystères, autant du moins que je suis capable de vous les révéler; car il me paraît que vos intentions sont droites.

LE DOCTEUR. — Elle ne peuvent l'être davantage, mon Père : je cherche le salut de ma sœur, et rien autre chose. Elle peut nous faire retrouver ensemble, et je suis prêt pour le jour et l'heure qu'elle voudra me conduire ici une seconde fois.

LE DIRECTEUR. — Je vous attends tous deux avec impatience.

DIALOGUE VII

Oraison de foi pure, parfaite béatitude. Idée de Dieu présent partout, seul objet de cette foi. Baisers, attouchements, mariages, martyres spirituels. Propriété et activité opposées à l'union essentielle, et sources de tout dérèglement. Abandon parfait, mort spirituelle. Suites horribles de ces principes, découvertes et avouées en partie par les quiétistes, avec la réfutation de leurs explications. Compatibilité de l'état d'union essentielle avec les crimes les plus énormes.

LE DOCTEUR. — Ce que nous dîmes hier, mon Père, a une trop intime liaison avec ce qui se doit traiter aujourd'hui, pour les séparer par un plus long intervalle de temps ; et sans autre préambule, souffrez que je commence par vous demander une chose.

LE DIRECTEUR. — Vous êtes le maître, Monsieur, et je ne suis ici que pour vous répondre.

LE DOCTEUR. — N'est-il pas écrit quelque part que l'oraison de foi pure fait la parfaite béatitude ?

LE DIRECTEUR. — C'est au *Cantique des cantiques,* je veux dire dans l'explication que nous en faisons, et dans l'endroit où il est dit : Que « la vue de Dieu n'est pas l'essentielle béatitude, et que la foi pure suffit ».

LE DOCTEUR. — Distinguez-vous foi pure d'avec l'oraison de foi pure ?

LE DIRECTEUR. — C'est la même chose.

LE DOCTEUR. — Vous ne distinguez pas aussi, ce me semble, l'oraison de foi pure d'avec l'oraison de vue confuse et immédiate de Dieu, que vous appelez autrement la grande oraison, l'oraison de simple regard, de simple présence de Dieu en tous lieux.

LE DIRECTEUR. — Tous ces mots sont synonymes.

LE DOCTEUR. — Croyez-vous, mon Père, que dans cette oraison de simple présence, il y ait quelque chose d'assez surnaturel pour tenir lieu à l'âme de sa parfaite béatitude ?

Le Directeur. — Oui, par l'union essentielle qu'elle cause à cette âme.

Le Docteur. — Mais, mon Père, parlons de bonne foi : croyez-vous que les païens n'eussent pas l'idée de Dieu, de Jupiter maître et souverain des Dieux et des hommes?

Le Directeur. — Sans doute; mais que concluez-vous de là ?

Le Docteur. — Patience, mon Père. Ne croyez-vous pas aussi que les païens ont eu attention à Dieu? qu'ils lui ont fait des vœux ? qu'ils lui ont adressé des oraisons ? Vous faudrait-il rapporter ce qu'on lit encore dans leurs poètes?

Le Directeur. — Cela n'est pas nécessaire.

Le Docteur. — Je vous demande donc, mon Père, quelle idée de Dieu, quelle vue, quelle connaissance de ce souverain Être pouvaient-ils avoir? Pensez-vous qu'elle fût bien claire et bien distincte? Et si elle n'était pas telle, que pouvait-elle être, je vous prie, que confuse et indistincte?

Le Directeur. — Mais, Monsieur, vous me permettrez de vous interroger à mon tour : croyez-vous, vous autres, avoir une connaissance de Dieu bien nette et bien distincte?

Le Docteur. — Non, mon Révérend Père, pendant que nous sommes sur la terre : aussi n'y établissons-nous pas de paradis, ni de parfaite béatitude; nous l'espérons pour l'autre vie, où nous plaçons une vue de Dieu assez claire et assez distincte pour contribuer à notre parfait bonheur.

Mais pour revenir aux païens, vous persuaderiez-vous, mon Père, qu'ils n'aient pas eu l'idée de la présence de Dieu en tous lieux?

Le Directeur. — Ils l'ont eue sans difficulté, car elle est naturelle.

Le Docteur. — Prenez garde, mon Père, à ce que vous dites.

Le Directeur. — Je ne me rétracte point : la multiplicité de leurs dieux, leur Jupiter, leur Junon, leur Pluton, leur Neptune, leurs Nymphes, leurs Dryades, leurs Oréades et leurs Napées, leur Alphée et leur Aréthuse, tout cela n'eſt autre chose chez les païens que Dieu, agissant dans tous les lieux du monde, animant toutes les diverses parties de la nature; en un mot, que la présence continue de Dieu en tous lieux.

Le Docteur. — Et cette idée, dites-vous, eſt naturelle chez les païens ?

Le Directeur. — Sans doute.

Le Docteur. — Car chez vous elle eſt quelque chose de divin et de surnaturel; elle eſt un don éminent du Saint-Esprit; elle produit l'union essentielle, la parfaite jouissance de Dieu, la souveraine béatitude de l'âme, sans qu'il soit besoin qu'il lui en coûte sa dissolution d'avec son corps. Admirez, je vous prie, la nouveauté et les suites de vos principes : que n'accordait-on plutôt à vos seɛtaires l'idée de la juſtice de Dieu ? ils le révéreraient, ils le craindraient; celle de la toute-puissance ? ils l'admireraient. La crainte, le respeɛt, l'admiration sont des passions qui conviennent à l'homme par rapport à Dieu. Que ne leur passiez-vous l'idée de sa bonté et de sa miséricorde infinie ? ils l'aimeraient : l'amour tend à l'union; ç'aurait été votre union essentielle. À quoi vous peut servir votre paradis anticipé, une idée sèche et obscure de Dieu présent en tous lieux, qui n'eſt que naturelle, et qui vous eſt commune avec les païens ? Où trouvez-vous là les dons de Dieu, et la grâce qui juſtifie ?

Le Directeur. — Vous êtes si peu dans le fait, mon cher Monsieur, que je ne sais comment et par quels moyens vous ramener d'aussi loin que votre imagination et vos raisonnements vous ont porté. Premièrement, Monsieur, nous n'aimons pas Dieu : apprenez-le une bonne fois. Voilà peut-être ce que vous ne saviez pas : qu'il n'y a pas parmi nous d'amour de Dieu, c'eſt-à-dire qui soit utile à l'âme. Souvenez-vous de me faire parler sur cet article dans quelque autre occasion; et pour l'idée de la miséricorde infinie de Dieu, demandez à Madame ce qu'il lui en a coûté de l'avoir reçue une seule fois dans son esprit. Qu'elle vous dise à quoi elle a été exposée, pour s'être malheureusement souvenue d'une image de sainte Thérèse, où il était question de miséricorde de Dieu, et si elle a envie de retourner aux Carmélites.

Quant à l'union essentielle, j'ose vous dire que vous n'avez pas les premiers éléments de notre doctrine sur cet article et sur tout ce qui en dépend. Si vous voulez même que je vous parle avec cette liberté que nous nous sommes laissée l'un à l'autre, votre ignorance sur ces matières me fait quelque sorte de compassion, et je croirais avoir beaucoup fait pour vous et pour Madame votre sœur, si je pouvais aujourd'hui vous en tirer.

Vous souviendrait-il de ce que je vous ai dit à propos du martyre spirituel dans la première conversation que nous avons eue ensemble ? que la dévotion sensible que vous appelez charité, onction céleste, n'est rien moins qu'une disposition prochaine et immédiate à cette union ineffable de l'âme avec Dieu ; qu'elle ne lui est jamais si intimement unie, que lorsqu'il lui semble en être tout à fait abandonnée et comme livrée au démon ? Si elle commence à ne pouvoir plus parler ni entendre parler de Dieu, c'est une bonne marque ; si elle sent un dégoût horrible des choses spirituelles, tant mieux encore : c'est alors que cette épouse fidèle est absolument résignée à son fidèle époux pour tous les états où il lui plaît de la mettre. Alors pour récompense de cette parfaite résignation, arrive le baiser de l'âme. Elle sent bien que cet attouchement lui fait de très grands effets. Ici commence le mariage spirituel, et bientôt la consommation du mariage.

La Pénitente. — Ah ! mon Père, quels discours devant une femme de mon âge ? Vous ne m'en avez jamais tenu de semblables, et je ne vous reconnais point.

Le Directeur. — Courage, ma fille, vous entrez dans le dégoût des choses saintes, vous n'êtes pas loin de l'union essentielle ; mais permetttez-moi d'achever. Cette âme ensuite devient féconde après l'union, et entre dans la vie apostolique; elle engendre d'autres âmes fidèles qui sont comme autant de nouvelles épouses de son époux bien-aimé.

La Pénitente. — Permettez-moi de sortir ou de me boucher les oreilles.

Le Docteur. — Vous pourriez, mon Père, me renvoyer, aussi bien que Madame, au nombre de ceux qui sont à portée de l'union essentielle, s'il ne s'agit pour cela que d'avoir beaucoup d'aversion de vos choses saintes et de toutes vos spiritualités. Quel jargon, bon Dieu! ou plutôt quelles obscénités, pour vous expliquer sur le plus mystérieux point de toute votre doctrine! Et ma sœur a-t-elle tort d'en être scandalisée? Que voulez-vous que nous pensions de l'intérieur des gens qui détournant les paroles de leur sens ordinaire pour leur faire exprimer des choses spirituelles, jettent dans l'esprit des lecteurs l'idée des grossièretés qu'elles signifient naturellement et dans leur première institution? Quelle affectation, pour faire connaître à une jeune femme une béatitude qui est, selon vous, une union toute spirituelle, de lui parler de baisers, d'attouchements, de mariage et de consommation de mariage? Mettez-vous le souverain bonheur dans les plaisirs charnels, comme les mahométans, ou comme les épicuriens, dans la volupté? Que voulez-vous encore une fois que l'on pense de vous et de vos mœurs, si vous les avez du moins aussi peu chastes que vos paroles?

Le Directeur. — Vous avez oublié, mon cher Monsieur, notre martyre spirituel, et combien il prouve notre éloignement de la volupté et des plaisirs sensuels.

Le Docteur. — C'est ce qui vous rend tous incompréhensibles, mon Père; car après avoir parlé des sécheresses passives, des rongements d'entrailles, de blasphèmes, de désespoirs, d'abandonnement de Dieu, vous y joignez immédiatement l'union même avec Dieu, union essentielle plus qu'hypostatique; et pour le faire entendre à vos élèves, vous employez des termes obscurs qui sentent la corruption de cent lieues. Un libertin, un homme dissolu n'en chercherait pas d'autres pour tourner, s'il pouvait, les choses saintes en ridicule. Appelez-vous cela un système, un plan de doctrine, une doctrine suivie ? et croyez-vous de bonne foi y amener un seul homme à qui il reste encore une étincelle de foi et de raison ? Aussi est-ce une chose étonnante que les bruits qui courent de vous et de vos maximes. Les uns disent que selon vous, l'âme, par l'union avec Dieu, est si séparée d'intérêt d'avec son corps, que celui-ci peut s'abandonner à la mollesse et à toute sorte de péchés, sans que l'âme en soit le moins du monde coupable. Un livre quiétiste, disent les autres, remet à son chapitre de l'union essentielle avec Dieu, qui n'est autre chose que la parfaite béatitude, à traiter à fond de toutes les ordures qui peuvent salir le corps sans blesser l'âme, qui demeure cependant unie à Dieu, et souverainement heureuse dès cette vie. Voilà ce que l'on dit des quiétistes, mon Père, et qui me donne de l'indignation contre eux, je vous l'avoue. Vous mériteriez, sans mentir, d'avoir rompu avec eux et quitté des préventions qui sont indignes de vous.

Le Directeur. — J'ai bien vu, mon cher Monsieur, que vous-même étiez dans des préventions contre nous, qui vous empêcheraient de nous estimer autant peut-être que vous le feriez, si notre doctrine vous était parfaitement connue ; et je suis surpris qu'un homme que je sais en avoir déjà pénétré une partie par ses propres lumières, semble s'en rapporter sur la principale à des bruits de peuple, et sur un si léger fondement former des accusations et des reproches avec tant d'emportement. Voudriez-vous m'en croire sur l'union essentielle, ou plutôt en croire nos livres ? Nous n'en avons point de plus exprès sur cette matière que celui que son auteur, personne très sublime, intitule *les Torrents*. Nous avons encore quelques autres livres qui en parlent pertinemment. Voulez-vous que je ne vous dissimule rien ? car, pour me servir de vos paroles, vous méritez vous-même d'être détrompé et de vouloir être des nôtres.

Le Docteur. — Croyez-moi, mon Père, plus vous me donnerez d'éclaircissements sur cette matière, et plus je vous serai redevable. Sur tous les articles de votre doctrine, il n'y en a aucun que j'aie plus de curiosité de savoir ou de vos livres, ou de votre bouche. Vous ne vous étonnerez plus que je sois moins instruit de celui-ci que des autres, quand vous ferez attention à la rareté du livre des *Torrents,* qui n'a pas encore été lu autrement qu'en manuscrit. Ainsi, mon cher Père, parlez, je vous en conjure, et soyez sûr d'être écouté.

LE DIRECTEUR. — « Rien », Monsieur, « n'est opposé à Dieu que la propriété, et toute la malignité de l'homme est dans cette propriété, comme dans la source de sa malice : en sorte que plus une âme perd sa propriété, plus elle devient pure, parce qu'alors elle a perdu ce qui causait de la dissemblance entre Dieu et elle. »

LE DOCTEUR. — Ma sœur, il est vrai, m'a entretenu quelquefois de cette propriété que vous faites le principe de tout péché, et même de la corruption qui se trouve dans les meilleures actions en apparence; mais si vous entendez autre chose par ce mot, que le levain du péché et le poids de la concupiscence, vous me ferez plaisir de me le dire.

LE DIRECTEUR. — « La propriété, Monsieur, c'est la volonté de l'homme qui se trouve mêlée dans toutes ses actions, même les plus vertueuses. »

LE DOCTEUR. — On m'en avait déjà assuré, mais je ne pouvais le croire. Hé quoi, mon Père? peut-on faire des actions bonnes ou mauvaises sans les vouloir faire? N'est-ce pas dans cette détermination de la volonté que consiste la liberté de l'homme, son mérite et son démérite? Et cependant ces bonnes actions, dites-vous, parce que la volonté y a part, sont mauvaises : voilà qui est bien incompréhensible.

LE DIRECTEUR. — Il faut pourtant que vous compreniez que c'est la malignité de la volonté de la part du sujet qui fait le péché, et non l'action.

LE DOCTEUR. — Quoi? de quelque nature innocente ou criminelle que soit cette action, ou selon Dieu, ou contre Dieu?

LE DIRECTEUR. — Oui, Monsieur; car si une personne qui n'aurait plus de volonté, parce qu'elle serait perdue et comme abîmée et transformée en Dieu, était réduite par nécessité à faire les actions du péché, elle les ferait sans péché.

LE DOCTEUR. — Comment entendez-vous cela?

LE DIRECTEUR. — Je vais vous l'expliquer. C'est, Monsieur, que tous les mouvements de cette âme, qui n'a plus de volonté, sont de Dieu, et c'est sa conduite infaillible. C'est donc la conduite de cette âme, de suivre aveuglément et sans conduite les mouvements qui sont de Dieu, et sans réflexion.

LE DOCTEUR. — Mais si elle remarquait que ces mouvements la portassent au péché, à la corruption, par exemple, à la vengeance?

LE DIRECTEUR. — Il n'importe, Monsieur; car je vous dis qu'ici toute réflexion est bannie, outre que quand l'âme le voudrait, elle aurait peine à en faire. Mais comme en s'efforçant, peut-être en pourrait-elle venir à bout, il faut l'éviter plus que toute autre chose, parce que la seule réflexion a le pouvoir de faire entrer l'homme en lui et le tirer de Dieu. Or je dis que si l'homme ne sort point de Dieu, il ne péchera jamais, et s'il pèche, qu'il en est sorti, ce qui ne se peut faire que par la propriété, et l'âme ne peut la reprendre que par la réflexion.

LE DOCTEUR. — Mais si la réflexion, mon Père, contribue à conduire cette âme au bien et à la détourner du mal, en quoi, je vous prie, lui pourrait-elle nuire?

LE DIRECTEUR. — En quoi, demandez-vous? Ce serait pour elle un enfer semblable à ce qui arriva au premier ange au moment de sa rébellion. Concevez donc que la sagesse de Dieu, accompagnée de sa divine justice, comme un feu impitoyable et dévorant, ôte à l'âme tout ce qu'elle a de propriété, de terrestre, de charnel et de propre activité, et ayant ôté à l'âme tout cela, il se l'unit. Y êtes-vous!

LE DOCTEUR. — Pas encore, je vous l'avoue.

LE DIRECTEUR. — Vous n'entrez pas dans ces mystères, parce que la clef de l'abandon vous manque : je le vois par nécessité de l'attention et de la réflexion que vous supposez dans les voies de Dieu.

LE DOCTEUR. — Je connais, mon Père, une parfaite résignation aux ordres de la Providence divine, une soumission entière à la volonté de Dieu, une religieuse attention à la bien discerner, soit dans le livre de l'Évangile, soit dans ses commandements ou dans ceux de son Église, une scrupuleuse attention sur la conduite qui me fait agir, si elle est conforme à la loi de Dieu ou non. Y a-t-il un autre abandon que celui-là ? Je serais curieux de l'apprendre.

LE DIRECTEUR. — Notre abandon, mon cher Monsieur, est un acquiescement à tout ce qui se passe en nous, de bon ou de mauvais, sans aucun discernement, regardant en toutes choses vertu ou crime indifféremment comme ordre et volonté de Dieu. Que naît-il de cette totale résignation ? Le voulez-vous savoir ? La mort de l'âme, son anéantissement parfait, son ensevelissement ; et c'est par degrés qu'elle monte au sublime état de l'union essentielle.

LE DOCTEUR. — Mais, mon Père, quel moyen y a-t-il, je vous supplie, que les pratiques vertueuses qui font mourir le vieil homme et les œuvres du péché, que le sentiment de l'humilité chrétienne, qui est le parfait anéantissement, que l'ensevelissement de l'âme, cette sépulture du chrétien avec Jésus-Christ, puissent naître d'un acquiescement aveugle et mal entendu à tout ce qui se passe en nous, sans aucun discernement de la volonté de Dieu, qui serait pourtant notre règle infaillible ?

LE DIRECTEUR. — Mon cher Monsieur, votre demande me fait connaître que vous n'êtes pas encore instruit de tous nos principes, pas même de la signification de nos termes. Sachez donc, s'il vous plaît, que par mort, nous entendons la perte des vertus, qui entraîne celle de la grâce de Dieu, et qui fait absolument mourir l'homme nouveau ; par anéantissement, tout de même la privation de toutes les vertus, et même de celle de l'humilité; et par l'ensevelissement de l'âme, une pourriture, une puanteur, une corruption, qui fait horreur aux hommes et à Dieu même. Vous voilà, n'est-il pas vrai, bien éloigné de ce que vous pensiez?

LE DOCTEUR. — Au contraire, mon Père, je pense comme vous que la mort de l'âme, son anéantissement, son ensevelissement, de la manière que vous me le venez d'expliquer, que je n'avais jamais apprise, peut fort bien être l'effet de cette résignation aveugle et sans discernement à la volonté de Dieu, qu'on ne connaît point, et qu'on ne se met point en peine de connaître; mais que de tout cela, que je comprends fort bien, je vous assure, il résulte une union intime, immédiate, essentielle avec Dieu, voilà ce qui ne se conclut pas si naturellement; et si vous vous ressouveniez par hasard de ce que vos livres enseignent là-dessus, vous m'obligeriez infiniment de m'en faire part.

LE DIRECTEUR. — Il faut qu'un bon contemplatif sache ses *Torrents* par cœur : c'est là où il voit le sublime de son état, le point essentiel et capital où aboutit toute la doctrine des mystiques. Écoutez : « Notre Seigneur commence à dépouiller l'âme peu à peu, à lui ôter ses ornements, tous ses dons, grâces et lumières, qui sont comme des pierreries qui la chargent; ensuite il lui ôte toute facilité au bien, qui sont comme les habits; après quoi il ôte la beauté de son visage, qui sont comme les divines vertus qu'elle ne peut plus pratiquer. Autrefois elle avait des dégoûts, des peines, mais non des impuissances; ici tout le pouvoir lui est ôté. »

LE DOCTEUR. — Quel pouvoir, s'il vous plaît, lui est ôté ?

LE DIRECTEUR. — N'avez-vous pas entendu? le pouvoir de pratiquer la vertu.

LE DOCTEUR. — Et celui de suivre le vice?

LE DIRECTEUR. — Il lui demeure sans doute; car le dénuement de toutes vertus emporte naturellement la pratique de tout vice.

LE DOCTEUR. — Je l'entendais ainsi, et que cette âme se trouvât insensiblement surchargée de péchés.

Le Directeur. — De péchés, c'eſt-à-dire de choses qui seraient des péchés pour des imparfaits, mais non pour une parfaite abandonnée.

Le Docteur. — Je n'y suis plus, mon Père, et je ne vois pas que ce qui eſt péché en soi ne le soit pas pour tout le monde. J'ai cru jusques à cette heure que le péché dans les parfaits causait de l'imperfection, comme il augmente l'imperfection dans les imparfaits.

Le Directeur. — Vous croyez fort mal; car comment voulez-vous que le péché ait prise sur une âme qui n'eſt plus en soi ni par soi, qui eſt recoulée, qui eſt abîmée en Dieu par une présence foncière et centrale? il faut prendre garde à cela.

Le Docteur. — Expliquez-vous s'il vous plaît.

Le Directeur. — « L'âme », Monsieur, « dans ce bienheureux état d'union essentielle, qui eſt la récompense du parfait abandon, se trouve associée à la sainte Trinité, participe aux attributs divins; elle a les mêmes ornements dont le Roi eſt paré, c'eſt-à-dire, qu'elle eſt ornée des perfections de Dieu; elle entre dans une excellente participation de l'immensité de Dieu, notre mer, qui eſt l'essence divine. Voilà comme elle s'explique. Elle a en effet son repos en Dieu. Que dis-je? elle eſt le repos même, elle eſt Dieu. Comme il ne peut jamais cesser de se regarder soi-même, aussi ne cesse-t-il point de regarder cette âme. »

Le Docteur. — Quoique remplie de péchés? vous l'avez dit.

Le Directeur. — C'eſt le myſtère, mon cher Monsieur; cette âme n'eſt plus; elle a recoulé, vous dis-je, dans l'essence divine : comment voulez-vous qu'elle pêche même en faisant des actions de péché?

Le Docteur. — Et moi, je vous répète, cette âme n'eſt plus : comment peut-elle mériter? comment eſt-elle digne des hauteurs et des élévations où vous venez de la porter? Voilà sans mentir un abandon bien payé, pour être aussi aveugle et fait sans aucun discernement de la volonté de Dieu sur elle. On doit voir de terribles effets et d'étranges suites de cette âme qui n'est plus, mais qui est, dites-vous, toute perdue en Dieu.

Le Directeur. — « C'est » en effet « une chose horrible, qu'une âme ainsi nue des dons et des grâces de Dieu. On ne pourrait croire, à moins d'expérience, ce que c'est; mais c'est encore peu. Si elle conservait sa beauté, il la lui fait perdre, et la fait devenir laide. Jusques ici l'âme s'est bien laissé dépouiller des dons, grâces, faveurs, facilité au bien; elle a perdu toutes les bonnes choses, comme les austérités, le soin des pauvres, la facilité à aider le prochain; mais elle n'a pas perdu les divines vertus. Cependant ici il les lui faut perdre quant à l'usage; car quant à la réalité, il l'imprime fortement dans l'âme : elle perd la vertu comme vertu, mais c'est pour la recouvrer toute en Jésus-Christ. Cette âme, dans le commencement de ce degré, a encore quelque figure de ce qu'elle était autrefois : il lui reste une certaine impression secrète et cachée de Dieu, comme il reste dans un corps mort une certaine chaleur qui s'éteint peu à peu. Cette âme se présente à l'oraison, à la prière; mais tout cela lui est bientôt ôté. Il faut perdre toute oraison, tout don de Dieu; elle ne la perd pas pour une, deux, ou trois années, mais pour toujours. Toute facilité au bien, toutes vertus lui sont ôtées; elle reste nue et dépouillée de tout. Le monde, qui l'estimait tant autrefois, commence à en avoir horreur. L'âme se corrompt peu à peu. Autrefois c'était des faiblesses, des chutes, des défaillances : ici c'est une corruption horrible, qui devient tous les jours plus forte et plus horrible. Ô Dieu! quelle horreur pour cette âme! Elle est insensible à la privation du Soleil de justice; mais de sentir la corruption, c'est ce qu'elle ne peut souffrir : ô Dieu! que ne souffrirait-elle pas plutôt! C'est cependant un faire le faut; il faut expérimenter jusques au fond ce que l'on est. Mais ce sont peut-être des péchés? Dieu a horreur de moi; mais que faire? Il faut souffrir, il n'y a pas de remède. »

Le Docteur. — J'écoute, mon Père, de toutes mes oreilles; mais je ne vois point, dans tout ce que vous m'avez dit, votre union de l'âme avec Dieu, ni rien même qui en approche, à moins que ce ne soit à l'endroit où elle est insensible à la privation du Soleil de justice, c'est-à-dire, à la grâce de Jésus-Christ.

Le Directeur. — N'avez-vous pas encore compris, Monsieur, que cette bienheureuse âme étant morte par la privation de toutes les vertus, comme nous avons dit, elle a perdu toute vertu propre, et ainsi toute propriété. « Elle n'est donc pure dorénavant que de la pureté divine; j'entends pure de la pureté du fond dans lequel elle est transformée au centre, par lequel elle est attirée » : cela est-il si incompréhensible ?

« La félicité de l'âme dans cet état consiste à se laisser ensevelir, enterrer, écraser, marcher, sans se remuer non plus qu'un mort; à souffrir sa puanteur, et se laisser pourrir dans toute l'étendue de la volonté de Dieu, sans aller chercher de quoi éviter la corruption. Non, non, laissez-vous telles que vous êtes, pauvres âmes, sentez votre puanteur : il faut que vous la connaissiez, et que vous voyiez le fond infini de corruption qui est en vous. Mettre du baume, est tâcher par quelque moyen vertueux et bon de couvrir la corruption et d'en empêcher l'odeur. Oh! ne le faites pas, vous vous feriez tort. Dieu vous souffre bien, pourquoi ne vous souffririez-vous pas ? »

Le Docteur. — Cela est-il tiré de votre *Livre des Torrents ?*

Le Directeur. — Mot pour mot, Monsieur : je ne vous dérobe rien.

Le Docteur. — Cet endroit-ci est clair, et défend bien formellement aux âmes souillées de péchés, même les plus sales et les plus honteux, d'appliquer à leurs plaies le baume des vertus, comme de la chasteté, de la continence, de la tempérance.

Le Directeur. — Vous frappez au but, et je ne sache pas qu'aucun de nous l'ait encore entendu d'une autre manière. Les mots de *corruption,* de *pourriture,* de *puanteur* mènent là tout droit. Voyez l'endroit qui suit : « Enfin cette âme commence à ne plus sentir sa puanteur, à s'y faire, à y demeurer en repos, sans espérances d'en sortir jamais, sans pouvoir rien faire pour cela. »

Le Docteur. — Je vous suis : voilà cette âme qui croupit dans son péché.

Le Directeur. — « C'est alors que commence l'anéantissement. »

Le Docteur. — Quoi ? l'humilité chrétienne ?

Le Directeur. — Non vraiment, mais la perte de toutes grâces et de toutes vertus : ne l'oubliez pas. « Autrefois », en cet état, « elle se faisait horreur : elle n'y pense plus ; elle est dans la dernière misère, jusques à n'en avoir plus d'horreur. Autrefois elle craignait encore la communion, de peur d'infecter Dieu : à présent elle y va comme à table, tout naturellement. »

Le Docteur. — Et sans craindre d'infecter Dieu par ses péchés et ses ordures, qui ne lui font plus d'horreur, qui ne lui font plus aucun scrupule, qui ne lui pèsent plus sur la conscience, auxquels elle serait fâchée de donner la plus petite attention. Suis-je dans le fait ?

Le Directeur. — « Les autres ne la voient plus qu'avec horreur ; mais cela ne lui fait point de peine : elle est même ravie que Dieu ne la regarde plus ; qu'il la laisse dans la pourriture, et qu'il donne aux autres toutes ses grâces ; que les autres soient l'objet de ses affections, et qu'elle ne cause que de l'horreur. Vouloir être rien aux yeux de Dieu, demeurer dans un entier abandon, dans le désespoir même ; se donner à lui lorsque l'on en est le plus rebuté, s'y laisser et ne se pas regarder soi-même lorsque l'on est sur le bord de l'abîme : c'est ce qui est très rare, et qui fait l'abandon parfait. De dire les épreuves étranges qu'il fait de ces âmes du parfait abandon qui ne lui résistent en rien, c'est ce qui ne se peut, et ne serait pas compris. Tout ce qu'on peut dire, c'est qu'il ne leur laisse pas une chose qui puisse se nommer, ni en Dieu, ni hors de Dieu. »

Le Docteur. — Je remarque, mon Père, qu'après avoir plongé cette pauvre âme dans le désespoir, dans la corruption, et dans la pourriture, comme si ce ne devait être que le commencement de ses souffrances, vous nous parlez d'épreuves si étranges et si inouïes qui doivent encore l'exercer, qu'il semble que vous les taisiez par la défiance où vous êtes qu'elles ne soient pas comprises. Je doute aussi, de ma part, que Madame et moi devions vous les demander avec plus d'instance; car enfin nous pourrions apprendre des choses abominables.

Le Directeur. — Mais, Monsieur, faut-il s'expliquer plus clairement sur cette matière? N'est-ce rien vous dire, quand on vous dit que *Dieu ne laisse pas à ces âmes l'ombre d'une chose qui se puisse nommer, ni en Dieu, ni hors de Dieu?* Comprenez, si vous pouvez, l'étendue de ces paroles : cela est immense.

Le Docteur. — Quoi, mon Père, plus d'amour de Dieu? plus de crainte de Dieu, et de ses jugements? plus de foi, plus d'espérance, plus de vertus, plus de bonnes œuvres, plus d'humilité, plus de continence, plus de chasteté, plus de grâces? Dieu est si bon, il est si miséricordieux! exigerait-il d'une âme un si prodigieux abandonnement?

Le Directeur. — Lisez, Monsieur, nos *Torrents;* vous y verrez « qu'une âme de ce degré porte un fond de soumission à toutes les volontés de Dieu, de manière qu'elle ne voudrait pas lui rien refuser; mais lorsque Dieu explique ses desseins particuliers, et qu'usant des droits qu'il a acquis sur elle, il lui demande les derniers renoncements et les plus extrêmes sacrifices, ah! c'est pour lors que ses entrailles sont émues, et qu'elle souffre bien de la peine ».

Le Docteur. — Je vous l'avoue, mon Père, me voilà bien impatient de savoir quels peuvent être ces derniers renoncements, et ces plus extrêmes sacrifices; car ce doit être quelque chose de plus fort que tout le reste qui emporte si aisément le consentement et la soumission de cette âme. S'agirait-il seulement pour cette âme du sacrifice de la virginité, ou en général de la chasteté?

Le Directeur. — Oh! Monsieur, il n'y a guères d'apparence; car dans notre *Cantique des cantiques,* à propos des lis de la chasteté, il est dit : « Que ceux de l'âme plaisent plus à Dieu que ceux du corps. » On veut dire que la perte de la propriété, qui est la pureté de l'âme, est plus agréable à Dieu que la continence ou la pureté du corps. Ainsi vous voyez bien qu'il s'agit ici pour l'âme d'un plus grand sacrifice que celui de la chasteté.

Le Docteur. — S'agirait-il pour elle du renoncement à la grâce de sa justification? Dieu lui demanderait-il pour dernière épreuve, qu'elle consentît à sa réprobation dernière? Cela fait de la peine seulement à penser.

Le Directeur. — Mais quelle peine?

Le Docteur. — Quoi? mon Père, qu'elle consentît, cette âme, à être toujours privée de la gloire de Dieu?

Le Directeur. — Pourquoi non? et nos *Torrents* y sont formels. « Cette âme serait aussi indifférente d'être toute une éternité avec les démons qu'avec les anges. Les démons lui sont Dieu comme le reste, et il ne lui est plus possible de voir un être créé hors de l'ordre increé, étant tout et en tout Dieu, aussi bien dans un diable que dans un saint, quoique différemment. Je crois que si une telle âme était conduite en enfer, elle en souffrirait les douleurs cruelles dans un contentement achevé, non contentement causé seulement par la vue du bon plaisir de Dieu, mais contentement essentiel à cause de la béatitude du fond transformé, et c'est ce qui fait l'indifférence de ces âmes pour tout état. »

Le Docteur. — En vérité, mon Père, voilà des choses bien nouvelles, et d'étranges mystères : il n'y a au monde que vous autres qui puissiez trouver en enfer, et dans la compagnie des démons, une béatitude essentielle d'un fond transformé, et le reste, que je ne puis expliquer faute de l'entendre.

Le Directeur. — Vous entendez peut-être aussi peu les précipices affreux où tombe cette âme par la moindre résistance qu'elle apporte à la volonté de Dieu, qui exige d'elle les extrêmes sacrifices; cependant nos *Torrents* ne parlent d'autre chose. « Combien êtes-vous jaloux, ô divin époux, que votre amante fasse toutes vos volontés puisqu'une simple excuse qui paraît si juste vous offense si fort? Ne pouviez-vous pas empêcher une épouse si chère, si fidèle, de vous faire cette résistance?

« L'époux permet cette faute dans son épouse, afin de la punir, et de la purifier en même temps de l'attache qu'elle avait à sa pureté et à son innocence, et de la répugnance qu'elle sentait au dépouillement de sa propre justice. » Et dans un autre endroit vous lisez : « Cette amante affligée, oubliant ses blessures quoiqu'elles saignent encore, ne se souvient plus de sa perte; elle n'en parle pas même, et quand elle se verrait précipitée dans l'abîme, elle n'y ferait point de réflexion. Celle qu'elle venait de faire par l'appréhension de se salir, lui a trop coûté, puisqu'elle lui a causé l'absence de son époux : de sorte qu'instruite par sa disgrâce, elle ne peut plus se regarder, et quand elle serait aussi affreuse qu'elle est belle, elle ne pourrait pas y penser.

« Cette âme plus avancée n'est pas si bien établie dans son état en Dieu, qu'elle ne puisse encore jeter quelques regards sur elle-même : c'est une infidélité, mais qui est rare, et qui ne vient que de faiblesse. L'époux a permis que son épouse ait fait cette légère faute, afin de nous instruire par là du dommage que cause la propre réflexion dans les états les plus avancés. Elle est donc rentrée pour un moment en elle-même sous les meilleures prétextes du monde : c'était pour y voir les fruits de l'anéantissement, si la vigne fleurissait, si elle avançait, si la charité était féconde : cela ne paraît-il pas juste et très raisonnable? »

Le Docteur. — Si raisonnable et si juste, mon Père, que cette attention sur nous-même est le principe de toute la conduite chrétienne, et qu'elle nous est expréssement recommandée par saint Paul, et après lui, par tous les Pères de l'Église.

Le Directeur. — « Je le faisais, dit-elle, sans y penser, et sans croire faire mal, ni déplaire à mon époux; cependant je n'ai pas plutôt fait cette faute, que mon âme a été troublée par mille et mille réflexions qui roulaient dans ma tête, qui m'allaient perdre. Cette pauvre âme est obligée, après avoir tout perdu, de se perdre elle-même par un entier désespoir de tout; elle est comme une personne qui n'est plus et qui ne sera plus jamais : elle ne fait ni bien ni mal. »

LE DOCTEUR. — Quoi? dans un entier désespoir de tout? Voilà qui est bien intelligible. Mais, mon Père, songez-vous bien aux dispositions préalables que vous imposez à une pauvre âme pour se rendre digne d'être unie à Dieu, comme de se livrer au démon, de se prostituer dans tous les désordres imaginables, de s'abandonner à toutes sortes d'excès, et de regarder comme une noire infidélité la moindre réflexion salutaire qui lui viendrait sur son état si misérable, et qui pourrait contribuer à l'en faire sortir? Encore une fois, mon Père, parlez-vous sérieusement? Est-ce un jeu d'esprit, est-ce un délire?

LE DIRECTEUR. — Je vous réponds, Monsieur, avec l'incomparable auteur des *Torrents :* « Ne portez point de compassion à ces âmes, et laissez-les dans les ordures apparentes, qui sont cependant les délices de Dieu, jusques à ce que de ces désordres renaisse une vie nouvelle. » Et un peu après : « Il n'y a point pour elles de malignité en quoi que ce soit, à cause de l'unité essentielle qu'elles ont avec Dieu, qui, en concourant avec les pécheurs, ne contracte rien de leur malice, à cause de sa pureté essentielle. Ceci est plus réel qu'on ne peut dire, et cette âme participe à la pureté de Dieu; ou plutôt toute pureté propre, qui n'est qu'une impureté grossière, ayant été anéantie, la seule pureté de Dieu en lui-même subsiste dans ce néant, mais d'une manière si réelle, que l'âme est dans une parfaite ignorance du mal, et comme impuissante de le connaître : ce qui n'empêche pas qu'on ne puisse toujours déchoir; mais cela n'arrive guères ici, à cause du profond anéantissement où est l'âme qui ne lui laisse (prenez garde, Monsieur), qui ne lui laisse aucune propriété; et la seule propriété peut causer le péché; car quiconque n'est plus ne peut plus pécher. Et cela est si vrai, que les âmes dont je parle ne peuvent presque jamais se confesser, ne pouvant rien trouver en elles de vivant et qui puisse avoir voulu offenser Dieu. à cause de la perte entière de leur volonté en Dieu. »

LE DOCTEUR. — Si je l'ai bien compris, mon Père, il résulte littéralement de toute cette sublime théologie que vous venez de nous étaler, que les impuretés et les souillures du corps font la pureté de l'âme, qui n'a plus alors de vertu propre, et par conséquent de propriété; qu'au contraire la pureté et les autres vertus du corps, qui procèdent de sa propre volonté, font l'impureté de l'âme.

LE DIRECTEUR. — Hé bien, Monsieur, cela n'eſt-il pas beau ? Et où avez-vous rien vu de plus creusé et de mieux imaginé ? « Il y a alors une séparation si entière et si parfaite des deux parties, l'inférieure et la supérieure, qu'elles vivent ensemble comme étrangères, qui ne se connaissent pas; et les maux les plus extraordinaires n'empêchent pas la parfaite paix, la tranquillité, la joie, l'immobilité de la partie supérieure. » Voyez ce qu'en disent nos *Torrents :* « Dans les commencements Dieu presse de si près les pauvres sens, qu'il ne leur donne aucune liberté; mais quand les sens sont suffisamment purifiés, Dieu, qui veut tirer l'âme d'elle-même par un mouvement tout contraire, permet que les sens s'extrovertissent... »

LE DOCTEUR. — *S'extrovertir :* voilà un mot bien noir et bien infernal.

LE DIRECTEUR. — Point tant : cela veut dire, *s'échappent, se débauchent, se dérèglent,* ... ce qui paraît à l'âme une grande impureté. Cependant la chose eſt de saison, et en faire autrement c'eſt se purifier autrement que Dieu veut, et se salir. Cela n'empêche pas qu'il ne se fasse des fautes dans cette extroversion; mais la confusion que l'âme en reçoit, et la fidélité à en faire usage fait le fumier où elle pourrit plus vite, et hâte sa mort. *Tout coopère à ceux qui aiment.* C'eſt aussi ici où l'on perd entièrement l'eſtime des créatures : elles vous regardent avec mépris.

« Ces âmes (continuons) paraissent des plus communes,

parce qu'elles n'ont rien à l'extérieur qui les différencie, qu'une liberté infinie, qui scandalise souvent les âmes resserrées et rétrécies en elles-mêmes.

« Les âmes du second ordre, je veux dire les saints et les saintes, paraissent plus grandes que les âmes du troisième ordre, qui sont nos parfaites abandonnées, à ceux qui n'ont pas de discernement divin; car celles-là arrivent à une perfection éminente. Elles ont ces unions admirables. Mais cependant ces personnes ne sont jamais véritablement anéanties, et Dieu ne les tire pas de leur être propre, pour l'ordinaire, pour les perdre en lui. Ces âmes font pourtant l'admiration et l'étonnement des hommes : elles sont les prodiges et les miracles de leur siècle. Dieu se sert d'elles pour en faire ses saints, il semble qu'il prenne plaisir d'accomplir tous leurs désirs. Ces âmes sont dans une grande mortification. On les croira dans les mêmes voies des dernières et plus avancées : elles se servent des mêmes termes de *mort,* de *perte,* d'*anéantissement,* et il est bien vrai qu'elles meurent en leur manière, qu'elles s'anéantissent et se perdent; elles portent leur perfection où elle peut aller; elles sont détachées, elles aiment la pauvreté : cependant elles sont et seront toujours propriétaires de la vertu, mais d'une manière si délicate, que les seuls yeux divins le peuvent découvrir. La plupart des saints, dont la vie est si admirable, ont été conduits par cette voie. Ces âmes sont si chargées de marchandises, que leur marche est fort lente. Que faut-il donc faire? Ces âmes ne sortiront-elles jamais de cette voie? Non, sans un miracle et sans une conduite d'une direction toute divine, qui les porte à outre-passer toutes ces grâces. »

Le Docteur. — Vous devez être content, mon Père, de l'effort que vous venez de faire en faveur de vos âmes du parfait abandon et de l'union essentielle; car les voilà au-dessus des martyrs et des confesseurs, des vierges et de tous les saints que nous invoquons, qui sont nos intercesseurs auprès de Dieu, auxquels l'Église consacre des jours et des prières.

Le Directeur. — Je n'ai rien dit sur cela qui ne soit extrait fidèlement de notre livre des *Torrents,* et nous sommes tous d'un même sentiment. Aussi est-il admirable de lire dans nos mêmes *Torrents* les mystérieuses, sublimes et magnifiques paroles qu'ils emploient pour exprimer l'état de l'âme unie à Dieu dans cette vie, et pour donner l'idée de l'union essentielle, qui est la béatitude : « L'âme, après bien des morts redoublées, expire enfin dans les bras de l'amour; mais elle n'aperçoit point ces mêmes bras. Elle n'est pas plus tôt expirée, qu'elle perd tout acte de vie, pour simple et délicat qu'il fût. Ici toutes distinctions d'actions sont ôtées, n'ayant plus de vertu propre, mais tout étant Dieu à cette âme.

« L'âme, continue ce sublime livre, l'âme ne se sent plus, ne se voit plus, ne se connaît plus; elle ne voit rien de Dieu, n'en comprend rien, n'en distingue rien; il n'y a plus d'amour, de lumière, ni de connaissance. »

Le Docteur. — Voilà en vérité, mon Père, une âme fort illuminée.

Le Directeur. — « L'âme, dit tout de suite le même auteur, a perdu toute volonté : ici l'âme n'en a plus de propre; et si vous lui demandiez ce qu'elle veut, elle ne le pourrait dire : elle ne peut plus choisir; tous ses désirs sont ôtés : parce qu'étant dans le centre et dans le tout, le cœur perd toute pensée, tendance, et activité. Ce torrent n'a plus de pente ni de mouvement : il est dans le repos et dans la fin. »

Le Docteur. — Vous vous laissez insensiblement aller à nous entretenir du repos et de la félicité de l'autre vie, et vous en parlez même aussi affirmativement que si vous l'aviez vue.

Le Directeur. — Je ne parle, Monsieur, que de ce que chacun de nous expérimente pendant sa vie, et autant qu'il lui plaît : cela est trivial. « Cette âme, dit-il ailleurs, ne sent pas, n'est pas en peine de chercher, ni de rien faire; elle demeure comme elle est, cela lui suffit. Mais que fait-elle? Rien, et toujours rien. » — « L'âme, dit le *Moyen court et facile,* ne peut être unie à Dieu, qu'elle ne soit dans un repos central, et dans la pureté de sa création.» Et dans notre *Cantique des cantiques:* «Il y a des personnes qui disent qu'une telle union ne se peut faire en cette vie; mais je tiens pour certain qu'elle se peut faire en celle-ci. » Les *Torrents* enseignent aussi «que c'est par une perte de volonté en Dieu » que l'union arrive jusques à « un état de déification, où tout est Dieu, sans savoir que cela est ainsi : l'âme est établie par cet état dans son bien souverain, sans changement; elle est dans la béatitude foncière,où rien ne peut traverser ce bonheur parfait, lorsqu'il est par état permanent : Dieu donne l'état d'une manière permanente, y établit l'âme pour toujours. » Mais voulez-vous rien voir de plus précis, et en même temps de plus glorieux pour cette âme du parfait abandon? C'est dans l'*Explication* de notre *Cantique des cantiques;* retenez ces paroles-ci : « L'âme ne doit plus faire de distinction de Dieu et d'elle : Dieu est elle, et elle est Dieu. »

LE DOCTEUR. — Vraiment, mon Père, elles sont d'une nature à ne pouvoir pas sortir de la mémoire; et comme je l'espère, Madame, qui l'a si excellente, ne les oubliera pas.

LA PÉNITENTE. — Je compte bien, mon frère, de ne les pas oublier; mais souvenez-vous aussi que nous sommes entrés ici à près de quatre heures; le Révérend Père a parlé longtemps, et a besoin de repos.

LE DOCTEUR. — Je ne saurais me repentir sérieusement des peines que je lui ai attirées, quand je lui dois les découvertes qu'il m'a fait faire sur l'union essentielle, dont j'avoue que je n'avais eu jusques à présent qu'une connaissance assez imparfaite; et véritablement il y a des notions sur cette matière qui ne se peuvent pas deviner.

LE DIRECTEUR. — Oui, oui, il y a quelque chose d'abstrait, d'impliqué, et qui n'entre pas d'abord sous les sens. Les choses fort mystiques sont comme cela.

LE DOCTEUR. — Je ne vous quitte pas au reste, mon Révérend Père, de la conversation que vous m'avez promise sur l'amour de Dieu, car il eﬅ étonnant que vous ne l'admettiez pas dans votre béatitude.

La Pénitente. — Vous allez, mon frère, recommencer, si vous n'y prenez garde. Je vous prie, laissons le Père; je vous promets de vous ramener ici quand il vous plaira, pourvu qu'il veuille y consentir.

Le Directeur. — Vous ne sauriez trop tôt dégager votre parole.

Le Docteur. — J'aurai soin de l'en faire souvenir.

La Pénitente. — Je ne me ferai pas beaucoup prier d'une chose où j'ai plus d'intérêt que vous, et que je souhaite de même.

DIALOGUE VIII

Acte permanent et perpétuel d'amour de Dieu selon les nouveaux mystiques. Essence de Dieu considérée sous l'idée la plus abstraite, objet de cet acte. Exclusion de tous les autres motifs d'amour et de charité. Contrariété de cette doctrine à l'Évangile et aux maximes fondamentales de la religion.

La Pénitente. — Voilà, mon Père, un homme que j'ai sur les bras depuis notre dernière entrevue, qui ne m'a donné ni repos ni trêve, jusques à ce que je l'aie amené ici une troisième fois. La curiosité qu'il a de vous voir, ou de vous entendre, augmente tous les jours; et comme la mienne n'est pas moindre, il n'est pas étonnant que vous nous revoyiez l'un et l'autre, plus tôt que vous ne l'aviez peut-être espéré.

Le Docteur. — Je vous ai entendu dire, mon Père, des choses si nouvelles la dernière fois que je vous vis, que je ne suis pas encore sorti de l'étonnement qu'elles m'ont causé; mais sur ce que vous me promîtes de m'expliquer votre sentiment sur l'amour de Dieu, je vous avoue que je brûle d'impatience que vous me teniez parole. Ma sœur, je crois, sera ravie de profiter de notre conversation; et puisqu'elle veut bien, toute instruite qu'elle est sur ces matières, me laisser parler pour moi et pour elle, il faut encore qu'elle me permette de vous rendre compte des choses qui me sont venues dans l'esprit sur ce qui vous échappa de dire, qu'il n'y avait point d'amour de Dieu parmi vous, et que vous ne le considériez pas comme une chose qui fût aux hommes de quelque utilité. J'avoue que cette maxime m'a paru si étrange et si contraire aux premiers principes de la morale chrétienne, qu'à peine aurais-je pu me persuader que vous l'eussiez avancée, si vous ne me l'aviez fait bien remarquer, en m'avertissant de vous engager à parler sur cet article en quelque autre occasion. L'Écriture sainte ne nous recommande partout que la charité ou l'amour de Dieu : c'est en cela que consistent la vertu, la religion, l'accomplissement de la loi, la fin de l'Évangile, la perfection de la sainteté, le bonheur souverain. Comment donc un homme qui fait profession de conduire les âmes à un état de perfection sublime, peut-il avancer sérieusement que l'amour de Dieu est inutile à l'âme ? Il faut qu'il y ait quelque mystère caché là-dessous, que je ne comprends pas : ayez la bonté, mon Père, de me le développer.

Le Directeur. — Vous avez raison, Monsieur, de demander à être éclairci de nos principes sur cette matière ; elle a besoin d'explication : c'est le point le plus essentiel et le plus sublime de la doctrine des mystiques. Sachez donc que nous ne disons pas qu'il ne faut point aimer Dieu ; mais au contraire nous soutenons que ceux qui sont parvenus à la contemplation l'aiment par un acte continu et perpétuel, qui subsiste toujours et qu'il n'est jamais nécessaire de renouveler. Cet acte a l'unique essence de Dieu même pour objet, et consiste à ne point sortir de sa présence, sans qu'il soit nécessaire de produire aucun acte particulier, ni d'avoir aucune idée particulière et distincte des attributs de Dieu, et sans faire aucune réflexion sur nous.

Le Docteur. — Je ne comprends pas encore bien ce que vous voulez dire par là : « Un acte continu et perpétuel. » C'est apparemment l'amour habituel dont vous voulez parler, la charité du Saint-Esprit répandue dans nos cœurs, qui produit en nous à tous moments des actes d'amour, qui se renouvellent à chaque action de vertu que nous faisons.

La Pénitente. — Mon frère, ce n'est pas là ce que veut dire le Révérend Père. Les âmes intérieures ne doivent point faire d'acte d'amour : leur propre activité serait une marque qu'elles ne seraient pas encore mortes ; il suffit que l'homme se soit une fois donné à Dieu par un consentement actif et général dans le commencement de la voie, afin qu'il fasse de lui, et en lui, tout ce qu'il veut. Il demeure ensuite dans un état passif ; il n'est pas nécessaire qu'il se donne à Dieu de nouveau : cet acte dure toujours, et n'est jamais interrompu, pas même par le sommeil.

Le Directeur. — Fort bien, ma chère, je vois bien que vous lisez nos mystiques : ce que vous dites là est tiré mot pour mot du *Moyen court,* et nos plus excellents auteurs l'expliquent par une belle comparaison d'un diamant donné à son ami : il ne faut plus, quand on lui en a fait présent, répéter tous les jours qu'on le lui a donné; il suffit de le laisser entre ses mains sans le reprendre. Il en est de même du don que vous avez fait à Dieu de vous-même par un amoureux abandon : il suffit de n'ôter plus à Dieu ce que vous lui avez donné; pourvu que cela n'arrive pas, l'essence et la continuation de votre abandon dure toujours.

Le docteur. — La comparaison est brillante, mon Père; mais je doute qu'elle soit juste, car il n'en est pas de même du cœur de l'homme, comme d'un diamant : l'un est une pierre insensible, qui demeure sans aucun mouvement et sans aucune action, entre les mains de celui à qui on l'a donnée; au lieu que l'autre, toujours actif, est continuellement en mouvement et en action; aucun de ses actes n'est subsistant et perpétuel : ils se succèdent les uns aux autres. L'amour ne cesse jamais d'agir et de faire agir : c'est un poids de la volonté qui entraîne la créature vers l'objet qu'elle aime, qui se fait sentir dans tous ses mouvements et dans toutes ses actions. La charité est toujours active, comme la cupidité; et de même que *la chair convoite contre l'esprit,* pour me servir des termes de l'Apôtre, *l'esprit* combat *contre la chair*. C'est dans ce lieu d'exil l'occupation continuelle du chrétien.

Le Directeur. — Bon pour les imparfaits; mais pour les parfaits, ne vous ai-je pas dit qu'ils n'ont plus de propriété ni d'activité? Ne vous en souvenez-vous point?

Le Docteur. — Je vous demande pardon, mon Père : ces maximes sont si nouvelles qu'il est difficile de s'y accoutumer. Hé bien ! je veux que les âmes parfaites perdent leur activité à l'égard de tout ce qui n'est point Dieu; qu'elles ne s'occupent plus des choses d'ici-bas; que semblables aux saints, elles soient dans une contemplation continuelle, qu'elles soient toutes remplies de Dieu, qui fait l'objet de leurs vœux et de leur félicité. Plus elles le contemplent, plus elles le connaissent, plus elles doivent avoir de vifs sentiments de respect, d'amour et d'adoration pour lui.

LE DIRECTEUR. — Vous vous trompez, Monsieur : la perfection de la contemplation ne consiste pas à connaître Dieu plus parfaitement que les autres, mais à ne le point connaître.

LE DOCTEUR. — Vous me surprenez, mon Père. Je m'étais toujours imaginé que les contemplatifs avaient bien d'autres connaissances de Dieu que les autres hommes; qu'uniquement occupés de la considération des attributs et des perfections de cet Être souverain, ils pénétraient plus avant que les autres dans cet abîme impénétrable; que bannissant ces images sensibles et grossières sous lesquelles les simples se le représentent, et considérant ses véritables attributs, comme sa toute-puissance, sa bonté, sa justice, sa miséricorde, ils se formaient une idée de Dieu plus parfaite que les autres hommes.

LE DIRECTEUR. — Une idée de Dieu? Sachez, Monsieur, que le vrai contemplatif ne se forme point d'idée de Dieu; qu'il n'a de connaissance distincte d'aucun de ses attributs; qu'il ne connaît point par des idées, par des réflexions, et par des raisonnements, mais par une foi obscure, générale, et confuse, sans distinction de perfections, d'attributs, ni de personnes. La vraie contemplation parfaite a pour seul objet l'essence de Dieu, considérée sous l'idée la plus abstraite qu'il est possible. Cette vue confuse et fixe de Dieu présent partout, nous affermit en Dieu pour toujours, et tous les actes de charité unis ensemble ne sont pas comparables à l'acte de foi par lequel on regarde Dieu fixement. Cet acte de foi produit dans la volonté un acte amoureux, universel et permanent, de pareille nature, par lequel elle aime Dieu confusément, comme souverainement aimable, sans que l'esprit le lui fasse connaître comme tel, soit à cause de ses perfections, soit à cause de ses bienfaits. Ainsi, selon la pensée de Molinos, l'âme aime Dieu sans le connaître, à peu près comme un enfant qui n'aurait jamais vu son père, l'aime sur le rapport des autres.

Le Docteur. — C'est donc bien inutilement que l'Écriture sainte nous propose si souvent ses perfections, sa bonté, et sa miséricorde pour motifs de respect, d'amour et d'adoration. C'est en vain que Dieu dans ses commandements ordonne aux hommes de n'adorer que lui, parce qu'il est un Dieu puissant, un Dieu jaloux, un Dieu juste, et un Dieu qui fait miséricorde dans mille et mille générations à ceux qui l'aiment et qui gardent ses commandements. C'est en vain que le *Nouveau Testament* nous représente partout, comme le motif le plus efficace et le plus pur de la charité et de l'amour que nous devons avoir pour Dieu, la charité et l'amour qu'il a eu lui-même pour nous. Nous l'aimons, parce qu'il nous a aimé le premier, et qu'il nous a aimé jusques à donner son Fils unique pour nous; parce que ce Fils nous a aimé, et s'est livré lui-même pour nous. Cette charité de Jésus-Christ nous presse, considérant qu'il est mort pour tous, que nous étions tous morts, qu'il est venu pour nous donner la vie éternelle, qui consiste à connaître et à aimer le Père éternel, et Jésus-Christ son Fils, qu'il envoie. Voilà les maximes les plus pures et les plus sublimes de l'Évangile et des apôtres. Ces sentiments ont toujours été gravés dans les cœurs des chrétiens. Aujourd'hui vos mystiques veulent enlever aux chrétiens ces motifs si puissants d'amour et de charité : la bonté, la miséricorde, la charité infinie d'un Dieu, l'incarnation, la passion, la mort de son Fils pour les hommes; et ils substituent à la place l'idée confuse et générale d'un être inconnu, qu'on ne considère ni comme vengeur, ni comme rémunérateur, dont on ne craint point la colère, de la bonté duquel on n'espère rien. Est-ce là un moyen d'inspirer aux chrétiens des sentiments d'amour ? ou plutôt n'est-ce pas le moyen de les jeter dans l'indifférence ?

Le Directeur. — Nos mystiques ont prévu ce que vous dites de l'Écriture, Monsieur. Ils ont bien connu le tort qu'elle pouvait faire au progrès des saints dans l'état de perfection, et afin qu'on n'y fût point trompé, ils ont eu soin d'avertir, que tant que l'âme méditerait sur l'Écriture sainte, elle n'arriverait jamais à cette grande union qu'elle doit avoir avec Dieu ; que les livres sacrés sont bien capables d'éclairer et d'échauffer tous ceux qui les lisent, mais que c'est toute autre chose de s'approcher de Dieu, qui est la vive source de la sagesse et de l'amour, qui n'a fait écrire tant de livres que pour nous donner une haute opinion de sa grandeur, afin que si nous l'aimions en ce qu'on dit de lui, nous l'aimassions encore plus en lui-même ; mais que si l'âme aimait Dieu tel qu'il est représenté dans les Écritures, elle n'aimerait qu'un fantôme, ou que le masque de Dieu, et non pas Dieu tel qu'il est.

Le Docteur. — C'est donc à votre avis une espèce d'idolâtrie, d'aimer Dieu tel qu'il nous est présenté dans l'Écriture sainte ?

Le Directeur. — N'en doutez point : c'est aimer une image et une similitude qui n'est point Dieu, et qui n'a aucune proportion avec lui.

Le Docteur. — Il faut donc l'aimer tel qu'il se représente lui-même intérieurement aux saints par des lumières et des connaissances surnaturelles ?

Le Directeur. — Point du tout : tant que l'âme connaîtra quelque chose par des images ou par des similitudes, de quelque nature qu'elles soient, même infuses et surnaturelles, elle ne connaît point Dieu.

Le Docteur. — À votre compte, mon Père, les Samaritains, qui adoraient ce qu'ils ne connaissaient point, étaient bien plus parfaits adorateurs que les Juifs, qui adoraient ce qu'ils connaissaient. Que dis-je, les Samaritains ? Les Athéniens, qui avaient dressé un autel au

Dieu inconnu, étaient, selon vous, de parfaits contemplatifs : il ne leur manquait rien de ce qui est nécessaire pour la connaissance que vous supposez être la seule connaissance parfaite de Dieu, ou plutôt ils n'avaient aucune de ces représentations et de ces idées qui la rendent fantastique selon vous ; ils avaient précisément tout ce qu'il faut avoir pour être de vrais adorateurs de Dieu ; ils adoraient un Dieu qu'ils ne connaissaient point, dont ils n'avaient jamais entendu parler, dont ils ne s'étaient formé aucune idée. Quel malheur pour eux, que saint Paul leur soit venu dessiller les yeux, et leur représenter ce Dieu qu'ils ne connaissaient point, non seulement comme un être spirituel et infini, mais encore comme l'auteur de l'être et de la vie de toutes les créatures, comme celui qui a un soin tout particulier des hommes, et qui doit un jour les récompenser et les punir ! Pourquoi leur donner ces idées de Dieu ? Pourquoi leur représenter ces motifs pour les porter à le chercher ? Que ne les laissait-il dans leur connaissance confuse et indistincte d'un Dieu inconnu ? Pourquoi les exhortait-il à le chercher, et à faire leurs efforts pour le trouver ? Voilà une inquiétude et une activité bien contraire à la perfection que vous nous prêchez, mon Père. Que le culte tranquille et désintéressé qu'ils rendaient à ce Dieu était bien plus conforme à vos maximes !

Le Directeur. — Oui, mais ces maximes ne sont pas pour tout le monde : elles ne sont que pour ceux qui sont élevés à ce souverain degré de contemplation. La plupart de ceux à qui saint Paul parlait étaient des païens, qui se figuraient des dieux matériels d'or ou d'argent, renfermés dans des temples bâtis par la main des hommes. Pour leur ôter cette idée grossière, il fallait en substituer une autre qui les élevât au-dessus de ce qui est matériel, quoiqu'elle ne les élevât pas à ce qui est Dieu.

Le Docteur. — C'est-à-dire, mon Père, que vous supposez que saint Paul a combatttu une illusion par une autre illusion, une erreur par une autre erreur. Car je vous demande, l'idée de Dieu que leur donne saint Paul est-elle véritable, ou ne l'est-elle pas ? Leur représente t-elle le vrai Dieu, ou un fantôme ?

LE DIRECTEUR. — Comment me faites-vous cette demande ? Ne savez-vous pas que la connaissance de l'homme, étant bornée, ne peut avoir l'idée parfaite d'un être infini ?

LE DOCTEUR. — Ce n'est pas ce que je vous demande. Je conviens qu'un être qui n'a qu'une connaissance bornée ne peut avoir une idée qui représente toutes les perfections d'un être infini dans toute leur étendue. Ce n'est pas de quoi il s'agit. Ce que je vous demande est si l'idée de Dieu que saint Paul nous donne en cet endroit est véritable ou fausse ?

LE DIRECTEUR. — Elle est fausse, en ce qu'elle ne représente pas Dieu comme il est ; car il ne peut être ni compris ni connu. On est obligé de se servir de termes proportionnés à notre faiblesse pour parler de lui ; mais ces expressions n'ont rien de digne de lui, et les idées qu'elles forment en nous ne sont pas la véritable idée de Dieu. Quand nous voulons par là nous élever à lui, nous l'abaissons.

LE DOCTEUR. — Parlez précisément. Quand je dis que Dieu est juste, bienfaisant, rémunérateur, vengeur, tout-puissant, etc., ces propositions sont-elles vraies ou fausses ? Ces attributs conviennent-ils à Dieu, ou ne lui conviennent-ils pas ?

LE DIRECTEUR. — Tout cela se peut dire de Dieu ; mais tout cela n'est point Dieu. Ce n'est point de cette manière que la foi pure le regarde : elle n'a d'autre objet qu'un Dieu inconnu présent partout.

LE DOCTEUR. — C'est-à-dire que tout l'objet de votre foi, de votre amour, de votre culte, de votre religion, est un être dans lequel vous ne concevez aucune perfection distincte ; auquel vous n'attribuez aucune providence, ni aucun soin des choses d'ici-bas ; que vous ne considérez ni comme rémunérateur ni comme vengeur. Voilà votre dieu : c'est le dieu d'Épicure, c'est le dieu de Spinosa.

Le Directeur. — Vous poussez les choses bien loin, Monsieur : nous ne nions ni la Providence, ni l'enfer, ni le paradis.

Le Docteur. — Non, vous ne les niez pas, mon Père, mais vous faites consister la perfection de la religion à n'y faire aucune attention. Vous croyez la Providence, vous croyez un enfer et un paradis; mais vous ne voulez pas que votre spirituel fasse entrer ces objets dans ses contemplations. Vous ne niez pas ces vérités; mais vous voulez que l'on en fasse une précision et une abstraction qui les rend inutiles. Dieu est bon, juste et miséricordieux, vous n'osez le nier; mais ce n'est pas ce Dieu bon, juste et miséricordieux qui est l'objet de votre foi, de votre culte et de votre amour : vous retranchez de l'idée de Dieu sa bonté, sa justice, sa miséricorde et la charité infinie qu'il a eue pour les hommes, en leur donnant son Fils unique. Vous n'avez plus pour objet de votre foi qu'un être inconnu; pour objet de votre charité qu'un être qui ne vous fait ni bien ni mal; car pour l'espérance, qui est la troisième partie du culte divin, elle est entièrement anéantie parmi vous. Quel étrange renversement de religion! Jusques ici l'Église nous a enseigné qu'il fallait croire en un Dieu tout-puissant, créateur du ciel, de la terre, et en Jésus-Christ son fils unique, qui viendra juger les vivants et les morts; et l'on nous vient enseigner que la foi pure n'a plus tous ces objets, et qu'elle se termine uniquement à l'existence de Dieu, ou à son immensité. Jusques ici l'Église nous a représenté comme des motifs d'une charité vraiment chrétienne, la bonté, la justice, la miséricorde d'un Dieu; et l'on nous vient dire que l'amour parfait ne doit avoir aucune de ces considérations pour objet. Jusques ici l'on nous a enseigné que la fin à laquelle nous devions tendre, et que nous devions souhaiter et désirer par-dessus toutes choses était le salut et la vie éternelle; et aujourd'hui de nouveaux docteurs, par des hypothèses impossibles, et par des précisions chimériques, nous viennent enseigner que le motif de la récompense éternelle, qui n'est autre chose que Dieu même, doit être exclu du pur amour. Jusques ici le plus puissant motif qui a soutenu les martyrs dans les tourments les plus cruels, et qui leur a fait affronter la mort sans crainte, a été l'espérance certaine de changer cette vie mortelle et misérable en une vie éternelle et bienheureuse : leur charité, que l'on a toujours considérée dans l'Église comme une vertu héroïque, n'est, à entendre parler vos mystiques, qu'un amour intéressé. Ils ont bien d'autres vues, ces mystiques : ils ont su inventer un nouveau genre de martyre inconnu à tous les martyrs de l'antiquité. Jusques ici les saints ont travaillé et combattu toute leur vie comme de généreux athlètes, pour recevoir une couronne incorruptible : ce sont, selon ces nouvelles lumières, des mercenaires qui ont servi Dieu d'une manière servile et intéressée. Jusques ici les plus grands saints ont souhaité la mort avec ardeur, pour jouir de la béatitude, pour être avec Jésus-Christ, et pour entrer dans le royaume des cieux : aujourd'hui l'on vient nous enseigner qu'une sainte indifférence sur son salut est la souveraine perfection. Ouvrez enfin les yeux, mon Père : considérez les conséquences terribles de ces principes, qui ne vont pas moins qu'à l'extinction des vertus chrétiennes et des sentiments de piété; qu'à l'établissement du libertinage, et au renversement entier de la morale et de la religion de Jésus-Christ. N'abusez pas davantage de la crédulité des simples de l'un et de l'autre sexe, que vous trompez par des termes obscurs et mystérieux, qui cachent sous une apparence extérieure de piété un poison mortel, que vous leur faites avaler insensiblement. Croyez-moi, il viendra un temps, ou plutôt ce temps est déjà venu, que tous vos mystères d'iniquité seront découverts, vos turpitudes dévoilées, et vos impiétés manifestées.

La Pénitente. — Ah! mon frère, modérez un peu votre zèle. Je ne connais pas de meilleur chrétien, ni de plus saint homme que le Révérend Père : vous avez tort de lui faire ces reproches.

Le Docteur. — Ces reproches, ce n'est pas à lui

personnellement que je les adresse : je le crois un fort homme de bien, et je me persuade qu'il a horreur en son particulier des conséquences terribles que l'on tire des principes dans lesquels il est malheureusement engagé; mais je gémis de voir qu'il inspire une doctrine si pernicieuse à tant de personnes, qui étouffe dans le cœur des uns les véritables sentiments de piété, et jette les autres dans le libertinage. Je gémis pour vous, ma sœur, au salut de qui je dois m'intéresser, et comme chrétien, et comme votre frère, de vous voir engagée dans la voie de perdition. Je gémis pour une infinité d'autres chrétiens, que ces directeurs aveugles conduisent dans le précipice. Je gémis enfin de voir que des gens du monde se servent de la doctrine de ces faux mystiques pour autoriser leur libertinage. C'est là ce qui me cause une douleur et une indignation que je ne puis retenir. Vous-même, mon Père, si vous saviez les suites terribles de vos principes, si vous saviez l'usage qu'en font les libertins pour autoriser leurs dérèglements, si vous saviez combien de gens, fondés sur vos maximes, vivent sans scrupules dans les plus grands désordres, peut-être reviendriez-vous de vos égarements. Je veux vous faire connaître un homme du monde bien instruit de votre doctrine, qui en a pénétré toutes les conséquences et toutes les suites : vous verrez jusques où il les pousse, et de quelle manière il s'en sert pour mettre sa conscience à couvert contre les scrupules incommodes, et pour allier la qualité de dévot et de chrétien avec une vie voluptueuse. Il a de l'esprit, il raisonne juste, et je me trompe fort s'il ne vous oblige, ou de désavouer vos principes, ou d'avouer les conséquences qu'il en tire. Je vous l'amènerai au premier jour. Nous verrons comme vous vous en démêlerez.

Le Directeur. — Je le veux bien, Monsieur, pourvu que vous ne vous emportiez pas comme vous avez fait aujourd'hui.

DIALOGUE IX

Oraison de simple regard, béatitude essentielle : compatible avec toutes sortes de plaisirs et de dérèglements. Le spirituel, parvenu à l'état de contemplation, est déchargé des mortifications et des austérités, dispensé d'observer les lois humaines ; exempt de peines et de remords ; incapable d'être souillé par les mouvements sensibles ; en un mot impeccable, d'une impeccabilité qui consiste à faire ce qui est péché sans pécher. Obstination des maîtres de cette doctrine dans leur erreur. Ces conséquences horribles de la doctrine des quiétistes, prouvées et découvertes, donnent de l'horreur à ceux qu'ils ont séduits.

Le Docteur. — Voilà, mon Père, le gentilhomme dont je vous parlai la dernière fois. J'ai cru vous faire plaisir de vous l'amener, et je ne doute point que vous ne me soyez obligé de vous avoir procuré la connaissance d'une personne de sa capacité et de son mérite. Il est bien instruit de votre doctrine et très éclairé sur ces matières : il a pratiqué vos mystiques, et lu plusieurs fois tous vos livres, surtout le *Moyen court, l'Explication du Cantique des cantiques* et les *Torrents.*

Le Directeur, *adressant la parole au gentilhomme.* — Que je suis ravi, Monsieur, de trouver une personne d'esprit et du monde avec qui je puisse converser de nos maximes ! Oh ! qu'elles sont relevées, et qu'il serait difficile d'en bien pénétrer toute l'étendue, si l'auteur des ouvrages que vous venez de nommer ne les avait rendues familières ! Avouez-le-moi, on fait bien du chemin en peu de temps avec ces trois livres. On profite plus en un quart d'heure de lecture dans ces ouvrages, qu'on ne ferait en lisant des années entières d'autres livres mystiques. C'est un précis et un abrégé de toute notre doctrine, qui nous conduit par une voie courte et facile à la béatitude essentielle.

Le Gentilhomme. — Il faut avouer que ces livres donnent en peu de temps de grandes ouvertures et des vues bien étendues sur la vie spirituelle, et que les principes qu'on y apprend sont d'une utilité merveilleuse, quand on en sait faire un bon usage.

LE DIRECTEUR. — N'est-il pas vrai, Monsieur, que rien n'est plus propre à rendre les hommes heureux sur la terre, que l'oraison de simple regard, dont ces livres enseignent si parfaitement la pratique? Elle est seule capable de faire le bonheur de l'homme : elle le fait jouir dès cette vie de la béatitude que l'on croyait jusques à présent être un bien particulier aux saints, et que l'on ne pouvait posséder qu'après la mort.

LE GENTILHOMME. — Oh! bénis soyez-vous à jamais, mystiques ingénieux, qui nous avez appris à mener une vie douce et agréable, à jouir de tous les plaisirs et à satisfaire nos passions sans scrupule, sans crainte, sans remords, sans perdre la vue de Dieu, et avec une certitude entière qu'on ne l'offense point, et qu'on n'en sera pas moins heureux en l'autre monde. On enseignait autrefois que pour avoir droit d'espérer à la béatitude de l'autre vie, il fallait être malheureux en celle-ci; qu'on n'y parvenait que par les croix, que par une vie pénitente et mortifiée; que le chrétien devait fuir les plaisirs, veiller continuellement sur soi, travailler à son salut avec crainte et tremblement. Bénis soyez-vous, encore un coup, vous autres mystiques, qui êtes venus nous décharger de toutes ces pénibles pratiques, et nous montrer une voie facile et commode pour être heureux ici-bas et dans le ciel, sans qu'il en coûte rien à la nature, et sans que l'on soit obligé de se priver d'aucun plaisir.

LE DOCTEUR. — Ma sœur, qu'est-ce que j'entends? est-ce là le langage d'un chrétien? Quel renversement affreux de la religion de Jésus-Christ!

LE DIRECTEUR. — Prenez bien garde à ce que vous avancez, Monsieur. Il ne faut pas dire que la béatitude essentielle consiste dans une vie douce, agréable et voluptueuse : Monsieur le docteur en pourrait tirer de fâcheuses conséquences.

LE DOCTEUR. — Il n'est pas besoin de les tirer : il ne

faut que vous faire remarquer que c'est là un pur épicuréisme, que c'est le souverain bien que se proposait Épicure, que c'est la vie des épicuriens.

Le Directeur. — Ne vous le disais-je pas ? Il faut éviter ces sortes d'expressions, et dire que la béatitude essentielle consiste dans l'oraison de simple regard, dans la vue fixe et confuse de Dieu présent, dans l'union essentielle.

Le Gentilhomme. — Je ne subtilise pas tant, mon Père : je vais droit au but. Je fais consister la béatitude dans ce qui me fait le plus de plaisir. Votre oraison de simple regard, votre vue de Dieu, votre union essentielle sont des termes qui ont des idées bien minces. Les plaisirs au contraire, qui sont compatibles avec cet état, sont quelque chose de réel et de solide, qui fait mon bonheur.

Le Directeur. — Ce n'est pas néanmoins dans ces plaisirs que consiste la béatitude essentielle ; ce n'est que par accident qu'ils se trouvent joints à l'oraison de simple regard. C'est, comme je vous ai dit, l'union essentielle qui fait le souverain bien.

Le Gentilhomme. — Hé bien ! mon Père, nommez cette vie voluptueuse comme il vous plaira, car je ne dispute jamais des mots. Que m'importe que vous donniez le nom de béatitude à ce que vous appelez simple regard, ou union essentielle, et que vous le refusiez aux voluptés, pourvu que vous avouiez qu'en pratiquant votre oraison de simple regard, qui ne me coûte rien, je puis en sûreté de conscience m'abandonner à toutes sortes de plaisirs, et être délivré de toutes sortes de peines de corps et d'esprit ? C'est tout ce que je demande, c'est ce qui me rend heureux, c'est ce que je trouve de plus utile dans la doctrine des mystiques.

Le Directeur. — Ils ne parlent pas tout à fait comme vous les faites parler.

Le Gentilhomme. — Je n'avance rien que je ne puisse prouver, quand je vous dis que suivant la doctrine des mystiques, pourvu que l'on soit parvenu à l'union essentielle, on est délivré de tout ce qui peut faire quelque peine en la vie, soit au corps, soit à l'esprit, et que l'on peut prendre toute sorte de plaisir, et s'abandonner à tout ce que l'on appelle dérèglements, sans craindre d'offenser Dieu. Vous le savez aussi bien que moi, mon Père, et il est aisé de vous en faire convenir, quand vous ne le voudriez pas avouer. Car, dites-moi, n'enseignez-vous pas que quand on est parvenu à l'état de contemplation, il n'est plus nécessaire de pratiquer de jeûnes, d'austérités, et de mortifications corporelles?

LE DIRECTEUR. — Ce n'est point en cela que consiste la perfection du christianisme : c'est dans l'oraison de simple regard. Quand on est parvenu à ce degré de perfection, il ne faut plus pratiquer ces exercices corporels.

LE GENTILHOMME. — Voilà donc déjà vos parfaits contemplatifs déchargés de ce qu'il y a de plus pénible. Ce n'est pas tout : il faut aussi les délivrer du joug des lois humaines, et des commandements de l'Église, dont l'observation est souvent incommode. Les mystiques y ont pourvu. Le contemplatif est au-dessus de ces lois : s'il fait ce qu'elles commandent, c'est seulement à l'extérieur, par usage, par habitude, nullement pour obéir à la loi, et s'acquitter de son devoir.

LE DIRECTEUR. — Mais il peut avoir des motions particulières, et des inspirations extraordinaires de faire ce qui est prescrit par la loi.

LE GENTILHOMME. — Il peut en avoir, je l'avoue; mais il peut aussi n'en pas avoir. Il suffit qu'il se mette en la présence de Dieu. Il ne faut pas qu'il fasse aucune réflexion sur soi, ni aucune attention à la loi : il faut seulement qu'il écoute ce que Dieu lui dira, et encore qu'il attende qu'il lui parle plus sensiblement que si c'était une voix articulée. Vous m'avouerez que ces sortes de motions et d'inspirations sont rares, et qu'un contemplatif peut passer une grande partie de sa vie sans en avoir. Il pourra donc être des années entières sans entendre la messe, sans s'approcher des sacrements, et sans observer aucun des commandements de l'Église.

Le Directeur. — Quel mal y a-t-il à cela ? Ce sont des lois humaines qui ne concernent point l'intérieur, et qui ne rendent pas plus saints ni plus parfaits ceux qui les observent.

Le Gentilhomme. — Tant mieux, mon Père : c'est ce que je trouve de merveilleux, que l'on puisse se dispenser de toutes ces pratiques, non seulement sans commettre aucun péché, mais même sans perdre aucun avantage spirituel. La confession de ses péchés à un prêtre est une des choses les plus humiliantes de la religion : votre spirituel est déchargé de ce joug. Pour les prières vocales ou même mentales, vous savez aussi bien que moi qu'elles sont incompatibles avec l'oraison de simple regard. Voilà donc les hommes délivrés de tout ce qui peut être incommode à leur corps. Voyons de quelle manière leur esprit est soulagé de tout ce qui peut lui faire de la peine, en sorte qu'il jouit d'un repos achevé et d'une tranquillité parfaite. Les tentations dont l'âme est agitée sont ordinairement la plus grande peine des justes. Ces vives images des désordres, que le démon représente à leur esprit, cette inclination au mal, qu'ils sentent continuellement, la fragilité de leur nature les tiennent dans un tremblement et dans une inquiétude perpétuelle. Toute leur vie n'est qu'un combat continuel. Le maître de notre doctrine délivre heureusement ses disciples de ces agitations, et les établit dans un doux et saint repos, en leur apprenant que c'est une grâce de Dieu d'avoir des tentations, et que le bonheur d'une âme consiste à demeurer tranquille, sans faire aucune résistance, ni aucun acte contraire. Les mouvements sensuels, les pensées impures, les doutes contre la foi, et les tentations mêmes les plus violentes, ne leur doivent causer aucune alarme. Il ne faut point qu'ils fassent d'efforts pour y résister, pour les rejeter, ou pour les repousser. Loin de gémir de se voir sujets, à ces infirmités, et de souhaiter d'en être délivrés, ils doivent s'en réjouir, et les considérer comme un bienfait de Dieu tout particulier.

Le Directeur. — C'est cela même, Monsieur, qui

fait leur martyre. Autrefois Dieu se servait des tyrans pour faire des saints; mais aujourd'hui il se sert des démons, qui causent ces violences et cela fait que les saints s'humilient davantage en eux-mêmes, et se résignent à Dieu.

LE DOCTEUR. — Ce que dit le Révérend Père, quoique équivoque, peut avoir un sens fort catholique. Voici la doctrine de l'Église touchant les tentations. Comme elles sont en effet du péché, et qu'elles portent au péché, quoiqu'elles ne soient pas un péché quand la volonté n'y donne pas son consentement, tout chrétien doit gémir de se voir sujet à cette misère, souhaiter avec ardeur d'en être délivré, et dire continuellement avec l'apôtre saint Paul : « Malheureux que je suis! qui me délivrera de ce corps mort? » Mais d'ailleurs, comme il est impossible d'être entièrement délivré en cette vie des tentations, et que Dieu permet que nous soyons tentés pour éprouver et exercer notre vertu, afin qu'étant demeurés victorieux des tentations par le secours de sa grâce, nous avancions dans la vie spirituelle, nous devons nous humilier dans la vue de notre misère, avoir recours à la miséricorde de Celui sans le recours duquel nous succomberions infailliblement, nous jeter entre ses bras, et cependant faire tous nos efforts pour résister à la tentation, fuir les occasions, détourner les mauvaises pensées, résister aux mouvements de la cupidité, faire des actes contraires et intérieurement et extérieurement, veiller enfin continuellement sur notre conduite. Voilà la doctrine de l'Église sur les tentations.

LE GENTILHOMME. — Vous nous parlez là, Monsieur, de maximes usées des anciens mystiques : celles des nouveaux sont bien plus commodes. Lorsqu'on est tenté fortement, disent-ils, il faut laisser agir le démon, sans s'aider en aucune manière, demeurer dans son néant; et quand on commettrait des ordures et des impuretés, il ne faut pas s'en troubler; mais il faut chasser toutes sortes de scrupules, de doutes, de peurs, parce que l'âme en devient plus illuminée, fortifiée, et plus belle. C'est là le moyen d'acquérir la sainte liberté, parce que de cette manière l'on devient victorieux, et l'on acquiert un trésor de paix. Demandez au Révérend Père si ce ne sont pas là ses maximes?

Le Pénitente. — Je ne le saurais croire.

Le Directeur. — Il faut distinguer, Monsieur. Quand ces actions se passent dans les facultés sensitives, sans que la volonté y ait part, et sans qu'elle y consente formellement, elles sont toutes innocentes; mais elles seraient très criminelles, si la volonté y donnait son consentement. C'est l'exception qu'apporte le maître de notre doctrine dans une de ses lettres; en excusant de péché les blasphèmes proférés extérieurement, il ajoute cette clause : « Mais sans le consentement de celui qui souffre la violence. »

Le Docteur. — Des blasphèmes proférés extérieurement, qui ne sont point des péchés : écoutez bien ceci, ma sœur.

Le Gentilhomme. — Ce que vous dites, mon Père, est capable d'éblouir ceux qui ne sont pas parfaitement instruits de vos principes; mais pour moi qui les possède, je ne prends pas ainsi le change et je m'en vais vous montrer que ce consentement prétendu de la volonté, nécessaire, selon vous, pour commettre un péché, ne se rencontre jamais dans le contemplatif, quoi qu'il fasse. Pour vous en convaincre, il ne faut que vous faire souvenir de vos principes. N'est-il pas vrai que celui qui est parvenu à l'état de contemplation est uni essentiellement avec Dieu?

Le Directeur. — Cela est sans difficulté.

Le Gentilhomme. — « Cette union essentielle le préserve de toute malignité; et comme Dieu, en concourant avec les pécheurs, ne contracte rien de leur malice à cause de sa pureté essentielle, de même l'âme unie essentiellement à Dieu participe à la pureté de Dieu, et ne peut point être souillée par ce qui se passe en elle. » C'est de l'auteur des *Torrents* que je tiens cette maxime. Oh qu'elle est bien traitée dans ce livre!

Le Directeur.— Oui, Monsieur, mais on y remarque que la pureté de Dieu ne subsiste dans cette âme que parce qu'elle est dans une parfaite ignorance du mal, et dans l'impuissance de le commettre.

Le Gentilhomme. — Justement, mon Père, et c'est là où je voulais venir. Cette ignorance du mal qui met l'âme dans l'heureuse impuissance de pécher, en quoi consiste-t-elle ?

Le Directeur. — C'est dans les ténèbres de l'entendement, dans la nuit spirituelle, dans l'obscurité mystique.

Le Gentilhomme. — Cette obscurité dérobe-t-elle entièrement à l'âme la connaissance de ce qui se passe en elle ?

Le Directeur. — Non certes : elle voit, elle connaît les mouvements des facultés sensitives; mais les actes des facultés spirituelles, qui sont l'entendement et la volonté, sont imperceptibles à l'âme, qui est dans l'état d'obscurcissement.

Le Gentilhomme. — Elle ne peut donc pas distinguer si ce qui se passe en elle est l'effet d'une violence faite à l'appétit sensitif, ou si c'est un acte de sa volonté libre ?

Le Directeur. — Cela est difficile.

Le Gentilhomme. — Difficile ? Je vous soutiens, mon Père, que cela est impossible. Les mouvements des facultés sensitives sont connus : on sait donc bien que l'on a conçu des mouvements de haine, d'impureté, de blasphème. Mais si les actes de la volonté sont imperceptibles, comment peut-on connaître si la volonté a consenti à ces mouvements, ou si elle n'y a pas consenti ?

Le Directeur. — Ils ne sont pas connus par eux-mêmes : ils le sont par les mouvements qu'ils forment dans les facultés sensitives.

Le Gentilhomme. — Mais comment distinguer si ces mouvements de la faculté sensitive ont été formés par la faculté spirituelle de l'âme, ou par le démon, qui selon vous la violente, la change, et la renverse, sans que la volonté de l'homme y ait part ?

Le Directeur. — On en eſt convaincu par l'évidence même et par sa propre conscience.

Le Gentilhomme. — Pour cette fois, mon Père, vous vous écartez des principes du maître de notre doctrine, qui nous assure que ceux mêmes qui disent qu'ils ont péché de propos délibéré, et qu'ils ont connu évidemment leur volonté, qui a donné son consentement au péché, ne doivent pas être crus, parce qu'ils peuvent avoir confondu l'appétit sensitif avec la volonté connue évidemment.

Le Directeur. — Le maître ne parle que de ceux qui sont parvenus à l'état de contemplation : leur volonté était unie essentiellement à Dieu, il eſt indubitable qu'elle n'a aucune part à tous les mouvements et actes extérieurs des péchés qu'ils commettent, et que ce sont des illusions et des violences du démon, qui ne leur doivent point être imputées.

Le Gentilhomme. — Je pourrais vous dire que le maître, accordant ce privilège à ses disciples, établit un principe qui le rend commun à tous les hommes. Car s'il eſt vrai que les actes des facultés spirituelles ne puissent être aperçus des myſtiques, ces actes étant de même nature dans tous les hommes, et les uns n'ayant pas plus de lumières que les autres pour les connaître, il eſt vrai de dire que ces myſtiques et les non-myſtiques vivent dans la même obscurité et dans la même ignorance de ce qui se passe dans leur volonté. Les premiers seront sûrs à la vérité, par leur état, que leur volonté n'a point consenti au péché; mais si les derniers n'en sont pas assurés, ils ne peuvent pas non plus être certains du contraire; et par conséquent ils peuvent (quelque action criminelle qu'ils aient commise) se persuader qu'ils n'ont point péché. C'eſt toujours un grand soulagement pour eux; c'eſt une espérance qui les flatte agréablement, et qui peut beaucoup calmer leur esprit et apaiser les remords de leur conscience. Mais pour nos parfaits myſtiques dont je parle, quoi qu'ils fassent, ils ne doivent avoir ni crainte, ni remords, ni scrupules; mais vivre dans un repos qui ne peut être troublé en aucune manière, convaincus et certains qu'ils sont que leur volonté n'a point de part à ce qui se passe en eux, et que tous ces mouvements de l'appétit sensitif, et ces actions extérieures qui paraissent des péchés consommés, sont des violences du diable.

LE DOCTEUR. — Étrange théologie! L'apôtre saint Jacques nous apprend *que chacun est tenté par sa propre concupiscence, qui l'entraîne et l'attire dans le mal; que la concupiscence ayant conçu, enfante le péché, que le péché étant consommé, engendre la mort.* Et selon les principes que j'entends, la concupiscence de l'homme a beau concevoir et enfanter, elle ne produit point de péché; l'action du péché a beau être consommée, elle n'engendre point la mort. La qualité de juste, de saint, de parfait, de contemplatif, d'uni essentiellement à Dieu, est compatible avec toutes sortes d'actions criminelles. Les apôtres ont beau nous assurer que tous ceux qui commettent de ces actions sont dignes de mort, et qu'ils ne posséderont point le royaume des cieux : cette maxime ne peut être tout au plus véritable qu'à l'égard des imparfaits, elle ne l'est point à l'égard des parfaits mystiques, pourvu qu'ils se soient une fois livrés à Dieu par un regard fixe et par un amoureux abandon. Ils peuvent en vertu de cet acte, quoique non réitéré, commettre impunément toutes sortes d'exécrations.

LE GENTILHOMME. — Oui, Monsieur, n'en soyez point épouvanté : notre école est une école d'impeccabilité; mais d'une impeccabilité admirable, qui consiste à pouvoir faire ce qui est péché sans pécher. Les bienheureux sont impeccables dans le ciel, parce qu'ils sont inséparablement unis à Dieu, et qu'ils ne peuvent plus se tourner vers la créature, et la préférer au Créateur. Les mystiques sont impeccables sur la terre, parce qu'étant unis à Dieu par une foi pure et par union essentielle, ils peuvent jouir de la créature, sans quitter le Créateur; demandez-le au Révérend Père.

LE DIRECTEUR. — Il est vrai, Monsieur, que ce sont

là nos principes; mais nous n'en tirons pas les conséquences que Monsieur prétend. Nous ne nous en servons pas pour porter les hommes à commettre des actions criminelles, mais seulement pour consoler ceux qui y sont tombés. Le directeur ne doit pas dire à ses disciples qu'ils peuvent pécher impunément; mais s'il arrive qu'ils commettent des crimes, il n'en doit pas être épouvanté. Quoi qu'ils lui rapportent de l'état pitoyable de leur âme et de leur attachement au péché, il ne doit pas les croire pour cela déchus de l'état d'innocence. Enfin il doit leur remettre là-dessus l'esprit, et leur persuader que leur volonté n'a jamais eu de part à ce qui s'est passé en eux. C'est là ce qu'on appelle chez nous *consoler ses amis qui sont dans la tribulation.*

Le Docteur. — C'est-à-dire, mon Père, que si quelqu'un de vos pénitents venait vous trouver, et s'accusait d'avoir consenti de propos délibéré à la volonté de commettre un adultère, ou un autre crime énorme; d'avoir exécuté plusieurs fois cette mauvaise volonté; d'avoir vécu longtemps dans cette habitude criminelle, et de ne point sentir encore en soi de douleur ni de componction : au lieu de lui représenter l'énormité de son crime, la peine qu'il mérite, l'état de damnation dans lequel il s'est précipité, la bonté et la misécorde d'un Dieu qu'il a offensé, pour l'exciter à des mouvements de pénitence et de contrition; au lieu de lui imposer une satisfaction proportionnée à la grandeur de ses crimes, de ne lui donner l'absolution, et de ne lui permettre d'approcher des sacrements que quand vous jugeriez qu'il est contrit et converti; au lieu, dis-je, d'en user ainsi, comme les lois de l'Église le prescrivent, voici à peu près le langage que vous lui tiendriez : « Ne soyez point épouvanté, mon frère, de ces impuretés dans lesquelles vous êtes tombé; ce sont des actes de votre partie inférieure et sensuelle, violentée par le démon : votre partie supérieure et votre volonté n'y ont eu aucune part, quoiqu'elles vous paraissent y avoir consenti plusieurs fois, puisque vous n'avez point révoqué l'acte d'abandon par lequel vous vous êtes donné à Dieu. Vous avez conservé la pureté de l'âme, plus précieuse que la pureté du corps : votre âme eſt innocente et sans tâche devant Dieu. L'action criminelle que vous avez commise eſt un effet de sa volonté : vous n'en êtes pas moins en état de grâce et de salut pour l'avoir commise; et quand vous n'y seriez pas, cela vous doit être indifférent. C'eſt dans cette bienheureuse indifférence pour le bien ou pour le mal, pour le salut ou pour la damnation que consiſte la perfection. N'ayez donc point de regret, point de douleur, point de contrition : réjouissez-vous au contraire en Dieu, dont la volonté eſt accomplie dans vous et sur vous. » Voilà de quelle manière, mon Père, vous devriez exhorter votre pénitent.

Le Directeur. — Les occasions de faire de semblables remontrances sont rares parmi nous; car l'âme du parfait contemplatif ne se reproche ordinairement rien : elle n'eſt plus à elle, elle ne sait ce qu'elle a fait; elle ignore ce qu'elle eſt, ou plutôt elle n'eſt plus ce qu'elle était, étant transformée en Dieu : elle ne sait de quoi s'accuser, de quoi se confesser, de quoi se corriger ou se repentir.

Le Gentilhomme. — Ne vous l'avais-je pas bien dit d'abord, que nos myſtiques soulageaient les hommes du joug pesant de la confession et de la pénitence, et qu'ils les délivraient de toute sorte de scrupules et de remords de conscience ? En pouvez-vous douter ?

Le Docteur. — Non, je vois à présent que l'école de vos faux myſtiques eſt une école d'impureté et d'abomination; que l'on y renverse les lois divines et naturelles; qu'on y enseigne le libertinage; qu'il n'y a ni crainte de Dieu, ni religion, ni piété, ni vertu; enfin que votre parfait contemplatif peut être un monſtre exécrable, plongé dans toutes sortes de vices, un infâme, un impudique, un blasphémateur, sans cesser d'être uni essentiellement avec Dieu.

Le Directeur. — On peut abuser des choses les plus saintes, et tirer de mauvaises conséquences des plus saines maximes.

LE DOCTEUR. — Mon Père, ce n'eſt point un abus de votre doctrine : c'en eſt une suite et une conséquence nécessaire, comme Monsieur vient de le faire voir. Conséquence avouée, et même écrite par vos auteurs; car que peut-on de plus exprès, que ce qui se trouve écrit sur ce sujet, dans l'*Explication du Cantique des cantiques :* « Que les âmes abandonnées n'ont plus de pureté propre; mais qu'elles ont, par leur union essentielle à Dieu, la pureté de Dieu, qui peut par conséquent leur commander toutes sortes d'excès, auxquels elles n'ont point de part, parce qu'elles ne sont plus, et que n'étant plus, il ne peut y avoir aucune malignité en elles ? » Il eſt encore dit dans le même ouvrage : « Que l'Époux permet les fautes dans son épouse, afin de la punir, et de la purifier en même temps de l'attache qu'elle avait à sa pureté et à son innocence. » Ainsi l'attache d'une âme à la pureté et à l'innocence eſt une faute que Dieu punit, et les impuretés dans lesquelles elle tombe ne sont pas des crimes, mais la punition de ses crimes. Enfin peut-on rien de plus épouvantable que ce que l'on y fait dire à l'épouse, que « sa noirceur apparente, c'eſt-à-dire ses péchés, cachent la grandeur des opérations de Dieu dans son âme, comme l'humanité sainte couvre en Jésus-Chriſt la divinité »? Que vous semble, ma sœur, de cette comparaison de l'humanité de Jésus-Chriſt avec la noirceur de l'âme? N'eſt-ce pas un horrible blasphème?

LA PÉNITENTE. — Oui, mon frère, et je ne puis entendre ces choses sans horreur : confuse, interdite, étonnée, je rougis de honte d'avoir été malheureusement engagée dans des principes si pernicieux. Mais au moins ne croyez pas, mon frère, que mon cœur ait jamais eu part à de telles infamies, ou que j'aie été capable de rien faire contre mon devoir. Ah! plutôt que le ciel...

LE DOCTEUR. — J'en suis très persuadé, ma sœur, et je sais que vous avez été trompée par les fausses promesses de ce directeur, qui vous flattait de vous conduire à Dieu par une voie sûre et abrégée. Il vous conduisait, ma sœur, dans un précipice; Dieu vous le fait apercevoir; rendez-lui de très humbles actions de grâces de ce bonheur; cherchez, cherchez d'autres directeurs qui vous conduisant, non par leurs propres lumières, mais par celles de l'Évangile et de l'Église, vous mènent infailliblement au port du salut. Pour Monsieur, je crois qu'il a trop d'esprit pour approuver les principes des faux mystiques, et qu'il est trop homme de bien pour mettre en pratique aucune des conséquenses funestes qu'il a tirées si naturellement de ces principes.

Le Gentilhomme. — Il faut vous l'avouer, Madame, j'ai donné trop légèrement dans les pernicieux préceptes de l'auteur des *Torrents*. Dieu m'a tiré de mon aveuglement par le secours de Monsieur votre beau-frère : ses chrétiennes leçons m'ont convaincu qu'il n'appartient qu'à Dieu de tracer des routes certaines pour le salut. Je lui ai, Madame, cette première obligation; mais je lui suis encore très redevable de s'être servi aujourd'hui de moi pour vous faire sortir de votre erreur, et vous remettre ainsi dans la voie du salut. J'ai goûté, Madame, pendant quelques années le dangereux poison qui vous infectait : comme vous, je me suis laissé séduire au jargon et aux termes spécieux des nouveaux mystiques; leurs directeurs se sont prévalus de ma faiblesse comme de la vôtre; mais heureusement Monsieur votre frère nous rend l'un et l'autre à Dieu et à la vérité par la force de l'Évangile, et par la solidité de ses raisons. Nous serions tous contents, si le Révérend Père, éclairé des lumières célestes, et touché des mouvements de la grâce, reconnaissait aussi son égarement.

La Pénitente. — Ah! plût à Dieu que mes vœux y pussent contribuer, et que de concert avec vous j'eusse l'avantage de...

Le Docteur. — Ah! ma chère sœur, quel comble de joie de vous voir revenue de votre erreur, et que votre charité vous porte à vouloir sauver celui qui vous allait perdre! Mais je crains que son heure ne soit pas encore venue, et qu'il ne reste encore beaucoup à travailler pour le remettre dans le bon chemin.

Le Directeur. — Toutes les créatures me condamneraient, Monsieur, que ce me serait moins qu'un moucheron, comme je vous l'ai déjà dit. Que mes disciples m'abandonnent; que tous les docteurs du monde me combattent; que les évêques me proscrivent; que l'Église me chasse de son sein; qu'on m'accable d'autorités; qu'on me confonde par une foule de raisons, rien n'est capable d'ébranler mon cœur et mon esprit.

Le Docteur. — Adieu donc, mon Père : vous voyant dans une disposition si ennemie de la vérité, je n'entreprends pas de vous en convaincre; tout ce que je puis faire est d'offrir mes vœux et mes sacrifices à celui qui force les volontés rebelles, afin qu'il amollisse la dureté de votre cœur, et qu'il vous rende quelque jour capable d'entendre et d'aimer la vérité.

LETTRES

LETTRES

I

LA BRUYÈRE À CONDÉ

Monseigneur,

Comme mon unique application est d'avancer les études de Monsieur le duc de Bourbon, et que je travaille à cela à Versailles du matin au soir sans nul relâchement, ma plus grande joie aussi est d'en rendre compte à Votre Altesse Sérénissime. Je m'abstiens souvent de lui écrire afin de ne point tomber en des redites, et j'attends quelquefois que nous ayons passé à des choses nouvelles, afin qu'elle en soit exactement informée, et de tout le chemin que nous faisons. J'entrerai demain dans l'histoire de Charles VIII; la vie de Louis XI nous a menés au delà de ce que je pensais, soit par le nombre et l'importance des événements, soit aussi faute de temps, que je partage avec bien des maîtres. Je fais voir l'Italie à Son Altesse, pour la mener de là en Hongrie, en Pologne et dans les États du Turc en Europe; je lui ai appris ces derniers jours la Suède, le Danemark, la Scandinavie, et l'Angleterre avec l'Écosse et l'Irlande, assez scrupuleusement. Nous avons achevé de M. Descartes ce qui concerne le mouvement [2]. J'ai rebattu les généalogies que je lui ai déjà enseignées, et vais entrer dans celles des maisons de Saxe, Lorraine, Holstein, Savoie, et peu d'autres qui sont entrées dans votre branche de Bourbon. Des fables [3], nous en sommes au huitième livre, et il les retient avec la facilité ordinaire. Il avance aussi beaucoup dans la connaissance de la maison du Roi, du moins par la lecture de l'*État de la France* [4]. L'on marche également dans toutes ces différentes études, et nulle n'est privilégiée, si ce n'est peut-être l'histoire, depuis que vous me l'avez recommandée; car quelque idée qui me vienne, et quelque nouvel établissement que je fasse au sujet des études de Monsieur le duc de Bourbon, je déménage[1] sans peine pour aller où il plaît à Votre Altesse.

Une lettre qu'elle a écrite il y a bien quinze jours à Monsieur le Duc a fait ici le mieux du monde : je m'en suis trouvé soulagé par un renouvellement d'attention qui m'a fait deviner, Monseigneur, que vous aviez parlé sur le ton qu'il faut, et Monsieur le Duc me l'a confirmé. Dès que l'application tombera, je vous en avertirai ingénument, car je sens de la peine à tromper ceux qui se reposent sur moi de quelques soins, et je ne commencerai point par Votre Altesse Sérénissime à faire un effort qui me coûte et qui lui déplaise. Je voudrais de toute mon inclination avoir six grandes heures par jour à bien employer auprès de Son Altesse : je vous annoncerais d'étranges progrès, du moins pour mon fait et sur les choses qui me regardent. Et si j'avais l'honneur d'être chargé de tout, comme j'ai eu le plaisir de le croire, j'en répondrais aussi sûrement; mais j'ai des collègues, et qui font mieux que moi et avec autant de zèle. Vous devez du moins être très persuadé, Monseigneur, que le peu de temps que j'use auprès de Monsieur le duc de Bourbon lui est fort utile, qu'il sait très bien ce que je lui ai appris, qu'il n'est pas aisé même de le mieux savoir, et que je viserai toujours à ce qu'il emporte de toutes mes études ce qu'il y a de moins épineux et qui convient davantage à un grand prince. Je suis avec toute la soumission et tout le respect que je dois,

Monseigneur,

de Votre Altesse Sérénissime

le très humble et très obéissant serviteur

DELABRUYÈRE.

Ce 9 janvier[2] [1685], à Versailles.

Au dos : *À Son Altesse S. S. Monseigneur le Prince ;* et de la main d'un secrétaire : *M. de la Bruyère, 9 février 1685.*

II

LA BRUYÈRE À CONDÉ

MONSEIGNEUR,

C'EST aujourd'hui un jour de géographie; nous en sommes encore à l'Italie; j'essayerai de la finir avec la Sicile cette après-dînée, et j'espère qu'il en rendra un jour bon compte à Votre Altesse Sérénissime, aussi bien que de la Flandre et du cours du Rhin, qu'il avait un peu oublié la dernière fois. Je le rendrai prêt aussi sur les généalogies, dont je lui retrace celles qu'il a déjà vues, avant de lui apprendre les maisons de Saxe, d'Holstein, de Savoie et de Lorraine, qu'il me semble que Monsieur le duc de Bourbon ne doit pas ignorer; j'y puis ajouter l'ancienne maison d'Angleterre, et celle d'Écosse Stuart qui règne présentement : cela avec toute la maison de France, celle de Bavière et des deux Autriches qu'il sait déjà, est précisément ce qui lui faut de généalogies, si j'y ajoute surtout quelques maisons de femmes qui sont entrées par mariages dans votre branche de Bourbon. Charles VIII est fort avancé; les guerres de Bretagne sont sur leur fin, et je vais mener ce roi en Italie : ce règne est court, et celui de son successeur Louis XII. Ainsi nous touchons à François Ier.

J'ai mis au net ce que j'ai traduit par vos ordres du petit livre allemand : c'est une suite des affaires des Hongrois, et la succession de leurs rois, que l'on voit rarement ailleurs avec tant d'ordre et d'exactitude. Cela sera utile à son Altesse pour ce qui concerne l'histoire. Ce qui suit ce que je vous envoie, Monseigneur, et que j'ai laissé sans le traduire, c'est quelque chose du comte de Serin[1], le siège de Candie[2], celui de Vienne[3], un mot du Tekehli[4] et du siège de Bude[5], mais moins en détail que ce que vous en avez lu dans les gazettes et toutes les relations.

Je suis avec un profond respect,

Monseigneur,

de Votre Altesse Sérénissime

le très humble et très obéissant serviteur

DELABRUYÈRE.

Mardi 3 avril [1685], à Versailles.

Au dos : *À Son Altesse Monseigneur le Prince.*

III

LA BRUYÈRE À CONDÉ

MONSEIGNEUR,

J'AI été présent aux trois dernières leçons de M. Sauveur[1], et je puis assurer Votre Altesse Sérénissime qu'elles se passèrent avec assez d'application de la part de Monsieur le duc de Bourbon, et qu'il me parut entrer aisément dans toutes les choses dont il s'agissait : il entendra toujours sans peine tout ce qui est de pure pratique, ou du moins ce où il y a plus de pratique que de spéculation. Il était question la dernière fois de la proportion des figures planes entr'elles prise de leur hauteur et de leur base, et il verra la première fois quelle est la mesure des figures planes. Il me paraît que la méthode de M. Sauveur est la bonne, qu'il n'y a rien de superflu, et que tout y tend à une connaissance exacte de tout ce qui se prépare à la fortification. Sur mon fait, je suis content de l'attention de Son Altesse; la distraction diminue de jour à autre, et elle m'a promis aujourd'hui de s'en corriger entièrement et de ne pas perdre le moindre moment destiné à nos études : c'est sur quoi je m'opiniâtre et ne me rends point. Nous lûmes hier les *Principes* de M. Descartes, où nous marchons lentement. Je n'oublie point la fable, ni les gouvernements, que je mêle toujours avec la géographie, et ne rêve du matin au soir qu'aux moyens de lui être utile, et à lui rendre ses études moins amères, prévenu d'ailleurs que ce sont là vos intentions; car je suis avec toute la soumission et la déférence que je vous dois,

Monseigneur,
de Votre Altesse Sérénissime
le très humble et très obéissant serviteur
DELABRUYÈRE.

Ce 6 avril [1685], à Versailles.

Au dos : *À Son Altesse Sérénissime Monseigneur le Prince ;* et de la main d'un secrétaire : *M. de la Bruyère.*

IV

LA BRUYÈRE À CONDÉ

MONSEIGNEUR,

JE continue, selon vos ordres, de vous écrire des études de Monsieur le duc de Bourbon : elles vont de manière que Votre Altesse peut en être contente; je le suis assez de son application, surtout à l'histoire, où il me semble qu'il prend quelque goût et s'intéresse plus que jamais aux événements. Il en est, sur Charles VIII, à ses guerres d'Italie, que nous finirons bientôt; je lui fais redire de suite les choses qu'il a écrites et que je lui ai expliquées, comme vous faisiez les soirs à Chantilly. J'espère qu'il vous rendra aussi bon compte des vies de ce roi et de Louis XII son successeur, comme il a fait de celle de Louis onzième, et que vous serez encore satisfait de lui sur ce qui concerne la géographie et ses autres études; car son esprit s'ouvre et se forme de jour à autre, comme sa taille, qui s'embellit extraordinairement : il croît beaucoup, et tout le monde le remarque[1].

Je viens de trouver une méprise dans l'exemplaire de la traduction dont j'ai envoyé une copie à Votre Altesse, qui a dû l'y apercevoir mieux que personne du monde; car c'est dans l'article de Ferdinand III, où par une transposition de mots qui est échappée[2] à ma plume, je fais la bataille de Nortlingue que ce prince gagna, en 1634, contre les Suédois et les princes protestants, postérieure à une autre qui est de votre connaissance. Je demande mille pardons à Votre Altesse de cette négligence qui lui convient si peu, et vous proteste que je ne laisse pas d'être avec toute l'attention et tout le respect imaginable,

Monseigneur,
de Votre Altesse Sérénissime
le très humble et très obéissant serviteur,
DELABRUYÈRE.

Ce 14 avril [1685], à Versailles.

Au dos : *À son Altesse Sérénissime Monseigneur le Prince, à Chantilly,* et de la main d'un secrétaire : *M. de la Bruyère, 14 avril 1685.*

V

LA BRUYÈRE À CONDÉ

MONSEIGNEUR,

NOUS sommes tout à fait hors de l'Italie, que Monsieur le duc de Bourbon a vue fort en détail et sait par cœur, ainsi que j'ai eu l'honneur de le mander à Votre Altesse Sérénissime. Il verra lundi, mardi et mercredi prochain, les États du duc de Savoie avec une pareille exactitude, et de là nous irons en Hongrie par les pays héréditaires, qu'il saura parfaitement comme tout ce qui eſt géographie : c'eſt dont je réponds à Votre Altesse. La vie de Louis XII peut être présentement à la moitié. Les autres études ne sont pas aussi négligées. Je lui ferai bientôt apprendre les maisons de Saxe, d'Holſtein, Lorraine, de Savoie, de Médicis, de Stuart et de Montmorency. Je ménage avec soin tout le temps qui m'eſt accordé sans en rien perdre, et profite le mieux que je puis de l'application de Monsieur le duc de Bourbon, dont je suis assez content. Quand je le serai moins, je ne vous le dissimulerai pas : je le lui ai déclaré nettement et cela fait un très bon effet. Je suis avec tout l'attachement et tout le respect que je dois,

Monseigneur,
de Votre Altesse Sérénissime
le très humble et très obéissant serviteur,
DELABRUYÈRE.

Ce samedi 7 juillet [1685], à Versailles.

Au dos : *À Son Altesse Sérénissime Monseigneur le Prince ;* et d'une autre main : *M. de la Bruyère, 7 juillet 1685.*

VI

LA BRUYÈRE À CONDÉ

MONSEIGNEUR,

CONFORMÉMENT au dernier projet de Votre Altesse Sérénissime, je fais voir à Monsieur le duc de Bourbon, les lundi, mardi et mercredi, la géographie jointe aux gouvernements; les jeudi, vendredi et samedi, l'hiſtoire avec les généalogies; le dimanche, l'hiſtoire encore et la fable. Je lui ferai connaître, aujourd'hui lundi, les pays héréditaires de la maison d'Autriche, que nous avions laissés pour passer plus vite au royaume d'Hongrie, dont vous m'aviez commandé de l'instruire préférablement à tout le reste : il le sait assez bien; il est capable d'entendre parler des nouvelles de ce pays-là et d'en parler lui-même. Je lui ferai lire encore ces trois premiers jours-ci tout ce qui concerne la maison du Roi dans le petit livre de l'*État de la France,* pour passer ensuite à la connaissance des cercles de l'Allemagne, des divers collèges, de la chambre de Spire, du conseil aulique, et de tout ce qui regarde le gouvernement de l'Empire, dont j'essayerai de le rendre fort instruit; il a vu et écrit de Louis XIIe sa conquête de l'État de Milan, celle du royaume de Naples, et est ainsi précisément à la moitié de la vie de ce prince. Les maisons de Saxe, d'Holstein, de Stuart, de Lorraine, de Savoie, de Luxembourg, de Montmorency, sont celles à mon gré qui lui sont encore nécessaires à savoir, et auxquelles je m'appliquerai dès jeudi prochain. La fable va grand train à l'ordinaire, et l'application de Son Altesse est telle que je crois devoir vous assurer que j'en suis content; toutes les études commencent à marcher comme à l'ordinaire. J'assiste aux leçons de M. Sauveur, et il me semble que Monsieur le duc de Bourbon entendra fort bien la fortification : il en est encore aux principes.

Si j'assistais aux fêtes, je vous en rendrais compte exact, et de la danse de Son Altesse et de tout le reste; je n'en ai vu aucune, et crois ainsi être disculpé, à l'égard de Votre Altesse, des plaintes que l'on me dit qu'elle fait sur cela : je voudrais de tout mon cœur avoir mille endroits par où marquer avec quel zèle, quel attachement et quel profond respect je suis,

Monseigneur,

de Votre Altesse Sérénissime

le très humble, très fidèle et très obéissant serviteur,

DELABRUYÈRE.

Lundi 13 août [1685], à Versailles.

Au dos, d'une autre main : *M. de la Bruyère, 15 août 1685.*

VII

LA BRUYÈRE À CONDÉ

MONSEIGNEUR,

JE viens de finir avec Monsieur le duc de Bourbon l'expédition de Louis XII à Naples et la conquête de tout ce royaume. Comme je sais que Votre Altesse Sérénissime veut que je l'instruise des motifs des guerres, des fautes des princes ou de leur bon conseil, et que sans cela même l'histoire n'est qu'une simple gazette, je lui ai fait voir aujourd'hui comment le parti que ce roi prit d'entreprendre cette guerre avec Ferdinand, roi des Espagnes, à frais communs, et de partager avec lui la conquête de Naples, où il pouvait réussir lui seul, après celle de l'État de Milan, qu'il venait de faire, et la ruine de Ludovic, qu'il tenait prisonnier à Loches, a attiré les Espagnols dans l'Italie, et a fait dans la suite qu'ils en sont demeurés les maîtres et le sont encore, après en avoir chassé les Français. Son Altesse a paru entrer dans ces raisons, qu'il a toujours aimées autant ou plus même que les simples faits. Son attention est toujours de manière à devoir vous écrire, Monseigneur, que j'en suis content et que vous devez l'être. Nous continuerons demain l'histoire avec la fable, où je suis d'avis de le faire beaucoup avancer parce que l'usage en est toujours présent et ordinaire. Les trois jours suivants nous verrons la géographie, et je suivrai inviolablement la méthode de lui faire apprendre les noms par cœur. Rien enfin ne sera oublié de ce que je sais que Votre Altesse exige de moi, n'ayant point à cette heure de passion en la tête plus violente que celle de la contenter.

Je n'ai pu entendre l'oraison funèbre de Monsieur de

Meaux [1], à cause de l'enterrement de ma mère, qui se rencontra le jour même de cette cérémonie. Je vous fais, Monseigneur, mes remerciements très humbles, et avec un très grand respect, des bontés que Votre Altesse daigne me marquer sur cette perte dans sa dernière lettre. Pour l'action de Monsieur de Meaux, elle a passé ici et à Paris pour l'une des plus belles qu'il ait faites et même que l'on puisse faire. Il y eut de très beaux traits, fort hardis, et le sublime y régna en bien des endroits; elle fut prononcée en maître et avec beaucoup de dignité. Elle sera imprimée : c'est Monsieur le Duc et Madame la Duchesse qui l'ont souhaité. J'ai marqué à Monsieur de Meaux l'endroit de votre lettre où vous vous y intéressez. J'ai mené un vrai deuil d'avoir échappé au plaisir d'entendre une si belle pièce, faite d'ailleurs sur un sujet où j'entre si fort par devoir et par inclination. Les Révérends Pères [2] sont très satisfaits de cette action de Monsieur de Meaux, et personne ici et ailleurs ne m'en a parlé avec plus d'éloge qu'ils ont fait : je le lui ai dit comme cela, et il a été fort aise de leur approbation.

Je suis,

Monseigneur,

de Votre Altesse Sérénissime

Le très humble, très fidèle et très obéissant serviteur,

DELABRUYÈRE.

Ce samedi 18 août [1685], à Versailles.

Au dos, d'une autre main : *M. de la Bruyère, 18 août 1685.*

VIII

LA BRUYÈRE À CONDÉ

Ce 2 octobre [1685], à Fontainebleau.

MONSEIGNEUR,

HIER lundi, le matin et le soir, je fis étudier Monsieur le duc de Bourbon; j'ai fait la même chose aujourd'hui. Ainsi depuis dimanche au soir j'ai eu avec Son Altesse quatre longs entretiens sur l'histoire de Louis XII, qui s'achemine par là vers sa fin. Elle m'envoie quérir dès qu'elle a le moindre intervalle qu'elle peut donner à ses études, et me tient fidèlement la parole que j'ai eue d'elle à Chambord, qu'elle remplacerait ici le temps perdu à la chasse et aux divertissements, en m'accordant toutes les heures qu'elle aurait de libres à Fontainebleau. Je dois donc assurer Votre Altesse Sérénissime que tout commence fort bien ici, et qu'il y a même lieu d'espérer que la fin répondra au commencement. Nous en sommes présentement à la révolte des Génois, à leur punition et à l'entrée du Roi Louis XII dans leur ville : cela me donne l'occasion d'entretenir Monsieur le duc de Bourbon de la République de Gênes, de lui en faire l'histoire dès son premier établissement jusques à ses dernières soumissions à Versailles, dont nous avons été les témoins. Si ces sortes de digressions ne déplaisent point à Votre Altesse, je continuerai de faire ainsi de chaque État, royaume ou république, que je lui expliquerai en détail, mais pourtant fort succinctement et sans retarder le cours de notre histoire ordinaire et qui fait la marche de nos études. Il a présentement assez d'application, et telle que j'en suis content. Dès que je le serai moins, vous en serez aussitôt averti; je le lui fais entendre ainsi de temps en temps pour me faire écouter. Je ne désire rien au monde plus fortement que de pouvoir lui être utile par mes soins, et vous persuader que je suis avec tout le respect que je dois,

Monseigneur,

de Votre Altesse Sérénissime

le très humble et très obéissant serviteur,

Delabruyère.

Au dos : *À Son Altesse Sérénissime Monseigneur le Prince, à Chantilly.*

IX

LA BRUYÈRE À CONDÉ

Ce 22 octobre au soir, à Fontainebleau.

Monseigneur,

Il y a trois jours que nous avons achevé d'écrire la vie de Louis XII ; je la répète encore une fois à Monsieur le duc de Bourbon, afin qu'il la sache mieux. Je ne le ferai plus écrire et commencerai à lui faire lire les mémoires à François Ier, pour suivre cette pratique dans les suivants jusques à celui-ci. J'assure Votre Altesse Sérénissime qu'il est appliqué et que j'en suis content. Il apprend par cœur les généalogies et la géographie. Je suis avec un profond respect,

Monseigneur,

de Votre Altesse Sérénissime

le très humble et très obéissant serviteur,

Delabruyère.

Au dos : *À Son Altesse Sérénissime Monseigneur le Prince, à Chantilly.*

X

LA BRUYÈRE À CONDÉ

[Ce 28 octobre 1685, à Fontainebleau.]

Monseigneur,

Je crois que Votre Altesse Sérénissime est informée que les études de Monsieur le duc de Bourbon sont fort régulières à Fontainebleau. M. Sauveur travaille avec lui tous les matins, depuis dix heures jusques à onze; les Révérends Pères et moi alternativement tous les matins, depuis onze heures jusques à midi et demi. J'ai outre cela toutes les après-dînées, où je travaille deux heures, depuis trois jusques à cinq, avec Son Altesse : ces après-dînées sont consacrées à l'histoire; et les matins, un jour à la géographie jointe aux gouvernements, l'autre jour aux généalogies et à la fable : cela sans interruption, ainsi que Monsieur le Duc l'a ordonné. Nous parlâmes hier, dans notre entretien de l'après-dînée, de la bataille de Ravenne, et ainsi nous voilà à la fin de la vie de Louis XII. Je lui fais toujours répéter la Flandre, l'Allemagne, la France, la Hongrie, afin qu'il retienne mieux des choses si essentielles et qu'il sache les noms par cœur. Il saura à la fin de ce mois les généalogies des maisons de haute Bavière, Palatine, et les deux Autriches, et ira bien avant dans les *Métamorphoses*. Il a pour tout cela une application dont je suis content, qui va encore s'accroître par le désir qu'a Son Altesse Monsieur le Duc[1] de lui faire répéter de temps en temps : la nécessité de rendre compte l'intéressera beaucoup à bien étudier et me sera de quelque soulagement. Je suis avec tout le respect que je dois,

Monseigneur,

de Votre Altesse Sérénissime

le très humble et très obéissant serviteur,

Delabruyère.

Au dos : *À Son Altesse Sérénissime Monseigneur le Prince, à Paris.*

XI

LA BRUYÈRE À CONDÉ

Ce jeudi [9 novembre 1685], à Fontainebleau.

MONSEIGNEUR,

JE dispose Monsieur le duc de Bourbon à pouvoir vous rendre compte, à votre retour à Versailles, de toute la vie de Louis XII, dont je lui fais une répétition qui sera terminée à peu près dans le temps que l'on partira de Fontainebleau. Je me trouve toujours obligé à repasser par tous les endroits de la carte qu'il a déjà vus et qui sont les plus indispensables à savoir, à faire la même chose de ce que l'on a appelé gouvernements, et ainsi des généalogies : je ne vois point d'autre moyen de lui rendre tout cela propre et familier. La fable avance assez, et il la retient avec la facilité ordinaire. Je lui ferai revoir à Versailles quelque chose du blason, les principes et la pratique : j'ai peur qu'il ne l'ait un peu oublié. Il apprend par cœur ce qu'il a intérêt de mieux savoir dans toutes ses différentes études. Elles sont interrompues par la chasse du loup, les autres chasses, et par les plaisirs de la cour; je dois seulement assurer Votre Altesse que le temps que nous avons libre est utilement employé, et que je réveille l'attention de Monsieur le duc de Bourbon par tout ce que je puis, et que j'en suis assez content. Je suis avec un profond respect,

Monseigneur,
de Votre Altesse Sérénissime
le très humble et très obéissant serviteur,

DELABRUYÈRE.

Au dos : *À Son Altesse Sérénissime Monseigneur le Prince, à Chantilly,* et d'une autre main : *M. de la Bruyère.*

XII

LA BRUYÈRE À CONDÉ

MONSEIGNEUR,

HIER dimanche, à six heures du soir, Madame la Duchesse envoya quérir Monsieur le duc de Bourbon; il entra dans son cabinet au château, je l'accompagnai ; je lui fis rendre compte de la généalogie de François premier, et comment il avait succédé à Louis XII, quelles prétentions il avait sur le duché de Milan contre la famille des Sforces usurpateurs, son entreprise sur le Milanez, le passage des Alpes, l'opposition des Suisses, la surprise de Villefrance[1], où était Prosper Colonne avec les troupes du Pape, tout le détail de la bataille de Marignan, les fruits de cette victoire, l'abouchement du Roi avec Léon X, la mort de l'empereur Maximilien, les brigues de François Ier et de Charles roi d'Espagne, pour être élevés à l'Empire, les fautes du premier dans le cours de la négociation, les motifs et les raisons des électeurs et des princes allemands pour l'exclure et lui préférer Charles-Quint. Voilà, Monseigneur, les choses sur lesquelles j'interrogeai Monsieur le duc de Bourbon, qui répondit fort bien à tout, en bons termes, parla bien trois petits quarts d'heure de suite avec beaucoup de netteté et de jugement. Madame la Duchesse lui fit de son côté quelques questions, auxquelles il satisfit sans hésiter. Je crois que Son Altesse vous a mandé qu'elle est contente de lui et de ses réponses. Cela s'est passé sérieusement dans le cabinet, où il n'y avait personne que Leurs Altesses et moi. Madame la Duchesse a remis la partie à dimanche prochain, dont j'ai une fort grande joie. Cela me fait souvenir des projets de Chantilly. Il faut, Monseigneur, persévérer dans cette méthode, si Votre Altesse veut absolument que Monsieur le duc de Bourbon soit savant : il le deviendra par là, et sans cela jamais. Quand vous m'aurez donné la permission de vous rendre compte des études de Madame la duchesse de Bourbon, je le ferai avec la même exactitude. Je me fais un devoir étroit et un sensible plaisir de les avancer tous deux. Je suis respectueusement,

Monseigneur,
de Votre Altesse Sérénissime
le très humble et très obéissant serviteur
DELABRUYÈRE.

Lundi au soir [7 janvier 1686], à Versailles.

Au dos : *À Son Altesse Sérénissime Monseigneur le Prince, à Chantilly ;* et d'une autre main : *M. de la Bruyère, 7 janvier 1686.*

XIII

LA BRUYÈRE À CONDÉ

Ce lundi [14 janvier 1686], à Versailles.

MONSEIGNEUR,

LA répétition fut hier continuée dans le cabinet de Madame la Duchesse et en sa présence. Tout se passa comme la dernière fois, c'est-à-dire fort bien, avec netteté et une grande mémoire. Il rendit compte de la jalousie de François Ier sur l'élévation de Charles V à l'Empire, de sa conférence avec Henri VIII entre Ardres et Guynes, de celle de l'empereur avec le même Henri VIII en Angleterre; le résultat des deux conférences; de la ligue que fit le roi de France avec Léon X, de sa rupture avec Charles-Quint, qui éclata par l'entreprise sur la Navarre et par la protection qu'il donna à Robert de la Marck; de la médiation du roi d'Angleterre pour prévenir une guerre entre les deux nations; de la mort du Cardinal Bibiena, ami de François Ier et ministre de Léon X, suivie d'une rupture entière entre le Roi et le Pontife; de la nouvelle liaison de ce dernier avec l'Empereur, et des préparatifs de guerre en France et en Allemagne; de la conférence de Calais entre les plénipotentiaires des deux nations, ménagée par les soins d'Henri VIII, toujours médiateur; de son inutilité. Son Altesse Sérénissime expliqua toutes ces choses avec beaucoup d'exactitude, quoique il y entre bien des intrigues et du cabinet. Il satisfit encore à des questions que lui fit Madame la Duchesse. Dimanche prochain, il rendra compte de la géographie et des autres études avec l'histoire. Je suis avec tout le respect que je dois,

Monseigneur,

de Votre Altesse Sérénissime

le très humble et très obéissant serviteur,

DELABRUYÈRE.

Au dos : *À Son Altesse Sérénissime Monseigneur le Prince;* et d'une autre main : *M. de la Bruyère, 14 janvier 1686*[1].

XIV

LA BRUYÈRE À CONDÉ

Ce dimanche [27 janvier 1686], à Versailles.

MONSEIGNEUR,

UN voyage de Madame la Duchesse à Paris fit que Monsieur le duc de Bourbon ne rendit point compte il y a aujourd'hui huit jours. Il s'en est acquitté cette après-dînée, et comme il lui fallait parler des leçons sur l'histoire de quinze jours entiers, et que la traite étant un peu longue, il était moins ferme qu'à l'ordinaire, j'ai remis l'histoire à dimanche prochain, dans le dessein de repasser les quatre derniers jours de cette semaine sur ce qu'il a vu ces derniers quinze jours, et de lui faire voir peu de choses nouvelles d'ici à la première répétition. Il a donc aujourd'hui rendu compte de la géographie, et parcouru tout le Rhin depuis sa source jusques à la mer, tous les États qu'il coupe ou qu'il traverse, les villes situées sur ce fleuve, les différentes rivières qui s'y jettent, et les villes qui y sont assises depuis leur source jusques au Rhin, les divers canaux que forme le Rhin, leurs noms, ceux des villes qui sont situées sur ces canaux, et comme ce grand fleuve dégénère en un petit ruisseau au-dessus de Leyden avant de se perdre dans la mer : voilà ce dont il a rendu compte assez bien à mon gré, vu la grande mémoire qu'il faut pour arranger tant de noms et les mettre chacun dans leur ordre. Il aime peu à apprendre par cœur. Il me faut pour le réduire une mutinerie qui ne se comprend pas sans l'avoir vue. Son Altesse a besoin que vous lui déclariez, Monseigneur, que vous voulez très absolument qu'il sache très bien la géographie : cela peut-être me soulagera. Je suis avec un profond respect,

Monseigneur,
de Votre Altesse Sérénissime
le très humble et très obéissant serviteur,

DELABRUYÈRE.

Au dos : *À Son Altesse Sérénissime Monseigneur le Prince à Chantilly;* et d'une autre main : *M. de la Bruyère, 27 janvier 1686. Nouvelles de la dernière répétition que Mgr le duc de Bourbon a fait* (sic) *de la géographie; qu'il est bon que Son Altesse lui témoigne qu'elle veut absolument qu'il sache bien la géographie.*

XV

LA BRUYÈRE À CONDÉ

MONSEIGNEUR,

D'AUTRES auront mandé à Votre Altesse Sérénissime que Monsieur le duc de Bourbon se porte fort bien, qu'il va toutes les après-dînées au manège, où il s'exerce fort longtemps pour le carrousel. Cela diminue un peu le temps destiné aux études, mais il n'y a point de remède : je me réduis à employer utilement auprès de Son Altesse les heures que cet exercice nous laisse, et fais choix des choses dont il a plus besoin d'être instruit, sur lesquelles j'insiste fort et ne lui fais point de quartier. Je l'ai entretenu trois différentes fois des circonstances de la bataille de Pavie, afin qu'il fût plus prêt à vous en rendre compte; je lui fais revoir le détail des provinces de France, qu'il avait un peu oubliées, et j'observe la même conduite sur toutes les autres études. Je suis toujours avec le même attachement et avec un profond respect,

Monseigneur,
de Votre Altesse Sérénissime
le très humble et très obéissant serviteur,

DELABRUYÈRE.

Ce mardi 26 mars [1686], à Versailles.

Au dos : *À Son Altesse Sérénissime Monseigneur le Prince, à Chantilly;* et d'une autre main : *M. de la Bruyère, 24 mars 1686. Nouvelles des études de Mgr le duc de Bourbon.*

XVI

LA BRUYÈRE À CONDÉ

Ce mercredi, [24] avril [1686], à Versailles.

MONSEIGNEUR,

JE voudrais aller si vite dans les études de Monsieur le duc de Bourbon qu'il y eût tous les jours quelques nouvelles choses à vous mander sur le progrès qu'il y fait. Elles ont été un peu interrompues par la dévotion des dernières fêtes et par les répétitions du carrousel. Nous sommes cependant depuis quelques jours dans le bon train, et fort avant dans la vie de François premier, qu'il écoute avec assez d'application. J'apporte tout le soin dont je suis capable pour l'en rendre instruit, et des autres études dont Votre Altesse m'a chargé et dont j'espère lui en rendre compte à l'ordinaire. Je suis avec un profond respect,

Monseigneur,
de Votre Altesse Sérénissime
le très humble et très obéissant serviteur,

DELABRUYÈRE.

Au dos : *À Son Altesse Sérénissime Monseigneur le Prince, à Chantilly ;* et d'une autre main : *M. de la Bruyère, 24 avril 1686.*

XVII

LA BRUYÈRE À CONDÉ

Ce 4 juillet [1686], à Versailles.

MONSEIGNEUR,

COMME nous nous sommes réglés sur l'abrégé de M. de Mezeray[1] pour la vie du roi Henri second, qui eſt d'ailleurs fort courte, cela eſt cause que nous l'avons déjà achevée; je m'attache présentement à en faire récapitulation à Son Altesse, afin qu'elle le sache plus parfaitement, et j'observerai cette méthode dans toutes les vies qui suivent. Et parce que Monsieur le duc de Bourbon a toujours un peu de peine à s'appliquer, et que cela retarde le projet de ses études, je ne sais autre chose que lui inculquer fortement et souvent les endroits de l'hiſtoire, de la géographie, et les généalogies, dont il eſt tout à fait nécessaire qu'il soit inſtruit; ainsi je ne sors presque point de l'Allemagne, la Hongrie, l'Italie, la France, les Pays-Bas, qu'il oublierait dès que je passerais à d'autres connaissances et m'y arrêterais trop longtemps. Je ménage le temps selon que je le dois, et tâche de réparer ses inapplications par mon opiniâtreté et par mille répétitions, car je n'ai rien plus à cœur que de vous contenter. Madame la duchesse de Bourbon étudie régulièrement et avec fruit. Je suis avec un profond respect,

Monseigneur,

de Votre Altesse Sérénissime

le très humble et très obéissant serviteur,

DELABRUYÈRE.

Au dos : *À Son Altesse Sérénissime Monseigneur le Prince, à Chantilly;* et d'une autre main : *M. de la Bruyère, 4 juillet 1686.*

XVIII

LA BRUYÈRE À MÉNAGE

Περὶ Ἀδολεσχίας, περὶ Λαλιᾶς, περὶ Λογοποιΐας. Ces trois chapitres des *Caractères* de Théophraste paraissent d'abord rentrer les uns dans les autres, et ne laissent pas au fond d'être très différents. J'ai traduit le premier titre : *du Diseur de rien ;* le second, *du Grand parleur* ou *du Babil ;* et le troisième, *du Débit des nouvelles.* Il est vrai, Monsieur, que dans la traduction que j'ai faite du second de ces trois chapitres, intitulé : *du Babil,* je n'ai fait aucune mention des Dionysiaques parce qu'il n'en est pas dit un seul mot dans le texte; j'en parle dans celui *du Diseur de rien,* en grec περὶ Ἀδολεσχίας, où ma traduction, si vous prenez la peine de la lire, doit vous paraître conforme à l'original; car étant certain que les grandes Bacchanales ou les Dionysiaques se célébraient au commencement du printemps, qui est le temps propre pour se mettre en mer, il me semble que j'ai pu traduire : *Il dit qu'au printemps où commencent les Bacchanales, la mer devient navigable,* d'autant plus que ces mots : τὴν θάλαττν ἐκ Διονυσίων πλώϊμον εἶναι, peuvent fort bien signifier que la mer s'ouvrait, non pas immédiatement après que les Dionysiaques étaient passées, mais après qu'elles étaient commencées, et je crois lire ce même sens dans le commentaire de Casaubon et dans quelques autres scoliastes[1]; de sorte, Monsieur, que je crois vous faire ici un long verbiage ou tomber moi-même dans le babil, et que vous vous êtes déjà aperçu que le chapitre où vous avez lu pour titre : *du Babil* ou *du Grand parleur,* et que vous avez pris pour celui περὶ Ἀδολεσχίας a fait toute la méprise.

Pour ce qui regarde Socrate, je n'ai trouvé nulle part qu'on ait dit de lui en propres termes que c'était un fou tout plein d'esprit : façon de parler à mon avis impertinente, et pourtant en usage, que j'ai essayé de décréditer en la faisant servir pour Socrate, comme l'on s'en sert aujourd'hui pour diffamer les personnages les plus sages mais qui s'élevant au-dessus d'une morale basse et servile, qui règne depuis si longtemps, se distinguent dans leurs ouvrages par la hardiesse et la vivacité de leurs traits et par la beauté de leur imagination. Ainsi *Socrate* ici n'est pas *Socrate* : c'est un nom qui en cache un autre. Il est néanmoins qu'ayant lu l'endroit de Diogène que vous citez, et l'ayant entendu de la manière que vous dites vous-même que vous l'avez expliqué d'abord, et ayant encore, dans la *Vie de Socrate* du même Diogène Laërce, observé ces mots : Πολλάκις δὲ βιαιότερον ἐν ταῖς ζητήσεσι διαλεγόμενον κονδυλίζεσθαι καὶ παρατίλλεσθαι, τὸ πλέον τε γελᾶσθαι καταφρονούμενον, et ayant joint ces deux endroits avec cet autre : Ἦν δ' ἱκανὸς καὶ τῶν σκωπτόντων αὐτὸν ὑπερορᾶν, j'ai inféré de là que Socrate passait du moins dans l'esprit de bien des gens pour un homme assez extraordinaire, que quelques-uns allaient même jusques à s'en moquer, ainsi qu'Aristophane l'a fait publiquement et presque ouvertement dans ses *Nuées ;* et que je pouvais par ces raisons faire servir le nom de Socrate à mon dessein. Voilà, Monsieur, tout le mystère, où je vous prie surtout de convenir que selon même votre observation, quoique très belle, le μαινόμενος reste toujours un peu équivoque, puisque le grec dit ou que Diogène était comme Socrate qui deviendrait fou, ou comme Socrate lorsqu'il n'est pas en bon sens, et cette dernière traduction me serait favorable. Voilà, Monsieur, toute la réponse que je sais faire à votre critique, dont je vous remercie comme d'un honneur singulier que vous avez fait à mon ouvrage des *Caractères*. M. l'abbé Reynier, à qui je dois l'avantage d'être connu de vous, a bien voulu se charger de vous dire la raison qui m'a empêché de vous faire plus tôt cette réponse ; il vous aura dit aussi combien j'ai été sensible aux termes civils et obligeants dont vous avez accompagné vos observations, comme au plaisir de connaître que j'ai su par mon livre me concilier l'estime d'une personne de votre réputation. Je tâcherai de plus en plus de m'en rendre digne et de la conserver chèrement, et j'attends avec impatience l'occasion de mon retour à Paris, pour aller chez vous, Monsieur, vous continuer mes très humbles respects.

DELABRUYÈRE.

Vendredi au soir, Versailles.

XIX

LA BRUYÈRE À BUSSY

À Paris, ce 9 décembre 1691.

Si vous ne vous cachiez pas de vos bienfaits, Monsieur, vous auriez eu plus tôt mon remerciement. Je vous le dis sans compliment, la manière dont vous venez de m'obliger m'engage toute ma vie à la plus vive reconnaissance dont je puisse être capable. Vous aurez bien de la peine à me fermer la bouche : je ne puis me taire sur cette circonstance qui me dédommage de n'avoir pas été reçu dans un corps à qui vous faites tant d'honneur[1]. Les Altesses à qui je suis seront informées de tout ce que vous avez fait pour moi, Monsieur. Les sept voix qui ont été pour moi, je ne les ai pas mendiées, elles sont gratuites; mais il y a quelque chose à la vôtre qui me flatte plus sensiblement que les autres. Je vous envoie, Monsieur, un de mes livres des *Caractères*, fort augmenté[2], et je suis avec toutes sortes de respects et de gratitude, etc,

XX

BUSSY À LA BRUYÈRE

À Chaseu, ce 16 décembre 1691.

Quand je vous ai voulu faire plaisir sans me faire de fête, Monsieur, ce n'eſt pas que j'eusse honte de vous servir, mais c'eſt qu'il m'a paru qu'un service annoncé avant qu'il soit rendu a perdu son mérite. Les voix que vous avez eues n'ont regardé que vous : vous avez un mérite qui pourrait se passer de la protection des Altesses, et la protection de ces Altesses pourrait bien, à mon avis, faire recevoir l'homme du monde le moins recommandable. Jugez combien vous auriez paru avec elles et avec vous-même, si vous les aviez employées. Pour moi, je vous trouve digne de l'eſtime de tout le monde, et c'eſt aussi sur ce pied-là que je suis votre ami sincère et votre, etc.

XXI

LA BRUYÈRE À SANTEUL

Ce jeudi matin, à Paris.

Voulez-vous que je vous dise la vérité, mon cher Monsieur? Je vous ai fort bien défini la première fois[1] : vous avez le plus beau génie du monde et la plus fertile imagination qu'il soit possible de concevoir; mais pour les mœurs et les manières, vous êtes un enfant de douze ans et demi. À quoi pensez-vous de fonder sur une méprise ou un oubli, ou peut-être encore sur un malentendu, des soupçons injuſtes, et qui ne convenaient point aux personnes de qui vous les avez? Comptez que Monsieur le Prince et Madame la Princesse sont très contents de vous, qu'ils sont très incapables d'écouter les moindres rapports; qu'on ne leur en a point fait, qu'on n'a point dû leur en faire sur votre sujet, puisque vous n'en avez point fourni de prétexte; que la première chose qu'ils auraient faite aurait été de condamner les rapporteurs : voilà leur conduite; que tout le monde est fort content de vous, vous loue, vous estime, vous admire : et vous reconnaîtrez que je vous dis vrai. La circonstance du pâté est faible contre les assurances que vous donne avec plaisir et avec une estime infinie.

Monsieur,

Votre très humble et très obéissant serviteur,

DE LA BRUYÈRE.

XXII

LA BRUYÈRE À SANTEUL[1]

Juin [?] 1691.

QUE parlez-vous, Monsieur, de haine et de jalousie. Suis-je un Rapin ou un Commire? Je vais terre à terre avec ma prose lourde et massive, et vous vous élevez comme un aigle sur les ailes de la poésie. Qu'aurions-nous ensemble à démêler? D'ailleurs, n'ai-je pas courageusement défendu Aréthuse contre M. le Prince, c'est-à-dire contre le plus fin et le plus redoutable critique de l'univers? Que j'aie été vaincu ou non, me suis-je moins exposé à toute la raison de M. le Prince? Qu'un autre s'y joue. Je n'ai donc eu en vue dans cette peinture que de vous faire ressembler, et tout ce qu'il y a de connaisseurs qui l'ont lue, disent que je l'ai fait. Que nous importe après cela, à tous deux, de ce que peuvent dire certaines gens qui n'en sont encore qu'à épeler, et qui ne savent point lire les ouvrages? Vouliez-vous être flatté? Cela est impossible; on est toujours au-dessous des grandes beautés que l'on veut peindre, et d'ailleurs ressembleriez-vous à ces femmes qui se croient même plus belles que les portraits qui les flattent ? Ainsi, Monsieur, toute ma défense est de vous prier de relire votre caractère, où il faut qu'un homme habile et pénétrant comme vous trouve son compte. C'est, encore une fois, le sentiment de tout Versailles, qui me trouve heureux d'avoir eu à travailler d'après un si excellent original, et j'ose penser que vous-même n'êtes pas aussi fâché que quelques censeurs le voudraient bien, puisqu'avec toute la gronderie qui est dans votre lettre, vous ne laissez pas de m'envoyer vos hymnes, les plus belles hymnes, les plus latines, les plus pieuses et les plus élégantes qui soient encore sorties de votre esprit. Que ne donnerais-je pas pour avoir dit quelque part en mon patois, en parlant de la Grande Chartreuse : *Nil sui perdit sacra solitudo*[1] !

Je suis, Monsieur, avec toute l'estime et toute l'admiration que vous méritez, et, si vous le voulez, même avec respect, etc.

LA BRUYÈRE.

J'attends que je sois à Paris pour vous porter moi-même en remerciement de vos admirables poésies, ma sixième édition, qui est beaucoup augmentée.

XXIII

JÉROME PHÉLYPEAUX[2] À LA BRUYÈRE

[Brest], du 5 juillet 1694.

Il me semble, Monsieur, si je ne me trompe, d'avoir lu dans votre excellent livre des *Mœurs de ce siècle* que l'amour-propre nous expose souvent à de grands inconvénients. Il faut assurément que vous ne vous souveniez pas de ce passage, ou que vous ne le preniez pas pour vous, et que vous soyez aussi amoureux de vous-même que le Narcisse de Chantilly[1], pour croire que lorsque nous sommes seuls, M. de la Loubère et moi, nous ne passons pas un seul moment sans songer à vous : il faudrait que nous n'eussions guères de choses à faire. Je vous dirai, moi, pour rabattre un peu de votre vanité que sans votre lettre nous n'aurions peut-être pas fait réflexion que vous fussiez au monde, et que notre voyage se serait passé sans qu'il eût été fait mention de vous. Sérieusement parlant, vous êtes un grand paresseux depuis près de deux mois que je suis parti. Vous ne m'avez donné aucun signe de vie, et vous méritez bien les reproches que je vous fais. Cependant je me sens trop de penchant à vous pardonner, pour ne pas excuser volontiers vos fautes passées, à la charge que vous vous corrigerez à l'avenir. J'ai lu avec un extrêmeplaisir toutes les nouvelles que vous m'écrivez de Chantilly. Il y en a telles qui m'ont fait trembler, et surtout l'aventure de la demoiselle avec son..., et de ce que vous êtes un (des) rudes joueurs de lansquenet qui soit au monde. Il ne vous faut plus que cela pour devenir tout à fait fou, et si vous faites encore plusieurs voyages à Chantilly, je ne doute pas qu'avant qu'il soit un an, on ne vous mène haranguer aux Petites-Maisons. Ce serait une fin assez bizarre pour le Théophraste[2] de ce siècle; et je trouve que cela conviendrait mieux au...[3] moderne dont il est tant fait mention. Si pourtant par cas fortuit cela arrivait, ne doutez pas [que] je ne vous y aille rendre visite, et qu'en quelque état que vous soyez, je ne vous...[4] toujours au rang de mes amis, quoique l'homme le moins sage qui soit sur la terre.

XXIV

PHÉLYPEAUX À LA BRUYÈRE

Du 28 août [1694].

Si par hasard vous avez, Monsieur, quelqu'un de vos amis qui vous connaisse assez peu pour vous croire sage, je vous prie de le marquer par nom et par surnom, afin que je le détrompe à ne pouvoir douter un moment du contraire. Je n'aurai pour cela qu'à lui montrer vos lettres : si après cela il ne demeure pas d'accord que vous êtes un des moins sensés de l'Académie française, il faut qu'il le soit aussi peu que vous. Je n'ai pu encore bien discerner si c'est la qualité d'académicien, ou les honneurs que vous recevez à Chantilly, qui vous font tourner la cervelle. Quoi qu'il en soit, je vous assure que c'est dommage; car vous étiez un fort joli garçon qui donniez beaucoup d'espérances. Si j'arrive devant vous à Paris, je ne manquerai pas de vous faire préparer une petite chambre bien commode à l'Académie du faubourg Saint-Germain[1]. J'aurai bien soin qu'elle soit séparée des autres, afin que vous n'ayez communication qu'avec vos amis particuliers, et que les Parisiens, naturellement curieux, ne soient pas témoins du malheur qui vous est arrivé. En attendant, vous pouvez penser, faire et écrire autant d'extravagances que vous voudrez : elles ne feront que me réjouir; car les folies, quand elles sont aussi agréables que les vôtres, divertissent toujours et délassent du grand travail dont je suis accablé. Je suis, Monsieur, entièrement à vous.

XXV

LA BRUYÈRE À LE VAYER

À Versailles, 18 novembre.

Agréez, Monsieur, je vous supplie, que je joigne au mémoire que je prends la liberté de vous envoyer ma recommandation en faveur de la petite ville de Jarnage, dans une cause qui me paraît tout à fait favorable et à laquelle je prends un singulier intérêt à cause de Monsieur l'abbé de Beaupesche, aumônier de Madame la Duchesse, et avec qui, outre sa considération particulière, j'ai d'intimes liaisons comme étant tous deux de la même maison; c'est un gentilhomme qui a un bénéfice à Jarnage qui le rend seigneur en partie de ce lieu-là. Comme il sait l'affection que vous avez pour moi et que notre connaissance est déjà ancienne, il m'a prié de vous écrire en faveur de cette petite ville, et j'ai pris avec plaisir cette occasion de vous devoir quelque chose sur ce qu'il désire de votre autorité. Vous m'obligerez sensiblement de faire pour lui tout ce qu'il vous sera possible; je le prendrai comme fait pour moi, qui suis et avec une très grande estime et avec respect, Monsieur,

Votre très humble et très obéissant serviteur,

De La Bruyère.

J'ose faire ici mes compliments très humbles à Madame l'intendante.

J'oubliais que j'ai à vous demander comment je pourrais vous faire tenir ma huitième et dernière édition.

XXVI

LA BRUYÈRE À LE VAYER

Ce 23 janvier, à Versailles.

Je vis, Monsieur, il y a deux jours, Madame Fagon. Nous parlâmes ensemble de vous ; je la trouvai fort satisfaite d'une lettre qu'elle me dit que vous lui aviez écrite : on ne peut pas être davantage dans vos intérêts qu'elle y eſt, et aussi M. le premier médecin. Elle m'a paru surprise qu'on ait dit que la petite ville de Bourbon ait encore pensé à être sumergée *(sic)*, et elle me dit que Mr Fagon appréhendait que le roi ne vînt à lui parler de cela, parce qu'il ne pourrait pas lui dire que les réparations aient été bien faites et que, n'étant point selon le marché, vous les ayez fait refaire par Monsieur Surville ou à ses dépens ; elle me dit aussi que les routes ne sont que de terre et fort mauvaises par conséquent, et point du tout selon la manière que Surville les devait construire. Madame Fagon a fort à cœur ces réparations de Bourbon, et M. le p. médecin ne s'y intéresse pas moins. Ils voulaient vous en écrire ; mais m'ayant trouvé sous leur main et entretenu de vous, monsieur, et de Bourbon, ils m'ont prié de vous en écrire ; ils m'ont ajouté même que vous feriez une chose digne de vous et de votre réputation de travailler pendant votre intendance à réparer les lieux si utiles à toute la France. Ils ont bien de la joie que vous ayez eu raison des bureaux ; Mme Fagon n'a rien oublié pour savoir qui avait autrefois arrêté les réponses de M. de Barbezieux et les ordres du roi qui vous avaient été envoyés, et ils n'auront garde, comme elle l'espère, de s'y jouer davantage. J'entre dans tout ceci à la prière des personnes que je vous nomme, et aussi par notre ancienne amitié, qui me fait prendre une très grande part à ce qui vous touche. Réponse s'il vous plaît, et recevez mes très humbles respects.

De la Bruyère.

L'adresse est toujours à M. de la Bruyère, à l'hôtel de Condé, à Versailles.

Il ne faut point que l'on sache que c'est moi qui vous ai écrit de ces choses.

Mes respects très humbles à Madame l'intendante.

XXVII

LA BRUYÈRE À JÉROME PHÉLYPEAUX[1]

À Versailles, le 16 juillet [1695].

Après vous avoir entretenu, Monseigneur, de choses tout à fait importantes dans les dernières dépêches que j'ai eu l'honneur de vous envoyer et que j'ai écrites du style le plus sérieux et le plus convenable au sujet qu'il m'a été possible, j'ai cru que je devais dans cette lettre vous rendre compte des nouvelles qui ont le plus de liaison avec les affaires publiques, et que par cette raison il est plus capital dans le poste où vous êtes que vous n'ignoriez pas.

Avant-hier, Monseigneur, sur les sept heures du soir, les plombs de la gouttière qui est sous la fenêtre de ma chambre se trouvèrent encore si échauffés du soleil qui avait brillé tout le jour, que j'y fis cuire un gâteau, galette fouée ou fouace que je trouvai excellente; vous voyez sans peine, avec votre sagacité ordinaire, de quelle utilité cela peut-être aux intérêts de la ligue, et je ne vous annonce cette particularité qu'avec le déplaisir que vous pouvez vous imaginer. Le temps hier se couvrit et menaça de la pluie toute l'après-dînée; il ne plut pas néanmoins; aujourd'hui il a plu; s'il pleuvra demain ou s'il ne pleuvra pas, c'est, Monseigneur, ce que ne puis décider quand le salut de toute l'Europe en devrait dépendre : je crois avec cela, moralement parlant, qu'il tombera un peu de pluie, et que dès que la pluie aura cessé, il ne pleuvra plus, à moins que la pluie ne recommence. Mais à propos de pluie, les beaux plans et les belles eaux que celles d'une maison que j'ai vue dans un vallon en deçà de la tour de Montfort [1]! La belle, la noble simplicité qui règne jusques à présent dans ses bâtiments! Voudrait-on bien ne s'en point ennuyer? il faut l'avouer nettement et sans détour, je suis fou de Pontchartrain, de ses tenants et aboutissants, circonstances et dépendances; si vous ne me faites entrer à Pontchartrain, je romps avec vous, Monseigneur, avec notre Monsieur de La Loubère, avec les jeux floraux, et, qui pis est, avec Monseigneur et Madame de Pontchartrain, avec celle que vous épouserez, avec tout ce qui naîtra de vous, avec leurs parrains et leurs marraines, avec leurs mères nourrices : c'est une maladie, c'est une fureur.

Comment donc vous conter, dans l'état où je suis, le fait de Saint-Olon [2] et du major Brissac, leurs aventures [3]? Muse, inspire-moi, et ne me laisse pas dans une matière si grave avancer rien de ridicule. Le comte de Gramont [4] a dit au Roi très chrétien : « Vous devez pardonner, Sire, comme vous voulez que l'on vous pardonne. » Il l'a fait sur cela ressouvenir du *Pater noster;* le *Pater noster,* Monseigneur, est cette oraison dont M. Le Nôtre fait tant de cas qu'il en veut savoir l'auteur. Revenons au comte de Gramont. Il a dit au Roi que peut-être se brouillerait-il avec le roi de Maroc s'il ne vengeait pas l'injure faite à Saint-Olon, dont sa majesté maroquine était si contente, mais qu'aussi ferait-il un plaisir singulier à la République de Gênes [5] : le reste vous aura été écrit de plusieurs endroits; ainsi je suis, avec mon respect ordinaire,

Monseigneur,

Votre très humble et très obéissant serviteur,

DE LA BRUYÈRE.

NOTES ET VARIANTES

NOTES ET VARIANTES

DISCOURS SUR THÉOPHRASTE

P. 3

1. Il semble que La Bruyère fasse ici l'opposition, assez rare pour l'époque, entre la preuve expérimentale et la déduction rationnelle. On peut même se demander, le mot conjecture ayant toujours quelque chose d'un peu péjoratif en matière de connaissance, s'il ne marque pas une préférence pour la preuve expérimentale.

P. 4

1. Il semble bien qu'ici, entre ceux qui « ne sont point touchés des hommes qui les environnent » et ceux qui, « indifférents pour toutes les choses qui les ont précédés, sont avides de toutes celles qui se passent à leurs yeux », la préférence de La Bruyère aille nettement aux seconds. On peut toutefois trouver que c'est par un excès de sympathie qu'il ajoute de ceux qui ne s'intéressent qu'aux choses présentes : « Ils les examinent, ils les discernent », alors qu'on est généralement frappé du peu de discernement des contemporains quant aux événements de leur temps, de leur facilité à juger fort importantes des choses insignifiantes et réciproquement; manque de discernement dont les mondains du grand siècle, quoi qu'en disent leurs apologistes, ont comme les autres donné l'exemple. (Voir, par exemple. maints de leurs jugements sur les œuvres littéraires de leur temps.) Mais c'est l'intérêt de La Bruyère de prêter de la gravité d'esprit à ceux qui vont devenir son public.

P. 5

1. Ces lecteurs « d'un troisième ordre » sont ceux selon qui la peinture des mœurs doit être éducative, et non simplement descriptive, comme elle l'est chez La Rochefoucauld, ou explicative, comme elle l'est chez Descartes. C'est ce moralisme, oserons-nous dire pragmatique, qui a visiblement la sympathie de La Bruyère. (Cf. pp. 75 83.) La psychologie à prétention objective (voir le paragraphe précédent) semble peu le satisfaire.

2. VAR. : (édit. 1-7) : dans les *Éthiques* et les *Grandes Morales* d'Aristote. — La *Morale à Nicomaque* et la *Morale à Eudème*. Ce dernier ouvrage et les *Grandes Morales* ne sont probablement pas d'Aristote.

3. Nous tenons peut-être là la méthode que suit La Bruyère dans la présentation de ses caractères, présentation qui ne me paraît pas être autant qu'on l'a dit dépourvue de tout ordre : d'abord la dissertation (appelée ici les idées et les principes); ensuite la maxime; enfin le portrait.

4. Diogène Laërce ne fait vivre Théophraste que jusqu'à quatre-vingt-cinq ans.

P. 6

1. Les deux chapitres de Théophraste dont la Bruyère n'a connu que les titres ont été retrouvés au dix-huitième siècle.

2. *Naïve,* naturelle. « Ce peintre fait des airs de tête bien *naïfs*... Il y a quelque chose de *naïf* dans tout ce qu'il fait. » (Dictionnaire de l'Académie, 1694.)

P. 11

1. *Déduire,* énumérer (Littré).

Les raisons en seraient trop longues à déduire.
La Fontaine, *Fables,* XII, 3.

2. Ce développement, qui apparemment contredit le passage noté plus haut, où La Bruyère semble marquer son goût pour les personnes qui ne s'intéressent qu'à leur temps, est évidemment fait dans le dessein d'inviter ces personnes à lire quand même, ou du moins à ouvrir, la traduction de Théophraste. D'ailleurs, il va permettre à La Bruyère de leur présenter, par contraste, encore qu'en s'humiliant, ainsi qu'il sied, devant le maître antique, ses *Caractères* comme propres à leur donner satisfaction. Pour un auteur dont il est courant de dire qu'il ne sait pas « composer », cette Préface nous paraît une merveille d'habileté.

3. VAR. (édit. 1) : et les prive.

4. VAR. (édit. 1 et 2) : dans celle d'une autre.

5. VAR. (édit. 1) : du dé.

P. 13

1. Pas une seule épithète favorable pour cette pauvre nature humaine, dont l'observateur non prévenu est bien obligé de reconnaître qu'elle n'est pas exclusivement mauvaise. La Bruyère aurait vraisemblablement approuvé ce moraliste du vingtième siècle, déclarant qu'on ne fait pas de bonne littérature avec de bons sentiments.

P. 14

1. VAR. (édit. 1-5) : pour parler ou pour délibérer.

P. 15

1. Pascal.

2. La Rochefoucauld.

P. 16

1. On pourrait soutenir qu'on saisit dans cette ligne la volonté déclarée d'échapper à l'influence cartésienne et de fonder l'impressionnisme moraliste, dont Stendhal sera l'épanouissement. Toutefois, cette déclaration va être formellement contredite quelques lignes plus bas.

2. C'est la prétention catégorique de donner une psychologie scientifique, capable de lois. Prétention en contradiction expresse avec le programme formulé plus haut d'examiner l'homme « sans beaucoup de méthode » et au gré des chapitres. C'est ce dernier programme qui sera réalisé. Mais il est curieux de voir La Bruyère, dont le tempérament est tout à fait opposé à l'esprit scientifique, tenir à passer pour relever de cet esprit. De même tiendra-t-il à affirmer que son ouvrage est composé, ordonnancé en vue d'un but. On songe au vers de Boileau :

Rarement un esprit sait être ce qu'il est.

La Bruyère a su être ce qu'il est, mais il a voulu passer pour ce qu'il n'est pas. (Remarquons encore, dans la citation ci-dessus, « le principe *de leur malice et de leurs faiblesses* », « mille actions *vicieuses ou frivoles* ». Pas un mot favorable à la donnée humaine.)

La différence que La Bruyère tient à marquer entre ses *Caractères* et ceux de Théophraste a été exactement sentie par Bussy. « Il (La Bruyère) est entré plus avant que lui dans le cœur de l'homme, etc... » (Lettre de Bussy au marquis de Termes, 10 mars 1688.)

P. 17

1. Pas parfaitement conformes à l'annonce du titre. Chez La Bruyère aussi, tel chapitre, ou du moins mainte réflexion de tel chapitre, est sans rapport avec le titre annoncé. La Bruyère semble plaider ici pour lui-même, encore que ses hors-d'œuvre soient loin de toujours s'expliquer par l'entraînement auquel le porte la peinture d'un personnage.

Disons toutefois que l'exacte conformité du contenu d'un chapitre et de son titre (elle est entièrement absente chez Montaigne) n'est guère possible que chez les moralistes qui traitent des passions humaines dans l'abstrait (Nicole, Malebranche, Descartes.)

2. Var. (édit. 1-6) : par le caractère seul.

3. « À côté de certains endroits » est vrai à la lettre, les notes dans les éditions du XVIIe siècle étant placées dans la marge, en regard du texte auquel elles se rapportent.

LES CARACTÈRES DE THÉOPHRASTE
TRADUITS DU GREC

P. 19

1. Il semble établi que la traduction de Théophraste a été faite par La Bruyère surtout d'après la traduction latine de Casaubon complétée par le commentaire de cet érudit, aussi d'après certaines autres traductions latines (Politien, Furlanus), et enfin aussi en consultant directement le texte grec. Une preuve entre autres, de ce dernier fait, est un contresens que lui seul a commis (page 56, note 1), et qu'aucune des versions antérieures à la sienne n'a pu lui suggérer. (Sur ce sujet, cf. Servois, tome I, pp. 3-8 Navarre, *Théophraste et La Bruyère,* Revue des Études grecques, t. XXVII, pp. 384-440; P. Van de Wœstyne, *Un traducteur de Théophraste, Jean de La Bruyère,* Le Musée belge, t. XXXIII, 1929; *Notes sur six caractères de Théophraste, traduits par La Bruyère,* Revue belge de philologie et d'histoire, t. XIII, 1934.)

Fort admirée des savants de son temps, notamment par Ménage, la traduction de La Bruyère a été, de nos jours, jugée sévèrement (principalement par Coray, auteur d'une traduction de Théophraste, 1799, et par O. Navarre, collection Budé, tome CLI, p. 4-5). La réponse des défenseurs de La Bruyère (Servois, Van de Wœstyne) se borne à déclarer que sa traduction, malgré ses grandes libertés, est encore supérieure à la plupart des traductions de ses contemporains, et à citer l'apologie que, dans son chapitre *de Quelques Usages,* il fait de l'exactitude en matière d'étude de textes.

2. Cette préface n'est pas de la main de Théophraste. (Cf. C. G. Sonntag, *in proem. caract. Theoph.,* Lips., 1787 référence citée par Navarre.)

3. VAR. (édit. 1-7) : leurs vertus et leur sagesse.

P. 21

1. VAR. (édit. 1-5) : qu'il ne m'ait pas dit la vérité.

P. 22

1. VAR. (édit. 1-5) : et il n'y eut pas un seul.

P. 23

1. VAR. (édit. 1-5) : quelqu'un des mets.

P. 24

1. Ménage a cherché querelle à La Bruyère sur la manière dont il avait traduit cette phrase. Cf. dans les *Lettres,* la réponse de La Bruyère.

2. VAR. (édit. 1-4) : qui est de s'enfuir de toute sa force et sans regarder derrière soi. — Les mots ici supprimés ont été transportés, à partir de la 5e édition, à la fin d'une réflexion jusqu'alors inédite. (*De la Société et de la Conversation,* nº 27).

P. 27

1. VAR. (édit. 1-5) : ainsi qu'au théâtre, les jours de spectacle, dans les meilleures places. — (Édit. 6 et 7) : ainsi qu'au théâtre, les jours de spectacle, que dans les meilleures places.

P. 28

1. VAR. (édit. 1-3) : de si sale commerce.

P. 29

1. VAR. (édit. 1-3) : ensuite fréquenter les tavernes.

P. 35

1. VAR. (édit. 1-6) : de l'intérêt même.

P. 36

1. VAR. (édit. 1-7) : ou à siffler.
2. VAR. (édit. 1-3) : le raille et le congratule.

P. 38

1. La Bruyère a omis ou plutôt il a traduit à contresens les mots αἰτεῖν τοῖς αὐτοῦ παισὶν ἐκ τοῦ κοινοῦ ὄψον, « il demande sur le service commun une portion pour ses esclaves », ou, selon d'autres, « pour ses enfants ». (Servois.)

P. 40

1. Dans son Discours de réception à l'Académie, La Bruyère se sert, pour louer son prédécesseur, de cette formule : « Un homme *qui avait de la vertu.* » Ces derniers mots sont dans le texte (cf. p. 499) en lettres capitales, ce qui peut étonner. On comprend pourquoi quand on voit La Bruyère, citant cet éloge : « *Ils avaient tous de la vertu* », mettre en note : « Formule d'épitaphe. »

P. 45

1. *Qu'il affectionne* est un trait qu'ajoute La Bruyère.

P. 48

1. VAR. (édit. 1-3) : le moindre petit chien.

P. 49

1. VAR. (édit. 1-3) : de la manière dont toutes choses se sont passées, et comme elles lui ont réussi au delà de ses souhaits.

P. 50

1. Le texte porte la forme *balie* (la 8e éd. porte : *ballie*). Il y a là une confusion curieuse, courante au XVIIIe s., entre le verbe *balayer* et le verbe *balier* dont le sens propre est : « flotter au vent. » Le

Dictionnaire d'Hartsfeld et Darmsteter donne un exemple de Saint-Simon.

P. 54

1. (édit. 1-3) : sur la ruine du peuple.

P. 56

1. Les mots « et quel est l'usage à la guerre de la lance et du bouclier » proviennent du texte grec (d'ailleurs mal compris) et ne sont pas dans les traductions latines. D'où il ressort que La Bruyère avait le texte grec sous les yeux en même temps que des traductions latines.

2. VAR. (édit. 1) : et s'exerce d'une manière ridicule. Dans les éditions 2-8 : et s'agite d'une manière ridicule.

P. 57

1. Phrase ajoutée par La Bruyère.

2. Dans ce caractère, il n'y a pas une phrase où La Bruyère n'ait ajouté quelque trait de son cru. « Le texte grec n'est plus qu'un canevas sur lequel La Bruyère a brodé un portrait qui, tout en suivant les grandes lignes du modèle grec, s'en écarte souvent à tel point qu'il est malaisé par endroits de retrouver l'original, sous la forme que lui a donnée le traducteur. » (Van de Wœstyne, *loc. cit.*)

LES CARACTÈRES

OU LES MŒURS DE CE SIÈCLE

P. 62

1. VAR. (édit. 4) : ou les mœurs du siècle que je décris.

2. VAR. (édit. 4) : Après cette seule précaution.

3. VAR. (édit. 5) : J'avoue d'ailleurs que j'ai balancé quelque temps entre l'impatience... — (Édit. 6) : J'avoue d'ailleurs que j'ai balancé dès l'année dernière, et avant la cinquième édition, entre l'impatience...

4. VAR. (édit. 5) : à mon livre toute sa rondeur et toute sa forme par ces nouveaux et derniers caractères. — (Édit. 6 et 7) : à mon livre plus de rondeur et plus de forme par de nombreux caractères.

P. 63

1. VAR. (édit. 5) : Je prends quelque chose de ces deux avis si opposés, et je garde un tempérament qui les rapproche : je ne feins point d'ajouter ici.

2. VAR. (édit. 5) : par une marque particulière et telle qu'elle se voit par apostille. — Cette marque était un pied de mouche entre de doubles parenthèses : ((¶)).

3. Cette autre marque est un pied de mouche entre de simples parenthèses : (¶).

4. Var. (édit. 5) : et comme il pourrait craindre que ce progrès n'allât à l'infini, j'ajoute.

5. Var. (édit. 6) : en insérant dans cette sixième édition un très petit nombre de nouvelles remarques, que j'avoue ingénuement n'avoir pas eu la force de supprimer. — (Édit. 7) : en insérant dans une sixième édition un petit nombre de nouvelles remarques, que j'avoue ingénuement n'avoir pas eu la force de supprimer.

P. 64

1. Var. (édit. 1-3) : et on les exprime.

2. Var. (édit. 1-3) : par un tour aussi tout différent, par une définition, par une sentence.

3. Var. (édit. 1-4) : par une simple comparaison, par un trait.

4. Var. (édit. 1-5) : de mes remarques.

5. Var. (édit. 1-4) : Ceux d'ailleurs.

DES OUVRAGES DE L'ESPRIT

P. 65

1. On a cru pouvoir mettre cette pensée en opposition avec celle de Malebranche (*Recherche de la Vérité,* liv. IV, ch. II) : « Il n'y a point de science qui ait tant de rapport à nous que la morale... Cependant il y a six mille ans qu'il y a des hommes, et cette science est encore fort imparfaite. » Malebranche parle d'une *science* de la morale, et La Bruyère, ici du moins, de simples observations sur les mœurs.

2. Selon toutes les clefs, il s'agit ici de « M. Poncet de la Rivière, mort doyen des conseillers d'État, qui prétendait être chancelier; et qui avait fait un mauvais livre, *des Avantages de la vieillesse.* » — Nos allusions aux clefs sont empruntées à l'édition des *Grands Écrivains de la France* (cf. tome II, pp. 307-314). Les clefs que cite cette édition sont : 1° des clefs manuscrites (la clef manuscrite de l'Arsenal faite sur la 7e édition, dite *clef de 1693;* la clef manuscrite de la Bibliothèque Mazarine; la clef manuscrite de l'Arsenal rédigée plus tard d'après diverses listes, dite *clef Cochin*) : 2° des clefs imprimées (la clef imprimée séparément vers 1697, la clef de 1720, et enfin la clef dite des éditions Coste).

3. Var. (édit. 1 2*a*) : ou qui a des faits.

P. 66

1. Clefs du dix-huitième siècle *:* « Corneille le jeune, dans sa *Bérénice,* dont les quatre premiers vers sont un pur galimatias. »

Servois pense que Voltaire a beaucoup mieux compris la réflexion de La Bruyère en en faisant l'application au grand Corneille, et non pas à son frère. Il donne de nombreux exemples du reproche de galimatias que les contemporains adressaient à Corneille — et à Racine...

2. Les chiffres entre parenthèses indiquent l'édition où l'alinéa a paru pour la première fois.

3. Annotation de toutes les clefs, moins celle de 1693 : « Le *Dictionnaire de l'Académie française,* qui a paru enfin en 1694, après avoir été attendu plus de quarante ans. » (La remarque de La Bruyère est de 1687).

Cf. Descartes, *Discours de la Méthode,* 2e partie : « Souvent il n'y a pas tant de perfection dans les ouvrages composés de plusieurs pièces, et faits de la main de divers maîtres, qu'en ceux auxquels un seul a travaillé. »

P. 67

1. Cette constatation de La Bruyère nous invite à faire remarquer au lecteur la fausseté du fameux vers :

La critique est aisée et l'art est difficile.

La *mauvaise* critique est aisée, mais celle-là seulement. On pourra même observer que, dans l'histoire, le nombre des grands artistes est beaucoup plus élevé que celui des bons critiques.

La sûreté du jugement tenue pour supérieure à la vivacité de l'esprit est une évaluation très particulière au dix-septième siècle et qui le distingue profondément de notre temps. J'en ai donné dans mon *Belphégor,* plusieurs exemples que je me permets de rappeler. Retz déclare n'avoir vu que Mme de Chevreuse « en qui la vivacité suppléât au jugement » et il ne paraît pas l'en louer. Mlle de Scudéry pense faire l'éloge d'une femme en constatant que « quelque prompte que fût son imagination, elle ne devançait jamais son jugement ». (Portrait de la comtesse de Maure, dans *Le Grand Cyrus.*) Encore au dix-huitième siècle, méditons la hiérarchie de valeurs qui paraît dans ces lignes : « Son esprit (à la duchesse du Maine) n'emploie ni tour, ni figure, ni rien de ce qui s'appelle invention. Frappé vivement des objets, il les rend comme la glace d'un miroir les réfléchit, sans ajouter, sans omettre, sans rien changer. J'avais donc beaucoup de plaisir à l'entendre. » (Mme de Staal-Delaunay.)

2. La Bruyère étendrait certainement aujourd'hui son observation aux épithètes qui font dire que les choses sont *sensationnelles, saisissantes, bouleversantes, ravissantes*... Le mobile de ce style, c'est l'impuissance à décrire les choses dans ce qu'elles ont précisément de bouleversant, de ravissant, et la croyance qu'on y supplée en brandissant un qualificatif qu'on veut d'autant plus violent qu'on sent mieux cette impuissance. C'est exactement comme dit notre auteur, l'impuissance à « raconter ».

P. 68

1. Clefs imprimées du dix-huitième siècle : « M. de Fontenelle, académicien, auteur des *Dialogues des Morts*. » Servois montre que la thèse de Walkenaer, selon laquelle la réflexion de La Bruyère s'appliquerait à Saint-Évremond, n'est pas soutenable.

2. Allusion, selon toutes les clefs, à Charles Perrault, et à ses *Parallèles des anciens et des modernes*.

Servois l'admet pour le premier alinéa, encore qu'on puisse aussi bien, dit-il, l'appliquer à Fontenelle, qui, en 1688, lorsqu'il publia ses *Poésies Pastorales,* accompagnées d'un *Discours sur la nature de l'Églogue* et d'une *Digression sur les anciens et les modernes,* fit leur procès à Théocrite et à Virgile, et tira de ses propres églogues les règles de la poésie pastorale. — Pour le second, il refuse de l'appliquer particulièrement à qui que ce soit.

3. Boileau et Racine, selon toutes les clefs. — *Habile,* qui sait faire. « Nous nous voyons bientôt les plus habiles, quand nous sommes les plus heureux... » Bossuet, Or. fun. d'Henriette d'Angleterre. (Littré.)

P. 69

1. Cette réflexion me paraît une des manifestations les plus curieuses du *statisme* du dix-septième siècle, de la croyance qu'il avait d'avoir atteint en tous domaines le *ne varietur*. La Bruyère n'a évidemment pas l'idée qu'il peut y avoir des choses *qui n'ont pas encore été pensées* et pour lesquelles l'expression propre n'existe point, mais est à créer. À moins que son idée ne soit que, même pour ces pensées-là, son siècle pourra fournir l'expression; ce qui n'est pas insoutenable quand on voit combien de nos bons écrivains contemporains disent à peu près tout ce qu'ils ont à dire avec le vocabulaire de son temps.

P. 70

1. Clefs du dix-huitième siècle : « *Un bel ouvrage*... Le présent livre des *Caractères*... »

2. Le membre de phrase : « *c'est jusqu'où la parole humaine peut s'élever* », a été inséré dans la 8ᵉ édition.

P. 71

1. Cet alinéa parut en 1691, trois ans après la publication de la première édition des *Caractères*. Il n'y avait pas encore de traduction du livre; la première (en anglais) est de 1698. La Bruyère anticipe sur sa gloire.

2. Toutefois La Bruyère reconnaît l'effet de la citation falsifiée. « Ces traits ainsi corrompus et défigurés..., ils les exposent à la censure, soutiennent qu'ils sont mauvais *et tout le monde convient qu'ils sont mauvais.* »

Remarquons : « l'endroit de l'ouvrage que ces critiques *croient* citer, et qu'en effet ils ne citent point ». La Bruyère semble admettre la bonne foi du critique dans l'altération de la citation. Grave question.

3. Les clefs donnent Perrault, l'abbé de Choisy, le comte de Tréville : Sainte-Beuve (*Causeries du Lundi,* IX, p. 226-232) semble bien avoir démontré qu'Arsène est le comte de Tréville.

P. 73

1. Dans la 8e édition, en marge de cet alinéa, se voit une main, au-dessous de laquelle on lit cette note : « Marque qu'on a exigée de moi pendant le cours de cette édition. » Cette marque a été très vraisemblablement exigée par le libraire afin d'avertir le lecteur des accroissements que contenait la nouvelle édition.

P. 74

1. La thèse de La Bruyère (il va, d'ailleurs, la démentir dans la réflexion suivante) est que le pouvoir émouvant d'une œuvre n'est nullement la mesure de sa valeur artistique. Thèse qu'on trouve au dix-septième siècle chez de simples mondaines. Madame de Sévigné (lettre du 12 juillet 1671) est pleine de mépris pour les romans de La Calprenède en tant qu'œuvre d'art, bien que, déclare-t-elle, « la beauté des sentiments, la violence des passions, la grandeur des événements et le succès miraculeux de leurs redoutables épées, tout cela m'entraîne comme une petite fille ». Inversement, elle admire hautement Bourdaloue, dont elle déclare (25 déc. 1671) qu'il ne l' « émeut pas ». Racine, dans l'épître dédicatoire d'*Andromaque,* loue Madame de ce que « ce n'est pas seulement du cœur qu'elle juge la bonté d'un ouvrage ».

2. Critérium parfaitement romantique. Beaucoup d'ouvrages élèvent l'esprit, inspirent des sentiments nobles et généreux et sont écrits par des grimauds. Voir toute une littérature politique.

3. *Capys,* Boursault dans toutes les clefs. *Damis,* Boileau, au nom duquel la clef de la bibliothèque Mazarine ajoute le nom de La Bruyère lui-même.

P. 75

1. Clefs du dix-huitième siècle : « La Bruyère, auteur du présent ouvrage. »

À rapprocher de l'alinéa du *Discours sur Théophraste :* « Il s'en trouve d'un troisième ordre... », selon lequel la peinture des mœurs vaut surtout par son dessein réformateur, par son utilité morale.

P. 77

1. Voir *Introduction,* p. XI.

P. 78

1. Voir *Introduction,* p. XIII.

2. « des pieds... de serpent »! *Serpent* a le sens général de reptile. Cf. Saint-Amand, préface de *Moïse* : « Le crocodile est le plus dangereux, le plus grand et le plus horrible de tous les serpents ».

3. Clef Cochin : « La Mothe le Vayer, et M. Nicole de Port-Royal. » — Clef de 1697 : « L'un ne pensait pas assez : La Mothe le Vayer; l'autre pense trop subtilement : le P. Malebranche, dans son livre de *la Recherche de la Vérité.* » Sainte-Beuve a proposé Balzac à la place de Nicole.

P. 79

1. Injure gratuite. Le *Mercure Galant* était une feuille d'une excellente tenue, rédigée par des princes de la science et des lettres, goûtée de toute la société cultivée de l'époque, mais qui, au déplaisir de La Bruyère, avait pris parti pour Corneille contre Racine et pour les modernes contre les anciens.

On trouve ailleurs chez La Bruyère, par exemple dans sa diatribe contre Guillaume d'Orange, d'autres procédés semblables d'assez basse polémique.

2. Clef Cochin : « Lulli... Il avait supprimé la plus grande partie des machines des premiers opéras faites par le marquis de Sourdeac, de la maison de Rieux en Bretagne. » C'est contre cette suppression que s'élève La Bruyère.

P. 80

1. Allusion à une fête offerte au mois d'août 1689, à Chantilly, par M. le Prince, fils du grand Condé et père de l'élève de La Bruyère, au Dauphin; fête qui avait duré huit jours et coûté plus de cent mille écus. La Bruyère profite de la publication de la 4e édition de ses *Caractères* pour insérer son admiration pour cette fête.

D'autre part il s'élève (cf. *Des biens de fortune,* nº 47) contre ceux qui ont l'audace d'« avaler en un seul morceau la nourriture de cent familles ». Il est vrai que ceux qu'il attaque alors sont de « simples bourgeois ».

2. Ed. 8 porte « qui se croyent tels ». La correction (croy*a*nt) semble nécessaire.

P. 83

1. Nouveau témoignage en faveur de l'art moralisateur.

Les principaux arguments des moralistes qui au dix-septième siècle attaquent le roman et le théâtre, sont résumés dans un fameux passage des *Pensées* de Pascal : (*Tous les grands divertissements sont dangereux,* etc.). — La plupart de ces censeurs ont fort bien vu que le plaisir du théâtre repose sur l'émotion de sympathie. « Que veut un Corneille dans son *Cid,* sinon qu'on aime Chimène, qu'on l'adore avec Rodrigue, qu'on tremble avec lui quand il est dans la crainte de la perdre et qu'avec lui on s'estime heureux lorsqu'il espère de la posséder. » (Bossuet, *Maximes et Réflexions sur la Comédie.*) Et Nicole (*De la Concupiscence,* XXXI) : « Un spectateur du dehors est, au dedans, un acteur secret. » Spinoza semble avoir dénoncé d'un mot le trait de l'âme humaine qui fonde le goût du théâtre et du roman. « Si nous nous représentons un être semblable à nous ayant un sentiment, nous avons involontairement nous-mêmes ce sentiment. » (*Éthique,* partie III, prop. 27.)

P. 84

1. On a voulu voir dans cette phrase célèbre une réminiscence de Longepierre, qui avait écrit : « M. Corneille a un talent extraordinaire pour peindre. On dirait qu'il tient la nature au-dessous de lui, et que méprisant les idées qu'elle peut lui offrir, il ne veuille puiser que dans son génie, qui lui fournit en abondance ces traits singuliers et plus grands que nature. Ce qui fait que ses portraits sont toujours merveilleux, et ne sont pas toujours ressemblants, et qu'ils brillent et se font admirer par ce qu'ils ont de rare et d'extraordinaire. » Réminiscence peut-être, mais comme le diamant est une réminiscence du charbon.

Rappelons qu'un admirable parallèle de Corneille et de Racine a été fait de nos jours par Péguy, qui fait porter sur un tout autre point la différence des deux poètes. « Les blessures que nous recevons, nous les recevons dans Racine; les êtres que nous sommes, nous le sommes dans Corneille. » (Péguy, *Victor-Marie, comte Hugo,* p. 169.)

P. 85

1. Cette réflexion consiste encore à déclarer que le pouvoir émouvant d'un ouvrage n'est nullement la mesure de sa valeur esthétique (cf. supra, n° 30).

2. VAR. (édit. 4-6) : ou plutôt le naïf et le délicat.

P. 86

1. Ici encore, comme plus haut (cf. supra, n° 11), la vivacité d'esprit est tenue pour une vertu de second ordre.

Vaste imagination. Pour les hommes du dix-septième, *vaste* est une épithète disqualifiante.

« Il me prend envie de nier que *vaste* puisse jamais être une louange et que rien soit capable de rectifier cette qualité. Le grand est une perfection dans les esprits : le vaste est toujours un vice. L'étendue juste et réglée fait le grand : la grandeur démesurée fait le vaste. *Vastitas,* grandeur excessive. Le vaste et l'affreux ont bien du rapport... *Vastus quasi vastatus.* » Après avoir prouvé qu'appliquée aux solitudes, aux forêts, aux campagnes, aux rivières, aux animaux, aux hommes, *vastos Cyclopas, vasta se mole moventum Polyphemum,* l'épithète de *vastus* n'est jamais prise en bonne part, Saint-Évremond examine particulièrement ce que c'est qu'un esprit vaste. « Vaste, dit-il, se peut appliquer à une imagination qui s'égare, qui se perd, qui se forme des visions et des chimères. Je n'ignore qu'on a prétendu louer Aristote en lui attribuant un génie vaste... On a dit qu'Alexandre, que Pyrrhus, que Catilina, que César, que Charles-Quint, que le cardinal de Richelieu ont eu un esprit vaste; mais, si on prend la peine d'examiner tout ce qu'ils ont fait, on trouvera que les beaux ouvrages, que les belles actions, doivent s'attribuer aux autres qualités de leur esprit, et que les erreurs et les fautes doivent être imputées à ce qu'ils ont de vaste. » (Saint-Évremond, *Dissertation sur le mot vaste.*)

Le sens primitif de *vastus* est en effet ravagé, désolé. *Hæc ego vasta dabo et lato te limite ducam.* (Énéide, IX, 323.) D'où *inculte, mal arrangé. — Sunt quidam aut ita lingua hæsitantes, aut ita voce absoni, aut ita vultu motuque corporis vasti atque agrestes...* (Cicéron, *orator,* I, 25.)

2. Condamnation de la théorie de l'art pour l'art. L'exigence de la nouveauté de la matière sera, toutefois, démentie plus loin.

P. 87

1. Inséré dans la 4e édition, très apparemment pour répondre à certaines critiques des *Caractères.*

2. Annotation de toutes les clefs : « Les jésuites et les jansénistes. »

3. Voir le passage où Saint-Beuve (*Portraits littéraires,* I, 406 et suiv.) soutient que, dans cet alinéa, La Bruyère « nous a tracé une courte histoire de la prose française » jusqu'à son époque.

La fin de l'alinéa invite à se demander si La Bruyère n'a pas voulu dire que le changement qu'on a apporté dans la langue a produit du changement dans l'idée; qu'en d'autres termes, la forme réagit sur le fond et, en quelque sorte, le façonne. Ce qui serait une esthétique d'une étonnante modernité, si l'on songe à l'un de nos poètes contemporains les plus en vogue soutenant que, si Racine avait eu besoin de certaines rimes, il eût changé le caractère de Phèdre.

P. 88

1. Clef de 1697 : « Du Ryer, l'abbé Bordelon et tant d'autres. » — Diverses clefs manuscrites, et clefs imprimées du dix-huitième siècle : « M. Ménage. »

Ménage déclare (*Menagiana,* tome III, p. 245, éd. de 1675) : « Dans les *Caractères* de ce siècle, je n'ai pas encore trouvé le mien. » Nous n'en concluons pas qu'il ne se reconnut point.

Le mépris ici affirmé pour l'érudition eſt démenti dans un autre passage des *Caractères* (*De quelques usages,* nº 72).

La hauteur du littérateur brillant à l'égard du chercheur patient et dénué de talent littéraire n'eſt pas une invention de notre temps. On sait la réponse de Mézerai au P. Pétau, lui signifiant, textes en main, qu'il avait trouvé mille erreurs dans son *Hiſtoire de France :* « Et moi, j'en ai trouvé deux mille. » Nos hiſtoriens fantaisiſtes d'aujourd'hui ne plaſtronneraient pas mieux.

P. 89

1. C'eſt également cette érudition exempte de critique, et celle-là seulement, qu'attaque si durement Malebranche. (*Recherche de la Vérité,* livre II, 2e partie, ch. III, VI, VII.)

Voir aussi Descartes (*Les Passions de l'âme,* art. 78) contre « ceux qui sont aveuglément curieux, c'eſt-à-dire qui recherchent les raretés seulement pour les admirer et non point pour les connaître ».

Les « chapitres » sur lesquels l'érudition ne doit point s'exercer pourraient bien être ceux qui concernent la religion.

2. « Ceux... qui tirent, pour ainsi dire, de leurs entrailles tout ce qu'ils expriment sur le papier » fait penser au fameux mot de Nietzsche : « Écris avec ton sang, et tu verras que ton sang eſt esprit. »

P. 90

1. Sur cette pensée, qui a suscité tant de controverses, citons les conclusions d'une dissertation de Havet (Correspondance littéraire, mars 1857, p. 106) :

« On a supposé qu'il y avait là une allusion à La Bruyère lui-même et à son ouvrage, et qu'il nous faisait pénétrer dans les sous-entendus de sa pensée. On a cru (notamment Taine) que ces quelques mots nous révélaient des regrets intérieurs et des doutes profonds. Mais je crois qu'il faut renoncer à cette interprétation.

« 1º La Bruyère ne comprenait certainement pas ses *Caractères* dans le genre qu'on appelle la satire. Il avait prétendu faire un livre de philosophie morale comme Théophraſte, et non autre chose.

« 2º Il faut remarquer que cette pensée se trouvait déjà dans la première édition des *Caractères,* qui différait totalement, comme on sait, soit par l'étendue, soit par la composition de l'ouvrage tel que nous le lisons aujourd'hui. C'était un tout petit livre, composé de simples *pensées,* de remarques courtes et générales, sans aucun de ces portraits qu'il y mit plus tard; et rien ne ressemblait moins à ce que tout le monde entendait quand on disait : *la satire.*

« 3º La Bruyère ne s'eſt pas du tout interdit les grands sujets, et ne s'eſt pas contenté non plus de les entamer quelquefois. Quels plus grands sujets que ceux qui sont le fond même de tant de chapitres, *des Biens de fortune, de la Cour, des Grands, du Souverain ou de la République, de l'Homme, des Esprits forts,* ce dernier qui aborde la plus haute philosophie religieuse ? Tout le livre est plein de vues élevées et hardies, soit sur ce qui regarde la société, soit sur ce qui tient à l'Église. Cette hardiesse, qu'il a pu se permettre comme *moraliste,* quoique Français et chrétien, il reconnaît qu'elle n'est pas possible à la satire, et s'en plaint pour elle.

« 4° Pour que La Bruyère, qui paraît si libre, se trouvât contraint, il eût fallu que sa pensée allât bien loin, aussi loin que celle du dix-huitième siècle, qu'il fût révolutionnaire en politique et incrédule en religion. Mais ce précepteur d'un prince, qui a tracé le magnifique portrait de *Louis le Grand,* qui a loué si pompeusement jusqu'à *Monseigneur,* qui poursuit Guillaume III, comme usurpateur, d'une invective si violente et si amère; cet ami de Bossuet, qui célèbre la révocation de l'édit de Nantes, et qui a écrit le chapitre *des Esprits forts,* n'était sans doute rien de tout cela.

« 5° Quoique La Bruyère sût ce qu'il valait, et ne craignit même pas de le dire, il ne se serait pas vanté pourtant si crûment, et cela à sa première édition, de relever les petites choses *par la beauté de son génie.* Ce n'est pas de lui qu'il a parlé...

« ... Bien certainement ce que La Bruyère a mis dans cette pensée, c'est son jugement sur Boileau.

« 1° C'était nommer Boileau que de nommer la satire.

« 2° Boileau ne traite pas les grands sujets. C'est tout au plus s'il les entame quelquefois, comme dans les satires *sur l'Homme* ou *sur la Noblesse,* où il n'y a rien de bien poussé ni de bien fort. Il revient vite à Cottin. Il rime *les Embarras de Paris,* ou *le Repas ridicule.*

« 3° Boileau dit tout, choses communes ou petites choses, excellemment et en vers achevés.

« Voilà pour les faits. Si je recherche maintenant quelle a été l'intention de La Bruyère, je pense qu'il a voulu faire une critique, mais aussi ménagée et aussi enveloppée que possible. Il me paraît que ce penseur, d'un esprit si avancé et si décisif, estimait que la satire de Boileau manquait d'originalité et d'audace. Ce qu'il admirait dans Boileau, c'était la verve de l'écrivain, et le relief de ses vers; il le flatte uniquement par là dans son *Discours à l'Académie française.* Il a voulu dire cela, et le dire sans manquer de respect envers un personnage si considérable, son ami et son patron, chef reconnu du parti littéraire auquel il appartenait lui-même. Il s'en est pris, de ce qui lui paraissait manquer à Boileau, à la contrainte où se trouve dans la satire un *homme né chrétien et Français...* »

2. Les éditions authentiques donnent la forme puérile au masculin. C'est l'orthographe courante dans l'ancienne langue (même observation, page 148, n° 5).

3. Réflexion — d'ailleurs parfaitement fausse dans ce qu'elle a d'absolu — et que font généralement les auteurs peu satisfaits

de leurs succès auprès de leur temps. La Bruyère était peut-être de ceux dont la gloire, pour grande qu'elle soit, n'est rien auprès de celle qu'ils ont rêvée. La réflexion date d'ailleurs de la première édition.

On a vu que, plus haut (nº 57), La Bruyère veut que le bon livre comporte de la nouveauté. Accepter de se contredire est le propre du vrai impressionniste. La Bruyère n'y manque pas.

DU MÉRITE PERSONNEL

P. 91

1. Var. (édit. 6 et 7) : Tout persuadé que je sois.

2. « Peut-être que les grands poètes sont inédits. » (*Journal* des Goncourt.)

P. 92

1. Tout ce début de chapitre respire l'amertume de l'homme de lettres encore inconnu et assoiffé de renommée. Comparez l'homme de lettres avec le philosophe, « qui s'efforce avant tout de se concilier l'amour des hommes, *au lieu de chercher à les frapper d'admiration, afin que son nom reste attaché à la doctrine qu'il leur enseigne* ». (Spinoza, *Ethique,* IV, appendice, ch. XXV. Ce philosophe est évidemment un philosophe idéal.)

P. 94

1. Cet éloge de la vie de l'esprit aux dépens de la vie active trouvait déjà dans l'ancienne France des opposants parmi les hommes de lettres. Certains d'entre eux, ancêtres des Nietzsche et des Barrès, croyaient devoir lancer l'anathème contre la vie assise, bien qu'ils n'en pratiquaient point d'autre. Ronsard, type accompli de l'homme assis, s'écriait :

Bons dieux, qui voudrait louer
Ceux qui, collés sur un livre,
N'ont jamais souci de vivre.

Et J.-L. de Balzac (*Le Prince,* 1631) :

« ... Il n'y a point de meilleur moyen d'amollir la vigueur des courages que d'occuper les esprits à des exercices paisibles et sédentaires. »

La réflexion de La Bruyère est une réaction contre un romantisme de l'action, qui s'épanouit chez les gens de lettres de notre époque, mais qui fleurissait déjà chez certains de ses contemporains.

P. 96

1. Selon toutes les clefs, ce « fils bègue » est Achille de Harlay, que son père, premier président au Parlement, y avait fait nommer avocat général.

2. Clef de 1697 et clefs du dix-huitième siècle : « Mlle de Harlay, fille du premier président, religieuse à Sainte-Élisabeth, où elle a été mise à cause de l'inclination qu'elle avait pour M. du Mesnil, chanteur de l'Opéra. »

3. Toutes les clefs (sauf celle de 1693, qui ne donne aucun nom pour *Xanthus*) font de *Xanthus* « M. de Courtenvaux » et de *Crassus* « M. de Louvois », son père.

P. 97

1. On aimerait que le moraliste essayât de répondre à la question, au lieu de se contenter de la poser.

P. 98

1. Les premiers lecteurs des *Caractères* ont voulu voir dans *Trophime* le cardinal le Camus, évêque de Grenoble. L'exclamation de La Bruyère serait alors une critique et non un éloge. Très vite, on a dans *Trophime* reconnu Bossuet, au point que, dans presque toutes les éditions imprimées de 1699 à 1845, *Trophime* est remplacé par *Bénigne*.

P. 99

1. Dans les clefs, Philémon est souvent Milord Stafford « Anglais d'une grande dépense, mais très pauvre d'esprit et qui a toujours un magnifique équipage » (voir sur lui Saint-Simon et Dangeau). Plus souvent « le comte d'Aubigny ». À la suite de ces deux noms la clef de la Bibliothèque Mazarine cite celui de Langlée — qui est aussi, en partie, le *Périandre* des *Biens de fortune*.

2. « Plus d'esprit et plus de naissance », dans les trois premières éditions.

3. Selon toutes les clefs imprimées, le P. Mabillon. Quelques clefs manuscrites ajoutent le nom du cardinal le Camus, le nom de l'abbé de la Trappe, le Bouthilier de Rancé, et le nom de l'oratorien Thomassin, l'auteur de *Mémoires sur la grâce*.

P. 100

1. Le grand Condé, d'un bout à l'autre de l'alinéa et non, comme le veulent certaines clefs, Turenne à partir de : *on lui a entendu dire*...

P. 101

1. La Bruyère fait allusion au siège malheureux de Lérida.

2. Réflexion contredite plus loin par celle (*Des Grands*, n° 43) où La Bruyère déclare qu'il faut des leçons aux jeunes princes « pour leur inspirer la bonté, l'honnêteté et l'esprit de raisonnement ».

P. 102

1. Selon toutes les clefs, *Mopse* est Charles Costel, « abbé de

Saint-Pierre, premier aumônier de la duchesse d'Orléans, et frère de son confesseur ».

P. 103

1. La brouillerie des frères Pelletier.

2. Brouillerie qui survint entre MM. de Louvois et de Seignelay, au sujet de la protection à donner au roi Jacques.

P. 104

1. Le maréchal de Villeroy. Voir son portrait dans Saint-Simon (éd. Boislisle, tome XXVI, p. 341 et suiv.)

P. 105

1. Selon les clefs de Coste, le maréchal de Villeroy pour la *fausse grandeur*. Selon toutes les clefs, Turenne pour la *véritable grandeur*.

2. C'est un truisme de dire que ce dédain est une forme de l'orgueil. « L'homme vraiment libre, dit Marc-Aurèle, se passe aussi bien de la solitude que du monde. » On pourrait dire encore qu'il se passe aussi bien du manque d'honneurs que des honneurs.

DES FEMMES

P. 108

1. Même pensée chez Xénophon dans l'*Économique*. La réflexion de La Bruyère n'est plus vraie de nos jours, où les femmes conviennent ouvertement d'un grand nombre de leurs artifices.

P. 109

1. VAR. (édit. 4-5) : qu'elles eussent le visage aussi allumé qu'elles se le font, etc.

P. 112

1. VAR. (édit. 5) : qui ne m'aime plus.

P. 113

1. Pensée de rationaliste. La perfidie de Manon ne semble nullement guérir des Grieux de sa jalousie.

2. Tout ce début consiste surtout en constatations amères. On a envie de rappeler au psychologue le fameux avis : *Non indignari nec flere, sed intelligere*.

3. Clefs de 1697 et clefs du dix-huitième siècle : « le comte d'Aubigné », frère de Mme de Maintenon.

P. 114

1. Selon les premières clefs, *Claudie* est la duchesse de Bouillon, et *Messaline* la maréchale de la Ferté. Les clefs des éditions Coste

offrent le choix entre la duchesse de Bouillon et la duchesse de la Ferté pour le personnage de *Claudie,* et remplacent le nom de cette dernière par celui de Mme d'Olonne pour le personnage de *Messaline.* D'après la clef de Rouen, *Messaline* serait Mlle de Bartillac.

P. 118

1. VAR. (édit. 6) : par les jours de jeu, de speƈtacle, de repas, de promenade, de concert, de mascarade, et d'un joli sermon.

P. 121

1. Au fameux réquisitoire de Philaminte contre la prétention de l'homme de maintenir les femmes dans l'ignorance et

De borner leurs *talents à des futilités,*

joignons celui d'une héroïne des *Caquets de l'accouchée* (6e journée), fondant son féminisme sur ce que, si nous « jetons les yeux sur les sciences, arts, métiers, pratiques et inventions, la plupart se trouveront tirées de la teste des femmes », et aussi sur ce qu' « on a vu une infinité de grands cerveaux de femmes régir, maintenir et gouverner des royaumes ». Dans les *Grands Jours d'Auvergne,* une élégante s'indigne qu'on refuse à son sexe « l'usage de raisonner ». (Cf. Abensour, *Hiſtoire du féminisme,* p. 151 : Le féminisme au dix-septième siècle. Poulain de la Barre.)

P. 128

1. *Il eſt vrai seulement qu'ils sont voisins,* mots ajoutés à la 7e édition.

2. Toutes les clefs donnent le ménage de M. le président de Bauquemare et de Mme la présidente d'Ons-en-Bray.

P. 130

1. VAR. (édit. 4) : et qu'à affermir la réputation où elle s'était établie d'une fille...

2. VAR. (édit. 4) : De trois amants que ses charmes lui acquirent malgré toutes ses rigueurs, et qui se succédèrent l'un à l'autre, le premier...

3. VAR. (édit. 4-6) : avec son amie et avec ce nouvel amant de son amie.

P. 131

1. VAR. (édit. 4) : elle retombe bientôt dans de plus grands, et n'en rougit point; elle ne les connaît point, et tout le monde alors s'en aperçoit; on la resserre, elle ne paraît plus. Elle a des intervalles.

DU CŒUR

P. 133

1. On répondra qu'on a vu passer de la plus forte amitié à un amour très fort. Mais La Bruyère répliquerait que ce qu'on prenait pour une forte amitié était déjà de l'amour.

P. 135

1. « La haine qui eſt complètement vaincue par l'amour devient de l'amour; et cet amour eſt plus grand que s'il n'eût pas été précédé par la haine. » (Spinoza, *Éthique,* III, prop. 44.)

P. 137

1. VAR. (édit. 1-3) : des fonds inépuisables.

2. Dans les trois premières éditions cette réflexion eſt placée au chapitre *de l'Homme.*

P. 140

1. Éd. 8 porte *ingratitude* au lieu de *indulgence* que nous adoptons comme nous l'avons indiqué dans notre *Introduction.*

P. 141

1. Ce n'eſt qu'à partir de la 6e édition que le mot *solliciter* a été imprimé en italique.

P. 143

1. Dans les trois premières éditions, cette réflexion se trouve au chapitre *de l'Homme.*

P. 144

1. Cette phrase, dans la 5e et la 6e édition, se trouve au chapitre *de l'Homme.*

2. Suivant toutes les clefs, « le comte de Clermont-Tonnerre, premier gentilhomme de la cour de Monsieur ».

P. 145

1. La Bruyère ne paraît pas admettre le cas, cher à nos apologiſtes du Grand Siècle, où la raison serait de se laisser gouverner.

P. 147

1. Voir Malebranche, *Recherche de la Vérité,* l. II, 1re partie ch. III : « Que l'air qu'on respire met aussi du changement dans les esprits. »

DE LA SOCIÉTÉ ET DE LA CONVERSATION

P. 149

1. Clefs du dix-huitième siècle : « *Aronce,* M. Perrault. »

P. 151

1. Clefs du dix-huitième siècle : « M. Robert de Châtillon, fils de M. Robert, procureur du Roi du Châtelet, où il est lui-même conseiller. Cette aventure lui est arrivée. »

P. 152

1. Clefs du dix-huitième siècle : « *Théodecte,* le comte d'Aubigné. » Déjà désigné au chapitre *Des Femmes :* « Le rebut de la cour... »

P. 156

1. Les mots *exécrable* et *miraculeuse* ont été imprimés en italique dans les éditions 6 et 7.

P. 157

1. Cette réflexion illustre celle du chapitre *Du Cœur,* n° 78 : « L'on est plus sociable et d'un meilleur commerce par le cœur que par l'esprit. »

P. 158

1. Clef de 1697 : « *Théodème,* l'abbé de Rubec, qui demeure court en prêchant devant le Roi. »

P. 159

1. Ce pastiche paraît pour la première fois dans la 5ᵉ édition. Sur les différences entre la 8ᵉ et la 9ᵉ, en ce qui concerne ce pastiche, voir notre *Introduction.*

2. VAR. (édit. 5-7) : *sans remords ni conséquences.*

3. VAR. (édit. 5-7) : *ny aller.*

P. 161

1. Encore une illustration de la réflexion n° 78 du chapitre : *Du Cœur.*

2. « Gloria rationi non repugnat, seb ab ea oriri potest. » (Spinoza, *Éthique,* pars IV, prop. 58.)

P. 163

1. Voir un passage de *Delphine* sur les avantages que procure le mauvais caractère.

P. 164

1. Clefs de 1720 et suivante : « La ville de Richelieu. »

P. 165

1. Il est curieux que, pour exprimer combien la vue de cette petite ville lui semble aimable, La Bruyère déclare qu'elle lui paraît peinte... C'est ici la nature qui est trouvée aimable dans la mesure où elle ressemble à l'art.

P. 166

1. Clefs marginales : « le R. » *(le Roi.)*

P. 167

1. VAR. (édit. 1 et 2) : de ce où l'on vise.

2. VAR. (édit. 1-7) : ou l'on s'affermit et l'on se complaît dans, etc.

3. D'où il suivrait que ceux qui ne désarment jamais sur la question de justice sont incapables d'amitié. C'est l'avis d'un grand pratiquant de l'amitié, Saint-Évremond : « Les sévérités de la justice ne conviennent pas avec les tendresses de l'amitié. Qui se pique d'être juste se sent déjà méchant ami, ou se prépare à l'être. » *(Sur l'amitié, À madame la duchesse de Mazarin.)*

4. Réflexion très curieuse pour l'époque, où la position de la plupart des moralistes, élèves des stoïciens, est de refuser d'admettre que « les choses du dehors qu'on appelle les événements sont quelquefois plus fortes que la raison ».

P. 168

1. Clefs de 1697 : « Boursault, ou plutôt Benserade. » — Clef Cochin : « Perrault. » — Clefs du dix-huitième siècle : « Boursault.» — Clefs manuscrites : « Benserade, Boursault, ou Thomas Corneille. »

P. 169

1. VAR. (édit. 1-4) : à ce que l'on ne se donne pas même la peine d'écouter.

2. « Pourvu qu'on s'entretienne agréablement, qu'on se communique les uns aux autres ses affections, on sort content de la conversation... On s'unit aux autres par les sens et les passions... Les paroles, dont le principal usage devrait être de représenter les idées pures de l'esprit, ne servent guère ici qu'à exprimer des idées sensibles et les mouvements de l'âme, qui se communiquent aussi par les manières, l'air du visage, le ton de la voix, la posture et le mouvement du corps. » (Malebranche.)

P. 170

1. VAR. (édit. 4) : On feint de ne se pas souvenir de quelques noms que l'on croit obscurs, et on affecte de les corrompre en les prononçant, par la bonne opinion que l'on a du sien.

P. 171

1. VAR. (édit. 5 et 6) : Il n'a jamais vu *Versailles,* oui *Versailles.*

P. 172

1. Fontenelle. Toutefois son nom ne parut dans aucune clef imprimée.

P. 173

1. Il y a aussi (mais c'eſt un autre caractère) l'homme qui évite, quelquefois par un sens très juſte de ce que l'opposition peut avoir de fertile, ceux qui seraient de son avis. Dans la comédie italienne, Trivelin reproche à Scaramouche : « Que de belles choses je t'aurais dites si tu avais eu assez d'esprit pour me contredire. »

2. Réflexion inspirée par la haine de l'homme de goût pour le ton dogmatique. Il n'en eſt pas moins vrai que le ton dogmatique peut fort bien compatir avec une science réelle. Ne demandons pas trop de juſtice aux moraliſtes.

P. 174

1. Voir notre *Introduction.*

2. Dans les trois premières éditions, cette réflexion eſt placée au chapitre *de l'Homme.*

3. Dans les éditions 5-7, cette réflexion fait partie du chapitre *des Grands.*

P. 175

1. Dans les trois premières éditions, cette réflexion eſt placée au chapitre *du Mérite personnel.*

DES BIENS DE FORTUNE

P. 176

1. La Bruyère veut dire : annonce le mérite *si le mérite exiſte ;* non pas : eſt un garant du mérite.

P. 178

1. VAR. (édit. 4 et 5) : fort riche et fort sot.

2. Clefs du dix-huitième siècle : « M. de Saint-Pouange. »

3. Clefs manuscrites : « *Clitiphon,* le Camus. » — Clefs du dix-huitième siècle : « *Clitiphon,* MM. le Camus, le lieutenant civil, le premier président de la cour des aides, le cardinal le Camus, et le Camus nommé Mongerolle, maître des comptes. »

P. 179

1. La Bruyère eût peut-être dû ajouter : et ne le *peut* point l'être.

Ce qui est devenu faux à partir du XVIIIe siècle, avec l'importance que l'homme de lettres y a conquise.

2. Les partisans.

P. 180

1. VAR. (édit. 1-7) : de toutes ces immenses richesses que, etc.

2. Clefs du dix-huitième siècle : « Monnerot, fameux partisan dont le fils est conseiller au Châtelet... »

P. 181

1. « George, fameux partisan qui a acheté le marquisat d'Entragues... » (Clefs du dix-huitième siècle.)

2. Clefs de 1692 et de 1697 : « M. de Langlée. » Déjà visé, disent certaines clefs, dans *Philémon*. (*Du mérite personnel,* n° 27.)

P. 182

1. Clefs manuscrites : « Les partisans. »

2. Le mot *métayers* est en italique dans les éditions 6 et 7.

3. Voilà, chez notre « révolutionnaire », une nette déclaration en faveur de l'immobilité des classes. Elle est d'ailleurs à peu près contredite par la réflexion de la page suivante n° 26.

4. « On est dégoûté des choses par ceux qui les obtiennent... » (*Journal* des Goncourt.)

P. 184

1. Clef de 1697 : « Berrier, partisan. » — Clef des éditions de 1697 et de 1720 : « MM. Berrier, dont on fait courir les *Méditations*. » — « M. de Pontchartrain, à l'Institution des Pères de l'Oratoire, ou Berrier, dont on fait courir les *Méditations*. »

P. 185

1. Cette seconde dureté se greffe généralement sur la première.

2. VAR. (éd. 4-6) : Un bon partisan.

P. 186

1. VAR. (édit. 4-7) : Faire fortune est une si belle phrase, et qui dit une si bonne chose, qu'elle est d'un usage universel : elle a passé de la cour à la ville, elle a percé les cloîtres et franchi les murs des abbayes de l'un et de l'autre sexe; il n'y a point de lieux sacrés ou profanes où elle n'ait pénétré; on la reconnaît dans toutes les langues; elle plaît aux étrangers, aux barbares; il suffit d'être homme pour s'en servir.

P. 187

1. Barrès donnait là une explication profonde. Certaines gens, dit-il quelque part, s'élèvent aux plus hauts postes. Ce n'est pas

que leur mérite les y désignât; c'est qu'il faut bien que ces postes-là soient occupés.

P. 188

1. VAR. (édit. 1-5) : L'on étale tous les matins. — « L'on ouvre » a été ajouté dans la 6e édition.

2. VAR. (édit. 1-5) : et l'on se retire le soir.

P. 189

1. Clefs du dix-huitième siècle : « Feu M. Racine. »

2. Remarquez : « de simples bourgeois. »

P. 190

1. VAR. (édit. 4-5) : Celui-ci.

P. 192

1. Clefs de 1693 : « Les *Fauconnets,* financiers du dernier bail. »

P. 195

1. VAR. (édit. 5-7) : on n'est point mieux flatté, mieux obéi, etc. pendant sa vie.

P. 196

1. De la 4e à la 7e édition, le mot *lansquenet* est imprimé en italique.

P. 198

1. Clefs du dix-huitième siècle : « M. de Gourville, intendant de feu M. le Prince, qui, non content du château de Saint-Maur, quelque beau qu'il fût, et dont M. le Prince s'était contenté, a fait beaucoup de dépense pour l'embellir. »

P. 199

1. Clef de 1697 et clefs du dix-huitième siècle : « *Eumolpe,* feu M. de Seignelay. »

P. 200

1. Clefs du dix-huitième siècle : « Barbezieux ».

DE LA VILLE

P. 202

1. VAR. (édit. 1-4) : comme un rendez-vous général.

P. 204

1. Dans l'ancienne langue le mot *limite* est le plus souvent masculin (du genre du latin *limes*).

P. 207

1. Clef de 1697 : « M. le président Gilbert. » — Clefs du dix-huitième siècle : « M. le président de Saint-Vallier. »

2. Var. (édit. 5) : sûrement.

P. 208

1. Var. (édit. 6) : en quelque part.

2. Var. (édit. 5 et 6) : Il l'est bien à d'autres.

P. 209

1. Bernardi était le directeur d'une académie où les jeunes gentilshommes venaient apprendre le métier des armes.

2. Var. (édit. 5) : Chanley sait les marches, Vauban les sièges. — À la 6e édition, La Bruyère supprime le nom de Vauban pour y mettre celui de Jacquier et de du Metz morts l'un et l'autre; mais il inséra dans cette même édition une réflexion nouvelle où Vauban est cité avec grand éloge. (*Des Jugements*, nº 94).

3. Var. (édit. 5 et 6) : point de regret.

P. 210

1. Var. (édit. 5-7) : Voilà toutes les femmes en campagne pour l'avoir pour galant, et toutes les filles pour *épouseur*. Il tient ici contre le mortier; là il le dispute au cavalier ou au gentilhomme; on se l'arrache des mains; un jeune homme fleuri, vif, enjoué, spirituel ne serait pas souhaité plus ardemment ni mieux reçu; son char demeurait aux portes; il entre dans les cours, tout lui est ouvert. Combien de galants, etc.

P. 211

1. On jurerait ici que La Bruyère croit à un monopole d'élégance chez les gens de cour. Cette impression, toutefois, sera contredite par mainte réflexion du chapitre *des Grands*.

P. 212

1. Var. (édit. 1-3) : qui connaîtrait bien.

P. 214

1. La Bruyère exprime plusieurs fois cette idée que le luxe doit être le monopole des grands... Cf. dans le chapitre des *Biens de Fortune* (nº 47) la sortie contre le luxe de table des « simples bourgeois ». — On voit que l'opposition entre les vertus de la « vieille bourgeoisie française » et la corruption de ses descendants est un thème littéraire assez ancien.

DE LA COUR

P. 215

1. VAR. (édit. 1-7) : que l'on ne rassemble.

2. On peut s'étonner que, en raison de l'audace de ce chapitre et du suivant, La Bruyère n'ait pas été inquiété par le gouvernement de Louis XIV. Il l'a été si peu que son élection à l'Académie a été due en partie au ministre Pontchartrain. Il semble qu'au XVIIe siècle les gouvernements prissent peu au sérieux les idées politiques d'un homme de lettres qui n'était pas homme d'Église. Cela devait changer au siècle suivant.

P. 216

1. VAR. (édit. 6) : si l'on s'approche.

2. À rapprocher de la réflexion n° 1 du chapitre *de la Ville :* « L'on ne peut se passer de ce même monde que l'on n'aime point, et dont l'on se moque. » On ne sait si l'auteur parle cette fois en son nom.

3. *Fort polis* n'est pas toujours le sentiment de La Bruyère.

P. 217

1. VAR. (édit. 1-7) : que l'on livre.

2. en des petits contrôleurs, etc., dans la 4e édition.

3. Clefs du dix-huitième siècle : « M. d'Aubigné, frère de Mme de Maintenon et le baron de Beauvais. »

P. 218

1. VAR. (édit. 1-4) : qui se produisent d'eux-mêmes.

2. *Ils leur soufflent à l'oreille des grossièretés,* etc., jusqu'à : *fixent leurs couches,* est une addition de la 8e édition.

P. 220

1. VAR. (édit. 5 et 6) : ils portent au vent, et sont comme attelés au char de la Fortune, où ils sont tous deux fort éloignés de se voir assis.

P. 221

1. VAR. (édit. 4 et 5) : dire de celui-ci : *il n'est pas gentilhomme ;* — (édit. 6 et 7) : dire de celui-ci : *il n'est pas homme de qualité.*

P. 228

1. VAR. (édit. 5-7) : dans l'Académie.

P. 229

1. Clef des éditions Coste : « Différente manière d'agir du cardinal de Richelieu et du cardinal Mazarin. Le premier savait

refuser sans déplaire. Le second faisait plaisir de mauvaise grâce. »

2. Les éditions authentiques donnent « et d'*un* autre ». L'emploi de *un autre* et de *chacun,* au masculin (ou plutôt au neutre) pour représenter un nom féminin, est constant dans la langue de la *première moitié* du XVIIe siècle, en particulier dans celle de Corneille. Il y a donc ici un archaïsme.

3. VAR. (édit. 6) : On sait quel il est, et on le reconnaît à son visage.

P. 230

1. VAR. (édit. 5-7) : les traits, le visage et la contenance.

2. VAR. (édit. 5-7) : sous le poids de son propre bonheur.

P. 231

1. *Gabs,* tromperies. (Dictionnaire de l'Académie, 1694). *Safranier,* banqueroutier.

P. 232

1. Suivant les diverses clefs, M. de Pomponne ou M. de Luxembourg.

2. Clef de 1697 et clefs suivantes : « Discours de M. le duc, à présent maréchal de Villeroy, lors de l'élévation de M. le Pelletier au contrôle général des finances (1683). Il s'écria qu'il en était ravi parce qu'ils étaient parents, bien que ce ne fût pas vrai. »

P. 233

1. Annotations de toutes les clefs : « *Tibur,* Meudon, maison que M. de Louvois avait fait bâtir. — *Plancus,* M. de Louvois. »

P. 234

1. Suivant toutes les clefs, *Théodote* est l'abbé de Choisy.

P. 235

1. VAR. (édit. 7) : de parler des parélies et des parallaxes.

2. VAR. (édit. 7) : Si vous demandez.

P. 242

1. VAR. (édit. 6 et 7) : il y a des gens à qui la faveur arrive comme un accident : ils ne l'espéraient point, ils en sont, etc.

P. 243

1. À la suite de cette réflexion vient celle-ci dans les éditions 1-3 : « Toutes les vues, toutes les maximes et tous les raffinements de la politique tendent à une seule fin, qui est de n'être point trompé et de tromper les autres. » Phrase transportée depuis dans le portrait du diplomate. (*Du Souverain ou de la République,* nº 12).

P. 245

1. Toutes les clefs portent le duc de Lauzun.

P. 246

1. Les mots *joli, aimable, rare, merveilleux, héroïque* sont en italique dans la 6e édition.

2. VAR. (édit. 5) : et la chute.

DES GRANDS

P. 248

1. Les premiers exemplaires de la première édition portaient : « La prévention du peuple en faveur de ses princes est si aveugle, etc..., que, s'ils s'avisaient d'être bons, cela irait à l'idolâtrie, *le seul mal sous ce règne que l'on pouvait craindre.* » Dans les éditions postérieures, « en faveur de ses princes » a été remplacé par « en faveur des grands » et la fin de la phrase, soulignée par nous, a été supprimée.

Le fait qu'on aime les grands, même s'ils « ne s'avisent pas d'être bons », fait penser au vers de La Fontaine :

L'univers leur sait gré du mal qu'ils ne font pas.

2. Les clefs du dix-huitième siècle nomment Philippe de Vendôme, grand prieur de Malte, protecteur et ami de La Fontaine, de Chanlieu, plus tard de Voltaire. Pour des raisons qui semblent probantes, Servois croit plus probable que *Théagène* désigne le duc de Bourbon, ancien élève de La Bruyère.

P. 249

1. Type de réflexion qui rend La Bruyère odieux aux conservateurs modernes.

2. Coûter à... « Quand celui qui est assis sur le trône de l'univers et à qui il ne coûte pas plus à faire qu'à dire parce qu'il fait tout ce qu'il lui plaît par la parole... » (Bossuet, *Sermon prononcé à la profession de madame de La Vallière.*)

P. 250

1. Les clefs donnent le marquis de Saint-Pouange, qui ne s'éleva jamais au-dessus de la fonction de principal commis.

P. 251

1. Cette réflexion, composée de deux alinéas, est au chapitre *de l'Homme* dans les éditions 1-3.

2. Selon toutes les clefs, *Théophile* est « M. de Roquette, évêque d'Autun », et la phrase : *À peine un grand est-il débarqué,* fait allusion à Jacques II, roi d'Angleterre, auprès duquel l'évêque d'Autun a voulu s'insinuer.

P. 253

1. Les clefs disent : « *Téléphon,* M. de la Feuillade. »

2. « Dont vous prenez conseil, pour qui vous quittez *Socrate* et *Aristide* » *:* membres de phrase ajoutés à la 8ᵉ édition.

P. 255

1. VAR. (édit. 5 et 6) : c'était une Romaine et une illustre Romaine.

2. Ordre des coteaux, nom badin qu'on a donné, dit Littré, dans le XVIIᵉ siècle aux gens d'un goût fin et délicat, qui non seulement savaient distinguer les meilleurs vins, et de quel coteau ou de quel vignoble ils venaient, mais qui avaient la même délicatesse du goût pour tout ce qui sert à la bonne chère.

> *Surtout certain hâbleur à la gueule affamée*
> *Qui vint à ce festin, conduit par la fumée,*
> *Et qui s'est dit profès dans l'ordre des coteaux,*
> *A fait en bien mangeant l'éloge des morceaux.*
>
> Boileau, *Satires,* III.

L'ancienne forme est *costeau.*

3. Phrase ambiguë. Les grands sont-ils heureux de devenir les gendres de ces parvenus, ou heureux que ceux-ci deviennent leurs gendres ? Les clefs optent pour le second sens. Elles citent Seignelay qui, fils de Colbert et petit-fils d'un marchand de laine, épousa en secondes noces Mlle de Matignon, alliée à la couronne.

P. 256

1. *Peuple* est en italique dans les éditions 5-7.

2. Quelques profonds, dans les éditions 1-7.

3. VAR. (édit. 1 et 2*a*) : ne lui imposait pas une fort grande retenue. Il ne lui reste que le caractère sérieux.

P. 258

1. Dans la 4ᵉ édition, la première où se trouve cette réflexion, il y avait : *sa femme, ses enfants, son prince.* Le changement d'ordre apparaît dans la 6ᵉ édition.

2. VAR. (édit. 4) : même sans savoir.

P. 260

1. Dans la 4ᵉ édition, où cette réflexion paraît pour la première fois, la *gloire du souverain* venait avant le *salut de l'État.* L'interversion est faite dès la 5ᵉ.

La préséance donnée à l'État sur le souverain apparaît chez beaucoup d'autres écrivains du XVIIᵉ siècle, éminemment chez Fénelon. On sait la devise de Colbert : « Pro rege sœpe, pro patria semper. »

P. 261

1. La Bruyère n'a pas sur toutes matières cette confiance dans la valeur de l'hérédité. Voir plus loin (fin du n° 43), les leçons que, selon lui, il faut donner aux jeunes princes « pour leur inspirer la bonté, l'honnêteté et l'esprit de discernement ».

P. 262

1. VAR. (édit. 1 et 2*a*) : aucun des égards qui sont dus à leur naissance.

2. Clef de 1697 et clefs du dix-huitième siècle : « M. de Harlay, archevêque de Paris. » Voir son portrait dans Saint-Simon (tome II, p. 249 et 351, éd. Boislisle).

P. 264

— Toutes les clefs donnent le marquis de Dangeau. Servois croit devoir distinguer entre les trois alinéas de cette réflexion, écrits à trois dates différentes : 1689, 1691, 1692. Pour le premier alinéa, il pense que *Pamphile* ne vise pas Dangeau, à cause des grandes différences que le personnage de La Bruyère présente avec le portrait que Saint-Simon a donné du vaniteux marquis. Pour le second, il faut incontestablement reconnaître Dangeau. Pour le troisième, dit-il, les traits en sont empruntés à tous les *Pamphiles* que connaît La Bruyère.

P. 265

1. Le caractère de *Pamphile* faisait partie du chapitre *de la Société et de la Conversation* dans les 4e et 5e éditions, où il n'avait que le premier alinéa.

2. Suivant les clefs du dix-huitième siècle, le ministre visé dans cet alinéa serait Louvois.

P. 266

1. Là encore, La Bruyère parle-t-il pour son compte ? L'âpreté de certaines de ses réflexions en ce chapitre ferait parfois croire qu'il connaît d'expérience cette « jalousie stérile ».

2. VAR. (édit. 6 et 7) : d'essuyer sa gravité et son *laconisme*.

P. 267

1. « J'appelle peuple tout ce qui pense bassement et communément : la Cour en est remplie. » (Mme de Lambert, *Avis d'une mère à sa fille*.)

DU SOUVERAIN OU DE LA RÉPUBLIQUE

P. 269

1. VAR. (édit. 1-3) : DU SOUVERAIN. — (Édit. 4) : DU SOUVERAIN

ET DE LA RÉPUBLIQUE. — C'est dans la 5e édition que La Bruyère a donné au titre sa forme définitive.

Le mouvement par lequel La Bruyère a remplacé « Du Souverain » par « Du Souverain et de la République » semble une préfigure de celui qui s'affirmera cent ans plus tard et auquel ripostait Louis XV quand il disait au Parlement de Paris (séance du 3 mars 1766) : « Les droits et les intérêts de la nation, *dont on ose faire un corps séparé du monarque...* » On voit que La Bruyère n'a pas longtemps maintenu la séparation.

2. On remarquera que ces suppléances ne peuvent exister que chez les nobles. La réflexion de La Bruyère revient à dire que, sous le despotique, le peuple ne peut avoir de patriotisme. La Bruyère fait ici pressentir Voltaire, qui écrira : « Un républicain est toujours plus attaché à sa patrie qu'un sujet à la sienne, par la raison qu'on aime mieux son bien que celui de son maître. » (*Pensées sur le gouvernement,* 1752.)

P. 270

1. Réplique cruciale à ceux qui veulent faire de La Bruyère un amateur de révolutions. Toutefois La Bruyère (cf. *Des Jugements,* n° 107) *croit* à de futures révolutions, ce qui est déjà d'un mauvais conservateur.

2. C'est la politique que Voltaire prête à Louis XV, sans qu'on puisse affirmer qu'il l'en félicite :
« Il savait que, dans un État *où les maximes ont changé, et où les anciens abus sont demeurés,* il est nécessaire quelquefois de jeter un voile sur ces abus accrédités par le temps; qu'il est des maux qu'on ne peut guérir, et qu'alors tout ce que l'art peut procurer de soulagement aux hommes est de les faire vivre avec leurs infirmités. » *(Éloge funèbre de Louis XV, prononcé dans une Académie le 25 mai 1774.)*

P. 272

1. Pour la condamnation de la guerre par les moralistes du dix-septième siècle, cf. Bossuet, *Politique tirée de l'Écriture sainte,* livre IX, et Fénelon, *Dialogue entre Socrate et Alcibiade; Télémaque,* livres XI et XIII; *Examen de Conscience sur les devoirs de la royauté.* — Rappelons la condamnation de la guerre telle qu'elle est professée par saint Augustin : « Que blâme-t-on dans la guerre? Est-ce le fait qu'on y tue des hommes qui doivent tous mourir un jour? Faire ce reproche à la guerre serait le propre d'hommes pusillanimes, non d'hommes religieux. Ce qu'on blâme dans la guerre, c'est le désir de nuire, une âme implacable, la fureur des représailles, la passion de la domination. » (Thème repris par Thomas d'Aquin, *Somme,* 2, 2, quest. XL, art. 1.)

2. Ou d'en faire des mouvements lyriques, dirait aujourd'hui La Bruyère à certains de ses confrères.

3. Les clefs donnent « l'abbé de Sainte-Hélène, grand nouvelliste » et le « sieur du Moulinet, autre nouvelliste ».

P. 274

1. VAR. (édit. 6) : contre l'Empire.

P. 276

1. *Un* autre rencontre, dans les éditions 5 et 6.

P. 277

1. VAR. (édit. 4) : Il fait de fausses offres, mais extraordinaires, qui jettent dans la défiance, et obligent de rejeter ce que l'on accepterait inutilement, qui lui donnent cependant une occasion de faire des demandes exorbitantes, et jettent dans leur tort, etc.

P. 278

1. Quelques éditions antérieures à la 8e portent : *pointes d'honneur*.

2. VAR. (édit. 4) : et les jette dans le découragement.

P. 279

1. Cette dernière phrase faisait partie du chapitre *de la Cour* dans les trois premières éditions.

La Bruyère n'est évidemment point désarmé contre la mentalité du diplomate par l'idée qu'elle peut servir l'intérêt de sa nation. La morale pragmatique était encore à créer en France.

2. Clefs imprimées du dix-huitième siècle : « Une personne sûre qui l'en décharge. Mme de Maintenon. »

3. VAR. (édit. 1 et 2*a*) : Le plaisir d'un roi qui est digne de l'être.

4. VAR. (édit. 1-6) : est d'être moins roi quelquefois. Cette variante a été introduite à l'aide d'un carton dans la première édition.

P. 280

1. VAR. (édit. 1-3) : Une grande parure pour le favori disgracié, c'est la retraite.

2. Dans les trois premières éditions cette réflexion, et la suivante, qui n'avait alors que le premier alinéa, faisaient partie du chapitre *de la Cour;* à la 4e, La Bruyère les transporta ici, en augmentant d'un alinéa la réflexion 19; puis à la 6e cette dernière réflexion fut supprimée. Cette suppression s'explique par la crainte de blesser certaines personnalités de la Cour ou de déplaire au roi. Nous avons cru, avec beaucoup d'autres éditeurs, devoir la rétablir.

Certains ont voulu voir là la raison pour laquelle, en 1691, Bussy fut l'un des sept académiciens qui soutinrent la canditature de La Bruyère. Sainte-Beuve (*Portraits littéraires,* tome I, p. 399) veut que Bussy ait voté pour La Bruyère parce que sa « chatouilleuse prudence (il est permis de le croire) prenait les devants et se mettait en mesure avec l'auteur des *Caractères* ». Admirons la virtuosité du critique des *Lundis* à expliquer les actes humains par des mobiles bas.

P. 281

1. Toutes les clefs indiquent que cet alinéa contient l'éloge du cardinal d'Amboise et du cardinal de Richelieu.

2. Plus haut, La Bruyère parle de ceux « qui ont sapé par les fondements de grands empires, et qui les ont fait évanouir de dessus la terre. » Il semble que l'auteur ait une complaisance cruelle à signifier aux grands le néant de leur grandeur. On peut se demander si ce ne serait pas là un effet de cette « jalousie stérile » dont il parle plus haut. (*Des Grands,* nº 51).

P. 282

1. La Bruyère ne laisse échapper aucune occasion de louer la Révocation de l'Édit de Nantes. Voir, plus bas, dans le panégyrique de Louis XIV : « une vaste capacité... qui en bannisse (du royaume) un culte faux, suspect et ennemi de la souveraineté, s'il s'y rencontre... »

P. 283

1. On voit que, selon La Bruyère, un bon gouvernement doit avoir pour objet le bonheur de l'individu, et non pas uniquement la grandeur de l'État. Conception assez rare à son époque et qui va devenir courante chez les écrivains du dix-huitième siècle.

P. 284

1. Phrase ambiguë. Veut-on dire que la monarchie est un régime tel que les intérêts de l'État s'y confondent nécessairement avec ceux du prince ? Veut-on parler d'une certaine monarchie où cette confusion se fait, laissant entendre par là qu'il peut y en avoir d'autres où elle ne se fait pas ?

2. Thèse en opposition formelle avec la doctrine de la royauté. « Les rois sont seigneurs absolus et ont naturellement la disposition pleine et entière de tous les biens, qui sont possédés aussi bien par les gens d'Église que par les séculiers. » *(Mémoires de Louis XIV,* tome II, p. 121.)

P. 288

1. « Je demandais un jour à quelqu'un de raisonnable pourquoi dans tous les écrits on louait toujours le roi. On me répondit qu'on avait expressément ordonné aux imprimeurs de n'imprimer aucun livre qui ne contînt son éloge, et cela à cause des sujets. Les Français

d'ordinaire lisent beaucoup et, la province lisant tout ce qui vient de Paris, l'éloge du roi leur inspire du respect et de la considération pour lui. » (*Lettre de Madame, mère du Régent,* 15 décembre 1701.)

DE L'HOMME

P. 289

1. VAR. (édit. 1 et 2*a*) : l'amour qu'ils ont pour eux-mêmes, et l'oubli où ils sont des autres. — Là encore pas une seule vertu au compte de la pauvre humanité !

2. La superstition du progrès nécessaire ne commencera qu'avec les moralistes du dix-huitième siècle. On peut toutefois trouver un peu simpliste cette vue historique sur ces mœurs, qui ont été et sont « toujours mauvaises ».

3. Sur le stoïcisme, cf. Montaigne, I, 36; II, 10; Malebranche, *Recherche de la Vérité,* I, 17; V, 2; V, 4; Montesquieu, *Esprits des Lois,* XXIV, 10. Rappelons aussi la sortie du voluptueux La Fontaine (XV, 21) :

Ce Scythe exprime bien
Un indiscret stoïcien :
Celui-ci retranche de l'âme
Désir et passions, le bon et le mauvais,
Jusqu'aux plus innocents souhaits.
Contre de telles gens, quant à moi, je réclame.
Ils ôtent à nos cœurs le principal ressort ;
Ils font cesser de vivre avant que l'ont soit mort.

4. « Il faut rendre les passions ridicules et méprisables. » (Malebranche, *Morale,* I, 7.)

P. 290

1. Il semble que ces prédicateurs de l'« impossible », par exemple les jansénistes, ont joué, quoi qu'en dise La Bruyère, quelque rôle dans l'éducation morale de l'humanité.

2. Remarquons l'inquiétude d'esprit traitée ici de vice de l'âme. C'est la vraie doctrine chrétienne, abandonnée par tant de chrétiens d'aujourd'hui, selon laquelle l'inquiétude est le signe de la présence du démon. Rappelons la définition de la divine consolation donnée par les Jésuites : « Toute joie intérieure *qui rend l'âme tranquille et la pacifie.* »

P. 291

1. Le comte de Brancas.

P. 294

1. VAR. (édit. 6 et 7) : Se trouve-t-il en compagnie, il commence un conte qu'il oublie d'achever.

P. 297

1. Le caractère de Ménalque finit ici dans la 6e édition. Le reste a été ajouté dans la 7e.

2. *Lui portent un bout de flambeau sous la gorge,* membre de phrase ajouté dans la 8e édition.

P. 298

1. La réflexion repose sur un postulat parfaitement arbitraire : « Il semble que l'on n'entre dans un emploi *que pour pouvoir obliger...* »

P. 299

1. Cette remarque avait paru dans la 1re édition sous la forme suivante : « Pénétrant à fond la contrariété des esprits, des goûts et des sentiments, je suis bien plus émerveillé de voir que les milliers d'hommes qui composent une nation se trouvent rassemblés en un même pays pour parler une même langue, vivre sous les mêmes lois, convenir entre eux d'une même coutume, des mêmes usages et d'un même culte, que de voir diverses nations se cantonner sous les différents climats qui leur sont distribués, et se partager sur toutes ces choses. » La Bruyère signale ici ce que Kant appellera l'« insociable sociabilité de l'Homme ».

P. 301

1. Là encore, on aimerait que l'auteur cherchât l'explication.

2. VAR. (édit. 1) : Ceux qui sont fourbes croient aisément que les autres le sont; ils ne peuvent guère être trompés ni tromper.

P. 302

1. Réflexion curieuse à une époque où les émeutes pour raisons économiques étaient très fréquentes : révolte du Boulonnais en 1662; du Vivarais en 1670; de Poitiers en 1675; de Vitry-le-Croisé en 1680, etc.

P. 305

1. Clefs du dix-huitième siècle : « On tint ce discours de Mme de Montespan, aux eaux de Bourbon, où elle allait souvent pour des maladies imaginaires. »

P. 308

1. VAR. (édit. 4-6) : qu'ils parlent au Roi.

P. 311

1. Clefs du dix-huitième siècle : « Feu M. le prince de Conti. Il mourut de la petite vérole en veillant auprès de la princesse, sa femme, atteinte du même mal (qu'il n'aimait pas, ajoutent les clefs de Coste) et qui en est relevée. »

2. VAR. (édit. 4-7) : tout autre avantage que la vertu même.

3. VAR. (édit. 4) : comme seraient l'estime et les louanges.

P. 312

1. Clef de 1697 et clefs du dix-huitième siècle : « M. de Louvois. »

P. 317

1. « Épicure dit que l'injure est supportable pour le sage; je dis, moi, qu'elle ne lui est même pas une injure. » (Sénèque).

P. 319

1. VAR. (édit. 1-4) : les métiers, le bon conseil, l'esprit du jeu, celui de société et de la conversation.

P. 321

1. Selon la clef de 1697 et les clefs du dix-huitième siècle, la réflexion s'applique au duc de Lauzun.

P. 322

1. Clef de 1696 : « Monsieur le duc d'Orléans. Le roi Jacques. » — Clefs du dix-huitième siècle : « Jacques II, qui s'était rendu illustre dans le temps qu'il commandait la flotte d'Angleterre en qualité de duc d'York, et qui depuis ce temps-là n'a fait aucune action de vigueur. »

P. 324

1. La plupart des clefs indiquent le *Dictionnaire de l'Académie* Servois réfute cette interprétation.

P. 329

1. La plupart des clefs : « L'abbé Danse, chanoine de la Sainte-Chapelle, frère de Mme Dongeois, dont le mari est greffier du Parlement. »

2. VAR. (édit. 4) : il ne s'attache à aucun des mets, qu'il n'ait achevé d'essayer de tous; il les manie, ramanie, démembre, etc.

3. Cette phrase et la précédente : « il ne leur épargne, etc. », ont été ajoutées dans la 5e édition.

P. 331

1. Cette phrase : « il perd son fils, etc. », a été ajoutée dans la 7e édition.

2. « Il fait marner sa terre, et il compte, etc. il plante un jeune bois, et il espère... un beau couvert », membres de phrase ajoutés dans la 7e édition.

3. VAR. (édit. 1-3) : une maison solide de pierre de taille.

4. Les mots : « en toussant et avec une voix frêle et débile, » ont été ajoutés dans la 6e édition.

5. « Il montre à ses amis ce qu'il a fait, et il leur dit, etc. », membre de phrase ajouté dans la 6e édition.

P. 333

1. Clefs diverses : « Les moissonneurs. — Les laboureurs et les paysans. »

On a fait observer que l'année 1689 où parut cette peinture n'est pas une de celles que l'histoire a notées comme un temps de disette. Ce n'est donc pas un état extraordinaire et passager que décrit La Bruyère. (Cf. G. d'Avenel, *Paysans et ouvriers depuis sept siècles*.)

2. Comparer à Saint-Simon parlant (XI, 427, édit. Chéruel) d'une noblesse « accoutumée à n'être bonne à rien qu'à se faire tuer ».

P. 337

1. Clef manuscrite : « M. de Tonnerre, évêque de Noyon. »

P. 339

1. Var. (édit. 4) : de nous rendre contents.

P. 342

1. Leçon adressée très souvent par Renan aux savants et aux philosophes, lesquels, enfermés dans leur bibliothèque, ne vivent qu'en compagnie de bons esprits.

2. Var. (édit. 4) : Combien y a-t-il d'âmes faibles.

3. Var. (édit. 4-6) : sans de grandes vertus et aussi sans de grands défauts.

4. À rapprocher du passage du *Discours sur Théophraste,* où La Bruyère fait l'éloge d'une psychologie générale et non individuelle, encore qu'il ne la pratique pas toujours.

DES JUGEMENTS

P. 343

1. C'est le cas de rappeler la définition du peuple qu'a donnée La Bruyère (*Des Grands,* n° 53) : « Il y a le peuple qui est opposé aux sages, aux habiles et aux vertueux : ce sont les grands comme les petits. »

P. 344

1. On dirait que l'auteur a prévu certains critiques modernes, qui, au lieu de juger les idées du livre dont ils rendent compte, ne pensent qu'à exposer les leurs.

P. 346

1. Quinault, désigné plus bas par la lettre initiale de son nom.

2. VAR. (édit. 4) : celui qui prononcerait aujourd'hui que Q** est mauvais poète parlerait aussi mal, etc.

3. La Bruyère avait, dans les éditions 4 et 5, écrit en toutes lettres les noms de Chapelain et de Corneille.

P. 347

1. VAR. (édit. 3) : Rien ne découvre mieux quel goût ont les hommes pour les sciences et pour les belles-lettres.

2. « L'humilité, rare chez les doctes, l'est encore plus chez les ignorants. » (Anatole France.)

« Si, par exemple, celui qui parle s'énonce avec facilité..., si c'est une personne de qualité, s'il est suivi d'un grand train, s'il parle avec autorité et gravité, si les autres l'écoutent avec respect et en silence..., il aura raison dans tout ce qu'il avancera, et il n'y aura pas jusqu'à son collet et à ses manchettes qui ne prouvent quelque chose. » (Malebranche, *Recherche de la Vérité*, I, 18.)

P. 348

1. « Dans la nuit où nous sommes tous, le savant se cogne au mur, tandis que l'ignorant reste tranquillement au milieu de la chambre. » (Anatole France.)

2. VAR. (édit. 1-5) : les grands noms de Condé, d'Enghien et de Conti. — Les noms de Bourbon, du Maine, de Vendôme ont été ajoutés dans la 4e édition (1680); celui de Chartres dans la 6e (1691).

3. VAR. (édit. 1-2) : si le même esprit qui fait faire de si grands progrès dans des sciences raisonnables; (édit. 2*b* et 3) : si le même esprit... dans les sciences raisonnables; (édit. 4) : si ce même esprit... dans des sciences raisonnables.

P. 349

1. VAR. (édit. 6) : c'est un homme sage et qui a de l'esprit, autrement un homme de mérite, que vous appelez un bel esprit.

P. 350

1. Clefs diverses : « *Antisthène,* M. de La Bruyère, l'auteur des *Caractères,* qui parle de lui-même. »

P. 351

1. On voit que la condamnation de l'orgueil national n'est point du tout, comme le prétendent nos écrivains nationalistes contemporains, une invention du dix-huitième siècle. Elle est la tradition française depuis Montaigne jusqu'à Renan.

2. VAR. (édit. 1-3) : où le villageois est doux et insinuant, le magistrat au contraire grossier, et dont la rusticité peut passer en proverbe.

P. 352

1. Clefs de 1697 et clefs du dix-huitième siècle : « M. le Camus, évêque de Grenoble, M. de Noailles, évêque de Châlons, ensuite archevêque de Paris. »

2. VAR. (premiers exemplaires de la 1re édition) : ne se montre point.

3. Au lieu de cette dernière phrase on lit dans les premiers exemplaires de la première édition : « Comment lui est venue, dit le peuple, cette dernière dignité ? »

P. 353

1. VAR. (édit. 4-7) : et ce n'est que peu après.

2. Selon l'abbé de Chaulieu, cette « belle personne » était Catherine Turgot, femme de Gilles d'Aligre, seigneur de Boisandry, conseiller au parlement. (Voir une longue étude sur elle dans Servois, III, p. 322-337.)

Cette bienveillante peinture est, dans la noire galerie de La Bruyère, un peu comme le caractère de Mme Firmiani dans la galerie de Balzac, ou celui d'Amélie Osborne dans celle de Thackeray.

P. 356

1. Il semble que La Bruyère ait d'heureuses dispositions pour la bonne méthode historique.

P. 357

1. Cette réflexion met La Bruyère et maint autre psychologue du grand siècle en contradiction formelle avec notre temps, pour lequel le propre de la psychologie est précisément de ne point relever de la méthode cartésienne.

P. 358

1. VAR. (édit. 1-3) : que les hommes font de notre esprit et de nos manières.

2. Cette réflexion n'a été séparée de la précédente, pour former une remarque distincte, qu'à la 4e édition.

3. Cet alinéa n'a été rapproché du précédent qu'à la 7e édition.

P. 362

1. Portrait de Santeuil.

2. À rapprocher de la réflexion *des Ouvrages de l'Esprit* (no 11) où la sûreté du jugement est mise au-dessus de la vivacité de l'esprit.

P. 366

1. Clefs diverses : *Socrate, un philosophe, Antisthius, l'auteur.* »

2. Le dévouement qu'une philosophie nous enseigne pour nos amis, tenu pour critérium de sa valeur! La Bruyère n'a, au fond, aucun goût pour la pensée purement spéculative.

P. 368

1. Encore une pensée qui met La Bruyère en complet contraste avec le littérateur français contemporain, pour lequel l'action politique est d'une suprême valeur. (Chateaubriand, Lamartine, Barrès.) L'homologue de La Bruyère parmi nos contemporains serait ici Renan : « M. de Chateaubriand, dit-il, a, je crois, soutenu quelque part que l'intrusion des hommes de lettres dans la politique *active* signale l'affaiblissement de l'esprit politique chez une nation. C'est une erreur; cela prouve un affaiblissement de l'esprit philosophique, de la spéculation, de la littérature; cela prouve que l'on ne comprend plus la valeur et la dignité de l'intelligence, puisqu'elle ne suffit plus à occuper les esprits distingués. » (*L'Avenir de la Science*, p. 455.)

2. Clefs diverses : « M. Le Tellier, chancelier de France, M. de Louvois. »

P. 370

1. VAR. (premiers exemplaires de la 1re et de la 2e édition) : et une grande erreur d'en attendre tout et de la négliger.

P. 372

1. Clefs du dix-huitième siècle : « *Je dis les mêmes*... Le pape Innocent XI, qui a changé du blanc au noir, des sentiments qu'il avait, étant cardinal, à ceux qu'il a eus étant pape. »

P. 373

1. Clefs manuscrites : « Le pape Innocent XI. »

P. 374

1. Clef de 1696 : « Conseillers et autres gens de robe (et autres inutiles, ajoute une clef manuscrite) qui allèrent voir le siège de Namur. »

P. 376

1. Voici la pensée de Pascal : « César était trop vieil, ce me semble, pour aller s'amuser à conquérir le monde. Cet amusement était bon à Alexandre : c'était un jeune homme qu'il était difficile d'arrêter; mais César devait être plus mûr. » — César avait cinquante-six ans quand il fut assassiné.

P. 377

1. Clefs diverses : « Monseigneur le Dauphin. »

2. Cette maxime est : Filii heroum noxæ; ἡρώων παῖδες πήματα, c'est-à-dire : les fils des héros sont des dommages, des « malheurs », des outrages pour leur race.

Sur les jeunes princes, La Bruyère a, en d'autres passages, des jugements plus sévères. (Cf. *Des Grands,* n° 43.)

3. Pensée très curieuse pour une époque qui, sous tant de rapports, se croyait parvenue au *ne varietur.* (Cf. *Des Ouvrages de l'esprit,* n° 17.)

P. 379

1. VAR. (édit. 4-6) : loué comme la vertu, et même que le bonheur...

P. 380

1. À partir de cet alinéa, toute la fin du chapitre vise Guillaume d'Orange, que la révolution de 1688 vient de placer sur le trône d'Angleterre.

P. 384

1. Ces injures à Guillaume d'Orange en raison de son physique nous autorisent à répéter que La Bruyère ne dédaigne point les procédés d'une assez basse polémique. (Voir *Des Ouvrages de l'esprit,* n° 46.) Plus loin, c'est l'insinuation sans preuve : « Il a mordu le sein de sa nourrice, elle en est morte, la pauvre femme, je m'entends, il suffit. » — En regard des mots : Il a mordu le sein de sa nourrice, on lit dans les clefs Coste : « Le prince d'Orange, devenu plus puissant par la couronne d'Angleterre, s'était rendu maître absolu de la Hollande et y faisait ce qu'il lui plaisait. »

La Bruyère inséra ce morceau dans la 6e édition, dont l'Achevé d'imprimer est du 1er juin 1691. Il l'écrivit sans doute après le siège de Mons, qui dut capituler devant l'armée française le 10 avril et que Guillaume ne put secourir. D'où la phrase : *Si l'ennemi fait un siège, il doit le lui faire lever, et avec honte...* (Servois).

DE LA MODE

P. 386

1. Suivant toutes les clefs, *Théotime* est « M. Sachot, curé de Saint-Gervais, qui exhortait toutes les personnes de qualité à la mort » et *son successeur* « dans cet emploi est le P. Bourdaloue. »

P. 387

1. « Quel épanouissement de joie les fleuristes ne témoignent-ils pas quand leur jardin leur a fait une fleur nouvelle, qu'une tulipe

a bien marqué, qu'une animonde a doublé à proportion, et qu'un œillet a mêlé agréablement le sang et le lait parmi ses feuilles ! Mais aussi quel déplaisir ne conçoivent-ils pas quand les vers ont troué un oignon dans une planche, que le soleil a desséché une plante dans un violier, que le vent ou le froid a fait mourir un arbrisseau contre la muraille ? On les voit aussi affligés de leur perte que de celle d'un royaume, et je ne sais s'ils ne préféreraient pas la mort du plus cher de leurs amis à celle d'une tulipe ou d'une animonde. » (*Les Caractères de l'homme sans passions,* par Antoine le Grand 1663.)

P. 390

1. Comparer cette sortie contre le spécialiste avec Renan déclarant que le plus modeste professeur de thibétain ou de sanscrit fait plus pour la civilisation que toutes les méditations métaphysiques *a priori*. (*Avenir de la Science,* VIII.)

2. L'hôtel Lesdiguières.

3. Clefs du dix-septième siècle : « Santeuil, qui avait toutes ses chambres pleines de serins de Canarie. »

P. 392

1. Comparez avec cette pensée de Chateaubriand : « Il faut se garder de prendre les idées révolutionnaires *du temps* pour les idées révolutionnaires *des hommes ;* l'essentiel est de distinguer la lente conspiration des âges de la conspiration *hâtive* des intérêts et des systèmes. » (*Congrès de Vérone,* § 50.)

P. 394

1. VAR. (édit. 4-5) : mais les femmes sont de nos jours ou dévotes ou coquettes ; les galants ou les directeurs ont pris place, et la défendent contre les beaux esprits.

P. 400

1. Toute cette phrase, depuis les mots : « Il entre une autre fois dans un lieu saint, » a été ajoutée dans la 7e édition.

P. 401

1. Cette phrase, depuis les mots : « Si Onuphre est nommé arbitre, » a été ajoutée dans la 7e édition.

P. 403

1. Clefs du dix-huitième siècle : « Mme de Pontchartrain. » — Clef manuscrite : « Mme de Montchevreuil. »

P. 405

1. VAR. (édit. 1-7) : L'on croit que la dévotion de la cour inspirera enfin la résidence.

DE QUELQUES USAGES

P. 406

1. « Secrétaires du roi. » (Note de La Bruyère.) — Cette note disparut à la cinquième édition, les offices de secrétaire du roi rendant désormais nobles ceux qui les achetaient. Sur l'élévation de secrétaires du roi à la noblesse, cf. Voltaire, *Essai sur les mœurs*, ch. XCVIII.

2. Les conseillers du Parlement et de la cour des Aides qui, après vingt ans d'exercice, obtenaient des lettres de noblesse, se nommaient *vétérans*.

P. 407

1. Encore une leçon pour les bourgeois qui prétendent s'élever au-dessus de leur condition et singer les grands. (Cf. *De la Ville*, nº 16.)

2. « Il est vrai que les titres de comtes et de marquis sont tombés dans la poussière par la quantité de gens de rien, et même sans terre, qui les usurpent, et par là tombés dans le néant. » (Saint-Simon, Ed. Boislisle, V, 318.)

P. 408

1. Clefs du dix-huitième siècle : « Allusion à ce que feu Monsieur *(frère de Louis XIV, mort en 1701)*, pour s'approcher de Monseigneur le Dauphin, ne voulait plus qu'on le traitât d'*Altesse Royale,* mais qu'on lui parlât de *Vous,* comme l'on faisait à Monseigneur et aux enfants de France... »

2. Dans les éditions 5 et 6 : « par la supposition d'une syllabe. »

P. 409

1. « Je ne sais pourquoi on a la fantaisie des noms singuliers; mais ils séduisent en toutes nations, et ceux mêmes qui en sentent le faible les imitent. » (Saint-Simon, *ibid.*)

P. 410

1. Dans la cinquième édition, la première qui contienne cette déclaration, La Bruyère avait simplement écrit : un Geoffroy D***. À la sixième, il mit en toutes lettres le nom de La Bruyère.

2. Les écrivains du dix-septième ont souvent exprimé cette idée que la noblesse, l'hérédité réduite à elle seule et sans mérite personnel n'a point de valeur. Corneille, dans le *Menteur :*

GÉRONTE. — *Êtes-vous gentilhomme ?...*
DORANTE. — *Étant sorti de vous, la chose est peu douteuse.*
GÉRONTE. — *Croyez-vous qu'il suffit d'être sorti de moi ?*
Boileau :

La noblesse, Dangeau, n'est pas une chimère
Quand...

Suivent les conditions de mérite personnel, sans lesquelles elle « est une chimère ».

L'attribution d'une valeur à la noblesse en soi et indépendamment du mérite personnel semble, chez les moralistes français, une chose assez moderne; elle est évidemment, par exemple chez un Bourget, une forme de leur campagne contre-révolutionnaire.

3. VAR. (édit. 1-2*a*) : pour les princes de l'Église et les successeurs des Apôtres, le palais Farnèse en est la preuve; — (édit. 2*b*-4) : pour des princes de l'Église, le palais Farnèse en est la preuve.

P. 411

1. Clef manuscrite : « La musique des pères théatins, dont ils ont fait tant de différents concerts. C'était Lorenzini qui était auteur de cette musique, qui a scandalisé tout Paris. Les places étaient louées comme à la Comédie et à l'Opéra. »

2. VAR. (édit. 1-2*a*) : d'avoir l'esprit plus juste.

3. VAR. (édit. 1-2*a*) : de l'inquiétude d'esprit.

P. 412

1. VAR. (édit. 1-3) : ce sont peut-être de mauvaises apparences, et qui choquent quelques esprits.

P. 415

1. C'est-à-dire d'un fripon. Ambreville, chef d'une troupe de vagabonds, fut brûlé en 1686.

P. 417

1. Clefs du dix-huitième siècle : « Allusion à la banqueroute faite par les hôpitaux de Paris et les Incurables en 1689 (une clef manuscrite ajoute à la banqueroute des hôpitaux de Paris celle de la banque de Lyon), qui a fait perdre aux particuliers, qui avaient des deniers à fonds perdu sur les hôpitaux, la plus grande partie de leurs biens... »

P. 420

1. Encore un cas où l'on aimerait que le moraliste tentât une explication au lieu de se borner à constater le fait.

P. 425

1. Clef de 1696 : « Le maréchal de Duras. » — Clefs des éditions Coste : « *Ou est-il parlé de la table... ?* Il prétend parler du combat de Valcourt, ou de M. le maréchal d'Humières. » On trouve chez La Bruyère, d'autres traits de ce que nous appellerions aujourd'hui antimilitarisme. (*Des Jugements,* nº 96; *Des Grands,* nº 41.)

P. 429

1. Sur les sorciers et la magie, cf. Malebranche, *Recherche de la Vérité,* II, 3, 6; Montesquieu. *Esprit des lois,* XII, 5.

P. 432

1. « *Haleine, halener...,* pressentir, avoir vent d'une chose; savoir, découvrir une chose. » (*Dictionnaire* de Richelet.)

P. 434

1. Beaucoup des mots que La Bruyère condamnait ont fait fortune. Comme exemple de méprise des contemporains sur l'avenir des nouvelles expressions qu'ils voient surgir, voici une page éloquente : « Ceux qui aiment notre langue souffrent en voyant que les auteurs qui ont la réputation de bien écrire s'éloignent de ce style simple et naturel qui règne dans les ouvrages excellents qui ont annoncé la perfection de notre langue. Un auteur dira qu'il est *isolé !* On dira qu'un homme qui a un sang distingué doit *représenter !* Il s'est glissé parmi les gens d'affaires, un mot qu'ils ont toujours à la bouche, c'est le mot d'*arrangement.* Vous serez content de l'*arrangement* que je ferai; les différents *arrangements* de mes effets ont rétabli mes affaires. On dira qu'un homme a l'esprit *orné,* pour dire que son esprit est cultivé, enrichi de beaucoup de connaissances. On dira qu'un homme *n'a point de mœurs* pour donner à entendre que c'est un libertin. Mais voici une expression que je ne puis souffrir. On dira dans le discours ordinaire qu'un homme est *honorable.* Le mot *déplacé* est devenu le terme favori de tous les auteurs. On dit que la valeur d'un homme qui s'expose trop facilement est *déplacée.* Un orateur s'emporte contre ceux qui débitent une morale *déplacée.* Telle est l'inconstance de l'homme, il se lasse des termes les plus naturels et leur substitue ceux qui sont le plus recherchés. » (*Bibliothèque de cour, de ville et de campagne, 1746:* tome I, p. 407.)

2. Ces deux rondeaux étaient jadis célèbres. Ils font partie des quatre « Rondeaux antiques » qui sont en tête du *Recueil de divers rondeaux,* imprimé en 1639 et publié en 1640 chez Aug. Courbé, et qui portent les titres suivants : *Pour Richard sans Peur, Pour Pierre de Provence, Pour Galien restauré, Pour Ogier le Danois.* C'est le premier et le dernier que reproduit ici La Bruyère.

DE LA CHAIRE

P. 486

1. Var. (édit. 1-3) : jusqu'au pied de l'autel et dans la chaire de la vérité.

2. Clefs du dix-huitième siècle : « M. Letourneur, grand prédicateur, qui a fait *l'Année sainte* (lisez : *l'Année chrétienne*), qui ne prêchait que par homélies, et qui a été fort suivi dans Paris... »

P. 440

1. Clef de 1696 : « L'abbé Boileau. » — Clefs du dix-huitième siècle : « L'abbé Boileau et l'abbé Fléchier. »

P. 441

1. Clefs diverses : « Contre les oraisons funèbres. »

2. Clefs du dix-huitième siècle : « L'abbé Fléchier » — Clefs manuscrites : « L'abbé Anselme. »

P. 448

1. VAR. (édit. 4) : est plus digne d'un évêché. — La suite de l'alinéa a été ajoutée dans la 5e édition. Peu de temps après la publication de la 4e édition, au mois d'août 1689, Fénelon avait été nommé précepteur du duc de Bourgogne.

DES ESPRITS FORTS

P. 449

1. Irréfutable si l'on commence, comme fait La Bruyère, par définir l'esprit faible celui qui n'admet pas « la vraie religion », c'est-à-dire l'esprit fort. La pauvreté de toute cette argumentation est confondante.

P. 451

1. Il y a des « préventions sur ce qui doit suivre la mort » selon lesquelles, précisément, mourir n'est pas « une chose bien sérieuse. » La Bruyère, qui paraît laisser par le début de sa phrase quelque liberté à ces « préventions », la leur supprime par la fin.

P. 452

1. VAR. (édit. 1-4) : comme leur Dieu et leur dernière fin.

P. 453

1. La Bruyère vient de dire (*supra,* no 10) qu'il voudrait que les esprits forts eussent « de ces arguments qui emportent conviction ». La présente réflexion exprime qu'il ne les écouterait même pas. Tout ce chapitre semble dicté par la pure passion de croire, avec un total mépris d'un raisonnement solide, encore que ce mépris ne soit pas avoué partout. On pense parfois, devant ce chapitre, à ce « mauvais entêtement », dont La Bruyère parle plus haut. (*Des Jugements,* no 1.)

P. 454

1. Clef de 1696 : « *Un grand,* M. de Louvois. — *Un autre grand,* M. de Seignelay. » — Clefs des éditions Coste : « Feu M. de la Feuillade, M. de Louvois ou M. de Seignelay. »

2. VAR. (édit. 1-2*a*) : pour devoir y mettre toute notre confiance

et ne pas désirer du moins que Dieu existât; — (édit. 2*b*-6) : pour mériter toute notre confiance, et ne pas faire désirer du moins que Dieu existât.

P. 456

1. Qu« 'il porte en soi ces caractères. » La principale preuve qu'en donne La Bruyère, c'est que les hommes l'ont décidé.

2. C'est exactement ce que va faire La Bruyère dans toute la suite du chapitre.

P. 457

— « Quand je vins en France, on me fit converser avec quantité d'évêques et d'archevêques, pour fortifier ma foi catholique. Mais j'avais peine à voir où elle était, cette foi catholique. En général, on me présentait la chose de la même façon; mais quand on en arrivait à l'interprétation, il ne s'en trouvait pas un qui partageât la foi de l'autre. Cela me fit bien rire alors. Mais je n'aurais plus certes su à quoi m'en tenir, si d'avance je n'avais pas pris mon parti et si je n'avais pas eu (comme disait cet Anglais) « mon petit religion à part moy. » (*Lettre de Madame, mère du régent,* 17 juillet 1698.)

P. 464

1. « L'opinion de Descartes au sujet des rouages d'horlogerie m'a paru bien ridicule. Un jour j'embarrassai fort un évêque qui partage tout à fait cette manière de voir. Il est jaloux de sa nature. Je lui dis : « Quand vous êtes jaloux, êtes-vous machine ou homme, car après vous je ne connais rien de plus jaloux que mon chien; ainsi je voudrais savoir si c'est un mouvement de la machine ou une passion de l'âme? » Il se fâcha et partit sans me répondre. » (*Lettre de Madame, mère du Régent,* 30 oct. 1696.)

P. 465

1. « Je parle d'idées, non des peintures qui se forment dans le fond de l'œil, ou, si l'on veut, au centre du cerveau. » (Spinoza, *Éthique,* II, 48.)

P. 470

1. « Presque infini » fait penser à ce théologien, qui avait démontré l'existence de Dieu, « presque géométriquement ».

P. 473

1. C. a. d. se contenter de moins.

2. Le *puisque* et ce qui le suit ne nous semble pas du tout explicatif. C'est le cas de rappeler l'observation de Lange à propos de Feuerbach : chez lui, « en effet » ou « conséquemment » ne signi-

fient pas du tout que ce qui va venir est une explication ou une déduction de ce qu'on vient de dire, mais simplement que la pensée va prendre un nouvel élan.

3. Là aussi, la déduction affirmée par *donc* nous apparaît mal.

P. 474

1. La aussi, la suite des idées nous échappe. L'auteur pose que ce qui nous paraît irrégulier et imparfait — un bossu, un fou, un monstre (voir la fin de l'alinéa) — implique pourtant règle et perfection. Sur quoi, il nous démontre que nous ne sommes pas capables d'en faire un!... Il faut bien reconnaître que la faiblesse de raisonnement chez les gens de lettres n'a pas toujours attendu le romantisme.

P. 475

1. « Entre l'infini et le fini il ne peut y avoir de rapport fini. » (Malebranche, *Morale,* I, III, 7.)

P. 476

1. Ce qui est vrai c'est que toute *idée* d'injustice suppose l'*idée* de justice. La Bruyère passe subrepticement du monde des faits, où l'injustice ne suppose pas du tout la justice, au monde des idées, où joue le principe de contradiction. Il y a dans tout ce chapitre un manque de tenue intellectuelle qui frappe chez un contemporain de Descartes et de Malebranche et qui fait penser aux arguments d'un sermonnaire de nos âges démocratiques répondant, devant une foule grossière, aux arguments non moins grossiers de l'anticléricalisme. Là encore, La Bruyère semble un précurseur.

2. Admirons encore la rigueur de ce *donc*.

3. Bien entendu, La Bruyère néglige tous les crimes qui ne sont pas découverts.

P. 478

1. « Ceux-ci servent...; ceux-là jouissent... » — On voit que La Bruyère avait déjà la notion de la division du travail.

2. On regrette que La Bruyère n'ait pas marqué le point exact où finit l'inégalité voulue par Dieu et où commence celle qui est l'ouvrage des hommes — que, d'ailleurs il condamne.

3. VAR. (édit. 1-3) : Si l'on ne goûte point ces remarques que j'ai écrites.

TABLEAU RÉCAPITULATIF

FAISANT CONNAITRE LA PROGRESSION DU NOMBRE DES CARACTÈRES DANS LES ÉDITIONS ORIGINALES

CHAPITRES	Editions I-III (1688)	Editions IV (1689)	Editions V (1690)	Editions VI (1691)	Editions VII (1692)	Editions VIII et IX (1694-96)
Des Ouvrages de l'esprit	35	51	61	64	67	69
Du Mérite person.	23	31	37	39	42	44
Des Femmes	37	55	65	66	81	81
Du Cœur	18	67	79	81	86	85
De la Société et de la Conversation .	35	58	77	77	80	83
Des Biens de fortune	29	46	68	75	79	83
De la Ville	4	13	19	19	19	22
De la Cour	39	63	76	87	96	101
Des Grands	19	37	44	55	57	56
Du Souverain ou de la République ..	10	19	22	23	32	34
De l'Homme	73	122	139	146	152	159
Des Jugements ...	30	85	99	106	110	119
De la Mode	10	17	18	29	29	31
De Quelques Usages	18	46	58	68	69	73
De la Chaire	15	22	24	25	28	30
Des Esprits forts ..	24	31	36	36	45	49
Épilogue	1	1	1	1	1	1
Total	420	764	923	997	1073	1120

Tableau emprunté à l'édition des *Grands Écrivains.*

DISCOURS
PRONONCÉ DANS
L'ACADÉMIE FRANÇAISE

P. 481

1. Cette préface parut dans la 8e édition des *Caractères,* où le Discours de réception, qui avait déjà été publié quand il fut prononcé, fut réimprimé. Elle est essentiellement une riposte aux attaques dont le *Discours* avait été l'objet, déjà depuis plus d'un an. La Bruyère avait la mémoire des blessures.

P. 483

1. *Théobalde* n'est plus ici Benserade, comme dans le chapitre *de la Société,* mais Fontenelle, qui appartenait à l'Académie depuis deux ans.

P. 484

1. Jean Puget de la Serre (1606-1665), auteur de tragédies alors fort applaudies.

2. *Le vrai Pédagogue chrétien,* par le R. P. Ph. d'Outreman.

3. *La Cour sainte, ou l'Institution chrestienne des grands avec les exemples de ceux qui dans les cours ont fleury en sainteté,* par le R. P. Nicolas Caussin, de la Compagnie de Jésus, Paris, 1623, in-8°.

P. 493

1. Le Discours de réception de La Bruyère rencontra un mauvais accueil dont l'écho, en même temps que parfois les raisons, nous a été transmis par les contemporains et par des écrivains de la génération suivante. « M. de La Bruyère... fit très mal, à ce que tout le monde dit. » (Bourdelot à l'abbé Nicaise, 24 juin 1693, quelques jours après la séance de réception.) « La harangue de M. de La Bruyère ne correspondit pas à ses *Caractères.* » (Galland, 26 juin.) Boileau lui-même, si acquis à l'auteur, se montra sévère. En 1736, l'abbé d'Olivet écrivait : « Le discours de La Bruyère déplut beaucoup. Ceux-mêmes qu'il avait le plus loués s'en plaignirent par considération pour ceux qu'il avait laissés dans l'oubli. » Et l'abbé Trublet en 1759 : « En général ce discours, quoique très beau, fut peu goûté lorsqu'il fut prononcé. Il ne s'est même pas relevé à la lecture, pas même auprès de la génération présente, et j'entends encore tous les jours citer La Bruyère lorsqu'on parle d'académiciens célèbres par d'excellents ouvrages, et qui pourtant n'ont fait à leur réception qu'un discours médiocre ou même mauvais. » Ces sévérités nous paraissent aujourd'hui excessives, soit parce que certains passages du Discours de La Bruyère, par

exemple la comparaison des académiciens avec les membres du concile de Nicée, ne nous semblent point dépourvus d'une certaine beauté officielle, soit parce que, avec le temps, les académiciens dont le discours de réception dément ce que promettait la valeur de leurs ouvrages sont devenus le plus grand nombre.

L'irritation produite par le Discours de La Bruyère se compliquait encore de ce qu'il avait fait imprimer son écrit chez son libraire Michallet et non pas chez le libraire attitré de l'Académie.

2. Cette phrase dut déjà indisposer la Compagnie. Les apologistes aiment croire que leurs louanges sont libres, et non qu'on leur rappelle qu'elles sont un devoir.

3. Rappelons que, en dehors des discours académiques, la mémoire de Richelieu était rien moins que populaire au dix-septième siècle. Au lendemain de sa mort, Guy Joly, dans ses *Maximes véritables,* lui reprochait, non seulement les « impositions cruelles dont le peuple a été affligé » ou les « persécutions faites à tant de gens de bien », mais « l'introduction de quantité de pernicieuses maximes dont les esprits ont été corrompus ». Ces « pernicieuses maximes » c'est simplement la volonté de placer l'intérêt de l'État au-dessus des intérêts particuliers. La mémoire de Richelieu ne deviendra populaire qu'avec les *patriotes* de la Révolution.

P. 494

1. Encore une phrase qui indisposa une partie de l'auditoire. « L'assemblée, dit le P. Léonard, prit cette louange pour une satire contre M. de Louvois, qui avait méprisé les étrangers, qui ne gardait aucune mesure avec les couronnes et qui n'engageait aucun prince dans les intérêts de la France. »

P. 495

1. « Qui excite à leurs devoirs... » — ou qui les en détourne. Le discours officiel ne permet pas d'envisager cette seconde « puissance de parole ».

2. Rappelons les noms de quelques membres de cette Académie naissante, où La Bruyère déclare qu'« il n'y avait aucun écrivain qu'on ne désignât par quelque ouvrage fameux qui lui avait fait un grand nom » : Guillaume Bautru de Serrant, Jean Silhon, Jean de Sirmond, Amable de Bourzeis, Colomby, Jean Baudoin, Pierre Bardin, Pierre de Boissat. La compagnie comprenait sept membres dont les noms ont survécu : Conrard, Chapelain, Saint-Amand, Racan, Balzac, Vaugelas, Voiture. Sept éminences sur quarante membres. C'est une proportion dont toutes les assemblées ne peuvent pas se vanter.

3. L'abbé Régnier-Desmarais.

P. 496

1. Segrais.
2. La Fontaine.
3. Boileau.
4. Racine.

P. 497

1. Bossuet.
2. Fénelon, reçu le 31 mars 1693.
3. Bossuet, Fénelon, Fléchier, l'abbé Bignon, l'archevêque de de Paris, François de Harlay.

P. 498

1. Huet, évêque d'Avranches.
2. Eusèbe Renaudot (1646-1720), savant orientaliste.
3. François Charpentier (1620-1702), membre de l'Académie française et de l'Académie des inscriptions.
4. C'est ici l'admiration en bloc, qui exaspéra ceux qui n'obtenaient pas d'autre mention.

P. 499

1. Sur ces mots écrits en capitales, voir note 1 de la p. 40.

P. 500

1. À la mort du chancelier Séguier (28 janvier 1672), l'Académie pria Louis XIV d'accepter le titre de protecteur.

P. 501

1. Allusion à la révolution d'Angleterre et à la fuite du Roi et de la Reine.

P. 502

1. Ce passage a exaspéré le *Mercure*. « Après avoir tâché de prouver que les places de l'Académie ne se donnaient qu'au mérite, il a dit que la sienne ne lui avait coûté aucunes sollicitations, aucune démarche, quoiqu'il soit constant qu'il ne l'a obtenue que par les plus fortes brigues qui aient jamais été faites. » Et, de fait, s'il est possible que La Bruyère ne sollicita point, il est certain qu'on sollicita pour lui, comme l'atteste une lettre de Jérôme Phélypeaux. Une pensée du même La Bruyère revient invinciblement à l'esprit (*De la Cour*, n° 42) : « On cherche, on s'empresse, on brigue, on se tourmente, on demande, on est refusé, on demande et on obtient, mais, dit-on, sans l'avoir demandé, et dans le temps que l'on n'y pensait pas et que l'on songeait même à tout autre chose... »

DIALOGUES SUR LE QUIÉTISME

P. 507

1. En 1699, trois ans après la mort de l'auteur des *Caractères*, paraissait une brochure intitulée : *Dialogues posthumes du sieur de La Bruyère sur le quiétisme*. Les conditions de cette publication, telles du moins que les admirent les contemporains, nous sont relatées par le P. Léonard, bibliothécaire du couvent des Petits-Pères, qui recevant la visite d'amis au courant des choses du temps, enregistrait, après leur départ, les informations qu'il leur devait. On lit donc dans son manuscrit, peu après la publication des *Dialogues :*

La Bruyère « a laissé imparfaits d'autres ouvrages, quelques mémoires manuscrits sur le quiétisme de son temps. Mr. Elies Dupin, docteur en théologie de la faculté de Paris, à la prière des parents du défunt, les a mis en état d'être imprimés sous ce titre : *Dialogues posthumes du sieur de La Bruyère sur le quiétisme*, Paris, Charles Osmont, 1699, in-12.·Il y a neuf dialogues dans ce volume, dont les sept premiers sont de Mr. de La Bruyère et les deux derniers de Mr. Dupin. Le défunt avait laissé des matériaux pour faire deux volumes; mais on en a beaucoup retranché qu'on n'a pas voulu laisser passer, et même on a fait bien des cartons à ce volume, qui paraît. Le libraire a donné 1200 livres aux héritiers pour la copie. Il tire et prouve ce qu'il avance dans ces dialogues des ouvrages que les auteurs quiétistes ont mis au jour de notre temps. Il vivait encore dans le temps que le quiétisme faisait beaucoup de bruit en France. Il crut que le meilleur moyen de le réfuter était de le tourner en ridicule, persuadé que cette erreur était un sujet propre à railler et à faire rire. »

Servois, auquel nous empruntons ce texte, le fait suivre de deux observations : 1° le manuscrit de La Bruyère semblait pouvoir fournir la matière de deux volumes, probablement parce que l'on y comprenait les notes et extraits que l'auteur avait rassemblés avant de commencer la rédaction de son ouvrage; 2° on ne compte que cinq cartons dans les dialogues attribués à La Bruyère; et, si l'on excepte le troisième, où l'on a effacé une allusion aux faux dévots de la cour, les corrections qu'ils apportent sont d'une très minime importance. — Le fait à retenir est que, pour Léonard et ses amis, La Bruyère était l'auteur des sept premiers dialogues, lesquels avaient subi, pour des raisons qu'on ne nous dit point, bien des retranchements et reçu divers cartons; son collaborateur posthume n'avait composé que les deux derniers.

Tel fut l'avis de tous les contemporains de La Bruyère (sauf un, qui, d'ailleurs, n'appuie son avis d'aucune preuve; cf. Servois, tome III, p. 534.) — De nos jours, on s'est généralement rallié à l'opinion de Walckenaer, selon laquelle l'abbé Elies du Pin est un faussaire, qui aurait écrit les *Dialogues* de la première à la dernière ligne.

Servois rejette cette opinion pour plusieurs raisons :

1° Bien que l'abbé du Pin ne se soit pas toujours montré un éditeur irréprochable, sa probité, attestée par Saint-Simon, n'a jamais été, en fin de compte, l'objet de soupçons, même de la part de son juge le plus sévère, l'abbé Le Gendre, qui nous a laissé de lui un long portrait;

2° (cette seconde raison nous semble fort ingénieuse.) De 1696 à 1698, s'ouvre une période entièrement nouvelle de la querelle du quiétisme : elle roule maintenant tout entière sur le livre de Fénelon, les *Maximes des Saints,* imprimé en 1697, et dont le gouvernement de Louis XIV presse vivement la condamnation, alors que les ouvrages de Mme Guyon, de Malaval et de l'abbé d'Estival sont généralement oubliés. Or, les sept premiers dialogues traitent uniquement de cet âge héroïque du quiétisme. Peut-être est-il permis de s'étonner, si l'abbé du Pin eût été l'auteur et non l'éditeur de ces sept premiers dialogues, qu'il ne lui ait rien échappé, en près de trois cents pages datées de 1696, qui eût les apparences d'un anachronisme.

Servois examine ensuite les principales raisons qu'on a invoquées pour nier l'authencitité des *Dialogues :*

1° On a dit qu'il ne s'y trouve point de portraits ni d'allusions satiriques aux événements du temps. — Il est fort admissible que La Bruyère ait résolument changé sa manière, ayant été vivement accusé, quand il prononça son Discours de réception à l'Académie, et plus encore lorsqu'il en publia la *Préface,* d'être incapable de faire autre chose que des caractères. Ajoutons que nous croyons avoir montré dans notre *Introduction* qu'à partir de 1694, La Bruyère considère son livre des *Caractères* comme terminé. On peut admettre qu'il avait résolu aussi de rompre avec le genre.

2° On s'est fondé sur ce que le style des *Caractères* et le style des *Dialogues* se ressemblent peu. Servois répond que, d'abord, les *Dialogues* sont inachevés; que, de plus, on y trouve tantôt une pensée qui se rapproche de celles qu'on a lues dans les *Caractères* (par exemple, divers traits sur les femmes, leurs directeurs, les faux dévots, les charlatans), tantôt une expression qui est bien de la langue de La Bruyère (par exemple, « les oraisons les plus *triviales* ». Voir *Lexique,* dans l'édition des *Grands Écrivains*).

Servois, toutefois, croit difficile de soutenir qu'en préparant l'édition des *Dialogues,* du Pin ne les ait jamais affadis ni remaniés çà et là. (Des expressions comme *impossibiliter, reconnaissance sur* lui paraissent n'être pas de la langue de La Bruyère.) Sa conclusion est que la plus grande partie de l'ouvrage publié par du Pin nous offre les *Dialogues* de La Bruyère, sinon tels exactement qu'il les a composés, du moins encore assez respectés par l'éditeur pour que l'on ne puisse pas les exclure d'une édition des *Œuvres de La Bruyère.*

P. 522

1. Var. : Je tombai assise sur mes jambes au fort de mon oraison, lassée d'avoir été à genoux plus de deux heures de suite.

P. 527

1. « *Rêver à la Suisse,* c'est ne penser à rien. » *(Dictionnaire de Trévoux.)*

P. 534

1. Var. : c'est ce qu'on appelle présentement à la cour un dévot, c'est-à-dire un faux dévot.

P. 568

1. Var. : les plus saintes, à cause du concours de la volonté.

P. 545

1. « *Courir* les rues, c'est être fou. » *(Dictionnaire de Richelet.)*

LETTRES

P. 633

1. Les dix-sept premières lettres de ce recueil ont pour objet de tenir le grand Condé au courant du travail de son petit-fils.

2. C'est-à-dire la seconde partie des *Principes de philosophie,* voir Lettre III.

3. Il s'agit des *Métamorphoses* d'Ovide, voir lettre X.

4. L'*État de la France* était alors publié en deux volumes. Dans le premier, qui parfois était réimprimé séparément et formait ainsi un ouvrage complet, on trouvait sur la maison du Roi tous les renseignements qu'il importait de connaître à ceux qui devaient vivre à la cour.

P. 634

1. De Chantilly à Versailles, où le duc de Bourbon était revenu dans les premiers jours de janvier 1685.

2. La Bruyère, sans nul doute, fait remarquer Servois, a écrit par distraction *janvier,* au lieu de *février,* et la date exacte est celle qui a été donnée par le secrétaire à sa lettre. « Je n'ai point manqué, écrit le 19 février le P. Alleaume à Condé, de dire à M. de La Bruyère ce que Votre Altesse Sérénissime m'avait ordonné de lui dire et je dirai la même chose à M. Sauveur, dès que je le verrai. Le premier me répondit qu'il avait prévenu l'ordre de son Altesse et qu'il avait eu l'honneur de lui écrire *ce même jour.* »

P. 635

1. Pierre comte de Serin, vice-roi au ban de Croatie, l'un des

principaux chefs de l'une des révoltes de la Hongrie contre l'empereur d'Allemagne, et comme tel exécuté en 1671.

2. Prise de Candie par les Turcs en septembre 1669.

3. Siège soutenu par Vienne en 1683 contre les Turcs.

4. Le comte Emeric Tœkœly, chef de l'insurrection hongroise contre l'Autriche depuis 1672, était prisonnier des Turcs, ses alliés, au moment où La Bruyère écrivait cette lettre.

5. Siège commencé le 14 juillet 1684 par les troupes impériales, et levé le 1er novembre suivant, Bude resta au pouvoir des Turcs jusqu'au 2 septembre 1686.

P. 636

1. Joseph Sauveur, célèbre géomètre (1653-1716).

P. 638

1. Le duc de Bourbon était alors très petit, et il devait rester « très considérablement plus petit que les plus petits hommes », suivant l'expression de Saint-Simon (*Mémoires,* édition Boislisle, tome XIX, p. 58). On savait faire plaisir à Condé en lui annonçant que son petit-fils grandissait.

2. La Bruyère a écrit « qui est échappé » sans accord.

P. 642

1. L'oraison funèbre de la Palatine prononcée le 9 août 1685 par Bossuet dans l'église des Carmélites du faubourg Saint-Jacques.

2. Les Révérends Pères jésuites du Rosel et Alleaume, chargés avec La Bruyère de l'éducation du duc de Bourbon.

P. 645

1. Monsieur le Duc était Henri-Jules de Bourbon, père du jeune duc de Bourbon.

P. 647

1. Villafranca, en Piémont.

P. 649

1. Le même jour, La Bruyère écrivit la lettre suivante sous la dictée de Mme de Langeron, dame d'honneur de Mme la duchesse de Bourbon.

Ce lundi (14 janvier 1686), à Versailles.

« Son Altesse Sérénissime m'a commandé de me servir d'une autre main que la mienne quand je ne pourrais avoir l'honneur de lui écrire; je me trouve un peu mal depuis quelques jours, et la bonne Mme de Moreuil est encore plus malade que moi; je ne me puis donner de repos autant qu'il me serait nécessaire.

Madame la duchesse de Bourbon a écrit à Votre Altesse Sérénissime; ella a donné sa lettre à M. de Mortemar, qui devait aller à Chantilly et qui remet tous les jours son voyage depuis dix ou douze jours. Son Altesse Sérénissime fut hier chez Mme de Maintenon; le Roi y était, et elle demeura près de trois quarts d'heure. Le Roi fit venir Mme la princesse de Conti; au retour Mme la duchesse de Bourbon alla souper chez elle; elle y a passé aujourd'hui une grande partie de la journée, et je crois que désormais elles seront souvent ensemble, et c'est l'intention du Roi. On danse aujourd'hui un ballet, et on commence à en répéter un nouveau. Mme la duchesse de Bourbon fera demain soir une mascarade chez Mme de Montespan pour divertir le Roi. »

(Signature illisible.)

Au dos : *Monseigneur le Prince, à Chantilly ;* et d'une autre main : *Madame de Langeron, 14 janvier 1686.*

P. 653

1. *Abrégé chronologique* ou *Extrait de l'histoire de France* publié en 1667 et très souvent réimprimé.

P. 654

1. Sur la justesse des critiques de Ménage quant à la traduction de La Bruyère, voir Servois, III, p. 508, note 1.

P. 656

1. Bussy avait donné sa voix à La Bruyère lorsqu'il s'était présenté à l'Académie, en novembre 1691, comme candidat à la place que la mort de Benserade laissait vacante. L'élection avait eu lieu le 22, et Pavillon avait été nommé. Sa réception se fit le 17 décembre.

2. La 6e édition sans doute, dont l'*Achevé d'imprimer* est du 1er juin 1691.

P. 657

1. Cette phrase fait vraisemblablement allusion au caractère de *Théodal,* publié dans la 6e édition.

P. 658

1. Lettre publiée, pour la première fois, par l'abbé Urbain dans la *Revue d'Histoire littéraire de la France,* année 1901, p. 325.

P. 659

1. « Ces mots, écrit en note M. l'abbé Urbain, sont tirés de la seconde hymne composée par Santeul en l'honneur de saint Bruno, fondateur de la Chartreuse, dont la fête se célèbre le 6 octobre.

Nil sui perdit sacra solitudo ;...

« ... Au lieu de sacra, notre manuscrit donne, à tort, vaga. »

2. Jérôme Phélypeaux qui prit le titre de comte de Pontchartrain en 1699.

Cette lettre et la suivante sont tirées d'un des registres contenant les copies des lettres officielles de Phélypeaux, et conservées aux Archives nationales sous la cote B^2 95 (f°s 25 et 60). Elles ont été publiées pour la première fois par Depping, dans le *Bulletin du comité historique des monuments écrits de l'histoire de France,* tome II, p. 55 et 56, et réimprimées, en 1867, par A. Jal, dans son *Dictionnaire critique de biographie et d'histoire,* p. 715 et 716.

P. 660

1. Allusion à la fontaine de Narcisse, ainsi nommée, dit le *Mercure,* « parce que ce berger amoureux de lui-même, y paraît au milieu, se regardant avec transport et tendant les bras à sa figure, qu'on a le plaisir de voir dans l'eau. »

2. Le copiste, qui n'a pas pu lire *Théophraste* à écrit *Troph...*

3. Le copiste a laissé ici un blanc.

4. Encoré un mot qui manque. [mette?]

P. 661

1. C'est-à-dire aux Petites-Maisons.

P. 664

1. Cette lettre a été découverte en 1874 par M. Ulysse Robert dans le manuscrit 873 de la collection Clairambault, f°s 351 et 352, à la Bibliothèque Nationale, et reproduite dans la *Bibliothèque de l'École des Chartes,* année 1874, p. 383-386, avec l'orthographe, l'accentuation et la ponctuation de La Bruyère. On en trouvera le fac-similé dans l'*Album* de Servois. Les noms et les allusions que contient cette lettre, retrouvée d'ailleurs au milieu de pièces sur la marine provenant de Phélypeaux, démontrent clairement qu'elle est adressée à ce dernier, fils du chancelier Pontchartrain et survivancier de la charge de secrétaire d'État de la marine. La lettre est datée du 16 juillet : la querelle du major Brissac et de Saint-Olon dont parle La Bruyère, et qui survint dans les premiers jours de juillet 1695, suffit à déterminer l'année où elle fut écrite. En 1695 Phélypeaux visitait depuis le mois d'avril les ports de la Méditerranée. (Servois).

P. 665

1. Il s'agit de la terre de Pontchartrain, située près de Montfort-l'Amaury, et qui appartenait au chancelier Pontchartrain.

2. François Pidou de Saint-Olon, gentilhomme du Roi, mort à Paris, en 1720.

3. Il s'était élevé entre Saint-Olon et Brissac une querelle mentionnée par Dangeau.

4. Philibert, comte de Gramont, le héros des *Mémoires* d'Hamilton.

5. Saint-Olon avait été nommé envoyé extraordinaire à Gênes en avril 1682, et sa mission, dont le souvenir ne pouvait qu'être douloureux aux Génois, s'était terminée par le bombardement que Louis XIV avait infligé à la ville en mai 1684.

BIBLIOGRAPHIE

BIBLIOGRAPHIE

PRINCIPALES ÉDITIONS DES ŒUVRES DE LA BRUYÈRE

Les Caractères de Théophraste, traduits du grec, avec les *Caractères ou les Mœurs de ce siècle.* À Paris, chez Estienne Michallet, premier imprimeur du Roy, rue S. Jacques, à l'Image saint Paul. M. DC. LXXXVIII. Avec privilège de Sa Majesté. In-12.

Les Caractères de Théophraste, traduits du grec, avec *les Caractères ou les Mœurs de ce Siècle.* Paris, Michallet, M.DC.LXXXVIII. Se vend chez Jean Léonard, à Bruxelles. In-12.

Les Caractères de Théophraste, etc. Seconde édition. Paris, Michallet, M.DC.LXXXVIII. In-12.

Les Caractères de Théophraste, etc. Troisième édition. Paris, Michallet, M.DC.LXXXVIII. In-12.

Les Caractères de Théophraste, etc. Quatrième édition, corrigée et augmentée. Paris, Michallet, M.DC.LXXXIX. In-12.

Les Caractères de Théophraste, etc. Quatrième édition, corrigée et augmentée. Lyon, Thomas Amaulry, M.DC.LXXXIX. In-12.

Les Caractères de Théophraste, etc. Sixième édition *(sic),* corrigée et augmentée, suivant la copie de Paris, à Bruxelles, chez Jean Léonard, libraire et imprimeur, rue de la Cour, 1692. In-12 de 16 feuillets préliminaires, non chiffrés, compris le titre, 373 pages chiffrées, 2 pages de table et 1 page de privilège imprimée au verso de la table.

Les Caractères de Théophraste, etc. Cinquième édition, augmentée de plusieurs remarques, Paris, Michallet. M.DC.XC. In-12.

Les Caractères de Théophraste, etc. Sixième édition Paris, Michallet, M.DC.XCI. In-12.

Les caractères de Théophraste, etc. Sixième édition. Lyon, Thomas Amaulry, M.DC.XCIII. In-12 de 16 feuilles préliminaires non chiffrés, y compris le titre, 587 pages chiffrées, 3 pages de table et

1 page pour le privilège de 1687 et la mention de l'accord survenu entre Michallet et Almaury.

Les Caractères de Théophraste, etc. Septième édition, revue et corrigée, Paris, Michallet, M.DC.XCII In-12.

Les Caractères de Théphraste, traduits du grec, avec *les Caractères ou les Mœurs de ce Siècle,* par Mr de la Bruiere. Septième édition, corrigée et augmentée. Suivant la copie de Paris. À Bruxelles, chez Jean Léonard, imprimeur-libraire, rue de la Cour, proche le Cantersteen, 1693. Avec privilège du roi.

Les Caractères de Théophraste, etc. Huitième édition, revue, corrigée, et augmentée. Paris, Michallet, M.DC.XCIV. In-12. (Édition comprenant le *Discours de réception à l'Académie* et la *Préface* de ce *Discours.*)

Les Caractères de Théophraste, etc. Neuvième édition, revue et corrigée. Paris, Michallet, M.DCC.XVI. (*sic, lisez :* M.DC.XCVI). In-12.

Les Caractères de Théophraste, etc., par M. de la Bruyère, de l'Académie française, et la clef, en marge et par ordre aphabétique. Nouvelle édition, augmentée. Paris, Michallet, 1710, 2 vol. In-12.

Les Caractères de Théophraste, etc., par M. de la Bruyère, avec la clef, en marge. Édition augmentée de la *Défense de la Bruyère* par Coste. Amsterdam, Weistein, 1720. 3 vol. in-12.

Les Caractères de Théophraste, etc., par M. de la Bruyère (avec la clef), Amsterdam (Trévoux), 1726, 2 vol. In-12.

Les Caractères de la Bruyère, avec de nouvelles notes critiques, précédés d'une notice historique et littéraire sur la Bruyère, pour servir à l'éducation de la jeunesse, par Mme de Genlis, Paris, à la librairie d'éducation. A. Eymery, 1812. In-12.

Les Caractères de la Bruyère. Édition stéréotype, d'après le procédé de Firmin-Didot. Paris, Fortin, Masson et Cie, 1842. 3 vol. in-16. (Avec la Notice de Suard. Le tome III comprend *les Caractères de Théophraste. Classique français.*)

Les Caractères de Théophraste, traduits du grec, avec *les Caractères ou les Mœurs de ce siècle,* par la Bruyère. Première édition complète, précédée d'une étude sur la Bruyère et sur son livre, suivie d'un appendice contenant les changements faits par l'auteur dans chacune des remarques des neuf éditions qu'il a données, avec des remarques et des éclaircissements historiques, par M. le baron Walckenaer. Paris, F. Didot frères, 1845. In-8.

La Bruyère. Les Caractères ou les Mœurs de ce Siècle, suivis etc. Nouvelle édition, collationnée sur les meilleurs textes, précédée d'une notice sur la Bruyère par Suard, et augmentée d'un commentaire littéraire et historique par M. Hémardinquer. Paris, Dézobry et Magdeleine, 1849. In-12.

Les Caractères de Théophraste, traduits du grec, avec *les Caractères ou les Mœurs de ce siècle,* par la Bruyère. Nouvelle édition, collationnée sur les éditions données par l'auteur, avec toutes les variantes, une lette inédite de la Bruyère, et des notes littéraires et historiques, par Adrien Destailleurs. Paris, P. Jannet, 1854. 2 vol. in-12.

Les Caractères de la Bruyère, accompagnés des *Caractères de Théophraste,* du *Discours à l'Académie française,* et d'une Notice sur la Bruyère. Édition *variorum,* collationnée sur les meilleurs textes et suivie d'un index, par Charles Louandre. Paris, Charpentier, 1862. In-18.

Le Premier Texte de la Bruyère, publié par D. Jouaust, 1868. In-16.

Œuvres complètes de la Bruyère. Nouvelle édition, avec une Notice sur la vie et les écrits de la Bruyère, une Bibliographie, des notes, une table analytique des matières et un Lexique, par A. Chassang, inspecteur général de l'Instruction publique. Paris, Garnier, 1876, 2 vol. in-8.

Les Caractères ou les Mœurs de ce Siècle, par la Bruyère, précédés du *Discours sur Théophraste,* suivis du *Discours à l'Académie française,* publiés avec une notice biographique, une notice littéraire, un index analytique et des notes, par G. Servois et A. Rébelliau. Paris Hachette, et Cie, 1890. In-16. (Réédité en 1891, 1894, 1896, 1898, 1901, 1904, 1906, 1910, 1913.)

Œuvres de la Bruyère. Nouvelle édition, revue sur les plus anciennes impressions et accompagnée de variantes, de notices, de notes, de lettres inédites, d'un lexique des mots et des locutions remarquables, de portraits, de fac-simile, etc., par G. Servois, Paris, Hachette et Cie, *Les Grands Écrivains de la France,* 1912, 3 tomes gr. in-8 et un album. Second tirage, revisé et augmenté. (Réédité en 1922 : 5 tomes, 6 volumes : le tome III étant en deux volumes.)

TABLE DES MATIÈRES

TABLE DES MATIÈRES

LES CARACTÈRES OU LES MŒURS DE CE SIÈCLE

DISCOURS PRONONCÉ DANS L'ACADÉMIE FRANÇAISE

DIALOGUES SUR LE QUIÉTISME

LETTRES

Ce volume, portant le numéro vingt-trois
de la « Bibliothèque de la Pléiade »
publiée aux Éditions Gallimard,
a été achevé d'imprimer
sur Valobible des Papeteries Prioux
le 15 juin 1998
par Normandie Roto Impression s.a.
à Lonrai
et relié en pleine peau,
dorée à l'or fin 23 carats,
par Babouot à Lagny.

ISBN : 2-07-010294-7.
N° d'édition : 83814 - N° d'impression : 98-1100.
Dépôt légal : juin 1998.
Premier dépôt légal : 1935.
Imprimé en France.